T63—2000板料清洗涂油自动线

由1台LD4—1250/750型闭式四点双动拉伸压力机和4台JB39—1000—T1型、1台JC39—1000型闭式四点单动压力机组成的大型冲压生产线（安装在南京菲亚特汽车有限公司）。

冲压自动化系统（上料机械手）

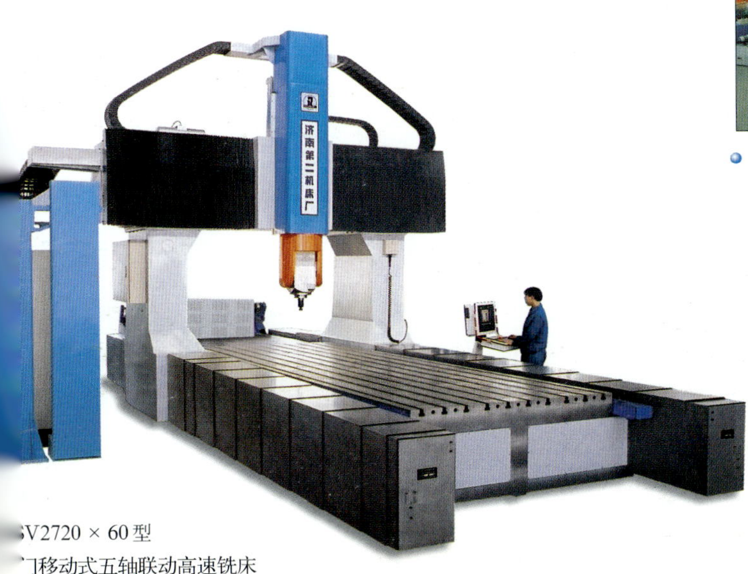

V2720 × 60型
门移动式五轴联动高速铣床

ZS—2×1650B开卷校平剪切自动线

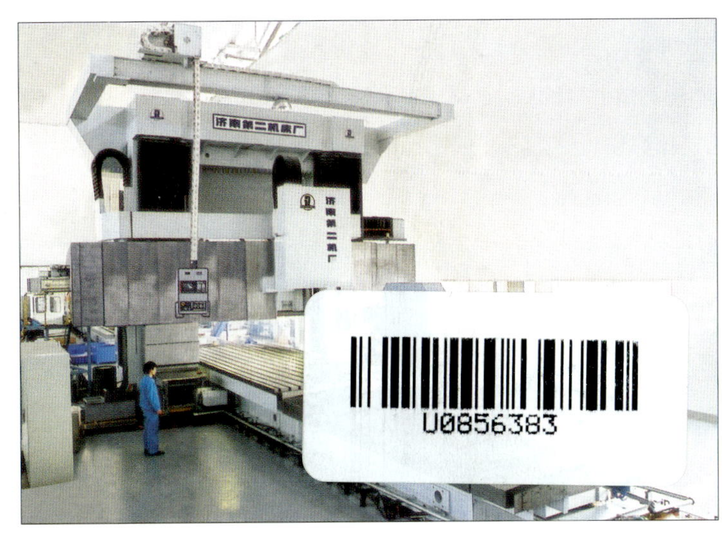

XH21系列动梁龙门镗铣加工中心（图为XH2130型产品）

GIMAX系列数控落地铣镗床（图为GIMAX180型产品）

地址：济南市机床二厂路4号
电话：（0531）7964903～7964912（总机） 7963311～7963315
传真：（0531）7961014（公司总部）7109674（销售处）7964329（进出口公司）
http://www.j2mg.com.cn E-mail：info@j2mg.com.cn

部分产品展示

设计：确保产品卓越性能
开发：不断瞄准客户需求

MKL7150×16型数控强力成形磨床系列（在国内率先采用新型立柱中腰移动式布局，可由毛坯直接磨削成形，适用于磨削涡轮发动机叶片，锁片槽等成形工件。）

HZ—KD2010型数控龙门式导轨磨床系列（是大型模具和机械基础件精密加工的重要设备，适用于各种机械加工、纺机、塑机和模具工业。该产品被列为国家重点新产品项目。）

PMS—006A数控球面磨床（率先采用了短圆弧轨迹成形加工方法，可广泛用于液压、阀门、汽车等行业球面体零件的精密加工。）

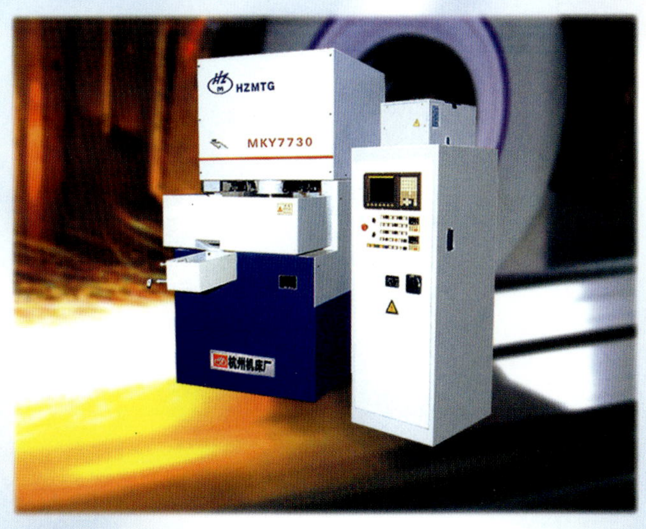

MKY7730数控精密立轴双端面磨床（国内率先采用切入式摆动磨削方法的新品，广泛应用于轴承、汽车、摩托车、拖拉机、磁性材料、液压泵叶片、压缩机滑片等行业，尤其适合磨削薄形零件。）

地址：杭州市环城东路37号（新176号）　电话：（0571）87295819(总机)　87295050　87292783　82793747
邮编：310003　传真：（0571）87296277　http://www.hzmtg.com　E-mail: sale @ hzmtg.com

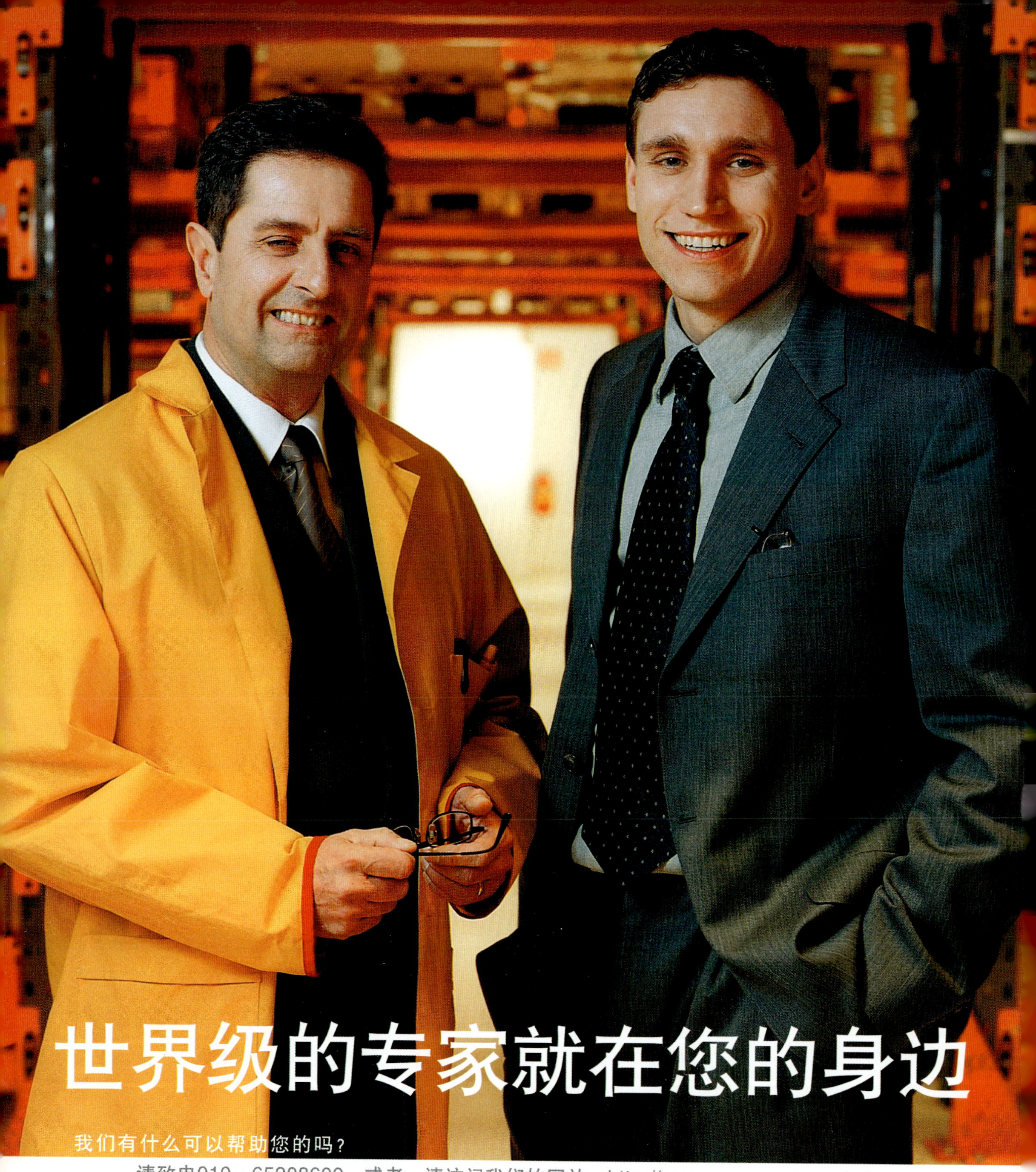
世界级的专家就在您的身边
我们有什么可以帮助您的吗？

中国机械工业年鉴系列

中国机床工具工业年鉴

2003

中国机械工业年鉴编辑委员会
中国机床工具工业协会
编

广告经营许可证:京西工商广临字 200307085 号

图书在版编目(CIP)数据

中国机床工具工业年鉴 .2003/中国机械工业年鉴编辑委员会,中国机床工具工业协会编 .—北京:机械工业出版社,2003.11

ISBN 7-111-12653-X

Ⅰ.中… Ⅱ.①中…②中… Ⅲ.机床—机械工业—中国—2003—年鉴 Ⅳ.F426.41-54

中国版本图书馆 CIP 数据核字(2003)第 106543 号

机械工业出版社(北京市百万庄大街 22 号 邮政编码 100037)
责任编辑:王乃娟 袁士华
责任印制:王书来
北京蓝海印刷有限公司印制·新华书店北京发行所发行
2003 年 12 月第 1 版第 1 次印刷
890mm×1240mm 1/16· 21.25 印张·20 插页·900 千字
定价:138.00 元

中国机械工业年鉴
编辑委员会

《中国机械工业年鉴》系列

作为『工业发展报告』

集成行业信息　为读者服务

中国机床工具工业年鉴
执行编辑委员会

记录企业成长的每一个阶段

《中国机械工业年鉴》系列

作为「工业发展报告」

集成行业信息　为读者服务

《中国机床工具工业年鉴》编辑出版工作人员

总　　编　　辑： 郭　锐

副　总　编　辑： 朱长福　李卫玲

执行副总编辑： 粟东平

编　辑　部　主　任： 粟东平

责　任　编　辑： 王乃娟　袁士华

美　术　编　辑： 张立营　荆　江

营　销　部　主　任： 赵　敏

广告部副主任： 王亚水

客　户　服　务： 汪信宏　杨　波　田泽荣　李成忠

编　辑　部　地　址： 北京西城区百万庄大街22号

邮　政　编　码： 100037

电　　　话： (010) 88379830

传　　　真： (010) 68326039

E-mail： cmiy@mail.machineinfo.gov.cn

http://www.ageinfo.com.cn

记录企业成长的每一个阶段

前　言

尊敬的各界朋友：

您好！首先感谢您多年来对中国机床工具行业的关心、支持和帮助。

2002年中国机床工具行业产销两旺，全行业完成现价工业总产值和产品销售收入均创历史新高，市场容量在2001年的基础上继续扩大，消费继续增加；在美国、欧洲、日本等市场低迷的国际背景下，中国成为世界金属加工机床第一消费大国和第一进口大国；出口继续保持小幅增长。

在市场经济深化的大环境下，新产品开发工作得到全行业企业的普遍重视，特别是数控机床的生产进入快速发展期。为提高产品技术水平，引进先进管理模式，行业中新一轮国际合资合作热潮正在兴起，不同地区、各具特色的企业改制工作正在稳步推进。当前机床工具行业改变了国有企业一统天下局面，已经初步形成多种所有制并存的格局。

今天，中国机床与工具工业无论是企业的机制体制创新、技术创新，还是产品结构调整都取得很大进步，为国民经济的发展做出了重要贡献。当前全行业都在共同努力，认真学习"三个代表"重要思想，提高企业核心竞争力，用信息化带动工业化，走新型工业化的道路，向世界先进水平攀登。

《中国机床工具工业年鉴》2003年版是中国机床工具行业在新世纪以年鉴形式，将行业信息资料以更权威、公正、客观的形式出版。本年鉴内容包括机床工具行业总体概况，各分行业发展情况，新产品、新技术、新工艺介绍，企业科研、合资、合作及企业技术改造情况，机床工具市场分析，行业标准工作，行业大事记，行业协会活动情况以及权威人士的专题文章；年鉴还对协会内部重点企业统计工作及全国机床工具行业企业的各项经济指标等内容进行客观记载。

《中国机床工具工业年鉴》2003年版收录企业范围是：中国大陆境内注册的生产金属切削机床、锻压机床、铸造机械、木工机床、刀具量具量仪、机床附件、机床电器、磨料磨具等产品的企业。《中国机床工具工业年鉴》可使国民经济有关部门及各企业、研究单位、学校更好地了解我国机床工具行业发展情况，为各有关部门编制长远规划提供依据；为用户单位了解机床工具行业新产品提供线索。

中国机床工具工业协会希望通过《中国机床工具工业年鉴》进一步地与各界加强交流，增加了解。在激烈的市场竞争中，不断扩大市场占有率，把行业做强，为实现中国机床工具装备中国的目标而努力奋斗。

在《中国机床工具工业年鉴》编辑过程中，得到机床工具行业各企业和相关用户企业的大力支持，在此一并表示感谢。中国机床工具工业协会将一如既往地为各界朋友和广大用户提供真诚的服务。

中国机床工具工业协会总干事长

编辑说明

一、《中国机械工业年鉴》是由中国机械工业联合会主管、机械工业信息研究院主办的大型资料性、工具性年刊,创刊于1984年。

二、根据行业需要，1998年中国机械工业年鉴编辑委员会开始出版分行业年鉴，逐步形成了“中国机械工业年鉴系列”。该系列现已经出版了《中国电器工业年鉴》、《中国工程机械工业年鉴》、《中国机床工具工业年鉴》、《中国通用机械工业年鉴》、《中国机械通用零部件工业年鉴》、《中国齿轮工业年鉴》、《中国磨料磨具工业年鉴》和《中国机电产品市场年鉴》。

三、《中国机床工具工业年鉴》于2002年创办，2003年为第2期。该年鉴集中反映了机床工具行业的产品状况、技术水平、产销情况和发展趋势，全面系统地提供机床工具行业企业的主要经济技术指标。

四、《中国机床工具工业年鉴》2003年版由综述、行业概况、市场概况、质量与标准、统计资料、企业概况、大事记及附录等内容构成。

五、本年鉴统计资料中的数据均由中国机床工具工业协会提供，数据截止至2002年12月31日。

六、本年鉴在编纂过程中得到了中国机床工具工业协会及多年从事机床工具工业研究的专家、学者和企业的大力支持和帮助，在此我们表示衷心的感谢。

七、由于水平有限，难免出现错误及疏漏，敬请读者批评指正。

《中国机械工业年鉴》编辑部

2003年11月

目　　录

综　　述

第Ⅰ部分　行业概况

第Ⅱ部分　企业概况

第Ⅲ部分　市场概况

第Ⅳ部分　统计资料

第Ⅴ部分　质量与标准

第Ⅵ部分　大事记

第Ⅶ部分　附　录

Contents

Summary

Part Ⅰ Industry's General Situation

Part Ⅱ Enterprise's General Situation

Part Ⅲ Market's General Situation

Part Ⅳ Statistics Information

Part Ⅴ Quality & Standard

Part Ⅵ Calendar

Part Ⅶ Appendix

广告索引

精密机床工具
汽车零部件
塑料机械
齿轮传动
电子信息
现代农业设施
环保材料
军品制造

1958年 我国

精密磨齿机“5892A”（现为公司生
研制成功，结束了中国不能制造精密
用自己的装备加工精密齿轮的先河。

70、71、
2003年 全

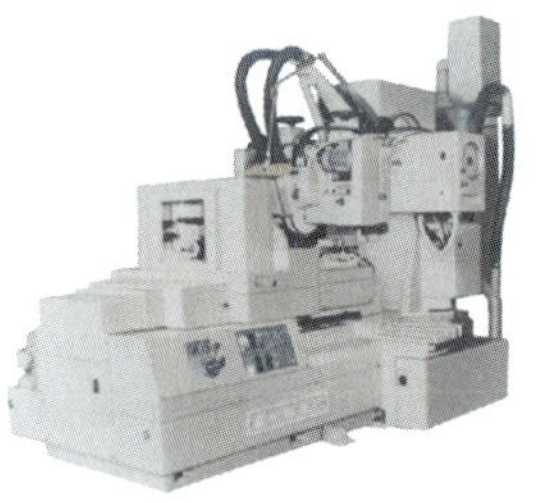

Y7032A碟型双砂轮磨齿机

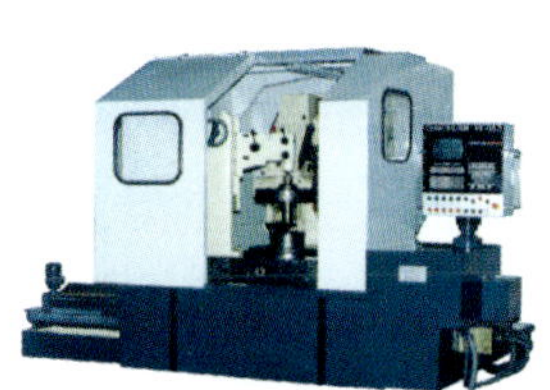

YK7163锥面砂轮磨齿机

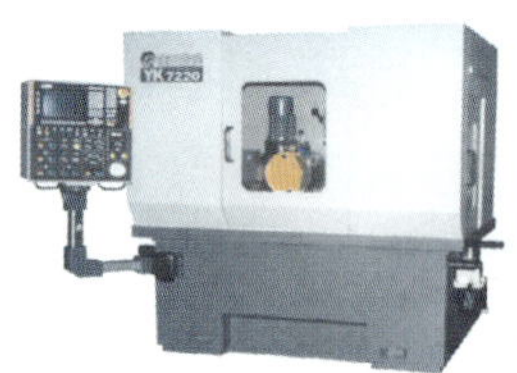

YK7216蜗杆型砂轮磨齿机

经营理念
以客户为中心　以服务为第一

企业远景

治企准则

发展目标

发展战略

质量方针
质量是生存之本

秦川机床集团有限公司
2002年度主要经济指标
全国机床工具行业排名

实现利税行业排名第五

产品销售收入行业排名第六

利润总额行业排名第十

磨齿机“5892A”研制成功……

A)
的历史，开创了中国人

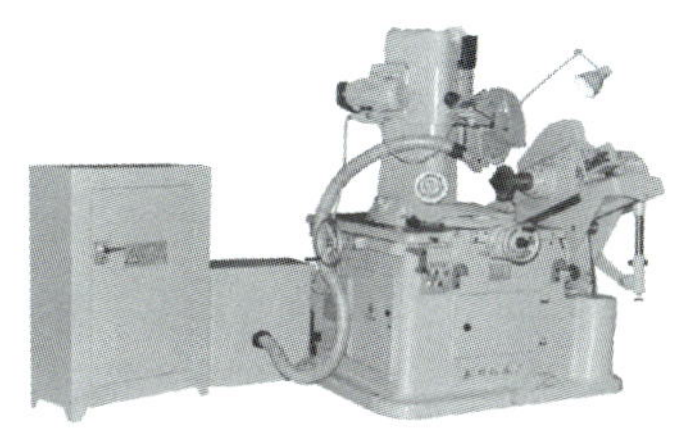

5892A磨齿机

74、75、76全系列精密磨齿机

解决齿轮精密磨削难题！

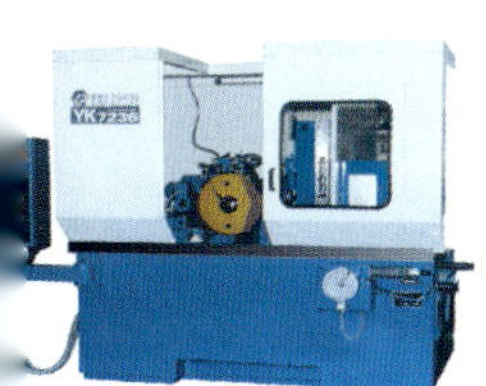

236蜗杆型砂轮磨齿机

YK7250蜗杆型砂轮磨齿机

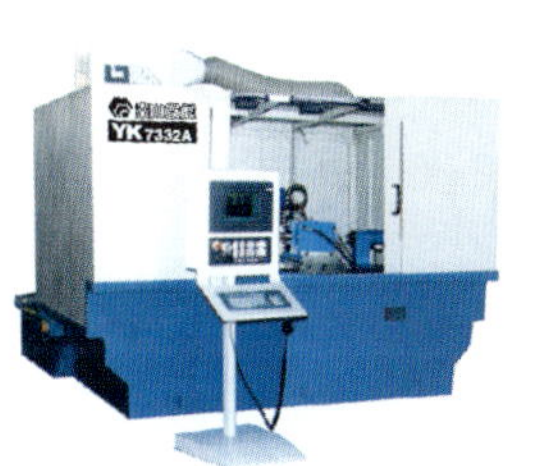

YK7332A成型砂轮磨齿机

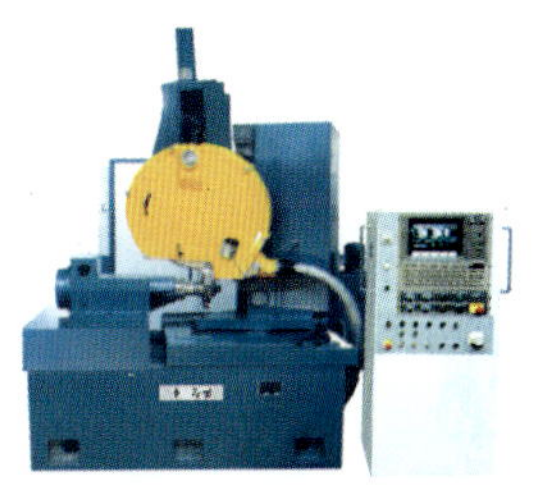

YK7432A大平面砂轮磨齿机

QINCHUAN GROUP
秦川机床集团有限公司
SHAANXI QINCHUAN MACHINERY DEVELOPMENT CO.,LTD.
地址：陕西省宝鸡市姜谭路22号 邮编：721009
电话：(0917)3670883 3670888 3670781
传真：(0917)3392000
www.qinchuan.com
E-mail:qinchuan@qinchuan.com

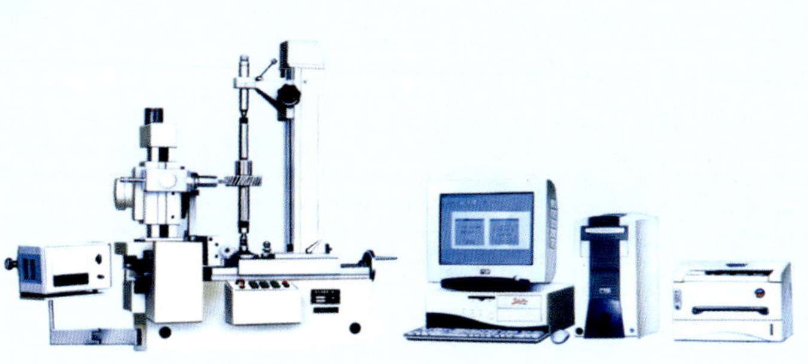

齿形齿向测量仪 3203 型

本仪器用于测量圆柱齿轮或齿轮刀具的渐开线齿形误差和螺旋线齿向误差。经济实用的高精度齿轮量仪，特别适合于汽车、摩托车等中小规格齿轮的测量，该仪器可广泛应用于工厂计量室或车间检查站。

单坐标测量机 6111 型

本仪器主要用于箱类零件的测量。从简单的高度测量到先进的双坐标测量，数据处理方式均可实现。由于采用微机处理数据，具有人机对话功能，并能实现气浮状态下的动态测量，因而在测孔、轴时不需要找转折点。

汽车行业专用刀具

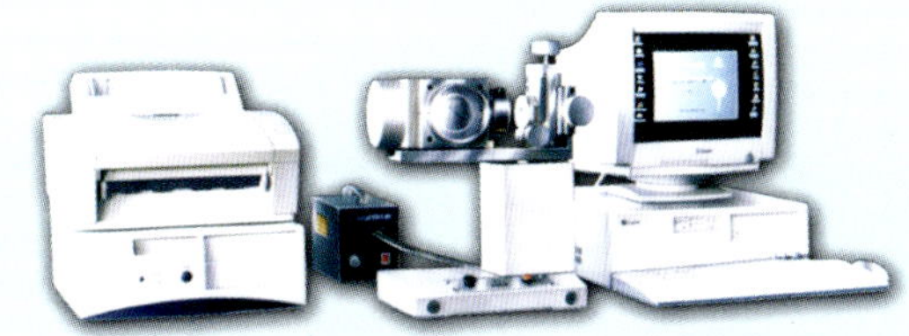

百分表自动检查仪 4616 型

4616 型百分表自动检查仪主要用于测量和检定量程为 0~5mm、0~10mm、0~30mm、分度值为 0.01mm 的公制百分表，量程为 0~0.2″、0~0.4″、分度值为 0.0005″ 及量程为 0~1″ 分度值为 0.001″ 的英制百分表。

数显投影仪 1311 型

该仪器能高效的检测各种形状复杂工件轮廓和表面形状。例如：样板、冲压件、凸轮、螺纹齿轮等各种工具和零件等。该仪器广泛应用于机械制造业，仪器仪表和钟表行业的计量室和车间。

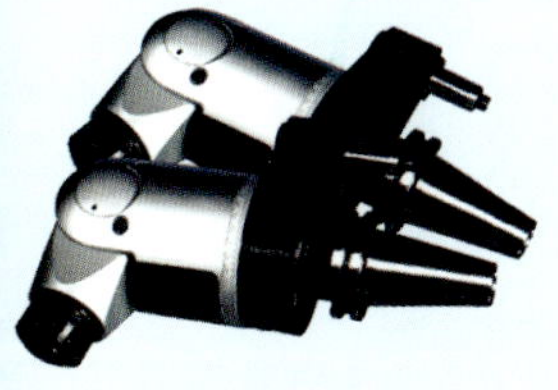

万能角度头

TMG Z 镗铣类工具系统

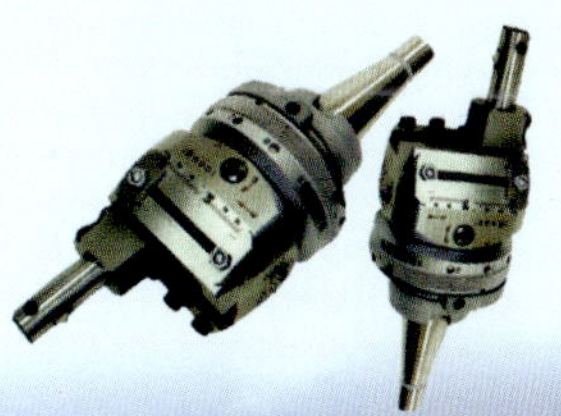

多功能旋转切削刀架

:哈尔滨市和平路 44 号　　邮编：150040　　电话：(0451)86792688(总机)　82641836(销售)
真：(0451)82623555　82607698(销售)　　http://www.harbin-links.com.cn

JKHT 交大昆机科技

交大昆机科技股份有限公司是西安交通大学产业（集团）总公司与昆明机床股份有限公司重组而成的上市公司。前者背靠著名学府，具有强大的科研开发、项目孵化和人才培养的优势，后者是中国大型精密机床的骨干生产企业，拥有一流的技术力量、制造技术和加工设备。

重组后的交大昆机积极推进制度、管理和技术创新，全力实施以数控机床、动力机械和智能电器三大板块为主的产品多元化战略。主要生产：数控卧式镗床、数控落地铣镗床、加工中心、坐标镗床、高精度回转工作转台、高效节能压缩机、智能化电器、激光快速成型机等。产品畅销全国各地，深受航天、航空、船舶、汽车等行业客户的青睐。

公司建立健全了完整的质量保证体系和服务体系，通过了ISO9001：2000质量体系认证。形成了以公司本部为中心，以北京、上海、广州、沈阳、西安、成都、济南、南京、武汉、宁波为分中心的全国营销服务网络。

今天的交大昆机正在加速前进，公司确立了“名校名企、打造名牌，交大昆机、共创辉煌”的企业远景；“搭建一流舞台，培养一流人才，创造一流机制，营造一流文化”的企业宗旨；“同心务实，携手奋进”的企业精神；“做正确的事，正确地做事，高效地做事”的企业准则，向着高科技、多元化、国际化大型企业集团的目标不懈努力。

TK4163H 单柱坐标镗床

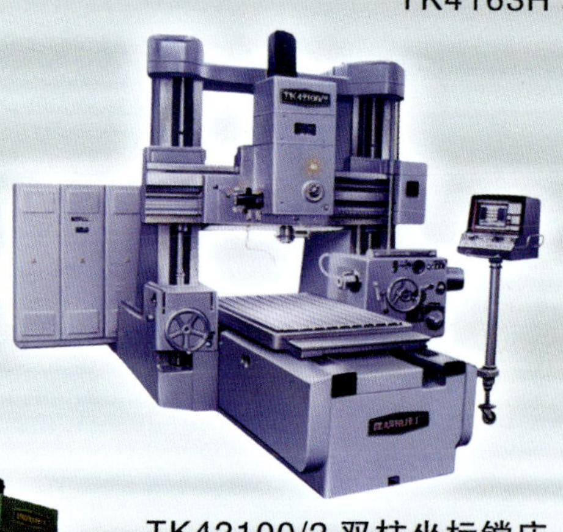

TK42100/2 双柱坐标镗床

TX6513 数显刨台式铣镗床

THK46100 卧式加工中心

昆明总部
地址：云南省昆明市茨坝路23号
邮编：650203
销售电话：(0871)5213492　5213504　5212415
服务电话：(0871)5150290
备件销售：(0871)5213503
传真：(0871)5150741　5150317
http://www.jkht.com
E-mail:sales@jkht.com

设份有限公司

TH6350 卧式加工中心

TK6916 落地铣镗床

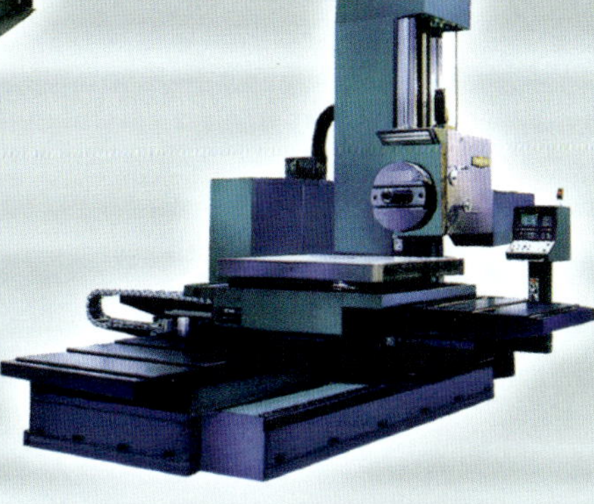
TK6113 数控卧式铣镗床

FK83200×200 回转工作台

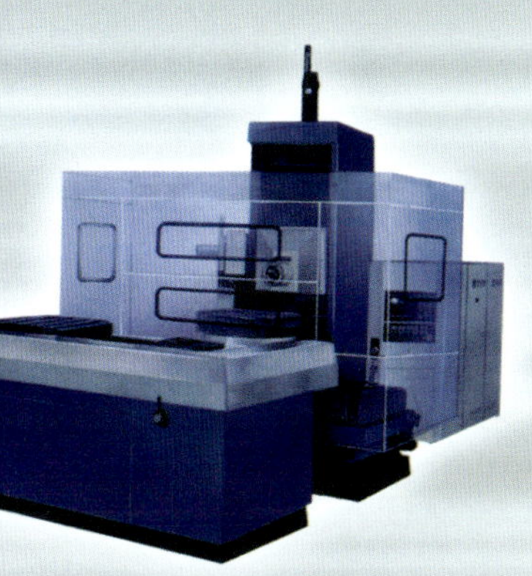
TH4680/2 卧式加工中心

TX6113C 卧式铣镗床

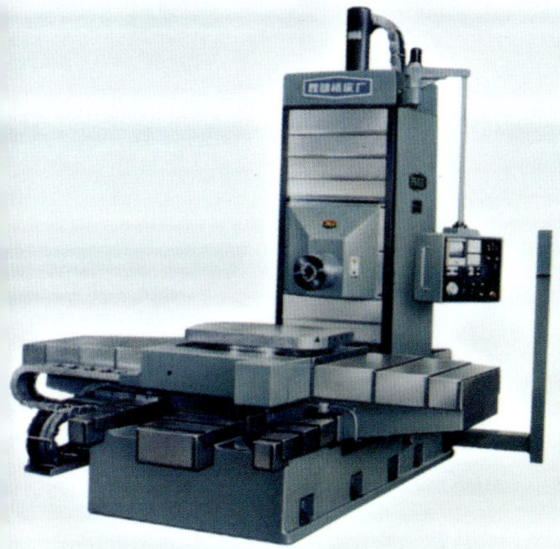
TPK4680 数控卧式坐标镗床

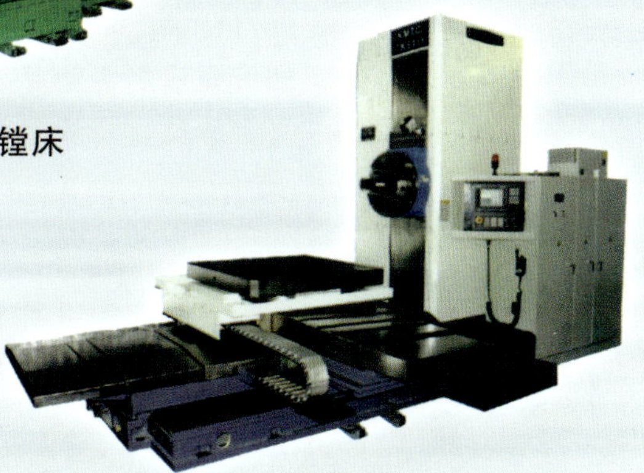
TK6111 数控卧式铣镗床

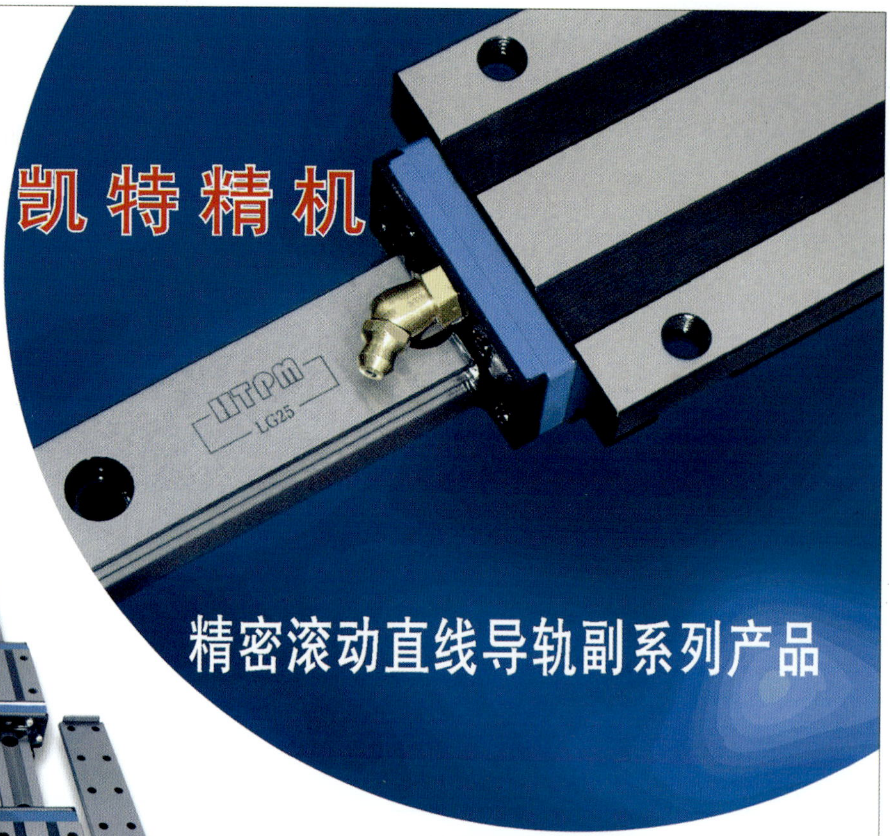

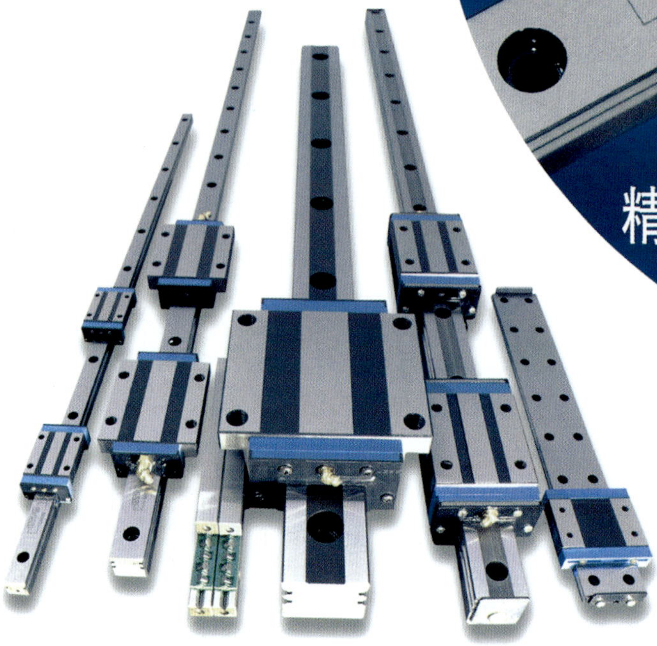

北京 AGIE CHARMILLES
北京阿奇夏米尔工业电子有限公司

北京阿奇夏米尔公司是研究、开发和生产精密数控电火花机床的中瑞(士)合资高新技术企业。其产品分为四大系列(高精度低速走丝线切割机、数控精密电火花成形机、数控高速走丝电火花线切割机、数控电火花穿孔机)10个品种，数控化率近100%。公司60%以上的员工具有大专以上学历，2002年实现人均销售收入70多万元。作为机床制造业一家中外合资企业，北京阿奇夏米尔公司自1994年成立以来一直在以年均35%以上的增长速度成长。北京阿奇夏米尔以其独特的管理理念、富于创新的研发队伍及高效的销售网络吸引着社会各界的广泛关注。在工模具制造业，北京阿奇夏米尔公司已成为国内电火花加工机床开发和制造的领先者，被中国机床工具工业协会连续两年评为“出口创汇”、“数控产值”双“十佳”企业。

在生产管理方面，北京阿奇夏米尔公司率先采用了先进的流水线作业生产方式，从而很好地保证了产品质量的一致性；在物流管理方面，采用了“看板”管理方式，使材料和成品库存得到了很大程度的优化，整台机床的制造周期仅为8个工作日；在信息管理方面，采用了ERP企业资源计划系统，工作流程得到优化和改进；在质量管理方面，早在1996年即完成了ISO9001质量管理体系认证；在技术研发方面，与瑞士同行合作，消化吸收国外先进技术；在销售方面，自1999年起，开始以ACTSPARK为品牌，将其性价比优良的产品推向全球。2002年出口销售占全年销售量的52.5%。目前已有数千台机床销往世界各地，在欧洲、南美洲市场上赢得了很好的声誉。

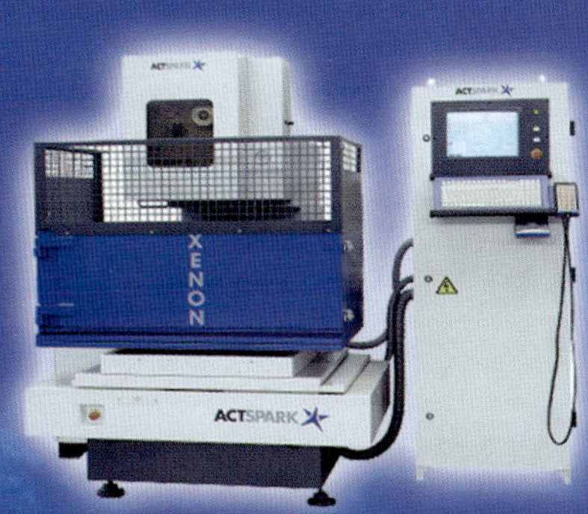

XENON
高精度低速走丝线切割机

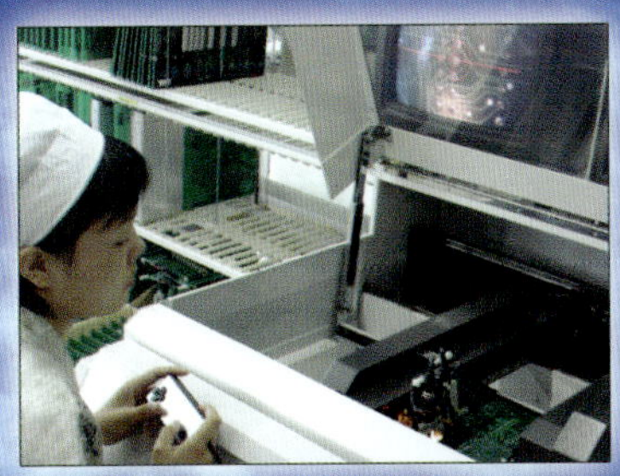

先进的电子检测设备——探针式在线检测仪

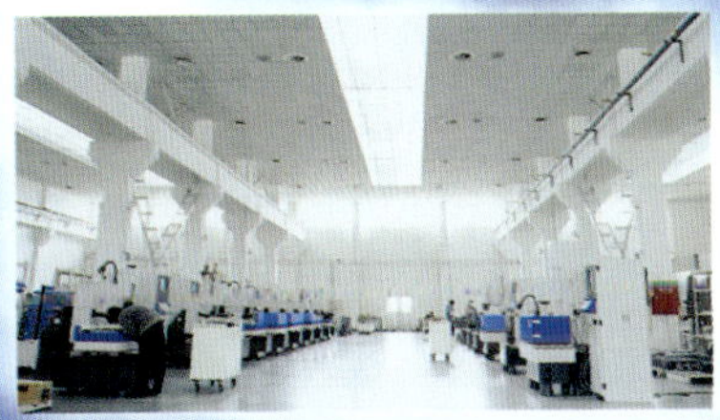

生产车间——“流水线”及“看板”管理方式

先进的机械检测设备——三坐标测量机

北京AGIE CHARMILLES

北京阿奇夏米尔工业电子有限公司　总经理：刘有鹏
地址：北京市顺义区马坡镇阿奇路一号　邮编：101300
Tel.：+86-10-6940.4616　Fax：+86-10-6940.2266　Hotline：+86 -139.1173.1188
E-mail：bao@actspark.cn　http://www.actspark.cn

中捷机床有限公司

TH54125X250型龙门式加工中心机床

中捷机床有限公司(中捷友谊厂)前身始建于1939年，是国家重点大型骨干企业沈阳机床股份有限公司的重要成员之一，现已成为我国卧式镗床、数控铣镗床和加工中心的重要生产基地。工厂座落于中国机床之乡、著名重工业基地——沈阳。

中捷机床有限公司主要产品有普通卧式铣镗床，落地式铣镗床，数控落地式铣镗床，立、卧、龙门式数控铣镗床，立、卧式铣镗加工中心，五面体加工中心，柔性生产线及专用机床等。

中捷机床有限公司在全国各地都有地区经理负责本地区市场调研、市场开发及走访用户，进行技术交流，帮助用户选型、编制工艺方案，直至交钥匙工程等对用户实行全方位服务。并且与各地中间公司建立良好合作关系，以诚信为本，广交朋友，共同开拓市场，建立起遍及全国的销售网络；通过真诚合作，把营销业务做大做强。我们欢迎用户直接与公司本部联系。

立式加工中心装配现场

TKP6513型数控刨台卧式铣镗床

TH5680立式加工中心

卧式加工中心装配现场

TH6580X80型卧式加工中心机床

地址：辽宁省沈阳市大东区珠林路25号　　邮编：110043
电话：(024)88504941-2018、2160 (营销部)　(024)88711023
传真：(024)88731221

成都宁江机床（集团）股份有限公司

董事长　陈江

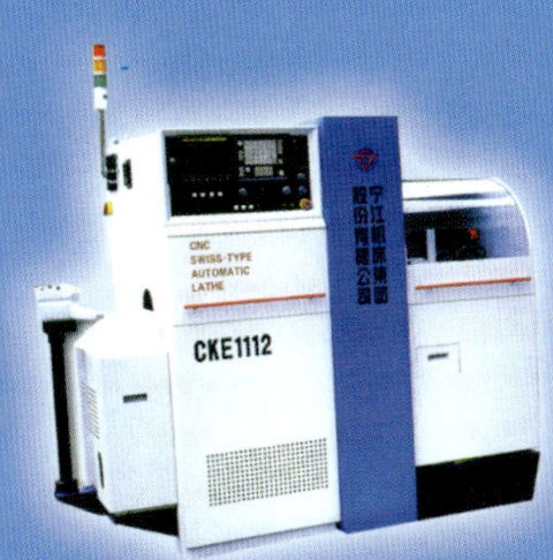

CKE1112数控纵切自动车床

成都宁江机床（集团）股份有限公司系国内大型骨干企业(原宁江机床厂)，是我国精密机床科研和生产基地之一；四川省科技产业型企业、成都市高新技术企业、成长型科技型企业、省级企业技术中心。

公司曾荣获“全国企业管理优秀奖（金马奖）”、并先后获得“国家一级计量单位”、“国家二级企业”、“成都市工业五十强”、“2002年全国用户满意企业”称号。2003年初公司又分别被中国机械工业联合会、中国机床工具工业协会评为2002年度“机械工业管理示范企业”、“中国机床工具行业十佳企业”。

公司的产品主要服务于军工、航空航天、模具、汽车、摩托车、仪器仪表、钟表、家用电器、工具、玩具等行业。公司坚持“人本、诚信、创新、发展”的经营理念，坚持“精密、高效、成套、自动化”的产品发展方向，不断追求和打造“宁江机床”精品，为振兴民族装备工业而努力。

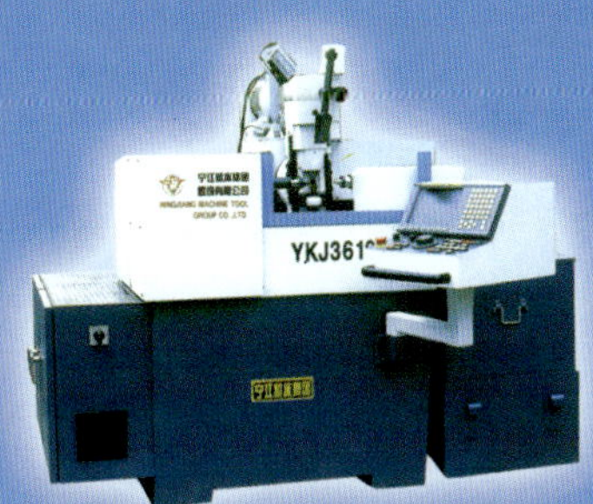

YKJ3610滚齿机床

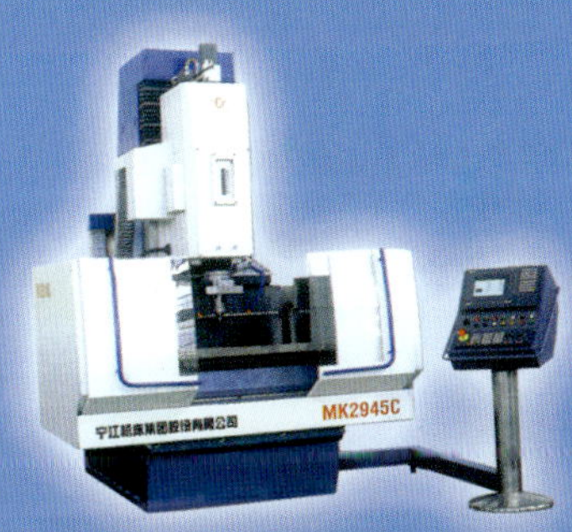

MK2945C数控坐标磨床

数控专用机床

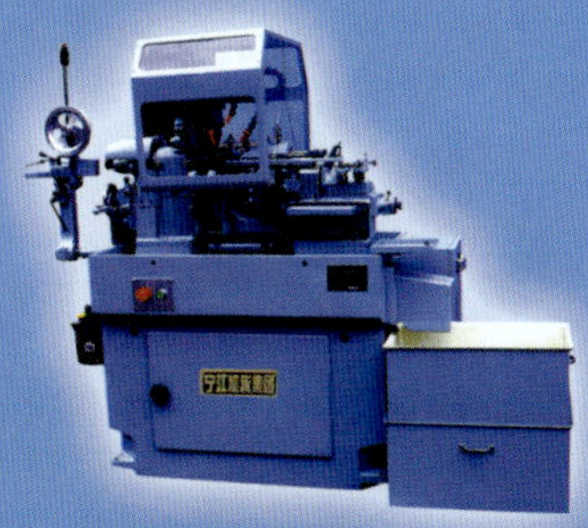

NJ—2025自动车床

地址：四川省都江堰市蒲阳路　　邮编:611831
电话：(028)87132411（总机）、(028)87132477（营销部）
传真：(028)87132467（总机）、(028)87111767（营销部）
http://www.ningjiang.com　　E-mail:nj[illegible]jb@ningjiang.com

齿轮磨棱倒角机

CHI LUN MO LENG DAO JIAO JI

YM系列齿轮磨棱倒角机，适用于弧齿锥齿轮、圆柱齿轮、轴齿轮、直锥齿轮、内齿圈、链轮、蜗轮、谐波齿轮等齿形零件的齿端磨棱倒角。广泛应用于汽车、摩托车、拖拉机、工程机械、机器制造等行业的批量生产，目前已被国内六十多家齿轮厂所采用。

机床型号及参数

机型	加工范围			生产节拍	特点
	模数 (mm)	直径 (mm)	螺旋角 (β max)	(s/件)	
YMⅡ型	1.5～8	35～350	30	17、25、35、57四级	主轴箱斜式
YMⅢ型	1.25～8	25～350	35	13、17、25、35、37五级	主轴箱0°～90°可调
YMDV型	1.5～10	35～350	55	13、17、20、25、33、40、57七级	兼备Ⅱ、Ⅲ型功能，且可加工弧齿锥轮
YMDV -50型	1.5～14	35～550	55	20、31、34、55、64、95、113、181八级	

专利产品：ZL01 2 12958.5　ZL97 3 27455.7

机床特点

- 适用范围广，调整简单，更换产品方便，不需要分齿机构、齿形靠板和对刀装置。
- 在齿轮两端面既可沿全齿形加工，也可进行锐边的单边倒角加工，且软硬齿面均宜。
- 机床为半自动操作，生产效率高。体积小，结构合理，全封闭工作。

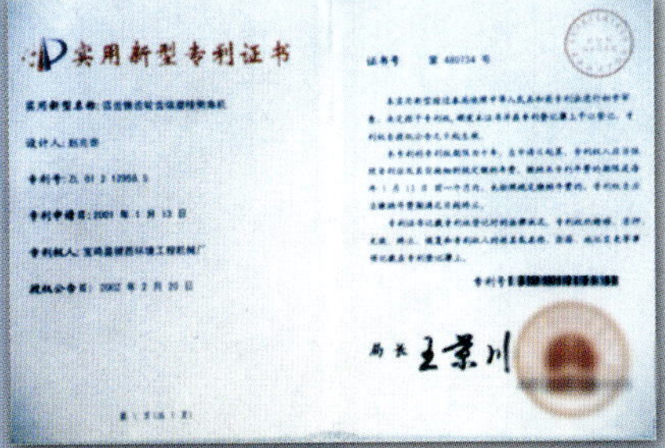
实用新型专利证书

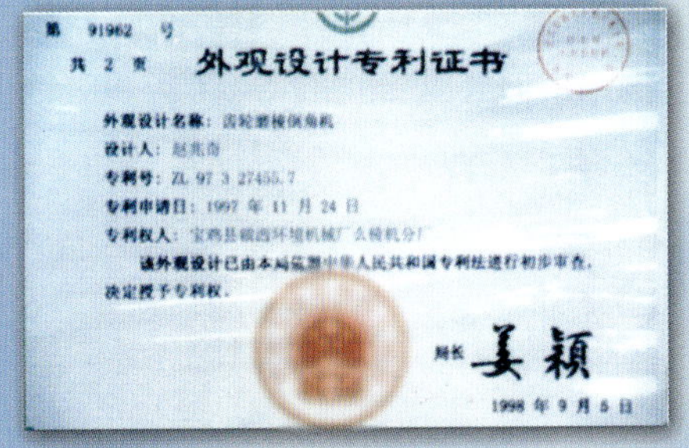
第 91962 号
共 2 页
外观设计专利证书
外观设计名称：
设计人：
专利号：
专利申请日：1997 年 11 月 24 日
专利权人：
决定授予专利权。
局长
1998 年 9 月 5 日

陕西宝鸡虢西磨棱机厂
地址：陕西省宝鸡县厂区李家崖市场65号　邮编：721300
电话：(0917)6299370、6295481　传真：(0917)6295481
手机：13809176171、13060476011、13609171606

SHAN

桂林量具刃具厂

法人代表：蒋朝许

桂林量具刃具厂坐落在桂林市风景秀丽的漓江之滨，是中国大型量具生产厂家。

桂林量具刃具厂生产的"山"字牌精密量具包括各类机械式和电子数显式的卡尺、千分尺、量表、深度尺、高度尺、测长器和专用量具等，品种多，规格全，结构先进，质量优良，年产量达50多万件（套）。"山"字牌防震百分表两次获得国家银质奖；其他产品亦多次获国家相关部门颁发的优质产品称号。桂林量具刃具厂产品在国内外享有盛誉，50%的产品出口到四十多个国家和地区。

近年来，工厂引进的激光刻线机、激光切割机、激光干涉仪、保护气体淬火炉、精密滚齿机、轴颈抛光机等一系列国外先进设备，使产品质量更上一层楼。

桂林量具刃具厂于1997年通过ISO9001质量体系认证，并于2000年通过复审换证。

工厂承诺：不遗余力地为用户提供满意的产品和服务！

桂量产品，您永无遗憾的选择！

地址：桂林市崇信路106号
邮编：541002
电话：(0773)3854341 3833012
传真：(0773)3835544
http://www.sionshan.com
E-mail: sales@sinoshan.com

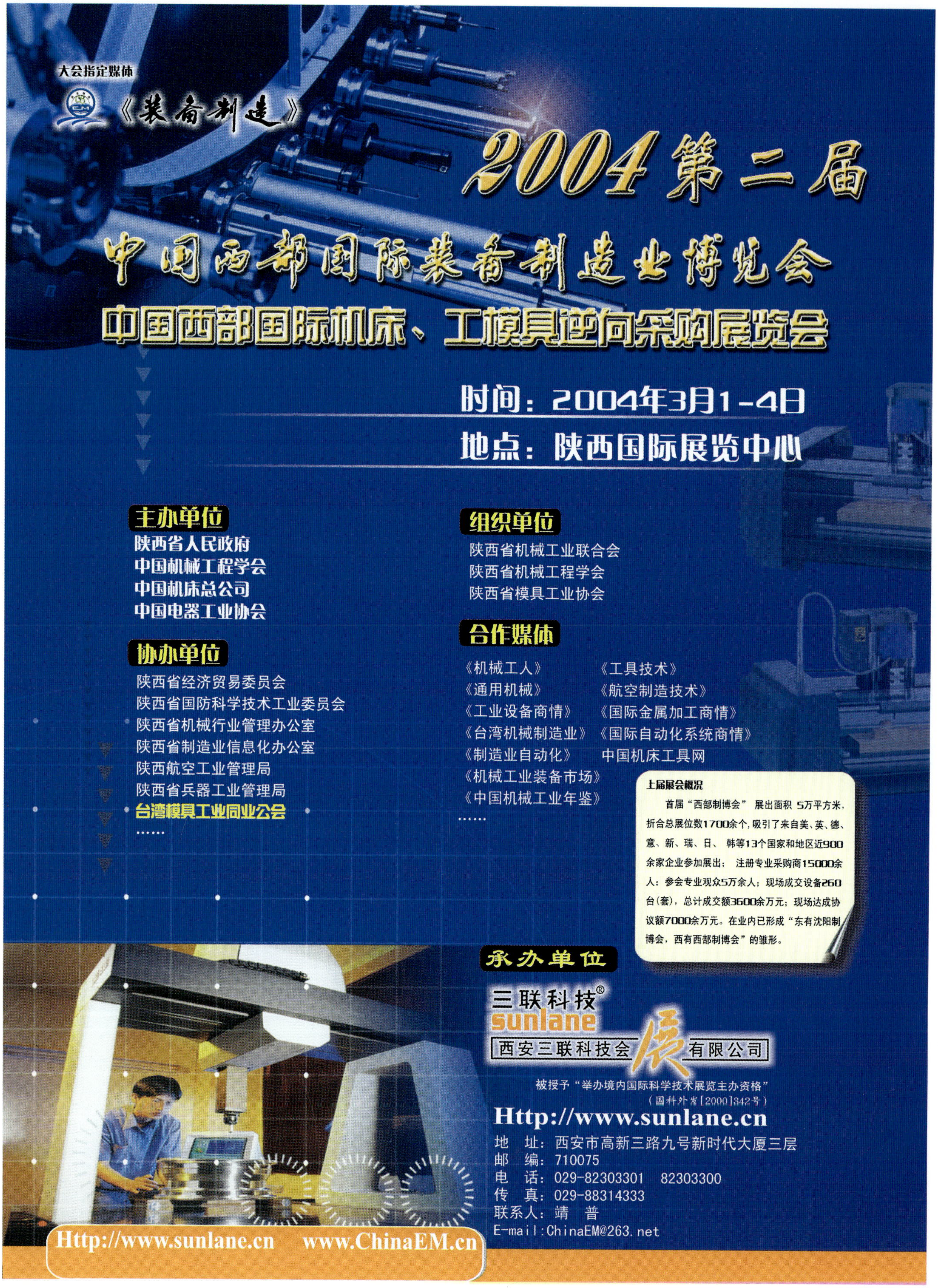
大会指定媒体
《装备制造》
2004第二届
中国西部国际装备制造业博览会
中国西部国际机床、工模具逆向采购展览会
时间：2004年3月1-4日
地点：陕西国际展览中心
主办单位
陕西省人民政府
中国机械工程学会
中国机床总公司
中国电器工业协会
协办单位
陕西省经济贸易委员会
陕西省国防科学技术工业委员会
陕西省机械行业管理办公室
陕西省制造业信息化办公室
陕西航空工业管理局
陕西省兵器工业管理局
台湾模具工业同业公会
……
组织单位
陕西省机械工业联合会
陕西省机械工程学会
陕西省模具工业协会
合作媒体
《机械工人》 《工具技术》
《通用机械》 《航空制造技术》
《工业设备商情》 《国际金属加工商情》
《台湾机械制造业》 《国际自动化系统商情》
《制造业自动化》 中国机床工具网
《机械工业装备市场》
《中国机械工业年鉴》
……
上届展会概况
首届“西部制博会”展出面积5万平方米，折合总展位数1700余个，吸引了来自美、英、德、意、新、瑞、日、韩等13个国家和地区近900余家企业参加展出；注册专业采购商15000余人；参会专业观众5万余人；现场成交设备260台(套)，总计成交额3600余万元；现场达成协议额7000余万元。在业内已形成“东有沈阳制博会，西有西部制博会”的雏形。
承办单位
三联科技®
sunlane
西安三联科技会展有限公司
被授予“举办境内国际科学技术展览主办资格”
（国科外审[2000]342号）
Http://www.sunlane.cn
地　址：西安市高新三路九号新时代大厦三层
邮　编：710075
电　话：029-82303301　82303300
传　真：029-88314333
联系人：靖　普
E-mail:ChinaEM@263.net
Http://www.sunlane.cn　www.ChinaEM.cn

保定向阳航空精密机械有限公司

Baoding Xiangyang Aviation Precision Machinery Co., Ltd.

公司始建于1964年，2000年由中国航空工业第二集团公司与中国航空技术进出口总公司共同发起改制为有限责任公司，是国家大二型企业、高新技术企业、具有自营进出口权企业，是中国机床工业协会组合夹具分会理事长单位。公司通过了ISO9001:2000国际质量管理体系认证。

公司下设组合夹具厂、锯床厂、医疗器械厂、模具标准件厂、宇航设备分公司等，还兴办了中意合资保定向阳吉拉蒂机械有限公司。航空工业组合夹具研究室和航空工业精密机床修理总站就设在公司。

公司主营产品有组合夹具、柔性夹具、精密平口钳、金属带锯床、模具及模具标准件制造、骨科医疗器械和精密机床修理、改造及调剂业务。产品出口北美、西欧等地区。

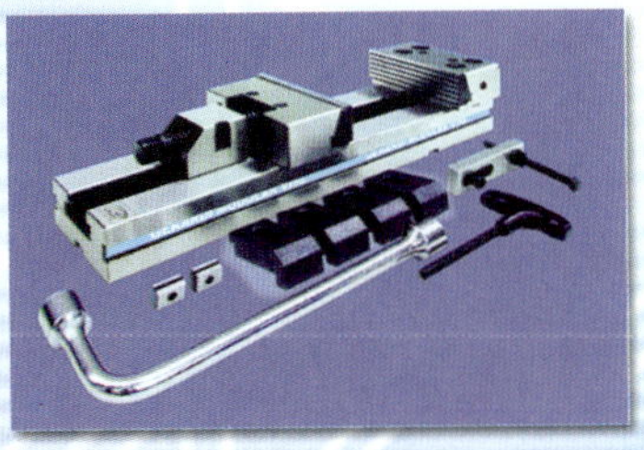

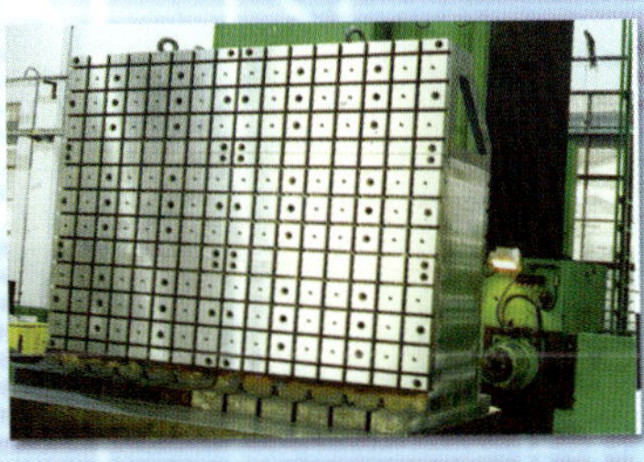

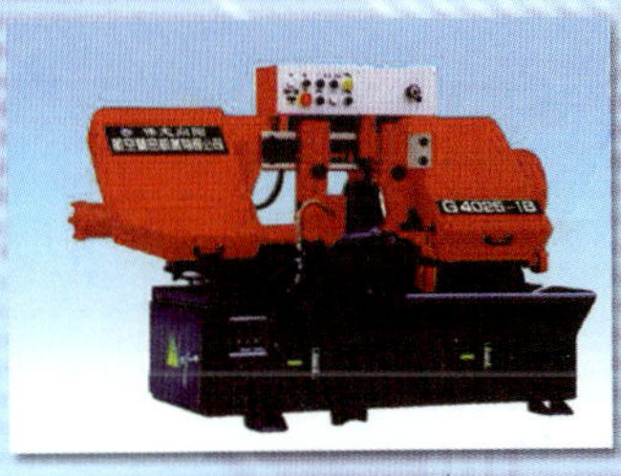

地址：河北省保定市向阳北大街88号
邮编：071064
电话：(0312)3099800 3099818
传真：(0312)3099999
质量监督电话：(0312)3099825
http://www.xiangyang.com.cn
E-mail:bdxy@xiangyang.com.cn

《中国机械工业年鉴》系列

工业发展报告
记录企业成长的每一个阶段

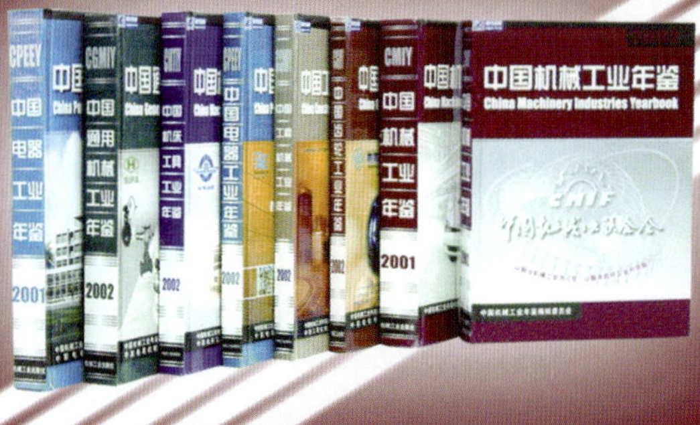

机械工业信息研究院主办
机械工业出版社出版
目标读者：制造业投资、决策人员
电话：(010)88379829、88379830
E-mail:cmiy@mail.machineinfo.gov.cn
地址：北京百万庄大街22号产业所(100037)

桂林机床股份有限公司

GUILIN MACHINE TOOL CO.LTD.

桂林牌

滑枕床身式加工中心
BED-TYPE RAM MACHINING CENTER

MODEL:
XHZ7710A XHZ7712A XHZ7712A/3

自动万能铣头国内先期开发
C轴±180度自动旋转
铣头45度轴自动转位
立卧自动转换
自动换刀
配置滑动式侧挂刀库

桂林机床股份有限公司于1993年7月由原桂林机床厂经股份制改组而成。原工厂始建于1951年7月，至今已有52年机床生产与40多年的机床出口历史。现经国家有关部委批准为自营出口企业，中国500家机械工业企业之一，国家大型二档企业、全国CAD应用工程示范企业、中国机械行业竞争力之星企业，广西高新技术企业、省级技术中心，还荣获中国进出口质量认证中心颁发的ISO9001质量体系认证书。

本公司依托自身研发力量，通过与全国高等院校、科研院所以及与德国、日本、意大利等国外专家进行广泛合作，不断开发新产品，使公司拥有产品达35大类1000多个品种。数控机床产品拥有23大类600余种。主要有数控、数控仿形滑枕升降台系列铣床、床身式系列铣床、龙门系列铣床、加工中心、数控摇臂铣床、数控0号、1号立卧式升降台系列铣床、电火花线切割机床、数控压力机床、强力铣床等。

床身式加工中心
BED-TYPE MACHINING CENTER

MODEL:
XH715 XH715/1
XH715/2 XH716
XH716/1 XH716/2

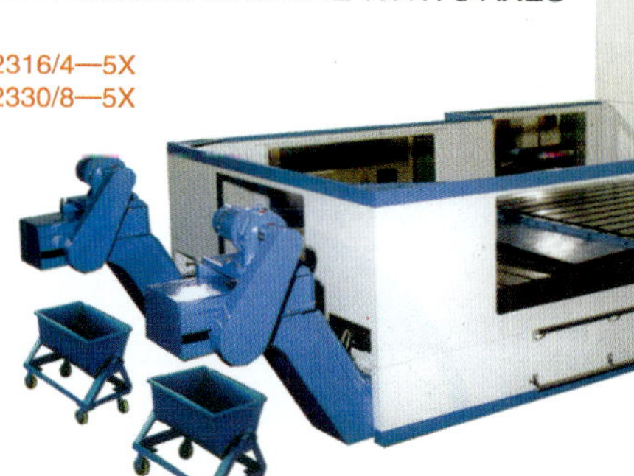

在中国（北京）第八届国际机床展览会上公司尹向东董事长（右一）与比利时客户交流情景。

五轴联动数控龙门铣床
CNC PLANER-TYPE MILLING MACHINE WITH 5 AXES

MODEL:
XK2316/3—5X XK2316/4—5X
XK2320/6—5X XK2330/8—5X
XK2330/10—5X

董事长、党委书记：尹向东
地　址：广西桂林市中山北路37号
邮　编：541001
市场部电话：（0773）2824903
（0773）2823434-3309
进出口公司电话：（0773）2802894
传　真：（0773）2824287（公司）
（0773）2809577（市场部）
http://www.glmtc.com.cn

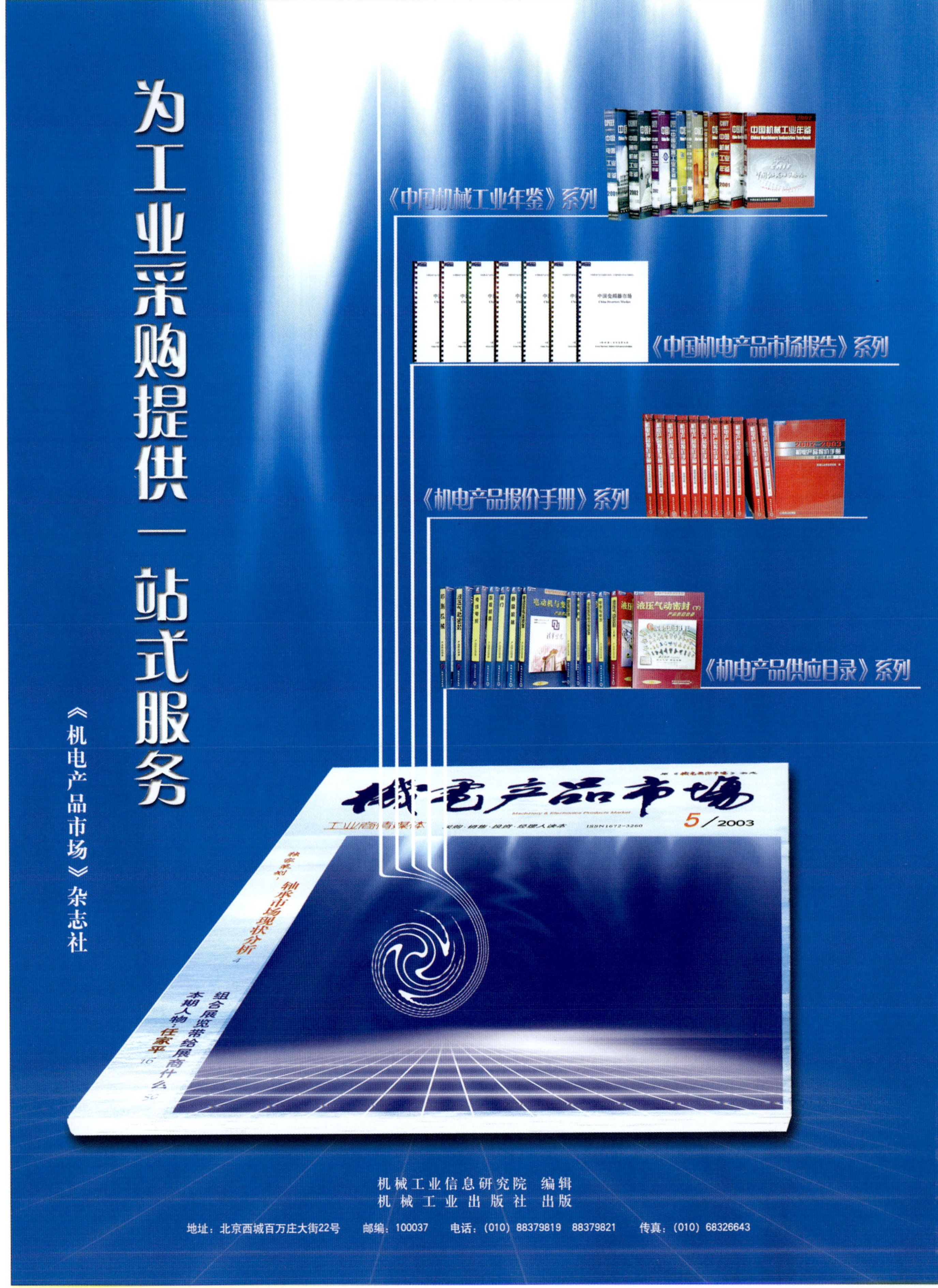

为工业采购提供一站式服务
《机电产品市场》杂志社
《中国机械工业年鉴》系列
《中国机电产品市场报告》系列
《机电产品报价手册》系列
《机电产品供应目录》系列
机电产品市场
5/2003
轴承市场现状分析
组合展览带给展商什么
本期人物：任家平
机械工业信息研究院 编辑
机 械 工 业 出 版 社 出版
地址：北京西城百万庄大街22号 邮编：100037 电话：(010) 88379819 88379821 传真：(010) 68326643

中国机械工业年鉴系列

中国机床工具工业年鉴

China Machine Tool & Tool Industry Yearbook

2003

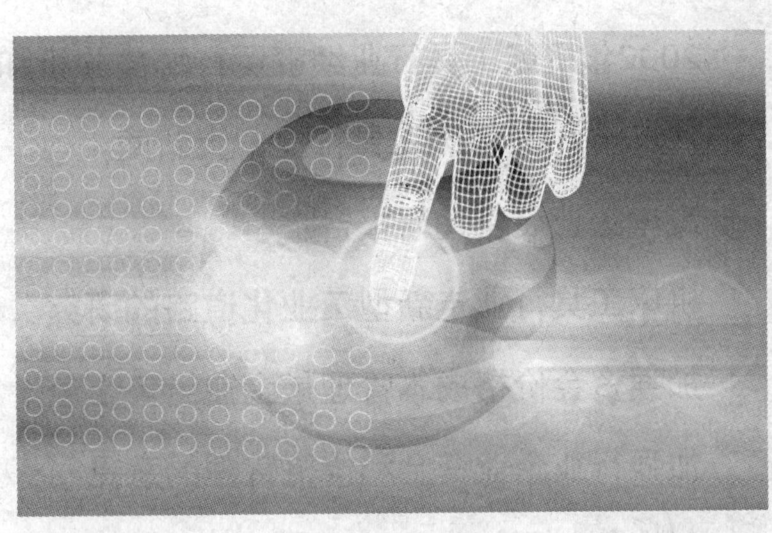

综 述

2003

中国机床工具工业年鉴

China Machine Tool & Tool Industry Yearbook

综述

中国制造业的现在与未来

国家发展和改革委员会中小企业司司长　苏　波

改革开放以来，中国经济保持了快速健康发展，为众多投资者创造了发展机会。进入新世纪，中国将进一步扩大对外开放，面向两个市场，利用两种资源，加快产业结构调整，大力发展信息技术，以信息化带动工业化，以工业化促进信息化，不断提高制造业尤其是装备制造业的技术水平，为实现2020年中国经济比2000年再翻两番的目标，做出新贡献。

一、中国工业经济的现状

1. 国民经济发展持续快速增长

2002年，我国经济在积极推进结构调整与优化升级过程中，保持了快速增长。全年国内生产总值(GDP)跃上10万亿元的新台阶，达到102 398亿元，按可比价格计算，比上年增长8%。固定资产投资快速增长，全年全社会固定资产投资4.32万亿元，比上年增长16.1%，增速为1996年以来最高水平。国家重点工程如长江三峡、青藏铁路、西电东送、西气东输和南水北调工程进展顺利。消费品市场活跃，全年社会消费品零售总额达到40 911亿元，比上年增长8.8%，通信、汽车及其相关商品消费热点初步形成。对外贸易高速增长，全年进出口总额达6 208亿美元，比上年增长21.8%。其中出口3 256亿美元，增长22.3%；进口2 952亿美元，增长21.2%。外商直接投资稳步扩大，全年外商直接投资合同金额828亿美元，比上年增长19.6%；实际使用金额527亿美元，比上年增长12.5%，当年利用外资额列世界第1位。我国已成为世界上外资进入的热点地区。

2. 工业生产快速增长

2002年，在宏观经济环境继续转好的形势下，工业各行业抓住国家继续实施扩大内需方针政策的有利条件和加入WTO带来的机遇，积极调整产业结构、产品结构和技术结构，加快发展市场急需产品，增加有效供给，提高经济增长质量和效益，使我国工业发展达到近年来最好水平，主要体现在以下几个方面：

(1)工业生产快速增长，产销衔接进一步改善。全年工业完成增加值45 935亿元，比上年增长10.2%，占GDP的比重为44.86%。其中规模以上工业企业完成增加值31 482亿元，比上年增长12.6%；产品销售率达到98%，比上年提高0.3个百分点。

(2)主要产品产量大幅度增长。2002年全国原煤产量13.8亿t，比上年增长18.9%。原油产量和原油加工量分别为1.68亿t和2.06亿t，比上年分别增长2.3%和4%。完成发电量16 540亿kW·h，比上年增长11.7%。

钢和成品钢材产量分别达到1.82亿t和1.92亿t，比上年分别增长19.73%和19.61%。我国已连续多年为世界钢材生产和消费第一大国。水泥产量7.05亿t，比上年增长13.7%；平板玻璃产量2.28亿重量箱，比上年增长11.5%。10种主要有色金属产量978.9万t，比上年增长14.5%。

汽车产量达到325.12万辆，比上年增长38.49%，其中轿车产量增长55%；发电设备完成2 121万kW，比上年增长57.6%；洗衣机、电冰箱、空调器产量分别达到1 587万台、1 599万台、3 135万台，分别比上年增长17.6%、17.8%、30%。生产移动通信设备405万部，比上年增长44%；微型电子计算机产量达1 463万台，比上年增长50.1%；彩色电视机5 447万部，比上年增长35%。固定电话和移动电话拥有量分别达到2.07亿部和2.14亿部，均居世界第1位。

主要产品产量的大幅度增长，带动了相关产品产量的增长，促进了工业和国民经济的快速发展。

(3)工业经济效益不断提高。工业企业实现利润在连续几年较大幅度增加的基础上继续快速增长，全年实现利润总额5 620亿元，按可比口径计算，比上年增长20.6%。其中国有及国有控股企业实现利润2 636亿元，比上年增长15.3%，为1994年来的最好水平。

3. 机械工业健康发展

2002年机械工业发展出现令人欣喜的态势，各项经济指标均创历史最好水平，其增长幅度高于全国工业平均水平，主要体现在6个方面。

(1)生产持续高速增长。全年规模以上企业完成工业总产值1.96万亿元，比上年增长24.8%；完成工业增加值3 800亿元，比上年增长18.1%，是历史上少有的高速增长，居工业各行业之首。机床工业也实现快速增长，全年完成工业总产值745.2亿元，比上年增长16.44%。

机械工业主要产品产量呈大幅度增长。汽车工业持续高速增长，内燃机、发电设备、冶炼设备等产量增幅超过30%。机械工业的快速增长，对机床的需求量大幅增加，拉动了国内机床生产和机床进口的增长。2002年，国内金属切削机床产量23.2万台，比上年增长19.2%。其中数控机床产量2.48万台，比上年增长31.6%。进口各类金属加工机床12.4万台，比上年增长23%。其中进口数控机床2.5万台，比上年增长42%。数控机床产量和进口量均为历史最高水平。

(2)产销衔接良好。机械工业全年实现产品销售收入1.72万亿元，比上年增长23.8%。机械工业企业按市场需求安排组织生产，不断提高经营管理水平。全行业产品产销率达到97.63%，比上年提高0.36个百分点。

(3)产品结构调整取得明显效果。为适应我国加入WTO后的新形势，提高产品在国内外市场上的竞争力，机械工业各企业重视技术创新，加大产品结构调整力度，提高高档产品比重，产品结构进一步优化，新产品开发生产取得明显效果。如高精度机床和数控机床产量分别比上年增长43.7%和31.6%，远高于机床总产量19.2%的增幅；轿车产量的增幅(55%)远高于汽车总产量(38.49%)的增幅，一年中推出了大量轿车新车型；重大技术装备的国内市场满足率有所提高。机械工业新产品产值达到3 682亿元，比上年增长43%，占工业总产值的19%，为近几年来最好水平。

(4)经济效益大幅提高。全行业实现利润总额956亿元，比上年增长48.2%，增幅之高，在机械工业的历史上罕见。机械工业亏损企业亏损额已经3年连续降低，全行业亏损企业亏损额已降到194亿元，比上年降低5.4%。经济效益的大幅提高，为机械工业今后的持续发展提供了条件。

(5)不同经济类型企业经济总量均有增长。机械工业中不同经济类型企业经济总量均保持增长，国有及国有控股企业产值增幅最高，民营企业和三资企业的工业总产值也有强劲增长，后两者已成为机械工业重要的支撑力量。

(6)机电产品进出口大幅度增长。机电产品进出口大幅度增长，体现了国内外市场一体化进程加快，推动了国民经济增长，活跃了国内市场。2002年机电产品出口1 570.8亿美元，比上年增长32.3%；进口1 555.9亿美元，比上年增长29.1%。机电产品进出口总额已占我国对外商品贸易额的1/2以上，是我国商品进出口的第1大主力。

二、制造业仍是中国经济发展的主体

1. 我国经济仍将持续高速发展

经过20年的改革开放和经济高速发展，我国已经顺利实现了第2步发展战略目标。按照第3步战略目标，到21世纪中叶，我国要基本实现现代化，达到世界中等发达国家水平。因此，在21世纪前20年我国GDP要在2000年的基础上再翻两番，到2020年要达到35万亿元(4万亿美元)，国家经济总量将居世界第3位；人均GDP要达到3 000美元以上，使人民生活在小康水平上更加富裕，达到中等收入国家水平。到2050年，基本实现现代化，经济总量位次进一步上升，要达到中等发达国家水平。要实现这样的宏伟目标，我国国民经济将在前20年以7.2%的速度增长，后30年以6%的速度增长。

2. 工业仍然是我国经济发展的主导产业

我国工业有40个门类，除了建筑业，有超过16万个规模以上的企业，从业人员达到8 900万人。2002年我国的102 398亿元GDP中，第二产业为52 982亿元，占51.74%，这几年这一比重一直在不断上升。第二产业的工业增加值为45 935亿元，占GDP的44.86%，所占比重非常大，这是因为我国正处于工业化发展的中期阶段。在这个阶段，工业仍是国民经济发展的主导产业。

3. 制造业是国民经济的物质基础和工业主体

我国制造业在国际上仅次于美国、日本、德国，排世界第4位，近几年，制造业占全国GDP的比重已超过1/3，其企业数、工业总产值占全国工业的90%以上，增加值占全国工业的4/5，上交税金占全国财政收入的1/3以上，出口占全国外贸出口的90%，制造业创造的就业占全国工业的90%以上，制造业是我国国民经济的物质基础。我国的制造业从20世纪七八十年代弱小、毫无国际竞争力，到现在已经初具市场竞争力。出口产品发生明显变化，由出口一些初级产品到现在有大量高档机电产品出口，高新技术产品出口比重不断增加，来料加工已占出口的60%。我国制造业已经有80多种产品产量居世界第1，如钢材、照相机、空调、电视机、洗衣机、摩托车等。由于我国有巨大市场，加上相对廉价而又优质的劳动力资源，吸引了大批国外发达国家企业将制造力量转移到我国。

4. 加快发展装备制造业，是新世纪我国经济战略性调整的必然选择

新时期我国经济发展的瓶颈是装备制造业，它不仅仅影响我国整个经济的产业升级和结构调整，而且影响我国高新技术、知识经济以及国防的发展，影响我国综合经济实力、国力的提高。

我国装备制造业发展到现在，已经具有比较完整的基础，其产值、增加值、利税、就业等已占全国工业的1/4～1/5，已具有相当大的规模，对全国工业的技术进步和整个产业升级具有至关重要的影响。

改革开放20多年来，我国能源、交通、原材料等基础产业得到很大发展，其制约国民经济发展的“瓶颈”问题已得到较大程度的缓解。然而就目前我国工业发展现状而言，装备制造业发展滞后，结构性矛盾突出，已成为影响工业发展的主要因素。低水平的产品能力过剩和高水平产品制造能力不足并存，重大技术装备和高水平的机电产品大量依靠进口，装备制造业不能满足国内市场需求，已经成为影响我国产业升级和竞争力提高的新“瓶颈”。

装备制造业承担着我国实现工业化、现代化的重要历史使命。传统产业是发展中国家较长时期经济增长的源泉，只要经济没有发展到非常发达的阶段，传统产业仍然是经济发展的主要力量。当前新经济的发展对制造业提出更高的要求，加快装备制造业的发展，提高装备制造业水平，是新经济和知识经济发展的必然要求。装备制造业作为科学技术物化的基础和高新技术产业化的载体，产业关联度高、需求弹性大，对国民经济增长的带动和促进作用强。只有强大的装备制造业作为基础和支撑，才能加快我国的新经济和知识经济的发展，才能加速我国工业化和工业现代化的进程。

三、工业的发展为装备工业、机床工业提供广阔市场

今后一段时期，国家将继续坚持扩大内需的方针，继续深化改革，扩大开放，国民经济整体上仍将保持较快增长势头，GDP预计年增长7%左右。工业方面，由于2002年工业增加值增幅较高，2003年增速可能有所趋缓，但仍然会保持较高的增长速度。预计规模以上企业工业增加值增长10%左右，工业出口交货值增长8%左右，工业企业经济效益力争好于2002年。预计工业各行业将呈现“较快增长，趋于

稳健”的运行态势，这将为装备工业，尤其是机床工业提供广阔的市场。

1. 煤炭和电力工业保持适度增长

煤炭、电力供需大体平衡。预期 2003 年煤炭行业工业总产值增长 5%。煤炭工业发展的重点是加强安全设备、设施配套，增加大中型煤矿生产能力，提高洗净煤质量和产量，加强劣质煤的综合利用，从而增加了对高可靠性的煤炭安全生产设备和监测设备等的需求。预计 2003 年全国发电量将突破 1.75 万亿 kW · h，提前实现“十五”规划目标。电力行业将积极采用新工艺，提高综合利用率，降低能耗水耗，加强废水、垃圾处理，发展风力发电等新能源。由此增加了对 60 万 kW 超临界发电机组、50 万 V 交直流输变电设备、10 万 kW 以上燃气蒸汽联合循环机组、10 万 kW 以上循环流化床锅炉、电除尘设备及“三废”处理设备等的需求。

2. 石化行业生产增速将与 2002 年基本持平

预期 2003 年原油产量 1.69 亿 t，比上年增加 200 万 t；天然气产量 340 亿 m^3，比上年增加 20 亿 m^3；原油加工量 2.07～2.1 亿 t，比上年增加 600～900 万 t；化肥产量 3 600 万 t，比上年增加 140 万 t。石化行业将进一步提高柴油、汽油质量，重点发展聚乙烯、聚丙烯、聚氯乙烯等专用树脂产品，发展中高档润滑油和高等级公路沥青，降低乙烯装置能耗。对石油钻采设备、炼油设备(包括大型加氢反应器)、风机、压缩机、泵、阀门等石油化工设备和自动化仪表及系统等仪器仪表产品的需求会增加。

3. 冶金、有色和建材行业生产将保持较快增长

预计 2003 年冶金工业产值增长 10%，钢和成品钢材产量分别为 1.95 亿 t 和 2.1 亿 t。重点发展热轧薄板、冷轧薄板、镀锌板和涂镀层板、不锈钢薄板、冷轧硅钢片等产品，增加品种，淘汰平炉炼钢等落后生产设备和工艺，提高连铸比和连轧比，采用新工艺，降低能耗、水耗，加强废水、垃圾处理。预计有色金属工业总产值增长 16%，2003 年 10 种有色金属产量 1 100 万 t 左右，增长 13%左右。有色行业主要是淘汰落后工艺，进行节能降耗改造，控制污染，提高综合利用率。建材行业工业总产值增长 10%，水泥行业主要是淘汰落后生产工艺，提高新型干法水泥生产占比，降低能耗，提高水泥生产的集约化程度。预计 2003 年水泥产量为 7.4 亿 t；平板玻璃产量为 2.4 亿重量箱。这些行业的更新改造和产量的增加，将对大型施工机械、大型冶金设备、大型环保设备等提出更高的要求。

4. 纺织行业将保持 2002 年的增长势头

预计 2003 年纺织行业不变价产值为 1.1 万亿元，增长 10%左右。重点发展高档服装面料和差别化纤维、新型蛋白纤维产品，注重节水、降耗。化学纤维产量 1 050 万 t，增长 9%；纱 900 万 t，增长 7%；纺织品服装出口 620 亿美元，增长 3%以上。纺织行业需要各类高档纺织机械。

5. 轻工行业继续保持增长势头

预计 2003 年轻工行业不变价产值为 2.5 万亿元，增长 17%左右；出口 950 亿美元，增长 5%。轻工行业将加快产品结构调整，加快发展农副产品深加工，发展高档新闻纸、涂布纸和高档纸箱纸板产品。引导行业提高出口产品技术含量，由出口大国向出口强国转变，形成轻工出口全方位多层次格局。对农副产品深加工设备、造纸机械、轻工机械、数控机床等设备需求较大。

6. 汽车工业仍将快速增长

一汽、上汽、东风三大汽车集团经过 2001 年的兼并重组及与跨国公司的合资合作，实力得到明显提升，汽车行业生产集中度将进一步提高。汽车消费结构正在发生积极变化，居民消费意愿看涨，私人购买轿车占全国轿车销售量的比重已提高到近 60%。为促进汽车工业的顺利发展，国家有关部门将再出台一系列法规性文件，对汽车产业投资、消费和贷款管理等方面加以规范和积极引导。汽车工业将发展低污染、节能新型发动机和有竞争优势的汽车零部件，提高中重型车及专用车、经济型轿车的性能和制造水平。2003 年，汽车工业仍将保持快速增长态势，预计汽车产量将超过 380 万辆，其中轿车将超过 130 万辆。汽车工业对金属切削机床，尤是高精度机床和数控机床，以及锻压设备等需求量大、要求水平高。

走新型工业化道路，制造业的发展，为我国装备工业发展提供更为广阔的空间。2003 年，支撑装备工业较快发展的各种因素力度不减，继续发行国债 1 400 亿元，民间投资、外商直接投资的增长都呈加快的势头，将增加对各类装备的需求，尤其是对机床产品的需求。

机床工具行业当前经济运行中的几个问题

中国机床工具工业协会总干事长　于成廷

2002 年机床工具行业产、销两旺。据国家统计局资料，机床工具行业 8 个制造业完成工业总产值 745.2 亿元，比上年增长 16.44%；产品销售收入 704.4 亿元，比上年增长 18.60%。机床工具产品出口平稳增长，进口增长较快。据海关资料，机床工具产品出口 12.59 亿美元，比上年增长 11.9%，其中金属加工机床出口 3.14 亿美元，比上年增长 8.1%。机床工具产品进口 45.73 亿美元，比上年增长 31.6%，其中金属加工机床进口 31.51 亿美元，比上年增长 30.96%。行业经济效益进一步提高，机床工具行业 8 个制造业完成利润 23.7 亿元，比上年增加 8.8 亿元。2002 年[illegible]

济运行形势是近几年最好的一年，经济运行中的主要特点和存在的问题是：

一、消费继续增加，市场容量不断扩大

2002年我国机床工具市场容量在上年增长的基础上继续扩大，消费继续增加，其中金属加工机床消费超过59亿美元，成为世界第1金属加工机床消费大国(2001年德国消费55.84亿美元，美国消费53.67亿美元)。这个趋势2003年和后几年将继续保持下去。其主要原因是：

(1)我国将继续执行扩大内需的政策，加大固定资产投资力度，发行长期国债1 400亿元。2002年国有及其他经济类型固定资产投资出现高速增长，比上年增长16.1%。1～9月纺织、机械、冶金固定资产投资比上年分别增长23.2%、41%、53.4%。

(2)国有及其他经济类型固定资产投资的快速增长拉动了民间投资的快速增长。2002年前3季度集体投资增长15.7%，同比提高5.4个百分点；个体投资增长20.8%，高于上年同期12.9个百分点。前3个季度集体、个体投资合计为7 254亿元，为国有及其他经济类型固定资产投资额的36.66%，占全社会固定资产投资额的28.08%。民间投资不断活跃将成为今后投资领域内最突出的亮点。

(3)国际资本的大量进入也将拉动机床工具产品消费的增长。在加入WTO有利因素的推动下，在国民经济持续快速增长的影响下，我国成为外商投资的热选地，新增合同外资金额和实际到位外资金额均呈现较高增长态势，新一轮外商投资高潮正在逐步形成。2002年全年实际使用外资金额527亿美元。从以上数据可以间接地看出，外商投资企业正在成为拉动机床工具产品消费的重要力量。

二、汽车工业、高新技术产业、传统产业的高速发展强劲拉动机床工具工业的增长

1. 汽车工业将成为机床工具行业的主要用户

在发达国家中，如美国、日本、德国，汽车、航空一直是机床工具行业的最主要用户。汽车工业对机床的需求量约占机床总需求量的50%左右。机床工具行业随着汽车工业的发展而上升，萧条而下降。

2002年以来，以轿车为代表的我国汽车工业进入快速发展期。2002年汽车产量达到325.12万辆，轿车产量109.08万辆，提前3年实现“十五”规划目标。据对3大汽车制造厂和9个骨干厂统计，2002年共投入技术改造资金261亿元，其中购置国产设备占购置设备投资总额的20%，金额为20亿元；汽车零部件企业技术改造资金投入近73亿元，其中42亿元用于购置机床工具(据济南二机床集团公司反映，2002年锻压设备中绝大部分订货来自各地区汽车企业)。目前，我国汽车工业呈现百花齐放的局面，各省市都把汽车工业作为省市经济发展的支柱产业加以发展，国有企业、合资企业、民营企业都加入汽车工业，参与竞争。随着我国向全面小康社会目标迈进，对汽车需求量将愈来愈大，汽车工业对机床工具行业发展的影响也必然愈来愈大，必将成为机床工具行业的第一重要用户。

2. 高新技术产业的快速发展对高档机床工具产品的需求不断增加，促进机床工具产品市场的发展

十六大报告在强调要大力发展劳动密集型产业的同时，提出了走新型工业化道路的目标，以信息化带动工业化的发展战略。2003年，信息产业将成为我国经济发展中增长速度最快的先导产业，以新材料、新能源、自动化等为代表的高新技术产业将真正成为我国经济发展的新亮点。高新技术产业作为国民经济支柱产业，其发展将需要大量高精、复合、智能、多轴控制、自动化的高档机床，将推动机床工具产品市场的进一步发展。

国产高档数控机床和成套成线设备的开发能力和生产能力不能适应市场的迫切需要，是亟待解决的问题。我国高档数控机床在品种和数量上都不能适应市场需求。汽车、航空航天、船舶、兵器、核工业等行业急需的精密加工中心、多轴联动加工中心、双主轴车削中心和车铣中心、精密磨床和复合磨床、精密电加工机床、精密大型龙门镗铣床和精密落地镗铣床以及成套成线设备，目前国内企业尚不能提供或处于新产品开发阶段和小批量生产阶段，不能满足需求，造成2002年金属加工机床进口的急剧增长。加工机床进口额已达31.51亿美元，成为继美国后第2个机床工具进口大国(2001年美国机床进口额38.1亿美元)。另一方面，也造成国产机床工具市场占有率进一步下降。

目前世界机床技术正向高速、高效、精密、复合、智能、环保快速发展，机床行业要加强国际合作，引进人才、引进技术和产品、加大合资合作力度，加速提高高档数控机床的开发能力和生产能力，以满足国内需求，提高国产机床的市场占有率。

3. 入世后，加速我国融入全球经济一体化的进程，我国作为世界制造中心的地位更加明朗，国内外市场竞争也进一步加剧

传统产业如机械、纺织、冶金等产业为了提高国际竞争实力，都在加强国际合作，加大技术改造投入，采用先进的技术和装备进行企业的技术改造，加速产品结构的调整，加强企业开发能力和提高制造技术水平，以品牌、质量、价格参与竞争，争夺市场。一个新一轮技术改造的热潮正在形成。

另外，西部大开发，西气东送、西电东输、东西部公路的贯通、交通能源基础建设、农村电网改造和退耕还林等农林水利生态建设、国防军工项目等，将为机床工具行业提供间接发展机遇。

三、交货期越来越短

在协会对行业30多个主要企业抽样调查中，绝大多数企业由于任务重拖期交货，拖期数量平均占合同数的20%以上。在对两个典型用户调查中，产品拖期交货的竟涉及机床工具行业的10多个主要企业，用户意见很大，特别是军工单位意见更大。国际上一般数控机床交货期为3个月，高档数控机床为5～6个月，大型重型机床为10～12个月。国际招标条款中规定，交货期延长1周增加投标价0.5%，超过2个月废标。交货期将成为越来越影响企业市场竞争的主要因素。国际市场拖期交货不仅影响信誉，而

且要付出经济代价。国内市场这两个问题也同样越来越突出，大量的事实向我们提出，对拖期交货问题不能忽视。不拖期，要有措施，并不是单靠加班来完成。首先要进行能力核算，有科学的制造周期，有严格的客户合同管理。如何缩短周期，协会建议：①有效利用现有生产能力，加强企业综合计划。②加大对外协作比例，扩大企业的外部采购，特别是组件的采购。③加快模块化和成组工艺技术的应用，扩大应用比例，提高标准化、系列化、通用化水平。④生产组织采用并行工程，最大限度缩短生产过程的时间(重合)。⑤信息畅通，物流和信息流能真实、同步，控制相应的流向，减少生产系统的失误。

四、个性化服务、成套服务及核心技术要求

随着买方市场的形成，高新技术的发展，用户企业受效率趋动，个性化需求日趋强烈，要求提供的装备更具特色。企业要深入研究用户工艺，提供国内外成熟的技术方案供用户选择，不断采用新技术，有针对性地开发单机成套和生产线成套，使其性能先进，功能完善，经济适用。个性化服务，要求装备有很高的效率，具有一定的柔性和生产的低成本。必须重视和掌握用户对装备的技术要求，当今，高速、复合、智能、环保4个方面是满足用户装备的核心技术。

五、竞争主体多元化

国有企业面临国内合资、民营、独资企业的竞争，同时也面临国外大而有实力的大公司的竞争。入世之后，在国外资本的进入和国内多种经济成分共同发展的政策引导下，国内机床工具行业已经改变了原有的所有制格局。目前国有及国有控股企业数占全行业企业数的60.03%，利润只占全行业的36.94%；民营企业数占17.86%，利润占26.33%；合资和独资企业数占22.11%，利润占比高达36.73%。民营和三资企业在争夺国内市场和客户方面，有很强的竞争优势，应引起国有企业的足够重视。国有企业要加快自身改革的步伐，把提高核心竞争力作为当前的头等大事。

六、行业企业发展战略联盟势在必行

竞争可以提高工作质量和效率，竞争促发展，在一般的条件下做不到的事而在激烈的竞争中能完成。但也应当清楚，再好的企业也不可能什么事都具备自己做的条件，需要联合其他企业完成，利用比自己更优势的企业去完成更有竞争力的事。因此发展强强联合、优势互补，是在竞争中取胜的一个发展战略。

国外也是如此，日本丰田工机、日平、森精机为了争夺国际市场，联合起来发挥各自的优势，成立临时的工作组织，协调各方的工作，共同完成曲轴生产线的成套任务。上机和沈一建立联合协作的关系，发挥各自的优势，合作完成曲轴的车削加工和磨削加工，并互为代理，互通信息，方便用户。更重要的是战略联盟可以有效利用各自的优势，优化技术方案，提高成套项目的成功率，不仅给用户一种满足感，而且大大缩短了交货期。

七、行业产品质量亟待上水平

2002年1季度国家抽查全国6个地区14个企业14台数控机床(其中经济型数控4台)的质量，合格9台，抽查合格率为64.3%。2季度抽查全国9个地区17个企业17台磨床产品，合格9台，抽查合格率只有52.9%。3季度全国5个地区20个企业20台锯床产品，合格10台，抽查合格率仅50%。安全问题是抽查中反映比较突出的问题。经济型数控机床的安全隐患较多，强制性标准宣贯力度不够，1季度抽查的14个企业中竟有7个企业需要购制有效标准版本，为抽查企业的50%，此外没有指导用户正确安全操作的重要文件等。

由于制造业技术水平的提高，要求装备的精度和性能在原有水平上要有一个大幅度提高，来满足制造业的需要，质量标准必须与时俱进，水平必须相应提高，这是客观发展的要求。

随着市场竞争的深化，质量的地位更加突出，质量代表企业的形象，是进入市场的许可证，是通往用户的介绍信，是企业的核心竞争力。总之，质量的环境、标准、地位在变。

质量工作有两大系统的工作要做好。一是从产品设计、毛坯原材料选购、零件加工、产品装配到检测的"制造质量体系"，这是决定产品质量的重要环节。企业必须严格精心做好每一项工作，产品质量才有保证。二是"产品质量监督体系"，主要是企业内部监督、国家质检机构的监督、用户监督、社会舆论监督。4种监督只有企业内部检验系统的监督是主动的，可自控的，也是其他3种监督的基础保证，其他3种是不可控的、是被动的。后3种监督能将决定企业成败，专职机构公布突击抽查结果，可造成用户退货，当用户对某种产品某个企业形成固定看法以后，将迫使这种产品和企业退出市场，当社会上形成某种产品不可靠、服务不好，以至更严重者欺骗用户等社会舆论后，将迫使企业倒闭，行业萎缩。因此加强企业自身的质量监督，是最经济、最可靠、最基础的，也是自己能做到的事，形成"产品无缺陷才能出厂"。后3种监督出了问题也要积极对待，采取措施加以解决。还要充分利用这3种监督扩大企业质量宣传，如国家突击抽查优等品宣传，用户使用好的评价宣传，社会上认可的品牌宣传等。社会认可的品牌是企业质量工作的最高境界，这就是质量工作。目前对制造系统的质量工作做的不够严格，4种监督没有有效的发挥作用。协会要全面启动两大质量系统的各个环节的工作，使行业质量上新台阶。

八、国内企业在投标工作中存在的一些问题

协会1年来共派专家参加兵器、航空航天、船舶、一汽、二汽等40余个用户的评标、评估工作，累计80余人次评标，15人次评估，20余人次参加标书审查，用户共采购设备70余台。在投标率很低、而中标率更低的情况下，企业失掉了很大一块市场，这里主要有以下方面的问题：①一些企业参与投标的工作人员对招标工作的法律法规学习得不够，如《中华人民共和国招投标法》，中华人民共和国对外贸易经济合作部第7号令《机电产品国际招标投标实施办法》等，由于不熟悉这些法律法规的规定，使投标的前期准备和投标书的编写不规范，造成废标，失去机会。②售前与用户交流很重要，吃准用户的要求，投标书也按用户的要求准备，中标率自然就高，而国内企业往往不重视售前服务，有的企业对用户的前期登门调研不热情接待，甚至把用户拒之门外，有的生产现场管理混乱，使用户失去购买国内产品的信心。③与国际标准不接轨，技术指标低于国际上的通常要求，很容易被淘汰。④参加投标的企业应提高参加投标人员的素质，培养一支参加投标的队伍势在必行，对评委和用户提问应对答如流，才能增加中标可能性。⑤交货期太长，比国外同类产品普遍长2～3个月，有的甚至更长，这样很难中标。⑥还要选择资质好的代理公司，以及投标书中设备的配套产品价格要尽量填写清楚。

九、企业要有一个好的发展战略

党的“十六大”明确提出我国要走新型工业化发展的路子。协会成立一个课题组，提出了机床工具行业走新型工业化的5点意见。①机床工具行业要建立以数控机床及配套产品为主的高新技术产业。②建立适应国际市场激烈竞争的企业组织结构。③建立完善的信息系统、先进的物流系统和高效的配送手段，关键工艺装备具有高速、复合、智能、环保的技术水平，并实现信息、物流、装备三者有机结合的信息化。④充分利用人力资源，实现以人为本的机制运作。⑤在形成具有国际核心竞争实力的基础上实现可持续发展，突出绿色制造和清洁生产。沿着这个方向去努力，企业要结合自己的情况制定发展战略。

企业发展要有一个好的战略方针作指导，战略有无比的威力。详细研究济南二机床集团有限公司（以下简称济二）的发展过程，可以证实这点。10年前济二提出发展大型的数控龙门铣镗床来代替原来的龙门刨床，这是一个重大决策。而后又采取引进国外技术、产品，一方面装备自己提高加工水平，另一方面开发新产品推向市场，不断扩大产品品种，经过几年的努力，现在已经处在行业的领先地位，并成为出口压力机和大型数控机床的生产基地。不仅如此，还开发了环保设备、建筑机械和铸造机械等产品，这些产品也有很强的竞争实力。济二走过的路充分说明，企业发展要有一个正确的决策，要有适合自己发展的技术路线，还要培养一批有很高素质的职工队伍。

2002年机床工具行业发展综述

中国机床工具工业协会市场部　王黎明　王惠方

2002年中国机床工具行业产销两旺，全行业工业总产值（当年价）和产品销售收入均创历史新高，市场容量在2001年的基础上继续扩大，消费继续增加；在美国、欧洲、日本等市场低迷的国际背景下，中国成为世界金属加工机床第一消费大国和第一进口大国；出口继续保持小幅增长，但数控金属切削机床出口额有所下降，金属加工机床出口额仅相当进口额的1/10左右，出口工作形势依然严峻。

在市场经济深化的大环境下，新产品开发工作得到全行业企业的普遍重视，为了提高产品技术水平，引进先进管理模式，行业中新一轮国际合资合作热潮正在兴起，不同地区、各具特色的企业改制工作正在稳步推进。当前机床工具行业已改变了国有企业一统天下局面，已经初步形成多种所有制并存的格局。

一、行业概况

机床工具行业主要由金属切削机床（以下简称金切机床）制造业、锻压设备制造业、铸造机械制造业、木工机床制造业、切削工具及量具量仪制造业、机床附件制造业、机床电器制造业、磨料磨具制造业和其他金属加工机械制造业组成。其中木工机床制造业未在国家统计局的小行业单独列出。

1.2002年机床工具行业总体情况

据国家统计局统计，2002年，机床工具行业（不含木工机床制造业）全部国有和年产品销售收入在500万元以上的非国有企业总数共2 225个，比2001年的2 055个增长8.27%；从业人员57.92万人，比2001年的59.76万人下降3.08%；产品销售收入704.42亿元，比2001年的593.95亿元增长18.60%；利润总额23.74亿元，比2001年的15.17亿元增长56.49%；工业总产值（当年价）745.17亿元，比2001年的639.98亿元增长16.44%；流动资产平均余额581.17亿元，比2001年的550.38亿元增长5.59%；固定资产净值平均余额339.83亿元，比2001年的314.62亿元增长8.01%；资产总计1 119.71亿元，比2001年的1 037.94亿元增长7.88%；负债总计723.03亿元，比2001年的675.12亿元增长7.10%（为使2001年和2002年的数据具有可比性，2001年的数据是国家统计局按2002年的2 225个企业修正统计的）。

2. 各种经济成分构成

2002年机床工具行业中，从完成经济总量上看，国有经济仍占主导地位，国有经济的工业总产值（当年价）占全行业的60.03%，民营经济占17.86%，三资经济占22.11%。从经济运行效率指标分析，利润总额中国有经济、民营经济和三资经济几乎是三足鼎立局面，国有经济占36.94%，三资经济占36.73%，民营经济占26.33%；在人均经济指标方面，三资经济运行情况最好，其全年人均利润1.68万元，是国有经济的8.84倍。2002年机床工具行业各种经济成分的经济运行指标构成见表1。

表 1 2002 年机床工具行业各种经济成分的经济运行指标构成

经 济 指 标	国有经济	民营经济	三资经济
企业数(个)	1 388	521	316
产品销售收入(万元)	4 220 937	1 190 339	1 632 907
利润总额(万元)	87 673	62 539	87 212
工业总产值(当年价)(万元)	4 473 527	1 330 648	1 647 535
全年人均利润(元/人)	1 900	8 600	16 800

注:国家统计局发布的 2002 年机床工具大行业数据。

3. 机床工具行业各小行业产品销售收入

2002 年机床工具行业中，主机制造业(金切机床、锻压设备、铸造机械)产品销售收入 275.82 亿元，占全行业的 39.15%;配套件行业(磨料磨具、切削工具及量具量仪、机床电器、机床附件、其他金属加工机械)产品销售收入 428.60 亿元，占 60.85%。

2002 年机床工具行业中，各小行业的产品销售收入排序发生变化，主机行业不再占主导地位，配套件行业占据主导地位。磨料磨具行业的产品销售收入上升为 8 个小行业之首，占机床工具行业产品销售收入的 28.2%，金切机床制造业退居第 2，占 26.4%，切削工具及量具量仪制造业排第 3，占 13.4%。锻压设备制造业居第 5。2002 年机床工具行业各小行业的产品销售收入占全行业的构成比见表 2。

2002 年机床工具行业中，各小行业的产品销售收入增幅最大的是机床附件制造业，为 30.3%;第 2 是金切机床制造业，为 24.3%;第 3 是其他金属加工机械制造业，增幅为 20.1%，2002 年机床工具行业各小行业产品销售收入占全行业的构成比见表 2。

表 2 2002 年机床工具行业各小行业产品销售收入占全行业的构成比

序号	小 行 业 名 称	产品销售收入(万元)	比上年增长(%)	小行业产品销售收入占全行业的构成比(%)
1	磨料磨具制造业	1 984 041	11.0	28.2
2	金切机床制造业	1 860 867	24.3	26.4
3	切削工具及量具量仪制造业	945 181	18.4	13.4
4	其他金属加工机械制造业	883 424	24.1	12.5
5	锻压设备制造业	643 272	20.1	9.1
6	机床电器制造业	257 993	10.1	3.7
7	铸造机械制造业	254 070	19.8	3.6
8	机床附件制造业	215 335	30.3	3.1

注:国家统计局发布的 2002 年机床工具大行业数据。

4. 机床工具行业的固定资产

2002 年机床工具行业流动资产平均余额 581.17 亿元，比 2001 年的 550.38 亿元增长 5.59%。

然而机床工具行业固定资产增幅放缓，其中主机行业固定资产基本没有增长，有的行业还略有下降。在机床工具行业 231 个重点联系企业(占全行业数的 10.38%)统计中，机床工具行业固定资产净值平均余额比上年下降 0.08%。主机 4 个小行业中，锻压机械行业和木工机床行业均呈负增长，金切机床行业仅增长 0.47%，铸造机械行业增长 0.02%。而配套件行业却增长较快，其中机床电器行业增长 31.79%，这和整个电器制造业的产品销售收入增长较快是相一致的。

5. 机床工具行业重点联系企业完成产品销售收入

2002 年机床工具重点联系企业 231 个，完成产品销售收入 197 亿元，占全行业的 27.97%，完成工业总产值 197.6 亿元，占全行业的 26.52%。

(1)金切机床制造业 金切机床制造业有 123 个重点联系企业，占金切机床行业企业总数的 29.26%。金切机床制造业重点联系企业产品销售收入前 10 名的企业，其产品销售收入 64.94 亿元，占金切机床制造业全部重点联系企业产品销售收入的 48.62%，2002 年金切机床制造业重点联系企业前 10 名产品销售收入见表 3。

(2)锻压设备制造业 锻压设备制造业有 26 个重点联系企业，锻压设备制造业重点联系企业产品销售收入前 10 名企业产品销售收入 16.86 亿元，占锻压设备制造业重点联系企业产品销售收入的 78.92%，2002 年锻压设备制造业重点联系企业前 10 名产品销售收入见表 4。

(3)铸造机械制造业 铸造机械制造业共有重点联系企业 6 个，2002 年产品销售收入 2.88 亿元，2002 年铸造机械制造业重点联系企业产品销售收入见表 5。

(4)木工机械制造业 木工机械制造业共有重点联系企业 4 个，2002 年产品销售收入 5.15 亿元，2002 年木工机械制造业重点联系企业产品销售收入见表 6。

(5)切削工具及量具量仪制造业 切削工具及量具量仪制造业有 27 个重点联系企业，其产品销售收入前 10 名企业产品销售收入 9.49 亿元，占重点联系企业产品销售收入的 75.35%，2002 年切削工具及量具量仪制造业重点联系企业前 10 名产品销售收入见表 7。

表 3 2002 年金切机床制造业重点联系企业前 10 名产品销售收入

序号	企 业 名 称	产品销售收入(万元)
1	大连机床集团有限责任公司	191 000
2	沈阳机床股份有限公司	188 924
3	无锡开源机床集团有限公司	61 555
4	北京第一机床厂	48 300
5	东风汽车有限公司设备制造厂	40 352
6	杭州机床集团有限公司	26 281
7	上海机床厂有限公司	24 915
8	宁江机床(集团)股份有限公司	23 170
9	宝鸡机床厂	22 995
10	齐齐哈尔第一机床厂	21 925

注:机床工具行业重点联系企业统计资料。

表4 2002年锻压设备制造业重点联系企业前10名产品销售收入

序号	企业名称	产品销售收入（万元）
1	济南二机床集团有限公司	45 096
2	湖北三环锻压机床有限公司	26 868
3	上海冲剪机床厂	20 361
4	广东锻压机床有限公司	15 265
5	江苏亚威机床集团公司	12 115
6	齐齐哈尔二机床(集团)有限责任公司	11 204
7	合肥锻压机床股份有限公司	10 020
8	山东高密高锻机械公司	9 636
9	江苏徐州锻压机床厂	9 530
10	浙江萧山金龟机械有限公司	8 467

注:机床工具行业重点联系企业统计资料。

表5 2002年铸造机械制造业重点联系企业产品销售收入

序号	企业名称	产品销售收入（万元）
1	青岛铸造机械集团公司	10 745
2	上海压铸机厂	4 971
3	保定维尔铸造机械有限公司	4 106
4	灌南压铸机厂	3 515
5	苏州铸造机械厂有限公司	3 242
6	漯河铸造机械有限公司	2 181

注:机床工具行业重点联系企业统计资料。

表6 2002年木工机械制造业重点联系企业产品销售收入

序号	企业名称	产品销售收入（万元）
1	上海木工机械厂	46 340
2	烟台牟平轻工机械有限公司	2 685
3	青岛木工机械制造总公司	1 325
4	信阳木工机械股份有限公司	1 194

注:机床工具行业重点联系企业统计资料。

表7 2002年切削工具及量具量仪制造业重点联系企业前10名产品销售收入

序号	企业名称	产品销售收入（万元）
1	上海工具厂有限公司	19 826
2	成都成量集团公司	17 577
3	哈尔滨量具刃具厂	15 062
4	哈尔滨第一工具厂有限公司	10 382
5	汉江工具有限公司	9 235
6	上海量具刃具厂	5 616
7	关中工具厂	5 033
8	本溪工具有限公司	4 574
9	青海量具刃具有限公司	3 862
10	桂林量具刃具厂	3 683

注:机床工具行业重点联系企业统计资料。

(6)机床电器制造业　机床电器制造业重点联系企业有15个，产品销售收入前10名企业产品销售收入12.20亿元，占机床电器制造业重点联系企业产品销售收入的96.83%，2002年机床电器制造业重点联系企业前10名产品销售收入见表8。

(7)机床附件制造业　机床附件制造业重点联系企业有8个，其产品销售收入共3.26亿元，2002年机床附件制造业重点联系企业产品销售收入见表9。

(8)磨料磨具制造业　磨料磨具制造业重点联系企业有10个，其产品销售收入6.21亿元，2002年磨料磨具制造业重点联系企业产品销售收入见表10。

表8 2002年机床电器制造业重点联系企业前10名产品销售收入

序号	企业名称	产品销售收入（万元）
1	耀华电器集团有限公司	48 807
2	苏州机床电器厂	15 551
3	天水二一三机床电器厂	16 515
4	九川电器有限公司	11 346
5	无锡明达电器有限公司	9 083
6	沈阳二一三机床电器厂	4 774
7	上海机床电器厂	4 302
8	北京机床电器厂	4 108
9	天津机床电器有限公司	3 277
10	安阳机床电器有限公司	2 394

注:机床工具行业重点联系企业统计资料。

表9 2002年机床附件制造业重点联系企业产品销售收入

序号	企业名称	产品销售收入（万元）
1	呼和浩特众环机床附件股份有限公司	8 524
2	无锡建华机床厂	5 700
3	烟台环球机床附件集团有限公司	4 816
4	烟台第二机床附件厂	3 220
5	山东临清宏鑫机床有限公司	3 066
6	上海机床附件一厂	2 850
7	山东征宙机床附件集团有限公司	2 335
8	威海精密机床附件厂	2 086

注:机床工具行业重点联系企业统计资料。

表10 2002年磨料磨具制造业重点联系企业产品销售收入

序号	企业名称	产品销售收入（万元）
1	白鸽集团有限责任公司	23 157
2	上海砂轮厂	18 102
3	黑龙江丹峰磨料磨具有限公司	7 567
4	苏北砂轮厂	4 569
5	苏州远东砂轮有限公司	2 968
6	巢湖砂轮有限公司	2 131
7	丹江口水利枢纽管理局	1 573
8	第三砂轮厂	863
9	第六砂轮厂	625
10	安徽凤阳东方磨料磨具有限公司	501

注:机床工具行业重点联系企业统计资料。

二、生产情况

1. 国家统计局公布的2002年机床工具产品生产情况

机床工具行业主要产品产量及增幅分别为，2002年全国金切机床231 951台，比2001年的194 665台增长19.15%。其中高精度机床1 585台，比2001年的1 103台增长 43.70%；数控机床24 803台，比 2001 年的18 842台增长 31.64%；大型机床 2 299 台，比 2001 年的 2 043 台增长 12.53%；锻压设备 363 708t，比 2001 年的 291 402t 增长 24.81%(国家统计局未单独统计数控锻压设备生产台数)；铸造机械19 441台，比 2001 年的20 0132台下降 2.86%；金属切削工具186 306万件，比 2001 年的156 947万件增长 18.71%；量具2 684.54万件，比 2001 年的2 682.59万件增长 0.01%；量仪 11.39 万件，比 2001 年下降 35.60%(注：为使 2001 年和 2002 年的数据具有可比性，2001 年的数据是国家统计局按 2002 年的2 225个企业修正统计的)。

2. 金属加工机床(金切机床＋锻压设备)行业重点联系企业生产情况

国家统计局公布的 2002 年金属加工机床产量是由行业的 408 个企业生产的。2002 年金属加工机床行业共有 149 个重点联系企业，占金属加工机床行业企业总数的 23.61%，工业总产值 144.88 亿元，占金属加工机床行业的 55.34%。

2002 年金切机床行业重点联系企业有 123 个，生产金切机床135 461台，占全国金切机床产量的 58.40%。其中：高精度机床 1 154 台，占全国产量的 72.81%；数控机床 15 841台，占全国产量的 63.87%；大型机床1 809台，占全国产量的 78.69%(资料来源：机床工具行业重点联系企业统计资料和国家统计局发布的 2002 年机床工具大行业数据)。

金切机床行业重点联系企业的工业总产值(当年价) 120.60 亿元，其中金切机床产值 88.79 亿元，金切机床产值占金切机床行业工业总产值的 73.62%。

2002 年锻压设备行业重点联系企业有 26 个，共生产锻压设备20 807台。锻压设备行业重点联系企业工业总产值(当年价)24.29 亿元，其中锻压设备产值 16.34 亿元，锻压设备产值占锻压设备行业工业总产值的 67.27%。

3. 数控机床生产情况

国家统计局只公布了 2002 年全国数控金切机床产量 24 803台，未将数控机床产值单独列出，故只能用机床工具行业重点联系企业生产情况来分析数控机床生产情况。

金切机床行业重点联系企业共生产数控金切机床 15 841台，占全国数控金切机床产量的 63.87%，产值 32.04 亿元。

金切机床行业重点联系企业中有 80 多个企业生产数控金切机床，但主要生产能力集中在前 10 名企业，前 10 名企业的数控金切机床产值 18.45 亿元，占重点联系企业数控金切机床产值的 57.58%，其产值数控化率平均为 47.06%。浙江日发数码精密机械股份公司和北京阿奇工业电子有限公司的产值数控化率为 100%。此外，长城机床厂、济南二机床集团有限公司、青海第一机床厂等企业的数控金切机床产值数控化率都超过 90%。

金切机床行业重点联系企业数控金切机床产值前 10 名企业见表 11。

表 11 金切机床行业重点联系企业数控金切机床产值前 10 名企业

序号	企业名称	金切机床产值 (万元)	数控金切机床产值 (万元)	产值数控化率 (%)
1	沈阳机床股份有限公司	160 583	67 746	42.2
2	大连机床集团有限责任公司	81 173	21 277	26.2
3	北京第一机床厂	48 266	19 857	41.1
4	济南一机床集团有限公司	21 389	14 317	66.9
5	宝鸡机床厂	21 234	11 439	53.9
6	浙江日发数码精密机械股份公司	11 268	11 268	100.0
7	北京阿奇工业电子有限公司	11 119	11 119	100.0
8	汉川机床有限责任公司	13 744	10 085	73.4
9	江苏多棱数控机床股份有限公司	10 492	9 314	88.8
10	武汉重型机床厂	12 732	8 084	63.5

注：机床工具行业重点联系企业统计资料。

锻压设备行业重点联系企业共 26 个，生产数控锻压设备 600 台，产值 6.27 亿元。生产数控锻压设备有 10 个企业。锻压设备行业重点联系企业生产数控锻压设备的企业见表 12。

三、进出口

1. 进口

据海关总署数据：2002 年中国进口机床工具类产品 45.73 亿美元，比 2001 年增长 31.6%。其中数控类产品(数控金切机床、数控锻压设备、数控压铸机、数控装置)进口 23.32 亿美元，占全部机床工具类产品进口值的 51.91%。

金属加工机床(金切机床＋锻压设备)进口124 132台，比上年增长 23.08%，进口值 31.51 亿美元，比上年增长 30.96%，其中数控机床25 097台，比上年增长 41.96%；进口值 18.84 亿美元，比上年增长 33.53%。数控金属加工机床(数控金切机床、数控锻压设备)进口值占全部金属加工机床进口值的 59.79%。

进口增长较快的有：锻压设备、压铸机、切削刃具、工具以及数控装置类产品，其中切削刃具、工具以及数控装置类产品其增长幅度都在 50%以上。

2002 年中国机床工具产品进口情况见表 13。

表 12 锻压设备行业重点联系企业生产数控锻压设备的企业

序号	企业名称	锻压设备产值(万元)	数控锻压设备产值(万元)	产值数控化率(%)
1	济南二机床集团有限公司	31 529	24 672	78.3
2	上海冲剪机床厂	17 497	10 394	59.4
3	湖北三环锻压机床有限公司	16 472	7 670	46.6
4	合肥锻压机床股份有限公司	9 885	6 749	68.3
5	江苏亚威机床集团公司	11 787	5 762	48.9
6	天津锻压机床总厂	7 546	4 727	62.6
7	天水锻压机床厂	5 314	1 353	25.5
8	青岛锻压机械集团公司	7 080	998	76.1
9	上海第二锻压机床厂	5 607	278	5.0
10	内江锻压机床厂	3 253	105	3.2

注:机床工具行业重点联系企业统计资料。

本表中济南二机床集团有限公司的数据为数控锻压设备产值,其数控金切机床产值0.76亿元另计入数控金切机床产值内。

表 13 2002年中国机床工具产品进口情况

产品名称	进口数量(台、件)	比上年增长(%)	进口金额(亿美元)	比上年增长(%)
机床工具产品总计			45.73	31.6
金切机床	75 959	24.3	20.75	26.6
其中:数控金切机床	18 276	38.4	14.54	31.6
锻压设备	48 173	21.2	10.76	40.3
其中:数控锻压设备	6 821	52.6	4.31	40.4
压铸机	1 493	12.5	1.04	42.4
其中:数控压铸机	303	27.29	0.29	22.8
木工机床	35 361	19.0	3.29	31.8
数控装置			4.18	52.2
磨料磨具			1.42	20.9
机床夹具、附件	3 156 448	36.8	1.00	16.9
机床零、部件			1.65	0.3
切削刃具、工具	142 847 459	82.0	1.52	61.2
量具、量仪	445 955	14.3	0.12	2.6

2. 出口

据海关总署数据:2002年中国出口机床工具类产品12.59亿美元,比2001年增长11.9%。其中数控类产品(数控金切机床、数控锻压设备、数控压铸机、数控装置)出口0.67亿美元,占全部机床工具类产品出口值的5.46%。2002年中国机床工具产品出口情况见表14。

表 14 2002年中国机床工具产品出口情况

产品名称	出口数量(台、件)	比上年增长(%)	出口数额(亿美元)	比上年增长(%)
机床工具产品总计			12.59	11.9
金切机床	5 506 581	22.2	2.64	13.9
其中:数控金切机床	3 097	41.2	0.35	−3.2
锻压设备	55 334	12.6	0.50	−14.8
其中:数控锻压设备	238	−24.4	0.04	−50.8
压铸机	438	46.0	0.12	36.4
其中:数控压铸机	83	36.1	0.04	51.0
木工机床	2 912 280	34.4	1.57	22.9
磨料磨具			3.10	4.5
数控装置			0.24	43.2
机床夹具、附件	31 572 537	18.8	0.61	28.5
机床零、部件			1.30	2.1
切削刃具、工具	1 837 682 023	4.0	2.16	23.5
量具、量仪	20 902 757	0.5	0.35	−0.5

金属加工机床(金切机床+锻压设备)出口5 561 915台,比上年增长22.11%,出口值3.14亿美元,比上年增长8.11%;其中数控金属加工机床出口3 335台,比上年增长32.92%;数控金属加工机床出口值0.39亿美元,比上年下

降12.34%。金属加工机床产品出口中，数控金切机床出口数量虽有增加，但出口值却有所下降。数控锻压设备出口数量和出口值都有所下降。

金切机床出口总数5 506 581台，其中台钻、砂轮机、抛光机、锯床等小型低值机床共5 430 172台，占金切机床出口总量的98.61%。其他金切机床76 409台。

金切机床出口值2.64亿美元，其中台钻、砂轮机、抛光机、锯床等小型低值机床共1.42亿美元，占金切机床出口总值的53.79%，其余金切机床出口值1.22亿美元。

2002年金切机床行业重点联系企业出口0.74亿美元，占其余金切机床出口额的60.66%（这里所指其余金切机床出口额不含台钻、砂轮机、抛光机、锯床等小型低值机床），2002年金切机床重点联系企业出口前10名企业见表15。

表15 2002年金切机床重点联系企业出口前10名企业

序号	企业名称	出口金额（万美元）
1	沈阳机床股份有限公司	1 704
2	北京阿奇工业电子有限公司	579
3	宝鸡机床厂	531
4	云南CY集团有限公司	476
5	大连机床集团有限责任公司	399
6	无锡开源机床集团有限公司	294
7	山东鲁南机床有限公司	265
8	盐城机床有限公司	218
9	安徽池州家用机床厂	205
10	宁江机床集团股份有限公司	183

注：机床工具行业重点联系企业统计资料。

锻压设备出口值比上年下降14.76%。

2002年锻压设备行业重点联系企业出口前10名企业见表16。

表16 2002年锻压设备行业重点联系企业出口前10名企业

序号	企业名称	出口金额（万美元）
1	济南二机床集团有限公司	251
2	湖北三环锻压机床有限公司	224
3	广东锻压机床有限公司	213
4	上海第二锻压机床厂	90
5	青岛锻压机械集团公司	46
6	合肥锻压机床股份有限公司	43
7	宜昌力帝实业集团有限公司	39
8	上海锻压机床厂	35
9	上海冲剪机床厂	35
10	辽阳锻压机床股份有限公司	33

注：机床工具行业重点联系企业统计资料。

四、新产品

2002年数控机床及其相应的刀具、附件、量仪以及高精、高效、高性能的产品继续成为市场需求的主流。普通产品生产能力过剩，高档数控机床和成套设备国内供应能力不足。机床工具行业各企业在多轴联动加工中心、龙门镗铣床、落地镗铣床等新产品及相关方面进行开发，并取得进步。

1. 金切机床

金切机床行业重点联系企业2002年共开发金切机床新品种355种，其中数控机床231种，占65%。

(1)加工中心 宁江机床（集团）股份有限公司的国家技术创新项目NJ—5HMC40型五轴联动加工中心通过了专家论证。NJ—5HMC40型五轴联动加工中心是由X、Y、Z三个直线坐标轴和摆动主轴头（B轴）、回转工作台（C轴）实现五轴联动。机床采用模块化设计，同时采用分辨率为0.000 1mm的全闭环控制技术和精密制造技术。

江苏多棱数控机床股份有限公司开发了XH716/5X型五轴联动立式加工中心以及CXH7525型车铣复合加工中心等8种高档数控机床。

托普自贡长征机床有限责任公司开发出KVC1400/1型四坐标立式加工中心、KVC800型立式加工中心、GMC1300型横梁移动龙门式加工中心。GMC1300型横梁移动龙门式加工中心采用德国技术。

交大昆机科技股份有限公司开发了2种卧式加工中心。

大河机床厂研制成功8种加工中心新产品并通过了用户鉴定。

汉川机床有限责任公司、秦川机床集团有限公司等企业也开发出加工中心新产品。

(2)车床 沈阳机床股份有限公司研制成功的CHH6125型卧式车削中心，是"十五"国家科技攻关计划重点项目之一，为对置双主轴结构，两主轴均采用内装式电主轴，第一、二主轴的最高转速分别达到5 000r/min，7 000r/min。X、Y轴快移速度达到30m/min，加速度达到1g。

沈阳机床股份有限公司研制成功的SSCKZ80—5/2000型车铣加工中心，也是"十五"国家科技攻关计划重点项目之一，它在二坐标卧式数控车床的基础上，配加带Y、B轴的动力单元、C轴、48工位刀库及机械手自动换刀装置，构成五轴（X、Y、Z、C、B）车铣加工中心，最大加工直径800mm，最大加工长度达2 000mm。

齐齐哈尔第一机床厂成功制造的我国首台10m CK52100/150型重型数控双柱动梁立式车床，最大加工直径10 000mm，加工高度5 000mm，加工重量150t，属于国家立项工程（洁净煤），是为中信重型机械公司制造的，已通过鉴定。同时通过鉴定的还有CK5112Hx10/3Q型数控单柱立式车床、CK84100D×70/25L型数控轧辊车床。

长城机床厂开发出CK7832B/2型等17种数控车床，产品水平达到20世纪90年代水平，并通过了用户鉴定。

济南一机床集团有限公司、南京机床厂、云南CY集团有限公司、宁江机床（集团）股份有限公司、天水星火机床厂、宝鸡机床厂、重庆第二机床厂、太原第一机床厂、山东德州德隆（集团）机床有限责任公司、瓦房店重型机床厂等企业都在数控车床或车削中心新产品开发方面取得成功。

(3)铣床 北京机床研究所的SQUARE800型超精密

平面镜加工机床通过北京市科学技术委员会鉴定。SQUARE300型超精密平面镜加工机床以特定材料无氧铜、铝合金等有色金属及KDP晶体为加工对象，采用金刚石刀具以飞切方式进行大平面镜面加工。机床主轴回转精度达到0.03μm，运动部件直线精度稳定达到400mm小于0.3μm；实际加工件检测表明，大平面金属件（300mm×300mm）通过铣削加工，表面粗糙度达到了R_a0.997nm，是国内精密加工技术的最高水平。

北京航空工艺研究所与法国FOREST—LINE公司合作研制成功，并组织生产的V225000B型三坐标双主轴高速数控龙门铣床，是提供给西安飞机工业公司的。

福建三明机床有限责任公司、长春第二机床有限公司也开发了数控铣床。

(4)钻床 沈阳机床股份有限公司研制成功的GMD200桥式铣钻床，采用双主轴箱结构，相对单主轴机床加工效率提高1倍。

江苏齐航数控机床有限责任公司与重庆大学合作，开发了四轴联动SKZ—04D型数控钻床，将产品市场延伸到印制电路板行业。

(5)铣镗床 沈阳机床股份有限公司研制成功的TH6580×80型卧式铣镗加工中心，采用800mm×800mm双交换工作台，既可加工大型零件，又可分度回转加工。该公司还研制成功TKP6513型数控刨台式卧式铣镗床。

齐齐哈尔二机床（集团）有限责任公司开发出TH6916A型铣镗加工中心和TK6913型数控落地铣镗床。

济南二机床集团有限公司研制成功XK2416×30型、XK2130×1000型2种数控定梁龙门镗铣床、XKS2414×40型数控动梁龙门镗铣床和XH2412×25型数控定梁龙门镗铣加工中心。

(6)磨床 无锡机床股份有限公司加快推进磨床类产品的发展，前7个月就开发新产品60多种，3MB3432型自动轴承内圈滚道大型超精机填补了国内空白。无锡机床股份有限公司还完成了乐清线、更大线、锡山线等轴承磨加工自动线；为汽车行业齿轮加工提供了MK2120A型、MK2710/2型数控内圆磨床。

险峰机床厂开发出MK8450/3×50、MK8480×40、MK84100×40、MQK84200×120型4种数控轧辊磨床和4种轧辊磨床。

上海机床厂有限公司开发的MG1432A型高精度万能外圆磨床等20多种磨床新产品，通过用户鉴定。

汉江机床有限公司研制成功HJ037型CNC螺杆磨床、MK8312A型CNC凸轮轴磨床和HJZ038型滑块磨床。

杭州机床集团有限公司研制成功HZ—K2015型数控龙门式平面磨床、MKL7120×6型数控强力成形磨床等10种新产品。

北京第二机床厂、济南四机数控机床有限公司、武汉机床厂、陕西秦川格兰德机床有限公司也相继完成磨床新产品的开发。

(7)齿轮机床 重庆机床厂试制成功TKG13250型高精度数控转台，其定位精度达到4.48″，重复定位精度达到0.5″，高精度数控转台主要作为数控镗铣床和加工中心的配套附件。

秦川机床集团有限公司的YK7250型数控蜗杆砂轮磨齿机顺利通过行业专家鉴定，YK7250型数控蜗杆砂轮磨齿机采用八轴五联动技术和连续展成磨削原理，在技术工艺方面，解决了一直困扰磨齿机领域的高硬度齿面的齿轮磨削烧伤及裂纹的难题。

天津第一机床总厂研制成功YK58型等4种数控插齿机和YKD9320型数控倒角机。

南京第二机床厂研制成功RM80CNC型数控旋风多边加工机和YS3140CNC等3种数控齿轮加工机床。

宁江机床（集团）股份有限公司开发出YKJ3610型数控高效卧式滚齿机。

中南大学弘力精密机械有限公司研制成功我国第一台七轴五联动的YK2045型数控弧齿锥齿轮磨齿机。

2. 锻压设备

锻压设备行业重点联系企业2002年共开发锻压设备新品种79种，其中数控锻压设备6种，占7.6%。

天水锻压机床厂利用“西气东输”的国债投资设立重点技改项目，“大口径直缝埋弧焊管生产成套设备及产品制造”经过2年的开发研制，于2002年7月通过国家计委主持的竣工验收。大口径直缝埋弧焊管生产线由13种主要设备和其他辅助设备组成。该项目已引起国内外相关行业的关注，其中用于“西气东输”工程的钢管端头扩径机等产品，被有关行业管理部门指定为工程必选产品，天水锻压机床厂为惟一的生产厂家。

安彩集团成都电子玻璃有限公司背投玻壳数控转台式压力机生产线，开炉点火仪式在成都举行。这标志着沈阳机床股份有限公司中捷摇臂钻床厂为IT行业提供的具有自主知识产权的3台PY系列AC—BP—32—11型数控转台式压力机正式交付使用，使我国成为继美国、日本之后第三个能生产此类产品的国家。该机床是生产7～14in背投式显像管的专用玻壳压制设备。济南二机床集团有限公司研制成功LS4—2000A闭式四点多连杆压力机和SC2H—300型闭式单动双点高速压力机。

浙江湖州机床厂全自动玻壳显像管液压机在山东鼎新玻璃有限公司一次试车成功。

湖北三环集团黄石锻压机床有限公司制造的PPEB5200/125型电液伺服数控折弯机通过科学技术鉴定。

上海冲剪机床厂研制成功PB32040K型、PX32060K型2种数控板料折弯机。

上海锻压机床厂开发出JS36—400A型等6种锻压设备新产品。

合肥锻压机床股份有限公司研制成功YH27—2000B单动薄板冲压液压机等13种新产品。

青岛锻压机械集团公司、西安能通力锻压机床有限公司、宜昌力帝实业集团有限责任公司、荣成锻压机床有限公司等企业也开发出锻压设备新产品。

3. 铸造机械

青岛铸造机械集团公司为上海沪东中华造船(集团)有限公司开发研制的国内第一条板幅宽 4m、厚 5～6mm、实现预热、抛丸清理、喷漆、烘干的钢板预处理自动流水线,通过用户验收,正式投入生产,其技术性能、制造质量及粉尘处理、飞漆处理等各项指标均达到设计要求。

4. 木工机床

青岛木工机械制造总公司研制成功 MM 型 2 种 BSG 型宽带砂光机、BB 型立式刨切机。

5. 机床附件

由沈阳数控机床有限责任公司开发的 TS160 系列 6 工位、8 工位、12 工位电动刀架通过了由沈阳市科技局、经贸委组织的用户、专家评审委员会鉴定,产品按照意大利巴拉法蒂公司标准进行制造验收,享有该公司的使用权。

烟台环球机床附件集团有限公司研制成功 TK14411A 型数控可倾回转工作台、TK13320L 型和 TK120555×600 型数控转台、AK27440×6A 型和 AK22500×8A 型数转塔刀等。

6. 工量具

哈尔滨量具刃具厂研制成功 3903 型和 3906 型齿轮测量中心、2206B 型台式表面粗糙度测量仪和 T1000A 型表面粗糙度测量仪。

上海量具刃具厂研制成功 SLCMM1186 型三坐标测量机。

哈尔滨第一工具厂研制成功单元弧剃前插齿刀、硬质合金角度铣刀等多种先进刀具。

7. 其他金属加工机械

由济南二机床集团有限公司开发的总投资3 500万元的国家首批国债技改项目——“发展大型城市污水处理成套设备技改项目”在济南通过省级验收。该项目的成功实施,使济南二机床集团有限公司环保产品的技术实力大增,形成年产 400 台大型城市污水处理成套设备的生产能力。

由汉江机床有限公司与西安电子科技大学共同研制开发成功的 HJY035 型平面近场扫描架在用户单位完成调试并正式投入使用。HJY035 型平面近场扫描架是一种由计算机半闭环控制的具有三维空间、四坐标轴运动功能的非接触式大型专用仪器,主要适用于在航空、航天等专业技术部门及研究院所,检测雷达探测系统中关键零件的质量。

重庆机床厂神工机械制造公司与重庆大学合作开发的高端技术产品 CD—400CG 型工业 CT,是国内第一台大型工业 CT。

五、新技术和科研成果

在 2002 年度“中国机械工业科学技术奖”的评审中,机床工具行业有 32 项参加评审,19 项获奖,其中一等奖 2 项,二等奖 6 项,三等奖 11 项,2002 年度“中国机械工业科学技术奖”机床工具行业获奖名单见表 17。

表 17　2002 年度“中国机械工业科学技术奖”机床工具行业获奖名单

项 目 名 称	完 成 单 位	获奖等级
SPHERE200 超精密球面镜加工机床	北京机床研究所	一等奖
切屑形成与折断的机理、虚拟现实、预报系统及其应用	哈尔滨理工大学	一等奖
快速重组制造系统理论与方法的研究	北京机床研究所、清华大学	二等奖
高精度超薄超硬材料磨具成套制造技术的研究	郑州磨料磨具磨削研究所	二等奖
SHZ1044 双主轴立式车削中心	上海重型机床厂、上海理工大学	二等奖
CK1463 型车削单元	南京数控机床有限公司	二等奖
2MK9733 数控变径螺旋导轮磨床	北京市机电研究院	二等奖
EQ491 曲轴在线综合测量机研制	东风汽车公司工艺研究所、东风汽车公司发动机厂	二等奖
齿轮加工监测系统研究	西安理工大学	三等奖
XK242040 数控定梁龙门镗铣床	济南二机床集团有限公司	三等奖
普及型数控机床产业化工程开发研究	济南一机床集团有限公司	三等奖
克林贝尔摆线等高锥齿铣刀	哈尔滨第一工具厂	三等奖
MJ—18 型数控车床	济南一机床集团有限公司	三等奖
内装式电主轴单元的工程化开发研究	洛阳轴承研究所	三等奖
高速滚珠丝杠副测试技术及装置的开发研究	北京机床研究所	三等奖
CK64150 数控端面车床	天水星火机床厂	三等奖
大型齿轮在机测量原理与技术及综合测量仪	沈阳工业大学、沈阳重型机械集团减速机厂	三等奖
WX—ZX008 深沟球轴承磨加工自动线	无锡机床股份有限公司	三等奖
MJ—520MC 型数控车削中心	济南一机床集团有限公司	三等奖

无锡机床股份有限公司与上海同济大学合作共建的网络远程服务,被列入江苏省“十五”攻关项目;该公司与东南大学、广东工业大学签订的高速电主轴合作攻关协议被列入无锡市科技攻关项目;该公司还与哈尔滨工业大学合作设计磨床性能测试系统。

六、其他

2002 年 1 月 4 日国家公布了《2002 年进口税则、税目、税率表》,这是我国加入 WTO 后首次对进口税率进行大调整。我国进口税率由 1996 年的 36%降到 2002 年 1 月 1 日起的 [illegible]。机床类产品 [illegible]

14.45%，调整后平均税率为10.14%，平均降幅29.83%，其中20种税率不变(大部分为数控机床，仍保持税率9.7%)，其余86种均有降低。

2002年7月16日，国家经贸委2002年44号公告公布了166项机械行业标准，机床工具行业部分共有36项。

2002年度由国家质量监督检验检疫总局批准发布的国家标准中，机床工具行业的国家标准19项。

1. 质量管理

为推动机床工具行业产品质量整体水平的提高，中国机床工具工业协会从2001年起，在行业内开展了“精心创品牌活动十佳企业”活动。上海机床厂有限公司、中捷机床有限公司、江苏多棱数控机床股份有限公司、重庆机床厂、成都宁江机床(集团)股份有限公司、大连亿达日平机床有限公司、南京工艺装备制造厂、上海冲剪机床厂、河南中南工业有限责任公司、湖北玉立砂带股份有限公司等荣获2002年机床工具行业“精心创品牌活动十佳企业”称号。

北京市机电研究院以品牌和服务占稳市场，并引来众多的“回头客”，2002年1～10月份数控机床的销售收入超过2001年全年，其中“回头客”占60%以上。中捷机床有限公司采用国际标准，使得企业及产品信誉得到很大提高。

另外，重庆机床厂、桂林机床股份有限公司、南京工艺装备制造厂、济南一机床集团有限公司、云南CY集团有限公司等企业加强质量管理，提升了企业品牌形象。

机床工具行业2002年通过ISO9001质量认证的企业有：北京机床研究所、桂林第二机床厂、汉川机床有限责任公司、上海杨浦硬质合金工具厂、广东新会凯特精密机械有限公司。

通过换版换证审核的企业有：无锡第二机床电器厂。

2. 企业改制

国有企业改制转制取得明显进展，但从统计资料分析，全国金属加工机床行业(金切机床制造业＋锻压设备制造业)完成体制、机制转换的企业还不到1/3。截止至2002年10月份，金切机床制造业未改制的国有企业从2001年年底的178个减少至152个，国有公司制企业从2001年年底61个增加至69个，锻压设备制造业未改制的国有企业从49个减少至43个，国有公司制企业从45个增加至54个。在机床工具行业重点联系企业中，金切机床行业有60%以上的企业转制为公司或股份公司，锻压设备行业有75%的企业转制为公司或股份公司，原机床工具局下属的18个重点骨干企业，除个别外，都转制为公司或股份公司。

2002年1月20日，杭州机床厂和杭州无线电专用设备一厂联合，组建杭州机床集团公司，由员工出资全部买下国有资产，退出国有企业行列。

2002年9月30日浙江民营企业横店集团并购了太原双塔刚玉股份有限公司国有法人股，浙江民营企业横店集团具有86亿元总资产，其主导产品之一永磁材料的生产规模居世界首位。横店集团争取在5年之内将永磁材料做到年产10 000t，销售收入达20亿元。

桂林广陆数字测控股份有限公司揭牌成立，桂林广陆数字测控技术有限公司依法整体变更成立。桂林广陆数字测控股份有限公司下辖无锡广陆仪表有限公司、桂林瑞特试验机有限公司和上海广陆销售公司。

2002年3月29日，以西安交通大学产业(集团)公司为第一大股东、云南省人民政府为第二大股东的“交大昆机科技股份有限公司”正式挂牌，交大昆机的前身是建厂60多年的中国大型精密机床生产制造基地昆明机床厂。

2002年4月18日，债转股后新组建的济南一机床集团有限公司举行揭牌仪式，新公司转股总额5.17亿元，由中国华融资产管理公司、中国东方资产管理公司和济南市机械电子资产经营有限公司共同组成，新公司总资产13.75亿元，总股本5.61亿元，债转股后，企业资产负债率下降至59.02%。

3. 合资合作

截止至2002年底，机床工具行业共有三资企业316个，占企业总数2 225个的14.2%。

2002年4月16日，中国和西班牙两国政府间合作项目“天津中—西机床技术培训中心”在天津正式奠基。西班牙政府为该项目提供约1 000万美元的赠款，这是西班牙政府迄今对外赠款最大的项目，中国提供约1 500万元及其他各项支持。

2002年5月20日，大连机床集团有限公司正式收购美国英格索尔公司下属的专用机床厂，大连机床集团将利用英格索尔公司的先进的机床制造技术和海外市场的营销优势，进一步提升集团的产品水平和市场竞争力。

2002年5月22日，宁江机床集团股份有限公司与日本西铁城时计株式会社，就数控纵切车床项目签署合作协议，宁江机床集团股份有限公司和日本西铁城时计株式会社，都是生产数控纵切车床的企业。

2002年5月25日，北京北一数控机床有限责任公司与日本大隈株式会社合资成立北一大隈(北京)机床有限责任公司。北一数控机床有限责任公司是北京第一机床厂控股的子公司。北一大隈(北京)机床有限责任公司将生产当今世界上比较先进的中高档水平的多品种的加工中心；总投资3 000万元，形成年产数控机床1 000台能力，年销售收入将达到8亿元。

2002年7月26日，沈阳菲迪亚数控有限公司成立，公司注册资本为1 500万元，由意大利菲迪亚60%控股，外方担任总经理，将以生产中、高档数控系统为主。

2002年8月，上海砂轮厂与世界500强之一的美国3M公司实现合资，合资企业全称为3M上海研磨产品制造有限公司，双方总投资2 500万美元。

2002年10月28日，由上海压铸机厂与日本普莱克斯自动设备株式会社合资开办的上海普莱克斯自动设备制造有限公司正式开业。上海普莱克斯自动设备制造有限公司注册资金70万美元，中方占40%，日方占60%，合作期限15年。在近5年内，生产各种自动化装置2 000台(套)，其产品将有50%～60%返销国外。

著名跨国公司吉特迈集团是拥有世界先进技术的机床

生产厂家，其下属德国DMG公司在上海松江区建立独资企业。这是吉特迈集团在欧洲以外设立的第一个生产企业，生产最新的立式加工中心和数控车床，年产500台。

2002年机床工具行业经济运行形势分析和2003年机床工具产品市场预测

中国机床工具工业协会市场部　丁雪生

2002年我国继续执行扩大内需的政策，继续实施积极的财政政策和稳健的货币政策，通过发行长期国债、增加城镇居民收入和鼓励外贸出口等措施，充分发挥国内市场的巨大潜力和国际竞争的比较优势，投资、消费、出口三驾马车齐头并进。

内需成为拉动国民经济较快发展的发动机，2002年全社会固定资产投资43 202亿元，比上年增长16.1%，为1996年以来的最高增速。国有及其他经济类型固定资产投资32 942亿元，比上年增长17.4%，增速比上年同期提高4.6个百分点。外贸出口较快增长，2002年外贸出口总额3 256亿美元，比上年增长22.3%，为国民经济较快发展增添一份力量，成为经济增长的另一重要拉力。社会消费品零售总额保持平稳增长势头，2002年社会消费品零售总额40 911亿元，比上年增长8.8%。投资、出口、消费增长促进了国民经济持续、快速、稳定、健康的发展。

2002年我国国内生产总值GDP增幅达到8%。其中1季度GDP增长7.6%；2季度GDP增长8%；3季度GDP增长8.1%。

一、2002年机床工具行业经济运行形势分析

(一)行业经济运行基本情况

2002年机床工具行业经济运行情况在2001年较好的基础上继续向好的方向发展，工业产品产、销继续保持较快增长，企业改制转制加快，出口平稳增长，经济运行质量进一步提高。

1. 产销持续较快同步增长，增速逐渐加快

据国家统计局资料，2002年全国机床工具行业8个制造业完成工业总产值745.17亿元，比上年增长16.4%；产品销售收入704.42亿元，比上年增长18.6%。全国机床工具行业工业总产值和销售收入增速逐月加快。2002年机床工具行业各月工业总产值和销售收入同比增长走势见图1。2002年各制造业工业总产值、产品销售收入情况见表1。2002年金切机床制造业和锻压设备制造业各月工业总产值同比增长走势见图2。

各制造业对机床工具行业工业总产值的贡献率见表2。

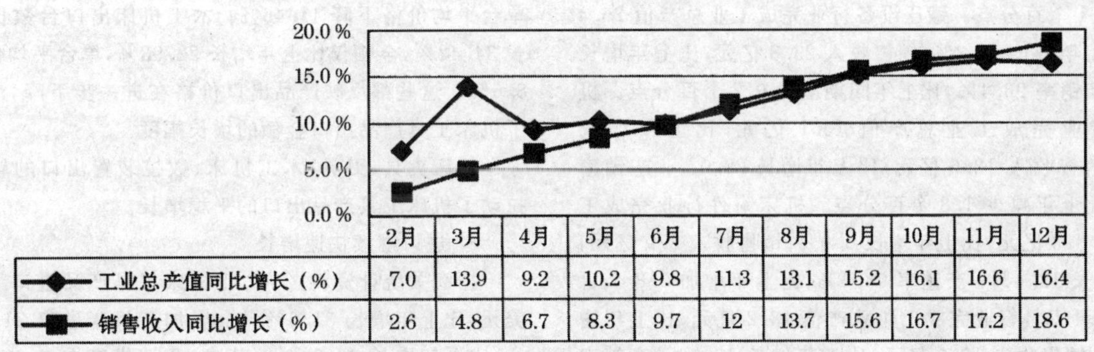

图1　2002年机床工具行业各月工业总产值和销售收入同比增长走势

表1　2002年各制造业工业总产值、产品销售收入情况

制　造　业	金属切削机床	锻压设备	铸造机械	机床附件	量具刃具	磨料磨具	机床电器	其　他
总产值(亿元)	192.0	69.8	27.9	23.6	102.2	207.5	27.5	94.6
比上年增长(%)	18.9	15.4	18.4	24.1	21.9	9.2	12.1	22.6
销售收入（亿元)	186.1	64.3	25.4	21.5	94.5	198.4	25.8	88.3
比上年增长（%)	24.3	20.1	19.8	30.3	18.4	11.0	10.1	24.1

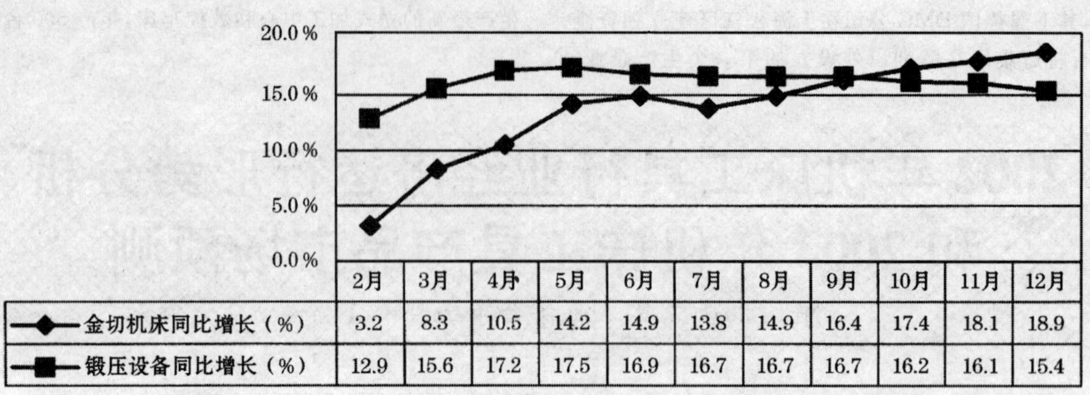

图 2　2002 年金切机床制造业和锻压设备制造业各月工业总产值同比增长走势

表 2　各制造业对机床工具行业工业总产值的贡献率

制　造　业	金属切削机床	锻压设备	铸造机械	机床附件	量具刃具	磨料磨具	机床电器	其　他
产值比重(%)	25.76	9.37	3.74	3.17	13.72	27.85	3.69	12.70
增长贡献率(%)	29.06	8.87	4.13	4.37	17.48	16.64	2.83	16.62
拉动百分点	4.77	1.45	0.68	0.72	2.87	2.73	0.46	2.72

从表 1 和表 2 可知，除磨料磨具、机床电器和锻压设备制造业外，各制造业比上年增长速度都高于全行业增长速度。磨料磨具制造业工业总产值占全行业工业总产值的比重最高，达 27.85%，但其增长速度低于全行业近 7.2 个百分点，成为影响全行业快速增长的主要因素。对全行业工业总产值比上年增长贡献率前 3 名是金切机床制造业、量具刃具制造业和磨料磨具制造业。

按机床工具行业重点联系企业快报，2002 年金切机床行业完成工业总产值 120.6 亿元，比上年增长 31.1%；销售收入 121.9 亿元，比上年增长 33.9%；产销率 99.6%，比上年增加 0.1 个百分点。锻压设备行业完成工业总产值 25.4 亿元，比上年增长 15.3%；销售收入 23.8 亿元，比上年增长 19.6%；产销率 96.4%，比上年同期减少 0.2 个百分点。机床电器行业完成工业总产值 13.1 亿元，比上年增长 26.0%；销售收入 12.6 亿元，比上年增长 29.0%；产销率 97.4%，比上年减少 1.8 个百分点。机床附件行业完成工业总产值 3.3 亿元，比上年增长 8.9%；销售收入 2.9 亿元，比上年增长 12.4%；产销率 98.4%，比上年增加 0.8 个百分点。量具刃具行业完成工业总产值 13.2 亿元，比上年增长 5.9%；销售收入 12.0 亿元，比上年增长 10.0%；产销率 98.2%，比上年增加 5.2 个百分点。各行业工业总产值和销售收入都保持增长态势。

从全国机床工具行业数据看，全行业销售收入增长幅度高于工业总产值增长幅度，除量具刃具、机床电器制造业外，各制造业销售收入增长幅度也都高于工业总产值增长幅度。从重点联系企业数据看，各行业销售收入增长幅度都高于工业总产值增长幅度，产销率多数行业高于上年。以上数据充分说明我国机床行业企业市场反应能力大有提高，能按市场需求和销售合同组织生产、开发产品。

2. 出口平稳增长

据海关统计资料，2002 年机床工具产品出口 9.49 亿美元(不含磨料磨具)，比上年增长 14.53%。金属加工机床出口回升，出口 3.14 亿美元，比上年增长 8.11%。其中金切机床出口增长较快，出口 2.64 亿美元，比上年增长 13.85%；锻压设备出口下降，出口 0.50 亿美元，比上年下降 14.76%。2002 年机床工具行业各种产品出口情况见表 3。2002 年机床工具产品和金属加工机床各月出口同比增长走势见图 3。

2002 年，由于劳动密集型产品出口的恶性竞争，造成我国机床工具产品出口价格下降。2002 年，金属加工机床出口台数比上年增长 22.11%，而金额仅比上年增长 8.11%，单台平均价格下降 11.46%；木工机床出口台数比上年增长 34.42%，金额仅比上年增长 22.92%，单台平均价格下降 8.6%。这些都反映产品出口价格在进一步下降，严重影响了机床工具产品出口金额的增长幅度。

机床夹具、刃具、木工机床、数控装置出口的较快增长拉动了机床工具产品出口的平稳增长。

3. 进口继续快速增长

据海关统计资料，2002 年机床工具产品进口 45.73 亿美元，比上年增长 31.6%。金属加工机床进口 31.51 亿美元，比上年增长 30.96%。其中，金切机床进口 20.75 亿美元，比上年增长 26.60%；锻压设备进口 10.76 亿美元，比上年增长 40.26%。金属加工机床中，数控机床进口数量和金额增长较快，比上年增长 41.96%和 33.53%，分别高出金属加工机床增幅 18.9 个百分点和 2.6 个百分点；数控金属加工机床进口金额占金属加工机床进口金额为 59.79%，比重继续扩大。数控线切割加工机床、龙门加工中心、数控龙门铣床、数控齿轮机床(主要是齿轮磨床)、数控外圆磨床进口大幅度增长。

2002 年机床工具产品和金属加工机床各月进口增长走势见图 4。

表 3　2002 年机床工具行业各种产品出口情况

产品名称	金切机床	锻压设备	压铸机	木工机床	机床夹具	机床零部件	数控装置	刃具	量仪量具
金额(亿美元)	2.64	0.50	0.12	1.57	0.61	1.30	0.24	2.16	0.35
比上年增长(%)	13.9	—14.8	36.4	22.9	28.5	2.06	43.2	23.5	—0.5

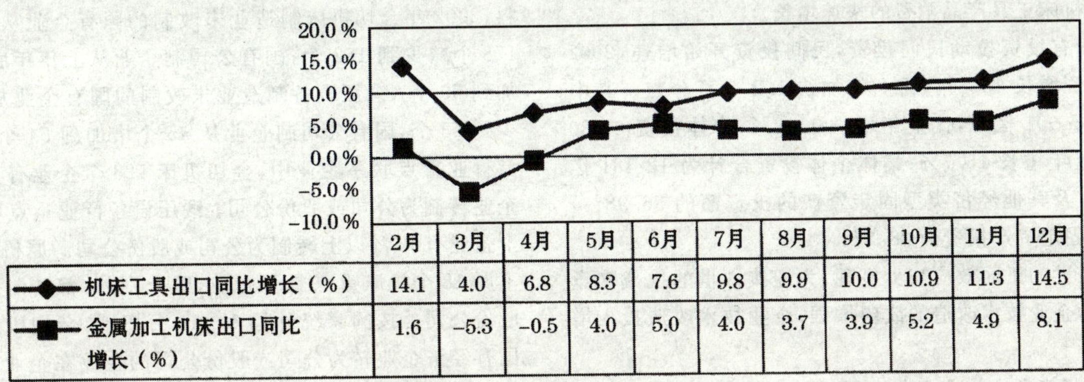

图 3　2002 年机床工具产品和金属加工机床各月出口同比增长走势

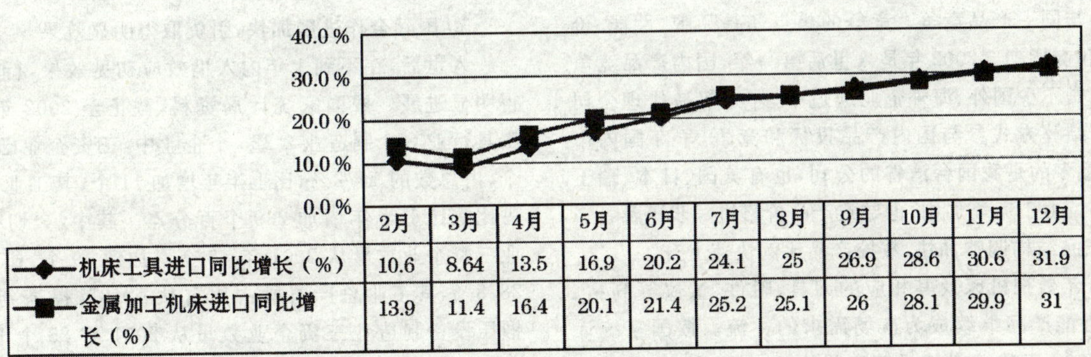

图 4　2002 年机床工具产品和金属加工机床各月进口增长走势

2002 年，我国进口机床工具产品性能、水平进一步提高，如金属加工机床进口数量比上年增长 23.08%，金额比上年增长 30.96%；木工机床进口数量比上年增长 18.94%，金额比上年增长 31.77%。

4. 行业经济效益进一步提高，经济运行质量逐步改善

据国家统计局资料，2002 年全国机床工具行业 8 个制造业实现利润 237 424 万元，比上年增加 85 677 万元，比上年增长 56.5%，利润大幅度增加。2002 年机床工具行业各制造业完成利润情况见表 4。

表 4　2002 年机床工具行业各制造业完成利润情况

制造业	金切机床	锻压设备	铸造机械	机床附件	切削工具及量具量仪	磨料磨具	机床电器	其他	合计
利润(万元)	35 756	21 521	10 309	10 646	46 791	61 666	14 429	36 306	237 424
比上年增加(万元)	30 376	7 641	7 014	2 252	23 546	2 202	542	12 105	85 677

2002 年全国机床工具行业 8 个制造业都有盈利，各制造业实现利润比上年普遍增加。

按机床工具行业重点联系企业快报资料，除量具刃具行业、锻压设备行业亏损外，其他各行业都实现盈利。金切机床行业实现利润 16 109 万元，比上年增加 22 460 万元；锻压设备行业亏损 354 万元，比上年减少利润 5 556 万元；机床电器行业实现利润 7 546 万元，比上年增加 3 904 万元；机床附件行业实现利润 1 506 万元，比上年减少 210 万元；量具刃具行业亏损 2 479 万元，比上年减亏 7 674 万元。上述 5 个行业合计实现利润 21 828 万元，比上年增加 28 272 万元。亏损企业进一步减少，2002 年亏损企业数在企业总数中的占比为 38.7%，比年初减少 19.4 个百分点。

(二)经济运行的特点

1. 需求较旺，市场容量不断扩大

2002年机床工具产品需求较旺，不少企业的产品出现供不应求的局面，为满足用户需求，企业纷纷加班加点。按国家统计局和海关统计资料，2002年金属加工机床消费金额超过59亿美元。国产机床市场占有率基本稳定在47%左右。造成2002年市场需求较旺的主要原因是：

(1)2002年全社会固定资产投资增速明显加快，增长幅度比上年加快4个百分点，为1996年以来最快的一年，有力地促进了机床工具产品消费的快速增长。

(2)国有投资拉动民间投资，民间投资开始增速，2002年民间投资增长13.8%，比上年加快1.2个百分点。其中集体投资5 901亿元，比上年增长11.8%；个体投资6 280亿元，比上年增长15.7%；集体个体投资合计为12 181亿元，为国有及其他经济类型固定资产的投资额的36.98%，占全社会固定资产投资额28.2%。

(3)入世的正面效应初步显现，为迎接入世的挑战和竞争的加剧，企业技术改造的欲望增强，企业技术改造投入增加。

2. 市场竞争主体多元化，竞争进一步加剧

2002年从市场总体来看，基本上还是供大于求的局面。国内市场竞争异常激烈，国有企业、合资企业、外方独资企业纷纷参与同一产品竞争。竞争的焦点还是品牌、性能、价格、服务和交货期。2002年是入世后第一年，国内产品竞争另一特点是不少国外、海外企业通过中、外方贸易代理公司以人民币结算方式参与国内产品投标和竞争，争夺国内市场，其中最多的是我国台湾省的公司，也有美国、日本、瑞士的公司等。由于竞争加剧，也导致产品价格进一步下浮。

3. 产品结构调整加快，数控产品比例快速上升

2002年数控机床及其相应的刀具、附件、量仪等高精、高效、高性能产品继续成为市场需求的主流。按国家统计局资料，2002年数控金切机床产量为24 803台，比上年增长31.6%；高精度机床产量1 585台，比上年增长43.7%。按机床工具行业重点联系企业月报，2002年数控金切机床产值比上年增长57.3%，金切机床产值数控化率为29.4%，比上年增加4.9个百分点；数控锻压设备产值比上年增长25.9%。锻压设备产值数控化率为30.8%，比上年增加2.6个百分点。以上数据充分说明，2002年数控机床、高精、高性能产品需求大幅度增加。从数控机床产品结构来看，在性能、水平上也取得明显的进步，以数控车床为例，所生产的全功能数控车床所占数控车床的比重已提高到20%左右，不少厂商可以提供车削中心，个别厂商也能提供复合化的代表产品，如多轴车铣复合中心。

我国各行各业对数控机床需求是多层次的，汽车工业、军工行业(航空、航天、兵器、船舶、核工业)需求大量高档、高性能、高效数控机床；而个体、民营企业则需要大量经济型和普及型数控机床。目前，金属加工机床行业已能生产经济型、普及型和部分高档(多轴、高速、精密、复合)数控机床，基本上可以满足不同层次的需要。

4. 体制、股份制改造加快，国企改制转制成绩显著

2002年机床工具行业企业经济成分发生了积极变化，按国家统计局资料，机床工具行业8个制造业2 225个企业中，国有企业占62.4%、民营企业占23.4%、三资企业占14.2%；工业总产值中，国有企业占60.0%、民营企业占17.9%、三资企业占22.1%。机床工具行业以国有企业为主体的多种经济成分的体制已经形成。

国有企业改制转制取得明显进展。按国家统计局资料，2002年金切机床制造业未改制的国有企业从上年年底178个减少到152个，国有公司制企业从上年年底61个增加到69个；锻压设备制造业未改制的国有企业从49个减少到43个，国有公司制企业从45个增加到54个。机床工具行业重点联系企业中，金切机床123个企业有60%以上企业转制为公司或股份公司；锻压设备行业重点联系的26个企业有75%以上转制为公司或股份公司。原机床工具局下属18个机床重点骨干企业，除个别外，都转制为公司或股份公司。按国家统计局1～10月资料，金切机床制造业国有经济企业转为公司或股份公司的企业在企业总数中的占比已从2001年年底的20%上升到24%；锻压设备制造业国有经济企业转化为公司或股份公司的企业的占比已从2001年年底的29%上升到33%。

5. 国际合作进展加快，引资取得明显效果

入世后，在不到1年内入世效应初见效果，行业引资取得明显进展。按国家统计局资料，截止至2002年底，机床工具行业8个制造业2 225个企业中，三资企业已达到316个，占总数的14.2%，比上半年增加11个，其工业总产值所占比重比上半年增加2.9个百分点。其中，金切机床制造业三资企业数量从2001年42个增加到59个，比上年增长28.8%，其工业总产值所占比重从12.8%提高到15.4%；锻压设备制造业三资企业数量从2001年25个下降到19个，而其工业总产值所占比重却从7.9%上升到9.8%。国际大公司看好中国市场，纷纷计划在中国建立独资企业或合资企业，日本大隈和北一数控机床有限公司建立了北一大隈机床有限公司，在北京顺义区林河工业开发区奠基，总投资33 000万元，可形成年产数控机床1 000台生产能力，年销售收入将达到8亿元，2003年开始生产产品。德国DMG公司在上海浦东建立独资企业，生产最新的立式加工中心和数控车床，目标年产500台左右，计划向中国和周边地区销售额达到8 000万欧元。美国哈挺公司、日本东芝机械公司等等都计划和打算在中国建立合资或独资企业。

6. 行业总体效益有所提高

2002年全国机床工具行业8个制造业全部盈利，且增幅均比2001年有较大幅度上升。

2002机床工具行业重点联系企业利润从上年同期亏损转为大幅度盈利。除量刃具、锻压设备行业亏损外，其余各行业都实现盈利。其中，金切机床行业、机床电器行业利润大幅度增加；量刃具行业大幅度减亏；只有锻压设备行业由上年盈利转为亏损。2002年机床工具行业重点企业利润完成情况见表5。

表5　2002年机床工具行业重点企业利润完成情况

行　　业	金切机床	锻压设备	机床电器	机床附件	量刃具	合　计
利润（万元）	16 609	—354	7 546	506	—2 479	21 828
2001年同期（万元）	—5 851	5 202	3 642	716	—10 153	—6 444

（三）存在的主要问题

1. 行业的体制和机制改革力度不够

近几年行业企业在体制和机制上发生了很大变化，特别是南方和沿海地区很多企业进行了股份制改造，个别企业如杭州机床厂、宁江机床厂国有资本已全部从企业退出。但是，从统计资料看，全国金属加工机床行业完成体制、机制转换的企业还不到1/3，体制和机制转换的任务还相当艰巨。体制和机制是提高企业核心竞争力的关键，也是企业参与市场竞争必须认真解决的问题。从国家统计局资料分析可知，2002年金切机床制造业国有企业占企业总数68.8%，工业总产值和销售收入占总产值和总销售收入的80%左右，利润只占总利润的28.5%；而三资企业只占企业总数的14.4%，总产值和销售收入占总额14%，利润却占总利润的58.2%。锻压设备制造业国有企业占企业总数的65.6%，工业总产值和销售收入占65%左右，利润只占30.0%，而三资企业占企业总数的8.6%，工业总产值和销售收入均占10%左右，利润却占36.9%。另外，从机床工具行业重点联系企业快报资料可知，金切机床行业未改制企业亏损面占55%，而改制企业亏损面只有20%；锻压设备行业，未改制企业100%亏损，改制企业亏损面只有20%。以上数据充分说明，企业体制、机制对于全面提高企业经济运行质量的重要性。

2. 产品结构调整任务艰巨

从目前看，行业的普通产品，包括经济型、普及型数控机床生产能力过剩，导致恶性竞争和产品价格下滑。但是高档产品，包括高档数控机床和成套、成线设备国内供应能力不足。如多轴联动加工中心和多轴镗铣床，包括龙门镗铣床和落地镗铣床仅处于样品阶段，还没有形成批量生产能力；加工中心的精度与国外品牌尚有较大差距，大多数企业生产的加工中心定位精度没有向国际标准靠拢。对于成套、成线设备，特别是汽车工业需要的成套、成线设备，国内提供能力有限，国内大部分企业不熟悉用户制造工艺，不但不具备提供成套、成线设备的生产能力，也不具备成套、成线设备的设计能力。上述差距，造成以高档数控机床为代表的高技术产品的大量进口，使近几年国产机床的市场占有率始终在48%左右徘徊，而且还有下降的趋势。

3. 产品质量、服务应得到进一步重视

行业企业产品质量与国外同类产品相比还存在不小差距。用户普遍反映，国产机床小毛病多，磨合期长，从调试开始到正常使用需要很长一段时间，不像国外设备调试后即可投产。另外，有的产品还有渗漏情况。对于产品售前售后服务，用户反映更多。用户反映国内企业不善于推销自己的产品，不像国外企业那样，能大力宣传和推销自己的产品和新产品，事先将产品样本发送到有关用户企业。用户都反映，个别企业服务人员素质不高，责任心不强，没修好机床就返回。用户希望机床行业能像汽车工业那样，至少在各大区设立维修服务点，及时为用户服务。产品质量、服务是企业的核心竞争力。企业要生存，要进入良性循环，要在国内外激烈的市场竞争中取得一定的市场份额，必须认真研究提高产品质量的措施，进一步提高产品质量和可靠性，切切不能在目前任务较忙的情况下，忽视产品质量。因产品质量问题，失去用户信任，导致行业产销下滑，甚至造成个别厂倒闭的前车之鉴，值得引起全行业注意。

4. 对外贸出口的认识和观念没根本改变

我国机床工具产品出口额不到进口额的1/4，特别是金属加工机床出口额仅相当进口额的10%，进出口贸易严重失衡，这与我国作为经济大国的地位极不相适应。金属加工机床出口这几年徘徊不前，除国际经济贸易增长减缓外，主要是机床行业的主力军观念没有根本改变，对出口工作不够重视，对于开发国内外两个市场的重要性认识不足，没能认真地抓好产品出口工作。要充分认识到开拓国内外两个市场，是企业能够平稳、持续发展的关键，也是企业能够进入国际大市场，参与国际竞争，走向国际化的重要步骤。国际跨国机床公司和国际大的机床公司都以国内和国际两个市场为经营目标，把产品出口作为企业生存和发展的重要条件，出口约占生产总额的40%～50%。

总的来说，我国机床工具行业的综合竞争力还不强，还没有形成自己的著名品牌，没形成自主的知识产权，在世界机床技术快速向高速化、高精化、复合化、环保化发展的进程中，我国对高技术数控机床及关键部件研发力量和资金投入不够，拉大了与工业发达国家的差距，造成高档数控机床大量进口和国产机床市场占有率下降。

二、2003年机床工具产品市场预测

（一）2003年国内外宏观经济状况

我国从1998年开始执行扩大内需的方针，实施积极的财政政策和稳健的货币政策，取得了显著成效。1998～2002年，面对世界经济增长速度放缓和其他各种负面影响，我国经济始终保持持续、快速增长，GDP年增长率保持7%～8%之间，而且从2002年开始，GDP增速出现回升。2003年我国将坚持执行扩大内需的方针，继续实施积极的财政政策和稳健的货币政策，发行一定规模的建设国债，开始向全面建设小康社会目标前进，宏观经济会继续向好的方向发展，投资、出口、消费将保持较高水平。

国际货币基金组织2002年9月25日“世界经济展望”报告认为，2003年世界经济将缓慢复苏，全球经济增长为3.7%，比2002年提高0.9个百分点；世界贸易总额同比增长6.1%，比2002年提高1个百分点。美国经济增长2.6%，比2002年提高0.4个百分点；欧盟经济增长2.3%，比2002年增长1.2个百分点；发展中国家增长5.2%，比2002年提高1个百分点。联合国2003年全球经济预测报告称，2003 年，甚至今后更长一段时期，全球经济仍将难以恢复强劲增长势头。世界经济 2003 年增长 2.75%，比 2002 年提高 0.95 个百分点，发达国家增长 2.25%，比 2002 年提高 0.95 个百分点；经济转型国家增长 4.0%，比 2002 年提高 0.5 个百分点；发展中国家增长 4.25%，比 2002 年提高 1.35 个百分点。全球贸易额增长 6.0%，比 2002 年提高 4 个百分点。当前，世界经济出现了一些复苏迹象，但还有很大的不确定性。

总之，2003 年国内外宏观经济情况将有利于机床工具行业的进一步发展。

(二)主要用户需求情况

2003 年重点用户中，汽车工业、10 大军工行业和民营企业将成为拉动机床工具产品市场发展的三股主要动力。其他各产业的快速发展也将为机床工具产品市场的发展提供良好的机遇。

西部大开发，西气东输、西电东送、东西部公路的贯通、交通能源基础建设、农村电网改造和退耕还林等农林水利生态建设等将为机床工具行业提供间接发展机遇。

1. 汽车工业

以家用汽车为代表的汽车行业将进一步快速发展。世界各大汽车公司纷纷进入中国市场，或以合资形式建新厂，或对原合资厂的投资加大力度。德国大众从目前到 2005 年将增资 25 亿欧元，而此前，德国大众仅投资 25 亿欧元。美国戴姆勒—克莱斯勒也与北京吉普汽车有限公司续约 30 年，双方前期新增注册资金 5 200 万美元。法国 PSA 标致雪铁龙集团与东风汽车公司扩大合资合作，使原来东风公司与雪铁龙公司合资成立的汽车有限公司，转为东风公司与 PSA 标致雪铁龙集团的合资公司，法方增资 10 亿元人民币，股比增至 50%，开始了东风与 PSA 全面合资的新阶段。北京顺义将建一座现代汽车城，韩国现代汽车集团与北京汽车工业控股公司实现战略联盟，到 2010 北京现代公司将投资百亿元以上，整车能力达到 60～70 万辆，并有相当零部件配套能力等。民营企业也已进入汽车市场，加大对汽车工业的投资力度。国营、民营、三资企业间竞争日益加剧。竞争促使汽车工业企业进一步加大以高新技术和装备进行技术改造的力度。从而，汽车工业将成为拉动机床工具行业发展的主要力量之一。

2. 10 大军工产业

航天、航空、兵器、船舶和核工业等 10 大军工产业技改投资额度基本与 2002 年相当。波音客机、空客客机转包生产、支线客机生产和军工科研、新品、批生产都有相当投资，将继续成为拉动机床工具行业发展的主要力量之一。

3. 民营企业产业

民营企业已经成为我国经济的重要组成部分。入世后，民营企业正加速向专业化、规模化、国际化发展，需要进行二次大规模、高水平的技术改造，需要装备大量的先进、适用的设备和专用设备。机床工具行业企业决不能忽视这个庞大的市场，必须充分认识、重视这个市场的重要性，对这个市场进行广泛的调研，开发适应该市场的产品。2003 年民营企业将成为机床工具行业的重要用户，成为拉动机床工具行业增长的新亮点。

4. 模具产业

模具行业约有 400 亿元左右市场规模。模具行业近年来发展迅速，近 5 年产销年均增长 14%左右。目前，全世界模具产值约 600～650 亿美元。我国大型、复杂、精密、长寿命等高精度模具很大一部分依赖进口，近 5 年年进口 8 亿多美元，2001 年进口 11.12 亿美元(还不包括生产线带进的模具)。模具产业的高速发展需要大量的数控机床，如立式加工中心、高速铣床等。仅浙江黄岩地区模具行业，近年来进口立式加工中心就有 300 多台。

5. 信息产业

信息产品市场将快速发展，2002 年计算机市场总体规模为 3 300 亿元，年增长约 22.2%，今后几年每年将以 25% 速度增长，到 2005 年销售额将达 6 500 亿元。通信业务市场 2002 年约 4 500 亿元，固定电话达 2 亿户，手机 1.9 亿户，到 2005 年通信业务收入为 1 万亿元，平均年增 23%。消费电子市场中，年消费彩电约 4 000 万台、影碟机约 4 000 万台、组合音响约 600 万套。

6. 环保产业

2001～2005 年环保产业需投资 7 000 亿元，用于环境保护和生态建设。2005 年环保相关产业年产值将达到 2 000亿元，工业总产值均年增速为 15%左右。

工程机械、纺织机械、食品包装机械、农业机械等产业这几年都以较快速度向前发展。

以上各产业的快速发展和竞争将促进各产业加大对技术改造的投资力度，需要增添不少数控机床和关键设备，这也必将推进机床工具产品市场的发展。

(三)2003 年机床工具产品市场走势和预测

1. 近几年我国机床工具行业发展走势

1999～2002 年我国机床工具行业工业总产值增长走势见表 6(国家统计局资料)。

表 6　1999～2002 年机床工具行业工业总产值增长走势

年　份	1999	2000	2001	2002
全国机床工具行业工业总产值同比增长(%)	10.4	21.1	17.2	16.4
金属加工机床工业总产值同比增长(%)	10.8	19.2	18.2	18.6

从表 6 可知，我国机床工具行业和金属加工机床行业工业总产值从 1999 年开始止跌回升后，近年来始终保持二位数增长速度。2002 年我国国民经济增长出现同升，固定资产投资始终保持强劲增势，2002 年 2～12 月我国全社会国有及其他经济类型固定资产投资同比增长情况见表 7。

表 7　2002 年 2～12 月我国全社会国有及其他经济类型固定资产投资同比增长情况

月　　份	1～2	1～3	1～4	1～5	1～6	1～7	1～8	1～9	1～10	1～11	1～12
国有及其他经济(%)	24.5	25.1	27.1	25.8	24.4	24.1	24.2	24.3	24.1	23.4	17.4
全社会(%)		19.6			21.5			21.8			16.1

固定资产投资增速是拉动机床工具行业发展的主要因素，2002 年固定资产投资增幅始终保持在高势位，下半年强劲的增势必将为 2003 年机床工具行业的发展提供强大的动力。社会科学研究院预测，2003 年我国全社会固定资产投资将保持 16%以上速度增长，国有投资增长必将继续带动民间资本投资快速增长。另外，我国计划投资 100 亿元的实施制造业信息化工程，将在 2003 年启动，这也将为机床工具产品市场发展提供机遇。

2003 年世界经济开始缓慢回升，世界贸易增速加快也有利于机床工具产品的出口。

因而，可以预见 2003 年我国机床工具行业的宏观经济环境和市场环境要好于 2002 年。也可以说，2003 年机床工具产业仍将保持持续、稳定和较快的发展，产销增速大体与 2002 年相当，行业经济效益进一步趋好。

2. 主要经济指标预测

(1)全国机床工具行业 8 个制造业合计工业总产值预计增长 15%左右，产值将达到 840～850 亿元；机床工具产品出口金额预计增长 10%以上，出口金额突破 10 亿美元大关。

(2)金属加工机床制造业工业总产值预计增长 15%～16%，产值将达到 290 亿元；金属加工机床出口将有所回升，预计增长 5%左右，达到 3.2 亿美元；金属加工机床消费将达到 60 亿美元；金属加工机床进口金额仍将保持快速增长，同比增长在 20%左右，进口额将达到 35 亿美元左右；国产金属加工机床市场占有率将进一步下降，减低到 42%左右。

(3)铸造机械制造业工业总产值预计增长 18%左右，达到 30 亿元左右。

(4)机床附件制造业工业总产值预计增长 17%左右，达到 25 亿元左右。

(4)切削工具、量具、量仪制造业工业总产值预计增长 20%左右，达到 130 亿元左右。

(5)磨料磨具制造业工业总产值将进一步回升，预计增长 8%左右，达到 220 亿元左右。

(6)机床电器制造业工业总产值预计增长 25%左右，达到 35 亿元左右。

(7)其他金属加工机械制造业工业总产值预计增长 20%左右，达到 110 亿元左右。

2003 年磨料磨具制造业工业总产值的增速回升，将成为全国机床工具行业工业总产值同比增长进一步加快的亮点。

(四)2003 年机床工具产品市场竞争更为激烈，形势更为严重

2003 年是我国入世的第 2 年，随着入世后我国市场的进一步开放，国外大企业都纷纷抢占中国市场，除通过国际招标参与竞争外，还通过国内、外贸易公司参与国内招标，与国内企业争夺国内扩大内需的市场。另一种途径是计划在中国设独资或合资企业，参与国内市场竞争。因而，国产机床将面临合资企业、独资企业和国外企业产品的竞争，竞争将更为激烈，形势将更为严峻。国有企业应充分认识到形势的严重性，要与时俱进，开拓创新，努力树立自己的品牌，加强产品开发，提高产品质量和可靠性，缩短交货期，信守合同，加强服务，参与竞争，为机床工具行业的平稳、快速、健康发展做出应有的贡献。

2002 年中国机床工具行业十大新闻

中国机床工具工业协会　沈福金

一、机床进口税率首次大调整

2002 年 1 月 4 日，国家公布了《2002 年进口税则税目、税率表》，这是我国入世后首次进口税率大调整。机床类产品 106 种，调整前平均税率为 14.45%，调整后降低为 10.14%，平均降幅达 29.83%。其中 20 种机床产品税率保持不变(大部分为数控机床)。数控机床进口税率基本维持 9.7%不变，个别品种降到 5%或 8%。数控装置进口税率由 7%降为 5%。

二、行业的所有制结构正在发生变化

2002 年，一批国有企业转制为股份公司或有限责任公司，特别是外资和民营资本的介入，使行业呈现多种经济并存的新格局。根据国家统计局的资料，2002 年全行业全部国有和年产品销售收入在 500 万元以上的非国有企业中，国有经济企业占 62.4%、民营经济企业占 23.4%、三资经济企业占 14.2%；在工业总产值中，3 种经济成分所占的比例分别为 60.03%、17.86%和 22.1%。

三、我国机床市场消费创历史新高

2002 年我国金属加工机床(含金切机床和成形机床)的工业总产值达到了 250.42 亿元，进口金属加工机床 31.51 亿美元，出口金属加工机床 3.14 亿美元。全年机床市场消

费额达到59亿美元,创历史新高。

四、产品结构调整取得新进展

2002年机床工具行业进一步加大产品结构调整力度,以市场需求为导向,在开发新产品方面取得新进展,一大批高档、高水平新产品打入海内外市场。济南二机床集团有限公司的重型多工位全自动压力机出口美国;上海机床厂有限公司的数控龙门双端面磨床出口日本;合肥锻压机床股份有限公司的汽车车门折边液压机成套出口越南;大连亿达日平机床有限公司为东风康明斯发动机有限公司提供了由9台加工中心组成的缸体加工柔性生产线;秦川机床集团有限公司开发了具有自主知识产权的YK7250数控八轴五联动蜗杆砂轮磨齿机;长沙中南大学的数控七轴五联动螺旋锥齿轮磨齿机,经用户批量生产验证,具有高效、高精的性能,深受用户欢迎。

五、对外开放、合资合作又有新发展

在世界经济发展放缓的大环境下,我国经济的快速持续健康发展引起了世界制造业的注目。不少国外著名机床制造厂商纷纷在我国建立办事处、服务中心或独资建厂(如DMG在上海建厂)。利用这一形势我国机床工具行业也加紧了与国外企业的合资合作,继北京第一机床厂与日本大隈株式会社合资组建北京北一大隈机床有限责任公司之后,宁江机床集团公司与日本西铁城株式会社就数控纵切车床签署了合作协议,上海机床工具(集团)公司与捷克T—ZPS签署了合作生产立式加工中心的协议,上海砂轮厂与美国3M公司合资成立上海研磨产品有限公司等。此外,沈阳机床股份有限公司、大连机床集团公司、秦川机械发展有限公司等也分别与国外企业签订了不同形式的合资合作协议。

六、行业企业承接成套项目的能力有了新的提高

2002年行业企业通过招投标等方式承接了多项较大的成套项目,如沈阳机床集团公司承接的陕西重汽公司车桥厂27台数控机床项目,一汽底盘厂的16台数控立车项目;重庆机床工具集团公司承接的哈尔滨东安汽车发动机厂27台数控齿轮机床项目;济南二机床集团公司承接的上汽奇瑞汽车公司的5条23台大型机械压力机生产项目;大连机床集团有限公司承接的保定汽车厂缸体、缸盖成套加工设备等(上述项目多已完成并交付使用)。行业企业的成套供应能力正在不断提升。

七、中国数控机床展览会(CCMT2002)取得圆满成功;第八届中国国际机床展览会(CIMT2003)各项筹备工作有序进行

由中国机床工具工业协会主办的CCMT2002,于2002年3月12~16日在上海光大会展中心举行。5天的展会观众如潮,多彩的配套活动,火热的交易,以丰硕的成果达到了参展商、用户和主办者的“三满意”。展前组织了“机床工业如何实现跨越式发展”论坛,一批专家、教授、企业家作了精辟的演讲,深受广大听众欢迎。

中国机床市场的一枝独秀局面,极大地吸引了海内外厂商,CIMT2003的招展报名工作呈现极其踊跃的场面。协会为满足广大参展商要求,决定增建2个临时展馆,并本着选精品、办高水平展会的精神,既要吸收海外高水平的参展商展出其先进的高档产品,也要保证国内主要厂家展出其新开发的高技术产品。CIMT2003是精心创品牌,亮相新世纪的盛会,并将推进我国数控机床产业化。

八、在2001年机械工业核心竞争力百强中机床工具行业有6个企业入选

在中国机械工业联合会、中国机电日报组织的机械工业核心竞争力100强评定中,机床工具行业的宁夏长城须崎铸造股份有限公司、江苏多棱数控机床股份有限公司、三环集团黄石锻压机床有限公司、沈阳机床股份有限公司、南京工艺装备制造厂、秦川机床集团有限公司等6个企业入选。济南二机床集团有限公司等14个企业,被授予机械行业竞争力之星企业。

九、机床工具行业评出四项十佳企业

在2002年3月召开的中国机床工具工业协会四届三次理事会上,根据企业2001年的业绩,首次评出产品销售收入、出口创汇、数控机床产值和创品牌活动等四项十佳企业,并给予表彰。此项活动得到了行业企业的支持与认同。

十、我国机床制造企业迈出并购境外高水平机床制造厂的新步伐

2002年8月,大连机床集团有限公司正式收购了美国英格索尔公司下属的专用机床厂,开创了中国机床制造企业收购国外高水平机床制造厂之先河。大连机床集团将利用其先进的机床制造技术、海外市场营销的优势,进一步提升集团的产品水平和市场竞争力。

汽车工业装备调研报告

中国机床工具工业协会汽车工业考察组　佟璞玮(执笔)

中国机床工具工业协会受国家经贸委委托,于2002年5月19~31日,组织对汽车工业装备状况进行了调研。这次调研以轿车制造技术装备为重点,兼顾载货汽车和客车。重点调研了上海汽车工业(集团)总公司、第一汽车集团公司、东风汽车集团公司(以下简称上汽、一汽、东风)3大集团及其所属企业,以及其他部分汽车制造企业和零部件生产企业。装备调研的重点是：冲压生产线；焊装生产线；发动机（含汽油机、柴油机）的 5 大件，即缸体、缸盖、曲轴、凸轮轴、连杆；变速箱的箱体、齿轮、传动轴以及主要零部件如传动器、转向器、制动装置、轮毂等的制造技术与关键工艺装备。

中国机床工具工业协会组织了 3 个调研小组，走访了 7 个省市的 10 个城市。对汽车生产企业、企业集团的“十五”发展规划、近期拟进行的技术改造项目、对技术装备的需求及对当前国产装备的意见和建议进行较深入调研。

中国经济的快速发展和加入世贸组织，为我国汽车工业带来新的发展机遇。当前我国汽车工业有以下三个鲜明的特点：①我国汽车工业进入了快速发展的新时期。汽车产量在经历几年的低速徘徊后，自 1999 年至今，一直保持着两位数的快速增长，近年产量的增长情况见表 1。

表 1　中国汽车工业年产量的增长情况

年份	1990	1991	1992	1993	1994	1995	1996	1997	1998	1999	2000	2001
汽车产量增长率(%)	—13.24	39.19	49.79	22.12	4.38	7.34	1.53	6.98	3.16	12.44	12.50	12.81

2001 年我国汽车工业的产量和销量分别比上年增长了 12.81%和 13.29%。一系列有利于促进汽车消费的政策措施先后出台，汽车市场逐步活跃。从总体上看，汽车工业开始进入新的发展阶段。②汽车市场需求总量在逐步扩大。2001 年全国各种汽车的产量和销量见表 2。2001 年轿车销售快速增长，进入 2002 年后，仍保持着持续升温，且国产轿车占据消费主导地位，经济型轿车所占市场份额最大，约占轿车总量的 25%，轿车进入家庭已经成为趋势。2002 年汽车年产量达 325 万辆。③汽车工业的全方位对外开放，国外各著名大汽车公司的进入以及民营企业的兴起，使汽车市场在价格、性能和新车型方面的竞争此起彼伏。原有的合资企业尽量缩短新车型上市周期，不断推出新车型；新成立的合资企业则以其最短的时间出车为目标，投入竞争；民营企业以其低投入获取较高产出的方式参与竞争，市场上以车型新、性价比高来赢得较大的市场份额。竞争日趋激烈，这也从一个侧面反映出，我国汽车工业的“暴利”时代即将结束。

表 2　2001 年全国各种汽车的产量和销量

车　型	产　量 （万辆）	比上年增长 （%）	销量 （万辆）	比上年增长 （%）
载货车	80.24	5.02	81.84	5.62
重型	15.71	96.67	14.70	77.37
中型	15.20	1.17	16.27	—0.25
轻型	36.28	—7.10	36.87	—7.13
微型	13.05	—5.26	14.00	6.14
客车	82.86	18.24	82.38	17.46
大型	1.15	44.55	1.14	47.63
中型	4.82	34.02	4.79	33.45
轻型	49.17	20.41	27.59	11.25
微型	27.72	11.56	48.86	19.25
轿车	70.35	16.35	72.15	18.25
合计	233.44	12.81	236.37	13.29

随着汽车工业的快速发展，必将带动相关产业的发展，对技术装备的需求也将呈现一个新的高潮。

一、汽车工业的装备现状及其发展

1. 汽车制造企业的技术装备水平有了新的提高

这次调研与 1996 年调研相比，汽车制造企业的技术装备水平有了新的变化和提高。在机械加工方面，数控机床使用量有明显的增长，一汽长春汽车齿轮厂的红旗轿车变速箱生产车间的设备数控化率达 60%以上，其中既有进口的国外机床，也有国产数控机床。在一汽、上汽、东汽的齿轮厂中，制齿装备较多地采用了重庆机床厂、南京第二机床厂、秦川机床有限公司生产的数控齿轮加工机床。上海汽车底盘厂使用了 70 多台长城机床厂的数控车床。在冲压生产线方面，国产机械压力机和液压机不仅可以满足国内汽车制造企业的需要，而且还可以成套出口。冲压线的连线自动化也有新的进展，由中科院沈阳自动化研究所为一汽大众改装的冲压自动上下料机械手，使用基本正常。

从当前汽车工业技术装备的整体看，它融合了不同年代产品，进口装备占的比例较大。以上汽为例，进口与国产装备的价值比约为 8∶2。这从一个方面反映出我国装备制造业尚落后于汽车工业，无法满足汽车工业的需求；同时也应看到由于投资渠道的不同，对装备需求的档次也不尽相同。目前，载货汽车生产企业的技术装备水平明显低于轿车生产企业；新建的合资企业技术装备水平高于前几年建的合资企业的技术装备水平。这不仅反映出世界制造技术的快速发展，也反映出我国汽车工业装备选择的多样化。合资企业、国有企业和民营企业在装备需求上有着较大的差别，这种“不定式”是有利于装备制造企业的。这次调研与 1996 年调研相比，使用国产装备的数量变化虽然不大，但国产装备的价值比提高了，这说明国产高附加值产品在汽车工业中的应用有了新的增长，实质就是国产数控机床使用量的增长。

2. 当前汽车生产主要工艺装备分析

箱体类零件

缸盖　随着发动机技术发展与进步，对缸盖的制造技术要求越来越高，机械加工的难度也越来越大，缸盖的设计寿命周期越来越短，缸盖的变型也越来越快。据有关专家介绍，缸盖的设计寿命周期为 5 年。形成这种情况主要是多气门发动机的出现和顶置式凸轮轴结构的应用。目前，缸盖的机械加工多采用高速或准高速加工中心。上海通用汽车公司别克、赛欧轿车缸盖生产线就是由加工中心组成的柔性生产线。上海大众、一汽大众、沈阳航天三菱的缸盖生产线则采取专机与加工中心的混流生产线。

缸体　据有关专家介绍，缸体的设计寿命周期达 20 年，缸体的机械加工多采用由专用机床组成的刚性生产线。本次调研所见的缸体机械加工装备，除上海通用的赛欧轿车直 4 缸体生产线为全数控机床组成的柔性线外，其余多为组合机床生产线。考虑到缸体的多品种加工，沈阳航天三菱发动机有限公司的缸体生产线采用专机、转塔机床和加工中心的混合配置结构。北京吉普汽车公司的缸体缸孔采用激光淬火工艺，其激光淬火装备是国产装备。

变速箱体　变速箱体的机械加工主要有2种机床布局：一是采用加工中心，如上海通用、上海汽车齿轮厂；二是采用组合机床自动线，如一汽长春汽车齿轮厂。

离合器壳体　一汽的离合器壳体生产线是购置2条德国洪斯贝格公司制造的二手专机生产线；红旗轿车的离合器壳体加工则采用加工中心；一汽大众的离合器壳体加工采用由德国洪斯贝格公司与大连机床集团公司合作生产的数控专用机床自动生产线。

轴类零件

曲轴　几大轿车厂的曲轴主轴颈和连杆颈加工普遍采用“车拉”或“车车拉”工艺，个别企业采用内铣加工。主轴颈和连杆颈的磨削多应用美国兰迪斯公司的单砂轮或多砂轮磨床。工序间的零件传送多为手工传送或使用简单的吊具，仅上海通用六拐曲轴和上海大众曲轴生产采用空架机械手传送零件。

凸轮轴　目前，凸轮轴的桃形加工均采用直接磨削工艺，由于毛坯的精化，而省去了车削工序。桃形淬火也以重熔淬火技术替代了感应淬火（一汽大众、上海大众、南亚自动车都采用此工艺），淬火后进行精磨。上海通用汽车公司的凸轮轴是由预制桃形毛坯、齿轮坯、轮颈环等依次按一定方位套装在一根钢管上，通过钢球挤涨钢管，使钢管变形而固定各套装件，这是一种凸轮轴毛坯的新型制造工艺，然后直接用数控磨床磨削桃形和其他轴颈部分。

变速箱传动轴　传动轴的车削加工基本都采用数控车床，而且国产数控车床占较大比例。传动轴的磨削上海汽车齿轮厂采用进口的切入式无心磨床，一次磨成形11个台阶轴。传动轴上的齿形、圆弧槽及铣扁等工序，一汽长春汽车齿轮厂采用美国拉床专业技术公司生产的专用拉床，同时拉削3根传动轴，其节拍时间仅15s。

齿轮

齿坯加工各汽车厂基本均采用数控车床，合资企业中进口数控车床占较大比重（如一汽长春汽车齿轮厂的数控车床多为合资时购入的二手设备）。制齿工艺基本上沿用滚、剃、珩或滚、磨。在制齿装备中，近几年南京第二机床厂、重庆机床厂和秦川机床有限公司的高速数控滚齿机、高速数控插齿机、六轴数控剃齿机以及数控齿轮磨床，在用户现场均有应用。在制齿装备中几大轿车厂仍以进口机床居主导，尤其锥齿轮和弧齿锥齿轮加工，几乎全部是进口机床。

连杆

锻钢件连杆是机械加工难度较大的零件之一，这主要是因为连杆大小头孔的精度要求高，而且连杆的制造工序多，特别是剖分式连杆，其结合面的定位、螺栓孔加工都有一定难度。一汽大众和上海大众连杆的大头孔采用了涨开工艺，从而减少了连杆体和连杆盖的剖分面加工，大大简化了连杆的制造工艺。上海通用汽车公司的连杆生产线，由11台机床组成，连杆毛坯是粉末冶金，其工艺流程为：两端面粗磨→钻攻螺纹孔（由3台Tri－wy专机完成）→镗大头孔→拉应力槽→涨断（含涨断、吹净、穿螺栓、拧紧、压小端铜套）→磨两端面→精镗（3台Grob BZ400卧式加工中心）→珩磨大小头孔→清洗→检测。

在调研中，汽车业界有关人士普遍对机床工具行业近几年所取得的发展与进步，给予了充分的肯定。一大批国产数控机床在代表当今先进制造技术的轿车生产线上的应用，有力地说明国产数控机床已经开始由成长期逐步进入成熟期。为此，机床工具行业企业，尤其是行业的重点骨干企业要树立信心，相信自己的产品能够满足汽车工业的需要。与此同时，还必须充分认识到国产装备与进口装备的差距与不足。汽车工业企业认为：进口机床虽然价格贵些，但其性能稳定，出现故障的几率很小；国内合资企业或与国外厂家合作生产的机床产品，有点小毛病，但总体看还是不错的，如一汽大众的缸体线是由一汽装备技术开发有限公司与德国EX－CELL－O公司合作生产，在产量从27万件/年提升到38万件/年中，机床经住了考验。神龙汽车公司的缸体生产线是东汽设备制造厂与法国公司的合作生产产品，三班连续生产，缸体返销法国，国产装备也经住了考验。而国内一些机床厂的产品小毛病较多，故障率较高。据介绍像上海大众二发厂设备每停机1h，所造成的损失上千万元。

通过调研，在看到一批国产装备进入汽车工业市场的同时，也看到机床工具行业企业在满足汽车工业的需求方面，所存在的不足。尤其在提供成套技术装备，实现“交钥匙工程”方面差距还比较大。为此，机床工具行业企业要进一步加强与广大用户的合作，以熟悉汽车零部件的制造工艺；加强与国内外厂家合作，以多渠道获取技术来源；加强与行业企业间的合作，结成战略联盟，变竞争对手为合作伙伴。机床工具行业企业应扎扎实实地搞好产品质量，从产品稳定性、可靠性上入手，以更多更好的优质产品、尽量短的交货期和最佳的服务来满足汽车工业的需要。

二、机床工具行业如何适应汽车工业发展的要求

我国汽车工业的快速发展，为机床工具行业提供了极大的市场空间。汽车制造技术的进步，既给机床工具行业提出了新的更高的要求，也提出了许多值得研究的新课题，这无疑将会带动机床工具行业制造技术的进步和产品水平的提高。机床工具行业企业首先要转变观念，要从企业生存发展的高度来认识产品进入汽车工业市场的重要意义，以及必须进入并不断拓展汽车装备市场。而要做到这一点，必须具备：①高质量、高可靠性的产品。②成套供应能力。③开发专用设备，满足特殊需要的能力。为此，机床工具行业的重点骨干企业要坚定信心，高度重视占有机床消费额近50%的汽车工业市场，要知难而进，在深入了解汽车工业的制造工艺的基础上瞄准汽车工业的需求，扎实工作，不断提高产品质量和水平，不断提高服务质量和水平，不断开发高技术产品，不断提高成套供应能力，把产品进入汽车工业市场，视为企业发展的新起点，产品考核的新高度，推

动装备工业与汽车工业的同步发展。

1. 汽车工业对技术装备的基本要求

汽车产品的多样化、车型覆盖的宽领域、大批量生产的快节奏，以及汽车工业投资主体的多元化，使汽车工业对装备的需求呈现出：多层次、宽领域、快节奏、质量高、数量大的特点，从而构成了对技术装备的更严更高的要求。在当前的市场竞争中，降低制造成本，获取竞争优势，是各汽车生产企业十分重视的一项工作。为此，在技术装备的购置中，把“见效快”作为重要的衡量标志，也是决定取舍的首要条件。要见效快，要求技术装备必须有较高的生产效率，满足汽车工业的生产节拍要求。要见效快，要求技术装备必须有极好的可靠性，为此要考核装备的工程能力系数(Cpk值)，考核装备的连续工作和精度储备能力。有的汽车制造企业要求Cpk值大于1.33，有的要求大于1.67，有的甚至要求达到2。今后随着技术的发展，可能将连续抽样改为随机抽样，而考核Ppk值。要见效快，要求技术装备必须保持较高的开工率，具备3班制换人不停机连续工作能力。要见效快，要求技术装备的制造周期要短，装备制造业必须按期交货，重视企业的信誉建设，提高合同的履约率。要见效快，要求装备制造业提供“交钥匙工程”，不仅要提供性能稳定的主机，而且要配套完整，包括夹具、刀具、量具，以及冷却、排屑等辅助装备以及必要的物流系统。要见效快，还要求技术装备具有一定的柔性，以适应汽车工业多品种加工和产品换型的要求。

汽车工业对装备技术的要求，可以归纳为：高效、精密，可靠、成套，经济、实用，柔性、环保。可靠是前提，高效是必要条件，成套是根本保障。在实际工作中，汽车制造企业对技术装备要求进行两次验收，第一次验收在装备制造现场进行，这时要考核装备的工程能力系数，通常是要求连续切削30或50个零件，经检测考核Cpk值。第二次验收在用户现场进行，检验其与上下工序的衔接，装备的稳定工作情况。对于较大规模的生产线验收，各台装备的节拍时间的考核较严，各工序的工作精度的考核也往往按Cpk值要求进行，这是很严格的考核。从总体来说，当前我国机床制造企业还不太适应，这往往成为企业进入汽车工业市场的一道坎，但也是必须跨越的“门槛”。

2. 进入汽车工业市场的切入点

要实现服务于汽车工业，进入汽车工业市场，不断扩大国产装备市场份额的目标，机床工具行业应采取“面上跟进、点上突破，瞄准成套、逐步入围，合作开发、扩大份额”的总体战略。通过强化对汽车零部件制造工艺的研究和汽车工业技术装备的分析研究，逐步提高掌握核心技术的能力，选准切入点，以企业的特色产品、特色服务，赢得汽车工业企业的认同。

所谓“面上跟进、点上突破”，就是要进一步巩固已进入汽车工业的国产装备的地位，要通过听取用户意见，改进和提高产品和服务水平，尤其要在可靠性、质量、服务以及制造成本几个方面狠下功夫，进一步提高产品的竞争能力，不断扩大市场份额。其次是要分析研究汽车工业对技术装备的要求，有针对性地开发新产品，适应汽车工业发展的需要。为此，要从以下两方面入手，开发研制适应汽车工业发展需要的产品。

(1)进一步加快高速、准高速加工中心，尤其是卧式加工中心的发展，为汽车工业提供柔性加工生产线。

柔性加工生产线是今后汽车发动机缸体、缸盖以及其他箱体类零件加工的主要技术装备。由高速、准高速加工中心为主组成的柔性加工生产线，包括加工中心及其配套的夹具、刀具、量检具，以及物流输送系统和整个生产线的控制技术。发展高速加工中心主要指主轴转速在16 000r/min以上、工作台面500mm×500mm以上；准高速加工中心主要指主轴转速在10 000r/min以上、工作台面630mm×630mm以上。这些加工中心应具备联线功能，要形成一定的生产规模。从技术上可以参考上海通用汽车公司和沈阳航天三菱发动机有限公司的现场装备。

(2)大力发展各种数控专用专门化机床，为汽车零部件工业提供技术装备。

在经济全球化催动新一轮国际分工的形势下，加工制造业向发展中国家转移。我国全方位对外开放政策的进一步实施，汽车工业产业政策的调整，我国汽车零部件工业的发展将进入一个新高潮。我国汽车工业的快速发展，不仅吸引世界著名的汽车制造厂商，同时，也吸引世界著名的汽车零部件制造厂商。机床工具行业要抓住汽车零部件发展的机遇，针对汽车零部件发展的需求特点，开发各种数控专用专门化机床，满足汽车零部件企业的少品种、系列化、大批量生产的需求。对于汽车零部件工业所需的高效专用装备，恰恰是目前机床工具行业的薄弱环节。据有关资料介绍，2001年日本专用机床的产值占机床总产值的8.8%，中国台湾这一数字也达6.9%，而我国还不足1%。为此，机床工具行业应加快发展适应汽车零部件生产的各种专用机床，如专用数控车床、专用数控铣床、专用数控磨床、专用拉床以及由标准加工中心改装的专用机床等。上海机床厂有限公司生产的高档数控龙门双端面磨床用于活塞环加工，并出口日本。与此同时，要利用高新技术，改造提升传统的组合机床，使其更适应多品种柔性制造的需要。

所谓“瞄准成套、逐步入围”，就是要解决和提高机床工具行业企业的成套能力。在提高成套供应能力上，行业企业要加强与用户合作，以选择最佳成套方案；其次要加强企业间的合作，结成战略联盟，变竞争对手为合作伙伴，共同完成成套任务，实现双赢。

所谓“合作开发、扩大份额”，就是要开拓多种合作渠道，可以与国外企业合作，也可以实行“产学研”相结合，多方面获取技术来源，提高企业开发能力，开发新产品，提高成套能力，以扩大国产装备的市场份额。

3. 扩大汽车工业市场份额的措施

在我国汽车工业的建设与发展中，一大批国产装备进入生产现场，经受了汽车工业生产的考验。沈阳第一机床厂、济南一机床集团有限公司、长城机床厂、南京数控机床有限公司、上海第二机床厂、大连大力电脑有限公司等企业的数控车床，在几大汽车公司的齿轮厂生产现场都基本得到用户的认同。其中在上海汽车齿轮厂使用的长城机床厂的数控车床就近70台，对于一般轴类、盘类零件加工用的数控车床，国产装备基本可以满足要求。2002年初沈阳第一机床厂又中标一汽底盘厂改造所需的16台数控立式车床项目，现已交付使用。在数控车床方面，行业企业今后发展的重点是：进一步提高工作精度和可靠性，增加各种变型产品，配备自动供料和自动上下料装置，提高单机自动化程度，具备联线联网接口和功能，进一步提高工作效率。

重庆机床厂、南京第二机床厂、秦川机床集团有限公司、天津第一机床总厂等企业的高速数控滚齿机、高速数控插齿机、数控珩齿机、数控剃齿机、数控磨齿机以及齿轮倒角、倒棱机等产品，在汽车齿轮厂中应用也较普遍，在圆柱直齿轮加工中，基本达到了用户要求的精度和效率。重庆机床厂在哈尔滨汽车股份有限公司发动机厂的扩建工程中中标，向其提供23台数控齿轮机床(11台六轴数控滚齿机、12台三轴数控剃齿机)，以6个月的制造周期完成了该项目，于2002年6月末通过用户验收，发往哈尔滨。齿轮机床今后要进一步研究硬齿面和干式加工的问题，彻底解决机床漏油问题，增加自动上下料装置。在高精度磨齿和弧齿锥齿轮加工机床方面要进一步加强合作，开发研制性能完善、运行可靠的高水平产品。秦川机床集团有限公司开发了具有自主知识产权的YK7250数控八轴五联动蜗杆砂轮磨齿机；长沙中南大学研制的数控七轴五联动弧齿锥齿轮磨齿机，经批量生产验证，具有高效、高精性能，深受用户欢迎。

大连机床集团有限公司、东风汽车公司设备制造厂、大连亿达日平机床有限公司等企业生产的用于汽车工业箱体类零件加工的组合机床及其自动线，产品结构的可调可变性较差。随着加工中心制造技术的发展，高速加工中心的出现，以及汽车工业对柔性制造要求的日益迫切，一种由高速加工中心组成的敏捷制造系统越来越受到关注。发展加工中心，改造提升传统的组合机床，以专用机床、加工中心组成柔性生产线(FIL)是机床工具行业企业今后努力的方向。大连亿达日平机床公司为东风康明斯发动机有限公司制造的由9台HS5加工中心及辅机组成的缸体柔性生产线，受到用户的首肯，再次展示了国内企业独立开发制造柔性线的能力。

济南二机床集团有限公司继向美国通用汽车公司泰国总装厂成套出口由机械压力机组成的冲压件生产线后，先后又向美国通用汽车公司出口重型多工位全自动压力机，至此已向通用公司在世界各地的分公司提供了7条大型机械压力机生产线。齐齐哈尔第二机床厂、上海锻压机床厂、合肥锻压机床有限公司等企业也为国内或国外汽车企业提供了多种机械压力机和液压机，用于汽车车身覆盖件的冲压。大型冲压装备完全可以立足于国内。今后要在冲压生产的自动化、减轻劳动强度、提高冲压件的表面质量上进一步努力。在压力机制造上还要注意提高导轨的耐磨性。

在清洗机、试验机、测量机和装配拧紧机等非机械加工装备方面，国内虽有一批厂家从事开发制造，但总体水平与国外差距较大。其中涿州清洗机厂的清洗机、大连组合机床研究所的密封性能试验机及测量机、东汽设备制造厂的拧紧机在汽车工业企业中都有一定的市场。这些机械装备的生产企业应通过引进国外先进技术，或与国外合资合作，以进一步提高产品的档次和水平。

在刀具、量仪方面，汽车工业的要求又有新的提高。在硬质合金刀具的制造技术上，虽然也引进了国外的技术，尚可满足一般机械加工要求，但距高速、高效、大批量生产的汽车制造的要求还有一定的差距。目前，各汽车厂几乎95%的刀具采用进口，每年耗费大量的外汇，而且也增加了库存量。成都工具研究所与几大工具厂在汽车刀具国产化方面作了一些工作，也取得一定收效，但是由于经费等方面的原因停了下来。汽车企业希望能继续开展这项工作，并表示愿意参与其中。上海工具厂有限公司承担了上海通用汽车公司刀具的修磨任务，这也是一种逐步过渡的行之有效的方案。

在综合测量仪以及在线、在机测量仪器的开发研究方面，量具生产企业要借鉴汽车工业生产现场的实际，提高量仪新产品开发的针对性，解决汽车工业生产的需要。在CBN砂轮的推广应用方面，磨料磨具行业企业要主动与汽车工业企业合作，积极推进高速高效磨削技术，把CBN砂轮的应用提高到一个新的水平。

综上所述，为了扩大在汽车工业占有的市场份额，机床工具行业企业应采取以下措施：

(1)主力军要首先进入汽车工业主战场。汽车工业尤其是轿车工业，是集当代先进制造技术于一身的高技术密集产业。它对技术装备的严要求，及其技术的先进性，不是一般制造企业所能达到的。为此，要求机床工具行业中技术实力、开发能力较强，基础管理较好的重点骨干企业要首先将自己的产品打入汽车工业市场，在行业内率先实现主力军进入主战场。

(2)创建企业的信用管理体系。市场呼唤诚信，市场需要诚信。在日趋激烈的市场竞争中，市场份额的增长，关键是以诚取胜。市场经济实质就是信誉经济，企业信誉是企业竞争力的重要因素，一个企业要取得长足的发展，不仅要对客户、合作伙伴做到诚信，更要在产品质量上做到诚信。目前，国内一些行业开始建立企业信用评价系统，企业的信用管理涉及到计划、采购、生产、销售、服务、人力资源及信息等各个基础管理领域。如何以信用管理为突破口，带动机床工具行业企业基础管理的变革，是摆在企业经营者面前的一个严肃的课题。缺乏信用管理的能力，将是企业发展的最大障碍，企业要从企业风格、能力、资本、担保、环境等诸多信用要素入手，不断提高企业的信用水平。

(3)加强品牌意识，提高品牌的维系能力。一个产品从它诞生到成为市场公认的品牌，需要企业全体员工付出坚韧不拔的努力。行业企业要不断增强品牌意识，依附品牌，借助品牌，发展自己。要打造中国品牌，从洋品牌中夺取市场，就必须有同进口产品一样过硬的质量和更好更周到的服务。要建立企业自己的品牌，就必须对自己的产品和服务，做到精益求精；要维系品牌的能力，就必须有向市场提供独特的产品和服务的能力。

(4)提高企业成套供应能力。根据汽车工业要求提供“交钥匙工程”，机床工具行业企业要从制造工艺、产品设计、夹具刀具、控制系统以及连线调试等多方面进行准备。首先要加强与用户的合作，共同拟定最佳的“成套解决方案”；其次是制造企业间的合作，共同为用户提供所需的技术装备和服务；第三是装备制造企业与工具制造企业的合作，解决好刀具的长久供应问题。

(5)提高项目管理水平。目前，用户反映较集中的问题是拖期交货，这实质是反映了管理问题。机床工具行业企业要进一步提高企业管理水平，运用项目管理方法，从项目签约、实施到交货验收的全过程，对计划进度、产品质量、制造成本进行全面管理。要运用先进的信息传送技术和手段，及时、准确地掌握项目的执行情况，运用并行工程等有效的生产组织与管理，确保按期交货。企业经营者要把企业品格的树立作为一项重要工作，充分认识履约的法律责任，要从制度和品德两个方面建设上，根本解决拖期交货的问题。

(6)建立完善的配套体系。提高配套功能部件的质量，健全配套生产体系，完善社会化协作，对于整机性能和质量的提高是至关重要的。在数控机床快速发展的今天，相关配套部件的专业化生产协作，有利于提高配套部件质量，有利于降低配套部件制造成本，有利于提高整机性能和质量，有利于提高企业产品的市场竞争力。在配套部件生产上积极支持并鼓励与国外企业的合资合作，借以提高我国配套部件的水平。

三、政策建议

汽车工业是关联度较高的产业，它的发展应带动相关产业的发展，尤其应带动与其密切相关的机床工具工业的发展。目前，汽车工业技术装备的大量进口，国产装备占有份额低的状况急待改进。为此，建议：

(1)支持汽车工业装备国产化，应建立依托工程。希望国家有关部门就汽车工业的建设与发展，建立依托工程，并组织实施装备国产化工作。同时制定有关政策措施，如“集中筹码，捆绑招标”，“联合投标，国内制造”，“技贸结合，合作生产”等，保护和支持我国装备制造业的尽快成长。建议国家制定鼓励本土化生产、鼓励通过进口关键零部件和原材料实现装备自制的政策，而不是继续实行现行的整机免税，进口零部件和材料征税的不合理政策。

(2)定向下达依托工程流动资金贷款，由制造企业、用户和银行 3 方协商流动资金贷款的下拨方式、时间、还款等事宜。补充重点国有企业重点建设项目的流动资金，切实解决因资金缺口对项目实施的影响。

(3)建立依托工程项目的专项风险基金，支持依托工程项目的开发。对任一项目的拨付额度以项目开发费用的 20%～30%为基数，该项目开发成功则作为拨付的奖励；若失败则作为给企业的补贴。

(4)支持并加大对机床工具行业重点骨干企业的技术改造，技改的重点是提高企业新产品开发能力、提高企业技术成套能力和加强企业信息化建设等方面。通过技术改造使机床工具行业中有 8～10 个企业，基本建立市场快速反应机制，基本具备成套供应能力。

(5)为提高国产中高档数控机床的竞争力，建议凡是采用国产数控机床的建设项目 100%抵扣所得税，并对国产数控机床制造所需的进口配套件，予以减免关税。

在我国加入世贸组织，经济全球化步伐加快，国际分工重新布局的新形势下，汽车工业和装备制造业同样面临着严峻的挑战，同时也有着极好的发展机遇。机遇越是有吸引力，挑战也越是严峻。正视现实，认清差距，坚定信念，放手一搏，就会杀出一条生路，使企业在激烈的竞争中充满生机和活力。机床工具行业要以与时俱进的精神，认真分析研究汽车工业的市场特征、需求特点，认真分析研究汽车工业零部件制造工艺、技术要求，认真研究制定企业的发展战略，扬长避短，有针对性地开发新产品，努力提高国产装备的市场占有份额，为支持汽车工业发展，满足汽车工业对技术装备的需求，作出新的奉献。

此次调研的汽车制造企业见表 3，此次调研的机床制造企业见表 4。

表 3　本次调研的汽车制造企业

企业或集团	集团所属子公司	2001 年 汽车销量(辆)	主要车型
北京汽车工业集团总公司		136 538	
	北汽福田汽车股份有限公司 北京吉普汽车有限公司		皮卡、轻型、重型载货汽车、轻型客车、越野汽车
天津汽车工业集团有限公司		79 957	
	天津汽车制造有限公司		夏利轿车
	天津丰田发动机有限公司		A8—EF 发动机

(续)

企业或集团	集团所属子公司	2001年 汽车销量(辆)	主要车型
第一汽车集团公司		407 495	
	一汽总装厂		中型、重型载货汽车
	载货汽车公司		轻型、中型、重型载货汽车
	发动机厂		
	车轮有限公司		
	汽车齿轮厂		
	模具制造有限公司		
	一汽—大众汽车有限公司		捷达、奥迪、宝来轿车
	轿车厂		
	发动机厂		
	传动器厂		
吉林市江北机械厂		2002.4.28	
	江北机械厂汽车厂	首辆车下线	美鹿轿车
	吉林北方捷凯传动轴有限公司		等速万向节、传动轴
沈阳航天三菱发动机有限公司		2.7万台	发动机
金杯汽车股份有限公司		74 865	
	沈阳金杯客车制造有限公司		海狮轻型客车、中华轿车
上海汽车工业(集团)总公司		448 946	
	上海—大众汽车有限公司		桑塔纳2000、帕萨特、波罗轿车
	发动机二厂		
	总装厂		
	上海通用汽车公司		别克、别克新世纪、赛欧轿车
	发动机厂		
	总装厂		
	上海纳铁福传动轴有限公司		等速万向节、传动轴总成
	上海汇众汽车制造公司		重型载货车
	上海汽车齿轮厂		汽车变速箱
	上海柯尔本·曼斯特活塞公司	215万件	活塞
	上海金合利铝合金轮毂制造公司	180万件	轮毂
南京跃进汽车集团公司		55 714	
	江苏南亚自动车有限公司		轻型载货车、依维柯轻、中型客车、派力欧轿车(Palio)
	动力总成厂		
	总装厂		
南京春兰汽车公司		1 301(2000年)	中型载货车
东风汽车集团公司		265 407	
	载货汽车公司		轻型、中型、重型载货车
	发动机厂		
	总装厂		
	锻压厂		
	模具厂		
	襄樊东风康明斯发动机有限公司		柴油发动机
	神龙公司机加工厂		富康、风神轿车
	变速箱厂		
	总装厂		
	武汉气门厂	100万件	气门
	武汉齿轮厂		齿轮

表 4　此次调研的机床制造企业

企业或集团	所属集团	2001 年销售收入（万元）	主要产品
长春一汽装备技术开发有限公司	一汽集团	5 744	组合机床及其自动线
长春第二机床有限公司			汽车零部件铣床、摩擦焊机
沈阳第一机床厂	沈阳机床股份有限公司	36 242	数控车床、普通车床、车削中心
沈阳—普瑞玛激光切割机有限公司	中意合资、沈阳第一机床厂		激光切割机
中捷机床有限公司	沈阳机床股份有限公司	16 528	加工中心、数控镗铣床
沈阳布卡特委博机床有限公司	中德合资、中捷机床有限公司		高速加工中心
中捷摇臂钻床厂	沈阳机床股份有限公司	16 188	立钻、摇臂钻
沈阳数控机床股份有限公司	沈阳机床股份有限公司		数控车床
东风汽车公司设备制造厂	东风汽车公司	28 302	组合机床及其自动线、加工中心、拧紧机
武汉重型机床厂			重型机床、数控立车
华中数控股份有限公司			数控系统

机床工具行业走新型工业化道路的研究

中国机床工具工业协会　李继运（执笔）

党的十六大报告中指出，用高新技术和先进适用技术改造传统产业，大力振兴装备制造业，以信息化带动工业化，走新型工业化道路，这为我国机床工业发展指明了方向。

机床工业是基础机械工业，在国民经济各部门向新型工业化迈进的进程中，肩负着提供基础装备的重任。因此机床工具行业加快实现新型工业化，不仅是行业自身发展的需要，也是国家实施新型工业化的重要措施保证。

机床工具行业必须以更快的速度、更好的质量、更高的水平发展高新技术产品，为各部门走新型工业化道路提供装备。

一、机床工具行业的基本情况

(一)机床工具行业现状和作用

机床工具行业现有 2 225 个企业，机床产品品种大约有 5 000 种，工业总产值在 750 亿左右，由金切、锻压、铸造机械、木工机械 4 个主机和工量具、磨料磨具、机床附件、机床电器 4 个配套共 8 个小行业组成，全行业现有职工 50 多万人，资产总计约 1 120 亿元。经过几个五年计划，机床工具行业已发展成为门类齐全、规模较大的行业，为国民经济的发展和国防建设做出了重要的贡献。

经过改革开放的洗礼，机床工具行业改变了国有企业一统天下的局面，已经初步形成多种所有制企业并存的格局，目前国有企业 1 388 个，民营企业 521 个，三资企业 316 个，其中还有少量国外独资企业。各类企业在体制、机制上都有很大的变化，为机床工具行业的发展注入了新的生机和活力。

在国家有关部门的支持下，数控产业有了长足的进步。经过"六五"数控产品起步、"七五"引进技术合作生产、"八五"消化吸收和自主版权的开发、"九五"实施数控产业化进入新世纪，我国数控机床进入了快速发展的时期。2002 年，全国数控金属切削机床产量达 24 803 台，比上年增长 31.6%；116 个重点联系企业的数控产值 35 亿元，比上年同期增长 57.3%，金切机床产值数控化率 29.4%，比上年增加 4.9 个百分点。配套产品也有了发展，数控产业化水平有了进一步提高，为进一步发展打下了良好基础。

(二)机床工具行业存在的主要问题

机床工具行业自身确实有很大进步，但与国际发达国家相比，我国机床工具行业的差距也非常明显，主要是：

(1)产品结构不合理，普通机床多，数控机床少；万能机床多，专用机床少；单机销售多，成套销售少。开发能力差是造成结构不合理的根本原因，发展数控、专机、成套是优化产品结构升级的关键。

(2)数控产业化水平低，没有形成规模，企业装备落后，产品质量不稳定，成本居高不下，供货周期长，在市场上竞争乏力。其原因主要是"大而全"、"小而全"的企业组织结构造成的。

(3)体制、机制不活，人力资源没有得到充分利用，企业缺少活力和创新，工作效率不高，在竞争中处于劣势。

由于以上原因，目前高水平的数控机床和配套功能部件主要依靠进口，国内机床产品市场占有率不足 1/2。而出口产品主要是普通机床，数控机床比重很少。进口不能减少、出口不能扩大是当前制约机床工具行业发展的主要问题。

(三)机床工具产品市场前景

我国从计划经济向市场经济过渡，经济结构发生重大变化，多种经济成分并存的格局已经形成，加入 WTO 为企业参与国际竞争提供了机遇，所有这一切都对装备工业提出多层次、多样化要求，给装备工业带来巨大的现实需求和潜在市场。

1.汽车工业将成为机床工具行业的主要用户

在发达国家中如美国、日本、德国,汽车、航空一直是机床工具行业的最主要用户。汽车工业对机床的需求量约占机床总需求量(以金额计)的50%左右,机床工具行业随着汽车业发展而上升、萧条而下降。

2002年以轿车为代表的我国汽车工业进入快速发展期。2002年汽车产量325.12万辆,提前3年实现“十五”规划目标。据对3大汽车制造厂和9个骨干厂统计,2002年共投入技改资金261亿元,其中采购国产设备约占设备总投资的20%;汽车零部件企业技改资金投入近73亿元,其中42亿元用于购置机床工具。目前,我国汽车工业呈现百花齐放的局面,各省市都把汽车工业作为经济发展的支柱产业加以发展,国有企业、合资企业、民营企业都加入这个行业,参与竞争。随着我国向全面小康社会目标迈进,人民生活水平进一步提高,汽车的需求量将愈来愈大,汽车工业今后将以25%～30%的高增长速度发展,因而对机床工具行业发展的影响很大,必将成为机床工具行业第一重要用户。

2.高新技术产业的快速发展对高档机床工具产品的需求不断增加,促进机床工具产品市场的发展

十六大报告在强调要大力发展劳动密集型产业的同时,提出了走新型工业化道路的目标,制定了以信息化带动工业化的发展战略。信息产业将成为我国经济发展中增长速度最快的先导产业,以新材料、新能源、自动化等为代表的高新技术产业将真正成为我国经济发展的新亮点。高新技术产业作为国民经济支柱产业,其发展将需要大量高速、复合、精密、智能、多轴、自动化的高档机床,将推动机床工具产品市场的进一步发展。

国产高档数控机床和成套成线设备的开发能力和生产能力,不能适应市场的迫切需要,是急待解决的问题。我国高档数控机床在品种上和数量上都不能适应市场需求。汽车、航空航天、船舶、兵器、核工业等行业急需的精密加工中心、多轴联动加工中心、双主轴车削中心和车铣中心、精密磨床和复合磨床、精密电加工机床、精密大型龙门镗铣床和精密落地镗铣床以及成套成线设备,目前国内企业尚不能提供或处于新品开发阶段和小批量生产阶段,不能满足需求,造成2002年金属加工机床进口的急剧增长,进口已达31.51亿美元,超过历史最高纪录,成为继美国后第2个进口机床大国(2001年美国机床进口38.1亿美元)。另一方面,也造成国产机床市场占有率进一步下降。

目前世界机床技术正向高速、高效、精密、复合、智能、环保快速发展。机床行业要加强国际合作,引进人才、引进技术和产品,加大合资合作力度,加速提高高档数控机床的开发能力和生产能力,以满足国内需求,提高国产机床的市场占有率。

3.入世后,加速了我国融入全球经济一体化的进程,我国作为世界制造中心的地位更加明朗,国内外市场竞争也进一步加剧

传统产业如机械、纺织、冶金等产业为了提高国际竞争实力,都在加强国际合作,加大技术改造投入,采用先进的技术和装备进行企业的技术改造,加速产品结构的调整,提高企业的开发能力和制造技术水平,以品牌、质量、价格参与竞争,争夺市场。一个新一轮技术改造的热潮正在形成。

另外,西部大开发,西气东输、西电东送、东西部公路的贯通、交通能源基础建设、农村电网改造和退耕还林等农林水利生态建设、国防军工项目等,将为机床工具行业提供间接发展机遇。

二、机床工具行业走新型工业化道路的目标

以发展数控机床工具产品为主攻方向,形成以数控机床为主体的机床工具行业,到2010年我国机床工具行业发展目标是:

(1)金属加工机床产值数控化率由目前30%提高到60%左右。

(2)主要产品基本立足国内,工程成套能力显著提高,国内市场占有率达50%。

(3)出口产品达20亿美元,在巩固传统产品出口的基础上,扩大中高档产品的出口。

(4)形成10个数控产业化基地(6个主机、4个配套),形成国产品牌,基本达到国际先进水平。

三、实施机床工具行业走新型工业化道路的途径

1.机床工具行业走新型工业化道路必须以高新技术产业化为主体

数控机床作为机床工业高新技术产业化的产品,具有高技术含量和高技术附加值。发展数控机床,形成高新技术产业,是机床工具行业自身的要求,也是市场发展的需要。

(1)充分利用当前有利时机,加快机床工具行业主要企业重要产品引进技术、合作生产、合资经营、扩大出口的步伐,努力实现市场主流产品的高起点、新跨越、上规模、专业化,形成中国特色品牌。

(2)广泛吸收内资和外资,按专业化原则改造现有企业,扩大现有规模,提高市场竞争力,把数控产业做大做强,实现低成本扩张。

(3)主要企业建立技术开发中心,加强重点产品用户工艺研究、分析、试验,消化吸收国外高速、复合、智能、环保新技术,形成自主版权的成套开发能力,当好用户的总工艺师。

(4)不断采用新技术提高产品质量、降低成本,加强用户服务,使数控机床不但有很高的加工精度和可靠性,而且有很高的加工效率和柔性,为用户走新型工业化道路提供可靠的保证。企业要深入研究用户的工艺技术,不断开拓新的领域,把数控机床市场做大,并有一定数量的出口,形成有国际竞争实力的高新技术产业。

(5)数控技术是由当代光电技术、微电子技术、纳米加工技术、三维软件编程技术、精密机械加工技术、精密测量技术等先进技术集成优化产生的加工制造技术。近几年由于航天、航空、船舶、国防、军工等方面尖端工业的快速发

展，促进了数控机床水平的快速提高。数控产品不仅有很高的技术附加值，而且更新速度很快，数控产业已成为目前国际上非常关注的高新技术产业，也是各国装备工业竞争的焦点。谁掌握了它，谁就有政治、经济的主动权。

2. 机床工具行业走新型工业化道路必须建立新型企业发展模式

新型工业化道路要求加快产品结构调整，从普通机床的生产模式向数控机床的生产模式转变，原有模式的社会化协作水平低，已经不能适应数控机床产业化的要求，因此新型企业发展模式的建立势在必行。

(1)企业要有快速反映市场的组织结构。这种结构特点是有很高的专业化水平，主要产品的关键件、关键工序有很高的制造水平，掌握核心技术，一般零件加工制造都放在本企业之外，充分利用社会制造能力和实施国际化采购。

(2)要有高效率的运作机制。这种企业要有科学的管理方法和手段，准确的信息传递工具，先进的制造装备，使生产过程准时化，采用并行工程使各项生产工作同步进行，实现生产过程的快节奏、高效率。

(3)新的企业发展模式必须与体制创新、机制创新相结合。好的体制使企业有生机，好的机制能更大激发员工的创造力，更能发挥人的潜能，使企业有充足发展动力。

(4)高新技术产业发展速度快，要求战略伙伴组成战略联盟，形成市场竞争优势。目前这种联盟发展的很快，由过去互补型战略联盟发展到现在竞争对手的战略联盟，由国内企业的联盟发展到国外企业的联盟。为了更快得到最新技术，更多的是企业直接和国内外科研开发机构或高等院校联盟。

总之，由于高新技术产业技术复杂、涵盖多学科、技术更新速度快，使企业组织结构没有固定的模式，要求更加柔性化，并能灵活快速重组。更多的重视新技术开发、用户工艺试验、质量检测和低成本、高效率的研究。今后机床工业将向两个方向发展，一是基础零部件的加工制造业，构成装备工业的平台；另一方面是工程技术成套开发公司，它们才是装备市场竞争的领衔主角。这两方面都呈向国际化发展的趋势。

3. 机床工具行业走新型工业化道路必须加快企业信息化建设

信息化带动工业化也就是靠信息技术推动企业技术创新和实现企业跨跃式发展，提高工业化水平。

机床工具行业信息化主要是四个方面，一是企业产品技术设计(CAD)，二是企业供应链管理(SCM)，三是企业生产过程控制(ERP)，四是企业客户资源管理(CRM)。为了有效管理企业各个环节的信息，必须建立企业信息化大系统，有效控制的多项管理，至于更快捷、更经济的电子商务在不远的将来机床工具行业也应普及。不同企业控制的重点不同，信息化程度也不一样，但共同的目标是一致的，即充分有效利用企业内部外部资源、追求效益最佳化。

4. 机床工具行业走新型工业化道路必须充分利用人力资源

新型工业化首先是要求科技含量高、经济效益好，以信息化带动工业化，而这一切都离不开新型人力资源，离不开现有劳动力素质的普遍提高。不论是产品设计，还是制造工艺，要采用先进适用的高新技术，必须有相适应的新型人力资源，才能产生较高的经济效益。

(1)培养一支具有创新精神的企业家队伍。这种创新精神，来自于居高远望的开阔思维，来自于对经济生活新亮点的敏锐捕捉，来自于当机立断、先人一步的胆识和魄力。为此，必须创造有利于企业家脱颖而出的良好氛围和机制。

(2)培养一支学科带头人队伍。企业要为广大科技人员创造施展本能的良好工作、生活环境。加强科技人员的再学习培训，不断地更新知识、掌握先进技术，提高技术水平。同时积极引进国外智力，实现技术与国际快速接轨。

(3)加快技术工人队伍建设，尤其是高级技工的培养，使技能型人才在企业生产中发挥积极作用。

为了适应数控机床技术日新月异的发展和高新技术集成的特点，必须建立适应市场经济的用人机制，全面提高员工队伍素质，为机床工具行业走新型工业化道路提供人力资源。

5. 机床工具行业走新型工业化道路必须坚持可持续发展战略

在发展数控机床，形成高新技术产业的过程中，必须密切注意环境保护，节约能源，节省资源，实现可持续发展。

(1)开展绿色设计的研发，产品设计时在满足产品功能、质量、寿命的前提下，选择与环境友好的材料、机械结构和制造工艺，在使用过程中能耗最低，在产品寿命终结时要便于产品的拆卸、回收和再利用，做到所剩废弃物最少。

(2)生产过程中实现绿色制造，推行清洁生产，节省能源，尽可能采用新工艺、新材料、新技术和新能源，使生产过程不断提高环境保护水平，积极采取措施减少污染的产生和排放。

(3)向社会提供绿色商品，逐步推广应用干切削、半干切削技术，采用少(无)油润滑技术，向无气味、低噪声、宜人性方向发展，减少和排除机床使用过程中的污染，使其与环境协调发展。

四、政策措施建议

机床是制造一切机械的工作母机，机床工业是国防军工装备现代化和高新技术产业化的保证，世界上许多国家在不同阶段都采取过扶持、保护本国机床工业发展的政策措施。入世以后，在不违背世贸组织规定的前提下，建议国家制定政策以促进机床工具行业发展。

(1)享受国家高新技术产业化发展基金，重点支持骨干企业建立技术开发中心，提高技术开发能力，形成数控机床产业快速发展的技术支撑体系。

(2)建立大型成套项目开发风险基金，鼓励重点骨干企业承接国家大型成套项目，以贴息贷款支持用户购买国产设备，调动制造企业和用户两个方面的积极性，培育机床产品国内市场。

(3)数控机床作为高新技术产品，享受高新技术产业的减免税收政策，新开业的企业享受“三减两免”政策。

(4)重点支持一批基础较好的企业进行技改，提供贴息贷款，保证技改资金及时到位，充分利用现有资源，提高国产机床市场竞争能力。

(5)支持机床工具行业的体制、机制改革，落实分流人员资金，解决企业发展过程中由于技术进步等原因产生的历史遗留问题。

加强资金价格成本管理是企业当务之急

中国机床工具工业协会总干事长　于成廷

管理和技术的同步运作是企业发展的必要条件和基础。企业在抓体制机制改革、技术进步、质量服务的同时，要强化以经济效益为中心的企业管理，当前更要关注资金使用、价格管理、成本控制，以提高经济运行质量和效益。

在国家扩大内需方针和积极的财政政策指导下，2002年前5个月行业企业产销兴旺。1～5月份行业工业总产值完成280.2亿元，同比增长9.47%；销售收入252.5亿元，同比增长7.37%；机床工具产品进出口亦保持增长。但是在工业总产值、销售收入、进出口增长的情况下，经济效益却下滑，实现利润同比下降43.5%，而且行业重点联系企业经济效益低于全国水平。这是一个很大的反差，应引起行业和企业的关注和重视。经济效益下滑有方方面面的原因，然而每个企业首先要从内部认真分析自身的问题，及时研究制定提高经济效益的措施。

行业经济效益不高，比较突出的有3个问题：

1. 企业流动资金不合理的占用

表现在机床企业普遍没有能从用户及时收取10%的质量保证金，有的民营企业、汽车制造厂买了机床已经长期正常使用，但不付设备款，不合理地占用机床厂的流动资金；生产厂的在制品及毛坯库存量过大，有些在制品已经失效，但不及时改制、处理，使资金不能盘活；配套件和原材料等采购不讲经济核算，不实行比价采购，也没有合理储备定额。以上几方面问题造成了企业流动资金占用过大，周转期过长。企业资金不足又向银行贷款，增加了企业的贷款利息，提高了成本；甚至贷不到款，造成生产拖期，目前行业企业按期交货的不到80%。

2. 价格问题

目前许多商品的价格偏离价值，特别是偏离使用价值，价格问题已严重影响到企业和行业的发展。2002年1季度对32个企业作了1次抽样调查，2/3企业的产品价格维持在上年的价格水平，没有作调整；1/3企业的产品价格还下调了，一般下降5%～8%，个别企业产品价格下调甚至达到10%以上。这就造成全行业的工业总产值在增长，而经济效益反而下降的不正常现象。在市场迅速回升、订单非常多、交货期不能保证的情况下，不进行价格调整是不符合经济规律的。随着开发技术水平的提高，产品质量和服务的改善，职工工资的增长都会使生产成本增加，应该按照市场经济规律对产品价格进行必要的调整。

调整价格要与实际成本核算结合起来，使其达到合理的价格水平。要考虑成本的变化，包括工资成本的提高，特别是技术人员和技术工人工资水平的提高，这样才能留住人才；要考虑外购配套件价格的变化，特别是国外配套件价格水平的提高；要考虑国内协作价格的变化，包括原材料的涨价因素。进行产品价格调整，当然也要考虑如何采取措施降低成本。总之，把产品价格调整到合理的利润水平上，使企业保持有合理利润空间，使价格与价值、与使用价值相适应。

3. 成本缺乏有效控制，多数企业没有实行财务预算制

财政部已发文要求企业实行财务预算制，应该在全行业企业中迅速贯彻落实。企业要有计划、有目标地实现成本的有效控制，在部署年度生产经营计划时，要进行生产任务和生产能力的平衡，生产任务和生产资金的平衡，生产任务和劳动力的平衡，在这3个方面平衡中分析可能实现的利润额。如果平衡后利润很低甚至可能发生亏损，企业必须研究采取降低成本、提高效益的措施，包括降低外购件成本、加强对内部专项费用支出的控制等措施。不能对全年经营效益心中无数，走一步看一步。在市场经济的巨大风浪中，企业如果不抓管理，不搞经济核算，是难以生存和发展的。行业主要企业要迅速落实财务预算制，学习宝钢在这方面的有效经验，加强财务管理，强化成本核算，实现财务的有效控制，达到经营效益的预测目标。

根据上述分析，建议行业企业采取以下措施：

(1)企业管理者要把财务管理提到日程，重视经济运行的分析。要找到有效控制企业资金、价格、成本的办法。在市场经济条件下，企业的资金、价格、成本管理搞不好，直接影响到企业的经济效益，影响到企业的竞争力，必须加强企业管理，才能不断稳步发展。

(2)有计划、有针对性地对企业资金占用、价格水平和财务预算执行情况进行跟踪调查、分析和控制，充分利用企业资金，有效控制成本，发挥价格的杠杆作用。

(3)加强队伍建设。充实财务人员，进行业务培训，增强责任心。财务人员要具体掌握企业经济运行状况，当好企业领导者的参谋。要重视合同，企业应有良好的信誉，要重视经济法的学习，学会利用法律手段保证企业资金的安全，为企业的发展提供保障。

加强行业企业资金和价格管理的意见

中国机床工具工业协会财金价格工作委员会常务副主任　高习武

近几年，机床工具行业发展较快，2000、2001 年连续两年产值、销售收入以两位数增长，利润也有增长，但增幅小于前两项。2002 年 1～9 月产值增长 15.2%，销售收入增长 15.6%，而同期利润仅增长 1.1%。利润增长不高的原因很多，主要是产品价格低，成本高。在目前市场需求旺盛的情况下，企业要想增加利润，必须练好内功，加强企业全面管理，抓好财务管理、成本管理、价格管理。

机床工具行业大多数企业都有较好的管理基础，但是随着时间的推移，一些企业领导和管理层人员的更换，有的企业管理有所放松，效率不高，损失浪费惊人。要充分认识加强企业管理的紧迫性，从严治企，苦练内功，切实加强资金、价格管理。

一、资金管理

资金是企业运转的血液，保证企业流动资金畅通运转和固定资产投资有较好的投资效果，是企业领导和财会人员必须认真考虑和精心运作的事情。流动资金的管理比固定资金的管理更复杂，更需要耐心、恒心，常年坚持下去，才能取得效果。流动资金通常处于储备、生产、销售三大环节上，每个环节都要认真对待。企业流动资金占用不合理，表现在多方面，如有的生产厂的在制品及毛坯库存量过大，有些在制品已经失效，但不及时改制、处理，盘活资金；配套件和原材料等采购不讲经济核算，不实行比价采购，也没有合理的储备定额。以上问题造成了企业流动资金占用过大，周转期过长。企业流动资金不足又向银行贷款，增加了企业的贷款利息，提高了成本。如果贷不到款，就会造成生产拖期。从近年机床工具行业的情况看，行业应收账款居高不下，有些用户已使用生产厂的产品多年，但 10% 的质量保证金仍旧没有支付，致使企业流动资金紧张，利润没有与收入同步增长。目前企业将应收账款管理纳入科学的内部信用风险管理的还很少，普遍存在以下现象：销售人员盲目赊销，企业遭遇巨大的市场信用风险；应收账款前清后欠现象十分严重；在账款回收和管理上职责不清，销售部门和财务部门互相扯皮，致使大量应收账款长期收不回来，企业流动资金周转困难。2001 年金切机床行业应收账款回收期平均为 134 天，国际上发达国家回收期为 45 天，高出国际水平 2 倍。按 2001 年应收账款额及占用的时间计算，损失利润 4 000余万元。

1. 建立信用风险机制是企业内部经营管理机制改革的一个重要环节

目前企业内部经营管理机制上存在严重的缺陷，缺少信用管理职能，企业的经营管理成本得不到有效的约束和控制，这是妨碍企业发展的原因之一。企业必须首先建立客户的资信管理制度。客户既是企业最大的财富来源，也是最大的风险来源。做好客户的资信管理工作，尤其在交易前对客户信用信息的收集调查和风险评估，具有非常重要的作用，这些工作都需要在规范的管理制度下进行。要建立包括以下内容的资信管理制度：①客户信息的搜集和资信调查。②客户资信档案的建立和管理。③客户信用分析管理。④客户资信评级管理。⑤客户群的经常监督与检查。

2. 除了交易前的管理外，事中管理十分重要

企业必须建立与客户间直接信用关系，实施直接管理，改变单纯依赖于销售人员“间接管理”的状况。必须实行严格的内部授信制度，这方面的管理制度包括：①赊销业务预算与报告制度。②客户信用申请制度。③交易决策的信用审批制度。

3. 当发生应收账款时，要建立应收账款的监控制度

①应收账款总量控制制度。②销售分类账管理与账龄监控制度。③货款回收管理制度。④债权管理制度。

要使以上管理制度顺利有效地执行，要有专门的机构负责以上工作，并采用先进的信用技术。如：客户信用分析模型、特征分析模型和营运资产分析模型的应用；对客户信用风险等级进行划分；信用限额的制定；债权质量评估方法的采用。

以上制度和先进方法的采用，都需要建立起一个信用管理体系和强有力的机构付诸实施，以使机床工具行业在应收账款的管理上有所提高，使企业的利润由于应收账款的减少而增加，减少经营风险，从而改善最终的经营成效。

二、价格管理

机床工具行业经营成果不理想的另一方面原因是价格问题。价格与价值背离，现行价格没有合理的利润空间，有些甚至进行恶性竞争，对长远发展考虑较少。没有考虑企业的发展和职工收入的增加。2002 年 2 季度中国机床工具工业协会对行业内 32 个企业进行了调查，目前企业现行销售价格与上年持平的占 2/3，1/3 的企业价格下降，降幅高达 5%～8%，个别降幅达 10%。随着市场经济的逐步发展，企业要适应市场经济，必须不断完善企业价格管理工作。

1. 市场经济体制给企业价格管理工作提出了新的要求

(1)价格工作要对市场做出快速、准确的反响，并在有效的控制下运行。市场经济要求企业在物资采购和销售商品时跟上市场行情，这样才能取得较好的效益。除了保质保量提供产品、服务，并及时推出新产品外，企业定价和价格决策必须要快，要准确。价格决策必须符合市场情况，价格定位水准必须与市场水平相符。企业的经营活动在价格上有序的进行，才能取得实际的经济效益。

(2)市场经济要求企业树立商品意识、市场观念,改变传统的做法。市场经济要求设计工作是一个集技术与经济一体的综合性经营活动,从产品设计开始就必须把为市场、为用户、为企业盈利放在首位。

从产品质量来说,企业都要按标准生产出优质产品,以满足市场的需求。质量是有对象的、有成本的,要把提高产品质量提高到为他人生产、为市场生产、为企业盈利生产的高度来认识,树立适应市场的产品质量观。

产品销售是企业最终获得效益的关键一环。大到每一个营销策略,小到每个员工的售中和售后服务,都是产品利润实现活动的一部分。因此,在制定产品价格时,要充分考虑售后服务的成本,把这部分成本的补偿放入价格之中。

从价格管理来说,随着企业体制改革的深入,企业内部的产品、半成品、劳务交换真正商品化,企业内部小市场逐步形成,企业内部核算价格也必须市场化。很多企业实行公司制组织结构,成立一个或多个子公司,形成多种经济层次和多种经济成分并存的局面。这与计划经济条件下一个利润中心的形式发生了很大的变化,局部利益的相对独立和实际结算的商品化决定了企业集团内部的商品交换必须是等价交换,必须是真正意义上的等价商品交换,这种交换只有按照市场价格水平核算才能真正反映其经营成果。只有企业内部价格的市场化,才能公平的考核各单位的经营成果,公正的考核各单位领导的经营业绩。

2. 如何完善价格管理工作

(1)加快价格立法。建议企业制定价格管理办法,包括以下内容:①明确企业总部价格管理部门与职能部门、成本中心、利润中心、全资子公司、控股子公司、参股公司在价格管理上的相互关系,明确管理和被管理的关系,明确职责关系和价格管理权限等问题。②明确各项工作的管理范围、定价程序、定价范围、定价依据、时间要求等具体规定。③明确价格管理职能并建立相应的管理制度,如目标成本管理制度、价格预算制度、价格审批和备案制度、价格统计分析制度、价格监督检查制度、价格仲裁制度、价格控制制度等。④要确立市场信息和市场价格在价格管理和价格确定上的重要地位,这是价格工作在理论上的重大转折。

(2)完善价格管理职能。价格管理职能包括:价格信息、目标成本、价格预算、价格确定、价格统计分析、价格仲裁、价格控制、价格监督检查。①目标成本是价格管理的一项重要职能。目前一些企业已将新产品的开发放在重要地位,但是对新产品的价格问题考虑不够。把目标成本管理确定在价格管理职能中,使新产品在整个设计阶段就在产品目标价格的控制下,这样有利于产品成本的控制,也有利于新产品的定价。②必须确立价格的监督检查职能,包括价格监督检查和违纪处理。为此要建立相关的制度,包括检查制度、举报制度、处罚制度、奖励制度等,并配备相关人员监督检查制度的执行情况,给予奖惩。

(3)定价方法的科学化、规范化。①加强对各种定价方法的研究和应用。产品价格的确定方法包括两大类:一是定价方法,二是计价办法。定价方法包括需求导向定价法、目标贡献定价法、保本点定价法、投标报价定价法等。计价办法包括工艺协作产品计价办法等,计价办法是根据不同产品、不同工艺采取的不同的价格计算办法,从产品和工艺的角度来说采用不同的计价办法,能使价格更准确、更合理。②加强对知识产品定价的研究。随着经济的发展,科研成果商品化,以科研成果收益养科研,使科研人员高技术劳动得到相应的回报,给企业增效开辟了新的渠道。因此,研究知识产品的定价问题也十分迫切和重要。

(4)夯实基础工作,大力推进价格管理电算化。

(5)提高价格工作人员素质,进行人员培训,不断提高业务水平,并定期进行考核。

除此之外,还要注意做好价格信息管理工作,及时收集、整理、分析、发布信息,不断提高价格信息的实用性。

创特色 塑精品 争市场

——2002年度企业开展“精心创品牌活动”简介

中国机床工具工业协会 薛恒明

“精心创品牌,亮相新世纪”活动,在机床工具行业内开展两年多以来,在社会上引起了很大反响,较明显地改善了制造企业和用户间的关系,提高了企业在市场的知名度,扩大了参与企业产品的市场占有率。从2002年度56个企业上报的“开展精心创品牌活动”总结材料中可以看出,这些企业好成绩的取得,都得益于企业在开展该项活动中,严格贯彻质量管理标准,狠抓企业内部管理,创造质量管理和经营特色,瞄准多变的市场需求,及时开发适销对路的产品;在产品的制造过程中,完善企业内部的监督体系,从执行的标准,采用的工艺和外购、外协件采购等环节入手,不放过影响产品质量的任何一个细小环节,使产品尽量作的更好、更精;在售前、售中和售后服务方面,也是各企业高度重视的又一重要环节,采取了许多有效措施,从而赢得了用户、赢得了市场。现就部分企业开展的特色活动和经营特色简介如下:

一、企业根据市场需求确立经营方针和理念,构建企业文化,激励职工的积极性

上海机床厂有限公司在企业文化中提出的质量理念是:“塑造人品,制造精品”,把企业的“一切工作以用户为中心”,为用户提供精良的产品。

南京工艺装备厂始终推崇“品牌是金，服务是心”的经营理念，追求用一流产品为用户服务，为用户的发展添砖加瓦的服务理念。在质量上提出“求精、求诚、保质、守信”的方针，在服务上引入“产品是第一次竞争，服务是第二次竞争”的大服务理念；在经营上提出“让所有用户满意我们的企业、我们的产品、我们的服务”。多次被省、市授予先进企业称号。

重庆机床厂把“营销创新讲诚信，塑造品牌美誉度”作为企业的经营方针，在企业内部倡导“大服务”理念，营造“诚信营销，全心服务”的氛围。

成都宁江机床(集团)股份有限公司始终坚持“以顾客为关注焦点”的经营理念，把顾客是否满意作为评价公司各项工作的主要依据，提高了用户满意度，扩大了宁江品牌知名度。公司还将“没有质量就没有宁江”的质量理念纳入宁江企业文化之中，在员工中树立了对产品质量问题自觉思考和监督的观念。

大连亿达日平有限公司在精心创品牌活动中提出，品牌战略，是营造知名度、可信度、美誉度、忠诚度、依赖度的循序渐进的进程；只有一步一个台阶，逐级上升，才能最终登上品牌的最高峰——依赖度。

河南中南工业有限责任公司认识到“21世纪是知识经济的时代，企业的竞争、产品的竞争，从某种意义上说，是品牌的竞争，是质量的竞争”。“一个企业没有享誉世界的有竞争力的名牌产品，企业就只能处于被动地位”，所以该企业在产品开发方面制定了“生产一代、开发一代、预研一代、构思一代”的科技创新战略。

沈阳第一机床厂厂长提出的治厂方针是：“产品质量要实施名牌战略和精品工程，要坚持质量改进，严格质量管理，要稳定提高主项、强化辅项，最大限度地满足用户使用要求。”依据此方针，全厂制定了“沈一机床永远是市场和顾客心中的名牌产品”的质量目标，并采取了一系列相应措施。

宝鸡机床厂提出“市场需求就是计划，订单就是命令”，紧扣市场需求的脉搏开发产品，使全厂的产品能适销对路；在人才战略上，坚持“感情留人，事业留人，待遇留人，机制留人”，把人才培养当作企业参与市场竞争的头等大事常抓不懈。在质量上贯彻“科技创新，忠诚为本，顾客满意，持续改进”的方针，提高整体竞争力。

上海第二机床厂按市场经济运行的规律，确立了企业内的工厂方针目标：“发展品种，提高质量，让用户满意；降低成本，减员增效，使企业盈利”。其核心是“创立品牌、拓宽市场”。为此，近几年该厂坚持实施“交钥匙工程”，做好产品的售前、售中和售后服务，具体做法是做好“八个师”。即做好“工艺师”，协助用户按加工件工艺选好设备；当好“设计师”，按用户的实际需要设计价格性能比最好的机床；做好“试验师”，在正式签合同前，按用户提供的试件进行试验加工、验证工艺，待用户确认后再签合同、投产；做好“工程师”，精心设计、精心加工、精心装配、精心调试，给用户提供精品，代表“检验师”，在产品正式出厂前进行抽验验收；执行“安装师”；做好“培训师”，教会用户操作、使用、保养、维修设备；承担“维修师”，负责产品的终身维修工作。

浙江凯达机床集团有限公司执行以“市场为导向，销售为中心，质量为重点”的生产经营方针，围绕“立足和巩固省内市场，发展省外市场，拓展国际市场”的营销策略，加大营销力度，取得可喜成绩。

南京数控机床有限公司在全公司职工中围绕“老企业与新机制、老产品与新市场、老观念与新思路”的矛盾展开讨论，树立了“订单是硬道理、质量是生命线、工期是死命令”的新理念，以“组织结构调整，开发能力提高，产品质量翻身”为主题，唱响主旋律，使思想观念全方位融入市场轨道。

中捷摇臂钻床厂的企业精神的核心是“坚定不移的目标，坚持不渝的追求，坚韧不拔的意志，坚持不懈的努力”，坚持“高效创新，追求卓越”的现代化企业发展创新理念，大力实施名牌战略，积极开展“精心创品牌活动”。

汉江机床有限公司多年来始终坚持“一流产品，一流技术，一流管理，一流服务”的质量方针，用“诚信为本，精益求精”的汉江精神来塑造企业文化，逐步摸索出适合自己的质量效益性道路。

险峰机床厂将让顾客满意作为自己的经营宗旨，提出“顾客是企业的衣食父母，失去了顾客企业无法生存”。作为企业在质量活动的纲领，每个职工都围绕这一宗旨做好本职工作。

青海重型机床有限责任公司遵循“精心设计”、“精细制作”、“精诚服务”的质量方针，利用技术质量水平、价格低廉优势开辟更加广阔的国际市场，努力将公司办成规模化、国际化、多元化的优势企业。

大连机床集团公司针对“要不断改进，日益完善公司质量体系”的要求，明确规定了“抓住市场营销的合同评审，设计开发的预防控制，采购供应的评价体系，生产制造的过程监控，劳动配置的人才开发，检验把关的测试能力”六项重点，使质量工作取得了很好的效果。

上海压铸机厂以“倡导诚信意识，提高质量效益，追求用户满意”为宗旨，以“塑精品，创名牌”为目标制定了五年规划和每年的具体实施计划，有力推动了产品质量的提高，最大限度地满足用户的需求。

青岛铸造机械集团公司把企业的市场意识定位在“一切工作围绕市场转，产品开发满足市场，生产制造抢占市场，售后服务巩固市场”，通过采取“四个一切”(即：团结一切可以团结的力量，调动一切可以调动的积极因素，利用一切可以利用的关系，采取一切可以采取的策略)的营销方式拓展了市场空间。

上海工具厂有限公司的经营理念是：“打造品牌，争创一流，诚信经营”，其内涵为：打造品牌——继承上工品牌的业绩；巩固上工品牌的荣誉；发展上工品牌的价值。争创一流——高精度、高效率、高可靠性的一流产品；规范化、智能化、信息化的一流管理；有道德、有技术、有文化的一流人才。诚信经营——市场的需求是经营的起点，产品的质量是经营的重点；顾客的满意是经营的终点；以诚待客，以诚服务，以诚取信。

上海工具厂有限公司遵循经营理念，制定了新一轮的质量方针："以人为本，精益管理，诚信服务"，其内涵为：以人为本——尊重人才、重视培训、提高员工素质、倡导全员参与。精益管理——建立质量管理体系，采用现代科学管理；瞄准国际先进产品水平，打造上工品牌再上水平；诚信服务——关注顾客要求，开发产品，开拓市场，以诚信服务，使顾客满意。

汉江工具厂要求职工要强化五个意识。即质量意识、市场意识、用户意识、品牌意识和服务意识。"牢固树立用户永远是对的"、"用户的难题就是我们的课题"的观念，让"先卖信誉，后卖产品"的理念扎根于每个员工心中。

白鸽(集团)股份有限公司要求职工树立"以顾客为关注焦点"意识，将"理解顾客需求，满足顾客需求，超过顾客期望"作为白鸽人在市场竞争中把握自己命运的切肤感受和努力追求的行为准则。

二、贯彻 ISO9000 标准，产品质量稳定提高

认真贯彻 ISO9000 质量管理标准，是企业狠抓产品质量的一项重要措施。从 56 个企业上报的总结材料中可以看到 98%的企业都通过了认证考核，并且在实施中有许多值得推荐的好经验。如上海机床厂有限公司，1997 年就通过 ISO9000 认证，2000 年进行了换证复审，2002 年又通过改版认证复审。公司质量体系的正常有效运行，保证了产品质量，使产品不仅在国内销售，而且出口美国、欧洲、日本等世界各地。该厂还十分重视国际贸易，认识到通过国际质量认证，就等于拿到了出口通行证。在通过认证基础上，强调持续改进，不断提高管理水平，满足用户要求，加强内审力度，定期进行管理评审，对内审和外审中提出的问题及时采取纠正和预防措施，制定了"可靠性设计及评审规定"、"质量赔偿规定"、"质量信息管理规定"、"外购外协件检测规定"和"机床运行考核细则"等一系列规章制度，加强了现场文明生产的检查和考核，把质量职能落实到行政一把手；工人的分配同质量好坏直接挂钩等一系列行之有效的办法，产品质量有了明显提高，赢得了用户的青睐，产品连续 3 年旺销。

中捷机床有限公司，按照 ISO9000 标准建立的质量管理体系是于 1992 年上半年试运行，1993 年 3 月在机械行业首家通过了质量管理体系认证，并又通过了多次复查和复评。现在，该质量管理体系通过 9 年多的运行，已日臻完善，使得从原材料进厂、零件加工、外购外协、产品装配调试、质量检验、现代试验，一直到成品交付用户和售后服务，生产经营的一切活动都在质量管理体系的控制之下，确保了产品的稳步提高。

江苏多棱数控机床股份有限公司 1996 年通过了 ISO9001 质量认证，几年来公司一直坚持以技术进步，满足顾客要求为方针，确立以质量为中心的生产、经营战略，积极引进吸收国外技术，不断创新开拓，创名牌产品为企业的质量目标，使产品质量达到或接近国际水平。公司具体抓了如下几方面的工作：①控制源头：对所有原材料、外购件、配套件、外协件等进厂均进行严格检验，对供应方进行定期评价和选择。②严格控制生产过程：对职工进行质量意识培训；严格控制首道工序——设计开发的质量；保证生产用设备完好；保证流入下道工序的零件 100%合格；保证出厂产品合格率 100%；③改进和提高：对主导产品和系列产品根据用户反馈意见和生产过程、检验信息定期进行完善和改进，保证下批产品质量优于上一批产品。

三、全面贯彻国家标准、行业标准，严格按标准组织生产

严格贯彻国家标准、行业标准和高水平的企业标准是这次参加活动企业的又一特点。如上海机床厂有限公司的磨床产品，全部按国家或行业精度标准、数控标准、精度分等标准和检测评定标准等 30 多项标准组织生产制造，确保产品的质量达到标准的要求。中捷机床有限公司制定了以技术标准为主，包括企业管理标准和工作标准的企业标准体系；企业采用的国际标准和国外先进标准、国家标准、行业标准和企业标准总计达 200 余个。覆盖了企业的方方面面，使企业的各项工作全部纳入了标准化的管理之中。企业还建立自己的标准化管理机构——厂标准化管理委员会，总经理任主任，总工程师任副主任，各部、室领导任委员。企业设有技术标准办公室和管理标准办公室，各部、室都设兼职标准化员。技术标准办公室负责技术标准的制修订和宣传贯彻，管理标准办公室负责管理标准和工作标准的制修订和宣贯。由于措施得力，使公司的全部产品的采标率达到 100%，占总产值和总销售额 75%以上的数控机床和加工中心，全面贯彻了国际标准或国外先进标准。2002 年又对数控机床和加工中心产品制定了比国际标准更严格的企业内控标准，既在国际标准规定的误差值基础上，又压缩了 15%～20%，经过实施，取得了显著成效。

成都宁江机床(集团)股份有限公司严格贯彻产品标准。通用机床的产品标准均按国家标准、行业标准贯彻，对无国标、行标的产品，公司制定了企业标准。

上海冲剪机床厂的主要产品全面贯彻现行国家标准、行业标准，使标准化工作服务于企业和产品质量。严格执行强制性标准，开展安全性标准和 CE 标准工作，守住国内市场，打开国外市场。

汉江机床有限公司自公司成立以来，就建立了标准化室，有十几个专职及兼职标准化员，负责全公司技术标准的宣贯、执行、监督，使企业的主要产品一直都在全面贯彻和严格执行国家标准、行业标准和企业标准，使企业生产的机床和滚动功能部件两大类主流产品的技术水平在国内处于领先水平，部分产品达到国际水平。

北京第二机床厂的产品全面贯彻现行国家标准、行业标准，严格按标准指导生产经营，使产品的一等品率达到 80%。

四、完善企业内部制造体系的监督管理，强化产品出厂前的考核验收

大连亿达日平有限公司借 ISO9000 质量管理体系改版

认证之机，在现有质量管理体系的基础上，对企业管理各方面进行规范和整合，建立了结合企业实际情况的现代企业制度，规定各岗位的职责和权限，合理配置企业资源，重新识别业务流程，建立有效的激励机制和过程监测考核体系。所谓管理体系和监督体系就是按照已确立的规则和程序来推动企业产品的生产，并在实践过程中，制定相应的监督机制，确保制造过程在规定的规则之内运行。且在运行过程中不断地改进和完善，以达到持续改进的目的，确保了公司产品的质量。

上海机床厂有限公司在产品的生产过程中严格执行工艺纪律，完全按照工艺进行生产，质检部门严格把关，加强对生产制造过程的控制，不允许跳工序、漏工序，没有经过检验合格的零件不得转入下道工序，确保加工零件的质量和装配质量。产品在装配完毕出厂前，实施普通机床24h，数控机床96h的可靠性运行考核。不把问题留给用户。

中捷机床有限公司在产品的生产上，开展多项工艺纪律大检查，不仅在零件加工、装配过程中注重产品质量，还强化了产品的检验、试验；不仅精心搞好产品设计，而且还在工艺上有大突破，投入巨资引进13台高、精、尖设备，使工艺手段发生了巨大变化，还增加大量检测仪器，保证了产品的严格检验验收。加工中心在出厂前都还要进行一次预验收。

上海冲剪机床厂在产品制造过程中严格执行工艺纪律，每季度组织一次“工艺纪律检查”，对现场加工图样、工艺文件、加工设备文明生产进行检查，对不符合或违反工艺纪律的情况责令整顿、制订纠正预防措施，并跟踪考核按经济责任制处罚。企业为了强化产品出厂前的考核验收，制订了《主要零件检查卡》、《外协零件检查表》、《成品验收卡》，纳入经济责任考核，并对产品实行出厂前96h负荷运行试验。

南京工艺装备制造厂构建企业有效运行的品质责任制体系，完善品质管理考核机制。企业品质工作重点从实物质量向工作质量转移，严查因管理失误、失职而造成的产品和不良服务的毁誉事件，重点抓好各级人员因工作差错给企业造成质量损失的全额理赔，质量事故的审结率达100%，对因产品质量问题造成的售后服务费用按责任实施全额理赔。对严重违反企业管理规定的干部给予撤职，对严重违反企业管理规定的员工给予解除当年的上岗聘约。

五、完善企业服务体系，提高用户服务水平

从上报的资料可以看出，各企业都特别重视售前、售中和售后服务，强调企业一切工作“以用户为中心”，密切跟踪用户的情况，提高用户的满意度，维护了企业在市场的信誉。如南京工艺装备制造厂提出“产品是有形产品，而服务作为无形产品，是有形产品的延伸，同样能给企业和用户带来效益和价值。”目前该企业的服务概念已不再仅仅是“三包”，而是“以用户为中心”的售前、售中和售后综合的大服务概念。“产品是第一次竞争，服务是第二次竞争”，为达到“让顾客满意”，理顺信息反馈渠道，简化用户服务环节，提高服务效率，建立服务快速反应机制，国内72h到达服务现场，并对派出的服务人员的服务责任和实效全方位监控。

上海机床厂有限公司一贯强调“以用户为中心”，特别重视售前、售中和售后服务。在售前服务方面，从了解重点用户需求和相关行业发展动态着手，帮助用户进行产品工艺分析，选择合适的机床。在售中服务方面，严格按合同交货期组织生产，有专人跟踪现场和保持与用户联系，保证产品验收的各项事宜不断不乱，顺利进行。在售后服务方面，积极开展“四个一”服务，即“一网”：建立用户网；“一线”：公司开通服务和监督热线；“一卡”：建立用户服务卡登记制度；“一支队伍”：建立一支高素质的维修服务队伍。

中捷机床有限公司在营销部设有技术处、服务处、项目工程室和培训室等为用户服务的专门机构。技术处负责售前、售中服务，帮助用户选购产品。服务处负责售后服务。在得到用户需服务的信息后，市内当天，省内第2天，外省第3天到达服务现场。要求服务人员做到热情、周到，和用户一起分析原因，传授技术。项目工程室把工艺设计、切削、编程、工装有机结合起来，负责用户的特殊要求和技术服务。培训室负责用户的技术培训和操作使用、维修、保养的培训。由于措施得力，一年来，用户对企业的服务满意率达到100%，从而最大限度地赢得了市场，赢得了用户。

重庆机床厂全力作好售后服务：举办培训班，为用户培训操作维护人员；全心全意协助用户安装调试机床，让机床尽快为用户创造经济效益。编写《滚齿机排障指南》等技术资料，指导用户减少操作失误；组建的高素质的服务队伍。建立快速服务的制度，随时对用户的需求迅速作出回应。

成都宁江机床（集团）股份有限公司始终坚持“以顾客为关注焦点”的经营理念，把顾客满意作为评价公司各项工作的主要依据。在公司内实施用户满意工程，提高了用户的满意度。公司的措施是：领导带队，走访用户、多渠道采集市场信息，识别顾客的需求与期望；建立快速反应机制，及时处理用户信息。公司2002年1～10月接到用户信息337件，派出服务人员86次，收到用户表彰信件54件。

上海冲剪机床厂认识到诚信是创立品牌的基础，在厂内严格建立完善售前、售中和售后服务体系，严格按用户服务及时率≥95%、一次修复率≥90%、顾客满意度≥80%等指标进行月度考评。同时实行“三包”，进行用户访问和开办用户学习班。历年来，用户对企业售后服务的满意度较高，基本上没有质量投诉纠纷发生，被上海市评为“上海市重合同守信用百家优秀企业”。

云南CY集团有限公司为了实施用户满意工程，近两年开展了如下几项工作：①为了满足数控机床的销售，抽调一批素质高、技术过硬、作用优良、服务态度好、工作认真负责、能吃苦的技术人员组成售后服务队伍，使整支服务队伍从年轻化、专业化、知识化方面上了一个台阶，在用户中树立了良好的精神风貌。②抓好对用户的培训工作，让用户在尽量快时间内利用好机床。③定期巡回服务，由产品开发人员、销售人员、售后服务人员组成巡回访问组，定期或不定期对用户进行巡回访问。④把用户满意工程落到实处，通过建立反应快捷、服务完善的服务体系和实施满意工程，得到了市场的广泛认可和用户的一致好评，被有关部门授予“全国用户满意产品称号”。

上海第三机床厂在完善企业服务体系，维护企业市场信誉方面作了大量工作，提出服务准时率达 100%、产品一次修复率≥90%和用户服务质量投诉率为“0”三项硬指标。

杭州机床集团有限公司提出“质量的优劣最终是由用户来检验判定”，因此“全面让用户满意，维护用户利益，质量工作才算做到家”。为此该公司提出“用户的满意是企业永恒的追求”的口号，建设“用户满意工程”。突破传统的单机开发的销售模式，确定了“数控精密、成形高效、大型专用、成线成套”的技术发展方向和产品定位。在机械行业中率先推出“七赔一奖”产品质量保险制度。

青海重型机床有限责任公司把售后服务看作是企业产品进入市场后的第 2 次竞争，在市场日趋激烈的今天，服务质量的优劣对市场的影响越来越大。企业建立和贯彻了一整套的售后服务制度，如“用户验收报告制度”、“用户培训制度”、“安装调试制度”和“三包”服务制度。建立了完整的产品售后服务档案，做到了用户函电 48h 答复，一周内服务人员到现场的服务承诺。三十多年来，没有发生过用户质量投诉纠纷。

汉江工具厂在市场服务方面，主要开展了如下几项工作：①要求职工强化五个意识，即质量意识、市场意识、用户意识、品牌意识和服务意识。②做到服务至上。“售前服务要亲切，售中服务要诚实，售后服务重时效”。③改变以往售后服务的模式，积极探索销售服务的新途径。④使顾客服务的管理系统化。建立顾客服务档案，进行技术操作培训，跟踪现场服务，征询用户的意见，以最快的速度、最短的时间、最好的服务满足用户的需求。⑤严格按“公司产品质量市场服务实施原则”执行，加强责任心，自觉维护公司的声誉和形象。

构筑高品位的展会

——CIMT 永无止境的追求

中国机床工具工业协会展览部　周　林

展会是商品经济、市场经济的产物。高品位的展会，其功能不仅仅体现在商品推介、信息交流、市场竞争、发展贸易上，还包含着社会、文化、科技和政治进步因素；其显著的经济效益和社会效益影响着相关行业，甚至成为体现综合国力的窗口。

因此，高品位的展会像播种机、像催化剂，可以播种一片土地，制造一种氛围，使希望成现实，使收益呈几何级数增长或产生质的飞跃。感受现实的市场竞争，让人联想今后的技术发展和市场竞争的趋势。

由中国机床工具工业协会主办的中国国际机床展览会（英文缩写 CIMT），就是这样一个高品位的展会。

一、CIMT 体现国情和行业发展

机械装备制造业是国民经济大厦的基石，机床工具业是机械装备制造业的基础。我国的机床工具业成长壮大于中华人民共和国成立之后，改革开放以来，更得到快速发展。但是，长期以来就总体水平来说，与世界先进水平相比尚有不少差距。我国机床工具业的发展不是超前于国民经济的发展需求，而是略有滞后，许多技术含量高的产品品种、质量尚未过关，有些品种还是空白。

改革开放后，我国沿用多年以计划分配为主体内容的订货会议，作为机床工具业的一种供销渠道已经落伍。因为订货会不仅满足不了用户对现代机床个性化、成套化的要求，而且不利于推动机械装备制造业自身的技术进步和生产力的发展。

中国机床工具工业协会审时度势，从国家和行业发展的长远利益考虑，希望在我国境内培育一个世界级的国际机床大市场，而作为有形市场的主要形式就是权威性的展会。展会有助于我国的相关产业进入国际经济大循环，有助于全面解决对机床工具业的强劲供求关系，有助于掌握世界商情，为必要的物资进出口做出正确导向，推动出口，促进内销，同时也有利于各参与国和地区互惠互利，扩大贸易交流。

因此，中国机床工具工业协会借鉴国际同行业协会的行之有效经验，于 1989 年在中国本土上创办了一个完全由国人自主举办的中国国际机床展览会（CIMT）。以协会特有的行业性、权威性、服务性、公正性和国际对应性，有效地组织国内外制造企业和用户，以整体阵容参与到展会的各项活动中去，形成一个定期的国际机床工具大市场。

“交流技术　加强合作　扩大贸易　共同繁荣”是 CIMT 的办展宗旨。

集结世界机械制造技术与装备之精华，展示机械制造领域技术的新高度，汇合世界机床市场多方位信息的大潮汛，以此推动中国机械制造业和机床工具业的技术进步与生产力发展，是 CIMT 的办展目的。

在 14 年的办展历程中，中国国际机床展览会的题材没有变，宗旨没有变，目的没有变，但展会的主题，每一届都由主办者中国机床工具工业协会结合行业需要、用户需要、国家政策导向、时代和市场变化的需要精心策划，使 CIMT 能够常办常新，具有领先意识和深层内涵。

“交流先进技术的窗口，选购先进适用装备的市场，扩大贸易与国际合作的渠道”、“博览先进技术，促进中外交流，加强经贸合作，旨在振兴中华”、“充分发挥 CIMT 的五大作用，共建中国国际机床大市场”、“实施名展战略，发挥名展功能，争创名展效益”、“发挥名展效应，促进我国机床工业发展”、“荟萃装备精品，迎接五洲嘉宾，加强国际合作，共享世贸繁荣”，都曾是不同届 CIMT 的主题。

二、CIMT 体现时代感和参与度

CIMT 的时代感首先体现在，敢于正视市场经济的本质：改革、开放和竞争；敢于摈弃闭关锁国的守旧思想，确立外向型发展模式，建造一个把我国机床工具业置于国际发展之中，逐步与世界经济接轨的大舞台。

时代感还体现在 CIMT 的定位，一开始就瞄准了世界一流的国际机床展会。从办展方式、组展思路、拓展展会功能领域，都按国际一流展会的标准，结合中国国情实施了高起点的名展战略，使 CIMT 能在全球几十个国际性机床展中脱颖而出。无论是展会的规模、代表性、组织机构、管理和服务设施、观众质量都迅速得到国际展览联盟的认可。CIMT1993 年被国际展览联盟（UFI）正式接纳为会员，认为 CIMT 是一个具有国际影响力的展会，在全世界展览行业中占有重要位置。而美国机械技术制造协会（AMT）和意大利自动化、机床、机器人制造协会（UCIMU）也从第 3 届 CIMT 起就把 CIMT 与历史悠久的欧洲（EMO）、美国（IMTS）、日本（JIMTOF）三大国际机床展并列，统称为世界上最重要的四大国际机床展览会。信息化、生态化理念和电子商务手段在近几年 CIMT 上的引入，说明中国机床工具工业协会及其合作者们，时刻关注着从更多方面体现展会的时代感。

CIMT 的参与度体现在其所提供的舞台，不仅对机床工具制造企业和直接用户有巨大号召力，而且对用户行业和企业、对经贸机构、科研院所、高等院校、新闻媒体等都有巨大吸引力，都能产生跃跃欲试和可持续参与的意识。

每一届 CIMT 都是一次国内外主要机床工具制造企业的同台大比武。数百家、逾千家制造商在同一时间、同一地点，展示总价值上亿美元的几百、上千台主机，数万件相关配套件产品，其场面、其气势，引发了极大的“牵动效应”。

机床工具的相关行业：汽车、航空航天、国防、造船、轻工、纺织、电子等工业，纷纷组织采购团赴会采购先进适用设备。北京、天津、上海、吉林、辽宁、四川、江苏、浙江、山东、陕西、广东、福建等重要工业省市组成的经贸团，赴展会采购国产和外国厂商设备与进行经贸技术合作活动。除了国有经济系统的参与外，乡镇企业、民营企业和三资企业也成为一支活跃的有实力的参展大军。

CIMT 还得到了中央和政府各主管部门的高度重视和鼓励。国家领导人江泽民、李鹏、李岚清、邹家华、叶选平等曾分别为 CIMT 题词，朱镕基曾出席首届展览会开幕式并剪彩。美国前总统克林顿两次签发贺信；欧盟、德国、意大利、西班牙、瑞士、美国、日本、英国等国家的驻华使节和代表机构屡致贺词。政府主管部门在 CIMT 期间设有现场办公室，就有关问题提供咨询。科研院所、高等院校的技术成果也可以在 CIMT 上得以转化。

国内外新闻媒体的知名报刊、工业权威杂志、广播电视的记者，争相到现场进行采编报道。其中，影响较大的海内外记者发表的醒目文章如：“从 CIMT 看世界制造技术的发展”、“CIMT 是通向世界机床市场的大门”、“从 CIMT 看我国机床工具行业新进展”、“欧洲同行注目中国机床”、“美国展团战略在变化”、“再也不能等、靠、要”、“主动出击驾驭市场”、“CIMT 体现发展主流”、“意大利欲拓中国机床市场”、“中国展团抓住机遇发展自己”、“世界高、精机床亮相京城”、“实力和志气的展示”、“日本扩大机床展国际影响”、“捷克寄望中国市场”、“市场向全球产品瞄数控”、“世界‘母机’精品大比拼”、“从实行禁运到自己送上门”、“满眼风光看国产数控纷呈异彩，喜人消息报商海高手大获丰收”、“西部开发升引国产机床”、“我们敢和国外比了”、“万商云集结硕果”、“中德机床工业合作路途宽”、“汽车制造技术亮相 CIMT”、“规模盛大，观众如潮的国际机床展”、“CIMT 每届都撑破国展‘肚皮’”、“瑞士机床协会鼓励中国学子投身机床制造业”、“CIMT 为我们带来大商机”、“馆日活动频频，友谊传递升温”、“中国机床品牌新貌登场”、“中国数控机床卷土重来”、“大陆厂商磨练成长，将成劲敌”、“中国要从机床工具生产大国变为生产强国”、“CIMT 的五大作用与贡献”，等等。这些成百乃至上千篇的媒体评价，真实生动地体现了 CIMT 在国内外所具有的广泛的参与度。

三、CIMT 体现服务性和国际化

CIMT 的服务性，首先体现在中国机床工具工业协会为行业的服务意识上。展会的各项工作和组织措施，都围绕会员、参展商、采购商、观众的需要开展。

汲取美国同行业协会的成功经验，中国机床工具工业协会将协会的年度会议和信息通报会议与展会相结合，在 CIMT 展会前召开理事、会员等工作会议。就会员企业在贸易、经济、技术、金融、国际合作方面关心的重大问题和热点问题，交换意见、讨论沟通，从而把握好协会有关事宜的决策和服务方向。

每届 CIMT，中国机床工具工业协会总会及分会都要自主编印 20 多种出版物和信息资料，以中、英文宣传展会的宗旨、目的、主题；介绍媒介市场活动的背景与趋势；介绍协会会员和国内外参展企业、产品的最新成就；分析展品水平并评述；预报面向公众的数十场技术交流会、信息发布会及馆日等配套活动内容；提供展前预览、参观指南、反映展期实况动态的日报；展后方便供需双方联络的名录、产品购买指南、培训教材，以及相关录像带、光盘等。

协助参展商提高参展效益也是 CIMT 服务性的体现。每届 CIMT 展前 1 年，协会向海内外发出大量征询单，必要时派团组进行调查分析，在此基础上进行有针对性的招展。使 CIMT 既能汇集海内外充足的货源，又能荟萃全球制造技术与装备的精华，特别是名家、名品的最新成就，给观众一个高水平的全景展示；给国人以“不出国的国际考察，不花钱的技术引进”的良机。

CIMT 的服务性还大量体现在对用户和观众的组织工作中。每届展会，协会都要采取多种形式和渠道，开展以用户和观众为主的贸易服务。如：为用户利用展会开展技贸交易牵线搭桥；召开重点产业用户设备采购部门参加的用户联络网会议；到重点城市召开通报展会筹备情况、介绍展品的贸联会；邀请海外的采购商、经销商、输入机构、商会等来华开展技贸活动；为参展企业提供邀请各自客户所需的参观券；向目标用户和高等院校有组织地提供参观券；开通CIMT互联网站，提供参观、采购、招标信息；为重点用户代表团提供展会现场办公室和洽谈间等。

CIMT能成为享有世界声誉的世界四大机床名展之一，这就是CIMT国际化特征的最好标志，也是主办者、主办国机床行业和主办国经济发展综合实力的体现。

1989年第1届CIMT就吸引了19个国家和地区的机床工具企业参加，到第3届已增至28个国家和地区。世界最大的前100名机床工具制造企业几乎都参加过CIMT；而每一届的海外采购团组、观众，来自高达三、四十个国家和地区；十几个国家的机床协会都在CIMT现场设有咨询台；一些国家和地区分别以国家和地区展团形式展出，并在各自的馆日举办交流、洽谈、招待活动。

德国、美国、日本、意大利、英国、瑞士、西班牙、韩国等国家和中国台湾的机床协会，不仅是CIMT的协作机构，而且都以国家或地区展团的形式参加CIMT。其中一些大的展团，每个可达六七十个，甚至上百个企业。一些欧美国家展团还得到本国政府、贸促会和协会的赞助；有些展团既能得到联邦政府的赞助，还能得到州政府的支持赞助。

美国展团除了曾连续两届带来了总统贺信外，商务部长和机械制造技术协会(AMT)主席也屡致祝词。AMT曾连续在其主办的芝加哥国际制造技术展览会(IMTS)上，以醒目的宣传提醒观众：不要错过中国的CIMT！德国政府始终把中国的CIMT看作是该国最主要的海外市场之一、是世界上最主要的金属加工装备展览会之一。日本则称中国的CIMT是革新性和国际性的展示，每一届都强烈地吸引着世界有关工业界人士的关注。瑞士机床协会(现更名为瑞士机械电子工程工业协会SWISS－MEM)，为了增进瑞中的技术合作以及体现对教育的重视，在瑞士驻华使馆和我国教育部的支持下，在最近的两届CIMT，由瑞方出资，连续邀请清华大学、华中理工大学、西安交大等十几所全国著名高校的机械专业学生，到京参观CIMT，应邀学生用5天时间通过参展，学习了先进的制造技术知识。

技术交流会是每届展会必不可少的重要活动。除了各国家(地区)展团届时举办多课题、多场次的技术交流会外，法国、荷兰、加拿大、瑞典、比利时、芬兰等国家的公司，在展期积极利用技术交流会的形式促进技贸合作；CIMT举办的技术交流会累积已达300多场。

四、CIMT体现群体智慧和创新意识

主办、承办、协作的每一个单位，在共识共建基础上都为CIMT的成功倾注了心血，做出了贡献。因此，在CIMT的盛誉之下，凝结的是所有组织者的协同劳作与集体智慧的结晶。

总之，构筑高品位的展会不是一个特定的要求，但它应是所有展会组织者一致追求的目标，也是CIMT组织者永无止境的追求！

数控机床功能部件的发展有广阔市场

中国机床工具工业协会　于其芳

一、数控机床的快速发展为功能部件产业化提供了广阔市场

数控系统、刀库和机械手、数控刀架和转台、主轴单元(含电主轴)、滚珠丝杠副和滚动导轨副、高速防护和数控刀具等功能部件是数控机床的重要组成部分，这些功能部件的性能已成为整机性能的决定因素。机床工具行业“十五”发展规划已把这些功能部件列为主要发展目标。

从“六五”到“九五”，国家对机床工具行业发展给予了很大支持，特别是扶持数控机床的科技攻关和产业化，行业的产品结构、产品水平有了很大的改善和提高。现已开发出多种门类的数控机床产品，品种累计约1 500种。数控机床已成为当今机床工业的主流产品。

“九五”期间，数控机床年产量平均以15%的速度增长，特别是2000年比1999年增长66%。“十五”第1年(2001年)生产数控金切机床18 842台，比2000年增长25%。根据协会重点联系企业的统计资料显示，其中有12个企业产值数控化率超过50%；有93个企业产值数控化率达到25%～30%。济南一机床集团公司2001年生产数控机床855台，沈阳机床集团公司数控机床产量已达1 386台。“十五”规划的2005年，数控机床产量要达到3万台。

发达国家日本1998年数控机床占机床总订货额的比重为93.6%。发展中国家印度1999年金切机床产值数控化率已突破50%。

从国内外机床行业发展看，为数控机床配套的功能部件产品，其国内外的市场前景非常广阔。

二、数控机床生产方式的改变急需功能部件快速发展

我国加入世贸组织后，机床工具市场进一步国际化，国外企业、外资独资企业、中外合资企业与国有企业、民营企业，争夺将更加激烈。市场要求机床工具行业能够提供优质高效的产品，具有合理的性能价格比，而且交货期短。为此，数控机床的生产周期会越来越短，而产品变化越来越频繁。有专家预言，今后5～10年机床工业将更多地瞄准购买零部件来组装机床，投放市场。机床行业要优质快速地生产数控机床，以满足市场的需求，为数控机床配套的功能部件必须优先快速发展。当今，高级数控系统、高速精密主轴单元、高速滚动部件和数控动力刀架等功能部件，已成为衡量数控机床水平的重要标志，它们的价格也是构成数控机床整机价格的主要部分。粗略计算，数控机床功能部件价格已占整机成本构成的70%左右。目前，国内的功能部件生产发展缓慢，品种少，产业化程度低，不能满足市场要求，不得不依赖进口。由于功能部件进口价格昂贵，造成数控机床整机价格不断上升，生产的数控机床几乎失去了竞争优势。市场显示，同等水平的数控机床，韩国和中国台湾的价格几乎与国内的价格持平，出现这一现象与主机生产厂大量从国外采购数控机床所需的功能部件有很大关系。我国机床工具行业的专家、学者、企业家都已看到了功能部件产业的巨大发展前景。许多企业也已瞄准了这个市场，通过引进技术、合作生产或自主开发，已初步形成了一批功能部件的专业生产厂家。

三、从2002年中国数控机床展览会看国内功能部件供应的缺口

2002年3月12～16日，在上海举办了2002年中国数控机床展览会，参展的产品较多。中国机床工具工业协会对参展的加工中心和数控车床配套的刀库机械手和数控刀架等功能部件，进行了一次不完全统计，简况如下：

(1)刀库和机械手　参展的49台各类加工中心，其中刀库自制的4台，合作生产的9台，36台加工中心的刀库均为境外采购。

(2)数控刀架　参展的53台数控车床，其中8台车削中心。这8台车削中心，只有1台济南一机床集团公司的产品配备了自制的动力刀架，其余7台配备的动力刀架为意大利 Baruffaldi，Duplomatic 和德国 Sauter 公司的产品；12台数控刀架从境外采购；33台数控车床配备国内厂家生产的普通数控四方刀架，其中常州新墅数控设备厂生产的四方刀架有16台，几乎占50%。

从以上统计可以看出，目前为加工中心配套的刀库和为车削中心配套的高水平的动力刀架还主要依赖进口。但国内已经有厂家能够生产高水平的刀库和动力刀架，如北一数控机床公司采用日立精机和大限技术生产的卧式和立式加工中心刀库；烟台机床附件厂、沈阳第一机床厂引进意大利 Baruffaldi 公司技术生产的动力刀架。但这些产品都还没有形成向社会配套的能力，所以当前应认真研究如何把这些产品从能够生产转化为专业化生产，向市场提供商品。

四、功能部件生产企业现状还不适应数控机床的发展

为适应国内市场对数控机床的需求，机床行业相继培育出一批数控机床生产基地，数控机床已初步形成批量化、专业化生产的规模，性能上向高速、复合、精密、智能、环保方向发展，但当前国内高水平、高质量的数控机床和加工中心还不能完全满足国内市场需求，这和与之配套的高水平的功能部件发展滞后有关。国内的功能部件生产企业一般规模较小，布局分散；有些至今还依附在主机厂或研究所，还没有推向市场，因此形不成龙头企业。有些品种还没有商品供应；有些功能部件性能上与国际著名厂家的产品还有一些差距。生产功能部件的企业，如果不把体制理顺，不把市场做大，不把目前的产品水平提高并尽快追上国际先进水平，将很难长久生存。一种产品从研制成功到少量生产，如果不尽快形成规模，就降不下成本，就占领不了市场，就创不出品牌。我国已加入世贸组织，国内机床工具行业更应加快融入国际化大环境，否则境外功能部件产品对中国市场的冲击将更加厉害。可以说，没有高水平功能部件生产能力的大幅提高，将严重影响中国机床行业的快速发展。

我国经济发展与 CIMT2003

中国机床工具工业协会展览部　周　林

一、我国经济的持续快速健康增长创造了良好的市场环境

近几年，我国继续实施扩大内需方针、积极的财政政策和稳健的货币政策，经济始终保持在一个合理的发展水平。改革开放为外商创造了良好的市场环境，至今已实际利用外资4 198亿美元。很多世界知名机床企业纷纷在中国建立独资或合资企业。2002年上半年，我国进出口总额达到2 707.1亿美元，其中进口1 286.5亿美元。预计在今后5年间，我国用于购买国外设备和技术的资金将达到1.4万亿美元。

二、我国机床生产、消费和进口快速增长

自2000年以来，我国机床市场需求激增。2002年上半年金切机床总产值达到12.41亿美元，同比增长14.9%；锻压设备总产值达到3.88亿美元，同比增长14.9%。尽管大多数生产企业的订单都比较饱满，但仍难以满足国内用户对高档数控机床的需求，进口空间很大。

2002年我国进口机床工具产品45.73亿美元，比上年增长31.6%。其中：进口金切机床20.75亿美元，比上年增长26.6%；进口锻压设备10.76亿美元，比上年增长40.3%。

2002年我国金属加工机床生产、消费快速增长，国内生产总值已超过80亿美元，消费达到59亿美元，其中进口

31.51 亿美元。预计到 2005 年，金属加工机床消费额将达到 70 亿美元。

分析国内用户对高技术数控机床的需求情况，可以看出对高速加工中心、精密加工中心、多轴加工中心、龙门镗铣床、高效精密复合数控车床、精密电加工机床、数控磨床以及数控机床功能部件的需求增加，这些产品将成为用户的重点进口产品。近几年，一些国际知名的机床工具厂纷纷到中国建立合资或独资企业。他们的产品已经得到中国用户的普遍认同。

三、第八届中国国际机床展览会——CIMT2003

CIMT2003 于 2003 年 4 月 16～22 日在北京举行，它是在我国经济平稳健康发展和机床市场需求继续扩大、机床进口进一步增长的背景下举办的。2003 年正值中国社会与经济发展"十五"规划的第 3 年，是国有企业技改项目实施的高峰年，也是设备进口的高峰年，因此机床消费将继续增长。此外，由于家庭对汽车的需求迅速膨胀，国有、合资、民营汽车制造企业都在进行前所未有的大规模技术改造，这使得机床市场更加活跃。大众公司在 5 年内将对一汽大众增加投资 25 亿欧元，而目前总投资为 30 亿欧元。二汽与日产全面合资后，计划到 2005 年年产整车(轿车和载货车)50 万辆。上海汽车工业(集团)总公司计划到 2005 年轿车产量超过 100 万辆。中国的民营汽车企业正处于二次创业阶段，他们将采用先进装备进行大规模技术改造，以形成规模生产，与国内外其他汽车品牌竞争。

我国入世之后，外资迅速涌入中国，目前已经在中国实现本土化制造的境外企业，将成为 CIMT2003 上的一大亮点。并且，作为入世之后在国内举办的第 1 次国际机床展览会，CIMT2003 必将有力地促进内外贸易、技术交流和企业间的合作。

旺盛的国内需求促进了中国数控机床的发展。但目前数控机床功能部件是影响国产数控机床市场竞争力的重要原因之一。特别是对于我国正在发展的高速加工设备，如加工中心、铣床和磨床，基本采用进口配套件。因此优质高效电主轴、高速滚珠丝杠、数控刀架、刀库机械手、高速防护装置、精密工量具在中国有很大的市场。

中国机床工具工业协会深知高质量的用户是展览会成功的重要基础，通过多种渠道组织用户到展览会参观采购是 CIMT 的一个重要特点。长期以来，协会与各用户企业的管理机构、行业代表和大企业集团公司建立了良好的合作关系，为他们在设备采购中多次进行了咨询服务，从而使协会能够了解这些行业企业的最新投资计划和采购目标。这也成为协会为 CIMT 的参展商们进行服务的最好、最有效的手段。中国机床工具工业协会于展会前在国内主要工业城市举办了经贸会，介绍了 CIMT2003 概况、展品情况和机床技术发展趋势，同时，利用展商提供的技术资料，编辑成展品清单，广泛向用户散发。协会还组织航天、航空、船舶、铁路等行业采购团，以及一汽、二汽等大企业集团采购团，省、市、地区采购团参观。CIMT2003 为国内外企业创造无可估量的贸易机会。

2002 年中国数控机床展览会(CCMT)概况

中国机床工具工业协会　秦宗旭

一、成果

由中国机床工具工业协会主办，与上海市国际展览有限公司共同承办，上海环球展览服务有限公司协办的中国数控机床展览会(CCMT2002)于 2002 年 3 月 12～16 日在上海光大会展中心顺利举行。展会 5 天，观众踊跃，经贸红火，合作洽谈活跃，配套活动丰富多彩，展览会取得了圆满成功。

(1)展会规模：总共毛面积 15 800m²，布展摊位面积 7 463m²，比上届增加 768m²(其中中国台湾展团 450m²)。另有信息台和办公室面积为 415m²，办公室面积比上届减少 100m²。参展商共 251 个(其中中国台湾展商 13 个)。展出设备 235 台，其中数控机床精品 215 台(有加工中心 46 台左右，数控车床 68 台左右)。在二楼展出的有数控系统、数显装置、机床附件、功能部件、量具量仪、刀具刀柄和磨料磨具等。展品品种和水平大大超过了上届。

(2)经贸成交：现场统计，展期内销成交 4.58 亿元，比上届增加 1.18 亿元。展会期间，沈阳机床展团签订机床销售合同 2.3 亿元，意向合同 3.7 亿元。

(3)参观人数：据观众登记部门统计，5 天的观众达 4.36 万人次，超过了上届。

(4)国际合作：协会和中国台湾地区机器工业同业公会、工具机发展基金会共同举行了海峡两岸机床业界恳谈会；协会与美国机械制造技术协会就机床业、展览业以及协会之间的合作进行了研究与沟通；协会与韩国机床协会共同举办了中韩机床业界恳谈会。

(5)配套活动：展前举办了"机床行业如何实现跨越式发展"论坛，听众近 300 人次。展会期间共举办 11 场技术讲座，听众达 900 多人次；举办"IT 与机床业"现场论坛 8 场，参加人员约 300 人次。

二、做法

(1)展览会与行业工作紧密结合。本次办展的宗旨是："培育国产数控机床市场，促进国产数控机床新品开发，推进国产数控机床产业化进程,建立企业发展的新机制”,通过展览会促进了机床工具行业数控机床产业化进程,评选出2001年度四项“十佳企业”。2001年筹展期间,在全行业开展了“精心创品牌,亮相新世纪”活动,为组织精品、新品参展打下基础。展会前夕,召开了机床工具工业协会第四届三次理事会暨信息通报会议,体现展览会与行业工作密切结合。力求使每年一度的中国国际机床展览会或中国数控机床展览会成为机床工具行业的盛会。

(2)贯彻国家经贸委的要求,开展创名展品牌活动。协会提出了创国内名展品牌的四项标志。通过大家努力,CCMT2002创名展品牌迈出了坚实的第一步。

(3)加强重点用户的邀请和组织工作。召开了用户联络网会议,在杭州、广州、上海、常州等城市召开贸联会,还派人到模具城等特殊需求地区进行宣传。与此同时,各机床工具企业广泛邀请自己的客户前来参观和采购设备。

(4)宣传工作更上一层楼。在北京和上海分别召开了新闻发布会,有68个新闻单位的记者出席,会后各报刊发布消息、文章、专访、图表或出专栏或专刊,发表消息、文章共120余篇。《WMEM》杂志连续两期作了展品预报。《中国机床工具报》展前展后分别出版专刊两期,大力宣传CCMT2002。协会因特网站开辟了CCMT网站,进行了展览宣传,还印发了《参展厂商名录》、《展品清单》等宣传资料。

(五)主办单位进一步改进展会组织工作,常办常新。①在方案布置上作了改进。一层在布展上合理安排大吨位展品和需组装展品的位置,给进出馆运输创造了好的条件。二层重点是扩大展区面积,加大招展力度,并注意提高配套件的展出水平。免费增加了一天一层的进馆时间,使展会展品进馆运作比上届顺利。②为吸引观众上二层参观,协会综合信息台、WMEM杂志、行业各种期刊和协会信息网全部集中在二层的CCMT2002信息中心。③缩小水、电、气的划分供应区域,使展商设备就位后即可进行设备的调试。④为改善展馆展出环境和展馆卫生,在三楼开设了用餐区,提供盒饭及自助餐。

(6)协会工作人员发挥了顽强的团队精神。突出表现在:高度的工作责任心、积极性,严格认真,积极主动,协力合作,奋力拼搏,全心全意努力工作。组团分会也积极给予配合。

三、反映

各方人士充分肯定中国数控机床展。机械工业部何光远老部长专程赶来参观,对琀琅满目的展品赞不绝口,参观后说,这次展览会办得很好,对机床工具行业的发展、展品水平的提高出乎意料。客户普遍反映,国内机床工业一年一个样,每年都有新发展。中国纺机协会秘书长夏怀仁说,展会组织的比较细致、严密。这次展与上届相比,品种增多,水平提高,配套基础也在增强,有很大的选购余地。过去企业想买国外设备的多,现在对国内数控机床越来越有信心。参展商反映,此次展会是促进国产数控机床产业化进程的时代展和战略展。北京北一数控机床公司总经理王记生说,展览会是面对入世的新形势,为行业企业展示综合实力,迎接激烈的市场竞争做出的积极应对。中国阿奇夏米尔工业电子有限公司总经理臧法先说,中国数控机床展已逐渐成为中外客商近悦远来,抢夺商机、洽谈贸易的大舞台;为民族机床工业展示发展成果、学习和跟进先进制造技术创造了机会。上海机床工具(集团)有限公司董事长曹伟成说,中国数控机床展一届比一届精彩,一届比一届更受欢迎。

媒体积极评论此次展览会。《上海经济报》发表文章说,在中国入世第一春,天时;在中国最具活动的国际化大都市上海,地利;国内外主要厂商鼎立相助,众多专业观众共襄盛举,人和!拥有了这三个因素的2002中国数控机床展览会,成为越来越多国内外数控机床行业和众多专业媒体关注的焦点。

中国机床工具工业协会2002年工作总结

中国机床工具工业协会　秦宗旭

中国机床工具工业协会四届三次理事会审议通过的协会2002年工作要点,提出行业发展工作的指导思想是:认真贯彻落实中央经济工作会议精神,以入世为契机,结构调整为主线,提高数控机床市场占有率和促进相关配套件产业化为奋斗目标,切实转变观念,深化行业改革,扩大行业开放,推进行业跨越式发展。面临我国入世后带来的新环境,协会积极寻找新的定位,发扬开拓创新精神,更好的发挥“三个桥梁”作用,全年主要做了以下六个方面的工作:

一、推进技术创新和结构调整,提升企业核心竞争力

(1)围绕发展数控机床和关键配套产品,推动行业的产品结构调整。协会通过举办数控机床展览会,积极推动企业引进技术、合作生产、自我开发,发展数控机床等高新技术产品,提高市场占有份额。在行业内继续开展“精心创品牌”活动,重点引导企业发展数控机床,提高产品技术水平,加强质量管理,完善企业服务体系,提高企业综合效益。在各分会的支持和组织下,许多企业在这项活动中加快产品结构调整,取得了显著效果。特种加工机床分会在“精心创品牌”活动中狠抓“产品质量保证声明”的落实,制订了电加工机床“质量保证”标志的商标使用、管理办法。通过这种形式树立小行业的著名品牌。在各分会的支持和组织下,协会评选出2002年度“四项十佳”企业。为推动国产数控系统的发展，数控系统分会对用户选用的数控系统及国产数控系统应用情况进行调查分析，为制造企业提供信息。

协会还通过考察美、日、韩等国际机床展览会，分别撰写了当今世界机床技术的新进展、新特点等文章，提供企业学习借鉴，跟踪世界技术的发展。

(2)用技术创新推进技术改造，千方百计提高企业竞争力。当前是企业技术改造的最好时机，为了引导企业开展这项工作，协会于2002年1月召开了技改工作座谈会。在总结交流企业技改工作经验和做法的基础上，研讨了“十五”技改方向，以及加大技改力度的思路。共同认为，技术改造要与改革、改组和加强企业管理有机地结合起来。技术改造要贯彻有所为有所不为、专业化协作的原则；当前技改重点是解决技术开发、信息化、关键底层设备、先进物流系统等方面问题，提高制造工艺水平，缩短产品的生产周期，增强企业快速反应市场能力；技术改造要与建立完善的营销服务系统相结合。会后协会还向国家经贸委写报告，争取国家对行业企业技术改造的政策支持。这次会议对企业技改起到了开阔思路和启迪作用。与此同时，向国家计委提出了“十五”时期数控机床配套用功能部件技改项目的建议报告。受经贸委委托，对涉及机床工具行业的国债贴息技改项目进行初审和提出建议。

(3)推进企业技术改造与深化改革、加强管理相结合。2002年协会对部分国企深化改革、转换体制、机制的情况进行了调查。协会财金价格工作委员会对企业资金、价格、预算管理进行了调查，提出了加强管理的建议。对以钢材为主的上游产品的采购价格开展了两次调查分析，并在《中国机床工具报》上发表了调研成果，还就上游产品价格向企业做了咨询。重型机床分会制订了《重型机床行业价格自律条例》，组合机床分会修改了组合机床等级价格的初步方案，规范小行业的营销行为。

(4)组织会员企业参加中国机械工业科学技术奖的评审。评审32项，其中获奖19项(一等奖2项，二等奖6项，三等奖11项)。这项活动从一个侧面反映了我国机床行业产品结构调整的成效，起到了促进行业技术进步的作用。

(5)加强行业的标准化工作。加入WTO后，各国厂商利用标准化手段，设置技术壁垒，保护本国市场和企业利益。因此，标准化工作显得更加重要。协会于2002年加强了标准化工作的力度，编制了2002年度机床工具行业国标、行标制修订计划。上报批准被列入制修订计划的有国标80项、行标74项。在各专业分标委会的合作下，2002年审核办理了58项国标、行标制修订的报批手续。2002年11月召开了行业标委会秘书长会，总结行业标准化工作，交流经验，并就如何搞好标准化工作进行研讨。会议提出今后一个时期要加大采用国际标准力度；调整标准体系，提高标准的实效性；加紧国家标准和行业标准的制修订以及强制性标准的清理整顿和贯彻。

二、调查研究行业发展的重大问题，提出自律措施和政策建议

(1)我国汽车工业近几年发展很快，但为汽车工业提供装备还是国内机床工业的薄弱环节。为了系统了解用户行业对机床工具产品的需求，研究加快发展制造汽车装备的措施，2002年5月份在国内对汽车工业装备状况进行了调研。以轿车制造技术装备需求为重点，兼顾载货汽车和客车。组织3个调研组30人次走访7省10个城市，重点调研了上汽、一汽、东风集团及其他部分汽车制造和零部件生产企业。了解汽车主要部件的制造技术与关键工艺装备；汽车生产企业的“十五”发展规划，技术改造对装备的需求，以及对当前国产装备的意见建议，写出了调研报告。而后，又结合参加美、日国际机床展览会的机会，考察了国外部分汽车生产企业。通过调研，了解了国内外汽车工业装备现状及其发展动向，提出了机床工业如何满足汽车工业对装备需求的建议。这项成果将对机床行业扩大行业发展空间、开拓汽车工业市场产生积极影响。

(2)受国家经贸委委托，研究提出了修改淘汰产品目录的建议。受国家计委委托，研究提出了修改出口产品税则号的建议。

(3)适应我国加入WTO的新形势，协会受中国机械工业联合会委托，对《加入WTO后，机床工业所受影响及对策建议》进行了研究，分析了入世后外资进入、逐步降低进口税率对行业发展和出口的影响；提出了加快体制机制转换和战略性结构调整，通过技术改造加快信息化建设，开展“精心创品牌”活动、构筑企业信誉，加速采用国际标准，推动行业扩大出口，加强知识产权保护，吸收人才、充分发挥人才的潜质等应对措施。报告还向政府部门提出了政策建议。

三、开展国际交流与合作，推进行业扩大出口

(1)为企业开展国际合作、扩大出口牵线搭桥。2002年3月在上海中国数控机床展览会期间举行了中韩机床界合作恳谈会；4月参加韩国国际机床展览会，并参观访问韩国机床厂；9月协会组织14个企业参观美国芝加哥国际机床展览会并考察美国的机床厂、汽车厂；11月协会组团赴日参加JIMTOF2002展览会。通过参观国际展览会和国外机床厂，协会与各国和地区的机床协会、企业和采购商广泛接触，广交朋友，沟通信息，为国内机床企业开展国际合作进行联络。超硬材料分会也广泛开展了国际技术交流和合作活动，帮助企业与外商联络，扩大出口。铣床分会召开了铣床行业国际合作研讨会，就如何抓住机遇、加快合资合作，以及在国际合作中如何保留自己品牌等问题，进行研讨和交流，使大家拓宽了思路。

另一方面，为济南二机床集团有限公司、南京机床厂、北京第二机床厂、北京第三机床厂、江苏扬力锻压机床有限公司、成都成量集团公司等十余个会员企业的国际合作开路架桥。为武汉重型机床厂技术改造，与美国有关企业进行联络，寻找国外合作伙伴。12月组织陪同重庆机床厂赴韩考察机床厂，并与进口商及有关厂家洽谈齿轮机床出口业务，开拓国外市场。

(2)热情地进行外事接待服务。随着市场经济的发展。

会员单位、用户、国外协会、外商来协会进行业务咨询、或来我国参观访问机床行业、洽谈合作项目的越来越多。当年共接待欧、亚、南北美4大洲18个国家和地区的一些使馆商务处、协会、商会、机床厂、用户、外贸公司、新闻媒体，以及欧共体合作委员会和联合国开发组织中国投资促进会等达100余人次。各分会也积极开展咨询服务，宣传会员企业和产品。

(3)6月召开了出口工作座谈会，总结过去，展望未来。会议认为，我国加入WTO，为扩大出口创造了新的机遇。行业主要企业要上出口的主战场，出口工作不能满足以往的老路子，要摸索新思路；要扩大行业出口范围，提高出口产品水平，开拓出口新渠道；要用足、用好国家鼓励出口的政策，通过引进技术、合作生产、合资经营，提高出口竞争力；要把开发、生产、销售、服务各环节有机结合起来，特别是要把质量和服务抓上去；要稳定出口工作队伍，培养一批有实力的外贸人才。

四、办好行业展览，为企业创造商机

随着我国经济市场化进程的加快，市场配置资源的基础性作用显著增强，展览会在促进资源配置中的作用也越来越明显，协会在2002年进一步加强了展会工作。

(1)按照创名展的要求，3月在上海成功举办了2002年中国数控机床展览会。在各分会及有关单位的积极参与下，展览组织工作上了一个新台阶。展览工作与行业工作紧密结合，行业中开展的“精心创品牌”活动，为展览会展新品、展精品创造了条件；加大了重点用户的组织工作，召开了用户联络网会议，在杭州、广州、上海、常州等城市召开贸联会，并派人到模具城等特殊需求地区积极开展用户的邀请和组织工作；加强了舆论宣传，在北京、上海分别召开新闻发布会，协会主办的报刊和国际互联网分别展开了专题宣传，还印发了《参展厂商名录》、《展品清单》等宣传资料；对布展、水电气供应、现场卫生、用餐服务等进行了改进。特种加工、数控系统、数显装置、工具、机床附件、滚动功能部件等分会组织了展团参展。展览会前夕举办了“机床行业如何实现跨越式发展”论坛，展会期间举行了11场技术讲座，设立了“IT技术与机床业”现场论坛。展后各分会积极组织撰写展品评述。在各方人士的努力下，本次展览会的规模和水平、观众人数和销售成果都超过了2000年中国数控机床展览会。“培育国产数控机床市场，促进国产数控机床新品开发，推进国产数控机床产业化进程”的展会宗旨，在展会上得到了充分体现，在营造国内名展品牌方面迈出了实质性的步伐，取得了可喜进展。

(2)以“展精品、创品牌、争创世界一流名展”为目标，全面开展了第八届中国国际机床展览会的筹备工作。这届展览，是在我国加入WTO后举办的第一次国际机床展，具有强烈的时代感和吸引力。为了增强展览品牌的优势，协会着重在让用户和参展商得到实惠上下功夫。在总结前几届办展基础上，对本届展览会的总体思路勾画、办展目的、指导思想，以及提高展览效果的新措施，都往前推进了一步。认真准备各种宣传资料，组织好展会的各项配套活动，通过多项措施，努力把国际展的品牌做强。

(3)进一步营造高质量用户群，用户网和用户直通车的工作有了新的进展。5月组织对汽车行业重点用户的调研，加强了与重点用户的联系和沟通，分析研究了用户需求的变化。11月组织用户团考察美国机床企业并洽谈采购业务，为直通车用户进行专项服务，12月召开用户联络网会议，密切联系，沟通信息，介绍中国国际机床展览会。在各分会的支持下，总会建立了行业专家库，为重点用户进行咨询服务创造条件。2002年为航空、航天、兵器、船舶、机械、汽车、纺织等用户部门的企业提供咨询、技改与招投标评估等服务100余人次。通过上述多种活动形式，加强了与用户的联络与沟通，为行业发展和办好展览会打下良好基础。

(4)为会员单位拓展市场出谋划策，牵线搭桥。涂附磨具、磨料磨具分会分别组织了年度订货会。机床电器分会为多个会员单位促销增效免费服务。工具分会通过调研分析，撰写了“中国工具工业的发展为什么赶不上制造业的需要”专文，提出了工具发展和需求脱节的原因及解决的途径，并协助一些企业调整产品结构，开拓市场。

五、加快信息传递，搞好信息服务

(1)统计信息工作登上新台阶。在新形势下为进一步做好统计信息工作，在各分会的大力支持下，整顿充实了统计力量，规范了统计信息，对统计工作出现停顿的个别分会进行了整顿。并本着互惠互利、自愿的原则，扩大了统计企业覆盖面，新增统计企业105个，涵盖了国有、集体、股份、合资、独资、民营各种经济类型等企业，更全面地反映了全行业生产运营情况。与此同时，对月快报、季报的统计项目进行了修订，并在加强数据分析上下功夫。对信息定期统一对外发布，为政府和企业服务，在指导行业经营活动方面，起了积极作用。在加强统计信息自动化的基础上，重新编制了统计程序。应用网络技术采用电子邮件传递信息，已试运行，覆盖面达16%左右。对“行业分类代码”中存在的问题已向政府部门反映并提出了合理化建议。车床、工具、铸造机械、锻压机械、组合机床、涂附磨具、机床附件等分会分别召开了统计工作会议，对完善统计网络，健全统计体系，规范统计方法，提出新的要求。

(2)协会主办的报纸、杂志、网站在提高质量和水平上下功夫，取得了新进展。整顿了协会网站，《中国机床工具报》、《WMEM》杂志、协会因特网站三位一体，有机结合，分工合作，基本实现资源共享，各自发挥自己的优势。协会因特网站突出“快”；《中国机床工具报》突出“新”；《WMEM》杂志突出“厚”。继续组织开展“中国机床工具品牌”的宣传活动。围绕国内和国际两个展览会，在报刊网站以及新闻发布会、贸联会、行业会、信息通报会上，广泛宣传行业企业和产品，扩大中国机床工具品牌的影响力。全年编辑出版24期《中国机床工具报》、6期《WMEM》杂志、5期《专项信息》，总计270万字，有40万人次的观众浏览了协会因特网站。宣传工作提高了可读性、实用性，更贴近企业、贴近行业工作，在信息传播中发挥了重要作用。各分会积极办好刊物、简报，广泛传播信息，超硬材料、涂附磨具等分会加强了网站建设，吸收更多企业在本网建立站点。

(3)向会员单位按季、半年、年度提供机床工具行业经济运行情况分析报告并上报国家经贸委。受国家经贸委委托，于11月提出了《机床工具行业2003年发展动态分析》报告，报告分析了行业的基本情况，2002年行业的经济运行形势及存在的主要问题，对2003年行业发展提出了应对措施和政策建议。车床分会提出了年度《市场现状与发展趋势分析》报告，帮助企业把握市场机遇。

(4)在各分会的积极支持下，编辑出版了《中国机床工具工业年鉴》2002年版。《年鉴》反映了机床工具各小行业的发展情况、市场分析、协会活动、企业综合情况，以及权威人士的专题文章，是一本向读者提供全面系统信息的资料。

(5)为行业企业和用户提供市场信息和装备信息。2002年向部分企业提供了国家级"部分行业近几年国债贴息技改项目"资料摘编共3批。还对近几年机床行业为汽车工业提供装备的情况进行了调查，了解到有45个企业为200多个汽车及零部件制造企业提供了大量装备，以及大量工量仪刃具。这些企业的产品已得到用户的肯定，在用户厂发挥了重要作用。

六、增强责任心和使命感，加强协会的自身建设

(1)发挥理事会的核心作用。3月召开了四届一次常务理事会和四届三次理事会暨信息通报会，审议通过了协会2001年工作总结及2002年工作要点，增补了协会常务理事单位。会上还邀请专家介绍了世贸组织规则及迎接挑战的对策和思考。

(2)强化精干务实的协会办事机构，提高组织协调能力。协会总会加强思想建设，认真学习党的十六大会议及中央经济工作会议精神，深刻领会"三个代表"重要思想，提高了贯彻国家方针政策法规的自觉性。加强廉政建设、作风建设，坚决贯彻协会关于《党风廉政建设责任制》8条规定。加强业务学习，学习了WTO有关法规、汽车、锻压、电加工等行业的业务知识、精益生产管理、计算机操作技术等，提高了干部的业务素质。深入进行人事制度改革，吸收一些精干务实的青年干部进中层领导班子，严格干部日常考核和年终评议。利用总会搬迁天莲大厦新址的机会，改善了办公条件，建立了新的工作秩序，规范了内部管理。

加强分会建设。召开了两次秘书长会议，总结交流分会工作情况和经验，表彰2001年度先进分会，通报并研究展览会等行业重点工作，以及加强分会工作和会员管理问题。按照民政部的要求清理整顿了分会，在各分会的支持下编辑出版了新的《会员名录》。完善总会联络员制度，总会积极参加分会活动，加强与会员单位的沟通，帮助个别分会调整和加强分会秘书处，为分会进行计算机更新提供资金补贴，密切了和各分会的关系。许多分会认真组织召开内容丰富的理事会或会员代表大会，为会员提供了沟通市场、产品结构调整、改制、管理等方面信息的机会，为会员单位交流工作情况和经验提供了场所，密切了会员的联系，提高了协会意识。机床电器、工具和齿轮机床分会进行了换届。超硬材料、涂附磨具等分会个别调整增补了副理事长、常务理事、理事单位。适应新形势的变化，部分分会在清理会员单位、吸收符合条件的非公有制企业入会方面有新的进展，使协会工作更加活跃，服务水平进一步提高。

党的十六大提出了新世纪的新目标和新任务，我国加入WTO创造了扩大对外开放的新环境，新形势下要求协会与时俱进、开拓前进，努力探索协会工作新思路，进一步提高自身素质和服务水平，把协会事业不断推向前进。

中国机床工具工业协会2002年各分会工作情况

中国机床工具工业协会　秦宗旭

一、2002年中国机床工具工业协会分会工作基本情况

2002年中国机床工具工业协会分会工作取得了新成绩，有了新进展。各分会都根据行业的需要，根据会员单位的需要，依照协会章程及分会工作条例，结合各自的特点，积极主动开展工作，取得了可喜的成绩。主要表现在：

1.努力完成总会布置的各项工作任务

参与协会《会员名录》修订工作(2002年版)；参与《中国机床工具工业年鉴》编辑工作；积极配合总会组织"精心创品牌"活动；认真做好统计信息工作；积极推荐行业专家协助总会组建行业专家库。

2.协助总会积极做好展览会有关工作

2002年3月协会在上海举办了2002年中国数控机床展览会，这届展览会的成功举办，与各分会的大力支持和积极参与分不开。各分会或组团参展，或组织会员参观，利用自办刊物对展览会进行大力宣传，各分会不失时机地组织展品评述，如铣床分会无论总会是否要求，每次展会都认真组织展品评述工作，并将评述资料编印成册发送各会员单位。各分会都以不同的方式为展览会作贡献。

各分会都在积极为第八届中国国际机床展览会做着各种准备，努力做好每项工作，使展览会取得更大成功。

尤其值得一提的是，特种加工机床和机床电器两分会，都是组团分会，为了帮助总会解决因展览面积紧张而遇到的难题，甘愿减少本分会参展面积、调整馆位，体现了两分会识大体、顾大局的好品德、好风尚。

3.根据行业和会员企业的需要，积极开展业务工作，努力为行业、为会员服务

(1)帮助会员企业开拓市场、扩大贸易是分会一项中心工作。机床电器分会得知成都地区一个航天单位要选购一大批机床电器产品，于是立即派人上门宣传、推荐行业产品，并通知会员单位去人与用户商洽；磨料磨具分会组织了有近400个企业参加的磨料信息交流和展销订货会；涂附磨具分会不仅组织行业订货会，还组织会员企业赴越南进行市场考察，帮助企业开拓东南亚市场；超硬材料分会为帮助会员单位开拓国际市场，组织多个企业出国参加或参观国际相关展览会，考察国外企业和用户。

(2)价格对行业企业的生存发展至关重要，各分会都十分注重价格工作：工具分会广泛收集、汇总并交流会员单位价格信息，召开价格工作年会，交流企业成本与价格管理的经验，研讨非标复杂刀具的计价办法，编辑出版产品价格目录；重型机床分会讨论制订了《重型机床行业价格自律条例》，对行业内部的价格行为进行规范；锯床分会把价格问题作为分会会员大会和分会理事会的重要议题，就如何维护行业和企业的共同利益、避免恶性竞争进行了热烈、坦诚的交流；组合机床分会积极维护行业利益，组织价格协调工作，受到广大会员企业的拥护和支持。

(3)标准工作是政府部门委托总会承担的一项重要的工作，许多分会都为本行业产品标准的制修订和宣贯做了大量工作。

(4)质量被视为企业的生命，质量工作是协会工作中头等重要的工作。特种加工机床分会在1997年组织21个会员单位提出“质量保证声明”的基础上，2002年又根据形势发展需要对原声明进行了修改补充，并重新登记了声明单位。新“声明”比原声明要求更高，实施难度更大，但参加声明的单位却从21个增加到30个。说明会员企业的质量意识有了很大提高，这无疑对推动行业的产品质量和为用户服务水平的提高，起到极大的作用。

(5)行业发展方面的工作。磨料磨具分会在进行广泛调研的基础上，向政府有关部门提出淘汰3 000V·A以下棕刚玉冶炼炉的政策建议，受到政府部门的重视，并被政府部门采纳；滚动功能部件分会组织对行业企业摸底调查，掌握了滚动功能部件企业的基本数量、规模及所有制情况，并积极创造条件筹建“工程技术中心”；钻镗床分会采取走访和信函相结合的方式对企业情况进行调查，分析出行业企业存在的7个方面的问题，并提出了8条政策建议和工作建议。工具分会、车床分会、超硬材料分会、数控系统分会等分会都十分重视行业发展问题，都在这方面做了许多工作。

(6)行业宣传工作方面，各分会都定期或不定期编印各种刊物和资料，及时地向会员企业沟通情况、交流经验、通报信息。如：锻压机械分会、铸造机械分会等分会，定期出版分会会刊，2002年两分会又各自编印了《会员名录》，不仅在行业内发送，还向国家职能部门、招标公司、用户群体等发放。一些分会还根据会员和用户的需要编印了各类专项资料。如：数显装置分会编印了《数显行业科技创新与产业发展论坛》论文集，编印了2001年度和2002年上半年行业信息统计资料汇编；组合机床分会编印了《组合机床精品荟萃》；小型机床分会编印了《中国小型机床制造商及产品指南》。各分会充分利用总会为分会配置的计算机，通过互联网与总会链接、与会员企业链接。如机床附件分会、小型机床分会、数控系统分会、超硬材料分会和涂附磨具分会都建立了自己的网站。

4. 分会组织建设得以加强和完善

①大多数分会都能按规定召开会员大会、会员代表大会、理事会，正常开展组织活动。②工具、机床电器、齿轮机床3个分会完成了换届。③发展了一批新会员（其中多数是一些新型企业或民营企业），同时也清退了一批已不符合会员条件，失去会员资格的会员。④一些分会对秘书处及人员进行了调整、变动。如滚动、重型、磨床、车床等分会秘书处人员都有变动。以上换届的3个分会秘书长也进行了换届（但没换人）。⑤完成协会分支机构重新登记。最近民政部已在报纸上出公告，协会25个分会已通过民政部核准登记（原有气动功能部件分会，协会申报撤销了）。原滑动轴承主轴单元专业委员会改名为“主轴功能部件专业委员会”。现在协会分支机构是25个分会加1个专业委员会。

2002年各分会较好地完成了各项工作任务，取得了可喜的成绩。特种加工机床分会在原“质量保证声明”的基础上，2002年再次组织新的“质量保证声明”，同时他们把“质量保证声明”与“精心创品牌”活动紧密结合起来，提出“抓重点，以点带面开展精心创品牌”活动，取得了很好的效果；工具分会深入进行行业企业调查研究，潜心撰写有关行业发展问题的专文，水平很高，对我国工具行业和工具企业的发展有很大的指导作用；通过对内部和外部环境的深入研究和大量的资料、数据分析，完成“车床市场现状与发展趋势分析”，对车床行业企业生产经营具有很大的指导意义；机床电器分会一方面积极为会员单位开拓市场周到服务，另一方面注重产品开发工作，组织专家对应用微处理器开发智能化电器产品进行专题研究，并组织会员单位联合开发新产品；重型机床分会在经过深入市场调研，并经过行业各会员厂主管领导和分会价格委员会会议、分会理事会议认真讨论审议的基础上制订了《重型机床行业价格自律条例》，要求各成员厂自觉按“条例”执行，并结合价格自律，在行业内开展“比产品开发、比产品质量、比售后服务”的活动；超硬材料分会积极开展国际交往，一年中两次组团参观和参加国际相关展览会，考察国外相关企业，为行业企业与外商合作牵线搭桥，积极筹办第四届国际超硬材料及制品研讨会和积极协办并组团参加2003年7月的加拿大国际超硬材料及应用技术研讨会。

5. 2002年各分会工作存在的问题和不足：

(1)各分会之间工作开展不平衡。①分会之间工作开展的广度、深度、实效差距很大。一些分会工作开展得很全面、很深入，实际效果很好；也有少数分会工作比较单一，工作没有实效，有的只限于总会布置的几项工作，布置什么做什么，主动开展工作少。②传统先进分会和后进分会的格局没有大的改变，成绩突出的分会总是那几个。

(2)外方独资和外方控股合资企业的入会问题仍无突

破，一些会员不能正确认识和客观对待“外资”企业的入会问题，抵触情绪很大。

(3)有些分会秘书长或秘书处其他工作人员变动，没有做到平稳过渡，没有做好交接，使分会工作受到影响。

(4)有些分会平时与总会通气不够，重大问题没有及时向总会报告，如2002年磨料磨具行业3个分会，事先未向总会打招呼，更没有征得总会同意，擅自与外单位签约，合办展览会，造成的影响不好。好在对此事的后事处理比较圆满，采取了妥善处理的方法。经商定达成三点共识：第一，这次办就办了，但下不为例，以后不能再办；第二，要采取措施，消除不利影响；第三，3个分会要把精力放在办好协会办的中国国际机床展和中国数控机床展上，要全力以赴组织磨料磨具行业企业参加中国国际机床展，同时要做好用户组织工作，总会要给予必要的帮助。

(5)会费收缴工作还须加强。①一些分会会费收缴情况很不好，收缴率很低，个别分会甚至2002年没有收会费。②一些分会没有按规定向总会报告会费收缴情况，如交费比例、收费额等。

二、2003年度分会工作要点

1. 要加大力度，做好会员发展工作

近几年，协会会员数量变化很大，虽说是有进有出，但总的来说是进少出多，会员数量这几年是呈逐年下降趋势。1996年第三届会员代表大会时会员总数最多，是2 020多个，1998年是1 650个，2000年是1 590个，2002年下降为1 460个。会员数量减少的原因一方面是由于企业改革、改组、停产、转产、撤并，分会对这部分会员作了清除，使会员数量减少；而另一方面，虽然近年来也有一批批民营企业、新型企业不断产生，但却没有及时发展这些企业入会，使会员增加的数量赶不上会员清退后减少的数量。

锻压机械分会：会员最多时是130多个，现在会员数是76个，而企业数量是216个。工具分会：会员最多达120多个，现在是85个，企业数是327个。其他分会情况类似，分会现有会员数量远远少于企业数量，这说明会员发展工作大有潜力，有大量的工作要做。

会员发展是要有一定条件，不能凑数，不能稀里糊涂是个单位就拉进来，但又不能门坎太高，不能过分严格，把大量的企业都挡在外面。会员数量与企业数量要成比例，会员数量至少应占企业数量的大多数，否则覆盖面不够，缺乏代表性，也不符合政府主管部门的要求。希望各分会加大会员发展工作的力度，加快发展速度，使会员发展工作有更大的改进。尤其要在外方独资企业和外方控股合资企业的入会问题上有所突破。

一些分会在2003年的工作计划中，把发展独资、合资、民营企业入会列为重点，这是对的。这样是顺应形势、与时俱进的做法。

2. 继续做好分会换届工作

2003年有5个分会应进行换届。其中磨床和机床附件两个分会是延期到2003年换届，重型机床、木工机床和主轴功能部件专业委员会3分会是2003年届满，正常换届。

3. 继续做好会费收缴工作

会费收缴工作，是一项严肃的工作、重要的工作。会员缴纳会费情况如何，直接反映分会秘书处会费催缴工作做得如何，同时也与各分会活动开展情况和为会员服务情况有关。各分会都必须按规定认真收缴会费，不能有随意性，同时各项业务工作要跟上，要为会员服务好，使他们愿意交会费、自觉交会费。尽管总会不要求分会向总会上交会费，但各分会每年收缴会费的情况，须报告总会。报告内容包括：应收单位、实收单位、实收比例、实收金额等。

三、对分会工作的要求

(1)加强思想、作风建设，加强政治理论学习，学习“十六大”精神，学习“三个代表”重要思想，要反腐倡廉，遵守国家法律法规，树立良好的会风和形象，强调服务，廉洁奉公。根据上级党组织的要求，总会制定了《党风廉政建设责任制》，作了8条规定。

(2)加强业务学习，学习专业知识，学习相关新知识，不断提高为行业、为会员服务的能力和水平。

(3)要求各分会认真贯彻执行《分会管理条例》。《条例》共17条，有些条款内容前面已涉及到，如：分会换届前要报送换届方案，分会收缴会费情况须向总会报告，分会须经常向总会通报情况、重要活动和事项须一事一报；分会与外单位签订合同、协议，须事先得到总会授权等。

(4)充实加强分会秘书处工作，秘书处人员变动要及时报告总会并及时调整补充人员，要做好工作交接。包括业务工作、财务账目、印制文件资料、物品的交接等。总会财务部负责对分会财务工作交接进行监督协调。

(5)在提高工作水平、工作效益的前提下，相应提高分会工作人员的补贴标准。具体标准总会不作规定，由分会根据本身支付能力和工作实际需要自定，但补贴标准和范围要报总会备案。

四、关于年度先进分会评选

从2001年开始，协会对年度先进分会评比工作进行了改进。实践证明，这种改进是必要的，效果是好的，2002年，协会仍坚持这样做。

根据先进分会的基本条件，本着少而精的原则，经过严格考核、认真评比，评出2002年度先进分会6个，他们是：

特种加工机床分会、工具分会、车床分会、机床电器分会、超硬材料分会、重型机床分会。

先进分会的数量与2001年是一样的，但单位有变化。这是好现象，这种你追我赶、争当先进、互相促进的情形正是协会希望看到的。协会希望先进分会再接再厉，保持先进，更希望未被评上先进的分会迎头赶上，努力争当先进。

中国机床工具工业年鉴

China Machine Tool & Tool Industry Yearbook

2003

第Ⅰ部分

行业概况

行业概况

金属切削机床

一、金属切削机床部分产品概述

(2002年年鉴已对部分产品加以概述，本文对插拉刨床、锯床、特种加工机床、重型机床、小型机床等产品加以说明。)

1. 插、拉、刨床

拉床

随着我国汽车工业的迅猛发展及专业化程度的提高，拉床市场需求量越来越大，在金切机床中的占比重也越来越高，但是拉床市场的很大一部分份额被国外厂家抢占。目前国产主要拉床产品有：

(1)卧式内拉床系列　主要产品有L6102、L6104、L6106、L6110、L6120C、L6140B，其特点是拉削各种孔类零件，价格低，适宜大批量生产。

(2)立式内拉床系列　主要产品有L5104、L5106、L5110A、L5110B、L5120B、L5120C、L5140B、L5520A、L5540B、L5580B等，其特点是拉削各种孔类零件，精度高于卧式内拉床，适宜大批量生产。

(3)各种大吨位专用拉床　其特点是功率大，行程长，工作速度可达6m/mim，无级调速，适用于国防和民用产品中的直榫槽、斜榫槽、键槽、花键槽、内孔及各种异形槽等高难度、高精度的特殊零件、特殊材料的拉削加工。

(4)侧拉床　结构特点是在主溜板垂直方向上安装两套刀具，夹具可以上下移动。能在双工位上同时拉削或自动移位拉削。夹具前后位置可调，主电动机转速由变频器调节，操纵面板采用触摸屏。此类机床适宜于航空发动机、压气机叶片和各类汽车连杆结合面等行程要求大的零件的拉削加工。

(5)连续式拉床　主要用于汽车行业，其特点是将工件装在随行夹具上，随行夹具随履带链条作回转运动，拉刀固定不动，当工件通过拉刀时进行切削。一台机床一次可装夹数个至数十个零件，因此，生产效率高(每小时可加工数百个零件)，特别适宜于成批小型零件平面的拉削加工。

此外，还有轴瓦圆弧立式拉床、核电站蒸发器支撑板拉床等各式通用、专用拉床。

最近还准备开发筒式拉床，结构特点是夹具为长形杆状，多把拉刀装在封闭的筒中，该类机床适宜于同时拉削分布于圆周上的数条直槽，如拉削外齿轮的齿槽。

刨床

刨床是一种低效率、高耗能的金切机床，被认为是一种将淘汰的产品。但由于它结构简单、价格低廉、使用役龄长、不需要特殊的维护和保养，所以在众多的发展中国家，这种机床所占的比重还相当大。特别是单件、小批量生产的企业、维修车间，包括工业发达国家的一些小型私营业主和家庭作坊还需要这种机床，因此它同样具有一定的市场。

刨床的主要品种有液压牛头刨床、液压仿形刨床、数控仿形刨床、移动式刨床和小型机械牛头刨床。为了使这一行将淘汰的产品在机加工领域发挥好余热，各企业在提高产品的技术水平上下了较大的功夫，特别是在数控牛头刨床的开发上作出了一定的成绩。数控牛头刨床是在仿形牛头刨床和移动牛头刨床的基础上开发出来的，其刀架采用交流伺服进给驱动装置，利用数控圆弧插补技术的原理，使刀架上下运动的动作与切削运动液压动作联动，同时工作台的横向移动亦可实现数控驱动，达到三轴联动的目的。该类机床集数控、液压于一体，适用于各类三维曲面(如罗茨鼓风机转子叶片、连铸机结晶槽大圆弧面等)，特别是有大批量圆弧面零件的加工，其零件加工精度和表面粗糙度都有很大的改善，彻底改变了刨床为纯直线运动粗加工机床的习惯理念和模式。该机床只要更换相应刀架附件，就可成为具备刨、铣、磨削多功能的加工三维曲面的切削机床，使之应用范围更广，机床本身的价值更高。

2. 锯床

2002年锯床市场的整体形势不错，特别是模具工业的快速发展，为锯床产品需求的不断增长提供了源源不断的动力，也使行业继续保持着旺盛的发展势头。但行业产品的生产和销售大都还停留在价值和技术含量都不高的通用型带锯床上，那些价值和技术含量高的数控带锯床、硬质合金圆锯床和特种锯床还少人问津。而根据发展态势来看，随着国家加大基础建设的投入，西气东输项目的实施，必将带动钢铁工业及其相关行业的发展，各大型钢铁企业目前都在积极地筹措资金上技术改造项目，因此像管坯锯、管排锯等技术含量高的硬质合金圆锯床和用户特殊需求的特种锯床还大有市场。

3. 特种加工机床

特种加工机床是近半个世纪以来在机床工具行业中发展起来的一个新兴的高科技产业。与金属切削机床相比，它突破了传统的刀具切削加工方式，以电、光、声、热、化学等物理、化学能作为加工能量，其加工机理与金切机床不同，形成了具有自身特色的加工设备体系，在当代先进生产制造业中有着不可替代的重要作用。

特种加工机床已形成十几个门类：如电火花加工机床、电化学加工机床、快速成形制造设备和高能束流及其他特种加工设备。这些门类中以电火花加工机床发展最快，企业最多，市场最大，其产值约占行业总产值的80%以上。

特种加工机床主要是为模具制造企业服务的，同时在精密机械、航空航天、军工、冶金等产业的零部件加工中也有广泛的用途，技术与产品的应用面十分广阔。产品的技术含量高，数控化程度高，工艺创新，应用领域广，发展潜力很大。产品的特点适宜于高硬度、高强度、高熔点、高脆性、高韧性等特殊性质的材料加工。在特种加工机床产品中，除电火花加工机床系列已基本形成较稳定的门类品种外，其他如快速成形制造、新型电解加工、高能束加工、复合加工等技术与设备的开发、研究仅有10～20年时间，尚处于发展阶段，特别是材料科学的发展，新型工业材料的不断出现，迫使加工和制造手段需要不断创新。这个创新过程为特种加工机床和技术的发展提供了最强大的推动力。

电火花线切割机系列

(1)高速走丝电火花线切割机：是我国独有产品，品种规格齐全，加工精度一般为0.015mm；切割效率一般为70～120mm²/min。普遍带有锥度切割功能，可实现 ±3°～±6°/80mm 锥度切割，最大可实现 ±36° 锥度切割，部分产品可实现上下异型面切割。有的产品可实现1 000 mm 的大厚度切割。

(2)低速走丝电火花线切割机：可生产的企业正在不断增加，与高速走丝线切割相比，其特点是切割精度高，一般在0.01～0.005mm，表面粗糙度好，可达 R_a0.5μm，切割速度快，一般为150～220mm²/min，一般都具有锥度切割功能，并可实现上下面异型切割，目前主要生产的产品品种为DK7625、DK7632、DK7640等。

电火花成形机系列

有三种类型：手动型、单轴数控型、数控型（三轴或四轴联动），国内均有生产。目前主要品种为手动型及单轴数控型。全功能数控型批量生产企业也在不断增加，其产值约占电火花成形机总产值的30%左右，加工效率一般为10mm³/min·A，最小电极损耗在0.1%，最佳表面粗糙度一般在 R_a0.2～0.5μm之间。电火花成形机由于电源及其他配置不同，在技术性能、数控功能上会有很大差别。

高速电火花小孔加工机系列

该机床是最近七八年发展起来的一个新产品，目前产销量逐年上升，应用范围也日益扩大。小孔加工机主要用于硬质合金、淬火钢、不锈钢、磁钢等各种导电材料的深小孔加工，加工孔径为Φ0.3～3mm，最大深径比可达300∶1，加工速度30～60mm /min。根据用户特殊需求，可生产小孔加工专用设备，如苏州电加工机床研究所为沈阳、成都等多个航空发动机制造企业专门设计、生产的六轴、八轴数控小孔专用设备解决了航空制造中的一些关键工艺难题。在小孔加工机基础上开发的微孔加工设备也已面世，该机床采用单电极数控工艺加工异型微孔，孔形变化组合多，最小加工孔径Φ0.05 mm，主要用于化纤行业的喷丝板加工。

其他电火花加工机床

有电熔爆加工机床系列产品、电火花强化机、电火花磨削机床、电火花小孔内圆磨等。除电熔爆加工机床外，其他大都为专用设备，产量不大，但应用价值较大。

电化学加工机床

电解成形机床、电解磨削机床、电化学去毛刺机床、电解复合加工机床、电解抛光机、电解刻印机等。除电解成形机床外，其他都为专用设备，产量不大，在航空航天工业中应用广泛。

快速成形(RP)设备

RP技术及设备我国已定为高新技术产业，从国内外的生产、应用领域来看，RP有着广阔的发展前景。我国RP设备已归入特种加工机床行业，今后将成为特种加工机床行业中的一个重要领域。目前国内生产的主要产品种类有：熔融沉积制造(FDM、MEM)、分层实体制造(LDM、SSM)、激光选区烧结(SLS)、紫外激光固化(SLA)。产量约80～100台/年，产值约6 000万元/年。

高能束加工机床

有激光切割、水射流切割、等离子切割、火焰切割机床及电子束加工设备等。这类特种加工设备生产厂家较多，产值约3 500万元/年。

特种加工机床技术发展及应用

我国特种加工机床产品的总体技术水平较之国外先进水平尚有不少差距，如电火花成形机方面的智能化、高速抬刀、混粉工作液、专用电源、网络技术等，电火花线切割机方面的专家系统、自动穿丝、双丝切割、直线电动机驱动、精密加工技术等，这些先进技术国外已在产品上广泛应用，而国内尚处于研究及开发阶段。

目前国内特种加工新技术、新工艺的开发应用处于国际中档水平，主要有以下几个方面：

(1)2002年随着加工制造工艺要求的不断提高，我国数控电火花成形机在电火花成形机中占比大幅度提高。数控电火花成形机已具备如三轴、四轴联动功能、C轴加工功能、AEC功能、数控平动功能、模糊控制功能、镜面加工等新工艺、新技术，说明目前国内这方面技术有很大进步。这类机床如：北京阿奇夏米尔工业电子有限公司的系列数控电火花成形机、汉川机床有限责任公司的HCD—K系列数控电火花成形机、北京电加工研究所的B35数控电火花加工机床、苏州电加工机床研究所的DK系列数控电火花成形机等，而苏州沙迪克三光特种设备有限公司和三菱电动机（大连）机器有限公司生产的数控电火花成形机则属于更高层次的数控电火花成形机。

(2)我国低速走丝电火花线切割机的开发起始于苏州电加工机床研究所的“八五”攻关，该项目的成功，生产出我国第一台低速走丝电火花线切割机。1999年苏州沙迪克三光机电有限公司在吸收、消化引进技术的基础上，成功开发出DK7632中档技术低速走丝切割机，并实现了批量生产；2001年北京阿奇夏米尔工业电子有限公司也相继推出自主开发、生产的XENON低速走丝线切割机，还有汉川机床厂生产的HCX300及苏州电加工机床研究所生产的DK7632等，使我国低速走丝电火花切割技术上了一个台阶，缩小了与国外先进水平的差距。

(3)苏州电加工机床研究所为解决航空发动机等零件的群孔加工难题，成功开发出六轴、八轴数控电火花高速小孔专用设备。该设备用于GE公司的飞机零件制造，各项技术、工艺指标均达到美国GE公司的标准，目前已为国内多家飞机发动机制造公司提供产品。该技术的开发成功，扩展了电火花小孔加工技术的应用范围，扩大了产品的市场。

通用电火花高速小孔加工机床也得到迅速发展，产量不断上升，目前已达到800～1 000台/年。

(4)高速走丝电火花线切割的大锥度、上下异型切割技术的开发成功，提高了高速走丝线切割机的技术含量和应用领域。最大切割厚度达1 000mm的大厚度切割技术及工艺为国际领先水平。

(5)目前国际上几种主要的快速成形工艺和设备，如分层实体制造(LDM)、熔融沉积成形(FDM)、激光选区烧结(SLS)、三维光刻(SL)等国内均有单位在开发生产，如清华大学、西安交通大学、华中科技大学、北京隆源自动成形系统有限公司等部分工艺都已达到国际先进水平。

4. 重型机床行业产品发展情况

重型机床是国家能源、交通、重机和发电设备制造、舰船主机、冶金、航空航天和军工等工业的重要工艺加工装备。其产品的主要特点是，开发、研制、制造技术含量大，且多为单件小批量生产方式。

到2002年我国重型机床行业开发经营的主要金切重型机床系列，均已完成了数控化系列设计，继续向加工中心化和柔性化发展。其中有些系列也已完成了加工中心化设计，能够根据市场需求，较快地向市场投放产品。重型机床行业现拥有的系列品种，基本上与当代国际上重型机床系列品种和技术品牌发展同步，能够适应国家，包括国外机制工艺发展的需要。包括高技术密集含量的高新技术数控重型机床，如舰船工业需要的多轴控制、五轴联动机床和航空航天工业需要的专用机床，国内均能提供。近几年基本上形成买方市场，量体裁衣型产品显著增加。品种满足度，包括技术含量高的高新技术品种，可以达到98%以上。而且当前对难度较大的个别品种，经过行业攻关，亦可解决，如上海重型机床厂2002年开发生产的五轴联动数控龙门镗铣床，在上海数控机床展览会上亮相，得到行家好评。目前行业拥有的主要数控重型机床品种有：

数控龙门镗铣床系列(含龙门立式加工中心)

国内外有5种主要结构型式：顶梁固定工作台移动数控龙门镗铣床、顶梁固定龙门移动数控龙门镗铣床、横梁工作台移动数控龙门镗铣床、横梁龙门移动数控龙门镗铣床和高架式数控龙门镗铣床。这些产品我国均有系列开发和生产。工作台移动式龙门宽(加工宽度)1 600～5 000mm；龙门移动式最大加工宽度可达到7 000mm以上。根据需要可提供带刀库和各种铣头的自动交换装置，可实现多轴控制、五轴联动加工，铣头转速可达10 000r/min，X、Y、Z轴快速移动可达15 000mm/min以上的高速产品。

数控卧式铣镗床系列(含卧式加工中心和柔性化产品)

数控卧式铣镗床系列有三种结构形式：

(1)数控落地镗床，国内规格为镗杆直径Φ160～200mm。Φ200mm以上的规格向数控落地铣镗床靠拢。

(2)数控落地铣镗床，系列结构有滑枕式(当前多以长方形滑枕为主)和主轴箱轴向移动式两种结构各有特点，国内都有发展。主参数系列有镗杆直径Φ130mm、Φ160mm、Φ200mm、Φ225mm、Φ250mm和Φ260mm。按市场需要可提供Φ280mm、Φ300mm的品种。产品系列在其主机上增加自动交换刀库及数控回转工作台，可形成卧式加工中心。国内已有Φ225mm的五轴联动数控落地铣镗床投放市场。齐齐哈尔第二机床厂和武重厂正在研发新型两坐标铣镗头、新型五轴联动落地铣镗加工中心。

(3)数控刨台式铣镗床(含卧式加工中心)系列规格为Φ110mm、Φ130mm、Φ160mm，是中大型箱体工件的主要加工装备之一。已实现加工中心系列化设计和生产，并可向市场提供柔性化产品。

数控立式车床系列(含立式加工中心)

当前国内外主要有三种结构型式：

(1)数控单柱立式车床系列。属中大型机床，最大加工直径为Φ1 000mm、Φ1 250mm、Φ1 600mm、Φ2 000mm、Φ2 500mm和Φ3 150mm。已实现加工中心化和柔性化系列设计和商品化，同时已完成车铣加工中心的试制。

(2)数控双柱立式车床系列(含立式加工中心)。主参数最大加工直径Φ3 500mm、Φ5 000mm、Φ6 300mm、Φ8 000mm和Φ10 000mm，国内已做出Φ12 500mm数控双柱立车，国外双柱做到Φ14 000mm。主要作为能源、交通、重机制造、军工等行业加工重大关键零件的工艺装备。

(3)数控单柱移动式立式车铣床系列。该系列属超重型数控立式车床范畴，属当代国际高新技术产品。最大加工直径Φ10 000mm、Φ12 500mm、Φ15 000mm、Φ16 000mm、Φ20 000mm，国内已做到Φ16 000mm。像这种超重型高新技术产品，国外也未做出几台。产品是能源工业，特别是水电设备超大回转体和机座加工的重大关键设备。截止至2002年，国内已生产5台，Φ15 000mm和Φ16 000mm的数控立式铣车床，现均在用户厂良好服役。

数控重型卧式车床系列

数控重型卧式车床有：Φ1 000mm、Φ1 600mm、Φ2 000mm、Φ2 500mm、Φ3 150mm、Φ4 000mm和Φ4 200mm。该系列产品是能源、交通、冶金、造船、军工等行业的重要关键工艺装备。国内已生产出数控卧式加工中心车床。

在车床系列中还有轧辊车床、端面车床、曲轴车床、深孔钻镗床、车轮车床和铁路专用车床等，并实现了数控化。

数控轧辊磨床

数控轧辊磨床是冶金、造纸、橡胶工业的主要加工设备，已完成全系列产品数控化，最大磨削直径可达Φ3 150mm。机床可提供自动数字测量、误差补偿、故障诊断、打印出图功能。

数控导轨磨床系列

数控龙门式导轨磨床、数控龙门式平面磨床、数控立式平面磨床的技术档次均属当代较高技术水平。

除以上主要品种外，重型机床行业对国家工业，特别是军工、航天工业所需的高新技术专用机床，均有较高的开发研制能力，重型机床行业为科技强国、科技强军做出了应有的贡献。

5. 小型机床产品

小型机床产品有十余大类，涵盖了机床中的大部分类别，主要服务于钟表、照相机、光学仪器、电子、航空航天、石油化工、视听设备、办公设备、家用电器、家电维修、玩具、五金、汽车摩托车和IT等行业，主要产品有：

仪表车床(小型车床)

最大加工直径 Φ≤250mm 及变型产品≤300mm 及其以下尺寸规格。包括:台式车床、工具车床、小型车床、轴类车床、盘类车床、转塔车床、精整车床。该类产品主要用于小型回转零件的加工,产品结构通常较为简单并简化了制造工艺,因而产品的制造成本很低、附加价值低,数控型有一定附加价值,通常一台普通仪表车床的售价在 500~3 000元,数控型售价在 3 万元以内,在乡镇企业、小型的民营企业及家庭作坊等劳动密集型生产单位使用较多。

台式钻床、钻铣床和小型铣镗床

主要用于小型零件的钻削、攻螺纹、铣削、磨削等加工,多用于零件的辅助加工、普通维修等。

卧式车床

最大加工直径 Φ≤500mm 的短床身车床、数显车床、数控车床、车削中心、车削柔性单元、车削生产线及专用、专门化车床。该类产品主要用于盘类、轴类零件的加工,结构性能与常规的数控车床、普通车床相同。

单轴自动车床

单轴自动车床主要有三种结构形式,主轴箱移动型(又称瑞士型)的机械凸轮式单轴纵切自动车床和数控型纵切自动车床,采用长棒料为加工原料;主轴箱固定型的单轴自动车床,采用长棒料为加工原料;盘料横切自动车床,采用盘状棒料为加工原料,加工直径较小,通常为数毫米。自动车床主要是采用棒料大批量生产小型轴类零件,加工直径通常在 30mm 以下,加工效率极高,全功能数控型最多可配置 14 把刀具,包括动力刀具,可以实现零件的切削加工。

小型铣床

工作台宽度小于 200mm,用于小型零件的铣削加工。

小型磨床

(1)工作台宽小于 200mm 的平面磨床,主要用于中小规格零件的磨削加工,加工精度较高。

(2)最大磨削外圆直径 Φ≤100mm 的外圆磨床、万能外圆磨床。

(3)最大磨孔直径 Φ≤30mm 的内圆磨床。

(4)坐标磨床,主要用于淬火零件的精密磨削,加工对象以精密孔系、精密孔和精密轮廓为主,通常用于制造业的工具车间,近年也逐步用于精密零件的批量加工。

小刀具、小刃具、小工具加工机床

小模数齿轮加工机床

最大加工直径 Φ≤150mm,机床采用卧式结构,主要用于小型齿轮的精密加工,有普通型、数控型,加工精度较高。

镗床

主要有坐标镗床、轴瓦镗床。坐标镗床工作台宽≤450mm,主要用于有精密孔系要求及精密孔要求的模板类零件的精密加工;轴瓦镗床用于轴承行业轴瓦的精密镗削加工。

小型组合机床及自动线、装配自动线等专用设备

组合机床及自动线适用于汽车、摩托车、家电行业各种中小型零件的大批量加工,有回转工作台结构、直线移动型结构及多台组合机床组成生产线等方式,有普通型和数控型。自动装配生产线,通常由数十个装配单元组成,有中央总控装置,主要用于家电组、部件的自动装配,生产效率极高。

中小型加工中心及柔性加工单元

工作台宽≤630mm 的卧式加工中心系列和工作台宽≤450mm 的立式加工中心,主要特色是加工精度高,用于汽车、摩托车、军工行业等中小型箱体类零件的精密加工。

多功能工具机

机床结构设计较为巧妙,具有多种功能,通常具有车、钻、铣等功能,主要用于家庭维修、制造和小型维修用,产品 70%以上出口。

光学冷加工设备

光学玻璃、玛瑙、宝石、石英晶体、硅加工机床,主要是对该类材料进行抛磨、切片等,机床规格较小。

弹簧夹头、机床附件、机床配件及少量的小型木工机床、小型锻压机床等

二、2002 年金属切削机床制造业及各小行业基本情况

根据国家统计局资料,2002 年金属切削机床制造业(下简称金切机床行业)共有 410 个企业,2002 年全国金切机床行业各种经济类型企业经济指标完成情况见表 1。

表 1 2002 年全国金切机床行业各种经济类型企业经济指标完成情况

经济类型	企业数(个)	从业平均人数(人)	产品销售收入(万元)	比上年增长(%)	利润总额(万元)	比上年增加(万元)	工业总产值(当年价)(万元)	比上年增长(%)	产品销售率(%)
合计	410	190 734	1 860 867	24.3	35 756	30 376	1 919 531	18.9	98.0
国有企业	282	169 794	1 490 678	24.3	10 204	17 448	1 527 346	19.5	98.6
民营企业	69	9 935	109 077	24.4	4 740	1 825	123 373	19.9	101.3
三资企业	59	11 005	261 112	24.4	20 812	11 103	268 812	15.4	93.3

从全国金切机床行业分析,在经济总量方面,三种经济成分中,国有经济仍居支配地位,2002 年产品销售收入中,国有企业占 80.11%,民营企业占 5.86%,三资企业占 14.03%。在完成利润总额方面,三资企业居支配地位,三资企业占 58.21%,国有企业占 28.54%,民营企业 13.25%。在人均利润方面,三资企业遥遥领先,三资企业人均完成利润 1.89 万元,民营企业 4 771 元,国有企业只有 601 元,仅为三资企业的 3.17%。

参加本次年鉴汇总的企业共 210 个,占金切机床行业企业总数的 51.29%。2002 年完成工业总产值 140.32 亿元,占金切机床行业工业总产值的 73.10%;其中机床工具类产品产值 107.88 亿元。

1. 车床行业

车床行业是金切机床行业中的重要行业之一。车床行

业的产品在金切机床产品中占比最大，占金切机床产量的45%以上，占金切机床产值的38%以上。在数控金切机床产品中，数控车床同样占比也最大，占数控金切机床产量的44%以上，占数控金切机床产值的38%以上。

车床产品是装备工业消费最多的机种，因而车床产品量大面广，制造企业数量多、产量大、品种全，具有批量规模化生产的特点，是装备工业的重要工作母机。

参加车床行业2002年年鉴汇总的企业共46个。完成工业销售产值(当年价)39.79亿元，其中机床工具类产品34.44亿元；完成工业总产值(当年价)38.42亿元，其中机床工具类产品33.46亿元；完成工业增加值16.05亿元；实现利税总额2.23亿元；全年从业平均人数45 160人，固定资产合计35.39亿元，固定资产净值余额29.02亿元。

2. 铣床行业

根据2002年铣床行业经济信息交流资料14个铣床主要企业汇总的资料：2002年铣床行业产品销售收入10.90亿元；工业总产值(当年价)10.90亿万元，其中机床8.91亿元。数控产品产值4.35亿元，机床产值数控化率为48.82%。

3. 钻镗床行业

钻镗床行业共有会员单位76个，遍布全国各地，是中国机床工具工业协会下属的较大行业，以生产各式钻床、镗床、各式加工中心为主。近几年，随着市场经济的发展，市场主导资源配置的作用越来越强，各企业均认识到单一品种，不利于企业的生存和发展。因此，都在进行多品种开发。现在，行业内兼产车床、数控车床、铣床、数控铣床、磨床、数控磨床、刨床的企业不断增加。向多品种发展，向数控化发展，向高档产品发展，已成为钻镗床行业发展的主流。

行业内共有统计企业13个。按所有制分类，股份制企业在逐渐增多，由2001年的20%增至2002年的约35%，集体企业占总数的10%以上，民营企业占6%以上，国有和国有控股企业约占50%。从整个行业看，国有和国有控股企业占多数。随着机制改革的不断深入，行业的企业经济成分构成还会发生较大的变化。

2002年13个企业工业总产值(当年价)8.37亿元，其中机床工具类产品8.09亿元。工业销售产值(当年价)16.19亿元，其中机床工具类产品15.98亿元；工业增加值3 027万元；利税总额0.94亿元；全年从业平均人数9 037人；固定资产合计6.51亿元；固定资产净值余额6.86亿元。

4. 磨床行业

磨床是金切机床中的一个大类，参加本次年鉴汇总的有19个企业，其产量总和占磨床生产总量的60%～70%。随着改革开放的深化和体制的转换，以及靠扩大内需政策的拉动，企业销售状况均有不同程度的改善，产品技术含量也有提高，开发了一定数量的中、高档数控机床和高、大、精磨床产品，但传统的普通机床仍占相当比例。

2002年19个企业工业总产值(当年价)17.31亿元，其中机床工具类产品13.92亿元，占80.42%。工业销售产值(当年价)17.42亿元，其中机床工具类产品14.02亿元，占80.48%；工业增加值5.67亿元；利税总额1.58亿元；全年从业平均人数16 750人；固定资产合计15.19亿元；固定资产净值余额10.48亿元。

5. 插拉刨床行业

插拉刨床行业在金切机床行业里是一个较小的行业，以生产插床、拉床和刨床为主。插拉刨床分会现有会员单位18个，国有企业占80%以上。参加本次年鉴统计的13个企业，2002年实现工业总产值2.56亿元，比上年的2.27亿元增长12.75%，其中机床工具类产品0.95亿元，比上年的0.78亿元，增长20.68%；全年销售产值2.45亿元，比上年的2.18亿元，增长12.75%，其中机床工具类产品0.97亿元；实现利税总额1 424万元；全年从业平均人数6 175人；固定资产合计3.00亿元；固定资产净值余额2.41亿元。除个别企业因产品滞销转产外，大部分企业各项经济指标均有不同程度的增长，插拉刨床行业产值呈现出增长态势。

6. 锯床行业

锯床行业在金切机床行业中是一个具有鲜明市场经济特色的小群体——国有大中型企业少，合资企业、股份制企业、民营企业所占的比重较大。国内约有70余个锯床生产企业，国有或国有股份制企业23个，占31.5%(其中军队或院校附属企业7个占9.5%)，民营或民营股份制企业43个，占59%，合资或合资企业7个，占9.5%。国有企业纷纷转制成股份制，23个国有企业中不少已完成了股份制改造，行业企业的主流将朝民营和股份制企业方向发展，预计在今后2～3年内行业的国有企业将基本上完成股份制改造，届时民营和股份制企业企业数的占比将达到90%左右。

2002年18个企业完成工业总产值(当年价)1.43亿元，其中机床工具类产品1.42亿元，占0.99%。工业销售产值(当年价)1.34亿元，其中机床工具类产品1.32亿元，占98.5%；工业增加值0.35亿元；利税总额0.15亿元；全年从业平均人数2 039人；固定资产合计2.32亿元；固定资产净值余额0.99亿元。

7. 齿轮机床行业

齿轮机床行业实际提供统计资料的企业有7个，均为机床工具行业重点联系企业。2002年完成工业总产值(当年价)9.64亿元，其中机床产品4.38亿元；实现工业销售产值(当年价)9.27亿元，其中机床产品4.43亿元；实现工业增加值3.38亿元，比上年增长20%，高于行业平均水平7%；利税总额3 423万元，全年从业人员11 530人；固定资产合计11.59亿元；固定资产净值9.09亿元。

8. 特种加工机床行业

据分会不完全统计，截止至2002年底，在中国大陆境内注册的电火花加工机床生产企业约150～200个，参加本次《年鉴》统计的企业35个，其中分会会员单位27个。

在35个企业中，所有制结构在近年的发展中呈现股份制为主的态势，国有及国有控股企业逐渐被股份制企业所替代。35个企业中有88%为股份制企业，外商独资、合资及民营企业占比呈略微上升趋势，整体行业正在向所有制多元化方向发展。

2002年35个企业完成工业总产值161 741万元，其中机床工具类产品143 438万元，占88.68%；工业销售产值159 972万元，其中机床工具类产值142 777万元，占89.25%。电加工机床销售额在5 000万元以上的企业有8个，1 000～5 000万元的企业8个。35个企业全年职工平均人数7 292人，按工业销售产值计人均21.93万元，与2001年人均15.82万元相比，有所上升。按机床工具类产品销售产值人均19.57万元。按经济效益分析，盈利企业31个，占88%，亏损企业4个，占12%，亏损企业比2001年减少1个。

分会根据掌握的全行业（包括35个企业）情况分析估计，2002年特种加工机床年产值约14～15亿元，从业人员约8 000人，这个数据说明特种加工机床行业在不断发展，但竞争也会越来越烈，企业必须加快产品结构调整，才能立于不败之地。

9. 组合机床行业

组合机床行业参加本次年鉴统计的成员单位有22个企业。

2002年22个企业完成工业总产值（当年价）25.01亿元，其中机床工具类产品12.90亿元，占51.58%；工业销售产值（当年价）25.99亿元，其中机床工具类产品12.51亿元，占48.13%；工业增加值7.27亿元；利税总额0.93亿元；全年从业平均人数15 124人；固定资产合计13.46亿元；固定资产净值余额11.72亿元。

10. 重型机床行业

重型机床行业参加本次年鉴统计的成员单位有8个，均属国营金切数控重型机床制造公司和企业。

重型行业8个成员单位产品销售收入由上年的6.30亿增加到6.35亿元，增长为0.7%；工业总产值（不变价）由上年的5.66亿元增加到本年度的7.14亿元，增长26.12%；工业总产值（当年价）由上年的5.55亿元增加到6.83亿元，增长23.1%；工业增加值由上年的1.85亿元增加到2.30亿元，增长24.8%；职工人数由上年的14 778人下降到14 632人。

11. 小型机床行业

小型机床行业近年有较多的新企业出现，现有生产厂家约70余个，其中40余个为专业厂家，在江浙地区有为数不少的民营企业，年产值通常为数百万元；小型机床分会现有统计会员20个，主要有成都宁江机床集团股份有限公司、上海仪表机床厂、池州家用机床股份有限公司、山东临沂金星机床有限公司、温州仪表机床厂、杭州金宝机床有限公司、广州粤港工程技术有限公司、南京仪机股份有限公司等，其中粤港工程技术有限公司主要以产品销售及技术销售为主。

2002年分会会员主要以股份制企业为主，共有10个，经改制后的股份制企业基本都属于民营企业；有两个为高校企业，有3个民营企业，另有国有企业1个，研究所1个、主要以销售为主的公司1个，会员单位所有制形式有私有化趋势，但总体变化不大。

小型机床行业参加本年鉴汇总的10个企业，2002年完成工业总产值（当年价）3.86亿元，比上年增长了34.38%，与2002年的增长幅度26.04%相比又有所提升，其中机床工具类产品2.65亿元。行业出口交货值0.774亿元，比上年增长43.49%。2002年全年产品销售收入为3.85亿元，比上年增长21.55%，产销同步增长，表明市场需要仍然很旺。工业销售产值（当年价）3.62亿元，其中机床工具类产品3.62亿元，占48.13%；全年从业平均人数4257人；固定资产合计0.99亿元；固定资产净值余额0.43亿元。

三、2002年金切机床产品生产情况

1. 国家统计局公布的2002年金切机床产品生产情况（265个企业统计数）：2002年全国金切机床产量231 951台，比2001年的194 665台增长19.15%；其中：高精度机床1 585台，比2001年的1 103台增长43.70%；数控机床24 803台，比2001年的18 842台增长31.64%；大型机床2 299台，比2001年的2 043台增长12.53%。

2. 参加2002年年鉴统计的金切机床产品生产情况

参加本年鉴统计的金切机床企业共210个，占国家统计局统计企业数的79.25%；共生产金切机床179 514台，金切机床产值101.61亿元。210个企业金切机床产量占全国金切机床产量的77.39%。其中：数控机床22 672台，占全国数控机床产量的91.41%，数控机床产值40.75亿元。210个企业金切机床产量数控化率为12.63%，产值数控化率为40.10%。2002年金切机床行业210个企业金切机床产品分类产量见表2。

表2 2002年金切机床行业210个企业金切机床产品分类产量

序号	产品类别	金切机床		其中：数控	
		产量（台）	产值（万元）	产量（台）	产值（万元）
	合计	179 514	1 016 109	22 672	407 503
1	加工中心	579	47 433	579	47 433
2	车床	109 731	439 168	11 601	175 342
3	钻床	9 641	33 254	273	6 906
4	镗床	842	42 318	201	18 680
5	铣床	20 010	120 718	849	29 145
6	磨床	11 845	106 416	630	22 105
7	插床	163	733	0	0
8	拉床	52	1 238	0	0
9	刨床	1 484	5 989	0	0
10	锯床	6 731	16 097	52	394
11	齿轮机床	1 656	35 675	326	14 833
12	螺纹加工机床	1 691	833	1 624	187
13	特种加工机床	11 756	116 354	6 004	69 014
14	组合机床	1 071	36 002	302	19 409
15	其他金切机床	2 262	13 881	231	4 055

注：本表数字不含台钻、砂轮机。

2002年210个企业生产的金切机床产值中，车床产值占比最大，达43.22%，铣床、特种加工机床和磨床分别为11.88%、11.46%和10.48%。在机床产量的构成比中，车床产量达61.13%，占比显著偏高，这是因为小型仪表车床产量达到3.4万台，增大了车床产量。2002年210个企业生产的金切机床产品构成比情况见表3。

表3　2002年210个企业生产的金切机床产品构成比情况

序号	产品类别	产量（台）	构成比（%）	产值（万元）	构成比（%）
	合计	179 514	100	1 016 109	100
1	车床	109 731	61.13	439 168	43.22
2	铣床	20 010	11.15	120 718	11.88
3	特种加工机床	11 756	6.55	116 354	11.46
4	磨床	11 845	6.60	106 416	10.48
5	加工中心	579	0.32	47 433	4.67
6	镗床	842	0.47	42 318	4.16
7	组合机床	1 071	0.60	36 002	3.54
8	齿轮加工机床	1 656	0.92	35 675	3.51
9	钻床	9 641	5.37	33 254	3.27
10	锯床	6 731	3.75	16 097	1.58
11	其他金切机床	2 262	1.26	13 881	1.37
12	刨床	1 484	0.83	5 989	0.59
13	拉床	52	0.03	1 238	0.12
14	螺纹加工机床	1 691	0.94	833	0.08
15	插床	163	0.09	733	0.07

注：本表数字不含台钻、砂轮机

210个企业生产的数控机床产值中，数控车床占43.06%，和全部车床占比几乎相等，数控特种加工机床占比位居第2，占16.95%，加工中心居第3，占11.64%。这三种主要数控机床的产值占全部数控机床产值的71.62%，这和国际上大多数机床生产国的构成比相近，只是我国的数控车床的构成比偏高，加工中心和数控特种加工机床的构成比偏低。2002年210个企业数控金切机床产品分类产量构成见表4。

表4　2002年210个企业数控金切机床产品分类产量构成

序号	产品类别	产量（台）	构成比（%）	产值（万元）	构成比（%）
	合计	22 672	100	407 503	100
1	数控车床	11 601	51.17	175 342	43.03
2	数控特种加工机床	6 004	26.49	69 014	16.95
3	加工中心	579	2.55	47 433	11.64
4	数控铣床	849	3.74	29 145	7.15
5	数控磨床	630	2.78	22 105	5.42
6	组合机床	302	1.33	19 409	4.76
7	数控镗床	201	0.89	18 680	4.58
8	数控齿轮机床	326	1.44	14 833	3.64
9	数控钻床	273	1.20	6 906	1.69
10	其他数控金切机床	231	1.02	4 055	1.00
11	数控锯床	52	0.23	394	0.09
12	数控螺纹加工机床	1 624	7.16	187	0.05

注：本表数字不含台钻、砂轮机

四、2002年金切机床产品出口情况

1. 海关公布的2002年金切机床产品出口数据。

2002年全国金切机床（含台钻、砂轮机、抛光机、小锯床等低值产品）出口550.66万台，比上年增长22.22%；出口金额2.64亿美元，比上年增长13.85%。

普通机床（不含台钻、砂轮机、抛光机、小锯床等低值产品）出口76 409台，比上年增长20.99%；出口金额1.22亿美元，比上年增长8.36%。

台钻、砂轮机、抛光机、小锯床等低值产品机床出口54.30万台，比上年增长22.23%；出口金额1.41亿美元，比上年增长19.05%。台钻、砂轮机、抛光机、小锯床等低值产品机床出口值占金切机床出口总值的53.41%。

2002年共出口数控金切机床3 097台，出口值3 463万美元，占普通机床出口值的28.39%，低于国产金切机床的产值数控化率。

2. 参加2002年年鉴统计企业的金切机床产品出口情况

参加本年鉴统计的金切机床企业共出口普通金切机床21 030台，占海关统计值的27.53%；普通金切机床出口值7.96亿元，占海关统计值的79%。其中：出口数控金切机床1 170台，占海关统计值的37.78%，数控金切机床出口值2.52亿元，占海关统计值的88.26%。

2002年金切机床出口中，以车床、特种加工机床、磨床为主，三种机床的出口值占出口总值的90.87%，其中：车床占55%，特种加工机床占27.24%，磨床占8.63%。

各种数控金切机床，几乎都有出口。其中特种加工机床占比最大，占81.24%，车床占8.92%，磨床占5.41%，三种机床共占95%以上。

2002年210个企业金切机床产品出口情况见表5。

表5　2002年210个企业金切机床产品出口情况

序号	产品类别	出口总量		其中：数控	
		出口量（台）	出口值（万元）	台数（台）	出口值（万元）
	合计	21 030	79 637	1 170	25 247
1	车床	15 170	43 826	196	2 251
2	特种加工机床	1 029	21 697	799	20 512
3	磨床	686	6 870	64	1 365
4	铣床	1 671	2 829	46	406
5	钻床	2 213	1 875	20	182
6	齿轮机床	40	976	5	192
7	镗床	72	623	11	92
8	组合机床	21	385	3	108
9	锯床	72	221	0	0
10	拉床	5	149	0	0
11	加工中心	11	92	11	92
12	其他机床	33	67	15	47
13	刨床	7	27	0	0

注：本表数字不含台钻、砂轮机

五、新产品、新技术

据210个企业上报的资料，2002年共开发新产品352种，其中数控机床227种，占64%。2002年各类金切机床新产品开发情况见表6。

表 6　2002 年 210 个企业新产品开发情况

序号	新产品类别	产品品种总数	其中:数控产品品种
	合计	352	227
1	加工中心	30	30
2	车床	120	108
3	铣床	31	14
4	钻床	30	12
5	镗床	10	9
6	磨床	63	24
7	特种加工机床	17	17
8	齿轮机床	12	11
9	锯床	4	0
10	拉床	6	0
11	刨床	2	0
12	组合机床	16	1
13	其他	13	1

注:本表数据根据汇总表整理,与下面各小行业的新产品开发数量不一定吻合,各小行业开发的新产品数量包含各种机床。

各小行业新产品开发情况如下:

1. 车床行业

车床企业面向市场用户需求,重点开发数控产品,增加品种,提高产品水平和产品质量,满足市场需要。共开发新产品(按类别型号划分)108 种,其中车床类产品 86 种,数控车床 79 种。数控车床新产品以开发高速、复合、精密为重点,普及型数控车床品种不断增加,高级型的车削中心、车铣中心及多坐标多轴联动数控车床已在中国数控机床展览会上展出,供用户选用。

2. 铣床行业

共开发了 31 种新产品,其中数控机床 14 种。

3. 钻镗床行业

共开发新产品 29 种,其中有 10 种填补了国内数控机床空白,无论是加工中心、数控铣镗床、数控钻床、数控珩磨机,还是普通金切机床、攻螺纹机等都有许多新产品问世。中捷机床有限公司开发的大规格回转工作台(尺寸1 400mm×1 600mm)的卧式加工中心和大规格平旋盘的卧式数控铣镗床;交大昆机开发的大型卧式加工中心;江苏多棱数控机床股份有限公司开发的车铣复合加工中心、高速立式加工中心;中捷摇臂钻床厂开发的全系列玻壳屏、锥压机,桂林第二机床厂开发的数控铣镗床,以及西湖台钻、福州台钻、黄山台钻、中山翠山机械等单位,将钻孔、铣削、攻螺纹功能集一机而开发的台钻新产品——钻攻机、钻铣攻机、铣钻机等产品都采用了新技术、新工艺。

4. 磨床行业

共开发 55 种新产品,其中数控磨床 17 种。2002 年磨床行业仍是重点开发高精度、大型和专用磨床,以适应市场对数控新产品的需求。上海机床厂有限公司开发的最大磨削直径 2 300mm,最大工件长度 10 000mm 的 H300 超大规格数控外圆磨床,属国内外首创。杭州机床集团有限公司首创开发数控龙门式平面磨床(HZ—K2015)系列产品,深受用户欢迎。无锡开源机床集团公司开发的 3MZS135 内圆磨床,最大内圆沟直径达 50mm,还开发了最高转速为 75 000r/min 的高频电主轴,以及数控高精度内圆磨床,其工作精度达到圆度 0.001mm,圆柱度 0.001 5mm,粗糙度 $R_a0.1\mu m$。

5. 插拉刨床行业

共开发 11 种新产品。长沙机床厂完成了 L515C 等 3 种立式内拉床的开发。

6. 锯床行业

为抢占新兴市场,满足市场需求,行业企业在新产品开发方面也适时地加大了实施力度:湖南机床厂针对大型模具钢切割市场成功地开发了 G42130X160 立柱卧式带锯床和 G5465X250 大喉深立式带锯床,使大型模具钢的锯切范围得到了扩展;上海沪南带锯床有限公司针对汽车制造的需求,自主设计开发了汽缸铣口切割机和活塞自动切铣口机;浙江晨龙锯床有限公司、上海沪南带锯床有限公司、山东建筑工程学院实习工厂、三门剑齿虎机电机电制造有限公司等行业企业,根据建筑机械工具的一些特殊需求分别设计开发了以小巧、携带方便为特点的自动智能往复锯、以复合化为特点的结构钢钻锯床以及以适应性广为特点的塑钢衬机、直螺纹钢筋轧压机、多功能液压大力钳等新产品。另外根据目前市场需求呈多样化、个性化发展趋势,湖南机床厂还根据太原钢铁公司锯切的特殊要求设计制造了 HN046 专用切割机床;针对医用切削市场开发了 HN047 样本切片专用机床等特种锯床。

7. 齿轮机床行业

2002 年,齿轮机床分会所属会员单位总计开发新产品 20 种,其中数控机床占 90%以上,行业新产品开发主要集中在重庆机床厂、南京第二机床厂、秦川机床集团有限公司以及天津第一机床总厂。

重庆机床厂在利用高新技术提升传统产品的同时,结合市场需求,开发出适应市场需求的中、高档数控制齿机床。2002 年就完成了 7 种新产品的全套技术图样资料及工艺文件。其中 5 种新产品已参加 2003 年 4 月北京国际机床博览会,产品优良的性能,先进的工艺,已引起广大新老用户的关注,市场前景广阔。南京第二机床厂与德国维拉公司合作生产的 RM80 旋分多边机和自行研制的 YS3140CNC 六轴数控滚齿机,以其独特的工艺性能入选中国企业新纪录。秦川机床有限责任公司开发的塑料挤出吹塑中空成形机,填补了国内空白,成为引导国内塑料加工机械技术发展方向的排头兵。天津第一机床总厂开发的数控插齿机、数控铣齿机以及滚动检查机,有效的拉动了市场需求,初步实现了插齿和铣齿机床系列化和数控化,找到了新的经济增长点。上海第一机床厂以先进的工艺和完善的质量保证体系成功制造了我国第 1 座秦山 300MW 核电站心脏部件——压水堆堆内构件。

8. 特种加工机床行业

2002 年特种加工机床行业共开发 30 多种新产品。

9. 组合机床行业

组合机床行业成员单位 2002 年开发研制新产品共 18 种。大连机床集团开发了 7 种数控车床和 1 种加工中心;江苏多棱数控机床公司开发了 XH716/5X 五轴联动立式加工中心和CXH7525车铣复合加工中心等新产品；长春一汽装备技术开发公司开发了ZT—3X50三轴加工单元等。

10. 重型机床行业

重型机床行业8个成员单位2002年开发研制新产品共15类，18个品种。其中数控型产品9种，加工中心5种，常规型产品4种，其中数控型产品占新产品总数的77.8%，18种新产品中均为自行设计。青海重型机床有限责任公司新产品开发项目6项，科研成果项目6项。上海重型机床厂开发了XH2420、SZH1044A、K500、K800、CK6185。其中XH2420龙门加工中心在中国数控机床展览会展出。险峰机床厂开发了XF—125X80型数控外圆磨床、MQK84200X120型数控轧辊磨床等多种新产品。

11. 小型机床行业

共开发新产品55种，比上年增加22种，其中成都宁江机床集团股份有限公司开发46种，安徽池州家用机床股份有限公司5种，山东临沂金星机床有限公司开发3种，上海仪表机床厂开发1种，试制新产品29种。试制新产品中数控机床17种，数控品种率58.6%。主要产品为数控车床、数控多功能机床和数控专用机床等。宁江集团开发的NJ—MK4280数控坐标磨床采用龙门式结构，具有六轴控制(X、Y、Z、U、A、C)，三轴联动(X、Y、C、A中任意三联动)的功能，具备粗磨、半精磨和精磨功能，并可实现强力磨削，定位精度(Ab)为0.007mm，重复定位精度0.005 mm，可配置电动磨头或风动磨头，其中电动磨头最高转速80 000r/min，风动磨头最高转速180 000r/min，利用直线和圆弧逼近的方法，可对淬火后的具有任意曲线的平面图形的样板、模具型腔和冲头等零件进行精密加工。

企业信息化得到进一步发展，大部分企业采用计算机辅助设计(CAD)，其中宁江集团在建成公司内部网的基础上，计算机数量又有较大增加，全面采用CAD进行产品设计，并开始实施企业ERP项目，其中PDM部分已投入使用，MIS系统正进行系统测试和修改；CAD/PDM的应用使设计质量显著提高，设计周期缩短50%以上。宁江机床集团还在四川省《制造业信息化技术研究与应用示范》中中标，得到政府的资金支持，促进了企业核心竞争力的提升。安徽池州家用机床公司及杭州金宝机床公司等不同程度地推进了企业信息化工作，其他大部分企业也建立了互联网网站，分会也建立了互联网网站，将各企业网站联合起来。2002年金切机床行业新产品情况见附表1。

六、技术引进及合资合作情况

2002年，金切机床行业共有6个合资合作企业，两个独资企业，共生产956台产品，销售额1.08亿元。2002年金切机床行业合资合作企业和独资企业产品销售情况见表7。

表7　2002年金切机床行业合资合作企业和独资企业产品销售情况

序号	产品名称	数量(台)	产值(万元)	企业名称
1	加工中心与组合机床	58	9 951	中日合资大连亿达日平机床有限公司
2	上海大众缸体线改造		46	长春一汽装备开发公司与德国EX—CELL—O公司合作
3	上海大众缸体线主轴维护		10	长春一汽装备开发公司与德国EX—CELL—O公司合作
4	一汽大众缸体线改造		105	长春一汽装备开发公司与德国EX—CELL—O公司合作
5	KIC电火花穿孔机	186	975	日本沙迪克株式会社(独资)
6	数控高效放电铣削加工机	2	100	苏州电加工机床研究所
7	慢走丝线切割电火花机床	221	11 221	苏州沙迪克特种设备有限公司
8	数控电火花成形加工机	43	1 408	苏州沙迪克特种设备有限公司
9	高精度低速走丝线切割机床	52	3 000	北京阿奇夏米尔工业电子有限公司
10	数控电火花成形机系列	205	6 150	三菱电机大连机器有限公司(独资)
11	低速走丝电火花线切割机系列	160	6 400	三菱电机大连机器有限公司(独资)
12	AD—15全功能数控车床	7	329	安阳机床集团有限责任公司
13	AD—25双主轴数控车床	2	168	安阳机床集团有限责任公司
14	AD—25全功能数控车床	13	583	安阳机床集团有限责任公司
15	AD—16加长型全功能数控车床	3	160	安阳机床集团有限责任公司
16	AD—35全功能数控车床	2	160	安阳机床集团有限责任公司
17	AD—35加长型全功能数控车床	1	89	安阳机床集团有限责任公司
18	AD—35光机	1	32	安阳机床集团有限责任公司

2002年，金切机床行业共有5个企业有技术引进和合资合作，见表8。

表8　2002年金切机床行业技术引进和合资合作情况

序号	项目名称	合资合作内容	合资金额(万美元)	外方企业名称	外方占股金比例(%)	中方企业名称	中方占股金比例(%)	合资年限	合同签订年份
1	北一大隈(北京)机床有限公司	生产先进的卧式加工中心、数控车床、复合车铣中心	1.09亿元人民币	日本大隈株式会社	51	北京北一数控机床有限责任公司	49	15	

（续）

序号	项目名称	合资合作内容	合资金额（万美元）	外方企业名称	外方占股金比例（%）	中方企业名称	中方占股金比例（%）	合资年限	合同签订年份
2	苏州沙迪克三光机电有限公司	生产、销售电加工机床、特种加工机床、仪器、仪表、自动控制系统及模具加工	450	日本沙迪克株式会社	50	苏州第三光学仪器厂、香港大同机械国际有限公司	50	20	1989年与大同合资，1994年日本沙迪克参股
3	北京阿奇夏米尔工业电子有限公司	外方包括资金及技术投入生产部分合作产品	960	瑞士阿奇夏米尔工业电子有限公司	77.9	北京顺义马坡农工商联合总公司	22.1	30	1994年生产部分合作产品
4	苏州沙迪克特种设备有限公司	生产、销售电加工机床、特种加工设备	450	日本沙迪克株式会社	80	苏州第三光学仪器厂	20	30	1994年
5	南通威特机械有限公司	电加工机床制造及销售		美国威特数控系统有限公司	49	南通纵横国际股份有限公司	51	15	1992年

七、科研成果情况

2002年，金切机床行业共完成141项科研成果，投入资金1.61亿元。

1. 车床行业

2002年车床行业企业在新产品开发、新技术创新与应用中，注重提高产品技术水平和产品质量，对产品及技术应用进行了大量的试验研究、技术攻关，共实施37项科研项目，其中国家科研项目5项，省、市、地方项目7项，企业自主立项与联合开发科研项目25项。

科研项目主要以数控车床产品为重点，提高现有数控车床的技术水平与可靠性，开发高档数控车床，为实现数控产业化提供技术准备。

2. 钻镗床行业

企业在加快新产品开发的同时，加大资金投入，开展科研和项目攻关，行业各企业共完成科研项目50余项，并全部在新产品开发上得到应用。其中大部分为企业自选科研项目。中捷机床有限公司还完成了国家科技部下达的国家科技项目——大型数控铣镗床（加工中心）及关键技术研究，成功研制出TK6913A大型数控铣镗床；江苏多棱也完成了国家科技部下达的国家科技项目——大型落地式数控铣镗床及关键技术研究，成功开发出TK68125A型落地数控铣镗床，以及完成了国家“863”计划项目——桥式五轴联动加工中心的技术研究，成功研制出XH2725/5X—10桥式五轴联动加工中心。

3. 磨床行业

共完成38项科研成果。上海机床厂有限公司完成了数控曲面成形磨床的曲面成形的磨削与砂轮修整及专用软件开发，咸阳机床厂完成了ZMK9025数控螺旋槽工具磨床专用软件开发，建立了自动生成定位及加工程序软件包；无锡开源机床集团有限公司完成了机床全性能测试系统，开发出集成式机床性能测试系统。

4. 齿轮机床行业

齿轮加工机床行业为了加速产品开发，提升产品档次，积极进行科学研究，并把科研成果运用到实践中去。

重庆机床厂申报的2002年国家重大技术装备创新研制项目“YKS3120/YKS3132国家重点创新项目”，经重庆市经委上报原国家经贸委，获政府拨款50万元。该厂申请的实用型专利：链轮及摆线轮倒棱去毛刺刀具荣获国家知识产权局颁发的专利证书。

秦川机床集团有限公司在对圆柱直齿轮成形工艺研究中，采用数值仿真和工艺实验相结合的办法，对齿轮摆辗成形模具的齿轮毛坯形状进行优化，探索采用摆辗成形技术成形圆柱齿轮的可行性。该公司还以美国Deita tau公司的PMAC多轴运动控制器为控制系统核心，工业控制机PC为系统支持单元，构成双CPU的开放控制系统，在此基础上，二次开发出适用于蜗杆砂轮磨齿机的专用控制系统。

5. 锯床行业

为了迎合市场的需求，各行业企业根据自身的状况相应制定了科研计划：湖南机床厂作为国内最大的锯床、锯条生产企业，为填补国内尚不能自主生产的宽规格带锯条的空白，自筹资金500万元用于宽规格带锯条的研制；浙江三门剑齿虎机电制造有限公司根据建筑行业施工的需要，与浙江大学合作，投资450万元研制和开发了应用广泛，属国际先进国内领先的YDQ系列多功能液压大力钳，获得4项专利，荣获浙江省科技厅授予的科技创新奖；浙江晨龙锯床有限公司投资17.8万研制和开发了小巧、实用的自动智能往复锯，获得国家专利。

6. 组合机床行业

共完成15项科研成果。大连亿达达日平机床有限公司（YNC）完成了BH系列柔性加工自动线的开发，东风汽车有限公司设备制造厂完成了单轴高速数控立车研制，以及对引进德国Hiiller公司的技术转化和对OKK加工中心技术引进的研制等科研成果。大连机床集团有限责任公司自行设计、自行制造的保定发动机缸体缸盖加工柔性自动线，标志着国产柔性加工自动线开始进入发动机制造装备的主流市场。

7. 小型机床行业

行业科研主要以成都宁江机床集团股份有限公司为主，2002 年该公司共完成科研项目 22 项，主要应用于该公司产品中，如专用绕线工艺试验及绕线刀具的研制项目，用于公司新开发的绕线专用设备上，目前正申请专利；针阀磨削工艺试验项目，用于磨削专机。

2002 年金切机床行业完成科研成果见附表 2。

八、获奖项目

2002 年金切机床行业共有 52 项科研成果获奖。车床行业有 14 项科研项目获国家、省科技进步奖。其中，获中国机械工业科技进步二等奖 1 项，三等奖 4 项；国家级新产品奖 1 项；省科技进步一等奖 3 项，三等奖 4 项，设计创新优秀奖 1 项。重型机床行业共有 5 项成果获奖，上海重型机床厂 SHZ1044A 双主轴立式车削中心获科技进步奖二等奖，险峰机床厂 XF—020 型 圆钢坯无心磨床获贵州省优秀新产品奖二等奖。组合机床行业共有 3 项成果获奖，一汽装备公司缸体加工自动线群的开发与研制获中国汽车行业科技进步奖。大连机床集团有限责任公司的 DKXM003 气缸体精镗孔加工自动线、DU4670 数控可换箱组合机床、DKXM002 气缸体缸孔珩磨柔性加工自动线分别获国家、省、市新产品奖和科技进步奖。

2002 年金切机床行业获奖科研项目见附表 3。

九、质量管理、体制改革及其他

1. 车床行业

车床行业随着国内市场经济的发展和加入 WTO 后与国际接轨，企业不断深化改革，所有制结构、产权制度和管理制度等改革中，不断地创新和完善企业的内部管理，以适应市场经济和融入国际经济的需要。截止至 2002 年 46 个车床制造企业中，国有企业占 54%，经过所有制改革、产权制度调整、已建立现代企业管理制度的股份制公司、有限责任公司占 35%，民营企业占 11%，后者主要以中、小企业为主。

2. 钻镗床行业

2002 年钻镗床行业以市场为导向，以满足用户需求为目标，围绕市场和产品，加大了三项制度改革，建立了适应市场经济的现代企业管理制度和企业机制。

在体制改革上，有的进行了强—强联合，有的进行了厂—校资产重组，有的实行了租赁经营，这些已成为行业企业持续发展的新举措。

在企业管理上，继续完善三项制度改革，建立了科学的干部考核制度，职工激励机制，为实施国家的人才战略奠定了坚实的基础。

在质量管理上，行业主要企业全部按照 ISO9000 建立了质量管理体系，以用户为关注焦点，以为用户提供满意的产品和服务为宗旨，已成为各企业的共识。从原料进厂，产品实现过程，到交付用户及售后服务，建立了完善的质量控制制度，完善了各种组织机构，大大提高了企业的产品质量和信誉。

2002 年钻镗床行业参加中国机床工具工业协会倡导的“精心创品牌活动”的企业迅速增加，开展较好的企业有中捷机床有限公司、江苏多棱数控机床股份有限公司、交大昆机科技股份有限公司、中捷摇臂钻床厂、杭州西湖台钻有限公司等企业。中捷机床有限公司、江苏多棱数控机床股份有限公司还被中国机床工具工业协会评为 2002 年度“精心创品牌活动”十佳企业。

3. 磨床行业

上海机床厂有限公司与江西省吉安机床厂在外圆磨床、曲轴磨床合作合资金额达 377.4 万元。其他还有杭州机床集团有限公司与长春第一机床厂合作；无锡机床厂与小天鹅结合；秦川机床厂与陕西机床厂合作成立陕西秦川格兰德机床有限公司等等。

4. 锯床行业

2002 年行业企业对质量管理都给予了极大的关注。湖南机床厂按 GB/T19001《质量管理体系：要求》标准结合企业的实际情况，建立并实施了以“质量持续改进、心系顾客满意、追求锯削完美、名品立在科技”为质量方针的质量管理体系，并于 2002 年 6 月通过了中国进出口商品检验总公司质量认证中心的认证审核。“AA”牌系列双金属带锯条也于同年 7 月又一次通过湖南省技术监督局的监督审核，继续保持湖南名牌的称号。浙江雁荡山机床有限公司遵循“科技兴厂，质量第一”的办厂宗旨，努力做好质量管理工作，于 2002 年通过了 ISO9001—2000 质量管理体系认证，产品经中国质量检验协会论证为：国家质量检测连续合格产品；浙江晨龙锯床有限公司以“质量为本，顾客至上，诚信服务”的经营理念打造晨龙品牌，在企业已通过 ISO9001 国际质量体系认证的基础上，又在同行业中首家通过了中国机械安全认证。浙江省三门剑齿虎机电制造有限公司本着“质量第一、信誉第一、服务第一”的宗旨，坚持“质量为本振兴企业，持续改进服务市场”的质量方针提高产品质量，已连续两年通过国家技术监督局检测中心的质量抽查。

锯床行业先后有国营第八一零三厂、保定长城锯床厂、浙江省三门机床厂等国有企业完成股份制改造，分别成立了石家庄市天锋机器制造有限公司、保定市长城锯床有限公司、浙江省三门剑齿虎机电制造有限公司等股份制企业。湖南机床厂也于 2002 年 12 月完成体制改革，加入到中国建筑工业机械制造行业的领军企业——中联重科集团，由此迅速完成了规范的现代企业制度改革和建设。

5. 齿轮机床行业

随着国企改革的不断深入，秦川机床集团有限公司、南京第二机床有限责任公司以及上海第一机床厂等企业进行了整体改制。

分会所属企业都加大人事、用工、工资三项制度的改革，建立了适应市场经济的各项管理制度。均通过了 ISO9000 及以上的标准质量体系认证，建立了企业质量管理体系。现代企业机制的建立和完善，为企业走上可持续发展之路奠定了坚实的基础。

十、金切机床企业简介

1.车床行业

安徽六安长江机床厂　该厂为国有小型工业企业，主要产品及经营范围为CW6132B、CW6163卧式车床，CW6232B马鞍车床，CK6132、CK6128数控车床及其他专用机床。

2002年生产设备347台，从业人员348人，年生产机床272台，工业总产值达到1 080万元，销售收入1 126万元，比上年增长47%，主要市场占有率为0.09%，利润减亏80万元。

宝鸡机床厂　是集科、工、贸为一体的国家大型二档企业。主要产品有车削柔性单元、车削中心、加工中心、普及型数控车床，经济型数控车床、马鞍车床、普通车床及带锯机、平面磨床等12个大类、170多个品种，年产机床3 200台以上。企业先后投资近一亿元建成平面直线导轨、箱体孔隙、齿轮精密加工、数控、普通车床装配等车床生产线，建成集开发、设计、检测、计算为一体的技术中心和检测中心，被省科学技术厅授予“高新技术企业”，荣获“全国首批CAD应用示范企业”。

2002年企业共完成新增设计及改进任务144项，完成技术整顿任务29项，以招标采购为突破口，降本增效提高了市场竞争力。

2002年企业完成工业总产值28 411.6万元，实现销售收入22 994.6万元，比上年分别增长36.7%和31.3%。主要产品市场占有率6%。

2002年里，宝鸡机床厂分别被省经贸委授予“企业管理先进单位”、被机床工具行业协会授予“2001年度产品销售收入十佳企业”和“2001年度精心创品牌活动十佳企业”、荣获中国工业经济联合会、中国机械工业联合会的“2001年中国机械行业竞争力之星企业”的荣誉称号。特别是在参加科技部国家“863”新技术研究发展计划，先进制造与自动化技术领域“数控关键技术与装备产业化支撑技术及应用”项目招标中，成为全国机床行业仅有的三个中标单位之一。

重庆第二机床厂　系国有重点、大型二类企业，2002年末拥有从业人员768人，全年完成工业总产值5 238万元，产品销售收入4 750万元，年生产能力2 000台以上。其主要产品以Φ320mm、Φ300mm为主的普通车床、数控车床、专用机床三大系列，共计40多个品种、80余种规格，广泛地适用于各种机械加工行业，特别是汽车、摩托车零部件的生产。

2002年工厂的新产品总产值率达40.05%，同时及时调整产品结构，增加数控车床产品及产量，全年共生产数控车床432台，产值2 074万元，产值数控化率达39.59%。

邯郸机床厂　国有中二型企业，厂区占地面积3.1万m^2，建筑面积2万m^2。企业现有职工490人，其中高中级技术人员52人，技师18人。

企业总资产5 271万元，主要通用机械加工设备171台，其中精、大、稀设备26台，具有焊、热、车、铣、刨、磨、镗、钳等多种加工手段，检测等级为国家二级计量单位。

目前主要产品为CW6163系列车床、钢球加工设备、XML400型立式铣磨床及冶金备件，其中：（转背面）3MSA4682磨球机荣获国家级产品奖、河北省优秀新产品一等奖，产品以国内销售为主，并销往新加坡、伊朗、美国、中国台湾等地。

2002年企业生产销售情况：实现工业总产值1 085万元，产品销售收入742万元，主要产品市场占有率为4.8%。

2002年主要生产机床产品范围：CW6$\frac{1}{2}$63普通车床、3MSA4682钢球磨床，Z32—10冷镦机。

豫西机床集团有限公司　2002年公司实现工业总产值23 107万元，比上年增长了39%，销售收入实现20 059万元，比上年增长32%。机床总产量3 918台，其中数控机床1 418台，实现利税1 147万元，主要生产设备1 037台，生产能力达6 000多台。

科技进步获得新进展，公司被国家科技部确定为“863”“数控机床产业化工程支撑技术的研究”、三个承担单位之一。

江苏齐航数控机床有限责任公司　公司拥有自营出口权，主导产品有数控车床、数控异型螺杆铣床、数控钻床、高速精密车床、复合铣床和普通卧式车床六大系列30个品种，70个规格。其中曲轴连杆数控车床、活塞数控车床、电子手轮数控车床、仪表数控车床、数控异型螺杆铣床、SKZ—04D数控钻床是公司特色产品。高速精密车床是公司与美国SUMMIT机床公司联合设计、合作生产，主要出口到欧美国家。

公司生产的各类机床加工直径规格有Φ270～1 200 mm。加工工件长度：750～12 000mm。主轴转速最低5r/min，最高2 000r/min，有手动调速和无级变频调速，主轴通孔直径最大155mm，车床精度圆度0.01mm，圆柱度0.03/300mm，表面粗糙度1.6μm，重复定位精度：纵向0.02mm，横向0.01mm。刀架4工位或6工位、8工位，数控系统可根据用户需要选购采用FANUC、SIEMENS或航天数控901系统等。

江西机床厂　原机械工业部定点生产中、小型车床并以出口为主的厂家，外贸扩权企业。也是全国首批获得出口产品质量许可证的机床厂家之一，属国家中型企业。

2002年实现工业总产值2 399.41万元，比上年增长23.04%；实现销售收入（含税的实际收入）2 182.78万元，比上年增长28.78%，连续两年获得江西省机械行业管理办公室和机械行业企业管理协会授予的“先进企业”荣誉称号。

企业占地面积12公倾。现有在册人数950人。企业技术力量雄厚，拥有各种技术专业人数121人，拥有各类主要生产设备299台（套），大型设备12台（套）、精密设备6台（套）。具有铸造、锻造、机加工、热处理、表面处理、油漆、设计、制造、维修等齐全、良好的生产手段及生产各类车床1 500台的生产能力。

兰溪联强机床制造有限公司　主要产品有普及型数控车床、经济型数控车床、数控钻铣床、数控专机、卧式车床、普通专用车床等。

2002 年实现工业总产值 7 017 万元，销售收入 6 986 万元，利润总额 486 万元，数控车床年生产能力 1 200 台，普通机床生产能力 1 200 台，数控机床市场占有率 2.2%。

2002 年企业进行了“立式加工中心及数控机床生产线技改项目”（市重点工程），总投资 1 200 万元，全部项目在 2003 年完成。目前已完成 LHT14 立式加工中心及 LXKT14 数控镗铣床的开发试制，并新建厂房，设备购进并投入使用。

通过企业的改革和加强管理，企业取得了重大成果，荣获市技术进步优秀企业，获市名牌产品奖，CNC360 数控车床获市优秀新产品奖，在生产经营中获市重合同守信用单位，依法纳税 AAA 级企业，浙江省诚信科技单位等荣誉。

马鞍山万马机床制造有限公司　主要产品有数控车床、马鞍车床和铣钻床。企业有主要生产设备 322 台，其中金切机床 230 台，数控金切机床 3 台，锻压机床 2 台。职工从业人数 648 人，其中工程技术人员 32 人。2002 年企业完成工业总产值 2 294 万元，销售收入 1 875.2 万元，比同期有较大的增长。

南京机床厂　该厂自 1998 年底组建南京数控机床公司以来，建立了“两头大、中间精”专业分工相对独立的子公司—母公司结构的股份制企业。2002 年销售收入 11 366 万元，实现利税 324 万元。为军工和国防建设提供 4 台大型数控车床，用户验收一次通过。以单轴自动车床的传统产品特点和全功能数控车床的成熟结构相结合，开发的 N—088 型数控自动车床等单轴自动车床的数控化，填补了国家空白。

在计算机应用方面，三维产品设计、工艺工装设计均达 100%。目前部分部设计开始应用三维设计软件。目前已建立 PDM 管理系统，正在建立生产计划，物料需求、采购管理、库房管理、销售管理等五个模块，实现信息化管理。

2002 年 CK1463 车削单元获江苏省科技进步一等奖和中国机械工业科技二等奖。

长城机床厂　宁夏长城机床厂以开发生产中、高档数控车床为主，以全功能斜床身数控车床为主攻方向，并推进其系列化，目前已形成了独具优势，具有现代数控车床典型布局的斜床身数控车床产品系列，在产品开发的同时，根据用户需要，针对我国汽车、军工、石油机械等行业的急需，可提供专门化和专用数控车床 500 多种，实施“交钥匙工程”。CKG7915 型管螺纹数控车床区国家经贸委“国家级重点新产品”和自治区“科技进步三等奖”。

在产品开发中，长城机床厂是“全国 CAD 应用工程示范”企业，是自治区“制造信息化应用示范企业”，计算机出图率达 100%，先后开发了车削单元等 200 多种机床产品，其中 CK7815 全功能数控车床被评为中国机械工业名牌产品。目前企业新产品开发的重点是高精度、高速度和高复合化的车削中心，车铣中心等产品。全功能数控车床国内市场占有率达到 10%，产值数控化率达到 90% 以上。2002 年 10 月被认定为“高新技术企业”，承担“九五数控车床产业化工程”，获宁夏回族自治区“科技进步一等奖”。

2002 年完成工业总产值7 049万元，产品销售收入7 001 万元，利税总额 840 万元。

上海第二机床厂　隶属上海电气（集团）总公司。2002 年完成工业总产值（当年价）7 262 万元，其中数控车床产值 2 088 万元。金切机床产量 1 185 台，其中数控机床 54 台。实现销售收入 6 324 万元。主要产品市场占有率 4% 左右。

企业 2002 年上岗职工 505 人，工程技术人员 51 人。

企业主要产品有：系列普通数控车床；HM001 数控车床、HM—077 系列数控车床；HM—010 车削中心和系列卧式车床。上述产品适合航空、航天、汽车、轻工、模具等多行业的需要。

2002 年企业获“全国实施用户满意工程先进单位”称号，C6250A 马鞍车床连续 3 年评为上海市名牌产品，HM—010 数控车削中心被列入 2001 年国家级重点新产品。

沈阳第一机床厂　国有大型一级股份制企业，是中国最大的综合性车床制造企业、国家数控机床产业化装备基地、辽宁省重点产品出口基地，该厂拥有主要设备 836 台，其中进口设备 59 台，年产量 1 500 台，从业人员 3 235 人，其中工程技术人员 468 人、产品开发设计人员 209 人。具有高级职称的 86 人、中级职称的 212 人，该厂建厂以来多次承担国家重点科技攻关项目的研制和开发。党和国家领导人江泽民、朱镕基等多次到该厂视察和指导工作，把该厂做为用高新技术改造传统产业的重中之重。2002 年国家科技部部长徐冠华来该厂就高新技术改造传统产业进行调研。

该厂的主要产品有车削中心、普及型数控机床、经济型数控机床、专用数控机床、普通机床、专用普通机床等。主要产品有 CAK、CKS、CKH、CKQ、TAC、CK 系列等机床，2002 年该厂共研制和开发设计了 16 种新产品，并有 7 种产品参加北京国际机床展览会，其中参展的 CHH6125 机床是“十五”国家科技攻关计划重点项目。该项目技术含量高，是国家“十五”期间，军工、航天等行业的首选装备。

该厂在 2002 年机床市场占有率稳定在 48% 左右，年产量达到 9 314 台、工业总产值 56 173 万元、销售收入50 048 万元、实现利润率 1 200 万元。该厂普通型数控车床获得“科技振兴奖”。

太原第一机床厂　国家生产金属切削机床的重点企业，2002 年企业工业总产值为 6 014 万元，销售收入 7 066 万元，职工 1 500 人。主要产品有：普通卧式车床、九控车床、轻型龙门框架机床以及单臂类机床，共分为三大类 45 个品种 200 多个规格。工厂获“2002 年度完成工业经济调控目标先进单位”（市级）及“2002 年度优秀企业”（市级）。2002 年是该厂和上海理工大学共同建立的技术开发中心运行的第二年。这一年，厂校共同开发的数控龙门镗铣床被确定为山西省技术创新项目。

天津市第二机床厂　国有企业，主要产品有 CT61100 车床及专用车床、数控车床。2002 年自行设计数控轮胎模具车床 T2CNC—2C。

2002 年企业完成工业总产值（当年价）1 148 万元，销售收入 1 056 万元。

天水星火机床厂 是我国生产大型数控机床、大型卧式车床的主导厂，以及低压铸造机生产基地，是国家大型企业，拥有职工 2 100 人。2002 年工业总产值、销售收入分别比上年增长 68%和 49%，产品订货额比上年增长 105%。

主要产品：数控车床、精密车床、轧辊磨床、普通车床、重型车床、自动低压铸造机等七大类 26 个系列 220 多个品种、700 多个规格的产品。产品销往四十多个国家和地区。大型卧式数控车床国内市场占有率 70%，大型卧式车床国内市场占有率 40%以上。

技术装备：600 余台金切及齿形加工设备，其中精、大、稀设备 100 多台。并拥有年产铸件 8 000t 的树脂砂生产线。年产大型产品 400 台，中型产品 800 台。产品设计全部采用 CAD、CAPP，并实施 MRPII 工程，是甘肃省首批 10 户制造业信息化示范企业之一。

2002 年开发 30 多种新产品，全部实现商品化。其中 8 种新产品通过甘肃省经贸委、甘肃省科技厅的新产品鉴定和科技成果鉴定。M84125 被国家五部委列为国家重点新产品试制计划。CK64150 被评为 2002 年度中国机械工业科学技术奖。大型数控车床被评为甘肃省"陇货精品"。技术中心被省经贸委认定为省级技术中心。并与美国 S&S 公司合作开发端面车床、数控端面车床，填补亚洲空白，与美国 CUBIC 公司合作开发数控排刀车床。产品贯彻执行国际标准和工业发达国家先进标准。并争取到第八批国债项目，预计完成投资 2 900 万元。

2002 年改制成立了天水星火机床有限责任公司，实现了投资主体多元化，是甘肃省大中型国有企业首家改制企业。

盐城市机床有限公司 是由原盐城市机床厂于 2000 年 10 月改制而成立的企业。2002 年工业总产值 7 527 万元，销售收入 7 317 万元。主产品市场占有率 20%，现有职工 1 140 人。主要产品有：CC、CD、CA 系列车床，CK、CJK、CDJK、CMK 系列数控车床，ZY3725 摇臂钻床，ITX 系列铣削头，各类专机。主要设备有：AZA 磨齿机，M52100A 龙门导轨磨床。全年生产各类机床 6 000 台。

云南 CY 集团有限公司 2002 年完成了整体改制组建成立。现有职工人数 2 284 人。企业的产品构成五大类、53 种型号、250 多种规格，高、中、低档兼容，品种规格齐全，能满足各类用户需要。

云南 CY 集团有限公司 2002 年主要生产 CY 系列普通车床、马鞍车床、高速精密车床、大孔径车床、长轴车床、异形仿型车床；PQ 系列和 MO 系列出口车床三大系列为主的普通车床和以 CYNCP、CYNC—P、CYNC—T、CYNCD、CYND 全功能、CYNCC 车削中心和 CYNC—DS 双主轴七大系列的数控车床两大部分。

2002 年工业总产值 12 250 万元，销售收入 10 479 万元，出口创汇 576 万美元。其中，数控机床产值 3 712 万元，数控机床销售收入 2 326 万元。具备金属切削车床的年生产量为 3 800 余台，近 50 多个型号、300 个规格，其中数控车床的年产量约 250 台左右的生产能力。

主要生产设备 846 台(套)，其中金切设备 235 台、精密加工机床 19 台、加工中心 3 台、大型机床 25 台、数控机床 17 台、锻压设备 16 台。

2002 年，集团有限公司技术中心完成了 630P、25D 和 C40 等数控机床的设计开发及样机试制工作。P 系列数控在 2002 年内经过多次评审和整改实现了批量生产，目前已成为集团有限公司产量最大的数控机床品种。T 系列数控机床产品已定型进入小批生产。

2002 年 4 月，企业生产的 CY 系列数控车床荣获 2002 年度"全国用户满意产品"称号，是全国机床行业今年受到表彰并两次获此殊荣的企业。2002 年 10 月企业被评为省科技兴贸"五定"企业。2002 年 8 月，集团有限公司新研制开发 CYNC—32DS 全功能双主轴数控车床、CYNC—360T 系列电子手轮数控车床、L1640BVS 变频调速普通车床通过市级科技成果鉴定。

其中，CYNC—T 系列产品在国内率先应用电子手轮数控技术，很好地解决中小企业数控编程、调试、试切等难点，昆明市科技局组织的鉴定认为：达到国内领先，国际先进水平。该产品批量生产投放市场，销售形势较好。

CYNC—P 系列数控产品推行模块化设计，实现长矮床身、高低转速、大小主轴孔径、多种数控系统配置等，为用户提供从低端到高端的多种选择，试制完成后，当年批量生产投放市场，已成为集团有限公司产量最大的数控机床品种。

重大技改项目：《云南机床厂搬迁技改工程项目》，2002 年完成了大部分土建工程，为 2003 年上半年实施搬迁，形成人员相对集中、物流顺畅、生产线布局合理、生产环境得到改善，奠定基础。

玉溪机床厂 是国家定点生产车床的国有中二型企业，2002 年完成工业生产总值(当年价)1 911.10 万元，实现产品销售收入 2 759.4 万元，从业人员为 779 人，全年生产普通车床及数控车床 559 台，企业具备年产车床 1 000 台的生产能力。

2002 年按照产品结构调整的思路，针对市场需求对数控机床、彩钢板成形机械、矿山工程机械、田间作业机等不断进行开发完善和试制试销。

浙江凯达机床集团有限公司 前身是诸暨机床厂，是国家科技部认定的重点高新技术企业，浙江省区外高新技术企业和省"五个一批"企业，2000 年被评为中国机械工业企业核心竞争力"三十佳企业"。

2002 年企业实现工业总产值 14 885 万元，产品销售收入 16 028 万元，利税 1 658 万元。主导产品数控车床的省内市场占有率达 68%，国内市场占有率达 17%，全年从业人员平均数为 1 001 人。

2002 年主要生产 Φ320～460mm 的数控车床、马鞍车床、台式车床等产品。主要生产设备有卧式加工中心、龙门导轨磨床、蜗杆砂轮磨齿机、高速精密数控车床等设备 283 台，新建了装配厂房 15 000m^2，具有年产 8 000 台各类车床的生产能力。

KDCL—25P排刀型全功能数控车床和CK6140ZX高速精密数控车床于年底通过省级鉴定，产品水平处于国内领先地位。KDCL—15全功能数控车床获浙江省科技进步三等奖。"国立"牌数控车床被认定为浙江省名牌产品。

兰州机床厂 是以生产制造金属切削车床为主的国营中型企业，该厂2002年共完成工业总产值2 384万元，实现销售收入2 163万元，主要产品市场占有率为15%，2002年的主要生产设备共有87台，其中加工中心1台，年生产能力为400台，在2002年度企业通过自行设计与技术引进相结合，共开发新产品4种，并通过了省科委的鉴定验收。

扬州力创机床有限公司 民营公司，主要产品有C06系列家用车床、C61(2)系列卧式车床、普通型数控车床、立式钻床、铣钻床以及专用机床等机床和液压控制系统，2002年工业总产值7 298万元，实现销售7 128万元。公司产品主要销往欧洲、美洲、澳洲、中东、东南亚等四十多个国家和地区。

公司现有职工400多人，其中专业技术人员150多人，中高级技术人员40多人，公司占地面积8万多m^2，建筑面积3.5万m^2(其中生产面积为2.7万m^2)，各类设备400多台(套)，拥有固定资产7 880万元。

2.铣床行业

北京第一机床厂 国家重点企业。主要生产各种重型、超重型数控龙门镗铣床和龙门加工中心、立卧式加工中心、数控铣床、各种普通铣床以及数控钻削中心、普通钻削机床和工程钻机等。

2002年工厂销售收入48 300万元，工业总产值44 294万元，现有职工总数3 029人，其中工程技术人员688人。2002年获机床工具行业数控产值十佳企业和出口创汇十佳企业。

在深化国有企业改革中北京第一机床厂根据北京整体规划要求，提升传统制造业，吸收并入了北京第三机床厂，集合优质资产成立了北京北一数控机床有限责任公司。2002年5月25日北京北一数控机床有限责任公司与日本大隈株式会社举行合资成立北一大隈(北京)机床有限公司签约仪式，同年10月18日在北京林河工业开发区举行北京北一数控机床产业基地暨北一大隈(北京)机床有限公司奠基仪式。该基地生产加工中心、数控龙门镗铣床、精密机床零部件加工、机床防护加工、机床刀具制造以及数控机床等。建成后将成为世界一流的现代化制造企业。

桂林机床股份有限公司 1993年7月由原桂林机床厂改组而成，现属国家大型二档企业，国家机床行业重点企业，全国500个最大机械工业企业，中国机械行业竞争力之星企业，国家外经贸部授予进出口自营权企业，国家CAD应用示范企业，广西高新技术企业，广西区(省)级技术中心，广西出口商品生产基地，取得ISO9001质量体系注册认证企业。

公司现有员工1 761人，占地面积36万m^2，各类主要生产设备665台(套)。生产的主要产品为铣床、锻压机床、电加工机床，共有35大类1 000余种。其中数控机床产品23大类600余种。产品分别列入国家级火炬计划、科技攻关引导计划、重点技术创新计划和重点新产品试产计划。产品内销全国各地，外销世界40多个国家和地区。

2002年完成新产品设计22种，完成新产品试制23种，XK2316/3—5X数控五轴联动龙门铣床列为国家"十五"科技攻关计划，数控自动万能铣头产品列为2002年度国家重点技术创新计划，X56、X578、X66、X67四种系列滑枕铣床获广西名牌产品，龙门系列铣床获广西优质产品，1.2亿数控机床产业化技改项目已列入国家"双高一优"重点技术改造项目导向计划。2002年完成工业总产值11 368.18万元，比上年增长20.1%；实现销售收入10 468万元，比上年增长22.25%；实现利税1 532.08万元，比上年增长27.7%。

自贡长征机床有限责任公司 1966年由北京第一机床厂部分内迁自贡从事机床产品开发、制造、销售专业铣床制造厂。并于1995年在深圳证券交易所挂牌上市，1998年进行了资产重组，实现了民营企业改造。

公司现有职工1 352人，技术人员235人，其中高级职称15人(其中获国家津贴9人)，中级职称119人，并先后被授予国家机电工业重点骨干企业，国家基础工业特定振兴企业等称号。

公司拥有德国导轨磨床、瑞士内、外圆磨床、西班牙的加工中心等国外高、精、尖加工设备和检测仪器，为公司产品的生产提供了坚实的基础。

公司经过多年的新产品开发已形成：普通铣床、数控升降台铣床、数控床身铣床、数控仿形铣床、加工中心、专用加工设备等十大系列60个品种，生产能力可达年产量1 500台。产品畅销50余个国家和地区，并远销欧美等发达国家。2002年已生产十大系列50个品种的加工中心、数控机床200多台，实现销售收入近8 000万元，利润425万元，产品数控化率达65%。

2002年公司开发出KHV1050五轴联动加工中心、GMC1300横梁移动龙门加工中心、KVC1050、KVC1400、KVC650立式加工中心、除五轴联动加工中心外，均实现了销售，并达到了小批量或批量生产，同时KVC1050立式加工中心被列为国家级新产品开发项目，KHV1050五轴联动加工中心、GMC1300横梁移动龙门加工中心被列为省级科技创新项目。在质量管理方面，2002年通过中国商检质量认证中心ISO9001质量体系2000版换证工作。

上海第四机床厂 专业生产数控铣床和加工中心，是我国最早生产数控机床的厂家之一。工厂占地面积6.89万m^2，建筑面积2.49万m^2。工厂拥用生产设备157台，其中精、大、稀设备30台。全厂现有员工300余人，其中工程技术人员占20%。工厂生产的数控机床，品种齐全，规格繁多，有立式数控机床、卧式数控机床、数控仿型铣床、立式加工中心、卧式加工中心、数控仿型加工中心等多种型号和多种规格，还可以按顾客要求，改型设计，增加功能等。1992年，工厂被上海市人民政府首批评定为"上海市高新技术企业"，并经每年复审，至今已连续多年保持这一称号。

2000年12月，根据上海电气(集团)总公司的要求，上海第三机床厂对上海第四机床厂进行资产重组,加快产品结构调整,盘活资产存量,优化资产结构,理顺管理关系。

昆明铣床厂 国有独资企业,2002 年完成工业总产值 3 921.8 万元,销售收入 3 727 万元,从业人员 1 311 人。企业现生产数控铣床、万能工具铣床、卧式金刚石镗床、刻模铣床等。生产设备 300 余台(套),生产能力机床 700 台。

2002 年完成新产品开发 KX—080～089,KX—066A 等 11 个专用机床的新产品设计,完成 XK8140/M、XK8150/H、TKA7140/F、TKJ7040G、TKJ7140G、KM1730 — 8B、KM1632—8B 等 7 个改进型新产品的改进设计。

工厂投入资金 133 万元用于 CAD 示范推广项目,现已通过昆明市级验收,并利用三维 CAD 开发了 4 种数控机床,已建成一个较完善的产品图库。

企业在华东、华南、华北、东北、西南和西北 6 个片区初步确定了网点销售公司,进一步完善了销售网络体系建设。售后服务部门做到用户提出的问题在 24h 内给予答复并及时上门服务。

江东机床厂 是江西省最大的机床厂,隶属于南昌市国有资产管理局。现有在职职工 655 人,其中工程技术人员 116 人,管理人员 153 人,企业拥有国内齐全的各种生产设备和检测仪器 400 余台,其中大型设备 19 台,关键设备 28 台,2 000m^2 的空调厂房,具有年产 1 000 台铣床能力。

2002 年江东机床厂工业总产值比上年增长 45.8%,销售额比上年增长 49.6%。设计生产新产品及专用设备 39 台,其中 ZK7480 数控龙门钻床和 X2316 龙门铣床通过省级专家鉴定。2000 年开发的 XNZ2010 数控龙门式虚拟轴机床获得国家专利,同时被评为省级优秀新产品一等奖。江东厂增加投资额 12 万元,用于研究所的微机房改造。

福建省三明机床有限责任公司 国有和职工共同持股、国有控股的有限责任公司。是原机械部定点生产铣床的专业企业,原国家机械部机床工具行业和省机械工业的重点企业,是国家批准的机电产品出口生产企业,于 2000 年 12 月获得自营进出口权。

2002 年公司从业人数 506 人,完成工业总产值(不变价)3 109 万元,销售收入 2 722 万元,产品出口交货值 176 万元。2002 年主要生产机床工具类产品范围:卧式万能升降台铣床;立式升降台铣床;单、双柱平面铣床及专机,精密镗铣床(X714),数控机床,立式加工中心(XH714A)。2002 年主要产品生产设备 173 台,主要产品生产能力 X6125A 铣床 350 台。

长春数控机床有限公司 国有控股公司,隶属于长春市机电国有资产经营公司,成立时间为 2003 年 1 月。公司现有职工 476 人,拥有各类生产设备 293 台,其中金属切削设备 227 台,精、大、稀设备 42 台。

长春数控机床有限公司是生产数控机床、普通铣床、C 系列摩擦焊机的专业生产企业,是中国机床工具工业协会铣床分会理事单位,是国内惟一一个专业生产摩擦焊机的企业。

公司近 3 年实现销售总收入 2 683 万元,上缴税金 250 万元,新产品开发总投入 380 万元,约占销售收入的 10%。截止到 2002 年底,公司现有资产 5 136 万元,公司主导产品普通铣床国内市场占有率约 5%左右,C 系列摩擦焊机产品国内市场占有率达 90%。

公司先后开发研制数控铣床、经济型数控铣床、立式加工中心等 9 种产品。于 2002 年末对 XKJ7825、XK714、XK715、XH715 种产品进行了省级专家鉴定。

公司完成多项专机、专用生产线开发、研制,其中完成核工业部中国原子能院快速反应堆、新型先进反应堆热室专机项目 6 台(套)设备、大亚湾核电站水下切割机、秦山核电站磨削装置以及四川绵阳核研究院的变频调速解体铣床,还完成一汽轻型车后桥焊装线,丹东曙光车桥车后桥焊装线线上设备、一汽底盘厂数控转向节铣床、一汽长春齿轮厂变速箱装配线等。

杭州铣床制造有限公司 国有独资有限公司。2002 年完成工业总产值(当年价) 6 328 万元,2002 年铣床产品产值 3 536 万元,数控产品产值 95 万元,2002 年销售收入 6 354万元。职工人数 834 人,其中工程技术人员 133 人。现有设备 482 台,其中金切机床 293 台。

2002 年进行了公司制改组,原杭州铣床厂改组为"杭州铣床制造有限公司",并于第二年 1 月 8 日挂牌,为国有独资公司,经营范围不变。

2002 年初,继投资 600 多万的铸造一期工程投产三年后,又投入 390 多万元,进行第二期铸造扩建工程。将近一年的建设竣工后,固定资产原价 1 400 万元,铸件年生产能力将达到 7 000t,形成了树脂砂、粘土砂、黑色金属、有色金属等铸造能力。

2002 年 10 月,自行设计的 XK714 数控铣床试制成功,标志着本企业产品向数控化发展已经迈出一大步。

南通纵横国际股份有限公司 股份制上市公司,2002 年完成工业总产值 16 106 万元,销售收入 14 890 万元,从业人员 2 706 人,其中工程技术人员 402 人。机床工具类产品主要有:数控机床、加工中心、数控车床和数控专机以及普通摇臂机床、立式铣床、车床、多功能机床、平面磨床等 60 多个规格品种系列产品。我公司拥有主要生产设备 1 470 多台,其中精、大、稀设备和进口关键设备 120 多台,关键加工工序都在国内外名牌机床上完成。2002 年生产机床总计 3055 台,其中数控机床产量为 204 台。上年新品开发项目共计 3 项,分别为 XK713A 数控铣床、XK714A 数控铣床、V560 加工中心。这些新产品已经小批生产、实现了销售。XK713 数控铣床获南通市 2002 年度科技进步三等奖,公司承担的国家"九五"攻关课题"数控机床产业化"项目获南通市 2002 年度科技进步二等奖。2002 年出口各类机床 477 台,创汇 175.20 万美元。

青海一机数控机床有限责任公司 由青海第一机床厂技术中心和数控分厂、铣床分厂等部分优质资产与青海华鼎实业股份公司(上市公司)出资于 2001 年 4 月共同组建。企业属改制后的有限责任公司。

公司位于青海省西宁市柴达木西路 101 号,建筑面积

12 946m^2。2002年企业完成工业总产值6 622.3万元，销售收入6 106.3万元，现有员工258名，其中专业技术人员70名(高级职称18名，中级职称37名)。

企业拥有固定资产3 240万元，注册资金3 000万元，主要生产设备73台，金属切削机床51台，拥有瑞士DIXI280型高精度数控镗铣床和精密坐标镗床、日本OKUMA龙门五面加工中心、德国瓦德里希大型导轨磨床、德国平面磨床、匈牙利磨齿机、韩国数控车床，英国RENISHAW公司产双频激光干涉仪和球杆仪、德国产三坐标测量机等数十台精密、关键、成套设备，是国内能够生产高精度数控机床、加工中心机床、柔性加工单元的主要厂家之一。企业的生产能力、工艺手段、检测水平均居国内领先水平，目前已具备年产各类通用、专用加工中心200台，数控及通用机床500台的能力。

该企业是我国机床行业的重点骨干企业，是国家数控机床加工中心生产基地，承担国家"九五"数控机床产业化工程四大主机厂家之一。是"十五"规划国家机床行业28家"国家队"之一。已开发生产出十大类20种规格100多种产品，涉及仿形(数控)机床、普通(数控)升降台铣床、普通(数控)万能工具铣床、床身(数控)铣床、卧式加工中心，立式加工中心、龙门加工中心等。2002年共开发新产品4个，其中一项列入国家技术创新项目计划，且通过省级鉴定。

公司已和国内26个省市商家建立了长期供求关系。公司产品除满足国内市场需求外，还远销到意大利、法国、美国、巴西、日本、韩国、印度、巴基斯坦、澳大利亚、以色列等欧、美、东南亚四十多个国家和地区。

3.钻镗床行业

中捷机床有限公司　是沈阳机床股份有限公司重要的主机生产厂之一，我国重要的数控机床研究和生产基地。

公司现有从业人员(年平均)1 131人，2002年实现工业总产值1.9亿余元，销售收入1.9亿余元。中捷机床有限公司生产的主要产品有：卧式铣镗床、落地铣镗床、数控铣镗床、立式加工中心、卧式加工中心、龙门加工中心、五面体加工中心、柔性制造单元及各种专用机床等九大系列近80多品种规格；企业资产总计2.6亿余元。有各种生产设备280余台，大型设备50余台、关键设备52台，其中高、精、尖金切设备近80余台。

2002年公司开发新产品5种，改进产品15项；与意大利菲迪亚公司达成合作生产高速数控铣床的合同。在技术改造上，完成了1.6万余m^2的恒温数控装配厂房的建设，十余台高、精、尖加工设备的安装调试。

2002年该厂普通铣镗床、数控机床、加工中心都获得了沈阳市人民政府授予的"沈阳名牌"称号，TH6940卧式加工中心和S_2—237轨道梁专用数控机床获得了国家科技部等5部、局授予的"国家重点新产品"称号，S_2—237还获得了辽宁省"创新工程十大成果奖"，企业还获得了辽宁省"十五立新功创伟业"五一奖状，和中国机床工具工业协会2002年度"精心创品牌活动"十佳企业称号。

文大昆机科技股份有限公司　是中国资本市场上集高校概念、H股概念、国企重组概念和西部战略资源整合概念于一身的首家上市公司。

公司现有职工2 435人，拥有各类加工设备1 023台，资产总计7.75亿元。股本总额245 007 400股，其中国有法人股(交大产业持有)71 052 146股，国家股(云南省政府持有)31 345 554股，社会公众流通股A股6 000万股，H股6 500万股，分别占股本总额的29%、12.8%、24.5%和26.5%。

主要产品有卧式镗铣床、坐标镗床、加工中心、仿型铣床、精密测量设备、位移传感器、电脑绣花机、全可控涡节能压缩机、智能电器和激光快捷成形机，主导产品大都处于国内领先水平。公司先后开发了200多种新产品，创造了中国148个第一，产品荣获国家、省、市政府部门颁发的80多项科研成果奖，18次部以上质量奖，包括两次国优金奖和三次国优银奖。产品品牌"昆机"牌为全国知名品牌，公司为"全国百家质量优秀企业"。

中捷摇臂钻床厂　是全球第1大钻床制造厂，国家"一五"期间重点建设项目之一。60年来，该厂已为国内和世界八十多个国家和地区累计提供了近十二万台优质机床，同时，多种产品被"奔驰"、"福特"、"通用"等公司的生产线使用。

企业现有员工1 233人，其中工程技术人员138人，管理人员183人。企业资产总值1.1亿元，占地面积20余万m^2。主要设备480余台，主要生产各种型号的摇臂钻床、数控机床和各种专用机床。年产值2个亿、销售收入2个亿、产量3 000余台、利润1 600万元、利税3 000万元。

该厂生产的产品全部采用国际标准，并获得了沈阳市技术监督局颁发的产品采用国际标准及国外先进标准"验收合格证书"及辽宁省技术监督局颁发的"产品使用采标标志企业"证书。

该厂赢得了"全国用户满意产品"、"全国质量稳定合格产品"及"中国市场行业十大品牌"的殊荣。

芜湖重型机床股份有限公司　国家大二型企业，拥有省级技术中心，外贸进出口自营权。公司现有铸造、大件、中小件、总装等车间；技术中心建立了产品CAD、三维软件、模块化设计；中心计量室拥有三坐标测量机、双频激光干涉仪等先进检查设备；公司拥有日本大限五面体加工中心、德国数控导轨磨床、外圆磨床以及其他高、大、精、尖的金加工和热处理设备；公司采用先进的树脂砂铸造工艺，具有年产6 000t铸件的生产能力，是我国华东地区灰口铸铁铸件的主导厂家之一，为国内外客商提供优质的机床部件和各类大型泵壳的铸件及成品。

公司的主导产品：立式精镗床系列、卧(落地)式铣镗床系列、双柱立车、立式珩磨机床、数控(数显)立卧式铣镗床、数控(数显)双面卧式铣镗床及立、卧式加工中心等，为客户设计制造各种专用机床。其中TK6813＊2数控双面卧式铣镗床、WHZ—02X数控多头立式铣镗床、T7220B立式精镗床获得"国家级重点新产品"称号，TK6813＊2数控双面卧式铣镗床为国家专利产品。

2002年企业在岗人数787人，全年生产机床309台，其中通用机床247台，专用机床20台。企业全年收入超过5 000万元；向国家上交税金366.9万元，比上年增长11.9%；销售收入比上年增长16.7%；合格铸件产出3 600多t，比上年增长23%。2002年技术改造投入100多万元，用于设备维修改造，添置技术中心计算机等。

北京第一机床厂第三机床分厂 国有企业。2002年完成产品销售收入3 450万元，工业总产值3 290万元，利税总额164万元，全年从业人数422人。

2002年主要生产产品种类有：立式钻削加工中心，立、卧式加工中心，数控珩磨机，ZK数控钻铣床，普通钻床，装配生产线。

2002年开发新产品：自行开发B3HM—002数控立式内圆珩磨机，合作开发TU5JP4汽车发动机装配生产线。

于2002年8月13日经工商局注册更名成立了北京第一机床厂第三机床分厂，行政关系隶属于北京第一机床厂。自主经营，自负盈亏，（属二级法人单位）。

桂林第二机床厂 建于1965年，现有职工578人，属国有二型企业，是摇臂钻床、立式钻床、数控立式钻床、数控卧式钻床、数控龙门式钻床、数控钻铣镗床系列产品的国家定点生产企业。工厂占地面积70 000多m^2，资产总值7 000多万元，主要加工设备近400台，其中有从日本引进的MAZAK卧式、立式加工中心、精密万能磨床、意大利导轨磨床等先进设备。

企业产品基本实现计算机辅助的“无纸化设计”，荣获国家科技部授予的“全国CAD应用示范企业”称号。

2002年，企业成功获得“产品进出口自行经营权”，现产品供不应求，畅销全国各地，远销欧美、东南亚等50多个国家的地区。

杭州西湖台钻有限公司 股份制企业，是目前国内最大的台钻和铣床生产企业之一。

2002年，公司生产各类产品61 449台，完成工业总产值（当年价）7 533.3万元，完成销售收入7 097.1万元，公司从业人员468人，其中工程技术人员30人。

公司拥有普通机床、数控机床、加工中心等多种生产设备，既能满足生产要求又能保证产品质量。

海宁机床厂有限公司 原机械部定点企业，截止至2002年底，公司在册员工447人，其中中、高级专业人员36人。目前主要生产设备290台，其中金属切削机床128台，精、大、稀设备22台，并有比较先进、完善的检测和计量仪器设备。铸件采用树脂砂造型工艺。年生产各类机械设备500多台，产品共有三个大类：机床类、专机类、纺织类。

2002年公司完成工业总产值3 096万元，销售收入3 227万元。开发了HQM24型起毛机、HYF型翻布机，完成了SND200C型定型机、M1040C型无心磨床、HNJ1220型钻头轧制机等产品的技术改进工作；完成了M1083A型无心磨床、M6025D型工具磨床贯彻强制性标准的技术整改工作；修改和完善了无心磨床、工具磨床产品出厂检验项目及符合机床强制性标准的出厂要求。

河北省保定第一钻床厂 小型国有企业，系河北省惟一钻床生产厂家。

厂区占地面积6万m^2，其中建筑面积1.6万m^2，总资产919万元，从业人员287人，设备总计123台，其中金切设备95台，年可生产各类钻500余台。

2002年共计生产各类钻床158台，产值270万元，销售收入243万元。

主要产品及型号：摇臂钻床：Z3050×16、Z3040×16、Z3032×10、Z3025×10，万向摇臂钻床：ZJ3725×8。

福州台钻厂情况 占地面积11 949.5m^2，从业人员135人，其中技术人员32人。

福州台钻厂以工程学院为依托，具有雄厚的生产技术和科研力量，主导产品有：“武夷山”牌台式钻床系列和水产养殖设备。2002年工业产值1 161万元，销售收入1 110万元。该厂有一条装配流水线，年生产能力：台钻2万台，增氧机2万台。该厂生产的台式钻床精度高，是工模具制造行业首选的孔加工工具，其中ZM406精密高速台钻最适合电子、仪器仪表，纺织以及汽车精密小孔的加工；水车式增氧机获多项国家技术专利。

2002年，该厂新开发的产品有：Z4416攻螺纹机：频繁攻丝次数30次/min（中途任意位置可反转）；S4012攻螺纹机：电动机不反转，由机械摩擦，工作台升降进行工作；ZS416高速台钻：转速12 000r/min，跨距195mm；ZB4025自动进给台钻：二次开发关键技术—快速离合器。

中山市翠山机械制造有限公司 非国有的其他经济成分。现有从业人员163人，各类技术人员14人，企业2002年主要生产产品有：台钻类、立钻类、攻螺纹机、钻攻机、剪板机、多头钻攻机和锯孔机。2002年产量达8 783台，比上年增长30%，总产值1 180.99万，比上年增长19.9%。

在企业改制方面，2002年由股东筹资对原租用的机械厂设备、厂房土地进行购买，使翠山公司拥有自己的生产设备和生产场所，增大企业资本金，更有利于今后企业的发展。

安徽省黄山台钻有限公司 民营股份制企业，公司占地面积1.5万m^2，注册资金500万元，固定资本1 500万元，从业人员200余人。

公司拥有各类通用设备200余台（套），精、大、稀设备10余台，拥有全套精密计量、检测设备和机械CAP、CAM计算机辅助设计系统，已具备了年产2万台的生产规模。

公司的主要产品有：台式钻床、钻攻两用机、攻螺纹机、铣钻床等五大系列30个品种，其中Z4112B型台式钻床荣获“部优产品”称号及机械部评定的一等品证书，Z40台式钻床荣获“省优产品”称号及机械部评定的一等品称号，并有多个产品荣获省地级科技进步奖，公司还可为用户设计制造各种特殊规格的台式钻床及相关产品，以最大限度满足不同层次用户的需要。

公司的“黄山牌”系列台式钻床产品畅销全国二十多个省市并远销美国、德国、法国、东南亚等国家。

沈阳中捷轻型摇钻厂 隶属于沈阳机床（集团）责任有限公司独立的集体企业，2002年从业人员共420人，实现工业总产值3 155.9万元，销售收入2 911.2万元，其主要产品有Z3025×10/1、Z3032×10/1、Z3032×8摇臂钻床及Z3725×8、Z3732×8型万向摇臂钻床，主要产品生产能力已达年产量近千台。2002年企业根据市场不断的需求投资180余万元增加了近20台，金属切削机床加工设备，生产能力得到了有效的提高，各种产品以其优质的质量与一流的服务得到了市场的认同，2002年产品出口量为66台，交割达到247万元，产品远销美国，英国等十余个国家。

河南省新乡市第三机床厂 市属集体企业，产品有台式钻床，双坐标平口钳、砂轮机、型材切割机和快速冲击夯五大类，其中台式钻床已形成系列，有：Z4112、Z4016、Z4123、Z4125、ZQ4113、ZQ4116、ZQ4032等十二个品种。企业拥有主要产品生产设备185台，年生产能力：台式钻床600台，双坐标标平口钳2 000台，砂轮机2 000台，型材切割机5 000台，快速冲击夯3 000台。

2002年生产台式钻床1 047台，两轮机60台，全厂从业人员215人，完成工业总产值(当年价)232.8万元，销售产值(当年价)265.81万元，销售收入234.5万元，产销率114.2%。

抚顺机床制造厂企业 是立式钻床定点生产厂，是包装机械和食品机械的重点生产企业，工厂占地面积7.8万m^2，建筑面积2.5万m^2，拥有各种加工设备500台，2002年企业年生产立式钻床200多台。企业在原有产品的基础上不断进行技术改革和创新，研制生产数控钻床，为满足广大客户的需求进行着不懈的努力。企业生产的立式钻床除满足国内用户外还远销美国、俄罗斯、伊朗、阿尔及利亚等国家，在国内外享有较高的信誉和知名度。

4.磨床行业

上海机床厂有限公司 国有独资有限责任公司。公司从1950年起生产各类磨床，品种、规格占全国磨床行业的1/3。主要产品有：外圆磨床、万能外圆磨床、平面磨床、轧辊磨床、曲轴磨床、双端面磨床、花键轴磨床、磨齿机、螺纹丝杆磨床、凸轮轴磨床、椭圆倒角磨床等各类普通磨床、专用磨床、数控磨床，以及三坐标测量仪、圆度测量仪、齿轮油泵、金刚石滚轮等，多种产品曾荣获上海市和国家优质产品奖，并在国内居领先水平。

曾利用世界银行贷款进行工厂合理化、现代化改造，引进美国兰迪斯(LANDIS)磨床公司的数控外圆、曲轴、凸轮轮轴磨床、德国莱兹(LEITZ)公司精密型三坐标测量机、德国西门子(SIEMENS)公司磨床数控系统等制造技术，为企业的科技进步和产品的升级换代奠定了坚实的基础。

公司建有自己的产品开发科研中心——上海磨床研究所，并拥有一批包括工程院院士、教授级高级工程师在内的三百余名专业技术人员，研制开发各类精密、数控磨床和量仪，并为客户提供各种技术支持。

2002年，上机公司(本部)完成了工业总产值25 572.8万元，比上年增长24%；出口创汇完成528万美元，比上年增长29.9%；销售收入完成24 922万元，比上年增长[illegible]%，利润总额(含消化以前年度损益)完成1 280万元。

2002年被评为中国机床工具行业“产品销售收入”和“精心创品牌活动”两项十佳企业称号。

无锡开源机床集团有限公司 我国机械工业大型骨干企业、国家高新技术企业，其主体企业为无锡机床股份有限公司，专业生产无心磨床、内圆磨床、轴承磨床、超精加工机及高速电主轴等产品。公司产品品种多、规格齐全，有170余种品种，产品广泛应用于轴承、汽车、轻工、纺织、农机等诸多行业。1999年公司列入国家520家重点企业集团。近年来又根据市场需求，开发了轧辊磨床、曲轴磨床、外圆磨床和平面磨床等其他磨床产品。同时，还充分发挥磨加工设备的优势，构筑公司新的经济增长点一汽车零部件项目，目前广泛适用于大众、奥迪等轿车液压挺杆、等速万向节、减震器、精密轴承。

2002年公司实现工业总产值5.7亿元、销售收入6.1亿元，实现利润3 200万元；开发新品96项，完成科研攻关项目15项，实现新品销售收入3 100万元，为主机销售总额的16%；万向节、轴承、液压挺杆等汽车零部件打入国际市场，市场前景看好；总投资7 500万元的技改项目获国家经贸委批准实施，通过这一技改项目的实施，力争三大类数控磨床在国内市场占有率达70%，数控机床的销售量占总销售量的20%。

杭州机床集团有限公司 股份制企业。集团公司是目前全国最大的平面磨床制造企业，平面磨床有卧轴矩台、立轴矩台、立轴圆台、缓进给成形、龙门式、双端面等七大系列200多个品种，能制造普通、精密和高精度3个精度等级，年产40个品种近4 000台。2002年，企业的生产经营业绩创历史最好水平，工业总产值1.69亿元、销售收入2.75亿元，在中国机床工具协会开展的2002年度四项十佳企业评定中被评为“产品销售收入十佳企业”。企业现有员工1 300余人，其中工程技术人员150余人。公司拥有全套现代化生产设备和检测手段，拥有一批国际一流的高精尖设备，如德国瓦德里希高精度数控导轨磨、日本大隈大型五面体加工中心、AMADA数控冲剪机床等。

2002年，企业在新产品开发、质量管理、体制改革、标准化工作等方面取得较大成绩。产品开发向精密数控、成形高效、大型专用、成套成线方向发展，全年完成各类新产品30种，其中MKL7120×6数控强力成形磨、PMS－006数控外球面磨床、MKY7730数控立轴双端面磨床等产品填补国内空白，并拥有自主知识产权。企业重视产品质量，2002年MM7120A精密平磨通过国家产品质量监督抽查，同时还通过平磨产品ISO9001换证后的监督审核，杭州牌平磨被评为浙江省名牌产品。

2002年，数控龙门平面磨床系列被列为国家级重点新产品；集团公司被列为杭州市首批科技创新重点企业。

陕西汉江机床有限公司 国有大型企业。是国家生产螺纹磨床、数控机床、机电一体设备及滚动功能部件的骨干企业。

2002年，公司完成工业总产值8 961万元，销售收入8 705万元，在职职工1 992人，当年生产的机床产品中，数控型、精密型两类螺纹磨床即有万能螺纹磨床、丝杠磨床、内螺纹磨床、蜗杆磨床、小蜗杆磨床、螺杆磨床、花键磨床等，占机床销售额64%，曲轴系列磨床占14%，其余为加工中心、NC凸轮轴磨床、NC直线导轨磨床、NC滑块磨床、五座标旋转铿磨床、滚剪线、铁路用心盘铣床、闸瓦托铣床等。而滚珠丝杠、直线导轨占工业总产值50%以上。

2002年新开发了6种数控机床，2种铁路专用铣床，数控丝杠磨床、五联动镗铣床获国家重点新产品奖。功能部件通过了ISO9002复检。解决了滚珠丝杠反向器装配工艺瓶颈，对总部丝导分厂投入427万元进行技改，昆山分厂新址厂房进入收尾阶段，生产面积由7 000m² 增至15 000m²，对滚动功能部件扩产和缩短制造周期，提供了良好环境和条件。

当年出口产值达886万元，特别是新开辟的东南亚市场，呈现出良好发展趋势。

公司被中国机床工具协会通过为该协会常务理事单住，并被该协会授予中国机床工具行业"2001年度创品牌十佳单位"称号，被汉中市授予"重合同守信用"企业称号。

武汉机床厂　国有企业，2002年工业总产值（当年价）2 475万元，工业销售收入2 337万元。2002年全年从业平均人数1 107人。

主要产品：万能工具磨床，滚刀刃磨床，钻头沟槽磨床，钻头刃背磨床，钻头刃磨床，拉刀刃磨床，锯片刃磨床，弧齿锥齿轮铣刀盘刃磨床，铣刀盘刃磨床等机床工具类产品。全年共生产工具磨床220台，其中数控机床8台，产值277万元。2002年工厂积极开展了新产品开发工作，针对用户要求，及时开发了M6020型万能工具磨床，MG6025A高精度万能工具磨床，BS100型拉刀刃磨床，MG6404型高精度滚刀刃磨床，HS160型滚刀刃磨床等新产品。

2002年出口工具磨床7台，出口值95万元。

北京第二机床厂　国有企业，现有在岗职工750余人，2002年工业总产值7 370元，全年销售收入7 179万元。主要产品是外圆磨床（手动型、数控型），专用机床，超精加工机床，服务于汽车、摩托车行业的发动机、变速箱、底盘等部件，轴承行业的发动机、变速箱、底盘等部件，轴承行业、家电行业、机床工具行业，企业拥有金属切削设备300台，其中数控设备25台。

企业2002年出口机床58台，创汇468万元。

上海第三机床厂　工厂占地面积20 297m²，建筑面积21 750m²。现有职工700余人，工厂拥有固定资产5 900余万元，各类生产设备202台，其中精密、大型设备29台，为国家二级计量单位。工厂主要生产立式加工中心、坐标镗床、坐标磨床、光学曲线磨床、外圆磨床、数控雕刻机、以及各类生产装备线和专机。近几年来，工厂为汽车行业、飞机制造业、上海宝钢集团、仪电行业等提供了多种精良产品和优质服务。

天津市津机磨床有限公司　2002年工业总产值（当年价）1 286万元，销售产值（当年价）777万元，从业人员221人。

2002年主要生产机床：MM7125精密卧轴矩台平面磨床、MT7150卧轴矩台平面磨床、M7340卧轴圆台平面磨床、M7350D卧轴圆台平面磨床、M7363卧轴圆台平面磨床、MG7340高精度卧轴圆台平面磨床、MM73100精度卧轴圆台平面磨床、MKL7132数控强力成形磨床、MKL7175数控强力成形磨床、TMCNC12数控成形瓦楞辊磨床、TMC-NC16数控圆弧剪刃磨床。

工厂自行设计研制的MKL7132数控强力成形磨床，本机床采用托板横向移动的十字形工作台结构，立柱为双层壁。机床系统刚性好，结构紧凑，精度稳定机床采用西门子较先进的802D数控系统，一次循环可满足十次磨削和11次修整砂轮等动作。该产品与西德布洛母（BLOHM）公司，扼布尔（ELB），瑞士梅格尔公司（MAGERLE）同类产品相比属于上等水平。

数控瓦楞辊成形磨床是该公司研制开发的，该机床具有两坐标联动，键盘输入程序后可完成自动磨削循环，为我国包装领域填补了空白。

陕西秦川格兰德机床有限公司　是由陕西秦川机械发展股份有限公司与陕西机床厂经过优化组合改制、合资组建的专业磨床制造公司。是西部地区惟一研制生产销售高效精密外圆系列磨床的重点企业。

公司现有员工500多人，工程技术人员140人，直接从事产品研发人员77人。设有外圆磨床研究所和省级企业技术中心。2002年12月被陕西省科技厅认定为高新技术企业。拥有加工中心、龙门导轨磨床、坐标镗床、数控镗铣床、三坐标测量仪等先进的生产设备和精密检测仪器800多台，具有年产1 000台各种磨床的能力。

公司主导产品为"陕机"牌磨床系列产品，主要有外圆磨床、万能外圆磨床、端面外圆磨床、轴承磨床、曲轴与凸轮轴磨床、无心磨床、内圆磨床、平面磨床、球面磨床、专用磨床、数控磨床等十一大类110多个品种。

咸阳机床厂　主要从事机床产品的开发、制造和经营，是国家工具磨床定点生产厂家。现有职工450余人，共有技术人员105人（其中高级工程师及高级经济师11名，工程师、经济师等近60名）。占地面积87 100m²，固定资产800多万元。拥有生产设备540台，其中金属切削机床236台，精、大、稀设备8台，新进日产VTC—40A钻铣加工中心1台。主要生产设备能满足生产需求，目前正在努力增添新设备。

该厂主要产品有万能工具磨床、多用磨床、精密卡规磨床、模具工具磨床、小轿车等速万向节数控球笼保持架窗口磨床及窗口铣床等五大系列20多个品种和规格。其中M6020A万能工具磨床、2Mg120A多用磨床、MM9825/50精密卡规磨床荣获并保持了机械工业部"部优产品"及陕西省"优质产品"称号。2M9120A多用磨床和MM9825精密卡规磨床被国家确定为替代进口产品。自行研制、开发的MA6032万能工具磨床、XYJ－2003数控球笼窗口磨床、XYJ－4011数控球笼窗口铣床和2MK9025数控螺旋槽工具磨床为我国汽车行业和工具制造行业提供了国内先进水平的设备,填补了国家空白。2002年主要产品年产量约300台,工业总产值1 945万元,年销售额愈2 000万元。

济南四机数控机床有限公司 外圆磨床专业生产厂家,具有自营进出口权,是我国外圆磨床行业惟一国优金牌的获得者,并拥有自己的技术开发中心——济南市磨床研究所。公司资产总额13 022万元,现有职工780人,主要生产汽车、摩托车零配件、军工、油泵油嘴及基础行业所需的125、200、320系列外圆磨床和高精度数控磨床,年生产各类磨床500余台,工业总产值4 593万元,实现销售收入4 421万元。

公司拥有主要设备309余台;其中,各类精、大、稀设备48台,磨床年生产加工能力达600台。2002年起公司每年以销售收入的5%用于技术改造,相继改造及购进了除尘、龙门铣、数控车床、齿轮检测仪等设备,满足了生产能力及产品质量的需求。

桂林磨床包装机械厂 具有独立法人资格的国有中型一档(国家二级)企业。主要从事平面磨床、包装机械、环保设备的生产制造。

企业2002年在职职工700余人。工厂管理严格有序,建立了一套完整、科学、严密、可操作的质量管理体系。企业拥有生产设备近500台,其中有立式和卧式加工中心,数控龙门导轨磨床、数控仿形铣床等一批高、精、尖生产设备。产品设计全部采用计算机辅助设计,具有研发和生产机电一体化平面磨床和包装机械的能力和手段,磨床年产量可达到1 500台以上,包装机年产量可达800台以上。

2002年该厂在新产品开发方面取得了很大的成绩,产品开发朝着柔性化、敏捷化、智能化和信息化发展。其中磨床产品有:MM7140精密平面磨床、M7180系列平面磨床以及GM—K2010数控龙门平面磨床。包装机产品有:BJ480卧式枕型自动包装机、BZ—802G色标膜高速自动包装机、BZ—9039A四面封自动包装机。

该厂取得自营进出口企业经营权。产品外销俄罗斯、美国、加拿大、朝鲜、越南、泰国、缅甸等国家。

2002年完成工业总产值7 507万元,实现销售收入6 383.5万元。

江西省吉安机床厂 国有企业,2002年工业总产值(当年价)570.9万元,工业销售产值660.3万元,工业增加值129.5万元,产品销售收入659.5万元,利税总额—8.5万元,全年从业平均人数为250人,固定资产3 577.8万元,固定资产净值余额1 131.2万元。2002年主要生产曲轴磨床(MQ8260、MQ8240、JK101)及其部件和MB1332B、M1432B外圆磨床部件。2002年主要产品生产设备是MK5216数控龙门导轨磨床、M7150×3000大平面磨、卧镗、MW1432外圆高精度磨床,高精度座标镗等230台。企业的生产能力为年产300台曲轴磨床。2002年该厂同上海机床厂有限公司合作生产MQ8260功能部件和MB1332B、M1432B功能部件,产值377.4万元。

威海机床厂有限公司 2002年企业工业总产值7 861.20万元,销售收入7 800万元,从业人员650人。2002年主要生产:平面磨床、龙门磨床、外圆磨床。

2002年在平面磨床方面,先后开发出立柱移动式平面磨床,型号有:SG60160、SG60220、SG80160、SG80220、SG50100;开发床鞍移动式平面磨床,型号有:SG2050、SG2550、SG3063、SG30100、SG4080、SG40100;开发定梁式龙门平面磨床,型号有:SG1220、SG1825等,形成了公司平面磨床系列产品。

2002年共出口M618系列磨床26台,M818系列磨床36台,M1432B磨床1台,出口额131万元。

福建省建阳磨床厂 福建省惟一机械部定点生产磨床专业厂。工厂占地面积6.1万m^2。拥有铸造、冷作电气焊接、热处理、机加工、装配等全套工艺设备及厂房。主要产品有MQ6025A万能工具磨床、2M6015A万能刀具刃磨床、MQX6025数显万能工具磨床、3M9312活塞环梯面磨床、电器控制屏、电器补偿柜,竹木机械等;年生产能力300台(套)。

成都机械基础件装备开发中心 原国家机械工业部定点生产内圆磨床的专业厂家。主要以生产普通内圆磨床、轴承专用磨床及汽车零件专用磨床三大系列近百个品种的各类设备。

该中心现有人员200多人,其中高级工程师16人,各类工程技术人员89人,年销售收入2 800万。

中心针对汽车变速箱和发动机行业的发展需要,对原研制的在国内汽车行业有一定影响的CD－34系列机床作了重大改进,推出了CD－34B和C系列,深受广大用户的赞赏及高度评价。同时,通过对市场的调研和用户反馈的信息,2002年设计和开发了CD－36型半自动端面磨床(汽车零件专用磨床),为适应汽车同步器行业的需要,开发出了CD－86型半自动汽车齿轮锥面磨床。

无锡市通用机械厂有限公司(又名无锡市第二机床厂),国有相对控股的其他有限责任公司。2002年全部从业人数432人,工业总产值(当年价)6 048万元,产品销售收入6 345万元(其中磨床398万元)。主要生产的机床工具类产品:磨床。

生产设备拥有量达208台,其中金切机床拥有量126台(大型设备37台,重型设备3台),高精度、数控机床13台,锻压设备11台(其中大型6台,重型5台)。

5.插拉刨床行业

长沙机床厂 隶属于长沙市经委,是全国插拉刨床行业的技术归口单位,全国惟一的拉床制造厂。

该厂拥有固定资产12 403.2万元,固定资产净值余额11 846.4万元。2002年完成工业总产值2 348万元,实现销售收入2 056.8万元,全年从业平均人数878人,其中工程技术人员148人。

该厂主导产品为各种数控、非数控的通用、专用拉床;液压牛头刨床、数控仿形刨床、液压仿形刨床、移动式刨床和小型机械刨床;精密数控组合机床自动线和普通组合机床、枪钻组合机床以及插床。生产的拉床具国内领先水平,同时也是中南5省生产组合机床技术优势较强的企业,并且还具有40余年设计、制造液压系统(特别是液压油泵)的丰富经验。

该厂始终将技术开发作为重点,近年来开发了全护送立式内拉床、大吨位专用卧式拉床、侧拉床、用于汽车行业的连续式拉床、数控牛头刨床、环磨机、液粘调速离合器等新产品。其中,数控仿形牛头刨床填补了国内空白。

辽宁省抚顺机床厂 国有中型企业,是生产插床的专业厂。该厂现有从业人员818名,其中各类专业技术人员166人。占地面积21万 m^2 拥有各种加工设备1 000余台,插床生产量占全国插床生产量90%以上。

2002年该厂生产各种机床190台,销售各种机床161台,实现工业总产值2 224万元,实现销售收入2 394万元。2002年在原有产品结构的基础上,开发了B50125、BQ5020、BQ5040等插床及FS021、FS023、FS027开槽插床等,使产品形成了向系列化方向发展的趋势。

山东青岛生建机械厂 国有企业。2002年完成工业总产值(不变价)4 909万元,(当年价)5 595万元,销售收入5 268万元,从业人员年末人数924人。该厂是国家机械工业重点骨干企业,生产的滚丝机、牛头刨床覆盖国内各省区。两种产品的年生产能力分别是730台、1 270台。2002年共开发成功3项新产品,新产品产值率达到30%,企业适应市场开发的能力大大增强。

苏州新华机床厂 中型国有企业,主要生产数控电火花切割机床系列、牛头刨床系列。2002年完成工业总产值3 076万元,销售收入3 097万元。该厂生产设备齐全,技术力量雄厚,拥有金切机床400多台(套)。

该厂生产的DK系列线切割机床具有5种型号20种规格,最大加工锥度达90°,最大加工厚度达1 000mm,较好地满足了各类用户的需求。其中,DK7763和DK7740等获得江苏省金牛奖,DK7763被列为“九五”国家重点新产品,DK77120为国内首创的特大型快走丝数控线切割机床。该厂逐步形成了立足华东,辐射全国以及与国外市场齐头并进的市场网络体系。

甘肃省天水机床厂 系国有企业。2002年工业总产值(不变价)实际完成508万元,当年价为523万元,销售收入843万元,利润总额51万元,年末从业人员437人。

主要产品是BY60100B液压牛头刨床,BT6050A机械刨床,全年BY60100B牛头刨床完成10台。

贵州筑城机床厂 中型国有企业,拥有固定资产386万元,主要生产设备175台,金属切削机床153台,其中大型12台。2002年全年工业总产值646万元,实现销售收入747万元,利润总额90万元,全年从业人数693人。主要生产C620—1C车床、B60100牛头刨床、B6050G牛头刨床。但由于产品及市场等原因,已停产多年,现主要从事外协机加工。

襄樊展宏机械制造厂 国有企业,2002年工业总产值(不变价)826.5万元,销售收入582.9万元,从业人员630人。2002年产品出口情况:三季度出口尼日尔、尼日利亚各1台B6050B刨床。2002年主要生产机床工具类产品范围为刨床:B6063D、B6050B、B6065D、B6066D、B690D、BYE60100;铣床:X5352—1#、X5352—2#、X5352C(5H)。

新疆第三机床厂 国有企业。2002年完成工业总产值(不变价)7037万元,其中,主导产品产值5 349万元,占总产值的76%;实现销售收入6 733万元,实现利润总额608万元;企业现有职工442人,其中专业技术人员137人。在新疆机械制造行业中有着比较完善的冷、热加工、铸造、检测、理化试验和计量手段。

从1989年开始,该厂先后投入3 000多万元对机械加工和铸造进行了大规模的技术改造,现已形成年产机床700台,抽油机700台,磨球5 000t,集中供暖100万 m^2 的生产能力。

截止至2002年,该厂已开发了三大系列16个品种的抽油机,其中2个新产品被列为国家重点新产品,同时荣获国家科技进步二等奖,自治区科技创新一等奖。新产品打入内地市场——长庆油田,市场占有率逐年提高。2002年底,开发了高新科技产品即智能型抽油机,该项目的开发,使该厂的科技手段迈向高、精、尖端。同时该厂依托科技创新,争取到国家西部大开发重点项目的扶持,为快速发展营造了良好的发展环境。

重庆五一机床厂 国有企业。2002年工业总产值140.2万元,实现产品销售收入167.2万元,全年从业平均人数288人。

泉州中侨(集团)机械制造公司 中外合资企业,是国家机电部和轻工机械总公司的骨干企业。2002年工业总产值388.24万元,销售收入375.50万元。现有职工211人,企业拥有各类专业技术人员50多人,其中高级工程师30多人。各种机械装备180多台(套)。主要产品有牛头刨床系列、CBY手动液压搬运车系列、CTJ堆垛车系列、花岗石加工机械、EVA、EP塑料切片系列、环保机械等非标设备。其中CBY—2T搬运车荣获福建省第二届工业品银奖,第二届中国专利新技术、新产品博览会银奖,产品连续5年荣获福建省优质产品称号及质量稳定证书。

南通茂溢机床有限公司 中外合资企业。现有从业人员156人。2002年总产值为1 850万元,实现销售收入1 766万元。公司拥有资产2 700万元,其中固定资产1 400万元,流动资产1 200万元,实现税利总额98万元。

主要新产品有J23—J21系列机械压力机,年产280台;JF100—JF400系列汽动冲床,年产150台;YT63T—YT1600T油压机系列,年产180台;BY635—1型—BY60120型液压牛头刨床系列;MJ3210型—MJ3218型系列木工带锯,年产200台;MJ3210型—MJ3218型系列木工自动跑车,年产200台。2002年产品汽动冲床及YT32—63T至1600T获国家自营出口经营权。

长沙星沙机床有限公司 拥有固定资产1 120万元,2002年工业总产值600万元,实现产品销售收入437万元,利税总额70万元,全年从业平均人数60人。主要产品有热处理、溶复焊接等多功能系列产品数控激光机床、B5032A、B5020H插床。同时承接锂电池生产、火电厂选煤机等非标设备。

湖北鄂州市机床厂　国有企业。2002 工业总产值为 84.3 万元,实现产品销售收入 77 万元,全年从业平均人数 230 人。

6.锯床行业

湖南机床厂　是中国机床工业行业的重点国有企业,中国机床工业协会常务理事和锯床分会理事长单位。国家机械工业局“长沙锯床研究所”设置于工厂内。是规模最大的锯削装备与刀具的生产制造基地,主要产品包括卧式带锯床、立式带锯床、圆锯床、卧式弓锯床、砂轮锯床、金刚石带(线)锯床、对焊机等八大系列以及为重点工程、各行各业配套专业锯床和双金属带锯条、复合带材、金刚石带(线)锯条等近百个品种规格。

石家庄市天锋机器制造有限公司　中国机床工具协会锯床分会副理事长单位。现已拥有全自动、自动、半自动三大系列共 20 多个品种(Φ180～1 000mm)的卧式金属带锯床以及 GB5232 型立式金属带锯床。市场覆盖国内 20 多个省、市、地区,并出口东南亚。2002 年实现销售收入 510 万元,完成工业总产值 560 万元。

浙江雁荡山机床有限公司　专门从事带锯床、双金属带锯条生产的民营企业。立式带锯床系列产品被评为乐清市科技进步一等奖。2002 年实现销售收入 510 万元,完成工业总产值 560 万元。公司设有企业的客户服务中心,拥有一只技术精湛而且敬业的技术服务队伍。

保定市长城锯床有限公司　1958 年成立的军工企业,主要生产的产品有:GZK4025 微电脑全自动锯床,GB4025、GB4032、GB4040 半自动锯床。

浙江省三门剑齿虎机电制造有限公司　专业制造锯床的企业。在 2001 年、2002 年连续 2 年经国家质量监督抽查均为合格产品。当前企业主要产品有:锯床系列:锯切 150～500mm 带锯床,其中 GB4025 带锯床获省优秀科技产品;锯切 160～250mm 液压弓锯床,其中 G7121A 液压弓锯床获浙江省科技进步奖;YDQ 型系列液压大力钳:YDQ 系列大力钳是国内新开发的产品,获 4 项专利,属国际先进水平,广泛应用于建筑、电力、邮电通信、公安、消防、工矿企业等部门行业,能剪切钢筋、电缆等金属结构件。

浙江晨龙锯床有限公司　专业生产金属带锯床的锯切机械企业,专业生产各种规格“晨龙”牌系列卧式、立式及数控等 30 余种金属带锯床。拥有厂房面积 4.5 万 m^2,资产总值 5 797 万元,员工 260 余人。2002 年实现工业总产值 2 010万元,销售收入 1 869 万元,创利税 192 万元。公司已在全国各地建立了近 40 个营销网点,产值、利润等指标逐年增长。

山东建筑工程学院实习工厂　院校附属企业。企业依托高校的技术优势,开发了多种适销对路的产品。主要产品有:弓锯床、带锯床系列、九轴悬臂式钢衬辊压机等。九轴悬臂式钢衬辊压机可生产与各种 PVC 塑窗型材配套的钢衬,厚度可轧制 0.5～2.5 mm。

7 齿轮机床行业

重庆机床厂　2002 年完成工业总产值(当年价)16 279 万元,比上年增长 30%;全年机床产量 550 台,比上年增长 31 %;其中,数控机床产量 153 台,比上年增长 26%;全年实现外贸出口机床 16 台,出口交货值 344 万元,比上年增长 464 %。全年实现销售收入 16 007 万元,比上年增长 38%;全年机床销量 612 台,比上年增长 38 %;其中,数控机床销售 159 台,比上年增长 57%。

2002 年,重庆机床厂完成 7 种新产品的全套技术图样、资料及工艺文件,该厂申请的实用新型专利:链轮及摆线轮倒棱去毛刺刀具荣获国家知识产权局颁发的专利证书。

秦川机床集团有限公司　生产精密机床、机床液压件为主的全国机械行业重点骨干企业。

截止至 2002 年底,公司资产规模超过 12 亿元,拥有 20 个控股、参股公司,形成了以机械、电子类产品为主导,以精密机床工具、汽车零部件、塑料机械 、齿轮传动、电子信息、环保和材料、现代农业设施、军工等八大类产品群为发展方向的产业构架。

2002 年公司实现销售收入 5.8 亿元,各项主要经济效益指标稳居全行业前列。公司现有员工 3 472 人,其中博士 9 名,硕士 48 人,专业技术人员 1 115 人;国家级专家 8 人,享受国务院政府津贴的 7 人。

公司是“国家级高新技术企业”和“国家级火炬计划重点高新技术企业”,拥有国家级企业技术中心(秦川发展技术研究院)和经国家人事部批准设立的博士后流动科研工作站。近年来,被评为“中国机械工业企业核心竞争力 30 佳企业”之一。

30 多年来,公司共开发 200 多项具有国内领先和国际先进水平的新产品,50 多项获国家、部和省级科技进步奖和优秀新产品奖。其中,Y7032A 碟形双砂轮磨齿机获得国家科技进步一等奖;Y7125A 大平面砂轮磨齿机、YK7232 数控蜗杆砂轮磨齿机、SCJ230 塑料挤出吹塑中空成形机和 2030 飞剪机获得国家科技进步二等奖 ;YH2240 螺伞齿轮加工中心获得“九五”国家技术创新优秀新产品奖。产品数控化率已达 87.3%,连续多年新产品产值率超过 60%以上。公司具有精密加工、精密装配、精密检测的“三精”优势,在箱体、轴套、齿轮传动等产品加工制造中拥有多项专有技术。公司承接的“863”机器人用 RV 减速器项目已通过国家验收,并参与了国家试验通信卫星的研制。

公司主要产品有:精密齿轮磨床、加工中心、专用精密机床、塑料机械、塑料包装机械、新型包装建材机械、液压系统、液压元件、汽车助力泵、节水灌溉器材和设备、精密齿轮、齿轮箱、电梯曳引机、分度板和减速机、高精密金刚石磨具、计算机主板和远程教育系统、模具、铸件等,在国内市场占有较大份额。

天津第一机床厂　2002 年完成工业总产值 9 192 万元,较上年同期增长 13%,销售收入 10 514 万元,比上年增长 18%,销售收款 10 485 万元,比上年增长 6%。从业人员 1 626 人。

2002 年承接合同 14 385 万元,比上年增长 37%;完成工业增加值4 087万元,比上年增长15%;完成主机129台/3 594万元,其中数控机床及数控专机21台/1 210万元;出口总值完成1 670万元,其中铸造机床1 250万元,比上年增长105%,该指标突破历史最好水平。

2002年技术开发和整顿的产品共计19种,YK5132、YKA58、YK5150数控插齿机;YKD2280、#118CNC数控铣齿机以及YKD9550滚动检查机6个产品。与此同时还对YK5115、YK5120、YM5150、Y2280、YT2250、Y2950、Y2150等进行了整顿和个性化改造,有效地拉动了市场的需求,初步实现了插齿和铣齿机床系列化和数控化。

上海第一机床厂 是上海机床工具(集团)有限公司下属单位,隶属于上海电气(集团)总公司。各类齿轮加工机床是该厂的成熟产品,在高精度蜗轮副和精密齿轮制造方面该厂积累了丰富的经验。

为适应汽车工业的高速发展,向汽车工业提供高效率、高精度、柔性组合机床及自动生产线。引进了世界著名组合机床制造商GIDDINGS—LEWS(原CROSS公司)欧洲公司的组合机床及自动加工线的设计制造技术,是全国设计制造组合机床和自动生产线的主要单位之一。

上海第一机床厂以先进的工艺和完善的质量保证体系成功地制造了我国第1座秦山300MW核电站心脏部件——压水堆堆内构件。并获得了核安全局颁发的核承压设备制造许可证,通过技术改造也具备了承制各种核电站堆内构件等设备的能力。

2000年该厂与日本KM株式会社合资成立了上海金恒机械制造有限公司,2002年原上海机床齿轮厂正式并入该厂成立企业下属机床齿轮分厂。

南京第二机床厂 大型国有企业,曾是我国专业生产圆柱齿轮加工设备品种最全的厂家,企业的主要产品还有数控车床、加工中心、数控铣床、塑料加工机械等。企业在岗职工1 595人,拥有瓦德里导轨磨床、格里森磨床、日本剃刀磨床、三菱加工中心、TC1000加工中心、德国树脂砂生产线等生产、检测设备。

2002年企业新推出了与德国维拉公司合作生产的RM80旋分多边机和自行研制的YS3140CNC六轴数控滚齿机,以其独特的工艺性能入选中国企业新纪录。

2002年10月,企业以数控齿轮机床为合作项目,与沈阳合金投资股份有限公司合资合作,重组了南京二机床有限责任公司。2002年实现工业总产值18 045万元;销售收入18 694万元;利润总额671万元。

8.特种加工机床行业

苏州电加工机床研究所(苏州中特机电科技有限公司) 原属国家机械工业部,主要从事电加工、特种加工技术与设备的研究、开发和制造,拥有行业一流的技术人才和检测设备,是我国特种加工行业的归口所。全国特种加工行业学会、协会、电加工机床产品质量监督检测中心、中国模协技术委员会等均挂靠在该所。苏州中特机电科技有限公司是由该所科研生产主体改制组建的高新技术企业。2002年主营销售收入2 500多万元。

该所及中特公司的主要通用产品有各种普通及数控电火花成形机,电火花高速小孔机,数控快、慢走丝电火花线切割机,数控电火花轮胎模加工机,电解去毛刺机,数控精密微孔加工机等,其中有的产品远销美国、韩国、新加坡、泰国、越南等国家。

该所及中特公司具有很强的电加工、特种加工专用设备的研制能力,已为我国的航天、航空、军工、汽车、钢铁、化纤等行业研制了很多种专用设备,为企业解决了大量的加工难题;还为美国通用电气公司(GE)研发了高效数控放电铣及深孔加工技术,并提供了相关设备。

北京阿奇夏米尔工业电子公司 公司占地面积76 872 m^2。60%以上的员工具有大专以上学历,2002年实现人均销售收入70多万元。

公司是国内机床制造业第一个中外合资企业,公司自1994年成立以来,以年均35%以上的增长速度快速成长。在为工模具制造工业服务的特种加工领域内,公司已成为中国精密电火花加工机床研发和制造的领先者。被中国机床工具工业协会评为“创品牌活动”、“出口创汇”、“数控产值”十佳企业。

苏州沙迪克三光机电有限公司 是由苏州三光集团有限公司、日本沙迪克株式会社、友嘉(香港)实业有限公司、苏州三得机电有限公司4方共同合资经营的高新技术企业。厂房面积16 000m^2,现有员工250余人,2002年公司销售收入达10 017万元。

公司积聚了30多年电加工机床的制造经验,吸收和利用了日本沙迪克公司的先进产品技术和科学管理经验,严格执行ISO 9001(2000版)质量保证体系,产品国内市场占有率达30%,并远销日本、德国、意大利、南非、波兰、韩国、马来西亚和中国香港等国家和地区。

公司主要产品为“三光牌”电火花数控快走丝、慢走丝线切割机床及电火花高速穿孔机、其中具有自主知识产权的DK7632慢速走丝线切割机主要技术指标达到国内领先水平、国际20世纪90年代水平,可替代进口。2003年又相继研制成功了DK7632A、DK7663两款新品,现已进入小批量生产阶段,投放市场后受到了同行和用户的肯定与好评。公司的产品曾先后荣获国家银质奖、江苏省优秀新产品(金牛奖)、江苏省高新技术产品、全国用户满意产品等奖项。

公司被评为机械工业企业核心竞争力100强企业、江苏省机械工业优秀单位。

汉川机床有限责任公司 机械工业大型骨干企业,是我国精密机床的主要生产基地。公司现有职工1 400余人,其中大专以上学历430多人,中、高级职称240多人。2002年完成工业总产值14 233万元,销售收入12 677余万元。

公司主要产品有:电火花成形机床、电火花线切割机床、加工中心、数控铣床、卧式镗床、坐标镗床、电工产品等七大系列80多种机床和高速主轴、高精密数控转台、刀库、高速护罩、电主轴、电刀库、电转台、排屑器、丝杠等机床部件。

苏州长风有限责任公司 是隶属于中国航天工业第一

集团公司的大型"军民结合型"国有独资企业。现有职工370余人,年销售额5 419余万元,其中电加工机床销售额2 163余万元。公司主要从事航空电子产品的科研开发和生产,同时应用航空高科技开发和生产民用产品,公司开发和生产的数控线切割机为国内最早生产的电加工机床之一。公司目前投放市场的民用产品有:高速走丝电火花线切割机、程控注射机、电脑雕刻机、"航空牌"量具、刀具,汽车、家电温控产品等。公司是国家管理奖获得单位,具有机电产品进出口经营权。

常州第二机床厂 股份制企业。该厂共生产五大类50余个品种的机床,主要产品有:精密电火花成形机系列(普通型、单轴数控型、三轴数控型,最新推出的EDM1250K龙门式电火花成形机是目前国内最大规格的产品),金属带锯床系列和多功能钻铣床系列。该厂已成为国内具有较大影响的电火花加工机床的生产基地。

苏州新火花机床有限公司 专业生产电加工机床的高科技股份公司,工程技术人员占员工总数的50%,公司重视产品技术含量的提高核心产品的开发,主要产品有单轴数控电火花成形机系列。公司还代理销售国外及中国台湾产高速加工中心、慢走丝线切割机、三坐标测量机、机床用各种精密测头和其他模具加工设备。

北京凝华实业有限责任公司 专业从事开发、生产、销售模具加工设备的企业。主要产品有数控电火花成形机、数控线切割机床、数显电火花成形机、小型电火花成形机和超声波模具抛光设备、特种加工机床。其中,特种加工机床有:聚晶刚石加工机、陶瓷刀片加工机、金刚石砂轮修整机、单晶硅切割机。

北京迪蒙卡特机械电子设备技术有限责任公司 是与北京电加工研究所等中外合资兴办的专业从事电加工机床研究、开发、制造的生产企业。公司具有较强的电加工专业技术开发能力和生产制造能力,公司开发的线切割机床四连杆技术曾获国家发明专利,自行研制生产的大锥度数控线切割机床曾荣获国家银质奖和北京市科技进步奖。

公司现已形成快、慢走丝电火花线切割机和电火花成形机等三大系列20多个品种的产品批量生产能力,公司最新研制生产的CTW系列线切割机,是一种新型的电火花线切割机床,可广泛用于电动机、仪器、仪表、汽车、航空、轻工、军工、家电等行业,特别适合于加工冷冲模、挤压模、塑料模、滚齿刀及各种复杂截面精密零件的大锥度切割和等锥,不等锥、上下异型面的切割,是线切割机床的新一代产品。

南昌江南电子仪器厂 南昌大学的校属工厂,是国内最早生产电火花线切割机床的厂家之一。主要产品有:电火花线切割机系列(其中大规格DK77100电火花线切割机为龙门式结构,专利产品,国内首创)、电火花成形机系列及数控雕铣机。

上海汇盛电子机械设备有限公司 国有股份制企业。2002年公司实现销售收入6 500万元,其中机床工具类产品销售收入4 600余万元。公司主要产品有四大类,模具加工产品:电火花线切割机系列及三坐标自动仿形铣;电子产品专用设备:切片机、磨片机、抛光机等;半导体加工专用设备:外延炉、扩散炉、光刻机、丝材焊接机;通用加工设备:自动绕线机、气动冲床等。

深圳福斯特数控机床有限公司 高新技术企业,连续三年被评为"产品监督检验质量好"企业,被深圳市工商行政管理所授予"重合同守信誉企业",是华南地区规模最大、品种最全的电加工机床制造企业之一、产品远销30余个国家与地区。公司产品主要有:直体、小锥度、大锥度编控一体化电火花线切割机系列;普通型、数控型电火花成形机系列、数控雕铣机、数控等离子切割机等。公司产品拥有9项专利,具有较高的技术含量。

天仪数控机械股份有限公司 股份制企业。是国内最早从事电加工机床制造的厂家之一,是中国电加工机床行业的重点企业。公司主导产品有:数控电火花线切割机的6个系列15个品种,可切割大厚度、大锥度的工件,其中DK7740系列产品曾获得全国科技大会奖,被评为天津市优质产品。该机可配置工控机、PC机等多种控制系统。

数控砂线切割机现已开发研制成为系列化产品,是石墨电极、石墨模具以及石墨零件加工必不可少的配套设备,现有单线架、双线架、多头线架几种结构形式,有单独的往复运动切割形式,又有往复运动加旋转运动的复合切割形式,具有切割效率高,加工精度高等特点。

M133外圆磨床,MPM150平面磨床畅销国内外。

上海第八机床厂 电火花成形机和电火花线切割机的专业生产企业。在产品品种发展上,企业坚持自主开发和引进合作开发并举的方针。根据市场需求和用户不同层次的要求,及时开发了DLTM电火花轮胎模专机和S205四轴三联动数控电火花成形机。

苏州沙迪克特种设备有限公司 由日本沙迪克株式会社与苏州第三光学仪器厂合资组建,日方控股80%,现有员工140人,年销售额12 656万元,公司产品为:低速走速电火花线切割机系列。

南通威特机械有限公司 是美国威特数控系统有限公司与南通纵横国际股份有限公司(上市公司)共同投资的从事电加工机床制造、销售的公司。公司装备一流的设备:瓦德利希导轨磨床、辛辛那提的加工中心、瑞士生产的坐标镗床、外圆磨床、日本五面体,德国MAHO等高精尖设备,确保了机床的质量和精度。

公司开发的系列产品有:电火花成形机系列—Z轴数控型、三轴数控型、屏幕型;电火花线切割机;石墨加工数控专用钻床系列;TM—1740D轧辊专用电火花机床等产品。并先后与日本、瑞士等国外著名公司合作生产电火花机床。VICTOR机床着眼于增长迅速的电火花机床市场,致力于向模具行业提供性能优异,稳定的电火花加工设备。

中国航空工业第六一三研究所 从事航空电子系统研究的科研单位,集控制技术、计算机技术、光电技术和精密机械技术为一体的综合性高科技企业。拥有专业技术人员近1 000名。拥有大批世界先进水平的各类数控加工设备、光学加工设备、电加工设备及各类检测试验设备，固定资产2亿元以上。

民品发展基地是该所专业从事民用产品研究、开发、生产的高科技企业。公司研制生产的电火花线切割机床系统，具有高效、稳定的特点，现已形成各种产品系列，主要有DK7725、DK7732、DK7740、DK7750等，销售总量逾千台，2002年的年销量近150台。

杭州华方数控机床有限公司 主要生产电火花线切割及数控系统。产品有数控线切割机、电火花成形机、电火花高速小孔机、电加工机床数控系统。年生产能力为500台各类电加工机床，产品销往东北、四川、陕西、山东、江苏、上海、浙江、云南、湖北、广东、福建等地，并出口东南亚地区。

公司员工150人，工程技术人员36人。占地面积17 000m²，厂房5 000m²。

苏州瞭远机电有限公司 专业生产电火花数控线切割机（高速走丝）、电火花高速穿孔机的厂家，现有员工56人，年销售机床约200台（套），主要产品遍及全国各地，生产机床的主要品种有：DK7725、DK7732、DK7740、DK7750高速走丝电火花线切割机床；DS703高速穿孔机。

苏州群伦精密机电工业有限公司 是巴拿马群基精密工业集团股份有限公司在苏州投资的企业，主要生产传统型、单轴ZNC型、三轴CNC型系列精密放电加工机以及应用放电加工技术的轮胎加工机。产品主要销往外资企业，可替代部分进口。2002年，工业生产值1 742万元，销售收入1 879万元，从业人员44人。2002年公司生产销售了放电加工机220多台，具有年产400台放电加工机的生产能力。开发了价优质高的计算机控制放电加工机和高速深孔加工机。2002年公司被评为江苏省高新技术企业。

三菱电机大连机器有限公司 日本三菱电机株式会社在中国大陆投资的独资企业，公司成立于1994年10月，总投资额50亿日元，占地面积68 000m²，员工545人。年销售收入64 000万元，其中电加工产品19 200万元。

经营范围：设计、生产配电用机械器具、电加工机产品、变频调速器产品及零部件，从事非配额许可证管理、非专营商品的收购出口。生产品种：小型短路器、变频调速器、放电加工机。

9. 组合机床行业

保定机床厂 国有企业，原机械部卧式镗床定点生产厂，现有职工1 080人，高中级技术人员102人。近10年来，先后为汽车、拖拉机、内燃机、电动机、工程机械及通用机械、纺织等行业提供组合机床、自动线及通用部件近万台。主要产品有TX、1TX系列镗削头；TA、1TA系列镗削头及TC系列镗孔车端面头；HJ系列机械滑台；IIY、1HY系列液压滑台；CC系列滑台侧底座、CD系列立柱侧底座及TD系列动力箱等12个系列120多个品种规格。还承接各种组合机床及自动线的设计制造。

保定第二机床厂 国有企业，国内组合机床主机生产及其通用动力部件制造行业的重要厂家。其主导产品有：组合机床及组合机床自动线、全系列通用机械动力部件、精密数控组合机床及数控通用部件、各品种型号精度等级的原引进德国部件、“Ⅰ”字头部件。其中包括：机械滑台、液压滑台、钻削头、铣削头、镗孔车端面头、动力箱、侧底座、铣削工作台及铣削组合机床等。

2002年工业总产值比上年增长9%；产品销售收入比上年增长37%；工业增加值比上年增长33%，其中工业增加值、实现增值税及货款回收达到了历史最好水平。组合机床年产量达到94台，动力部件完成1 128台，动力部件产量、品种、继续保持了行业之首。2002年该厂承接了4条柴油机机体加工自动线订单，生产周期仅用4个月，还承接了汽车后桥壳体立式加工机床及数控卧式双面分度加工辊轮专用机床等较高难度机床，提升了该厂产品档次水平。

大连机床集团公司 机床行业集科研、开发实验、生产制造为一体的大型企业集团，国家机床工具行业排头兵企业，我国高效自动化成套技术与装备的产业基地。公司总资产24亿元，从业人员5 977人，其中工程技术人员706人，高级职称133人。

2002年集团生产组合机床及自动线生产总量居全国首位，普通机床产销量全国第1，数控产值居全国第3位。主要生产设备2 600台，产品年产能力30 000台。全年完成工业总产值143 105万元，比上年增长58.9%；主营业务收入189 595万元，比上年增长69.2%；实现利润1 377万元，比上年增长338.5%，主要经济指标创行业新记录。

2002年10月，大连机床集团成功参股美国英格索尔公司机床生产公司。通过利用国际先进技术，引进高水平的外国专家，进一步提高集团公司国际化、全球化的水平。

机床集团出口供货额比上年增长19.7%；实现利润比上年增长3.4倍，大连机床集团获2001年、2002年度中国机床工具工业协会“主营业务收入”、“数控产值”、“出口创汇”十佳企业。其中主营业务收入连续3年全国第1。

2003年4月，大连机床集团公司名列辽宁省企业100强第44位。

大连亿达日平机床有限公司（YNC） 是由大连亿达集团有限公司与日本株式会社日平富山（NTC）合资经营的现代化机床企业。投资总额32亿日元，注册资本25亿日元。公司现有员工441人，其中工程技术人员100余人。

YNC主导产品为组合机床、加工中心及由它们组成的自动线或柔性加工系统，年可生产加工中心50台（柔性单元）、组合机床100台、柔性模块和数控滑台100台。2002年BH系列柔性加工自动线获得了2002年大连市科技进步三等奖，在机床工具行业“精心创品牌活动”中企业被评为2002年度的十佳企业。

在激烈的市场竞争中，YNC成功地占领了国内重点独资、合资企业，如一汽的大宇、天津中田、大连三洋压缩机、沈阳华润三洋压缩机、沈阳航天三菱发动机、东风本田、东风康明斯、松下万宝、三菱电动机、重庆建设雅马哈等独资、合资企业。合资企业的订单已占YNC销售额的20%，销售额逐年上升。YNC开创我国柔性加工新时代，在国内处于领先地位。

大连专用机床厂　民营企业。企业占地面积16 000 m²，现有职工300余人。主要产品组合机床和组合机床通用部件系列产品，年产值1 400万元，连续5年被大连评为大连市重合同守信用先进单位，多次被评为大连市先进企业和庄河市明星企业和纳税一级企业等称号，AAA级信用企业。

该厂现有固定资产2 000万元，是含有铸造、锻造、钣金、热处理、大、中小件机械加工和装配整机的制造企业。先后为汽车、拖拉机、柴油机、等行业的技术改造，新产品开发提供优质、先进、高效的专用成套设备及通用部件；各种产品曾多次被国家重点建设项目——二汽、南汽等企业选用，其机械设备的性能、质量达到设计要求的国家标准。

长春一汽装备技术开发制造有限公司　国有企业，生产专用机床及其自动线的大型企业。现已发展成为设计制造柔性加工设备、涂装设备、吊装设备、汽车车体组装设备、非标设备和汽车硅油风扇离合器的企业，是国家机床工具工业大型骨干企业。公司具有承接国家大型项目所需综合配套设备的能力。

公司与德国EX—CELL—O公司合作为一汽大众公司提供的6条多品种加工自动线，是国内外合作生产的精品。公司独立为哈东安设计制造的6条缸体加工线，可实现5个品种缸体的柔性加工，并获得2002年汽车行业科技进步二等奖。为东风集团朝柴提供的连杆加工自动线，实现了连杆体、盖的互换装配，该自动线达到国内领先水平。

公司还与韩国HWACHEON公司合作生产高性能立式加工中心和车削中心，与韩国三洲机械株式会社签署了合作生产车体装配线的协议。公司还与长春瑞基汽车工程技术装备有限责任公司合作，承接涂装、焊装设备的订货。

江苏多棱数控机床股份有限公司　高新技术企业，主要产品有龙门加工中心、立式加工中心、卧式加工中心、数控镗铣床、数控车床、数控专机、数控钻床、立式钻床等系列产品。2002年，公司工业总产值11 090万元，实现销售收入11 028万元。

公司现有员工708人，其中各类技术人员250余人，高中级职称100余人。公司占地面积16.6万m²，固定资产1.3亿元。公司拥有世界一流的成套设备和精密测量仪器。现有各类设备495台，其中金切设备320台，关键设备73台(套)。并已形成完整的计算机辅助设计网络，建立了覆盖整个产品设计流程的基于产品数据管理系数(PDM)的计算机辅助设计系统(CAD)、计算机远程诊断、控制网络，计算机辅助工艺系统(CAPP)，公司已具有年产数控机床500台的生产能力。

公司自主开发成功的中国首台TH42160B/5X五轴联动加工中心，荣获国家“九五”科技攻关优秀成果奖；还开发成功国内第1台具有完全知识产权的XK2125－500动梁式龙门数控镗铣床；2002年公司的“加工中心和数控铣床产业化支撑技术研究”和“大型五坐标龙门铣削中心”课题，双双中标国家“863”计划。公司被中国工业经济联合会、中国机械工业联合会评为“中国机械工业企业核心竞争力100强企业”。

江苏常州第四机床有限公司　国有企业。工厂占地面积6 670m²，拥有固定资产800万元。主要产品有E140注塑机、组合机床通用部件、组合机床专机等五大类80余种。2002年实现销售420万元，创利税83万元，人均2万元。

江苏省常州市同力机械制造有限公司　常州市最大的民营组合机床制造企业，中国机床工具工业协会组合机床分会会员。公司现有员工60人，其中工程技术人员12人。公司占地面积8 000m²，拥有固定资产400万元。2002年实现工业总产值420万元、产品销售收入420万元，利润总额20万元，从业人员工资总额52万元。公司主要从事组合机床的设计和开发、生产、服务及部分动力部件的生产，为汽车、拖拉机、柴油机、动力机械、工程机械、轻纺等行业企业提供组合机床的设计开发和制造(全部采用电脑CAD设计)；公司具有年产约80台组合机床的生产能力。

江苏恒力组合机床有限公司　民营企业，国家组合机床定点生产企业，中国机床总公司组合专用技术装备公司的主要成员。公司占地面积4.2万m²。拥有各种金切设备300多台，其中精密坐标镗床，精密导轨磨床，小孔磨床，高速磨齿机，加工中心，三坐标镗床，精密导轨磨床，小孔磨床，高速磨齿机，加工中心，三坐标测量仪，超音频淬火等设备30余台，具有较强的加工、装配、检测和机床安装调试能力。公司现有职工600余人，各类工程技术人员130人。

公司累计向汽车、摩托车、拖拉机、柴油机、航空、工程机械、模具、纺机、五金工具等行业提供各种设备4 000余台，历年来销售总量在同行中均名列前茅，其中尤以铣削类组合机床在全国享有盛誉，其市场占有率达50%以上。

海门东风过滤设备厂　民营企业。工厂占地面积1万m²，拥有职工100人，年生产能力3 000万元。

该厂专业生产各类过滤、排屑、清洗设备，现拥有八大系列60多种规格的产品，主要应用于汽车、拖拉机、轴承、机床等行业湿式机械加工中冷却液的净化处理。主要产品有：TX31—Q型排屑及冷却净化系统，DU系列过滤机、GL-GZC系列纸带过滤机、刮板排屑装置、清洗机等，现有大部分产品得到省级机关以上鉴定，其中真空过滤机TX31—Q排屑系统产品均填补国内空白，可替代进口。

自1990年以来，先后向江西五十铃发动机厂，南京跃进集团、东风汽车发动机厂、无锡拓普公司等数十个企业提供真空过滤机TX31—Q排屑系统，产品销售遍及全国汽车轴承、机床制造业，并为无锡机床厂、无锡光洋机床厂、东风汽车公司设备制造厂等长期配套服务。

海门液压件厂有限公司　民营企业。企业现有职工191人，2002年产值1 826.3万元，比上年增长33%，产品销售收入、利税等经济指标均有明显增长。

安阳第二机床厂　是原机械部生产组合机床、加工自动线及通用部件的定点厂，国有企业，是中国机床工具工业协会组合机床分会副理事长单位，年生产组合机床100台，通用部件1 000台。

2002年企业投入20多万元对三坐标测量仪进行了升

级改造，投入30多万元对导轨磨进行了部分改造，与市科委联合投资10万多元对计算机辅助设计系统进行升级改造。2002年企业实现工业总产值3 616万元，比上年增长14%；销售收入2 692万元，比上年增长72%；回款比上年增长54%，从业人员工资总额增长119%，订货同期增长5%，创造了安阳第二机床厂近期新高。

东风汽车有限公司设备制造厂 国有企业，是我国机床工具行业的骨干企业，主要生产专用机床及其自动线、柔性加工设备、可控扭矩转角螺纹拧紧设备、焊装设备、专用夹具、辅具等工艺装备和汽车零部件产品，具备了从工艺、设计、制造到安装调试以及新产品开发的全方位服务能力，其技术水平、产品质量、开发能力、市场竞争力均居行业领先水平。通过引进国际先进技术和自主开发，产品成功地用于卡车、轿车、摩托车、医疗、家电、核工业等领域，并出口到美国、加拿大等国家。2002年销售额为40 352万元，利润1 014万元，创历史最好水平。设备厂目前是全国最大的系列重型车平衡悬架装置的开发和生产基地，已形成了年产8万辆份的生产能力。

2002年企业自主研制开发了高速加工中心，填补了国内的空白。与日本OKK公司合作生产的PM系列高速加工中心已经推向市场。与美国兰姆公司合作生产缸体加工自动线正在积极推进。成功研制MPR－2000控制系统，占有了具有国内最高水平的可控拧紧机市场。2002年设备制造厂荣获了“湖北省级文明单位”、“中央企业厂务公开先进单位”称号。

光华组合机床股份有限公司 主要产品有TX、1TX、FSS铣削头，TA、1TA、DSS镗削头，TZ、1TZ、钻削头，HJ、1HJ、SEHY、1HY滑台，ZHXG、ZH1X组合机床，1XG铣削工作台，数控组合机床，数控组合钻床等。

中国一拖集团有限公司装备科技分公司 国有企业，主要从事组合机床加工、非标设备制造、机床修理。近年来公司开发研制了菲亚特轮式拖拉机前驱动桥和工程机械类压路机后驱动桥两个新型产品，并已形成批量生产能力。公司现有员工1 039人。工程技术人员175人，其中中、高级职称91人。公司配有数控镗铣床、数控切割机、座标镗床、落地镗床、龙门刨床等大型设备，高精密设备及通用机械加工设备共计539台，形成了高、大、精、稀和普通类型设备组合的完整加工体系。

公司在各类数控组专机床、非标准设备、轮拖及工程机械类驱动桥等产品领域内，具有设计、开发、制造能力。此外，还具备各类机床、电动机修理及通用设备数控化改造能力。产品共涉及到航空航天、化工、汽车、拖拉机、柴油机、交通、运输等多个行业，遍布全国20多个省市。

重庆第三机床厂 国有企业，是原机械部在西南地区惟一的组合机床通用部件定点生产企业。产品遍及全国汽车、摩托车、内燃机等行业。

近年来，重庆第三机床厂不断开发和完善通用部件产品系列，主要产品有：HY系列、1HY系列、SEHY系列液压滑台、SEME系列机械滑台；1TX系列铣削头、1CL系列立柱、EZB系列液压站，以及各种非标支撑部件，各种单轴及多轴钻、镗、铰主轴箱等；该厂以重庆市摩托车产业迅速发展为契机，结合汽车、摩托车零部件加工特点，开发制造高效实用的组合机床以及专用工装等，为适应迅速发展的产业找到了市场结合点。

宁波创力液压机械制造有限公司 民营企业，是为机床、冶金设备、矿山机械、塑料机械、医疗器械、造船等行业提供自动化装备的专业生产企业。公司为用户提供各种压力等级，流量为0～600L/min的液压传动系统和Φ6mm、Φ10mm、Φ16mm的通径高压叠加阀和“力士乐”系列板式阀以及符合ISO标准的新系列中、高压液压板式阀产品。

福建将乐机床厂 是专门从事高效率、高精度组合机床动力部件和组合机床的设计制造，并是原机械工业部组合机床科研生产联合体成员厂，该厂的JT6静压镗床1998年曾被省评为“最畅销地产产品”。

江西专用设备厂（国营九三八九厂） 工厂致力于汽车、摩托车、自行车、洗衣机、电站锅炉、大理石加工，纺织机械等多领域的专用设备及其成套设备的研制开发。工厂的经营范围主要是设计、制造摩托车、汽车、洗衣机等行业各种部装、总装自动流水线及其配套专用设备，枪弹成套设备，电站锅炉工艺设备及各种齿轮箱非标专用设备及组合机床，各类零件的批量机械加工。

洛阳汇翔精机有限公司 是以设计制造组合机床、数控机床和机械零部件加工出口为主营业务的民营股份制高新技术企业。公司累计研制了近700台组合机床，其中精密组合机床占50%以上，组合机床数控化率达35%以上。公司1996年被河南省认定为“高新技术企业”，2002年度又荣获洛阳市政府授予的“河南省优秀民营科技企业”称号。公司现有注册资金1 215万元，总资产2 900万元。2002年生产组合机床56台，其中精密组合机床占50%以上，数控化率达20%以上。

汇翔公司现有员工165人，拥有三坐标测量机、坐标镗、立式和卧式加工中心等一批大型高、精设备。2002年以来，公司利用在组合机床生产和加工工艺上的优势，积极开拓机电产品的加工出口产品业务，建立出口零件加工生产线，美国GE公司火车头转向架零件加工生产线2条、美国卡特彼勒柴油机缸盖生产线1条、美国克拉克活塞加工生产线1条。加工出的零件均获外商认可，已为美国通用电气(GE)(主机配套)、卡特彼勒等世界500强知名跨国公司的供应商批量生产供应零件。现公司已成为我国最大的民营组合机床制造企业之一。

鸡西机床厂 国有企业，是以生产组合机床及组合机床通用部件为主的专业生产厂家。工厂占地面积4万m^2，职工总数372人，其中工程技术人员50多人，拥有各类高精加工设备110余台。国家二级计量单位。该厂生产的通用部件主要有TC系列液压镗车头、1TA系列镗削头、1TX系列铣削头，共三大系列15种规格。该厂多年来生产过各种类型的组合机床，先后为中国一汽、二汽等重点工程生产过配套设备。

南京博众机械设备制造有限公司 专业生产各种物流输送、装配、试验、检测等设备及生产装配线的股份制公司；有多年设计、开发、制造经验，能够独立进行开发设计、加工制造、整线安装调试及售后等一整套服务；产品技术先进，工艺纪律严密，质量稳定、可靠，适用于机电、汽车、摩托车、发动机、轻工等行业大批量流水生产，是提高生产效率、改进装配质量、降低成本的有效设备和手段；公司生产车间占地1 000m^2，设备20台(套)，拥有专业技术人员20多人，其中中高级技术人员10人，专业技师8人；产品主要性能和技术指标居国内先进水平，部分产品可与国外同类产品媲美；产品在一汽集团、神龙公司、跃进集团、哈东安公司等用户使用多年，深受用户欢迎。

公司主要产品有：压装设备、装配设备、气密水密检测设备及各种装配输送线，公司还与南京第四机床厂、耐特集团、斗升热处理有限公司等厂家联营协作，年生产能力达1 450余万元。

江苏聚星机械工程成套技术开发公司 南京工程学院的院办国有科技产业，研制组合机床的专业厂家。数十年来，公司为摩托车行业研制了50～250型号摩托车发动机箱体、箱盖专机生产线、自动线，曲柄轴连杆、气缸头、气缸体加工专机生产线；为汽车行业研制了汽车发动机附件箱体、转向器壳体加工专机、自动线；为柴油机行业研制了机体加工专机生产线，以及单、双缸柴油机装配专机；为汽、摩、柴及压缩机曲轴研制了加工深油孔的数控枪钻专机；为气动液压行业研制了气动三联件阀体加工小型自动线；为春兰集团完成了压缩机工厂筹建交钥匙工程、冰箱压缩机自动装配线、涡旋及冰箱压缩机自动部装线及零部件装配专机。特别是新开发研制的摩托车气缸头加工专机生产线、摩托车箱体箱盖专机生产线、摩托车曲柄轴专机生产线，2002年均已通过了省级技术鉴定。

10.重型机床行业

武汉武重机床有限责任公司 大型骨干企业。主导产品有立式车床系列、卧式铣镗床系列、龙门镗铣床系列、回转工作台系列、大型滚齿机系列、重型卧车系列以及各类专机。能生产制造各类重型机床，并积极向中小型数控机床、柔性加工单元延伸，可供产品均实现数控化。现有职工2 800人，各类工程技术人员300多人。拥有CK53150/1、CK5240A、CK5125、等数控立式车床，XK2150、XK2132数控龙门镗铣床，TK6216、TK6513、FB260数控铣镗床，德国S310/16L—50大型内圆磨床，瑞士400型内圆磨床，意大利TUP数控龙门导轨磨床，德国磨齿机等加工设备。

2002年完成工业总产值1.71亿元，实现销售收入1.69亿元，增长率超过15%，出口500多万元。公司按照专业化的发展要求，以产品为对象组建了立车、镗床、铣床、专机以及机械加工、铸锻等6个专业子(分)公司。公司中标国家863重大制造专项——数控七轴五联动重型立式车铣复合加工机床。

企业成立以来，先后为能源、交通、铁路、造船、钢铁、重型机械、石化、军工、航天、航空等制造业提供万余台重大装备，并向20多个国家和地区出口产品。

齐重数控装备股份有限公司 2002年企业实现工业总产值13 591万元，销售收入11 512万元，利税总额1 611万元，从业人员630人。

主要生产产品有数控立车、数控卧车、数控轧辊车床、数控深孔钻镗床、数控电动机座车镗床。

主要生产设备及生产能力：拥有德国进口的卧式加工中心、数控铣镗床、精密导轨磨床；匈牙利进口的卧式加工中心；瑞士进口的数控齿轮磨床及美国进口的超声波探伤仪；日本进口的三坐标测量仪等高精度把关设备及检测仪器。拥有5 800m^{2}的恒温装配车间、4 600m^{2}的超重型装配车间，生产制造装备居全国同行业领先水平。目前公司以形成了六大类、26个系列、500多个机床品种的生产能力。2002年公司开发新产品4台，其中2项填补国内空白。

青海重型机床有限责任公司 是按照实施债权转股权政策要求，由青海机电国有控股公司和中国华融资产管理公司共同出资，以原青海重型机床厂为主体改制设立的有限责任公司。现有员工2 168人。2002年完成工业总产值7 095万元，机床工具类销售产值6 450万元，数控机床产值4 051万元。新产品开发项目6项，科研成果项目6项。

上海重型机床厂 2002年实现工业总产值6 900万元，销售收入5 600万元，从业人员619名。完成了XH2420、SZH1044A、K500、K800、CK6185的技术开发。其中XH2420龙门加工中心参加了中国数控机床展览会。2002年的质量管理目标最终体现在实物质量上，做到了3个100%：产品质量监督检查合格率100%，出口产品合格率100%，商检合格率100%。

险峰机床厂 国家大型重点骨干企业，是我国轧辊磨床、无心磨床等产品的主要生产厂家之一，享有进出口经营。2002年完成工业总产值(当年价)7 753万元，比上年增长13.98%；实现销售收入7 446万元，比上年增长14.06%；；完成利税总额1 577万元；比上年增长17.16%，机床产量389台，产销量95.7%。2002年企业开发了XF—125×80型数控外圆磨床、MQK84200×120型数控轧辊磨床等多种新产品。投资1 000多万元进行技术改造。2002年多种产品被评为省名牌产品。企业被中国机床工具工业协会评为2002年机床行业的“创名牌企业”。

东方机床厂 现有职工1 400余人，其中工程技术人员200余人，产品结构以金切机床为主，含非标工程机械、铸造。数控产品有：数控龙门刨床、数控龙门镗铣床、数控火焰(等离子)切割机，以及大型专用机床。在西部大开发的良好机遇面前，企业开发了“建设大型桥梁用工装及配件项目”及“STC系列边顶拱式全液压汞衬砌钢模板台车项目”，取得了较好的效果。

瓦房店重型机床制造有限公司 原为瓦房店重型机床厂。在市场经营中重信誉，承诺责任，对销售人员实行双向管理模式，以优质产品和良好的服务赢得市场，瓦重经营的主要产品，已实现了数控化系列设计。

湖北沙洋机床厂 经营的主要金切机床是大型、重型立式车床、龙门刨床，现该厂正开发研制中大型数控立式车床产品和中小型数控龙门镗铣床产品。

11.小型机床行业

成都宁江机床(集团)股份有限公司 2002年企业完成销售收入2.317亿元，利税2 909.7万元，其中利润1 660万元公司，获得"2002全国用户满意企业"、中国机械工业联合会"机械工业管理进步示范企业"、成都市机械行业"科技工作先进企业"、"成都市工业企业五十强"、"成都市重点优势企业"等称号。2002年度公司大力开发新产品，完成多条生产线和专用机床开发，完成3种重点数控机床产品的开发研制，全年共完成新产品开发17种。全公司完成技术创新、科技攻关项目共计501项，比上年增加1倍，完成了YKJ3610、NJ—KB011的省级鉴定工作。公司在2002年度企业信息化建设投入100余万元，扩建内部网络，全面实行计算机辅助设计(PDM)，管理信息系统(MIS)进入测试阶段，公司投入900余万元进行技术改造，该项目于2003年4月完成；投入50余万元进行检测设备改造，有效提高了产品设计质量和制造质量。

安徽池州家用机床股份有限公司 2002年度实现销售收入3 577.7万元，比上年增长47.87%，完成利税305.3万元，其中利润66.5万元。公司主要产品有：CZ系列台式车床、CX系列车铣床、DIY系列台式仪表车床、HQ系列多功能工具机、ZAY系列铣钻床、Z系列立式钻床、系列木工机床(MJ系列木工圆锯机、ML1744木工机床)、小型系列加工中心等八大系列60多个品种，并生产和经营机械工具等产品。现已形成覆盖60多个国家和地区的销售网络。2002年企业进行了5种数控产品的开发研究，主要仍然集中在小型多功能机床方面。

杭州金宝机床有限公司 主要生产仪表机床、数控车床等。其中仪表车床最大夹持直径75mm，年产量2 000余台；仪表立式、卧式铣床能对小型工件进行钻孔、铣槽、切割和磨削功能；公司还提供简易数控车床，特别是推出的双头数控车床，获得国家知识产权局实用新型专利。

广州市粤港技术工程有限公司 民营企业。业务及产品遍及汽车、摩托车、轻工、家电、制冷、电子、五金、化工、自动化控制、电脑等多个行业。自2000年以来分别为用户成功筹划建造了具有世界先进技术水平的电子真空产品、空调生产线、微波炉生产线等。近期，自设工厂除继续为用户设计制造专用检测设备及汽车发动机零件专用加工设备外，更与宁江机床(集团)股份有限公司强强联手合作研制系列数控车床加工中心。

〔撰稿人：中国机床工具工业协会车床分会副秘书长刘百喜　铣床分会副秘书长袁国梁　钻镗床分会常全富　磨床分会副秘书长董立平　插拉刨床分会秘书长杨定华　锯床分会秘书长叶　均　齿轮机床分会秘书长向　毅　重型机床分会秘书长翟　巍　小型机床分会秘书长高克超　特种加工机床分会秘书长陈德忠　组合机床分会秘书长刘庆乐　中国机床工具工业协会市场部王惠方〕

附表1　2002年金切机床行业各企业新产品情况

序号	产品名称	型号	主要技术参数	鉴定时间	企业名称
1	数控定梁龙门加工中心	XHAD2420	工作台尺寸：200mm×6 000mm	2002.08	北京第一机床厂
2	立式加工中心	XHAD7310	工作台尺寸：1 000mm×2 500mm	2002.12	北京第一机床厂
3	立式加工中心	XH715	工作台尺寸：520mm×900mm	2002.12	长春数控机床有限公司
4	三轴加工单元	ZT—3X50	主轴转速：4 500r/min，最大输送扭矩：70N.m，快进速度：20m/min，定位精度：0.01mm，重复定位精度：0.005mm	2002.12	长春一汽装备技术开发公司
5	加工中心	VD63	工作台尺寸：460mm×630mm	2002	大连机床集团
6	BH系列柔性加工自动线	BH4S、BH4K、BH5S	数控准高速加工中心，主轴转速：10 000r/min，快进速度：36m/min，换刀时间：1s	2000	大连亿达机床集团
7	床身式加工中心	XH716	工作台尺寸：600mm×1100mm		桂林机床股份有限公司
8	龙门式加工中心	XHZ2320/4	工作台尺寸：2 000mm×4 000mm		桂林机床股份有限公司
9	滑枕式加工中心	XHZ7712A/3	工作台尺寸：1 200mm×3 000mm		桂林机床股份有限公司
10	龙门式加工中心	XHZ2320/5	工作台尺寸：2 000mm×5 000mm		桂林机床股份有限公司
11	立式加工中心	XH714G	主轴转速：8 000r/min，进给速度：≥10m/min，刀库容量：12把，全封闭护罩，西门子系统	2002.12	汉川机床有限责任公司
12	立式加工中心	XH714E	主轴转速：8 000r/min，进给速度：≥20m/min，全封闭护罩，自动排屑，法那科、西门子系统，刀库容量：20把	2002.05	汉川机床有限责任公司
13	立式加工中心	XH714B	主轴转速：8 000r/min，进给速度：≥20m/min，全封闭护罩，自动排屑，法那科、西门子系统	2002.04	汉川机床有限责任公司

（续）

序号	产品名称	型号	主要技术参数	鉴定时间	企业名称
14	立式加工中心	XH715B	主轴转速：6 000r/min，进给速度：≥15m/min，刀库容量：32 把全封闭护罩，自动排屑，法那科系统	2002.11	汉川机床有限责任公司
15	立式加工中心	XH716D	主轴转速：1 100r/min，进给速度：≥3.5m/min，交流调速系统	2002.12	汉川机床有限责任公司
16	龙门式加工中心	XH2416	机电液一体化，R_a≤2.0μm，效率≥120mm²/min，全封闭护罩	2002.11	汉川机床有限责任公司
17	车铣复合加工中心	CXH7525	最大车削直径：500mm，铣刀盘直径：80mm	2002.01	江苏多棱数控机床公司
18	高速立式加工中心	XH786	工作台尺寸：900mm×600mm，Y主轴最高转速：10 000r/min，快移速度：X：70m/min YZ：40m/min	2002.11	江苏多棱数控机床公司
19	五轴联动立式加工中心	XH716/5X	工作台尺寸：1 500mm × 600mm A.B 轴转角 360°±100°	2002.09	江苏多棱数控机床公司
20	玻璃加工中心	GHM220	工作台尺寸：1 600mm×2 400mm	2002	青海一机数控机床有限责任公司
21	龙门加工中心	XK2420	工作台尺寸：2 000mm×4 000mm	2002.12	上海重型机床厂
22	卧式加工中心	NJ—K018	工作台尺寸：800mm×800mm		同上
23	精密卧式铣镗加工中心	THM65100×125A/1D	工作台尺寸：1 000mm×1 250mm	2002.02	中捷机床有限公司
24	龙门铣镗加工中心	TH5463×140	工作台尺寸：630mm×1 400mm	2002.03	中捷机床有限公司
25	立式加工中心	KVC1400/1	工作台尺寸：630mm×1400mm	2002.08	自贡长征机床有限公司
26	立式加工中心	KVC800	工作台尺寸：405mm×1 375mm	2002.08	自贡长征机床有限公司
27	横梁移动龙门加工中心	GMC1300	工作台尺寸：2 000mm×1 300mm	2002.08	自贡长征机床有限公司
28	动柱立式加工中心	TH5940	立柱左右移动距离：600mm，立柱前后移动距离：400mm，立柱上下移动距离：600mm，工作台尺寸：400mm×700mm，工作台承重：300kg，主轴转速：20～6 000r/min，主电动机功率：AC11/15kW，定位精度：X 轴：0.025mm，Y 轴：0.022mm，Z 轴：0.025mm，重复定位精度：X 轴：0.015mm，Y 轴：0.012mm，Z 轴：0.015mm，刀库容量：24 把刀，加工尺寸精度：IT6 级		安阳机床集团有限责任公司
29	立式加工中心	J1VMC40A	工作台尺寸：900mm×400mm，转速：60～6 000r/min，电动机功率：7.5/11kW；加工精度：IT6，定位精度：±5μm，重复定位精度：±3μm	2002.12	济南一机床集团有限公司
30	立式加工中心	LJ714	工作台尺寸：1 100mm×450mm，三轴行程：650mm×450mm×500mm，主轴转速：70～8 000r/min，主电动机功率：5.5kW，三轴伺服电动机功率：1.5kW，定位精度：0.02mm，重复定位精度：0.01mm		兰溪联强机床制造有限公司
31	数控车床	CKA6763	最大加工直径：630mm，最大加工长度：750～3 650mm，	2002	大连机床集团

（续）

序号	产品名称	型号	主要技术参数	鉴定时间	企业名称
32	数控单柱立式车床	CK5112H×10/3Q	最大车削直径：1 250mm，最大工件高度：1 000mm，最大工件重量：3.2t，工作台转速范围（无级）：4～500r/min，垂直刀架快速移动速度：1 200mm/min（最大15m/min）	2002.02	大连机床集团
33	数控自动车床	NJ—K017	主轴转速：6 000r/min		成都宁江机床集团股份有限公司
34	数控车床	DL—20	最大加工直径：轴类：260mm，盘类：380mm，长度：600mm	2002	大连机床集团
35	数控车床	DL—32	最大加工直径：轴类：400mm，盘类：630mm，长度：2 000mm	2002	大连机床集团
36	数控车床	CKA6150	最大加工直径：500mm，最大加工长度：750～1 500mm	2002	大连机床集团
37	数控车床	CKA1366	最大加工直径：360mm	2002	大连机床集团
38	数控车床	CKA6780	最大加工直径：800mm，最大加工长度：750～4 000mm	2002	大连机床集团
39	车削中心	CHD6126	最大加工直径：轴类：260mm，盘类：300mm，长度：500mm	2002	大连机床集团
40	数控双柱立式车床	CK52100×50	最大加工直径：10 000mm，最大工件重量150t，最大工件高度：5 000mm	2002.11	齐重数控装备股份有限公司
41	数控双柱立式车床	CK52100×50	最大加工直径：10 000mm，最大工件重量：150t，最大工件高度：5 000mm	2002.11	齐重数控装备股份有限公司
42	数控单柱立式车床	CK5112H×10/3Q	最大车削直径：1 250mm，最大工件高度：1 000mm，最大工件重量：3.2t，工作台转速范围（无级）：4～500r/min，垂直刀架快速移动速度：1 200mm/min（最大15m/min）	2002.02	齐重数控装备股份有限公司
43	数控轧辊车床	CK84200D × 70/40L	最大加工直径：10 000mm，最大加工高度：7 000mm，最大加工件重量：40t	2002.11	齐重数控装备股份有限公司
44	数控单柱立式车床	CK5112H×10/3Q	最大车削直径：1 250mm，最大工件高度：1 000mm，最大工件重量：3.2t，工作台转速范围（无级）：4～500r/min，垂直刀架快速移动速度：1 200mm/min（最大15m/min）	2002.02	齐重数控装备股份有限公司
45	卧式车削中心	CH61250	最大回转直径：2 500mm，加工长度：800mm，主轴转数：1～200r/min	2002.12	青海重型机床有限责任公司
46	数控专用车床	H257	最大车削直径：1 300mm，最大车削长度：1 100mm	2003.04	上海机床厂有限公司
47	双主轴车削中心	SHZ1044A	最大回转直径：680mm，最大加工高度：380mm	2002.12	上海重型机床厂
48	数控车床	CK6185	最大回转直径：815mm，最大加工长度：4 000mm，	2002.12	上海重型机床厂
49	数控车床	CK6420G	工件直径×长度：Φ200mm×150mm		上海仪表机床厂
50	数控车床	CRK6136B	工件直径×长度：Φ360mm×500mm		山东临沂金星机床有限公司
51	数控车铣床	CXK16			成都宁江机床集团股份有限公司
52	数控车床	NJ—K020	最大回转直径：320mm		成都宁江机床集团股份有限公司

（续）

序号	产品名称	型号	主要技术参数	鉴定时间	企业名称
53	数控车床	NJ—K022	主轴转速：6 000r/min		成都宁江机床集团股份有限公司
54	精密数控车床	NJ—KA011/1	最大加工直径：40mm		成都宁江机床集团股份有限公司
55	精密数控车床	NJ—KB011	最大加工直径：20mm		成都宁江机床集团股份有限公司
56	立式车铣中心	CKX5125	最大回转直径：2 500mm，加工高度：2 000mm，最大工件重量：11t	2002.10	武汉重型机床有限责任公司
57	数控立式车床	CK5116F	最大加工直径：1 600mm，最大加工高度：1 600mm，最大工件重量：8t	2002.01	武汉重型机床有限责任公司
58	立式车铣加工中心	CKX5116	最大加工直径：1 600mm，最大加工高度：1 600mm，最大工件重量：8t	2002.12	武汉重型机床有限责任公司
59	CK6752 数控管螺纹车床	CK6752	床身上最大回转直径：520mm，刀架上最大回转直径：360mm，最大切削长度：530mm，主轴转速：50～1 200r/min，主电动机功率 11kW，定位精度：*Z* 轴：0.04mm，*X* 轴：0.013mm，重复定位精度：*Z* 轴：0.015mm，*X* 轴：0.012mm，卧式刀架，加工尺寸精度 IT6 级	2002.12	安阳机床集团有限责任公司
60	数控立式数控车床	CK516	床身上最大回转直径：630mm，刀架上最大回转直径：600mm，最大切削高度：500mm，主轴转速：24～800r/min（四段无级），主电动机功率：15kW，定位精度：*Z* 轴：0.04mm，*X* 轴：0.035mm，重复定位精度：*Z* 轴：0.015mm，*X* 轴：0.0075mm，立式刀架，加工尺寸精度 IT6 级	2003.04	安阳机床集团有限责任公司
61	卧式数控车床	CK6180	床身上最大回转直径：800mm，刀架上最大回转直径：510mm，最大切削高度：1 350mm，主轴转速：10～800r/min，主电动机功率 11kW，定位精度：*Z* 轴：0.045mm，*X* 轴：0.03mm，重复定位精度：*Z* 轴：0.02mm，*X* 轴：0.012mm，立式刀架，加工尺寸精度 IT6 级	2003.08	安阳机床集团有限责任公司
62	卧式数控车床	CAK6180	床身上最大回转直径：800mm，刀架上最大回转直径：510mm，最大切削高度：1 350mm，主轴转速：7～800r/min，主电动机功率：11kW，定位精度：*Z* 轴：0.045mm，*X* 轴：0.03mm，重复定位精度：*Z* 轴：0.02mm，*X* 轴：0.012mm，立式刀架，加工尺寸精度 IT6 级	2002.09	安阳机床集团有限责任公司
63	经济型卧式数控车床	CKJ6280	床身上最大回转直径：800mm，刀架上最大回转直径：510mm，最大切削高度：1 350mm，主轴转速：6～800r/min，主电动机功率：11kW，定位精度：*Z* 轴：0.045mm，*X* 轴：0.03mm，重复定位精度：*Z* 轴：0.02mm，*X* 轴：0.012mm，立式刀架，加工尺寸精度 IT6 级		安阳机床集团有限责任公司

（续）

序号	产品名称	型号	主要技术参数	鉴定时间	企业名称
64	数控车床	CJK6163	直径×长度：630mm×1 000/1 500/2 000mm		宝鸡机床厂
65	数控车床	HK63	直径×长度：630mm×1 000/1 500 mm		宝鸡机床厂
66	数控车床	CK7520C	直径×长度：370mm×500/750/1 000mm		宝鸡机床厂
67	数控车床	CK7516A	直径×长度：285mm×400mm		宝鸡机床厂
68	数控排刀车床	C2—6430HK/1	最大回转直径：200mm，刀架最大回转直径：100mm，快速移动速度：（X、Z）轴 10m/min，主轴转速：60～4 000r/min，主电动机功率 4kW		重庆第二机床厂
69	数控车床	C6132K	床身上最大回转直径：360mm，最大工件长度：750mm，主轴转速范围：45～2 100r/min，主轴转速种类：正反各 18 级，主电动机功率：3/4kW		重庆第二机床厂
70	数控车床	C2—6130HK/2	床身上最大回转直径：340mm，刀架上最大工件回转直径：160mm，主电动机功率：4kW，主轴转速范围：50～3000r/min（无级），刀具容量：4 把		重庆第二机床厂
71	数控车床	C2—6130K/3	床身上最大回转直径：340mm，刀架上最大工件回转直径：160mm，主电动机功率：4.5/3kW，主轴转速范围：31～1 800r/min		重庆第二机床厂
72	数控车床（广州系统）	CJK6140	加工零件：Φ400mm×900mm，主轴转速：10～1 400r/min，主电动机功率：7.5kW		丹东机床有限责任公司
73	数控车床	CK6146	直径×长度：460mm×750mm，	2002.12	德州德隆（集团）机床有限责任公司
74	数控车床	CK6146	直径×长度：460mm×750mm，	2002.12	德州德隆（集团）机床有限责任公司
75	数控车床	CK6180D	直径×长度：800mm×1 500mm	2002.12	德州德隆（集团）机床有限责任公司
76	数控车床	CKD61100	直径×长度：1 000mm×2 000mm	2002.09	德州德隆（集团）机床有限责任公司
77	数控重型车床	CKD61125L	直径×长度：1 250mm×2 000mm	2002.09	德州德隆（集团）机床有限责任公司
78	数控立车	CK576	直径×长度：630mm×400mm	2002.12	德州德隆（集团）机床有限责任公司
79	单轴数控车床	YX—CK3750		2002.12	豫西机床有限公司
80	数控车床	CNC500	直径：500、2 500r/min、7.5kW	2002.07	广东康乾机床有限公司
81	数控车床	CK61125E	直径：1 250、11kW	2002.04	广东康乾机床有限公司
82	数控车床	GCNC—360	最大回转直径：360mm	2002.09	广州机床工具有限公司
83	数控立式车床	J1VL—800	规格：加工直径：200/450mm，转速：20～2 000r/min，电动机功率：18.5/22 kW；加工精度：IT6，定位精度：±5μm，重复定位精度：±3μm，刀架形式：电动回轮式	2002.12	济南一机床集团有限公司

（续）

序号	产品名称	型号	主要技术参数	鉴定时间	企业名称
84	数控车削中心	MJ—760/MC	规格：加工直径：760/580mm，转速80～2 000r/min，电动机功率：22/30kW；加工精度：IT6，定位精度：±5μm，重复定位精度：±3μm，刀架形式：伺服驱动动力刀架	2002.12	济南一机床集团有限公司
85	双刀架四轴对置式数控车床	MJ—860DT	规格：Φ860mm×660mm×700mm，转速 10～1 000r/min，电动机功率：60/75kW，加工精度 IT6；定位精度：±5μm，重复定位精度：±3μm，刀架形式：液压回轮双刀架	2002.12	济南一机床集团有限公司
86	数控车床	CK6125i	规格：加工直径：2 500mm × 350mm，转速 300～3 000r/min，电动机功率：3/4kW，加工精度 IT7，定位精度±5μm，重复定位精度±3μm，刀架形式：电动刀架	2002.12	济南一机床集团有限公司
87	变频数控车床	CJKD632B	加工直径×长度：320mm×270mm	2002.05	江西第五机床厂
88	变频数控车床	CJK300B	加工直径×长度：300mm×400mm	2002.06	江西第五机床厂
89	变频数控车床	CJK6136	加工直径×长度：360mm×750mm	2002.01	江西第五机床厂
90	高速数控车床	CKS6150	加工直径：500mm×1 000mm，主轴转速：200～3 500r/min，主电动机功率：7.5kW，定位精度 X 轴：0.03mm，Z 轴 0.04mm，重复定位精度 X 轴：0.012mm，Z 轴：0.016mm，六工位卧式刀架；加工精度 IT6		牡丹江迈克机床制造有限公司
91	数控车床	CK1420	加工直径：200mm；主轴转速：8 000 r/min		南京机床厂
92	数控车床	CK1440A	加工直径：400mm；主轴转速：3 000 r/min		南京机床厂
93	数控车床	CK1450	加工直径：500mm；主轴转速：3 500 r/min		南京机床厂
94	数控车床	CK1463	加工直径：630mm；主轴转速：2 500 r/min	2002	南京机床厂
95	数控车床	CK7150/3	加工直径×长度：250mm×1 000mm	2002.03	宁夏长城机床厂
96	数控车床	CK7150/4	加工直径×长度：250mm×1 000mm	2002.03	宁夏长城机床厂
97	数控车床	CK7840A/2	加工直径×长度：400mm×2 500mm	2002.04	宁夏长城机床厂
98	数控车床	CK7832B/1	加工直径×长度：320mm×1 000mm	2002.05	宁夏长城机床厂
99	数控车床	CK7810	加工直径×长度：100mm×400mm	2002.05	宁夏长城机床厂
100	数控车床	CK7112	加工直径×长度：60mm×250mm	2002.06	宁夏长城机床厂
101	数控车床	CK7120/2	加工直径×长度：200mm×710mm	2002.08	宁夏长城机床厂
102	数控车床	CK7832B/2	加工直径×长度：320mm×1 000mm	2002.08	宁夏长城机床厂
103	数控车床	CK7815D/2	加工直径×长度：150mm×600mm	2002.09	宁夏长城机床厂
104	数控车床	CK7125/1	加工直径×长度：250mm×500mm	2002.09	宁夏长城机床厂
105	数控车床	CKH7820	加工直径×长度：200mm×1 000mm	2002.10	宁夏长城机床厂
106	数控车床	CK7810A/1	加工直径×长度：100mm×400mm	2002.10	宁夏长城机床厂
107	数控车床	CK7112/1	加工直径×长度：60mm×250mm	2002.11	宁夏长城机床厂
108	数控车床	CK7815C/4	加工直径×长度：150mm×600mm	2002.11	宁夏长城机床厂
109	数控车床	CK786/1	加工直径×长度：60mm×250mm	2002.11	宁夏长城机床厂
110	数控车床	CK7132	加工直径×长度：320mm×1 500mm	2002.12	宁夏长城机床厂
111	数控车床	CK7950	加工直径×长度：500mm×220mm	2002.12	宁夏长城机床厂
112	数控车床	NC360	加工直径×长度：360mm×800mm		山西新绛亨通机床有限公司
113	数控卧式车床	HM—008	最大回转直径：500mm；最大车削长度：750/1 000mm、1 500/2 000mm	2002.12	上海第二机床厂

(续)

序号	产 品 名 称	型 号	主要技术参数	鉴定时间	企 业 名 称
114	倒立车削中心	HM—015	最大回转直径:360mm;最大车削长度:200mm;主轴转速:4 300r/min;主电动机功率:28/40kW;刀位数:12个	2002.12	上海第二机床厂
115	双主轴数控车床	CK2516	加工直径×长度:320mm×150mm	2002.12	上海江宁机床厂
116	卧式数控车床	CK6132	加工直径×长度:320mm×450mm	2002.12	上海江宁机床厂
117	卧式数控车床	CK6432	加工直径×长度:320mm×200mm	2002.12	上海江宁机床厂
118	车铣中心	CX6154	规格:850mm,转速:4000r/min,主电动机功率:28/35kW,定位精度、重复定位精度:X轴:0.012/0.006mm,Y轴:0.012/0.006mm;Z轴:0.02/0.008mm,C轴:40″/28″,B轴:±4″/±2″	2003.08	沈阳第一机床厂
119	卧式车削中心	CHH6125	规格:350mm,转速:7000r/min,主电动机功率:Ⅰ32.1kW/Ⅱ12kW,定位精度、重复定位精度:X轴:0.012/0.006mm,Y轴:0.016/0.006mm,Z轴:0.016/0.006mm,C轴:40″/28″,B轴:±4″/±2″	2003.01	沈阳第一机床厂
120	数控车床	CKS6125P	规格:500mm,转速:45~4 500r/min;主电动机功率:Ⅰ32.1/Ⅱ12kW;定位精度、重复定位精度:X轴:0.012/0.006mm,Z轴:0.016/0.006mm		沈阳第一机床厂
121	数控立式车床	CK516B	规格:800mm,转速:50~0 000r/min;主电动机功率:Ⅰ32.1/Ⅱ12kW;定位精度、重复定位精度:X轴:0.035/0.0075mm,Z轴:0.040/0.015mm		沈阳第一机床厂
122	数控高精度车床	CKG6132	规格:850mm,转速:30~5 000r/min;主电动机功率:9/11kW;定位精度、重复定位精度:X轴:0.005/0.002mm,Z轴:0.005/0.002mm		沈阳第一机床厂
123	车削中心	CH6145A	规格:520mm,转速:30~4 000r/min;主电动机功率:9/11kW;定位精度、重复定位精度:X轴:0.012/0.006mm,Z轴:0.02/0.008mm,C轴:40″/28″,刀架形式:卧式12工位,加工精度:IT6		沈阳第一机床厂
124	数控轮毂车床	CKL6156	规格:680mm,转速:22~2 200r/min,定位精度、重复定位精度:X轴:0.012/0.006mm,Z轴:0.02/0.008mm,刀架形式:伺服动力刀架,加工精度:IT6		沈阳第一机床厂
125	经济型数控车床	CJK6132	床身上最大回转直径:400mm,刀架上最大回转直径:180mm;最大加工长度:800mm,主轴转速范围:200~2 000r/min,主电动机功率:4kW	2002.06	太原第一机床厂
126	数控轮胎模具车	T2CNC—2C	最大工件直径:850mm;转速:14~1 010r/min;主电动机功率:AC11kW,重复定位精度:0.003mm;刀架形式:六工位电动刀架,加工精度:IT6		天津市第二机床厂

（续）

序号	产品名称	型号	主要技术参数	鉴定时间	企业名称
127	数控管子车床	CKW6636	主参数Φ1 000mm×2 000mm，管子直径范围：Φ60～360mm，主轴转速范围：25～400r/min，主电动机功率：22kW		天水星火机床厂
128	车削中心	CH6185	主参数Φ850mm×1 500mm，主轴转速范围：6.30～1 250r/min（二档自动无级变速），主电动机功率：AC30/37kW		天水星火机床厂
129	数控车床	CKW61200	主参数Φ2000mm×1500mm，主轴转速：3～200r/min，主电动机功率：AC55kW		天水星火机床厂
130	普通数控车床	CYNC—400PCYNC—500P	Φ400mm（Φ500mm），转速：0～2 600r/min；主电动机功率：7.5kW		云南CY集团有限公司
131	普通数控车床	CYNC—502T	Φ520mm，转速：0～2 600r/min；主电动机功率：11kW(7.5kW)		云南CY集团有限公司
132	普通数控车床	CYNC—630P	Φ630mm，转速：0～1 600r/min；主电动机功率：15kW	2002.08	云南CY集团有限公司
133	数控车床	CNC3250D	床身上最大回转直径：320mm，最大加工长度：500mm，转速：150～3 000r/min		玉溪机床厂
134	数控车床	CNC3250B	床身上最大回转直径：320mm，最大加工长度：500mm，转速：150～3 000r/min		玉溪机床厂
135	数控车床	CNC5075B	床身上最大回转直径：500mm，最大加工长度：750mm，转速：150～2 000r/min		玉溪机床厂
136	排刀型全功能数控车床	KDCL—25P	Φ360mm×300mm	2002.12	浙江凯达机床集团有限公司
137	高速精密数控车床	CK6140ZX	Φ400mm×750mm	2002.12	浙江凯达机床集团有限公司
138	数控车床	CK6180A	规格3M	2002.06	兰州机床厂
139	立式数控铣床	XK714G	主轴转速：8 000r/min，进给速度：≥10m/min，刀库容量：20把，全封闭护罩，西门子系统	2002.12	汉川机床有限责任公司
140	数控床身铣床	XKA715	工作台尺寸：500mm×1 250mm	2002.02	北京第一机床厂
141	数控铣床	XKJ7825	工作台尺寸：250mm×900mm	2002.12	长春数控机床有限公司
142	数控床身铣床	XK714	工作台尺寸：400mm×800mm	2002.12	长春数控机床有限公司
143	数控铣床	XK715	工作台尺寸：500mm×1 060mm	2002.12	长春数控机床有限公司
144	数控卧式铣床	XK6036	工作台尺寸：360mm×1 400mm		桂林机床股份有限公司
145	数控立式铣床	XK5020D	工作台尺寸：200mm×1 320mm		桂林机床股份有限公司
146	数控立式铣床	XK5020T	工作台尺寸：200mm×1 320mm		桂林机床股份有限公司
147	数控摇臂铣床	XK6336	工作台尺寸：360mm×1 280mm		桂林机床股份有限公司
148	数控床身铣床	XK716/2	工作台尺寸：600mm×1 500mm		桂林机床股份有限公司
149	数控滑枕升降台铣床	XK5763A/1	工作台尺寸：630mm×1 635mm		桂林机床股份有限公司
150	立式数控铣床	XK716D	机电液一体化，升降式液槽，刀库容量：4把，内置C轴，C轴及刀库接口与3R附件相同，全封闭护罩	2002.01	汉川机床有限责任公司
151	数控铣床	XK7135XK7135	工作台尺寸：1 000mm×380mm，行程X：1 100mm，Y：450mm，主轴锥度：ZSO40，套筒行程：120mm。行程Z：650mm，主电动机功率：3kW，主轴转速范围：70～4 500r/min，工作台横向进给（X轴）0～6 000mm/min，主轴箱升降进给（Z）轴：0～6 000mm/min		长沙第二机床厂

(续)

序号	产品名称	型号	主要技术参数	鉴定时间	企业名称
152	异型螺杆数控铣床	CNCL400	工件直径范围:50～40mm,工件最大长度:3 000～5 000mm,工件主轴转速:0.01～27r/min,数控系统:AR—M9730T,功率:25kW,螺杆导程加工误差:≤0.05/300mm	2002.01	江苏齐航数控机床有限责任公司
153	数控钻削加工中心	ZH713			安徽池州家用机床股份有限公司
154	数控攻钻床	ZK4412			安徽池州家用机床股份有限公司
155	数控钻孔攻牙机	ZK5040			安徽池州家用机床股份有限公司
156	数控铣钻床	ZK7032			安徽池州家用机床股份有限公司
157	数控立式钻床	ZK5140	三轴控制、两轴联动、重复定位精度:0.01mm	2002.04	桂林第二机床厂
158	数控龙门钻床	ZK7480	三向行程:4 000mm×200mm×500mm	2002.04	江东机床厂
159	数控铣钻床	ZJK7532	最大钻孔直径:30mm,最大钻铣刀直径:50mm,最大立铣刀直径:28mm,定位精度:±0.02/3 000mm,重复定位精度:±0.01mm		重庆市机械高级技工学校、重庆新世纪有限公司
160	深孔枪钻机床	DJ—Q06	加工孔直径:9.18mm,孔的直径误差:< 0.03mm,加工孔的深度:300mm,直线度误差:<0.08mm		丹东机床有限责任公司
161	数控深孔钻镗床	TK2125	Φ250mm×3 000mm	2002.12	德州德隆(集团)机床有限责任公司
162	数控深孔钻镗床	TK2120	Φ200mm×2 000mm	2002.12	德州德隆(集团)机床有限责任公司
163	数控钻铣中心	ZX2103/CNC	工作台:1 200mm×1 600mm	2002.12	德州德隆(集团)机床有限责任公司
164	印制板数控钻床	SKZ—04D	高速主轴头数:2～6个,主轴最高转速:8 000r/min,最小钻孔直径:0.3mm,定位精度:±0.01mm,重复定位精度:0.005mm,最大功率:4kW	2002.01	江苏齐航数控机床有限责任公司
165	数控龙门镗铣床	XKA2130×100	工作台尺寸:3 000mm×10 000mm	2002.06	北京第一机床厂
166	龙门镗铣床	X2120	工作台尺寸:2 000mm×6 0000mm,	2002.08	东方机床厂
167	数控镗铣床	TK54150	工作台尺寸:2 000mm×1 250,日本FANUC系统,工程最大镗孔直径:200mm	2002.12	桂林第二机床厂
168	数控立式镗铣床	TK54125×300	工作台尺寸:2 000mm×1 500,日本FANUC系统,工程最大镗孔直径:200mm	2002.12	桂林第二机床厂
169	卧式数控镗铣床	TK611C	机电液一体化,R_a≤1.25μm,效率≥120mm²/min,锥度±6°	2003.01	汉川机床有限责任公司
170	落地式数控铣镗床	TK68125A	工作台尺寸:1 000mm×1 250mm	2002.12	江苏多棱数控机床公司
171	落地式数控铣镗床	TK68125A	工作台尺寸:1 250mm×1 250mm	2002.12	江苏多棱数控机床公司
172	数控深孔镗床	TK2225	Φ250mm×3 000mm	2002.09	德州德隆(集团)机床有限责任公司
173	数控镗铣床	LXK714	工作台尺寸:1 100mm×450mm,三轴行程:650mm×450mm×500mm,主轴转速:70～8 000m/min,主电动机功率:5.5kW;三轴伺服电动机功率:1.5kW;定位精度:0.02mm;重复定位精度:0.01mm		兰溪联强机床制造有限公司

(续)

序号	产品名称	型号	主要技术参数	鉴定时间	企业名称
174	数控立式内圆珩磨机	B_3HM—002	最大珩孔直径:500mm	2002.07	北京第三机床厂
175	数控龙门平面磨床	GB—K2010	1 000mm×2 000mm	2002.12	桂林磨床包装机械厂
176	数控龙门式平面磨床	HZ—K2015	1 500mm×2 000mm	2001.12	杭州机床集团有限公司
177	数控外球面磨床	PMS—006	SΦ10～SΦ30	2002.09	杭州机床集团有限公司
178	数控强力成形磨床	MKL7120	200mm×600mm	2002.08	杭州机床集团有限公司
179	数控陶瓷切割机	HZ—O73	600mm×1 000mm	2003.01	杭州机床集团有限公司
180	数控精密立轴双端面磨床	MKY7730	Φ300mm		杭州机床集团有限公司
181	数控超高速平面磨床	MKS7130	300mm×1 000mm		杭州机床集团有限公司
182	数控龙门式平面磨床	HZ—K2015	Φ600mm	2001.12	杭州机床集团有限公司
183	数控强力成形磨床	MKL7120 * 6	行程 350mm×250mm×220mm	2002.08	杭州机床集团有限公司
184	数控陶瓷切割机	HZ—073		2003.01	杭州机床集团有限公司
185	数控高精度万能外圆磨床	MGK1 420×500	磨削直径:10～200mm	2002.12	济南四机数控机床有限公司
186	数控高速端面外圆磨床	MKS1632×750	最大磨削直径:320mm	2002.12	济南四机数控机床有限公司
187	数控外圆磨床	GZ099	Φ320mm×1 000mm	2002.11	陕西秦川格兰德机床有限公司
188	数控外圆磨床	MKE1320/1	Φ200mm×350mm	2002.09	陕西秦川格兰德机床有限公司
189	数控花键轴磨床	MKA8612/H	最大直径:125mm,最大工件长度:1 500mm	2003.02	上海机床厂有限公司
190	数控外圆磨床	H300	最大直径:2 300mm,最大工件长度:10 000mm	2003.08	上海机床厂有限公司
191	数控丝锥磨床	SK722/H	M22mm,150mm	2002.10	上海机床厂有限公司
192	数控专用外圆磨床	H256	最大磨削直径:1 300mm,最大磨削长度:1 100mm	2003.04	上海机床厂有限公司
193	数控轧辊磨床	MK8450/H	最大磨削直径:500mm,最大磨削长度:20 000mm	2003.05	上海机床厂有限公司
194	数控外圆磨床	H081A/H	最大磨削直径:950mm,最大磨削长度:1 500mm	2002.07	上海机床厂有限公司
195	数控曲轴主轴颈磨床	H278	Φ200mm×750mm	2002.10	上海机床厂有限公司
196	数控曲轴连杆颈磨床	H279	Φ400mm×1 000mm	2002.10	上海机床厂有限公司
197	数控外圆磨床	H261/1	Φ320mm×1 500mm	2002.11	上海机床厂有限公司
198	高精度数控内圆磨床	MKZ120A	磨削最大孔径:200mm	2002.01	无锡开源机床集团有限公司
199	高精度低速走丝线切割机	XENON	加工尺寸:150mm × 350mm × 280mm	2003.03	北京阿奇夏米尔工业电子有限公司
200	数控电火花成形机	HCD350K—MD20A	1 500mm×2 000mm	2003.03	汉川机床有限责任公司
201	快走丝线切割机床	HCKX320E—MD22	400mm×2 000mm	2002.07	汉川机床有限责任公司
202	慢走丝线切割机床	HCKX320A—MD25	净重:7t	2003.02	汉川机床有限责任公司
203	多轴数控电火花小孔加工机	ZT—018	主轴转速:8 000r/min,进给速度:≥15m/min,刀库容量:12 把,全封闭护罩,自动排屑,法那科、西门子系统	2002.12	苏州电加工机床研究所
204	数控电火花轮胎模加工机	ZT—006	主轴转速:8 000r/min,进给速度:≥15m/min,全封闭护罩,自动排屑,法那科、西门子系统	2002.12	苏州电加工机床研究所
205	数控高效放电铣削加工机		主轴转速:8 000r/min,进给速度:≥20m/min,刀库容量:12 把,全封闭护罩,自动排屑,法那科、西门子系统	2002.12	苏州电加工机床研究所
206	慢走丝线切割机床	DK7663	工作台行程:($X×Y$)800mm×630mm;最大切割厚度:350mm;最大切割斜度:±20°/100mm;最大切割效率:≥210mm²/min;最佳加工表面粗糙度:R_a≤0.8μm(标配)、R_a≤0.4μm(选购);加工方式:喷流加工		苏州沙迪克三光机电有限公司

（续）

序号	产品名称	型号	主要技术参数	鉴定时间	企业名称
207	慢走丝线切割机床	DK7632A	工作台尺寸：900mm		苏州沙迪克三光机电有限公司
208	线切割机床	DK77120	工作台尺寸：1 200mm×2 000mm，行程厚度：500mm	2002.09	苏州新华机床厂
209	数控线切割机床	DK7750Ⅱ	加工尺寸：200mm × 300mm × 200mm		天仪数控机械股份有限公司
210	石墨数控砂线切割机	QTK5640	加工尺寸：400mm × 500mm × 300mm		天仪数控机械股份有限公司
211	石墨数控砂线切割机	QTK5620G			天仪数控机械股份有限公司
212	数控线切割机	DK7740F			天仪数控机械股份有限公司
213	数控电火花加工机床	DK7720C	加工尺寸：200mm×200mm	2002.04	江西第五机床厂
214	数控电火花加工机床	DK7725×32	加工尺寸：250mm×320mm	2002.01	江西第五机床厂
215	数控电火花加工机床	DK7740×50	加工尺寸：400mm×500mm	2002.02	江西第五机床厂
216	数控高效卧式滚齿机	YKJ3610	最大工件直径：100mm（可扩展至120mm），最大加工模数：2.5		成都宁江机床集团股份有限公司
217	数控蜗杆砂轮磨齿机	YK7250	Φ100～Φ500mm	2002.12	秦川机床集团有限公司
218	数控插齿机	YK5115	Φ150mm×M4	2002.12	天津第一机床总厂
219	数控插齿机	YK5120	Φ250mm×M6	2002.12	天津第一机床总厂
220	数控插齿机	YK5150	Φ500mm×M8	2002.12	天津第一机床总厂
221	数控铣齿机	YKD2280	Φ800mm×M15	2002.05	天津第一机床总厂
222	数控剃齿刀插齿机	KJ501	Φ150～Φ400mm	2002.12	天津第一机床总厂
223	柱塞套数控卧式多工位组合机床	NJ—MK4280	工作台尺寸：800mm×1 120mm，工作台承重：1 000kg		成都宁江机床集团股份有限公司
224	六轴数控滚齿机	YKS3120	Φ200mm×M6	2002.10	重庆机床厂
225	数控高速滚齿机	YKS3132	Φ320mm×M8	2002.10	重庆机床厂
226	数控剃齿机	YK4232	Φ320mm×M8	2002.10	重庆机床厂
227	数控滚动导轨十字滑台	NC—1HJSG40	400/630mm	2002.04	
228	无心车床（扒皮机）	Q3808A	加工直径：18～80mm，加工长度：2 500～5 000mm	2002.02	青海重型机床有限责任公司
229	伺服车床	K500	最大加工直径：500mm，最大加工长度：2 000mm	2002.10	上海重型机床厂
230	卧式车床	CQ6136	Φ360mm×750mm		成都宁江机床集团股份有限公司
231	专用机床	NJ—K021	管接头镗孔压线专用机床		成都宁江机床集团股份有限公司
232	单轴自动车床	TA25	最大加工直径：25mm。		成都宁江机床集团股份有限公司
233	普通车床	C6132A	床身上最大回转直径：320mm	2002.11	重庆第二机床厂
234	大孔径管螺纹车床	YX—Q435		2002.11	豫西机床有限公司
235	普通车床	C6136A	Φ190mm×750mm	2002.09	江西第五机床厂
236	普通管子车床	Q1221	规格 1.5m	2002.06	兰州机床厂
237	车铣复合机床	L—CX6112	规格 10m	2002.06	兰州机床厂
238	卧式（马鞍）车床	CW6166、CW6266	规格 1.5m	2002.06	兰州机床厂
239	大孔管子车床	CW6663	直径×长度：1 400mm×1 200mm，主轴通孔直径：630mm。主轴转速：1～120r/min，主电动机功率 DC27kW。		天水星火机床厂
240	单柱铣床	X1570	尺寸：1 500mm×700mm	2002.09	江西第五机床厂
241	单柱端面铣床	GL_2—X3310	工作台尺寸：1 600mm×1 000mm	2002.08	桂林第二机床厂
242	卧式万能铣床	X6130C	工作台尺寸：300mm×1 100mm		桂林机床股份有限公司
243	摇臂式铣床	X6336B	工作台尺寸：360mm×1 280mm		桂林机床股份有限公司
244	立式铣床	XQ5025D	工作台尺寸：250mm×1 100mm		桂林机床股份有限公司
245	卧式铣床	XQ6025BT	工作台尺寸：250mm×900mm		桂林机床股份有限公司
246	数显摇臂铣床	XS6330B	工作台尺寸：300mm×1 280mm		桂林机床股份有限公司
247	卧式万能升降台铣床	XQ6132C	工作台尺寸：320mm×1 100mm		桂林机床股份有限公司
248	卧式铣床	XQ6136C	工作台尺寸：360mm×1 400mm		桂林机床股份有限公司
249	数显立式铣床	XS5036C	工作台尺寸：360mm×1 400mm		桂林机床股份有限公司

(续)

序号	产品名称	型号	主要技术参数	鉴定时间	企业名称
250	卧式铣床	X6120D	工作台尺寸:200mm×1 320mm		桂林机床股份有限公司
251	卧式铣床	XQ6036C	工作台尺寸:360mm×1 400mm		桂林机床股份有限公司
252	卧式铣床	X6132	工作台尺寸:320mm×1 100mm		桂林机床股份有限公司
253	龙门铣床	X2316	工作台尺寸:1 600mm×2 200mm	2002.04	江东机床厂
254	立卧式铣面专用铣床	YX—X208		2002.01	豫西机床有限公司
255	卧式双面铣床	SXW400	铣头主轴电动机功率:9/11kW,主轴转速:125/187r/min,刀盘直径:200mm,主轴径向跳动≤0.015mm,主轴端面跳动≤0.02mm,工作台尺寸:1 100mm×400mm。工作台速度:60～1 600mm/min,工作台进给电动机功率:2.2kW		邯郸市机床厂
256	可转铣头龙门铣	X290A	2 000mm×900mm	2002.12	江西第五机床厂
257	高速台钻	ZS416	最大钻孔直径:6mm,最高转速:12 000r/min,跨距:195mm	2002	福州台钻厂
258	台式攻钻机	Z4416	最大钻孔直径:16mm,最大攻螺纹直径:钢 10mm,铸件:12mm,主轴最大行程:100mm,莫氏 2 号锥孔	2002	福州台钻厂
259	台式攻钻机	S4012	最大攻螺纹直径:钢 10mm,铸件12mm,主轴最大行程:55mm,主轴端型式:B16	2002	福州台钻厂
260	圆柱立式钻床	Z5035A	最大钻孔直径:35mm	2002.04	桂林第二机床厂
261	钻攻两用机	ZS4116B	最大钻孔直径:16mm,最大攻螺纹直径:铸钢 12	2002.02	桂林第二机床厂
262	钻攻两用机	ZS4025	最大钻孔直径:25mm,最大攻螺纹直径:铸铁 m20,钢 m16	2002.03	桂林第二机床厂
263	台式钻攻两用机	ZQS4116/1	最大钻孔直径:20mm,最大攻螺纹直径(铸/钢):12/10mm,主轴转速种数:4	2002.06	杭州西湖台钻有限公司
264	台式钻攻两用机	ZS4120	最大钻孔直径:20mm,最大攻螺纹直径:(45)16mm,主轴锥度:MT.2	2002.10	杭州西湖台钻有限公司
265	台式攻钻机	ZS4032	钢件最大钻孔直径:31.5mm,攻螺纹最大能力:(45)M30,攻螺纹频率:15 次/min;主轴锥度:MT.3,电动机:1.1kW930r/min	2002.11	杭州西湖台钻有限公司
266	铣钻床	Z4025	最大钻孔直径:25mm	2002.02	黄山台钻公司
267	铣钻床	XZS4025	最大钻孔直径:25mm,最大立铣直径:13mm	2002.03	黄山台钻公司
268	铣钻床	XJ9522	最大钻孔直径:25mm,最大立铣直径:25mm	2002.05	黄山台钻公司
269	铣钻床	Z4+C28120B	最大钻孔直径:20mm	2002.02	黄山台钻公司
270	双轴钻铣攻螺丝机	ZG25	Φ25mm、G1"	2002.11	中山市翠山机械
271	强力攻钻机	SZ4124	M24	2002.04	中山市翠山机械
272	锯孔机	J—120	Φ120mm	2002.03	中山市翠山机械
273	插床	BQ5020	最大插削长度:200mm	2002.07	辽宁抚顺机床厂
274	对头镗专用机床	S_2—238	主轴直径:110mm	2002.06	中捷机床有限公司
275	滚针轴承套圈内圆端面磨床	CD—3004	工件外径:20～100mm		成都机械基础件装备开发中心
276	半自动盘齿(同步器)内锥面磨床	CD—86	锥面与样板接触面:≥85%		成都机械基础件装备开发中心

（续）

序号	产品名称	型号	主要技术参数	鉴定时间	企业名称
277	半自动盘齿端面磨床	CD—36	最大旋径：300mm，环带宽度：10～20mm		成都机械基础件装备开发中心
278	半自动盘齿内圆端面磨床	CD—34B/4	最大磨削孔径：Φ200mm		成都机械基础件装备开发中心
279	卧轴矩台平面磨床	GB—206	工作台尺寸：600mm×2 000mm	2002.09	桂林磨床包装机械厂
280	卧轴矩台平面磨床	GB—208	工作台尺寸：800mm×2 000mm	2002.10	桂林磨床包装机械厂
281	卧轴矩台平面磨床	M7140×30	工作台尺寸：400mm×3 000mm	2002.11	桂林磨床包装机械厂
282	车床导轨专用磨床	HZ—071	工作台尺寸：400mm×2 000mm	2002	杭州机床集团有限公司
283	卧轴双端面磨床	MY7660	Φ600mm	2002	杭州机床集团有限公司
284	卧轴矩台手动平面磨床	HZ—G150	工作台尺寸：150mm×350mm	2002.09	杭州机床集团有限公司
285	燕尾导轨专用磨床	MK520	工作台尺寸：500mm×2 000mm		杭州机床集团有限公司
286	车床导轨专用磨床	HZ—071	工作台尺寸：Φ100mm	2002	杭州机床集团有限公司
287	立轴双端面磨床	MY7760	工作台尺寸：200mm×600mm	2002	杭州机床集团有限公司
288	外球面磨床	PMS—006	工作台尺寸：600mm×1 000mm	2002.09	杭州机床集团有限公司
289	卧轴短台手动平面磨床	HZ—6150		2002	杭州机床集团有限公司
290	立柱卧式带锯床	G42130X160	切削规格：1300mm×1600mm	2002	湖南机床厂
291	直螺纹钢筋轧压机			2002	山东建筑工程学院实习工厂
292	轴承磨床	3ME2S25	Φ250mm	2002.12	陕西秦川格兰德机床有限公司
293	外圆磨床	ME1380	Φ800mm×5 000mm	2002.12	陕西秦川格兰德机床有限公司
294	半自动外圆磨床	GZ084	Φ320mm×500mm	2002.12	陕西秦川格兰德机床有限公司
295	万能外圆磨床	MMB1420C			上海第三机床厂
296	专用外圆磨床	H259	最大磨削直径：800mm，最大磨削长度：10 000mm	2002.12	上海机床厂有限公司
297	深孔内圆磨床	H124A/H	最大磨削直径：400mm，最大磨削长度：2 000mm	2003.05	上海机床厂有限公司
298	卧轴矩台平面磨床	M7120	工作台尺寸：200mm×500mm		天津市津机磨床有限公司
299	平面磨床	MPM150Ⅰ	加工尺寸：500mm×400mm×200mm		天仪数控机械股份有限公司
300	定梁式龙门磨床	SG1220	1 200mm×2 000mm×600mm		威海机床有限公司
301	定梁式龙门磨床	SG1835	1 800mm×3 500mm×600mm		威海机床有限公司
302	平面磨床	SG4080AHR	400mm×800mm		威海机床有限公司
303	平面磨床	SG32100AHR	320mm×1 000mm×400mm		威海机床有限公司
304	平面磨床	SG80220SD	800mm×2 200mm×500mm		威海机床有限公司
305	自动轴承内圈沟磨床	3MZS135	最大内圈沟孔径：50mm	2002.10	无锡开源机床集团有限公司
306	万能工具磨床	M6020	Φ200mm×400mm	2003.02	武汉机床厂
307	高精度万能工具磨床	MG6025A	Φ250mm×700mm	2003.08	武汉机床厂
308	拉刀刃磨床	BS100	Φ100mm×1 700mm	2002.10	武汉机床厂
309	高精度滚刀刃磨床	MG6404	Φ40mm	2003.04	武汉机床厂
310	自动智能往复锯	ZL—A—1010	直径：20～80mm，行程：55mm，锯条规格：150mm×18mm×1.2mm，功率：1 010W	2002	浙江晨龙锯床有限公司
311	定深龙门铣磨床	XM2309	铣头电动机功率：11/17kW，铣头主轴转速：127/254r/min，铣刀刀盘直径：Φ250mm、Φ315mm，铣头主轴径向跳动≤0.015mm；铣头主轴端面跳动≤0.02mm，磨头电动机功率：4kW，磨头砂轮线速度：26.6m/s		邯郸市机床厂
312	轧辊磨床	M84125	磨削最大直径：1 250mm，工件最大重量：20t，砂轮主轴转速范围：500～1 100r/min，砂轮架电动机：22kW		天水星火机床厂
313	轧辊磨床	M84160	主参数：直径1 600mm×8 000mm，主轴转速范围二档无级，Ⅰ：3～8.5r/min，Ⅱ：6.5～35r/min，主电动机功率：22kW	2002.06	天水星火机床厂

（续）

序号	产品名称	型号	主要技术参数	鉴定时间	企业名称
314	活塞自动切铣口机	GZ4230		2002	上海沪南带锯床有限公司
315	汽缸铣口切割机	GZ4240		2002	上海沪南带锯床有限公司
316	钢结构钻锯	GB4250/70		2002	上海沪南带锯床有限公司
317	大喉深立式带锯床	G5265X250	切削规格:650mm×2500mm	2002	湖南机床厂
318	高效卧式滚齿机	YS3610	最大工件直径:100mm(可扩展至120mm),最大加工模数:2.5		安徽池州家用机床股份有限公司
319	立式内拉床	L515C	拉力:63kN,行程:1 600mm		长沙机床厂
320	立式内拉床	L5110B	拉力:100kN,行程:1 000mm		长沙机床厂
321	立式内拉床	L5120C	拉力:200kN,行程:800mm		长沙机床厂
322	立式专用转子油槽双工位拉床	CS—5040	拉力:200kN,行程 2 000mm		长沙机床厂
323	立式上拉式拉床	CS—5059CS—5060	拉力:200kN,行程 1 600mm		长沙机床厂
324	立式专用连杆、连杆盖拉床	CS—7040	拉力:200kN,行程:2 000mm		长沙机床厂
325	液压牛头刨床	BY60125	刨削长度:1 250mm		长沙机床厂
326	龙门铣刨床	DF—026—1	工作台尺寸:900mm×10 000mm	2002.02	东方机床厂
327	开槽插	FS021	最大插削长度:100mm	2001.11	辽宁抚顺机床厂
328	开槽插	FS027	最大插削长度:100mm	2002.08	辽宁抚顺机床厂
329	汽车发动机装配线	TU5JP4		2002.10	北京三机床
330	彩色魔法画板生产线	NJ—SX008	彩色魔法画板加工		山东临沂金星机床有限公司
331	活塞生产线	NJ—SX007	用于空调压缩机活塞加工		上海仪表机床厂
332	组合机床	NJ—H097	八工位,回转工作台直径:600mm		成都宁江机床集团股份有限公司
333	组合机床	NJ—H098	SL157FM 摩托车左右曲轴箱双面镗削组合机床		成都宁江机床集团股份有限公司
334	组合机床	NJ—H099	CG125 摩托车左右曲轴箱双面镗削组合机床		成都宁江机床集团股份有限公司
335	组合机床	NJ—H100	CG125 双面钻镗组合机床		成都宁江机床集团股份有限公司
336	渐开线花键冷轧机	Y8406	Φ63mm×M1.5	2002.10	重庆机床厂
337	太钢专机	HN046		2002	湖南机床厂
338	标本切片专用机床	HN047		2002	湖南机床厂
339	塑钢衬机			2002	山东建筑工程学院实习工厂
340	气动冲床	JF	100～400t	2002	南通茂溢机床有限公司
341	左套管加工自动线	VX009	三工位双面粗、精镗、车、套车	2002.09	保定第二机床厂
342	右套管加工自动线	VX010	三工位双面粗、精镗、车、套车	2002.09	保定第二机床厂
343	龙门式组合铣床	LMX—63			江苏恒办组合机床公司
344	开式压力机	JZ21—6.3	工作台尺寸:370mm×230mm		桂林机床股份有限公司
345	数控火焰等离子切割机	SK—Ⅱ	轨距:6 000mm,轨长:34 000mm,切割厚度:5～300mm,驱动方式:双面驱动,割距行程 200mm	2002.08	东方机床厂
346	激光焊接机	CP(CPL400)		2003.04	武汉机床厂
347	成形机	HC10		2002.12	武汉机床厂
348	成形机	HIFV2000		2002.06	武汉机床厂
349	高频电子轴	5SDZ4—4	最高转速:24 000r/min	2002.10	无锡开源机床集团有限公司
350	高频电子轴	5SD75	最高转速:75 000r/min	2002.10	无锡开源机床集团有限公司
351	多功能液压大力钳	YDQ—12		2002	三门剑齿虎机电制造有限公司
352	多功能液压大力钳	YDQ—06		2002	三门剑齿虎机电制造有限公司
353	扫地车	SDC			天仪数控机械股份有限公司
354	多功能工具机	CQK9111	工作台尺寸:300mm×460mm		山东临沂金星机床有限公司

附表 2　2002 年金切机床行业完成科研成果

序号	项目名称	主要内容及应用范围	成果现状	投入资金（万元）	项目来源	企业名称
1	重型七轴五联动车铣复合加工机床	具有车铣复合加工的特点，实现螺旋浆的一次装夹多面加工，如螺旋浆的定位孔研制成功将大大提高舰艇用螺旋浆的加工质量，提高舰艇的技战能力	已在研制中	3 000	国家高技术研究发展计划 863 计划	武汉武重机床有限责任公司
2	重型机床数字化设计与制造	主要以 XK24 系列数控龙门铣床产品为载体，研制开发适应机械产品三维实体建模，零部件装配、有限元分析及产品外观渲染等软件，形成面向制造业的公共三维数字化设计与制造平台	已在研制中	350	武汉市 2002 年技术创新与产业化重大专项攻关课题	武汉武重机床有限责任公司
3	五轴联动数控龙门加工中心	摆角数控铣头，高精度分度定位锁紧，应用技术及编程	市场转让	198	自立项目	上海重型机床厂
4	CK8015 车轮车床的研制	车轮车床技术开发	装配调试	85	国家技术创新项目计划	青海重型机床有限责任公司
5	SXK—400X 旋压机	气瓶旋压机技术开发	正在研制	62	省技术创新项目	青海重型机床有限责任公司
6	西门子 840D	该系统在数控轧辊磨床等产品上应用软件的开发、试验	自行应用	50	自立项目	险峰机床厂
7	远程服务与故障诊断系统	基于 INTERNET 的机床产品远程服务与诊断系统软件开发、数据库等			自立项目	险峰机床厂
8	龙门刨床工作台拖动系统电气技术改造	原配三联发电动机组＋直流电动机(60kW)＋电动机扩大机及控制系统 ZKK—F—D 刨床专用直流调速系统		11		东方机床厂
9	多功能牛头铣床试制	木模修改制作	试制	10		苏州新华机床厂
10	Z28K—25 数控滚丝机			6	自立项目	山东省青岛生建机械厂
11	ZC28—1.6 三轴滚丝机				自立项目	山东省青岛生建机械厂
12	ZC28—6.3 三轴滚丝机					山东省青岛生建机械厂
13	QD—027 花键滚丝机					山东省青岛生建机械厂
14	单轴高速数控立车研制	系列新产品开发			自立项目	东风汽车有限公司设备制造厂
15	引进德国 Hiiller 公司技术转化	系列新产品开发		90	自立项目	东风汽车有限公司设备制造厂
16	缸体缸盖数控加工自动线研制	系列新产品开发		65	自立项目	东风汽车有限公司设备制造厂
17	可换箱转塔式加工单元研制	系列新产品开发		55	自立项目	东风汽车有限公司设备制造厂
18	OKK 加工中心技术引进研制	技术引进、开发		58	自立项目	东风汽车有限公司设备制造厂
19	军越野车主减速器总成研制	新产品开发		60	自立项目	东风汽车有限公司设备制造厂
20	空气悬架系统开发应用	新产品开发		56	自立项目	东风汽车有限公司设备制造厂

（续）

序号	项 目 名 称	主要内容及应用范围	成果现状	投入资金（万元）	项 目 来 源	企 业 名 称
21	高速加工中心研制	新产品开发		128	自立项目	东风汽车有限公司设备制造厂
22	双轴数控立车开发研制	新产品开发		120	自立项目	东风汽车有限公司设备制造厂
23	BH系列柔性加工自动线	HB4S,BH4K,BH5S	使用		日株式会社	大连亿达日平机床有限公司
24	数控滑台	伺服驱动	使用		中标资金	一汽装备公司
25	刚性多轴箱	刚性主轴、气密封	使用		中标资金	一汽装备公司
26	三轴加工单元	油气润滑	使用		中标资金	一汽装备公司
27	摩托车发动机汽缸头专机生产线		使用		横向项目	江苏聚星机械工程成套技术开发公司
28	摩托车发动机左右曲轴箱箱体箱盖专机生产线		使用		横向项目	江苏聚星机械工程成套技术开发公司
29	摩托车发动机曲柄轴专机生产线		使用		横向项目	江苏聚星机械工程成套技术开发公司
30	“国家重大技术装备创新研制”项目	YKS3120/YKS3132六轴四联动系列数控滚齿机达到产业化。YKS3120/YKS3132运用最现代的模块化设计思想，以满足不同用户的个性化需要。先进的数控化系统，能满足汽车行业大批量、高速、高效、重负荷加工要求，比普通机床提高效率5～10倍		200	自行开发	重庆机床厂
31	“国家产业技术研究与开发资金”项目	利用信息技术实现高档数控滚齿机产业化，并编写可行性研究报告。	自行应用	50	自立项目	重庆机床厂
32	齿轮精密成形工艺研究	对圆柱直齿轮的成形工艺进行研究，采用数值仿真和工艺实验相结合的方法，对齿轮摆辗成形工艺、齿轮摆辗成形工模具的齿轮毛坯形状进行优化，探索采用摆辗技术成形圆柱直齿轮的可行性	自行应用	10	自立项目	秦川机床集团有限公司
33	PC－NC控制系统的开发研究	以美国Deita Tau公司的PMAC多轴运动控制器为控制系统核心，工业控制机PC为系统支持单元，构成双CPU的开放式PC－NC控制系统，在此基础上，二次开发适用于蜗杆砂轮磨齿机的专用控制系统	自行应用	15	自立项目	秦川机床集团有限公司
34	高速、固定中心距蜗轮副加工	利用新的加工工艺方法，研究确定蜗杆修形及间隙范围，为高速传动蜗轮副批量生产提供借鉴	自行应用	5	自立项目	秦川机床集团有限公司
35	数控曲面成形磨床	曲面成形的磨削与砂轮修整及专用软件开发		15		上海机床厂有限公司
36	MMB1420C	万能外圆磨床		5	自行开发	上海第三机床厂
37	数控卧轴圆台平面磨床		应用		自行开发	天津市津机磨床有限公司
38	数控卧轴矩台平面磨床		应用	自筹	自行开发	天津市津机磨床有限公司

（续）

序号	项目名称	主要内容及应用范围	成果现状	投入资金（万元）	项目来源	企业名称
39	ZMK9025 数控螺旋槽工具磨床专用软件开发	建立自动生成定位及加工程序软件包	开发应用	25	市场开发	咸阳机床厂
40	XYJ—2P03 数控球笼窗口磨床专用软件开发	参数编程，自动选择最优工艺	开发应用	20	市场开发	咸阳机床厂
41	数控螺杆磨床	加工螺杆	良好	142	陕西省计划项目	陕西汉江机床有限公司
42	数控搬运机床	用于军工行业	良好	100	陕西省计划项目	陕西汉江机床有限公司
43	蜗杆磨床	加工蜗杆	良好	50	陕西省计划项目	陕西汉江机床有限公司
44	数控凸轮轴磨床	加工凸轮轴	良好	80	陕西省计划项目	陕西汉江机床有限公司
45	数控滑块磨床	加工滑块	良好	30	自行开发	陕西汉江机床有限公司
46	心盘铣床	用于铁路行业	良好	7	自行开发	陕西汉江机床有限公司
47	闸瓦托铣床	用于铁路行业	良好	6	自行开发	陕西汉江机床有限公司
48	旋转锉磨床	用于机械行业	良好	5	陕西省计划项目	陕西汉江机床有限公司
49	MKL7120×6 数控强力成形磨床	立柱中腰移动结构、T型拼接床身、气压密封	小批生产	90	全国重点设备招标中标项目	杭州机床集团有限公司
50	MKL7150×16 数控强力成形磨床	立柱中腰移动结构、T型拼接床身、气压密封	试制	130	企业自定	杭州机床集团有限公司
51	MMK7140×8 数控精密平面磨床	低床身、厚拖板	试制	60	企业自定	杭州机床集团有限公司
52	MKY7730 数控立轴双端面磨床	采用切入式摆动磨削，可用于压缩机滑片两个大端面的加工	出产品	60	企业自定	杭州机床集团有限公司
53	PMS—006 数控外球面磨床	采用国内首创的短圆弧轨迹成形磨削技术	供用户	100	企业自定	杭州机床集团有限公司
54	HZ—071 陶瓷切割机	薄片砂轮切割技术、非金属硬脂材料的磨削工艺	用户使用	50	全国重点设备招标中标项目	杭州机床集团有限公司
55	HZ—K2015 数控龙门平磨	系列产品开拓	批量生产	170	列入杭州市科技局新产品开发计划	杭州机床集团有限公司
56	MY7660 卧轴双端面磨床	提高机床的刚性和加工精度	已生产	20	企业自定	杭州机床集团有限公司
57	M7160×10/HZ 卧轴矩台平面磨床	改进磨头移动式平面结构，提高横向精度	应用	15	企业自定	杭州机床集团有限公司
58	MK7132/HZ 数控平面磨床	三轴数控	供用户	15	企业自定	杭州机床集团有限公司
59	HZ—033/4 卧轴矩台平面磨床	工作台狭长型平磨（300mm×4 000mm）	供用户	20	企业自定	杭州机床集团有限公司
60	M7650B 双端面磨床	老产品更新改造、提高精度和生产效率	试制成功	15	企业自定	杭州机床集团有限公司

（续）

序号	项目名称	主要内容及应用范围	成果现状	投入资金（万元）	项目来源	企业名称
61	DK7732A 数控线切割机	可切割锥度	试制成功	10	企业自定	杭州机床集团有限公司
62	J4K—070 数控针阀体端面外圆全自动磨床	自动上、下料循环磨削，金刚石滚轮后置式自动修整、自动补偿	批量生产	200	自行研制	济南四机数控机床有限公司
63	J4K—095 数控内孔端面组合磨床	一次装夹实现	小批生产	200	自行研制	济南四机数控机床有限公司
64	J4—97PCB 全自动数控专用磨床	简便可靠、性能可靠、加工精度高	样机试制	200	自行研制	济南四机数控机床有限公司
65	MM7140 精密平面磨床	床身采用热对称设计；磨头采用防水、防尘、防松精密滚动轴承他驱式结构	良好	59	企业自选	桂林磨床包装机械厂
66	M7180 × 20—GM 卧轴矩台平面磨床	床身采用热对称设计，液压采用单独的液压泵站；工作台纵向移动和磨头横向移动为液压传动	良好	42	企业自选	桂林磨床包装机械厂
67	GM—K2010 数控龙门平面磨床	磨头主轴采用进口高精度向心推力球轴承；砂轮修整器采用叶片泵液压驱动	良好	80	企业自选	桂林磨床包装机械厂
68	MKSB312 × 1000 数控高速凸轮轴磨床	CBN 砂轮应用，80～120m/s 高速磨削	研制出	140	自行研发	陕西秦川格兰德机床有限公司
69	砂轮架动静压轴承系统	研制砂轮架动静压轴承系统	样机	60	自行研发	陕西秦川格兰德机床有限公司
70	导轨工艺性能试验	导轨面加工采用不同工艺手段进行加工精度对比试验	工艺应用	30	自选项目	无锡开源机床集团有限公司
71	高速主轴单元开发	研究高速工况下的轴承支承、润滑方式	制作样机	500	市科技项目	无锡开源机床集团有限公司
72	机床全性能测试系统	开发集成式机床性能测试系统	软件调试	100	自选项目	无锡开源机床集团有限公司
73	宽规格带锯条的研制	适应于宽规格带锯条的设备改造、添置和工艺技术的攻关	正在进行	500	自主开发	湖南机床厂
74	多功能液压大力钳	采用最小密封点，刀头的硬度和强度，加工精度和装配质量		450	浙江大学	浙江三门剑齿虎机电制造有限公司
75	自动智能往复锯	研制开发	良好	18	自主开发	浙江晨龙锯床有限公司
76	多功能牛头铣床试制	木模修改制作	试制	10	自主开发	苏州新华机床厂
77	Z28K—25 数控滚丝机			6	自选项目	山东省青岛生建机械厂
78	ZC28—1.6 三轴滚丝机				自选项目	山东省青岛生建机械厂
79	ZC28—6.3 三轴滚丝机					山东省青岛生建机械厂
80	QD—027 花键滚丝机					山东省青岛生建机械厂
81	DK7663 慢走丝线切割机床	适用大型线切割加工	商品化	80	自行开发设计	苏州沙迪克三光机电有限公司
82	DK7632A 慢走丝线切割机床	采用浸没式加工方式	商品化	50	自行开发设计	苏州沙迪克三光机电有限公司

（续）

序号	项 目 名 称	主要内容及应用范围	成果现状	投入资金（万元）	项 目 来 源	企 业 名 称
83	电火花线切割机床VI—A控制柜	编控一体化，自动跟踪	商品化	60	产品更新换代	中国航空工业第613研究所
84	电火花线切割机床CMC2000型控制柜	内置线切割专家系统	商品化	80	产品更新换代	中国航空工业第613研究所
85	新型线切割机床系统	张力自动调节，丝速连续可调	商品化	100	产品更新换代	中国航空工业第613研究所
86	数控轮胎模加工机	用于模具加工	商品化	50	自选项目	苏州电加工机床研究所
87	四轴数控展成加工设备	用于叶轮加工	使用	80	科技部	苏州电加工机床研究所
88	慢走丝电火花线切割电源柜技术开发	设计安装调试慢走丝电火花线切割机床控制系统电柜；设计调试慢走丝电火花线切割机床控制系统；设计调试自动编程系统；工艺实验	使用	60	自选项目	汉川机床有限责任公司
89	五轴以上联动高档加工中心	五坐标联动高档加工中心主机开发；机床精度达到国际先进水平	初步完成	1 200	原国家经贸委	青海一机数控机床有限责任公司
90	大型数控铣镗床（加工中心）及关键技术研究	高刚度、大行程滑枕式主轴系统的集成技术；大型动立柱精确定位技术；旋转轴高回转精度、小角度精确定位技术；高精度高可靠性的镗铣头结构设计及自动换刀技术；主轴自动转换结构研究；大型数控翻转工作台研究	自行应用	310	国家科学技术部国家科技项目	中捷机床有限公司
91	大规格平旋盘主轴集成技术研究	大规格平旋盘的回转精度；大规格平旋盘刀架的加工切削精度；大规格平旋盘与主轴的技术集成	自行应用	85	自选项目	中捷机床有限公司
92	大规格回转工作台技术研究	大规格工作台回转及运动技术；大规格工作台回转的准确定位技术	自行应用	95	自选项目	中捷机床有限公司
93	大型落地式数控铣镗床及关键技术研究	电主轴结构设计及应用技术；C、A轴传动技术；方滑枕结构技术；精密数控回转台结构及技术；大型动主轴精确定位技术	自行应用	450	国家科学技术部国家科技项目	江苏多棱数控机床股份有限公司
94	桥式五轴联动加工中心技术研究	双轴驱动的同步和搭配技术；高精度消除齿条强力传动机构；A、C双摆头机构无隙减速传动技术；高刚性结构	自行应用	750	国家“863”计划项目	江苏多棱数控机床股份有限公司
95	机械工程技术研究	开发全新产品；增加已有产品的功能	正在研制	323	自选项目	交大昆机科技股份有限公司
96	五轴联动数控双面铣镗床技术	五轴联动技术；双面铣削技术	正在研制	98	其他企业委托	芜湖重型机床股份有限公司
97	数显双面刨台式铣镗床技术	数控双面技术	自行应用	93	其他企业委托	芜湖重型机床股份有限公司
98	多功能集一台机床技术研究	将钻、铣、镗、磨多功能集一台机床的技术	自行应用	12	自选项目	桂林市第二机床厂
99	快速离合器技术研究与应用	台钻自动进给二次开发关键技术	自行应用	5	自选项目	福州台钻厂
100	五轴联动加工中心NJ—5HMC40	工作台尺寸Φ400 mm，工作台承重300kg，主轴转速0～40 000 r/min	自行应用			成都宁江机床集团股份有限公司

（续）

序号	项目名称	主要内容及应用范围	成果现状	投入资金（万元）	项目来源	企业名称
101	数控坐标磨床NJ—MK4280	工作台尺寸 800mm×1 120mm，工作台承重 1 000kg，龙门式结构，磨头速度 4 500～180 000r/min，对淬火后的具有任意曲线的平面图形的样板、模具型腔和冲头等零件进行精密磨削	自行应用			成都宁江机床集团股份有限公司
102	油泵油嘴针阀的磨削工艺试验	解决磨削中的各种参数确定、砂轮材料及粒度选择等，用于油泵油嘴行业针阀孔的精密磨削专用设备中	自行应用			成都宁江机床集团股份有限公司
103	自焊式热塑塑料管接头电阻线圈抠槽嵌线装置	克服目前自焊式热塑塑料管接头电阻线圈采用注塑压铸方式形成带来的生产效率低、线圈螺距和线圈距内壁深度不均而严重影响自焊质量的缺陷，提供一种自焊式热塑塑料管接头电阻线圈抠槽嵌线装置	自行应用			成都宁江机床集团股份有限公司
104	小型工业机器人系统开发、应用试验、性能试验		自行应用			成都宁江机床集团股份有限公司
105	CK6180 数控车床	普及型、平床身	已投入市场，运行良好	40		安阳机床集团有限责任公司
106	CKA6280 数控车床	普及型、平床身	已投入市场，运行良好	40		安阳机床集团有限责任公司
107	CK6752 数控管螺纹车床	普及型、斜床身	已投入市场，运行良好	20		安阳机床集团有限责任公司
108	CK6294 数控马鞍车床	普及型、平床身	已投入市场，运行良好	45		安阳机床集团有限责任公司
109	XK9340A 轧辊月牙槽数控铣床	专用	已投入市场，运行良好	10		安阳机床集团有限责任公司
110	TH5940/AY 动柱立式加工中心	加工中心	自用运行良好	40		安阳机床集团有限责任公司
111	CW6163B 对滚车床		已投入市场，运行良好	15		安阳机床集团有限责任公司
112	CW61100B 锥度尺及双数显车床	数显、加工锥度工件	已投入市场，运行良好	15		安阳机床集团有限责任公司
113	CK6142 双液压装置数控车床	液压卡盘、液压尾座	已投入市场，运行良好	20		安阳机床集团有限责任公司
114	CK6152 双液压装置数控车床	液压卡盘、液压尾座	已投入市场，运行良好	20		安阳机床集团有限责任公司
115	CK6132 数控车床	普及型、斜床身	已投入市场，运行良好	5		安阳机床集团有限责任公司
116	CK6125 数控车床	普及型、平床身	已投入市场，运行良好	5		安阳机床集团有限责任公司
117	CK3050 数控车床	该机床为高速精密数控机床，适应大多数企业的设备更新换代、可替代进口设备、液体静压、动静压技术解决了采用滚动轴承的轴系其主轴回转精度很难达到 1μm 以内的技术难题	样机已完，还未进行鉴定	40		重庆第二机床厂

(续)

序号	项目名称	主要内容及应用范围	成果现状	投入资金(万元)	项目来源	企业名称
118	CK6130数控车床	斜置式床身,八工位回转头刀架,主轴变频调速,X、Z轴伺服电动机由数控驱动,全封闭防护装置	样机已完,还未进行鉴定	40		重庆第二机床厂
119	C6132A普通车床	多用途车床,能够车削各种零件的外圆、内圆、端面、锥度及切槽,利用机床相应的附件可切削规定范围内的公制、英制、模数等螺纹以进行各种不同的车削工作	已投入市场	20		重庆第二机床厂
120	C2—6132K数控车床	属于经济型数控机床适用于小型轴类盘类零件,广泛应用于汽摩配零件的加工	样机已完,还未进行鉴定	25		重庆第二机床厂
121	数控车床产业化支撑技术研究	以中档数控车床为目标产品,通过本课题实施,解决在数控车床产业化过程中必须解决的设计技术、制造技术、可靠性技术、信息化技术、现代化管理等方面的关键技术	运行良好	1 800		济南机床集团有限公司
122	"十五"国家科技攻关车铣复合加工中心及关键技术的研究	研制开发出一种高效、高性能、五轴控制,具有车铣复合加工功能的车铣复合加工中心	运行良好	128		济南机床集团有限公司
123	XM2309定梁龙门铣磨床	用于冶金企业板坯、圆坯、方坯等印制试验前加工,可对试样进行平面的铣削、磨削	进入使用阶段	50		邯郸市机床厂
124	SXW400卧式双面铣床	用于钢铁企业板坯拉伸、冲击、冷弯试验前加工,可同时对试样两侧进行铣削	运行良好	18		邯郸市机床厂
125	印制板数控钻床	印制板电路板加工专用数控机床	小批生产	150		江苏齐航数控机床有限责任公司
126	异型螺杆数控铣床	异型螺杆(形状、螺距和槽深均变化的螺杆)加工专用数控机床	小批生产	195		江苏齐航数控机床有限责任公司
127	数控雕铣机	采用开放式数控系统(多轴卡)研制开发,可实现三维立体加工的设备(主要用于模具加工行业),它采用CAD—CAM技术可实现加工程序的自动生成,主要技术指标如下:三坐标行程500mm×600mm×220mm,主轴转速:12 000r/min,定位精度:0.02mm/300mm,重复定位精度:0.005mm	样机完成	30		牡丹江迈克机床制造有限公司
128	大型、高效车削加工单元	加工直径:Φ800mm,自主知识产权	已出样机	300		南京机床厂
129	高速高精度数控车床	加工直径:Φ200mm,主轴转速:8 000r/min自主知识产权	已出样机	200		南京机床厂
130	电主轴转速控制和电主轴温升控制	产品传动链上取消传统的带传动和齿轮传动,实现以内装宽调速交流变频电动机和机床主轴为一体的直接驱动。可以获得高转速更高的驱动刚性及宽的恒功率变速范围,具有运转平稳,升速快、振动小、噪声低等特点	小批生产	50		上海第二机床厂

（续）

序号	项目名称	主要内容及应用范围	成果现状	投入资金（万元）	项目来源	企业名称
131	CHH6125 高速、高效率数控机床	高速移动和高加/减速驱动系统技术；高速传动系统动态特性、热平衡及可靠性技术；高速液压卡盘及配油选择及装配调整技术；高运动精度导轨结构设计技术	处于调试和性能试验阶段	400		沈阳第一机床厂
132	CK516A 悬挂式主轴特性的分析及研究	主轴漂移及精度检测实验；主轴温升、刚度测试研究	应用阶段	50		沈阳第一机床厂
133	内装式主轴应用攻关	加工制造及装配工艺攻关；调试工艺攻关	应用阶段	80		沈阳第一机床厂
134	M84125 轧辊磨床	PLC 定程磨削及整机的 PLC 控制是轧辊磨床的关键技术	提高机床技术含量和操作宜人性	30		天水星火机床厂
135	CH6185 车削中心	C 轴进给机构采用高精度、低齿隙、短传动链的集成减速机构，提高了 C 轴精度，增大了扭矩，使复杂零件加工一次完成	应用良好	20		天水星火机床厂
136	机床可靠性技术	提高机床制造过程中的设计生产等阶段的可靠性指标，降低产品故障				云南 CY 集团有限公司
137	普及型数控车床开发	开发了 CNC3250D、CNC3250B、CNC5075B 系列数控车床，其主轴均为无级调速，配置进口数控系统及交流伺服驱动单元，床身经过超音频淬火，采用高速精密主轴、主轴单元外观为半封闭安全防护结构，该机床具有整体刚性好、转速高、精度高、温升小的特点，可广泛应用于加工盘类、轴类零件		50		玉溪机床厂
138	KDCL—25 排刀型全功能数控车床	交流伺服驱动，直线滚动导轨，斜床身全封闭，最高转速 4000r/min	批量生产	183		浙江凯达机床集团有限公司
139	CK6140ZX 高速精密数控车床	交流伺服驱动，主轴变频无级调速，精车圆度达 0.003mm	批量生产	151		浙江凯达机床集团有限公司
140	CK6136S 高速精密数控车床	交流伺服驱动，主轴变频无级调速，最高转速 2 800r/min	批量生产	175		浙江凯达机床集团有限公司
141	KDCL—15B 全功能数控车床	交流伺服驱动，斜床身全封闭结构，主轴变频无级调速，8 工位转塔刀架	批量生产	84		浙江凯达机床集团有限公司

附表 3　2002 年金切机床行业获奖科研项目

序号	项目名称	主要内容及应用范围	奖项名称	获奖等级	主要完成单位	授奖单位
1	CKA8013/1 数控不落轮对车床	主要用于机车、客货车辆、地铁车辆等不解体轮对的轮缘和踏面的修理加工	青海省科学技术进步奖	二等奖	青海重型机床有限责任公司	青海省人民政府
2	CKQ61100 数控车床		优秀新产品奖	三等奖	上海重型机床厂	上海市经委
3	SHZ1044A 双主轴立式车削中心	该机床属国内首条火车提速用轮加工生产线，可一次完成整体辗钢轮的全辐板加工	科技进步奖	二等奖	上海重型机床厂	中国机械联合会

（续）

序号	项目名称	主要内容及应用范围	奖项名称	获奖等级	主要完成单位	授奖单位
4	XF—020型圆钢坯无心磨床	Φ10～150mm，工件最大长度9 000mm(带送料架)。主要用于圆钢坯磨削	贵阳市优秀新产品奖	三等奖	险峰机床厂	贵阳市人民政府
5	MK84200型数控轧辊磨床	最大工件重量10 000t，适用于钢铁、冶金、有色金属、造纸行业	贵阳市优秀新产品奖	二等奖	险峰机床厂	贵阳市人民政府
6	BH系列柔性加工自动线	用于汽车行业汽车发动机主要零件加工	大连市科技进步奖	三等奖	大连亿达日平机床有限公司	大连市科委
7	缸体加工自动线群的开发与研制	数控铣削头技术应用；刚性主轴多轴箱技术应用；枪钻及二级电气控制网的技术应用	中国汽车行业科技进步奖	二等奖	一汽装备公司	中国汽车工程学会
8	主轴倒置式数控单轴立车的开发应用		2002科技进步奖	一等奖	东风汽车公司设备厂	东风集团
9	蝶形弹簧涨片材料及性能实验研究		2002科技进步奖	一等奖	东风汽车公司设备厂	东风集团
10	复合生产制造型企业基于CINS客户关系管理系统		2002科技进步奖	一等奖	东风汽车公司设备厂	东风集团
11	发动机缸体缸孔止口精加工的开发研制		2002科技进步奖	一等奖	东风汽车公司设备厂	东风集团
12	MK9025数控光子曲线磨床		上海市级新产品		上海第三机床厂	上海市经济委员会
13	数控丝杠磨床	磨削各种类型的精密长丝杠	国家重点新产品		陕西汉江机床有限公司	国家经贸委
14	五坐标五联动数控镗铣床	加工流体零件及复杂模具零件	国家重点新产品		陕西汉江机床有限公司	国家经贸委
15	MKS1620数控高速端面外圆磨床	复杂曲面的成形及宽砂轮多型面组合加工	济南市科技进步奖	一等奖	济南四机数控机床有限公司	济南市科学技术局
16	MK2120A数控内圆磨床	孔类零件精密加工	江苏省科技进步奖	二等奖	无锡机床股份有限公司、东南大学	江苏省科技厅
17	3MK1310数控轴承磨床	轴承套圈精密加工	江苏省科技进步奖	三等奖	无锡机床股份有限公司	江苏省科技厅
18	WX—ZX008轴承磨加工自动线	轴承套圈精密加工	无锡市科技进步奖	二等奖	无锡机床股份有限公司	无锡市科技局
19	KVC1050立式加工中心	数控立式加工中心机床的开发	四川省新产品奖	二等奖	自贡长征机床有限责任公司	四川省经委
20	YKX3132数控滚齿机	Φ320mm×M8，适用于汽车、摩托车、拖拉机、船舶、冶金和矿山机械、工程机械、机床制造业和国防工业等行业的齿轮成批生产	科学技术奖	三等奖	重庆机床厂	重庆市人民政府
21	YKB3120A数控滚齿机	Φ200mm×M6，适用于汽车、摩托车、拖拉机、船舶、冶金和矿山机械、工程机械、机床制造业和国防工业等行业的齿轮成批生产	科学技术奖	三等奖	重庆机床厂	重庆市人民政府
22	YK7250数控蜗杆砂轮磨齿机	主要应用于机床行业、汽车制造行业、航天等行业的齿轮加工	国家重点新产品证书		秦川机床集团有限公司	国家科学技术部
23	机器人用RV—250AⅡ减速器	主要应用于机器人制造业	国家重点新产品证书		秦川机床集团有限公司	国家科学技术部

（续）

序号	项目名称	主要内容及应用范围	奖项名称	获奖等级	主要完成单位	授奖单位
24	YK73100数控成形砂轮磨齿机	主要应用于机床行业、汽车制造行业、航天等行业的齿轮加工	国家重点新产品证书		秦川机床集团有限公司	国家科学技术部
25	海红旗七号发转塔系统制造工艺		国防科学技术奖	三等奖	秦川机床集团有限公司	国防科学技术工业委员会
26	YKD2240数控弧齿锥齿轮铣齿机	Φ400mm×M10，广泛用于加工轿车、轻型车、中型卡车、拖拉机、工程机械等车辆的滚切小轮	齿轮行业优秀新产品	优秀奖	天津第一机床总厂	中国齿轮专业协会
27	YKD2940数控弧齿锥齿轮拉齿机	Φ400mm×M10，适用于大批量精加工汽车、拖拉机等后桥被动齿轮等	齿轮行业优秀新产品	优秀奖	天津第一机床总厂	中国齿轮专业协会
28	ZJK7532A数控铣钻床				重庆五一机床厂	中国职协技工学校委员会
29	新型切割机控制柜	控制柜；配各种线切割机	所科技成果奖	二等奖	中国航空工业第613研究所	中国航空工业第613研究所
30	DK7632A慢走丝线切割机床	能实现高速、稳定、高精度、低粗糙度的线切割加工	2000年江苏省高新技术产品，2001年苏州市科学进步奖，2002年全国用户满意产品	二等奖	苏州沙迪克三光机电有限公司	江苏省科委、苏州市人民政府、中国质量协会全国数控设备用户委员会
31	高档数控电火花成形机 HCD300KC—MD21NC	硬件自诊断技术及DSP多轴高速数控驱动技术，前后台多任务处理技术，交流伺服驱动，具有Internet远程故障诊断监控，硬件技术全部数字化，智能加工，模糊控制。主要用于军工航天航空精密高硬度零件加工及汽车家电电子机械等模具制造加工	国家重点新产品奖	一等奖	汉川机床有限责任公司	中华人民共和国科学技术部
32	XH7610卧式加工中心	封闭方型立柱、自动恒温装置、可进行强力切削；三个直线坐标采用全闭环检测系统；数控回转工作台可连续任意分度	青海省科技进步奖	二等奖	青海一机数控机床有限责任公司	青海省人民政府
33	S2—237磁悬浮轨道梁专用数控机床项目	4条磁悬浮轨道梁加工生产线及其各项技术；应用在上海磁悬浮列车轨道梁的加工	国家级重点新产品奖		中捷机床有限公司	原国家五部局：国家科技部、外贸部、税务总局、质监总局、环保总局
34	TH6940卧式铣镗加工中心	卧式加工中心各项技术，工作台尺寸：400mm×400mm，上海汇众汽车底盘厂生产线	国家级重点新产品奖		中捷机床有限公司	国家科技部等五部局
35	TH42160B/5X型五轴联动龙门加工中心	电主轴应用技术、五轴联动控制技术、液压平衡、复合导轨技术等。应用于大型复杂零件及空间曲面结构件加工	江苏省科技进步奖	二等奖	江苏多棱数控机床股份有限公司	江苏省人民政府
36	ZK52110型双轴龙门数控钻床	四轴控制技术、双主轴结构适用于多孔大型板件高效高精度加工	江苏省科技进步奖	二等奖	江苏多棱数控机床股份有限公司	江苏省人民政府
37	家电组、部件装配自动生产线	主要应用于家电行业组、部件从散件至成品的自动装配，生产效率极高			成都宁江机床（集团）股份有限公司	国家重点新产品试产计划项目

(续)

序号	项目名称	主要内容及应用范围	奖项名称	获奖等级	主要完成单位	授奖单位
38	TH(M)6350卧式加工中心	该成果是一台高速、高效、高柔性的加工中心,广泛应用于航空航天、船舶、模具、汽车等行业的精密零件的加工	成都市科学技术进步奖,四川省优秀新产品奖	二等奖	成都宁江机床(集团)股份有限公司	成都市人民政府、四川省人民政府
39	CK(A、E)1112数控纵切自动车床	主要采用棒料进行小型轴类零件的中、大批量生产	成都市科学技术进步奖,四川省优秀新产品奖	二等奖	成都宁江机床(集团)股份有限公司	成都市人民政府、四川省人民政府
40	THM6363精密卧式加工中心	该成果是一台高速、高效、高柔性的加工中心,广泛应用于航空航天、船舶、模具、汽车等行业的精密零件的加工	四川省科学技术进步奖	三等奖	成都宁江机床(集团)股份有限公司	四川省人民政府
41	普及型数控车床产业化工程的开发研究	应用于军工、航天航空、仪器仪表、汽车及机械加工等行业	中国机械科学技术进步奖	三等奖	济南一机床集团有限公司	中国机械工业联合会
42	MJ—18型数控车床	全封闭控制、定位精度高、采用带散热筋板的高刚性主轴箱、卧式8工位刀架、进口分度电动机驱动、液压锁紧、高精度端齿盘定位。应用于军工、航天航空、仪器仪表、汽车及机械加工等行业	中国机械科学技术进步奖	三等奖	济南一机床集团有限公司	中国机械工业联合会
43	MJ—520/MC数控车削中心	C控制主轴、动力刀架、全封闭防护、定位精度高等。应用于军工、航天航空、仪器仪表、汽车及机械加工等行业	中国机械科学技术进步奖	三等奖	济南一机床集团有限公司	中国机械工业联合会
44	J1VMC63A数控刻槽机	四轴联动、对复杂内驱面的高速高效加工,换刀动作高速可靠,刚性攻螺纹、超长Z向行程、自定心工件夹具等特点。应用于军工、航天航空、汽车及机械加工等行业	山东省机械厅科学技术进步奖	一等奖	济南一机床集团有限公司	山东省机械工业厅
45	CK6136i型数控车床	高速精密二轴控制、平床身、变频调速主轴、整体床座、刚性好等。应用于军工、航天航空、仪器仪表、汽车及机械加工等行业	山东省机械厅科学技术进步奖	三等奖	济南一机床集团有限公司	山东省机械工业厅
46	CK1463型车削单元	该单元为六轴控制,3×2轴联动,最大加工直径Φ750mm,最大加工长度1 500mm,主轴最大输出扭矩3 000Nm。该机床既能适合大负荷切削,又能满足精加工高速切削的要求	江苏省科技进步奖	一等奖	南京第一机床厂	江苏省科技厅
47	CK1463型车削单元	该单元为六轴控制,3×2轴联动,最大加工直径Φ750mm,最大加工长度1 500mm,主轴最大输出扭矩3 000Nm。该机床既能适合大负荷切削,又能满足精加工高速切削的要求	中国机械工业科技奖	二等奖	南京第一机床厂	中国机械工业联合会
48	普及型数控车床产业化工程的开发研究		科技进步奖	一等奖	长城机床厂、吉林工业大学、湖南大学	宁夏回族自治区政府

（续）

序号	项 目 名 称	主要内容及应用范围	奖项名称	获奖等级	主要完成单位	授 奖 单 位
49	CKG7915 型数控管螺纹加工车床		科技进步奖	三等奖	长城机床厂	宁夏回族自治区政府
50	HM—010 车削中心	以数控车床为基型而开发创新产品，其特点是配置 C 轴功能及动力伺服刀架，可以在一次装夹中实现车、铣、钻、攻等复杂型面三轴联动加工的新型机床	设计创新优秀奖、上海市优秀新产品三等奖、国家级新产品	市级奖、国家级奖	上海第二机床厂	上海工业设计促进会、上海市经委、国家经贸委
51	CK64150 数控端面车床	该产品控制系统采用德国 SIEMENS 公司或日本 FANUC 公司数控系统，针对对盘、环类零件的加工特点要求进行了全新设计，实现了无级调速和端面恒线速切削。广泛应用于国防、军工、航空、航天、造纸等行业	中国机械工业科学技术奖	三等奖	天水星火机床厂	中国机械工业联合会、中国机械工程学会
52	KDCL—15 全功能数控车床	床身上最大回转直径 360mm，轴类最大车削直径 150mm，最大加工长度 500mm，主轴无级变速，最高转速达 6 000r/min，8 工位转塔刀架，采用直线滚动导轨，斜床身全封闭结构，带自动排屑装置	浙江省科技进步奖	三等奖	浙江凯达机床集团有限公司	浙江省人民政府

锻 压 机 械

一、生产发展情况

据国家统计局数据：2002 年锻压设备行业全部国有企业和年销售收入在 500 万元以上的非国有工业企业 221 个。其中大型企业较少，多数为中小企业。完成产品销售收入 64.33 亿元，比上年增长 20.1％。

中国机床工具工业协会锻压机械分会会员单位有 76 个。锻压设备生产企业地域分布，几乎遍及全国各省市区；但又相对的比较集中，一半以上分布在江苏、山东、上海、浙江等沿海省市。按生产的产品种类分，生产机械压力机的企业占 40％以上，生产液压机的企业约占 15％，生产剪切、弯曲、校正机的企业占 30％左右，生产其他锻压设备的企业约占 15％。

参加本次年鉴汇总的有 50 个企业，产品销售收入为 33.19 亿元，占全行业产品销售收入的 51.59％。

与 2001 年比较，2002 年这 50 个企业的经济运行保持持续增长势头。工业总产值（当年价）比上年（295 594 万元）增长 17.13％，工业增加值比上年（99 969 万元）增长 3.33％，产品销售收入比上年（262 935 万元）增长 26.22％，全员劳动生产率比上年（27 248 元/人）增长 14. 83％。由以上数据可以看出，锻压机械行业在过去的一年里，更加注重加强企业改革与内部管理，经济运行的质量又有进一步的提高。应特别指出的是，全员劳动生产率 2000 年比 1999 年提高 60％以上，2001 年比 2000 年提高 34.38％，2002 年比 2001 年又提高了 14. 83％。2002 年与 1999 年比较，锻压机械行业全员劳动生产率提高了 147％，实现了行业的跨越式发展。但 2002 年全行业的利润总额有很大滑坡，仅相当于上年的 30％左右。产品销售收入增长了，全员劳动生产率提高了，利润总额却下滑了，值得引起行业企业重视。

2002 年锻压机械行业 50 个企业的主要经济指标见表 1。

表 1　2002 年锻压机械行业 50 个企业主要经济指标

工业总产值（万元）		工业增加值（万元）	产品销售收入（万元）	产品销售税金及附加（万元）	利润总额（万元）	固定资产净值（万元）	流动资金平均余额（万元）	流动负债平均余额（万元）	全员劳动生产率（元/人）	职工平均工资（元）	职工平均人数（人）
当年价	不变价										
346 229	375 856	103 302	331 864	2 353	2 609	209 382	338 002	345 924	31 289	11 039	33 015

二、产品分类产量

据国家统计局资料：2002 年全国锻压设备产量 363 708t，比 2001 年的 291 402t 增长 24.81％。2002 年 50 个企业锻压机械总产量为 45 370 台（套），比 2001 年增长 25％。在其中，机械压力机 37 448 台（套），占总量的 82.54％，比上年占比增长 1.5％；据不完全统计，2002 年数控锻压机械产品 856 台（套），仅占总产量的 1.89％，比上年占比增长 0.58％，锻压机械产品数控化率进展相当缓慢，剪切机产量 2 233 台(套)、液压机产量 2 091 台(套)占比均不足 5%,其他门类的锻压机械产品占比均在 4% 以下。2002 年总产量的增加,主要源于机械压力机,而且是中低档机械压力机产量增加。此外,锻压机械产品仍以中小型设备为主,大型锻压机械产量仅 3 448 台(套),占总产量的 7.60%,重型锻压机械只有 543 台(套),约占总产量的 1.20%。从锻压机械产值分析,占总产量 80% 以上的机械压力机,产值仅占 55%;剪切机与液压机产量之和占比不足 10%,产值之和却占 22% 以上;剪切机与液压机的产值占比分别是产量占比的 1.6 倍和 3.1 倍。由此可见,锻压机械产品构成极不合理,减少普通机械压力机特别是小型、低档机械压力机的占比,提高大中型锻压机械和高技术附加值的锻压机械产品的产量,提高锻压机械的数控化率,是今后相当长一段时期锻压机械行业发展的重要目标。

2002 年锻压机械行业 50 个主要企业完成的锻压机械产品产量及其分类构成见表 2。

表 2　2002 年锻压机械产品产量及分类构成

产品类别	产量(台、套)	产量构成比(%)	产值(万元)	产值构成比(%)
机械压力机	37 448	82.54	139 647	55.12
液压机	2 091	4.61	36 323	14.34
线材成形自动机	527	1.16	3 654	1.44
锻锤	73	0.16	527	0.21
锻机	57	0.13	376	0.15
剪切机	2 233	4.92	19 937	7.87
弯曲校正机	1 644	3.62	41 307	16.31
其他锻压机械	1 297	2.86	11 552	4.56
合计	45 370	100.00	253 323	100.00

三、市场及销售

2002 年锻压机械内销 44 505 台(套),出口 2 239 台(套),共计销售 46 744 台(套),年库存量 8 800 台(套)。2002 年销售量比上年增长近 30%,库存量及库存量与销售量之比与上年基本持平。

2002 年共出口锻压机械 2 239 台(套),比 2001 年增长 18.91%;出口金额 12 916 万元,比上年略有下降。这说明出口锻压机械的结构有待改善,出口价格有待调整。锻压机械出口产品主要仍是机械压力机,数量占出口总数的 63%,金额占出口总额的 51%。在出口的机械压力机中,有大、重型机械压力机 68 台(套),就数量而言虽然不大,但出口金额却达 4 620 万元,占机械压力机出口金额的 70%,占锻压机械出口总金额的 1/3 以上。

2002 年各类锻压机械的内销及出口情况见表 3。

表 3　2002 年锻压机械产品内销及出口情况

产品类别	内销		出口	
	数量(台、套)	金额(万元)	数量(台、套)	金额(万元)
机械压力机	37 738	133 066	1 412	6 595
液压机	2 040	33 148	97	1 355
线材成形自动机	83	979	466	1 994
锻锤	106	786	0	0
锻机	57	378	0	0
剪切机	2 083	18 911	127	1 352
弯曲校正机	1 498	43 009	130	1 517
其他锻压机械	900	12 792	7	103
合计	44 505	243 069	2 239	12 916

四、新产品、新技术、新工艺

2002 年 50 个企业共开发金属加工机床(金切机床+锻压设备)新产品 114 种,其中:数控产品 20 种(数控金切机床 13 种)。

济南铸造锻压机械研究所开发的 PS31250 型数控液压冲剪复合机,公称力(冲/剪)300/280kN,最大加工板材尺寸 1 250mm×5 000mm、厚度 6mm,滑块最大行程(冲/剪)30/90mm,最大冲压速度 900 次/min,工作台最大行程(X/Y 轴)2 500/1 400mm、最大速度 80/60m/min,模位数(含两套自转模)32,最大单次冲孔直径 89mm,最大单次剪切尺寸 800mm×1 250mm,最小剪切板厚 0.5mm,控制轴数为五轴(X、Y、T、C、B)。该机的特点是,冲、剪共用一套液压系统,冲、剪行程可分级设定,冲、剪转换由系统集成的电子卡控制完成;工作台配置了快速伺服驱动,采用大导程精密滚珠丝杠及直线导轨,送进速度最高达 114m/min;冲床部分包含 2 个旋转工位在内的 32 个模位分 4 种规格类型,最大冲孔直径达 88.9mm;剪床部分的 Y 轴单次剪切长度达 1 250mm,而 X 轴方向可通过半剪方式实现任意长度的剪切;冲、剪滑块的上、下死点位置可自动设定,剪切刀具的间隙可编程控制,冲、剪主机的工作由程序控制自动转换;冲剪一体化自动编程软件可将工件图形文件直接生成加工程序,并可对冲压路径、模具规格、分剪排料等进行优化,提高了加工效率和材料利用率。

江苏金方圆数控机床有限公司开发的 APSS 型数控冲剪复合加工生产线,是数控冲剪复合加工机延展性应用的实例。该生产线由一台数控冲剪复合加工机与立体仓库、上料装置、分选装置组成。数控冲剪复合加工机的转塔冲床部分,公称力为 300kN,24 个标准工位,其中 2 个工位为旋转工位,一次冲孔最大直径 88.9mm;采用德国 BOSCH—REXROTH 公司的液压系统驱动,最高冲切频率可达 900 次/min;智能型夹钳可由编程实现自动位移,并有板料脱落报警功能。数控直角剪部分最大剪切力为 250kN,与转塔冲床部分共用一个液压系统驱动;刀片长度为 800mm×125mm(X、Y 方向),刀口间隙可双向同步调整;为扩大 X 方向的剪切范围,在 X 方向上可进行半剪切。立体仓库有 8 个货格,最大装料尺寸为 1 250mm×2 500mm,装料高度为 125mm;取料机构的测厚装置和喷气分层装置,能保证存放板料的高度相同并在出料时不致发生吸双料现象。该生产线的上料系统由上料机械手和垂直、水平移动装置组成,上料机械手采用真空吸盘机构,带防坠落保险装置,垂直、水平移动装置采用无杆气缸驱动，设极限位置缓冲装置。分选装置共4组，有5种零件分选料斗，可将直角剪分离的零件按种类分至相应的料盒。

济南二机床集团有限公司在大、重型机械压力机的开发方面始终处于国内领先水平。2002年该公司开发了15台(套)公称力为3 000～20 000kN的闭式四点压力机、闭式单动双点高速压力机、闭式四点双动压力机、闭式四点单动压力机、数控研模液压机等新产品。新产品普遍采用了自动换模控制、装模高度和气垫行程检测、多功能PLC控制、隔膜式离合器制动器、滑块调整预加载装置等多项先进技术。

2002年湖北三环黄石锻压机床有限公司开发了大量新产品。开发的PPEB5200/125型数控液压折弯机，公称压力5 200kN，折弯长度12 200mm，定位精度0.05mm，重复定位精度0.03mm，共有15个数控轴。开发的1250H/20型数控液压转塔冲床，公称压力200kN，最大加工板材尺寸2 000mm×1250mm，工位数40，加工精度±0.1mm。开发的2—PPEB640/80型双机联动板材折弯加工单元，公称压力12 800kN，可折弯长度16 000mm。这些产品在国内同类产品中都堪称上乘。

2002年浙江锻压机械集团有限公司开发的JZ21G—45型和JZ21G—25型高速精密压力机，充分体现了高速和精密两大要素，滑块行程次数达200～400次/min，在国内同类产品中可谓佼佼者。此外，还开发了J21L—125型开式固定台长行程压力机、JZ21F—250型快速返程压力机、JZ23—35型高性能开式压力机、JZ25—200型开式双点固定台压力机、JZ21K—110型数控精密快速返程压力机、JZ25—110型开式双点固定台压力机等多种类型的压力机新产品。

徐州压力机械股份有限公司注重市场的需求和新产品的开发，2002年开发了YX28—800/1300A型双动研配试冲液压机、YX51—2000/3000×2800A型框架液压机、YX27—5000型热模压液压机、XP—B—200型研配液压机、DW99—200型摆辗液压机、XP—X—600型管端加厚液压机生产线及XP—E—200型车门包边液压机等多项新产品。

青岛锻压机械集团公司作为目前国内规模最大的螺旋压力机制造企业，2002年开发了6个不同类型和规格的双盘摩擦压力机，公称压力10 000～25 000kN，滑块行程700～800mm，行程次数8～10次/min，最小装模高度500～680mm，最大顶料力400～800kN，代表了我国螺旋压力机的最高水平。

徐州锻压机床厂加快了新产品的开发步伐，2002年开发了JE21系列高精度压力机6种，J21—Z系列专用压力机4种以及快速压力机、高速压力机、高速精密压力机、闭式高速精密压力机等新产品共计20余种。

2002年扬州锻压机床有限公司开发了J76—125型闭式双点高速精密压力机、YKC—48型闭式双点翅片冲压生产线、YKCZ系列涨管机、YKCW系列弯管机等22个新产品，有5个新产品通过了江苏省组织的鉴定。

此外，上海第二锻压机床厂、江苏扬力锻压机床有限公司、浙江萧山金龟机械有限公司、靖江市三力锻压机床制造有限公司、天津市锻压机械总厂、西安通力锻压机床有限公司、上海冲剪机床厂、山东高密高锻机械有限公司等企业都有高水平的新产品开发。

2002年锻压机械行业50个企业新产品开发情况见表4。

表4　2002年锻压机械行业各企业新产品开发情况

序号	产品名称	型号	主要技术参数	鉴定时间	企业名称
1	数控液压折弯机	PPEB5200/125	公称压力5 200kN，折弯长度12 200mm，定位精度0.05mm，重复定位精度0.03mm共有15个数控轴	2002.03	湖北三环锻压机床有限公司
2	数控液压转塔冲床	1250H/20	公称压力200kN，最大加工板材尺寸2 000mm×1 250mm，工位数40，加工精度±0.1mm	2002.10	湖北三环锻压机床有限公司
3	板材折弯加工单元	2—PPEB640/80	公称压力12 800kN，折弯长度16 000mm，双机联动	2002.08	湖北三环锻压机床有限公司
4	高速精密压力机	JZ21G—45	公称压力450kN，滑块行程30mm，行程次数200～400次/min	2002.04	浙江锻压机床厂
5	开式固定台长行程压力机	J21L—125	公称压力1 250kN，滑块行程165mm，行程次数38次/min		浙江锻压机床厂
6	快速返程压力机	JZ21F—250	公称压力2 500kN，滑块行程250mm，行程次数35～55次/min		浙江锻压机床厂
7	高性能开式压力机	JZ23—35	公称压力350kN，滑块行程100mm，行程次数60次/min	2002.04	浙江锻压机床厂
8	开式双点固定台压力机	JZ25—200	公称压力2 000kN，滑块行程250mm，行程次数25～45次/min		浙江锻压机床厂
9	数控精密快速返程压力机	JZ21K—110	公称压力1 100kN，滑块行程180mm，行程次数45～75次/min		浙江锻压机床厂

(续)

序号	产品名称	型号	主要技术参数	鉴定时间	企业名称
10	开式双点固定台压力机	JZ25—110	公称压力1 100kN,滑块行程180mm,行程次数35～65次/min		浙江锻压机床厂
11	高速精密压力机	JZ21G—25	公称压力250kN,滑块行程30mm,行程次数200～400次/min		浙江锻压机床厂
12	立式辗环机	D51—450A	辗环外径200～450mm,辗环高度120mm,径向辗压力350kN,主辊直径180mm	2002.08	青岛锻压机械集团公司
13	双盘摩擦压力机	J54—2500T	公称压力25 000kN,滑块行程800mm,行程次数9次/min,最小装模高度680mm,最大顶料力800kN	2002.08	青岛锻压机械集团公司
14	双盘摩擦压力机	J53—1600C	公称压力16 000kN,滑块行程7 000mm,行程次数10次/min,最小装模高度550mm,最大顶料力800kN	2002.08	青岛锻压机械集团公司
15	双盘摩擦压力机	JA53—2500	公称压力25 000kN,滑块行程800mm,行程次数9次/min,最小装模高度700mm,最大顶料力400kN	2002.08	青岛锻压机械集团公司
16	双盘摩擦压力机	JB53—1000	公称压力10 000kN,滑块行程700mm,行程次数10次/min,最小装模高度500mm	2002.08	青岛锻压机械集团公司
17	双盘摩擦压力机	J53—1000C	公称压力10 000kN,滑块行程700mm,行程次数10次/min,最小装模高度500mm	2002.12	青岛锻压机械集团公司
18	双盘摩擦压力机	J54—1600D	公称压力16 000kN,滑块行程700mm,行程次数10次/min,最小装模高度550mm	2002.12	青岛锻压机械集团公司
19	摩擦自动压砖机	J67Z—630A	公称压力6 300kN,最大压力12 500kN,滑块行程550mm,行程次数13次/min,最小装模高度950mm,顶出方式机外液压顶出,最大顶料力1 250kN	2002.12	青岛锻压机械集团公司
20	高精度压力机	JE21—25A	公称压力250kN,滑块行程80mm,行程次数100次/min	2002.04	徐州锻压机床厂
21	高精度压力机	JE21—125A	公称压力1 250kN,滑块行程150mm,行程次数50次/min	2002.04	徐州锻压机床厂
22	高精度压力机	JD21—200	公称压力2 000kN,滑块行程160mm,行程次数35次/min	2002.08	徐州锻压机床厂
23	高精度压力机	JE21—100C	公称压力1 000kN,滑块行程140mm,行程次数35次/min	2002.06	徐州锻压机床厂
24	高精度压力机	JE21—160C	公称压力1 600kN,滑块行程160mm,行程次数50次/min	2002.06	徐州锻压机床厂
25	高精度压力机	JE21—250C	公称压力2 500kN,滑块行程250mm,行程次数30次/min	2002.08	徐州锻压机床厂
26	专用压力机	J21—16Z	公称压力160kN,滑块行程70mm,行程次数120次/min	2002.09	徐州锻压机床厂
27	专用压力机	J21—25Z	公称压力250kN,滑块行程70mm,行程次数110次/min	2002.09	徐州锻压机床厂
28	专用压力机	J21—40Z	公称压力400kN,滑块行程80mm,行程次数100次/min	2002.09	徐州锻压机床厂
29	专用压力机	J21—100Z	公称压力1 000kN,滑块行程140mm,行程次数45次/min	2002.09	徐州锻压机床厂

（续）

序号	产品名称	型号	主要技术参数	鉴定时间	企业名称
30	挡圈卷圆机	XD—004C	卷圆直径 16～22in	2002.09	徐州锻压机床厂
31	压力机	JZ21—100	公称压力 1 000kN,滑块行程 140mm,行程次数 50 次/min	2002.10	徐州锻压机床厂
32	压力机	JZ21—160	公称压力 1 600kN,滑块行程 160mm,行程次数 50 次/min	2002.10	徐州锻压机床厂
33	压力机	JZ21—200	公称压力 2 000kN,滑块行程 160mm,行程次数 50 次/min	2002.10	徐州锻压机床厂
34	压力机	JZ21—400	公称压力 4 000kN,滑块行程 300mm,行程次数 25 次/min	2002.11	徐州锻压机床厂
35	高速精密压力机	VH—45	公称压力 450kN,滑块行程 30mm,行程次数 100～500 次/min	2002.03	徐州锻压机床厂
36	高速精密压力机	VH—25	公称压力 250kN,滑块行程 30mm,行程次数 100～600 次/min	2002.10	徐州锻压机床厂
37	高速压力机	JG21—25	公称压力 250kN,滑块行程 30mm,行程次数 100～300 次/min	2002.11	徐州锻压机床厂
38	快速压力机	JK31—80	公称压力 800kN,滑块行程 25mm,行程次数 100～150 次/min	2002.08	徐州锻压机床厂
39	闭式高速精密压力机	JF75G—125	公称压力 1 250kN,滑块行程 30mm,行程次数 200～400 次/min	2002.11	徐州锻压机床厂
40	闭式四点压力机	S4—2000	公称压力 20 000kN	2002.08	济南二机床集团有限公司
41	闭式四点压力机	LS4—2000A	公称压力 20 000kN	2002.11	济南二机床集团有限公司
42	闭式四点压力机	J39C—500	公称压力 5 000kN	2002.08	济南二机床集团有限公司
43	闭式单动双点高速压力机	SC2H—300	公称压力 3 000kN	2002.11	济南二机床集团有限公司
44	数控兼研模液压机	DPD—800	公称压力 8 000kN	2002.11	济南二机床集团有限公司
45	数控定梁龙门镗铣床	XK2416×30	工作台尺寸 1 600mm×3 000mm	2002.11	济南二机床集团有限公司
46	数控高速定梁龙门镗铣床	XKS2414×40	工作台尺寸 1 400mm×4 000mm	2002.11	济南二机床集团有限公司
47	数控定梁龙门镗铣床	XK2412×25	工作台尺寸 1 200mm×2 500mm	2002.11	济南二机床集团有限公司
48	数控动梁龙门镗铣床	XK2130×100	工作台尺寸 3 000mm×10 000mm	2002.11	济南二机床集团有限公司
49	数控龙门镗铣床	XK2414B×40	工作台尺寸 1 400mm×4 000mm	2002.09	济南二机床集团有限公司
50	数控龙门镗铣床	XK2416×60	工作台尺寸 1 600mm×6 000mm	2002.08	济南二机床集团有限公司
51	数控龙门镗铣床	XK2416×40	工作台尺寸 1 600mm×4 000mm	2002.08	济南二机床集团有限公司
52	数控龙门镗铣床	XK2418B×40	工作台尺寸 1 800mm×4 000mm	2002.08	济南二机床集团有限公司
53	闭式四点压力机	J39C—630	公称压力 6 300kN	2002.10	济南二机床集团有限公司
54	闭式四点压力机	J39—600	公称压力 6 000kN	2002.10	济南二机床集团有限公司
55	闭式四点压力机	JB39—800	公称压力 8 000kN	2002.10	济南二机床集团有限公司
56	闭式四点压力机	LS4—1300	公称压力 13 000kN	2002.11	济南二机床集团有限公司
57	闭式四点压力机	LS4—1200	公称压力 12 000kN	2002.11	济南二机床集团有限公司
58	闭式四点压力机	LS4—600B	公称压力 6 000kN	2002.11	济南二机床集团有限公司
59	闭式四点压力机	J39C—800	公称压力 8 000kN	2002.07	济南二机床集团有限公司
60	闭式四点双动压力机	JB47—600/400	公称压力 10 000kN	2002.07	济南二机床集团有限公司
61	闭式四点单动压力机	JE31—1000	公称压力 10 000kN	2002.07	济南二机床集团有限公司
62	闭式四点压力机	LS4—1200A	公称压力 12 000kN	2002.07	济南二机床集团有限公司
63	闭式单点压力机	J31—200C	公称压力 2 000kN,滑块行程 200mm,行程次数 25 次/min	2002.06	山东高密高锻机械有限公司
64	开式双点压力机	JM25—160	公称压力 1 600kN,滑块行程 200mm,行程次数 30～55 次/min	2002.08	山东高密高锻机械有限公司
65	开式双点压力机	JM25—200	公称压力 2 000kN,滑块行程 250mm,行程次数 25～45 次/min	2002.10	山东高密高锻机械有限公司

（续）

序号	产品名称	型号	主要技术参数	鉴定时间	企业名称
66	闭式单点压力机	J31—630B	公称压力6 300kN，滑块行程400mm，行程次数12次/min	2002.12	山东高密高锻机械有限公司
67	双动研配试冲液压机	YX28—800/1300A	公称压力8 000kN，开口高度2 200mm，滑块行程1 700mm，工作台尺寸3 500mm×2 000mm		徐州压力机械股份有限公司
68	框架液压机	YX51—2000/3000×2800A	公称压力2 000kN，开口高度1 500mm，滑块行程1 200mm，工作台尺寸3 000mm×2 800mm		徐州压力机械股份有限公司
69	热模压液压机	YX27—5000	公称压力5 000kN，开口高度2 300mm，滑块行程1 300mm，工作台尺寸2 500mm×2 000mm		徐州压力机械股份有限公司
70	研配液压机	XP—B—200	公称压力2 000kN，开口高度2 500mm，滑块行程2 000mm，工作台尺寸4 500mm×2 500mm		徐州压力机械股份有限公司
71	摆辗液压机	DW99—200	成形力2 000kN，棒料长度1 700mm，成形直径250mm		徐州压力机械股份有限公司
72	冲压生产线				徐州压力机械股份有限公司
73	汽车内饰件生产线				徐州压力机械股份有限公司
74	管端加厚液压机生产线	XP—X—600	合模公称力6 000kN，镦粗公称力3 000kN，料台尺寸6 000mm×1 500mm		徐州压力机械股份有限公司
75	单柱液压机	XP1G—500A	公称压力5 000kN，开口高度800mm，滑块行程450mm，工作台尺寸1 500mm×1 000mm		徐州压力机械股份有限公司
76	车门包边液压机	XP—E—200	公称压力2 000kN，开口高度1 750mm，滑块行程950mm，工作台尺寸2 500mm×2 200mm		徐州压力机械股份有限公司
77	双头拉丝机	LW460/600	拉丝直径1.2～6mm		上海群英机械总厂
78	对置式数控落地铣镗床	DZ—TK6913/70	龙门定梁式结构，工作台尺寸1 500mm×4 500mm，A轴摆动角度±100°		齐齐哈尔二机床(集团)有限责任公司
79	数控落地铣镗加工中心	TH6916A	镗轴直径160mm，带刀库，可自动换刀、换附件，带主轴冷却	2002.12	齐齐哈尔二机床(集团)有限责任公司
80	多工位冷成形机	Z48—48/5	制件最大直径6mm，镦锻力480kN	2002.12	齐齐哈尔二机床(集团)有限责任公司
81	数控落地铣镗床	TK6913	镗轴直径130mm，镗轴滑枕总行程1 500mm，四轴联动	2002.12	齐齐哈尔二机床(集团)有限责任公司
82	数控立式床身铣床	XK714B	工作台尺寸400mm×800mm，主轴转速60～4 000r/min		齐齐哈尔二机床(集团)有限责任公司
83	高速冲槽机	J91G—10	冲切力100kN，用于电动机行业硅钢片冲切		齐齐哈尔二机床(集团)有限责任公司
84	高速冲槽机	J91G—16	冲切力160kN，用于电动机行业硅钢片冲切		齐齐哈尔二机床(集团)有限责任公司
85	数控钻床	ZK30/31×20	最大钻孔直径30mm，工作台2 000mm×3 100mm		齐齐哈尔二机床(集团)有限责任公司
86	高速镁粉铣床	Q2—150	工作台直径475mm		齐齐哈尔二机床(集团)有限责任公司
87	高性能开式固定台压力机	J21M—200	公称压力2 000kN，滑块行程220mm，行程次数25～45次/min		厦门锻压机床有限公司
88	数控板料折弯机	PBH—110/3100			江苏亚威机床有限公司

（续）

序号	产品名称	型号	主要技术参数	鉴定时间	企业名称
89	数控定尺线	CL—1.5×1250			江苏亚威机床有限公司
90	数控转塔冲床	MP8—30	公称压力 300kN，32 工位，冲压次数 560 次/min		江苏扬力锻压机床有限公司
91	数控板料折弯机	MP8—160×4200	公称压力 1 600kN，折弯长度 4 200mm		江苏扬力锻压机床有限公司
92	开式单柱柱形台压力机	J13—100	公称压力 1 000kN		江苏扬力锻压机床有限公司
93	开式单点双动拉伸压力机	J42—25	公称压力 250kN		江苏扬力锻压机床有限公司
94	半闭式双点压力机	JY25—400	公称压力 4 000kN		江苏扬力锻压机床有限公司
95	半闭式固定台压力机	JY21—250	公称压力 2 500kN		江苏扬力锻压机床有限公司
96	闭式双点高速精密压力机	J76—125		2002.12	扬州锻压机床有限公司
97	闭式双点高速精密压力机	J25—100		2002.12	扬州锻压机床有限公司
98	专用液压机	Y31—30		2002.12	扬州锻压机床有限公司
99	立式液压涨管机	YKCZ—1200		2002.12	扬州锻压机床有限公司
100	机械压力机	JZ21—110		2002.09	西安通力锻压机床有限公司
101	机械压力机	JD36—250X		2002.11	西安通力锻压机床有限公司
102	玻璃钢制品液压机	THP71—4000	公称压力 40 000kN，工作台尺寸 2 600mm×2 400mm	2002.08	天津市锻压机床总厂
103	研配试模液压机	THP98C—1000	研配力 2 000kN，试模力 10 000kN，滑块下行速度 400mm/ s	2002.11	天津市锻压机床总厂
104	移动回转压头框架式	YHP34Y—1000	公称压力 10 000kN，工作台尺寸 2 700mm×1 200mm，压头最大工作行程 300mm	2002.03	天津市锻压机床总厂
105	数控钛合金等温锻造液压机	THP10—10000	公称压力 100MN，回程力 5.6MN，工作台尺寸 3 000mm×3 500mm		天津市锻压机床总厂
106	闭式双点高精度压力机	JE36—250	公称压力 2 500kN，滑块行程 300mm，滑块行程次数 20～35 次/min		营口锻压机床有限责任公司
107	数控板料折弯机	WE67K—160/3200	公称压力 1 600kN，最大板料宽度 3 200mm		靖江市三力锻压机床制造有限公司
108	数控剪板机	QC12K—6×3200	最大板厚 6mm，最大板料宽度 3 200mm		靖江市三力锻压机床制造有限公司
109	双半头半自动外圆抛光机		最大抛光直径 250mm，最大抛光长度 180mm，最大接触压紧力 1 300kN		佛山市康思达液压机械有限公司
110	五金制品数控自动生产线		拉伸系统压力 20MPa，拉伸定梁精度 ±0.20mm，生产节拍：铝制品 6～12 件/min，不锈钢制品 3～6 件/min		佛山市康思达液压机械有限公司
111	Y 系列液体胀形液压机		液压系统压力≤21MPa，水压成形压力≤20021MPa，生产率 2～4 件/min		佛山市康思达液压机械有限公司
112	高速精密辊式送料装置	T51G—1×1.6	最大送料长度 50mm，送料厚度 0.1～1.6mm，送料宽度 5～100mm，送料精度 ±0.06mm，最大送料速度 25m/min	2002.11	浙江萧山金龟机械有限公司
113	滑动导向部件	TUB 系列		2002.11	浙江萧山金龟机械有限公司
114	滚动导向部件	TUR 系列		2002.11	浙江萧山金龟机械有限公司

五、技术引进及合资合作

2002 年三环集团黄石锻压机床有限公司与德国汉斯舍恩公司（HANS SCHOEN）各出资 50%成立黄石汉斯舍恩机械设备制造有限公司，开发生产系列液压精冲机，用于金属板材的精冲加工。该公司开发的 HFZP500 型 5 000kN 数控液压精冲机，冲裁力 5 000kN、压边力 2 000kN、顶出力 1 000kN，快速上行及快速下行速度均为 245mm/s，冲裁速度 5～48mm/s，最大冲裁次数为 55 次/min。该机克服了液压精冲机承偏载能力差的弊端，使之更能满足连续模和连续复合模的工艺要求。采用多级液压泵驱动、液压缸无充液阀、比例阀控制系统和蓄能器，确保滑块的运动速度的优化与快速；压力检测系统监控滑块的正常工作，反馈扫描系统可识别模具上未被去除的零件或废料，以保护造价昂贵的精冲模具；配备数控前送料及后出料单元、废料剪切机、零件吹出装置、零件废料分选器、隔声装置等各种附件。

江苏亚威机床集团公司与瑞士 SMS 公司组建的中瑞合资江苏亚威爱普特锻压机床有限公司，专门从事数控折弯机、数控剪板机、数控转塔冲床等板材加工机床的生产，2002 年生产销售 108 台，销售收入 4 000 多万元；与意大利 SELEMA 公司组建的中意合资亚威赛力玛锻压机械有限公司，从事数控开卷校平剪切线生产，2002 年生产销售 45 条生产线，销售收入达 4 600 多万元。这些充分显示了合资合作产品在国内外市场的竞争力。

山东高密高锻机械有限公司引进日本会田公司的生产技术，开发了高性能开式固定台压力机系列产品。目前，该公司与韩国三虎压力机株式会社各出资 50%，共同组建"高密三虎压力机有限公司"，开发生产高速压力机和高性能压力机，将于 2003 年 5 月正式投产。

2002 年锻压机械行业企业合资合作情况见表 5。

2002 年有 5 个企业有合资合作产品销售，共销售合资合作产品 313 台，金额 2.02 亿元，仅占当年 5 个企业产品销售收入的 6.08%。2002 年锻压机械行业企业合资合作产品销售情况见表 6。

表 5　2002 年锻压机械行业企业合资合作情况

序号	项目名称	合资合作内容	合资金额（万美元）	外方企业名称	外方占股金比例（%）	中方企业名称	中方占股金比例（%）	合作年限	合同签订年份
1	黄石汉斯舍恩机械设备制造有限公司	合资开发生产系列精冲机	150	德国 Hans Schoen 公司	50	湖北三环锻压机床有限公司	50	20	2002.03
2	高密三虎压力机有限公司	合资生产高速压力机和高性能压力机	50	韩国三虎压力机株式会社	50	山东高密高锻机械有限公司	50	10	2002.09
3	扬州鼎牌机械有限公司	生产销售锻压机械自动化生产线	120	港商邱嗣伟	45.60	扬州锻压机床有限公司	54.40%	10	2002
4	佛山神威热交换器有限公司	生产销售热交换器	70	日本神威株式会社	50	佛山市康思达液压机械有限公司	50%	15	1993

表 6　2002 年锻压机械行业企业合资合作产品销售情况

序号	产品名称	数量（台）	金额（万元）	企业名称
1	1250XP/20 型数控转塔冲床	5	450	黄石三环锻压机床有限公司
2	1250H/20 型数控液压转塔冲床	3	300	黄石三环锻压机床有限公司
3	HFZP500 型数控液压精冲机	1	700	黄石三环锻压机床有限公司
4	PPEB 系列数控折弯机	73	6 830	黄石三环锻压机床有限公司
5	数控冲、剪、折设备	108	4 000	江苏亚威机床有限公司
6	数控开卷、校平、剪切生产线	45	4 600	江苏亚威机床有限公司
7	JL 系列闭式双点机械压力机	11	812	扬州锻压机床有限公司
8	JS 系列精整机械压力机	2	257	扬州锻压机床有限公司
9	YJ 系列液压机	4	373	扬州锻压机床有限公司
10	热交换器	29 647	3 650	佛山市康思达液压机械有限公司
11	数控剪折设备	61	1 872	上海冲剪机床厂

六、科研成果及其应用

2002 年锻压机械行业 50 个企业共完成 44 项科研成果。

天津市锻压机床总厂十分重视新产品开发过程中的科研工作及其成果应用。2002 年该厂完成新产品、新技术研究开发项目 63 项，全年科技投入 796 万元，相当销售收入的 13%左右。

企业为了提高产品的质量和档次，不惜重金进行基础性技术的研究。济南二机床集团有限公司投入 300 万元，进行电子伺服三坐标送料系统的研制，目的是完善大型、重型压力机的成套性，提高压力机生产线的自动化水平。江苏省徐州锻压机床厂投入 500 万元巨资，进行高速精密压力机振动及动态精度的研究，以减轻机床振动、提高冲压精度，使高速精密压力机真正体现出高速和精密的特征。

2002 年锻压机械行业完成科研项目情况见表 7。

表7　2002年锻压机械行业科研项目情况

序号	项 目 名 称	主 要 内 容	应用现状	投入资金（万元）	项目来源	企 业 名 称
1	无模成形机	无需成形模具，实现被加工材料的直接成形	国内尚无应用	70	湖北省攻关计划	湖北三环锻压机床有限公司
2	JZ21G—45型高速精密压力机	适用于电子等行业薄板高速精密冲压	自行应用	50	自选	浙江锻压机床厂
3	J21L—125型开式固定台长行程压力机	可满足标准件的加工工艺要求	自行应用	37	自选	浙江锻压机床厂
4	JZ21F—250型快速返程压力机	在满足常规冲裁工艺的同时，还可进行深拉伸作业	自行应用	66	自选	浙江锻压机床厂
5	JZ21K—110型数控精密快速返程压力机	可配置伺服电动机实现自动精密送料，彩色触摸屏具有检测和显示功能	自行应用	25	自选	浙江锻压机床厂
6	高速精密压力机的振动及动态精度的研究	减轻机床的振动，提高机床的冲压精度	自行应用	500	自选	江苏省徐州锻压机床厂
7	电子伺服三坐标送料系统	三坐标送料系统研制	尚未应用	300	自选	济南二机床集团有限公司
8	DZ—TK6913/70型对置式数控落地铣镗床	主要用于大型、超大型零件的面、孔和空间曲面		1 100	自选	齐齐哈尔二机床（集团）有限责任公司
9	大型龙门式五轴联动混联机床	重点针对大型水轮机叶片的加工		960	自选	齐齐哈尔二机床（集团）有限责任公司、清华大学
10	有限元分析	机床静态结构分析及机架等部件的优化	自行应用	20	自选	江苏亚威机床有限公司、东南大学
11	J31系列闭式单点单动压力机	研制	自行应用		自选	江苏扬力锻压机床有限公司
12	J36系列闭式双点单动压力机	研制	自行应用		自选	江苏扬力锻压机床有限公司
13	YKCZ—1200型立式液压涨管机	研制	自行应用		自选	扬州锻压机床有限公司
14	J76—125型高速精密双点压力机	研制	自行应用		自选	扬州锻压机床有限公司
15	JG25—125型机械压力机	研制	自行应用	30	自选	西安通力锻压机床有限公司
16	JF21—80型机械压力机	研制	自行应用	10	自选	西安通力锻压机床有限公司
17	THP98C—1000型研配试模液压机	研制	自行应用	60	国家重点新产品计划	天津市锻压机床总厂
18	THP10—1000型钛合金等温锻造液压机	研制	自行应用	200	国家重大技术装备创新	天津市锻压机床总厂
19	THP71S—4000型玻璃钢制品液压机	研制	自行应用	100	天津市重点攻关计划	天津市锻压机床总厂
20	用于模板模块机械产品广义模块化设计模块编码系统	关于模块化设计、模块编码目的、对象、方法的研究	自行应用	20	天津市自然科学基金	天津市锻压机床总厂、天津大学
21	液压机广义模块化设计原理及应用	广义模块化设计的概念的建立及方法研究	自行应用	20	天津市自然科学基金	天津市锻压机床总厂、天津大学
22	参数化造型、变量优化的广义模块化设计	用于参数化造型、变量优化的广义模块化设计的研究	自行应用	20	天津市自然科学基金	天津市锻压机床总厂、天津大学

（续）

序号	科研项目名称	主要内容	应用现状	投入资金（万元）	项目来源	企业名称
23	焊接分布式CAPP系统的结构研究	焊接件的工艺过程、制造特点、CAPP系统框架、系统关键技术的研究	自行应用	20	天津市自然科学基金	天津市锻压机床总厂、天津大学
24	CAPP中的神经网络智能决策技术	CAPP的神经网络、决策模型的研究	自行应用	20	天津市自然科学基金	天津市锻压机床总厂、天津大学
25	用于模板模块液压机框架结构模块化优化设计	模块化设计、参数造型、变量优化的研究	自行应用	20	天津市自然科学基金	天津市锻压机床总厂、天津大学
26	分布式CAPP系统接口技术研究	复杂异构数据、ADO技术接口研究	自行应用	20	天津市自然科学基金	天津市锻压机床总厂、天津大学
27	双烘缸酵母干燥机	城市污水处理设备，可用于酿酒、味精、淀粉、制药等行业	已应用	260	广东省重点新产品	佛山市康思达液压机械有限公司
28	SGY自动冲压生产线	将模糊控制理论和主动消振理论应用于金属制品制造行业，提高精度和自动化程度	已应用	450	广东省重点新产品、广东省工业攻关计划	佛山市康思达液压机械有限公司
29	YZ28G—200A型智能高速液压机	利用计算机控制技术实现压力、位移、速度等闭环控制	已应用	900	国家科技成果重点推广计划	佛山市康思达液压机械有限公司
30	微机控制全自动真空橡胶硫化机	实现了橡胶制品在真空中的全自动化生产	已应用	260	广东省成果推广计划	佛山市康思达液压机械有限公司
31	T51G—1×1.6型高速精密辊式送料装置		已应用	112	自选	浙江萧山金龟机械有限公司
32	TUB系列滑动导向部件		已应用	21	自选	浙江萧山金龟机械有限公司
33	TUR系列滚动导向部件		已应用	58	自选	浙江萧山金龟机械有限公司

七、管理与改革

坚持不懈地加强质量管理，提高产品实物质量和生产过程管理质量，是获得稳定的国内市场份额的有效途径，这一理念已被锻压机械行业广大企业充分认识并普遍接受。

济南二机床集团有限公司实施“精品工程”，坚持加强全员质量意识教育，开展“精品工程”质量讲评，培育“质量是企业的生命”的观念。针对不同时期的质量特点与难点，开展“文明操作攻坚战”、“生命工程”等阶段性质量攻关活动，实施以产品质量稳定达到国际一流水平为目标的“精品工程”，深化工艺突破口工作，推动产品质量不断提高。健全各级各类人员的岗位质量责任制，强化从合同评审、设计、采购、制造到运输和售后服务全过程的质量控制，实施质量突破要求，全面质量管理与国际接轨。实行总经理直接领导下的总质量师负责制，建立质量例会制度。完善计量检测体系和手段，建立操作者自检，生产厂自检，质量保证部代表用户对关键零部件进行抽查、对整机逐台检查的三级质量检验制度。建立严格的质量考核制度，考核情况直接与一、二级分配及干部考核挂钩，落实质量责任损失赔偿制度。履行“质量保证声明”，实施“交钥匙”工程，完善用户服务体系。

济南二机床集团有限公司以科学计划为重点，实施敏捷制造工程。根据单件小批、长周期的生产特点，引入MRPⅡ(制造资源计划)，探索实施订单制，实现了计算机自动生成生产计划，采购期、制造期、入库期和领用期按MRPⅡ指令运作，强化了从订货、技术准备、采购、制造到产出的全过程管理，整合、优化了内部物流体系，显著提高了生产管理效率。建立年、季、月滚动编制和动态平衡的生产计划管理模式，形成计划、工艺、定额三位一体的生产组织体系，有效平衡和调整生产计划，推进了敏捷制造。实施“并行工程”，推行准时制生产，接到订单后，立即根据交货期倒推技术准备、采购、制造、运输、安装调试等各环节的周期，制订计划控制标准，层层分解下达到生产厂、车间、班组和机床，落实项目负责人制度，建立统一、高效的生产指挥系统，做到日计划、日平衡，提高了准时化生产能力。通过以上措施，提高了企业快速反应能力，产品制造周期比过去缩短1/2～1/3。

锻压机械行业多数企业都通过了ISO9001质量体系认证。较早获ISO9001国际质量标准认证的企业，在质量体系运行的过程中不断自我完善，形成了产品质量提高，质量成本下降的良性循环。按1994年版ISO9001国际质量标准进行认证的企业，以及认证有效期接近届满的企业，已完成了2000年版的认证和转换工作。从2002年度企业运行情况来看，锻压机械行业对质量与质量管理工作的重视程度进一步提高，“质量就是企业的生命”不再是一句空话，企业普遍开展了创优质名牌活动，并获得显著的综合效益。

以改革促发展，以创新求效益是锻压机械行业又一特点。

济南铸造锻压机械研究所在完成由事业单位转为企业的改造后，仍走在锻压机械行业技术进步的前列。该所以高层次技术人员开拓市场，以技术成套项目为龙头，以技术进步为依托，不断开发高技术附加值的产品，销售及技术服务领域已涉及机械、电子、汽车、家电、电力、通信、轻工、纺织等诸多行业。该所设立的济南捷迈铸造机械工程有限公司、济南捷迈锻压机械工程有限公司、济南捷迈数控机械工程有限公司及济南捷迈液压机电工程有限公司等4个股份制公司，职工个人占股份的65%，济南铸锻所占股份的35%。股份制公司充分发挥现代企业的优势，形成了特有的综合优势。

上海冲剪机床厂面对市场竞争，不断提高管理、科研开发、营销和财务等方面的综合实力。该厂依靠科学技术进步，坚持技术改造，强化生产管理，调整产品结构、开发高水平的数控产品，使其数控产品的产量、产值在锻压机械行业名列榜首，荣获中国机床工具工业协会2002年度“数控产值”和“精心创品牌”双十佳企业称号。该厂首先加强信息管理，理顺销售价格体系，销售部门加强网点建设，先后增加了石家庄、温州、哈尔滨等14个销售网点。该厂进而调整生产结构，走社会化扩张、实现规模化生产的路子。2002年与上海青浦华新机械刀片厂合作组建新生产基地，以全新的模式承接中小零件加工和部分传统产品生产，有利于提高配套能力和生产能力。充分利用与日本AMADA公司合资经营的条件，发挥其技术、品牌和市场优势，使合资产品走向规模化生产。此外，以提高经济运行质量为目的，开展降成本增效益活动以全面预算为核心，控制各项经济运行指标质量，加强销售合同管理与审核，使销售价格趋于规范化、制度化。

徐州锻压机床厂积极走新型工业化道路，以信息化促进工业化，全面提升企业的综合竞争能力。该厂先后投资800余万元建立了企业局域网，在生产管理上成功运行了MRP系统，在技术管理上成功运行了PDM系统，在企业管理上成功运行了OA系统和金蝶K3系统。ERP系统已投入正式运行，实现了物流、资金流、信息流的同步运行，使企业资源得到了充分利用，更加快捷有效地为用户提供优质服务。

八、锻压机械企业简介

济南二机床集团有限公司　国有独资的机床行业大型骨干企业，全国520家重点企业之一，总资产逾11亿元。2002年完成工业总产值6亿元，销售收入4.5亿元，工业增加值2.5亿元，利税5 528万元，利润1 218万元。该公司被评为“2002年中国机械行业核心竞争力之星”和中国机床工具行业“数控产值”、“销售收入”十佳企业。2002年开发的LS4—2000型机械压力机采用六连杆机构，具有远程通信、自诊断功能，代表了国内的最高水平；12个高新技术产品获山东省、济南市科技进步奖；11个开发项目列入山东省科技创新计划。“环保专项”国债技改项目竣工并通过验收，投资1.25亿元的“数控专项”开始实施。

三环集团黄石锻压机床有限公司　国有大型集团型公司，全国机械工业企业具有核心竞争力的30家企业之一。先后被评为国家二级企业，国家科学技术成果推广示范企业，国家863/CIMS应用示范企业。该公司主要生产剪板机、折弯机、自动机、液压机及转塔冲床等，其中数控机床等高技术产品产值占80%以上。公司拥有总资产4.7亿元，占地面积17万m²，员工1 500多人。2002年实现销售收入26 868万元，利税3 591万元，出口创汇289万美元。公司2002年开发的PPEB5200/125型电液伺服数控折弯机，经湖北省科学技术厅组织鉴定认为，该产品拥有自主知识产权。

浙江锻压机械集团有限公司　是拥有上亿元资产的国有企业，先后被评为国家二级企业、浙江省重点骨干企业、浙江省技术进步和高新技术企业、2002年获浙江省工商企业信用三级“守合同重信用”单位和浙江省纳税大户称号。该公司主要生产JZ21系列高性能开式固定台压力机、JZ21F系列快速返程压力机、J23系列开式可倾压力机、J21系列和J21S系列开式固定台压力机以及数控剪板机、数控折弯机等10大系列50余种产品。2002年公司生产锻压设备3 951台套，产品销售收入过亿元；4种新产品通过公司鉴定，3新产品通过省级鉴定；“数控高速精密压力机成套生产线”项目被国家经贸委列为国家重点技改项目。公司技术中心被认定为浙江省企业技术中心。

青岛锻压机械集团公司　国有独资企业，国家一级计量单位。占地面积27.62万m²，总资产21 131万元。年生产大、重型锻压机械产品330余台，是国内目前规模最大的螺旋压力机和包装机械制造企业，其中螺旋压力机代表了我国最高水平，产品销往全国各地及世界30多个国家和地区。2002年主要产品有J55系列离合器式螺旋压力机；J53、J54系列双盘摩擦压力机；J67、J69系列摩擦压力机；D51、D52系列辗环机等，完成产值9 000万元。2002年研制成功了8种新产品，并通过了青岛市科技局及青岛市经委组织的专家鉴定。J67—1000型双盘摩擦压砖机获青岛市科技进步三等奖，C59—6000型带式落锤被认定为国家级重点新产品。

济南铸造锻压机械研究所　原机械工业部直属一类研究所，现隶属于中国机械装备(集团)公司。全所现有在职职工600余人，其中专业技术人员450余人，具有高级专业职务的120余人。“国家铸造锻压机械质量监督检验中心”及中国机床工具工业协会铸造机械分会及锻压机械分会秘书处均设在该所。该所主要从事铸造机械、锻压机械成套技术及装备以及激光加工和液压元件及系统的新产品开发、设计与制造；铸造锻压机械产品质量检测及相关技术咨询服务。2002年该所开发的PS31250型数控液压冲剪复合机作为新型的钣金加工设备，实现冲、剪工艺一体化及工作程序的自动转换，填补了国内该类机型的空白。

江苏省徐州锻压机床厂 国有独资企业，主要生产J11、J21、J23、JF、JE、JG、JS、JE25、JZ、JF25G等10个系列的100余种机械压力机。2002年完成工业总产值9 000多万元，比上年增长46%以上，实现销售收入11 500万元。2002年通过了“江苏省名牌产品”复查工作，生产的压力机连续7年获“江苏省名牌产品”称号，“环球”商标被评为江苏省著名商标。

山东高密高锻机械有限公司 原机械工业部生产机械压力机的定点企业，2000年改制为股份制企业。该公司引进日本会田公司的生产技术，开发了高性能开式固定台压力机系列产品，与济南二机床集团有限公司联合开发了大型闭式双点压力机，最近又相继开发了开式单点压力机和数控液压转塔冲床等新产品。同时，将传统的刚性离合器结构改进为采用气动摩擦离合器和湿式摩擦离合器。2002年该公司实现销售收入9 636万元，利税582万元。目前，该公司与韩国三虎压力机株式会社合资组建“高密三虎压力机有限公司”，总投资50万美元，已于2003年5月正式投产。

徐州压力机械股份有限公司 国家大二型机械工业企业，江苏省高新技术企业和CAD应用工程示范企业。该公司主要生产50 000kN以下四柱及框架液压机，并生产电热镦机、摆动辗压机等共6个系列50多个品种400多个规格的锻压设备。2002年实现产值8 500多万元，销售收入8 400多万元，利税879万元。2002年设计开发55个新产品，其中YX28—1700/2500型双动拉伸液压机获国家重点新产品证书，大型高性能数控液压机通过国家重点技术创新项目验收。

上海群英机械总厂 国有独资企业，专业制造制钉设备、标准件冷镦设备、钢球冷镦设备及轴承套圈、盘类零件自动车床。2002年完成工业总产值1 483万元，出口销售收入274万美元。“群鹰牌”制钉自动机获上海市优质产品称号，ZA32G系列钢球自动冷镦机获上海市和原机械工业部优质产品称号。2002年自行开发的LW—460/600型双头拉丝机，首批生产15台全部销往印度尼西亚。

齐齐哈尔二机床(集团)有限责任公司 国家大型一档企业，占地面积约110万 m²，拥有各类设备2 500余台，下设5个子公司。该公司生产以重型机械压力机、自动锻压机、大型落地铣镗床、铣床为主的10大类近300个品种的产品，自动锻压机研究所和黑龙江省模具中心设在该公司。该公司与清华大学合作研制的用于加工空间复杂曲面的五坐标联动的大型数控龙门混联机床被列入国家“863”计划。2002年开发了DZ—TK6913/70型对置式数控落地铣镗床、TH6916A型数控落地铣镗加工中心、TK6913型数控落地铣镗床、XK714B型数控立式床身铣床、J91G－10型和J91G－16型高速冲槽机等多种新产品。

厦门锻压机床有限公司 国有控股企业，国内生产中小型机械压力机的重点企业，福建省惟一专业生产压力机的厂家。公司生产各种型号的“力牌(Power Brand)”机械压力机，有5个系列30余种规格，销往国内和东南亚地区。2002年生产机械压力机1 600余台，完成产值4 110万元，工业增加值1 735万元。完成J21M—200型高性能开式固定台压力机的开发及16工位压力机的改型，同时对J23系列压力机的出口许可证进行重新认证，使之重获出口权。

江苏亚威机床有限公司 原机械工业部定点生产锻压机床的中型企业，锻压机械行业的国家二级企业，江苏省高新技术企业，扬州市技术进步先进企业。2002年完成工业总产值12 115万元。该公司注重科技队伍的建设，在170余名科技人员中，具有中高级技术职称的78人，直接从事产品开发的78人。涌现出一批技术带头人，其中列为江苏省“333”工程培养对象2人，被评为扬州市科技拔尖人才7人，国家级、市级中青年专家各3人。该公司的目标是，通过人才开发，带动高新技术产品开发，使科学技术高新技术产品的产值由目前的77%提高到90%以上。

江苏扬力锻压机床有限公司 公司占地面积25.8万 m²，固定资产2.5亿元，生产15个系列从63kN到4 000kN 100多个品种的高、中、低档机械压力机，以及液压摆式剪板机，液压板料折弯机，数控转塔冲床等产品。2002年机床总产量12 000多台，总产值3.27亿元，销售收入3.14亿元，利税3 191万元。该公司被认定为江苏省高新技术企业，扬州市CAD推广应用示范企业。“扬力牌”压力机被认定为江苏省名牌产品，商标被认定为江苏省著名商标。

上海第二锻压机床厂 生产中小型压力机的专业厂，原机械工业部的骨干企业、国家二级企业。该厂占地面积1.6万 m²，总建筑面积3万 m²。2002年完成工业总产值6 285万元，销售收入5 505万元，出口创汇83万美元，利税343万元。2002年开发的新产品J92KY—30型300kN数控液压转塔冲床、RVDS125—1400型1 250kN闭式高速精密压力机和J24G—60型600kN开式高速压力机均已通过上海市经委组织的鉴定。JH21—250型2 500kN开式固定台压力机获上海市优秀新产品三等奖。

扬州锻压机床有限公司 国家定点生产机械压力机的专业厂，国家重点火炬项目高新技术企业，国家技术进步示范企业，国家火炬、星火计划重点实施单位。拥有外贸自营权。2002年公司开发了J76—125型闭式双点高速精密压力机、YKC—48型闭式双点翅片冲压生产线、YKCZ系列涨管机、YKCW系列弯管机等22个新产品，有5个新产品通过了江苏省经委和科技厅组织的鉴定。2002年该公司与济南铸造锻压机械研究所合资组建了“扬州捷迈锻压机械有限公司”，与港商合资组建了“扬州鼎牌机械有限公司”，两合资公司已分别进入运作和建设阶段。

西安通力锻压机床有限公司 公司主要生产机械压力机，拥有固定资产6 000多万元，年生产各类压力机500余台(套)，是我国中西部地区生产机械压力机品种规格最多、规模最大的专业化企业。2002年完成工业总产值5 829万元，其中机械压力机123台共计3 860万元。2002年试制新产品有JZ21—110G型机械压力机和JD36—250X型闭式双点压力机；开发新产品有JZ21—25S型和JZ21—40S型机械压力机。JZ21—60/110型高性能压力机及单元自动生产线获西安市科技进步三等奖。

天津市天锻压力机有限公司 公司2002年完成工业总产值10 134万元，液压机销售收入10 012万元(包括出口液压机512万元)。液压机新产品产值4 773万元，销售收入4 056万元，利税1 155万元。2002年承担国家重大技术装备创新项目“100MN数控钛合金等温锻造液压机研制”已完成制造任务，产品正在用户调试；THP98C—1000型10 000kN研配试模液压机实现了模具研配和压制的复合功能，被列入国家重点新产品；THP34Y—1000型10 000kN移动回转压头框架式液压机列入国家试产项目，已完成项目验收。2002年共完成新产品、新技术研究开发项目63项，全年科技投入796万元，占销售收入的13%左右。

营口锻压机床有限责任公司 原机械工业部重点企业，机械压力机定点专业生产厂，以生产机械压力机、万能弯曲机等锻压机床为主，兼生产电火花机床及轴瓦加工设备，机械压力机包括24个系列100多个品种规格。公司下属10余个分厂，具有铸造、锻造、铆焊、热处理、小型、大型机械加工、机械装配等完备的生产组织体系，并设有锻压机械研究所、自动化研究中心，具备先进的设计手段和完善的检测设施，计量标准为国家二级。公司2002年完成产值3 508万元。

靖江市三力锻压机床制造有限公司 原机械工业部定点生产各类锻压机械设备的专业公司，国家二级企业，获出口机电产品质量许可证。公司主要生产各种规格的机械、液压联合冲剪机，6 000kN以下的板料折弯机，20mm以下的液压摆式剪板机，开卷校平剪切生产线以及机械剪板机、液压冲床、大型剪折机床等。2002年完成产值3 500万元，销售收入3 300万元，自营出口30万美元。

佛山市康思达液压机械有限公司 国内生产液压机械的专业厂。公司拥有市级工程技术研究开发中心，被认定为广东省高新技术企业，信息化工程试点示范企业，佛山市重合同守信用企业，公司实行ERP管理。近年来被列入国家重点新产品计划3项，国家火炬计划1项，国家科技成果推广项目2项，广东省重点新产品计划7项，广东省火炬计划1项，广东省重大产业化项目1项。该公司一贯重视新产品开发，与广东工业大学、华中理工大学、武汉冶金科技大学等高等院校共建的产、学、研基地，成为企业新产品开发可靠的技术支持。2002年完成了3项新产品开发，YZ28G—200A型高速液压机和QSY—17型果冻塑杯全自动冲剪机分别获佛山市科技进步二等奖和三等奖。

永嘉流遍机械润滑有限公司 专业生产机械润滑装置的中日合资企业，浙江省高新技术企业、永嘉县实力型巨龙企业、纳税信誉AAA级企业，公司设有温州市级企业技术中心。该公司注册资本金为98.71万美元，中方出资66.2%，日方出资33.8%，自1994年12月起合资期为12年。2002年度生产润滑产品12万台套，销售收入4 800万元，利润548万元，上缴税金518万元。2002年科研开发投入150万元，开发油脂喷雾润滑装置、高压电动干油泵等5种新产品。MMXL型抵抗式自动润滑装置和AMO型定量式自动润滑装置分别获温州市科技进步二等奖和三等奖，CHS型定量式手动油脂润滑装置和L—8型抵抗式手动润滑装置分别获永嘉县科技进步一等奖和二等奖。

上海冲剪机床厂 原机械工业部骨干企业，国家二级企业，上海市高新技术企业，专业生产剪切机械、弯曲校正机械及专用锻压设备。该厂占地面积7万多m^2，固定资产近9 000万元，职工700余人，各类专业技术人员和管理人员200多人。该厂设剪折机械研究所，采用CAD/CAM技术致力于数控剪折机械的开发与生产，已形成系列化的数控剪板机、数控折弯机产品，产品数控化率达60%以上，年生产数控产品300多台(套)。2002年完成工业总产值13 538万元，销售收入11 449万元，人均销售额12.95万元。

浙江萧山金龟机械有限公司 专业生产金龟牌机械压力机、精密冷冲模架及压力机辅助装置的自营进出口企业，注册商标“金龟牌”被认定为浙江省著名商标。2002年生产机械压力机8 000余台、精密冷冲模架15万套。开发新产品3项，JD04—1.1型台式压力机和JM系列可卸导柱模架被杭州市经委授予杭州市新产品新技术三等奖。

〔撰搞人：济南铸造锻压机械研究所王春生〕

铸造机械

一、生产发展情况

据国家统计局资料，2002年全国有144个铸造机械制造企业，产品销售收入为25.41亿元，比上年增长19.8%，利润总额为1.03亿元，比上年增加0.7亿元；工业总产值(当年价)27.91亿元，比上年增长18.4%。

参加本年鉴汇总的铸造机械行业企业有18个，产品销售收入49 539万元，比上年增长24.13%，利润总额3 266万元，比上年增长1 557%(2001年为191.6万元)，从业人员数7 646人，比2001年下降3.13%。

2002年铸造机械行业18个企业的主要经济指标见表1。

表1 2002年铸造机械行业18个企业主要经济指标

指标名称	单位	量值	比上年增长(%)
工业总产值(当年价)	万元	51 427	18.3
(不变价)	万元	54 413	25.1
工业增加值	万元	17 325	21.0
产品销售收入	万元	49 539	24.1
全员劳动生产率	人/元	24 143	28.1
产品销售税金及附加	万元	212	30.3
利润总额	万元	3 266	1 557.6
流动资金平均余额	万元	61 819	50.7
流动负债平均额	万元	61 810	20.0

2002年铸造机械行业大部分单位进行了改制，形成了股份制企业，但就整个情况来说还是以国有股为主，特别是原来的国有企业，仍然是国有控股，如青岛铸造机械集团总公司、保定维尔铸造机械有限公司、上海压铸机厂、济南铸造锻压机械研究所等单位。另外也有合资企业，如青岛新东机械有限公司，95%的股份为日本新东公司；独资企业有苏州德林铸造机械有限公司。还有一些民营企业，民营企业占会员单位总数的17.5%左右，它们多数分布在苏南和胶东一带，且大部分不属于会员单位，但它们的产值和利润要比一些国营企业好。合资企业和独资企业占的比例很少。由于受到原来国有铸造机械厂地域分布的影响，这些企业(包括非会员的铸造机械厂)，大部分分布在山东、江苏南部，其次分布在浙江、上海、两广、河北，东北和西北只有少数。

2002年随着国家技术改造资金的继续投入，以及铸机行业的一些厂家完成了体制改革，完善了经营机制，铸机行业的形势越来越好，除个别几个厂家仍然处于亏损外，多数厂家处于赢利状态，且赢利的涨幅比较大。改制幅度大的企业效益更好。如济南捷迈铸造机械工程股份有限公司、上海压铸机厂、保定维尔铸造机械有限公司、苏州铸造机械厂有限公司等单位，有的民营企业如江阴铸造机械厂其利润产值一直稳定增长。

二、产品分类产量

据国家统计局资料，2002年全国生产铸造机械19 441台，比2001年20 013台下降2.86%。

2002年铸造机械行业18个主要企业完成的铸造机械产品产量共4 654台，占全国铸造机械产量的23.94%，各类产品产量构成见表2。

表2　2002年铸造机械行业18个主要企业的产品分类产量及产值情况

产品名称	产量(台、套)	产值(万元)
合计	4 654	50 407
砂处理设备	295	3 147
造型及制芯设备	1 392	7 650
落砂设备	26	211
清理设备	2 285	28 600
金属型设备	461	9 651
熔模设备	23	77
熔化浇注设备	33	141
其他	139	931

2002年铸造机械行业18个主要企业铸造机械总产量为4 654台(套)，比2001年增加753台(套)，比上年增长22个百分点；产值，比上年增长16个百分点。在铸造机械设备中，清理设备产量最大，占全部铸造设备产量的49%，产量比上年增长2.3个百分点，其次是造型、制芯、金属型和砂处理设备。随着我国汽车和发动机行业的高速发展以及一些企业的设备更新，对铸造设备需要量随之增加，并且用户对产品技术含量的要求也越来越高，所以数控铸造设备近年来也相继问世，如数控造型自动线和数控金属型设备。

三、市场及销售

通过对铸造机械行业18个企业的统计，2002年共销售铸造机械4 989台(套)，比上年增长近45.77%，销售额54 759万元，比上年增长近70%。2002年铸造机械行业18个主要企业产品分类销售情况见表3。

表3　2002年铸造机械行业18个主要企业产品分类销售情况

产品名称	销量(台、套)	销售额(万元)
合计	4 989	54 759
砂处理设备	305	3 147
造型及制芯设备	1 670	8 290
落砂设备	53	354
清理设备	2 270	30 414
金属型设备	500	11 405
熔模设备	21	87
熔化浇注设备	32	134
其他	138	928

其中造型及制芯设备销量增长幅度最大，2002年销售台(套)数是2001年的2.2倍，销售额近1.8倍。这是因为造型制芯设备的品种比较多，适应面比较广，既有适应大厂的技术含量高的设备，也有适合中小厂的普通设备，另外前一段时间，一些企业铸造车间的砂处理和熔化工部已经进行了改造，而造型制芯还是20世纪60～70年代的设备(小厂靠人工生产)，即使是80年代的设备，由于铸件产量和质量的提高也满足不了要求，所以势必要上这两种设备，因此2002年造型及制芯设备销售量比较大。国民经济各行各业不论企业大小要想保证产品外观和内腔质量，都离不开清理设备，机械工业自不必说，像轻工、化工，交通、建筑、各种金属管道(包括西气东输的管道设施)、发动机连杆强化、弹簧强化、高速公路的围栏，甚至饮食业中的酒瓶的磨砂处理等等都要采用不同的抛喷丸设备，所以清理设备的市场一直很广。金属型设备(压铸机、重力铸造机和低压铸造机)近年来在轿车、摩托车等行业的应用比较广泛，尤其这两种车的轮毂(又称车轮)均为铝合金铸件，这种铸件都是采用低压铸造机或重力铸造机制作的，随着家用轿车需求量不断增加，金属型设备的需求量也在增加，以至2002年销售量增长很快，销量比上年增长40个百分点，销售额比上年增长近57个百分点。国民经济其他行业的发展带动了铸机行业的发展，铸造机械市场前景广阔。

四、产品出口情况

据海关资料：2002年中国出口压铸机438台，出口交货值46万美元；其中：数控压铸机83台，出口交货值36万美元。

2002年18个铸造机械行业企业中有两个企业出口压铸机357万元，2002年铸造机械行业企业产品出口情况见表4。

表4　2002年铸造机械行业企业产品出口情况

产品名称	金额(万元)	比上年增长(%)	生产企业
压铸机	41	—56.4	上海压铸机厂
压铸机	316	100.0	阜新北方压铸机责任有限公司

（续）

产品名称	金额（万元）	比上年增长（%）	生产企业
钢丸	283	583.6	青岛铸造机械集团公司
泵及相关设备	53	100.0	苏州铸造机械厂有限公司
混砂机	2.4	100.0	盐城市亚丰铸造机械总厂

由于我国铸造设备技术水平远低于国外先进国家的技术水平，历年来只有进口，没有出口。一些大厂，如一汽、二汽，由于对生产率和铸件质量要求很高，国产设备满足不了他们的要求，所以先后引进一些设备(以造型线和制芯及压铸机为主)。引进的设备技术先进，质量好，生产率高，各种元件可靠，所以整体设备的可靠性高，可以满足大企业生产发展的要求。然而设备的引进也给国人带来了学习的机会，多年来，通过学习和交流，我国的铸造机械技术和产品质量都有很大提高，尤其是压铸机发展得更快，已涌现出一批产品出口企业。2002年产品出口企业由2001年只有两个增加到5个，虽然出口产品的数量不多，且局限于出口到第三世界和大洋洲地区，但这也是一个较大的进步。造型、制芯设备，现在虽然还没有出口，但国内用户已经愿意接受国外厂商与国内厂家合作生产的产品，这就前进了一大步。

五、新产品、新技术、新工艺

依据本次年鉴有关单位的资料，2002年开发的新产品共84种。2002年济南捷迈铸造机械工程有限公司开发了十几种新产品，该公司与德国新东公司为山东华源莱动等单位研制合作生产的配有计算机监控的伺服驱动造型线，使铸造设备迈入了数控设备行列，属国内首创。这种设备只有德国BMD公司才能生产，所以它也是世界先进技术。该公司为沈阳高压开关厂提供的大型金属型、砂型两用低压铸造机，其台面尺寸为2.2m×2.1m，是目前世界上最大的低压铸造机，沈阳高压开关厂用该机为三峡送变电工程制作的大型断路器壳体一次成功。该公司设计制造的S18系列强力混砂机生产率达90～100t/h，以少量主机即可满足高生产率砂处理工部的要求，显著减少了砂处理工部的投资。

青岛铸造机械集团公司根据用户要求设计开发了20多种新型抛丸清理机，其中QJZ054型钢管内外壁清理机、28GN型履带式抛丸清理机和XQJZ6940辊道连续式钢材预处理机分别获得青岛科学技术局和国家经贸委的奖励。

青岛双星铸造机械有限公司开发的15LG履带式抛丸清理机，清理工件最大重量可达250kg，该机是目前国内同机型中清理工件最大的设备。该公司研制的Q767型吊钩摆动式抛丸清理机，清理工件最大尺寸为Φ1 200mm×1 500mm，也属清理工件尺寸较大的设备。

双星漯河铸造机械有限公司是专业生产树脂砂设备和清理设备的厂家，2002年研制的S2825B型高效移动式树脂砂混砂机，生产率大大提高；为太原重型制造的Q76100型抛丸清理室，载重量达100t，在国内属大型清理设备。

阜新压铸机有限公司自行筹资15万元研制了J1116和J1140型卧式冷室压铸机，并将投入生产。这种压铸机生产率高，结构简单，操作程序少，便于自动化，且适用于大吨位等，是一种新型结构的压铸机。灌南压铸机有限公司注重新产品开发，产品性能稳定，工艺先进，多次获省市科技成果奖和优秀新产品奖，该厂研制的J1150H直接增压式压铸机，不仅省去一次增压过程，缩短了机器的工作时间，同时由于增压时间短，在金属熔融状态下完成增压过程，铸件质量也高。天水铸造机械总厂开发的J5215型大型离心铸管机，规格尺寸为Φ1.5m，长度7m，是目前国内最大的离心铸管机，该厂还开发了平台式金属型砂型两用低压铸造机。

荷泽铸造机械有限公司是我国惟一生产熔模铸造机的厂家，该厂2002年开发了M232液态蜡注射机和M354A悬挂制壳线。

江阴铸造设备厂是一家民营，熔化设备专业生产厂，该厂生产的外水冷长炉龄冲天炉，炉龄最低可达1周，根据用户的生产安排和耐火材料的质量，炉龄可达1～3个月，降低了修炉频率，节省了修炉费用，该产品2002年被评为国家重点新产品、全国机械工业科技进步三等奖、市科技进步二等奖，被批准为国家火炬计划重点推广项目。

2002年铸造机械行业新产品开发情况见表5。

表5 2002年铸造机械行业新产品开发情况

序号	产品名称	型号	主要技术参数	产品性质	鉴定单位及鉴定时间	企业名称
1	机械倾转式浇注机	JZJ1500	1.5t	国内领先	用户验收 2002	济南捷迈铸造机械工程有限公司
2	真空混炼机	AG500	50kg/次	填补空白	用户验收 2002	济南捷迈铸造机械工程有限公司
	真空混炼机	AG250	250kg/次			
3	大型金属型砂型两用低压铸造机	JZ458	模具台面尺寸：2.2m×2.1m	世界最大	用户验收 2002	济南捷迈铸造机械工程有限公司
4	强力混砂机	S1822	60t /h	填补空白	用户验收 2002	济南捷迈铸造机械工程有限公司

（续）

序号	产品名称	型号	主要技术参数	产品性质	鉴定单位及鉴定时间	企业名称
5	热心盒射芯机	Z866B	6kg	国内领先	用户验收 2002	济南捷迈铸造机械工程有限公司
6	壳芯机	Z958	最大芯盒尺寸：800mm×700mm×400mm	国内领先	用户验收 2002	济南捷迈铸造机械工程有限公司
7	重力铸造机	J318	型板尺寸：1200mm×800mm 型板行程：400mm 下顶出器行程：100mm	自行设计	用户验收 2002	济南捷迈铸造机械工程有限公司
8	倾转式金属型重力铸造机	J336	动、静型板尺寸：600mm×480mm 动型板行程：300mm 下抽芯行程：120mm 工作台倾转角度：90°	自行设计	用户验收 2002	济南捷迈铸造机械工程有限公司
9	倾转式金属型重力铸造机	J348	型板尺寸：800mm×800mm 动型板行程：300mm 工作台倾转角度：90°	自行设计	用户验收 2002	济南捷迈铸造机械工程有限公司
10	倾转式金属型重力铸造机	J339	动型板行程：400mm 下抽芯行程：240mm 工作台倾转角度：90°	自行设计	用户验收 2002	济南捷迈铸造机械工程有限公司
11	静压造型线	EFA—SD5	砂箱内尺寸：1 100mm×800mm×320mm/320mm 生产率：100 整型/h	计算机监控	用户验收 2002.09	济南捷迈铸造机械工程有限公司
12	静压造型线	EFA—SD6	砂箱内尺寸：1 250mm×900mm×300mm/400mm 生产率：120 整型/h	砂箱尺寸大	用户验收 2002.09	济南捷迈铸造机械工程有限公司
13	静压造型线	EFA—SD7	砂箱内尺寸：1 400mm×900mm×450mm/450mm 生产率：60 整型/h	伺服驱动		济南捷迈铸造机械工程有限公司
14	卧式冷室压铸机	J1115	合型力：1 500kN 压射力：85～180kN	自行设计	上海市经委 2003.03	上海压铸机厂
15	卧式冷室压铸机	J1118	合型力：1 800kN 压射力：114～215kN	自行设计	上海市经委 2003.03	上海压铸机厂
16	抛丸清理机	Q6920K	清理工件尺寸：钢板：4mm～25mm×2 000mm×2 500mm 构件尺寸：1 200mm×450mm×2 500mm	样机试制	用户验收	青岛铸造机械集团公司
17	抛丸清理机	QL1054	清理工件尺寸：钢管直径：Φ500～1200mm 长度：6～3mm 抛丸器：6×300kg/min	样机试制	青岛市经委 2002.11	青岛铸造机械集团公司
18	钢材预处理线	XQZJ 693QA	清理工件尺寸：钢板：厚度：3～80mm 长度：2 400～6 000mm 宽度：1 000～3 000mm 型钢断面尺寸：60mm×1 450mm×600mm	样机试制		青岛铸造机械集团公司
19	抛丸清理机	QZJ6710	清理工件尺寸：Φ800～1 600mm 生产率：30 钩/h 抛丸器：6×230kg/min 功率：6×15kW	样机试制	用户验收	青岛铸造机械集团公司

（续）

序号	产品名称	型号	主要技术参数	产品性质	鉴定单位及鉴定时间	企业名称
20	钢材预处理线	XQZJ 694QA	清理工件尺寸： 钢板：厚度 5～55mm 宽度：1 500～4 000mm 长度：6 000～16 000mm 型材：断面尺寸 60mm×8mm～1 450mm×600mm	样机试制	用户验收	青岛铸造机械集团公司
21	抛丸清理机	QZJ023B	钢管尺寸：直径：Φ219～1 200mm 速度：4m/min 抛丸器：抛丸量：6×850kg/min 功率：6×55kW	样机试制	用户验收	青岛铸造机械集团公司
22	抛丸清理机	QZJ023C	钢管尺寸：直径：Φ108～1 200mm 速度：1.68m/min 抛丸器：抛丸量：2×330kg/min 功率：2×22kW	样机试制	用户验收	青岛铸造机械集团公司
23	强化抛丸机	QZS3518	大转台：直径：Φ1 800mm 间歇转速：0.7r/min 小转台：工位数 8 个 工件：准双曲面弧齿锥齿轮	样机试制		青岛铸造机械集团公司
24	抛丸强化机	QZJ038B	转台：直径 Φ1 050mm 最大载重：800kg 工件最大直径：Φ1 050mm 最大高度：800mm	样机试制	用户验收	青岛铸造机械集团公司
25	抛丸清理机	QJZ633	工件尺寸(直径×高)： 直径：Φ48mm×3.5mm～Φ300mm×16mm 杆件长度：800～12 000mm 班产量：25t/6h	样机试制	青岛市经委 2002.11	青岛铸造机械集团公司
26	抛丸清理机	SQZJ691SJ	清理工件尺寸： 钢板：厚度＞3mm 宽度：1 500mm 长度：2 000～8 000mm 型钢：高度＞400mm 宽度＞1 200mm 长度：2 000～8 000mm	样机试制	用户验收	青岛铸造机械集团公司
27	抛丸清理机	QZJ023D	钢管尺寸规格： 直径：Φ108～1 200mm 清理速度：1.68m/min 抛丸量： 抛丸器 2 个：2×330kg/min	样机试制	用户验收	青岛铸造机械集团公司
28	钢材预处理线	SQZJ6940B	清理钢板规格： 厚度：6～50mm 宽度：1 000～4 000mm 长度：6 000～24 000mm 全线处理速度： 钢板：3～5m/min 型材：2～3m/min	样机试制	用户验收	青岛铸造机械集团公司

（续）

序号	产品名称	型号	主要技术参数	产品性质	鉴定单位及鉴定时间	企业名称
29	抛丸强化机	ZJ044F1	大转台：直径 Φ1 600mm；间歇转速：0.7r/min 小转台：工位数：8 个；直径：Φ300mm；转速：18r/min 抛丸器：最大抛丸量：2×300 kg/min	样机试制	用户验收	青岛铸造机械集团公司
30	抛丸清理机	QZJ023E	清理钢管规格： 直径：Φ159～1 220mm； 清理速度：（按 Φ1 016mm 管径计算）V＝2.7m/min 抛丸器：抛丸量：2×850 kg/min	样机试制	用户验收	青岛铸造机械集团公司
31	抛丸清理机	QZJ6905	生产率：V＝0.5～1.5 m/min 抛丸器：最大抛丸量：2×230kg/min 功率：2×15kW	样机试制	用户验收 2002.11	青岛铸造机械集团公司
32	抛丸清理机	Q7630I	清理工件最大尺寸：直径×高：Φ2 500mm×1 500mm 抛丸器：抛丸量：≥3×180 kg/min 功率：3×15kW		用户验收	
33	台车式抛丸清理机	QZJ465	清理工件最大外形尺寸：1. 台车：Φ2 500mm×1 300mm（直径×高） 2. 吊钩：Φ1 000mm×1 400mm（直径×高） 抛丸器抛丸量：≥230kg/min 装载工件的最大重量：台车 5t；吊钩：2t 每车、钩清理时间：10～25min	样机试制	用户验收	青岛铸造机械集团公司
34	抛丸强化机	QZJ038C	转台直径：Φ1 050mm 最大载重：800kg 抛射速度：60～95m/s 抛射量：300kg/min 抛丸器数量 1 台 工件最大直径：Φ1 010mm	样机试制	用户验收	青岛铸造机械集团公司
35	抛丸清理机	QZJ6316	清理钢管规格：直径：Φ159～1 600 mm；长度：6～12m 清理速度：V＝1m/min（按 Φ1 600 mm 管径计算） V=4.6m/min(按 Φ325mm 管径计算) 抛丸器：最大抛丸量：2×540kg/min；功率：2×37kW 总通风量：12 000 m^3/h	样机试制	用户验收	青岛铸造机械集团公司
36	钢管除锈抛丸清理机	QZJ6318	清理钢管规格：直径：Φ48～1 800 mm；长度：6～12m 清理速度：1.5m/min（按 Φ1 000 管径计算） 0.8～1m/min（按 Φ1 800 管径计算） 抛丸器：最大抛丸量：2×750kg/min；功率：2×55kW 除锈标准达到 GB/T8923—1988	样机试制	用户验收	青岛铸造机械集团公司

（续）

序号	产品名称	型号	主要技术参数	产品性质	鉴定单位及鉴定时间	企业名称
37	抛丸清理机	ZJ035C	清理工件尺寸（直径×高）：Φ300mm×600mm 悬链运行速度 0.5～5.4m/min 抛丸器：最大抛丸量：2×230kg/min；功率：2×15kW 生产率：3～13 件/min	样机试制		青岛铸造机械集团公司
38	抛丸清理机	QZJ7550	生产率：10～15min/钩 工件最大外形尺寸(直径×高)：Φ2 000mm×4 000mm 抛丸器：最大抛丸量：5×230kg/min；功率：5×15kW 机器总功率：140kW	样机试制		青岛铸造机械集团公司
39	钢材预处理线	XQZJ 6940C	清理工件尺寸： 钢板：厚度：6～50mm 宽度：1 000～4 000mm 长度：3 000～12 000mm 型钢：高度：≤300mm 宽度：≤1 800mm 长度：2 500～12 000mm 全线处理速度：钢板：3～4m/min 型钢：0.8～2m/min 抛丸器：功率：8×37 kW 最大抛丸量：8×480 kg/min	样机试制	用户验收	青岛铸造机械集团公司
40	抛丸强化机	QZJ682	抛丸器：叶轮直径：Φ330 mm 最高转速：2 900r/min 最大抛丸量：8×300kg/min 功率：8×18.5kW	样机试制	用户验收	青岛铸造机械集团公司
41	钢材预处理线	QZJ015JY	清理工件尺寸： 允许通过截面：8mm×1 200mm 工件长度：3 000～12 000mm 抛丸器：抛丸量：6×270 kg/min 功率：6×15 kW	样机试制	用户验收	青岛铸造机械集团公司
42	抛丸清理机	QZJ049B	清理工件尺寸： 直径：Φ100～220mm L=400～2 200mm； 抛丸器：最大抛丸量：2×300kg/min 功率：2×22kW	样机试制	用户验收	青岛铸造机械集团公司
43	树脂砂移动式混砂机	SZ812E	12t/h		用户验收	保定维尔铸造机械有限公司
44	振动输送式落砂机	L1210	有效负荷 10t		用户验收	保定维尔铸造机械有限公司
45	破碎机	S528TA	8m³/h		用户验收	保定维尔铸造机械有限公司
46	气动微振压式造型机	Z148E	砂箱内尺寸 800mm×630mm		用户验收	保定维尔铸造机械有限公司
47	自动同步输送机	AMC	输送长度：12～18m		用户验收	保定维尔铸造机械有限公司
48	冷芯盒射芯机	ZB425B	25kg	新产品开发		苏州铸造机械有限公司

（续）

序号	产品名称	型号	主要技术参数	产品性质	鉴定单位及鉴定时间	企业名称
49	浇注机	R9115	1.5t	填补空白	用户验收	苏州铸造机械有限公司
50	直接增压式压铸机	J1150H	合型力:5 000kN	新产品		罐南压铸机有限公司
51	压铸机	J1126	合型力:2 600kN	新产品开发		阜新北方压铸机有限公司
52	卧式冷室压铸机	J1140	合型力:4 000kN	新开发产品		阜新北方压铸机有限公司
53	高效移动式混砂机	S2825	25～30t/h	新产品开发	用户验收	双星集团漯河铸造机械有限责任公司
54	抛丸清理室	Q76100	载重:100t	新产品开发	用户验收	双星集团漯河铸造机械有限责任公司
55	大型离心铸管机	J5215	最大直径:Φ1 500mm 长度:7 000mm 最大载重:50 000kg	新产品开发	用户验收 2002.05	天水铸造机械厂
56	平台式低压铸造机	J452P	平板尺寸:1 200mm×1 200mm	新产品开发	用户验收 2002.09	天水铸造机械厂
57	抛丸清理室	Q378B	工件最大尺寸(直径×高): Φ800mm×1 500mm	新产品开发	用户验收 2002.03	广西贺州八步铸造机械厂
58	四立柱式快换模板气动微枕造型机	149S	砂箱内尺寸:950mm×630mm×300mm/300mm	新产品开发	用户验收	临海铸造机械厂
59	多开模射芯机	Z8015L	最大射砂量:15kg	新产品开发	用户验收	临海铸造机械厂
60	多开模射芯机	Z8020L	最大射砂量:20kg	新产品开发	用户验收	临海铸造机械厂
61	热芯盒射芯机	Z8620L	最大射砂量:20kg	新产品开发	用户验收	临海铸造机械厂
62	履带式抛丸清理机	Q326	最大载重量:200kg 抛丸量:80kg /min 生产率:600～1200kg /h	新产品开发	用户验收	荷泽黄淮铸造机械有限公司
63	吊钩式抛丸清理机	Q378C	挂件最大重量:80kg/钩	新产品开发	用户验收	荷泽黄淮铸造机械有限公司
64	液态蜡注射机	M232	压射力:0～4MPa 压蜡时间:0～60s 保压时间:0～24s 模具最大直径:Φ350mm 模具最大高度:215mm 四个蜡缸容积:19L	新产品开发	用户验收 2002.08	荷泽黄淮铸造机械有限公司
65	悬挂制壳线	M345A	模具尺寸:400mm×400mm 模组间距:400、600mm 模线不小于:60m 输送链速度:1.5～2.5m/min（可调）	新产品开发	用户验收 2002.12	荷泽黄淮铸造有限公司
66	汽车刹车片清理机	ZJ0105A	工件尺寸:200mm×50mm×6mm 生产率:2 000 件/h	新产品开发	用户验收 2002.04	广东清远大南方铸机公司
67	汽车刹车片清理机	ZJ0105B	工件尺寸:300mm×600mm×20mm 生产率:3 500 件/h	新产品开发	用户验收 2002.08	广东清远大南方铸机公司
68	钢瓶表面处理炉	ZJ0101A	YSP15　60～90 瓶/h	新产品开发	用户验收 2002.03	广东清远大南方铸机公司
69	钢瓶表面处理炉	ZJ0101B	YSP15　60～90 瓶/h	新产品开发	用户验收 2002.05	广东清远大南方铸机公司

（续）

序号	产品名称	型号	主要技术参数	产品性质	鉴定单位及鉴定时间	企业名称
70	钢瓶表面处理炉	ZJ0101C	YSP15 120～160瓶/h	新产品开发	用户验收 2002.01	广东清远大南方铸机公司
71	伺服驱动步移式铸型输送机	ZSB8	适用砂箱尺寸：800mm×630mm×250mm 小车节距：1 250mm 输送能力：80型/h	数控新产品	用户验收 2002.12	山东潍坊机床二厂
72	手动快速造型线输送系统	ZX7	砂箱尺寸：700mm×530mm×220mm 生产率：120型/h	新产品开发	用户验收 2002.01	山东潍坊机床二厂
73	外水冷长龄炉	R1112SL	理论风量：140～150m³/min 铁液温度：1 420～1 520℃ 熔化率：12t/h	新产品开发	江苏省科委省经贸委 2001	江阴市铸造设备厂
74	外水冷长龄炉	R1110SL	理论风量：130m³/min 铁液温度：1 420～1 520℃ 熔化率：10t/h	新产品开发	江苏省科委省经贸委 2001	江阴市铸造设备厂
75	外水冷长龄炉	R118LC	理论风量：96m³/min 铁液温度：1 420～1 520℃ 熔化率：8t/h	新产品开发	江苏省科委省经贸委 2001	江阴市铸造设备厂
76	外水冷长龄炉	R115LC	理论风量：50m³/min 铁液温度：1 420～1 520℃ 熔化率：5t/h	新产品开发	江苏省科委省经贸委 2001	江阴市铸造设备厂
77	圆簧强化抛丸清理机	HS040B	阿尔门弧高：0.4～0.5A 抛丸量：380kg/min 覆盖率：100% 抛射速度：90m/s	新产品开发	用户验收	山东潍坊宏盛铸造机械厂
78	齿轮强化抛丸清理机	HS040D	大转台：Φ1 600mm 小传台：Φ300mm 抛丸量：350kg/min 阿尔门弧高：0.3～0.7A	新产品开发	用户验收	山东潍坊宏盛铸造机械厂
79	履带式抛丸清理机	SNB—1	总重量：140kg/次 工件最大尺寸：Φ300mm 抛丸器：80kg/min	日方技术		青岛新东机械有限公司
80	转台式抛丸清理机	QSNT—1PE	实体尺寸：1 600mm×1 700mm×2 200mm 转台直径：Φ1 400mm 转台载重：750kg 工件最大尺寸（直径×高）：Φ900mm×1 200mm 抛丸量：80kg	日方技术		青岛新东机械有限公司
81	钓钩式抛丸清理机	QKSB—10Y	工件尺寸：Φ1 200mm×1 500mm 最大吊重：1 000kg 抛丸量：80～150kg/min 抛丸器：Y—30日本新东	日方技术		青岛新东机械有限公司
82	水平分型脱箱造型机	QFBM—1	铸型尺寸：长×宽：400mm×300mm/420mm×320mm/450mm×350mm/480mm×360mm 高：120～150mm、2级切换 造型速度：30s/型 压实比压：0.686MPa	日方技术		青岛新东机械有限公司

（续）

序号	产品名称	型号	主要技术参数	产品性质	鉴定单位及鉴定时间	企业名称
83	履带式抛丸清理机	15GL	工件最大重量:250kg 最大尺寸:550mm 抛丸量:480kg/min	新产品开发		青岛双星铸造机械有限公司
84	吊钩摆动式抛丸清理机	Q676	工件最大重量:0.5t 最大尺寸:Φ1 200mm×1 500mm 抛丸量:3×180kg/min	新产品开发		青岛双星铸造机械有限公司

六、对外合作

2002年技术引进、合资合作、外资独资进入行业情况比上年有所进展。其中青岛新东公司原来是日本新东机械公司与青岛铸造机械集团公司合作，占股分别为55%和45%，2002年改为日本新东机械公司与青岛市机械工业总公司合作，占股分别为95%和5%，具体合作执行单位为青岛第二铸造机械厂，该公司引进新东公司的技术和管理经验，发挥国内的制造优势，改制后的销售额为3 293万元。

上海压铸机厂与日本普莱克斯自动设备制造株式会社合资合作，成立上海普莱克斯自动设备制造有限公司，生产各类压铸机辅助机械，日方占股60%，中方占股40%，合作期限15年。从2002年10月份开始生产，产品以返销日本为主。上海压铸机厂的压铸机与该类辅机相配，可组成压铸机柔性单元，将是技术最先进的产品。

保定维尔铸造机械有限公司与美国Beard公司签订了合作生产环保设备的协议，利用美国的先进技术，充分发挥自身的制造优势，共同开发环保设备市场。

苏州德林铸造机械有限公司是德国在中国办的独资企业，该公司的产品技术是先进的，目前该公司正在移地重建和重组。

济南捷迈铸造机械工程有限公司是济南铸造锻压机械研究所分立而成的控股企业，具有独立法人代表资格。该公司与德国HWS(德国新东)从2000年开始合作生产造型自动线，到2002年共设计生产6条造型线，合作方式是HWS总承包的，主机、控制部分由HWS提供，捷迈公司根据HWS提供的辅机图样经修改设计后，负责辅机生产，并负责安装调试；如果是捷迈公司总承包，HWS公司只提供主机，捷迈公司除根据HWS提供的辅机图样修改设计并供货外，控制部分及安装、调试均由捷迈公司负责。HWS公司负责对中方人员的培训。

2002年各企业合资合作情况见表6。

表6　2002年各企业合资合作情况

序号	项目名称	合资合作内容	合资金额（万美元）	外方企业名称	外方占股股金比例（%）	中方企业名称	中方占股金比例	合资合作年限	合同签订年限
1	EFA—SD5静压造型自动线	技术引进、合作生产或来图负责加工，中方现场工作		德国新东（HWS）公司	54.75	济南捷迈铸造机械工程有限公司	45.25	至2005年到期后可续签	2000.09
2	EFA—SD5静压造型自动线	引进技术，中方负责现场工作		德国新东（HWS）公司	25.75	济南捷迈铸造机械工程有限公司	74.25	至2006年，到期后可续签	2001.07
3	EFA—SD6静压造型自动线	引进部分技术，中方负责现场工作			79.60	济南捷迈铸造机械工程有限公司	20.40	至2007年，到期后可续签	2002.01
4	HSP—1D静压造型自动线	中方负责现场工作		德国新东（HWS）公司		济南捷迈铸造机械工程有限公司		至2007年，到期后可续签	2002.04
5	EFA—SD7静压造型自动线	引进部分技术，中方负责现场工作		德国新东（HWS）公司	84.40	济南捷迈铸造机械工程有限公司	15.60	至2007年，到期后可续签	2002.07
6	EFA—D5静压造型自动线	引进技术，中方负责现场工作		德国新东（HWS）公司	30.26	济南捷迈铸造机械工程有限公司	69.74	至2007年，到期后可续签	2002.09

（续）

序号	项目名称	合资合作内容	合资金额（万美元）	外方企业名称	外方占股股金比例（%）	中方企业名称	中方占股金比例	合资合作年限	合同签订年限
7	JMT72、144、168 褶式滤筒脉冲除尘器	外方提供图样、中方负责制造及现场安装调试等工作	17.88	美国BHA公司		济南捷迈铸造机械工程有限公司	100.00	5年	2003.03
8	JMD288 型脉冲除尘器	外方提供图样、中方负责制造及现场安装调试等工作	3.37	美国BHA公司		济南捷迈铸造机械工程有限公司	100.00	5年	2003.03
9	卧式冷室压铸机	各类压铸机辅助机械	100.00	日本普莱克斯自动设备制造株式会社	60	力达锻压设备有限公司上海压铸机厂	40.00	15年	2002.06
10	生产各类铸造设备	均为日方技术		日本新东株式会社	95.00	青岛机械工业总公司	5.00	30年	1996.5.20

七、科研成果及其应用

2002年铸造机械行业18个企业投入1 329万元资金，完成10项科研成果，见表7。2002年铸造机械行业18个企业有6项科研成果获奖，见表8。

表7 2002年铸造机械行业各企业科研项目情况

序号	项目名称	主要内容	应用现状	投入资金（万元）	项目来源	企业名称
1	J11100、J1170H卧式冷室压铸机	为满足各行业的需求，设计样机，进行试验研究得出相关数据，以便开发新产品	在试制中	92	自筹研制	上海压铸机厂
2	气流冲击顶压式造型机	先气冲预紧实，工作台再继续上升，再次压实型砂，令气冲后的“背砂松散”进一步被紧实	由单机组入造型线自动工作	14	自筹研制	苏州铸造机械厂有限公司
3	静压造型试验	利用主动式多触头压实造型机，先由压缩空气对型砂进行预紧实，再由多触头进一步紧实，这样可以消除“背砂松散”现象	可以组线进行试生产运转	19	自筹研制	苏州铸造机械厂有限公司
4	数控实时全自动压铸机	对压铸机进行实时调整及数字控制	试制中	100	自筹研制	灌南压铸机有限公司
5	J1126型卧式冷室压铸机	新产品研制		5	自筹研制	阜新北方压铸机责任有限公司
6	J1140型卧式冷室压铸机	新产品研制		10	自筹研制	阜新北方压铸机责任有限公司
7	40t树脂砂再生成套设备	包括破碎机、振动机、砂温调节器，用以增加产品品种，开拓市场	在试制中	170	用户要求	双星集团华青漯河铸造机械有限责任公司
8	树脂砂混砂机	开发生产率为30t/h的高效、节能、节材的树脂砂混砂机	已用于生产	900	自主开发	青岛双星铸造机械有限公司
9	履带式抛丸清理机	引进美国番帮公司专利技术和美国威尔布瑞特公司技术生产的先进、高效、适用范围广的新型履带式抛丸清理机	已用于生产	8	自主开发	青岛双星铸造机械有限公司
10	吊钩摆动式抛丸清理机	吊钩具有前后摆动及旋转的功能，尤其适用于清理形状复杂难清理的工件，生产率高	已用于生产	11	自主开发	青岛双星铸造机械有限公司

表 8　2002 年铸造机械行业各企业获奖科研项目情况

项目名称	主要内容及应用范围获奖名称	获奖名称	等级	企业名称	授奖单位
28GN 型履带式抛丸清理机	主要用于铸、锻、焊接件的清理，可广泛用于机床、汽车、拖拉机等行业，特别适用于清理大批量中、小汽车铸件	国家级新产品		青岛铸造机械集团公司	国家经济贸易委员会
XQZJ6940 型辊道连续钢材预处理线	主要用于钢板、型材及钢结构件的表面清理、涂装、烘干，本线可以广泛用于钢铁、造船、集装箱、锅炉、汽车、工程机械、桥梁等行业	国家级新产品		青岛铸造机械集团公司	国家经济贸易委员会
低压铸造机	平板尺寸：1 200mm×1200mm，用于生产汽车摩托车轮毂、缸体、缸盖，航空、航天零件，电力线路零件等铝合金件	新产品新技术	金奖	天水铸造机械总厂	国家产权局
立式离心浇注机	最大直径：Φ1500mm，长度：500mm，用于制作金属材料套类零件	新产品新技术	二等奖	天水铸造机械总厂	天水市科委
QZJ054 型钢管外壁抛丸清理机	主要用于带承口的钢管外壁的清理，可以广泛应用于冶金行业及铸管制造业	青岛市科技进步	三等奖	青岛铸造机械集团公司	青岛市科学技术委员会
立式离心浇注机	最大直径：Φ600mm，长度：300mm，用于制作金属材料套类零件	新产品新技术	三等奖	天水铸造机械总厂	天水市科委

八、企业简介

济南捷迈铸造机械工程有限公司　是济南铸造锻压机械研究所(国有企业)在企改后分立而成的一个控股公司，具有独立法人代表资格。该公司专门从事铸造设备的研究和开发工作，现有人员 102 人，其中研发人员 70 多人，高级职称 32 人，下设造型、制芯、砂处理、熔化、清理、金属型、振动、环保等装备部及工厂。该公司不仅可以提供各种先进的铸造装备，而且也可以承接铸造车间(工厂)的交钥匙工程。2002 年该公司的产值为 8 000 多万元，销售收入 8 100 多万元。

该公司研制的气流冲击造型技术属国内首创，曾获国家科技进步二等奖。在此基础上，公司又研制出伺服驱动造型线，在国内铸造行业首先开发出数控造型线，又研制出计算机监控装置，在总控制室内可以通过显示屏看到整条造型线的运行情况，并设有故障显示、报警装置。公司为莱阳动力机厂提供的造型线除具有上述特点外，还实现了网络化。同时把计算机也用于制芯机和金属型设备上，除具有上述功能外，还具有成本核算，打印报表等功能，为整个铸造车间网络化打下了基础。

该公司学习国外的先进技术，研制的冷芯盒射芯机，省去了芯子的加热或烘干等装置。计算机程序的使用，实现了半自动快换芯盒模具。公司研制的取件机械手，代替了人工在高温、高粉尘的地方取铸件的工作。水冷长炉龄冲天炉一周修一次炉衬，有效地解决了频繁修炉衬的问题。该公司研制的旧砂增湿装置和紧实度在线检测仪，解决了型砂水分不宜控制的难题，保证了型砂质量，属国内首创。

该公司从 2001 年起至今，与德国新东公司(HWS)合作为东风汽车集团公司等 6 个厂家提供自动造型线。还引进美国毕威(BHA)公司的除尘技术，这一项目也取得了很好的经济效益和社会效益。

上海压铸机厂　该厂原是国家铸造机械行业 6 个重点企业之一，国有企业，是国内第一个具有 40 余年压铸机专业生产历史的企业，全厂占地面积 3.25 万 m^2，拥有加工中心、160mm 数控镗床等各类主要设备 150 余台，可以满足压铸机各种零件的加工需要。

该厂目前已拥有 75～13 500kN 卧式冷室，立式冷室，热室、电动机转子等四大系列 20 多个品种的压铸机技术产品，全部采用 PLC 及流量、压力比例阀控制，根据用户要求还可配备自动浇注、喷涂、取件等辅机和压铸工艺检测触摸屏显示装置。该厂具有相当的生产规模和经济技术实力，共有职工 228 人，拥有一支能力强的技术队伍和丰富的制造经验，质量监督、计量、检测手段齐全。

上海压铸机厂产品和工艺设计均采用 CAD 和 CAPP，产品设计新颖，制造精良，产品畅销国内市场，并出口东南亚、中东及大洋洲，以及意大利、西班牙等欧盟市场，享有很高的声誉。80％的产品获得上海市或电器(集团)总公司的科技奖，部分产品获国家新产品奖。上海压铸机厂与日本普莱克斯自动设备制造株式会社合资成立的上海普莱克斯自动设备制造公司，专业生产压铸机各类辅机，可满足高技术生产压铸件的要求。

2002 年该厂的工业总产值 5 500 多万元，比上年增长 13.57％，销售收入 4 970 多万元，比上年增长 24.68％，利税 256.8 万元，比上年增长 38.07％。

2002 年企业获得国家质量检验协会颁发的“全国质量稳定合格产品”证书。

青岛铸造机械集团公司　创建于 1949 年，是我国最早生产铸造机械的国家重点骨干企业之一。1993 年以青岛铸造机械厂为主体组建成立青岛铸造机械集团公司，占地面积 9.2 万 m^2，建筑面积 5.7 万 m^2，拥有固定资产原价 1.47 亿元，主要生产设备 601 台，年生产铸造机械设备能力 1 200 台。该公司主要生产抛丸清理设备、砂处理设备、钢丸等。

该公司拥有省级技术开发中心，工程技术人员 268 人，其中高级工程师 48 人，产品和工艺设计采用 CAD 和 CAPP，可为国内飞机、钢铁、机械、汽车等各行业提供理想的设备。几十种产品获国家专利、国家级新产品奖、科技成果奖，有 9 种产品被原机械部认定为可替代进口产品。

该公司积极引进和利用外资，“八五”期间公司引进美国潘伯恩(Pangborn)公司的抛丸清理强化成套技术及荷兰(GEMCO)公司的混砂机和砂处理成套技术。

2002 年完成工业总产值 11 118 万元；工业销售产值 10 031.1万元；产品销售收入 10 744.7 万元；工业增加值 2 501.6万元。该公司 2002 年生产各种设备 319 台；钢丸 6 910t；钢砂 758t；其中钢丸出口 1 050t，出口交货值 283.1 万元。

保定维尔铸造机械有限公司(原保定铸造机械厂)　原是国家铸造机械重点企业之一，现有固定资产原价 1.9 亿元，员工 1 500 余人，其中各类专业技术人员 460 人，各类设备 700 多台，2001 年转为民营股份制企业。

该公司有造型、制芯、砂处理、清理、落砂、输送、除尘、树脂砂造型等 8 类产品、100 多个品种，近 300 个规格，其中 XZZ416 无箱射压造型线被国家经贸委评为国家级新产品。2002 年生产各类铸造机械产品 1 100 多台套，产品销售收入 4 106 万元，工业总产值 3 883 万元，同比增长 29.74 个百分点，工业增加值 1 655 万元，同比增长 9.71 个百分点。

2001 年该公司与美国 Beard 公司签订了合作生产环保设备的协议，利用美国的先进技术，充分发挥自己的制造优势共同开拓环保设备市场，前景广阔。

苏州铸造机械厂有限公司　该公司 2003 年改制为股份制企业(职工参股)，占地面积 4.5 万 m^2，建筑面积 2.5 万 m^2；公司设有研究所，有冷作、小件、大件、装配 4 个车间，拥有龙门式加工中心，落地镗铣床等大精尖机床和各类加工设备 119 台(套)，具有加工制造各类大型造型、制芯设备的能力。

该公司主要生产射芯机、壳芯机、造型机、造型线等产品。2002 年销售收入达 3 242 万元，比上年增长 44.99 个百分点，工业总产值 4 503 万元，比上年增长 37.66 个百分点，实现利税 339 万元。

2002 年初次出口日本的橡胶机械加工件合同 147 万元，完成 25 万元，并得到了日商的认可。

灌南压铸机有限公司　前身为灌南压铸机厂，原为国有企业，国家二级企业，是国家生产压铸机和金属型产品的重点骨干企业之一，现改为股份制企业。公司先后被评为省技术进步先进企业、省技术改造先进企业、省高新技术企业。公司占地面积 7.2 万 m^2，现有固定资产原价3 500余万元，主要生产设备 300 多台，其中精、大、稀设备 45 台，总资产6 000余万元；现有员工 500 多人，其中工程技术人员 160 人，公司设有工程技术中心，采用 CAD、CAPP 设计，各部门均实行办公自动化。

主要产品有卧式冷室压铸机、立式转子压铸机、低压铸造机、挤压机、金属型铸造机成套设备和有色金属压铸件等 6 大系列近 40 个规格品种，2002 年生产压铸机 000 余台，压铸件 500 余 t，销售收入达 3 515 万元，工业总产值 3 270 万元，税收 350 万元。

该公司产品多次获省市科技成果奖和省优秀新产品金牛奖。“灌压”牌卧室冷室压铸机被评为省革新技术新产品和省名牌产品。公司完成了热室压铸机和中大型数显数控实时控制压铸机的研制工作，并通过了省火炬计划项目、市新产品攻关计划项目的验收。

阜新北方压铸机责任有限公司　公司前身是阜新压铸机厂，原是国家重点生产压铸机的专业厂，生产压铸机有 20 多年的历史。改制后属国有控股的中型企业。现有员工 813 人，其中工程技术人员 130 余人，拥有设计、开发、检测为一体的综合技术部门，全部产品采用 CAD 设计。该公司还设有专门的安装、调试及维修部门，为用户提供了一流的售后服务。

目前该公司生产两大系列 18 个品种，合型力 250～28 000kN 的各种型号的压铸机，其中 28 000kN 是国内吨位最大、自动化程度最高的卧室冷室压铸机，该机采用先进的工业计算机控制，主要性能达到国际先进水平。2002 年主要新产品有 2 600kN、4 000kN 卧室冷室压铸机。该公司产品可以满足汽车、摩托车、发动机、仪器仪表、电梯、家用电器等行业的需求，产品销往全国 24 个省、市、自治区，还有部分设备出口，销往东南亚。

2002 年生产各型号压铸机 76 台，实际销售 93 台，工业总产值 4 350 多万元，销售收入 3 120 多万元，比上年增长 13.12 个百分点，实现利税 97 万元。2002 年出口压铸机 10 台，出口交货值 316 万元。

双星华青漯河铸造机械有限责任公司　是由青岛双星工业集团合并原青岛华青铸造机械有限责任公司和原漯河铸造机械厂组建的新公司。公司拥有员工 500 余人，其中工程技术人员 89 人。公司占地面积 12.4 万 m^2，拥有各类加工设备 500 余台；应用 CAD 开发设计新产品，具有承接铸造车间交钥匙工程的能力。现具有年产 2 500 余台铸造设备的生产能力。

公司主要产品有清理设备，树脂砂生产线，造型、制芯设备，落砂、输送设备，除尘设备，耐磨件等 8 大类上百个品种，其中 28 种产品曾获省部级优质产品称号和部级科技进步奖，产品技术先进，质量信得过。2002 年产品销售收入 2 180余万元，工业总产值 2 585 万元，实现利税 184 万元。

公司是全国最早生产树脂砂设备的厂家之一，其产品充分吸收国外公司先进设备的优点，使设备更加完善、先进。双砂三混、升降式、液压传动、遥控、触摸式显示屏、远程监控技术的应用，使树脂砂混砂机的性能和技术水平更加先进。

天水铸造机械总厂　是原机械工业部定点的特种铸造机械专业生产厂家之一，全国铸造机械行业低压铸造机、离心铸造机、离心铸管机技术标准的制修订单位，国内特种铸造机械的生产基地，1998 年国家确定的技术创新试点企业，是全民所有制企业，现改为天水华荣铸造机械有限公司。该厂占地面积 5 万 m^2，建筑面积 2.2 万 m^2，拥有包括精大、稀设备在内的各种加工设备198台(套),该厂设有铸造、板焊、机械加工、电器、装配、制氧等9个车间,年生产能力为200台标准铸造机械。

该厂主要产品有:各种规格的J45系列低压铸造机、J52系列离心铸管机、JZ系列离心铸造机、离心轧辊机、混砂机、抛丸清理机、冲天炉等30多个品种,能承接低压铸造机与工艺相结合的交钥匙工程。其中J514型离心浇注机、J452型低压铸造机获甘肃省优质产品称号,J522D型离心铸管机获甘肃省新产品、新技术成果二等奖。

该厂企业改制后,坚持以铸造机械为主,又投资4 000多万元开发新产品,当年取得可观的经济效益和社会效益。

山东黄淮铸造机械有限公司 公司是国内惟一定点生产熔模设备的企业,拥有固定资产和流动资产4 800多万元,工程技术人员90余人,中高级职称45人。公司致力于铸造机械设备的研究、开发,主要产品有:Z14系列造型机和熔模设备、水玻璃砂再生成套设备、树脂砂再生成套设备及清理设备30多个品种规格,有6种产品填补国内空白。其中Z145A曾两次获山东省优质产品称号,2种产品获国家科技进步三等奖。

该公司的产品畅销国内29个省、市、自治区,部分产品远销东南亚、澳大利亚、阿尔及利亚等国。

公司引进了Q32、Q37系列抛丸清理设备,开发了M232液态蜡注射机,自行设计了M354A悬挂制壳线,目前正与台商商谈合资合作开发生产铸造设备事宜。

八步铸造机械厂 该厂占地面积208万 m^2,拥有一批技术水平较高和实践经验丰富的专业技术人员,以及一支高素质的职工队伍。工厂拥有铸造、机加工、锻造、热处理、理化测试手段和设备,是国家二级计量合格单位。该厂年生产200余台设备,2002年实现工业总产值388万元,销售收入435万元,利税60多万元。

该厂的产品有混砂机、C258A轮碾机、造型机和制芯机、清理设备等,还有L128落砂机、S4112型滚筒筛砂机、S714型联合砂处理机等5个系列20多个规格型号的铸造机械产品,同时该厂还可以根据用户的需要,为其设计、制造、安装、调试各种非标准产品及生产线。

临海铸造机械厂 该厂产品有造型、制芯、金属型、落砂、输送和砂处理6个系列近百个品种规格的产品及铸造生产线,产品遍及全国20多个省、市、自治区,以可靠的质量和良好的服务赢得了用户的信赖和好评。

企业现有职工200多人,其中专业技术人员20人,厂区面积1.6万 m^2,拥有固定资产1 500多万元,主要加工、检测设备101台(套),生产设备和检测手段齐全。

2002年企业工业总产值1 362万元,比上年增长26%,销售收入1 322万元,比上年增长77.9%,实现利税159万元,比上年增长113%,各项指标均有较大幅度的增长,并创历史新高。

2002年该厂进行了干部人事制度的改革,实行中层以上干部竞争考核,聘任上岗制,提高了工作效率。坚持设计创新、制造认真、质量可靠、用户满意的质量方针,并于2002年4月完成了ISO9001:2000的质量体系换版认证工作。

为了适应用户对产品“个性化“和“成套”的要求,该厂加大了新产品的开发力度,2002年共设计了5条造型线、14台新产品,全部换用CAD设计。提高了设计效率,带来了一定的经济效益。

清远大南方铸造机械有限公司 现有职工150余人,工程技术人员30多人,其中高级技术职称12人,2002年生产总值800余万元,销售收入900余万元,实现利税90万元。

该公司的主要产品有清理设备:Q37系列抛丸清理机、Q32系列履带式抛丸清理机、Q35系列转台式抛丸清理机、Q31系列滚筒式抛丸清理机、Q36、Q76系列台车式抛丸清理机,Q38系列悬链式抛丸清理机、Q39系列通过式抛丸清理机;砂处理设备:S11系列双碾轮混砂机;造型设备:Z系列造型机,还可以承接制造各种清理生产线和非标设备。

该公司根据市场需求,注重新产品开发,2002年开发了ZJ0105A型汽车刹车片表面清理机,同时也可用于扁平小型工件的强化清理,ZJ0101型系列钢瓶表面处理机主要用于钢瓶内外表面的处理。

潍坊机床二厂 原机械工业部定点生产铸型输送机和砂箱的专业厂家。该厂除拥有各种通用机床外,还有加工铸型输送机和砂箱的专用镗床和铣床,保证了产品精度,新近又购置了镗铣床,更加有效地保证了产品精度。该厂已为我国汽车、内燃机等很多行业的技术改造提供了装备,如第一汽车制造厂铸造厂,东风汽车铸造厂、北京内燃机总厂、上海汽车铸造厂都有该厂生产的设备。

该厂占地面积3万 m^2,建筑面积2.4万 m^2,总资产3 400万元,现有职工200余人,专业技术人员30余人。该厂2002年销售收入1 211万元,工业总产值1 713万元,实现利税65万元。该厂生产主要产品有:造型线用砂箱、Z14系列气动微振造型线、连续式和步移式铸型输送机、各类板式输送机、辊子输送机、落砂设备等。该厂多年来,坚持优良的产品质量和优秀的售后服务,得到用户的好评,产品销往全国28个省市自治区。该厂通过改进企业管理,坚持生产成本控制,优化产品工艺设计,逐步降低成本,保持了合理的产品价格,在全国性铸造设备招标中屡屡中标。

江阴市铸造设备厂 是原机械工业部定点生产冲天炉成套设备的专业厂,国家“提高熔炼质量成套技术推广组”成员,有较强的技术力量,具有非标设计、制造、安装、调试的能力。该厂主要产品R11型系列大排距双层送风冲天炉,为原机械工业部重大科技成果,自“八五”以来一直被列为国家重点科技成果推广项目,该厂为重点推广项目生产厂家。

该厂2002年完成产值1 760万元,比上年增长31.29%,销售收入1 880万元,比上年增长57.9%,实现利税450万元,比上年增长74.71%,在同行业中人均值均排在前列。

该厂主要产品有:R11型系列大排距双层送风冲天炉,以及与之匹配的各种形式的加配料机械设备及自动、半自动、手动控制设备,R11SL系列和R11C系列长炉龄冷风大排距双层送风冲天炉，以及与之匹配的各种加料设备和控制设备，其炉龄可达5天之久，减少了修炉次数，节省了修炉费用。该产品通过了江苏省科委和经贸委"新产品新技术"和"科技成果"两项鉴定，并被列入国家2002年火炬计划重点推广项目、国家级重点新产品，江苏省高新技术产品，获市科技进步二等奖，全国机械工业科技进步三等奖。

潍坊宏盛铸造机械有限公司 由原诸城市宏盛铸造机械厂改制而成，隶属诸城市劳动局，市民营企业，现有职工320人，其中专业技术人员68人。具有年产抛丸设备150台(套)、电热远红外型芯烘干设备50台(套)、耐磨铸铁1 000t的生产能力。2002年生产126台(套)设备，销售收入1 983万元，年产值2 000万元。

该厂开发的HSQW系列钢管外壁抛丸清理机，在西气东输建设中发挥了重要作用。曾先后为胜利、中原、辽河、长庆、新疆等油田以及中游管道防腐公司、亚东防腐公司等单位提供了近百台(套)设备，这一片的市场占有率近80%。2002年9月出口巴基斯坦的设备深受外商的好评。2002年该公司又为一汽哈尔滨变速箱厂等几个厂家提供了齿轮强化处理、圆簧强化处理等设备，产品性能达到用户要求的标准。

青岛新东机械有限公司 创建于1996年5月20日，是中日合资企业。日方母公司为日本新东工业株式会社，占股95%，中方母公司为青岛市机械工业总公司，占股5%。合资公司旨在引进先进技术和管理经验的基础上，发挥国内生产制造的优势，以合理的价格向用户提供国际水平的铸造机械及相关设备。

公司现有固定资产4 117万元，主要生产设备190台，其中精大稀及高精度数控设备19台。占地面积4.47万m^2，现有职工316人，工程技术人员50人，其中高级技术职称20人，以生产造型设备、砂处理设备、清理设备为主，同时还生产环保及其他设备。2002年销售收入4 000万元，比上年增长14.29%，产值5000万元。

公司配备了计算机CAD网络，加工车间装备了日本东芝株式会社的BF—130B型数控落地镗床和MPE—2650(H)型数控加工机床等高精度大型设备，铆焊车间装备了CAM工作站，用数控设备自动下料，按新东工业的工艺要求组织生产。安装车间可同时安装两条造型线，还能满足其他大型铸造成套工程的总装调试。

青岛双星铸造机械有限公司 国家二级企业。该公司被双星集团吸收合并，占地面积72万m^2，建筑面积18万m^2；各类加工设备951台，其中非标设备147台，通用设备804台，资产总额3.2亿元，现有职工800余人，专业技术人员200余人，其中高级职称24人，产品开发设计均采用CAD；具有年生产铸造机械1 500台(套)的能力。2002年销售收入1.1亿元，比上年增长11.03%。主要产品为落砂、清理设备、环保除尘设备等。

〔撰稿人：济南铸造锻压机械研究所于正仁〕

木工机床

一、生产发展情况

2002年我国木工机床行业生产稳定发展，工业生产继续保持良好态势，各主要经济指标均有较大提高，总体情况好于上年。据对业内21个企业统计，2002年完成工业总产值(当年价)43.13亿元，比上年增长37.35%；工业增加值17.2亿元，比上年增长66.67%；产品销售收入42.20亿元，比上年增长42.25%；利润总额65 475万元，比上年增长71.53%；全员劳动生产率达到127 730元/人，比上年提高62.87%；木工机床总产量为659 964台，比上年减少13.23%；产值为17.47亿元，比上年增长1.80%；木工刀具产值1.53亿元，比上年增长22.40%。

2002年木工机床行业主要经济指标见表1。

表1 2002年木工机床行业主要经济指标

项目	单位	数量
工业总产值(当年价)	万元	431 275
其中：机床工具类产品产值	万元	190 007
工业销售产值(当年价)	万元	421 983
其中：机床工具类产品销售产值	万元	182 397
工业增加值	万元	172 001
利税总额	万元	77 783
全年从业平均人数	人	13 374
固定资产净值余额	万元	53 483

2002年木工机床生产情况呈现两大特点：一是产品结构作了很大调整；二是企业间发展不平衡。从整个行业看，木工机床生产企业数量、生产能力大于市场需求，这必然促使企业向非木工机床领域拓展，在保留主导产品的前提下，人力发展多种经营，兼产金切机床、纺织机械、轻工机械和其他非木工机械等。统计资料表明，木工机床行业产品结构调整取得明显经济效益，在木工机床产值增长1.80%的情况下，工业总产值大增37.35%，达到43.13亿元；工业总产值与木工机床产值之比达到2.47(2001年为1.69)。

二、产品分类产量

在产品结构调整中，木工机床各类产品的产量也作了很大调整。在总量上，2002年比2001年减少13.23%，这主要是木工多用机床调减的结果。木工多用机床产量减产高达20.90%，其产量占总产量的比重也下降了8.33个百分点。而其余的各类产品则全部大幅增长，产量合计增幅高达193.51%；其中木工圆锯类增长915.66%，木工带锯类增长36.03%，木工刨床类增长95.92%，木工铣床类增长21.68%，榫槽机类增长84.33%，砂光机类增长452.46%，木工辅机类增长234.18%。虽然总产量减少了，但由于木工多用机床价格低，对总产值的影响并没有形成对等关系，总产值却是增加了1.80%。这说明企业只有随时关注市场变化，科学、合理地调整产品结构，才能在多变的市场中搞活经营，带来相应的经济效益。

2002 年木工机床(刀具)产品产销情况见表 2。

表 2　2002 年木工机床(刀具)产品产销情况

产品类别	产量(台)	产值(万元)	销售量(台)	销售额(万元)
木工圆锯机	6 744	4 250	6 677	4 250
木工带锯机	14 804	4 848	15 090	5 156
木工平刨床	2 385	964	2 410	966
木工压刨床	8 130	3 313	8 075	3 293
木工铣床	7 398	2 318	6 894	2 318
木工钻床	1 210	122	1 155	90
木工车床	3 305	1 581	3 249	1 560
开榫机	5 910	520	5 727	482
木工打眼机	6 474	647	5 343	433
砂光机	8 648	2 279	8 013	2 064
封边机	3 661	2 015	3 442	1 975
木工多用机床	580 178	142 052	579 105	139 440
其他木工机床	10 589	9 669	10 245	10 555
木工辅机	528	150	496	139
木工刀具		15 279		15 070

企业间发展不平衡是个老问题，只是最近几年更为突出，好的企业年年是锦上添花；差的企业背负重压，连年亏损。在统计的 21 个企业中，工业生产处于负增长的企业占统计企业数的 47.62%，产品销售收入减少的企业占 57.14%，利润减少的企业占 47.62%。2002 年平均工业经济综合指数为 230.90%，高于上年；其中指数在 100%以上的占 19.05%，指数在 1%～99%之间的占 52.38%，指数为负值的占 28.57%。

生产发展势头比较好的主要是集体乡镇企业和私营企业。最近几年，山东工友集团股份有限公司、威海木机集团公司、威海齐全木工机械有限公司、山东星王集团公司一直保持着较高的发展速度，产量、效益连年增长，蛋糕越做越大，成为木机行业的龙头。2002 年 4 个企业的工业总产值高达 36.6 亿元，占统计企业总产值的 84.92%，木工机床产值达到 16.48 亿元，占 94.33%，利润高达 66 671 万元，是木机行业主要的创利润企业。

三、市场及销售

2002 年是我国加入世贸组织的第 1 年，木工机床进出口贸易非常活跃，木材加工机械市场进一步趋向国际化，国际市场特征愈加明显。①我国已成为重要的国际木工机械展举办地。每隔两年的北京国际木工机械及家具生产设备展览会已举办了九届，一届比一届红火；此外还有上海、广州等地举办的国际、国内比较大型的展览会每年达 20 多个。借助这些展览会，许多国外厂商登台亮相，积极商谈业务，开展贸易往来，把产品推向我国市场。在 2002 年的第九届北京国际木工机械展览会上，奥地利、芬兰、德国、意大利、日本、西班牙和美国等都组织了国家展团，带着先进的设备、装备及专利技术参展。国内用户则是把这种展览会看作采购各种木机设备的大超市，可以货比多家、择优而购，既方便又实惠。②中国已成为跨国公司在华投资办厂的热土。此前在华投资办厂的有德国的“威力”、“欧登多”、“兰帜”，日本的“丸仲”等多家厂商。2002 年在华投资落户的外企有日本的中京会社和兼房株式会社，他们分别在大连和江苏的昆山开设了中京金刚工具(大连)有限公司和昆山兼房高科技刀具有限公司。这两个外资公司都是生产木工刀具的企业，中京金刚工具(大连)有限公司的年营业额约为 1 亿日元，昆山兼房高科技刀具有限公司计划第 1 年的销售额为 3.5 亿日元。③木工机床进口连年增长，数额惊人。加入 WTO 后，我国的进口关税又一次进行调整，2002 年的木工机械进口税率由原来的 16%下调至 10%，平均下降 36%，为国外木工机械进入中国市场进一步打开了方便之门。据国家海关统计，2002 年我国木工机床进口量达 35 361台，比上年增长 18.94%；进口额 32 949 万美元，比上年增长 31.77%。进口的木工机械主要来自德国、意大利、日本和中国台湾等。其中从中国台湾进口的木机产品，2002 年达到 8 000 万美元，比上年增长 34%。

随着市场的国际化，国内市场呈现多元化竞争格局，参与竞争的有国有企业、集体乡镇企业、外资企业、合资企业和众多的民营企业，国内市场竞争更加激烈。竞争的焦点主要是品牌、性能、质量和价格。与海外产品相比，国内产品的主要优势在价格，但随着外商在我国办厂的逐渐增多以及今后关税的进一步下调，国外产品的价格也将逐渐下降，这会对我国木机产品构成新的威胁。

在激烈的市场竞争中，我国木机行业面临着压力，经受着考验，获得了发展，也培育出一批明星企业和名牌产品。山东工友集团股份有限公司经过多年努力，创出了名牌产品“工友”牌木工多用机床，成为木工机床行业人人皆知、家喻户晓、用户信得过的产品。在与外商争夺市场份额的竞争中，大型企业发挥了引领市场的主导作用，威海木机集团公司充分发挥大企业优势，在山东威海举办了“威海木机集团公司 2002 年产品看样订货会”，达到促进销售、广交朋友、商企联合、开拓市场的目的。该公司还在黑龙江省绥芬河设立分公司，于 2002 年 8 月 14 日举行了剪彩仪式，并与俄商签订了供货合同，为开发东北和俄罗斯市场奠定了基础。

2002 年木工机床销售市场比较兴旺。由于建筑市场持续红火，安居工程、旧城改造、农村建房热度不减，家具业掀起二次创业和新一轮建设家具工业园投资热，以及国家重点工程建设项目开始起动，如南水北调工程、三峡工程、北京奥运工程等，都为木工机床市场创造了需求空间，形成约为 55 亿元人民币的需求量。从地域上看，木工机床市场主要分布在京、沪、广一带经济发达地区和东北的工业、林业重要区域；中西部地区随着西部大开发战略的实施，也正在形成新的市场。然而，我国的木工机床行业由于科研水平、制造技术相对落后，许多资金密集型和技术密集型的产品还不能生产或不能大批量生产，因此还无法占领较大的市场份额，所以 2002 年国内木工机床销售情况不太理想。据行业不完全统计，2002 年木工机床国内销售量为 655 921 台，比上年减少 12.89%；销售额 17.27 亿元，比上年仅增长

1.66%。但各类产品的销售情况与上年相比大不相同，木工圆锯、木工带锯、木工刨床、木工铣床和其他类木工机床的销售额均由负增长变为正增长，且增长幅度较大；而木工多用机床继上年减少1.9%之后，2002年又下降10.42%。

木工刀具市场竞争也很激烈。由于生产企业发展过多，生产能力大于市场需求，长期处于买方市场。据行业不完全统计，2002年木工刀具销售额为15 070万元，比上年增长11.36%。销售情况比较好的企业是：杭州之江工具公司(6 984万元，比上年减少2.8%)，上海爱凯思机械刀片有限公司(5 321万元，比上年增长123.57%)，天津林业工具厂(1 852万元，比上年减少14.30%)。

加入WTO获得国外的关税减让后，我国的木工机床价格优势更加明显，非常有利于出口，尤其小型、廉价、多功能和普通单机设备在海外市场很受欢迎。据国家海关统计，2002年我国木工机床产品出口量为2 912 280台，比上年增长34.42%，出口额15 170万美元，比上年增长22.92%。按行业统计，2002年木工机床出口量为156 101台，出口额4 377万美元，比上年分别增长371.66%和266.95%。其中木工多用机床增幅最大，出口额是上年的4.2倍，净增2 319万美元。这说明国际市场对我国的木工多用机床有很大需求，出口潜力很大。销往的国家和地区主要是印度尼西亚、斯里兰卡、新西兰、越南、泰国、日本、俄罗斯，以及非洲、南美等。出口情况比较好的企业有：山东工友集团股份有限公司(17 345万元)，威海齐全木工机械有限公司(12 536万元)、杭州之江工具公司(6 984万元)、威海木机集团公司(2 105万元)、烟台市牟年轻工机械有限公司(1 742万元)。2002年木工机床(刀具)产品出口情况见表3。

表3　2002年木工机床(刀具)产品出口情况

产品类别	出口量(台)	出口额(万元)	销往的国家或地区
木工圆锯机	447	100	印度尼西亚
木工带锯机	46 747	5 510	越南、印度尼西亚、马来西亚
木工平刨床	342	187	斯里兰卡、澳大利亚
木工压刨床	803	889	新西兰
木工铣床	1 049	252	美国、尼日利亚
木工钻床	15	27	印度尼西亚
木工车床	69	9	印度尼西亚
开榫机	295	24	印度尼西亚
木工打眼机	5 746	521	印度尼西亚、斯里兰卡
砂光机	757	106	日本
封边机	274	2 800	泰国
木工多用机床	99 521	25 176	南非、越南、印度尼西亚、日本、智利
其他木工机床	33	603	缅甸
木工辅机	3	27	泰国、缅甸、菲律宾
木工刀具		8 650	德国、日本

四、科研与开发

改革开放以来，我国的木工机床制造业通过引进、消化、吸收国外的先进技术，科研与开发能力有了很大提高。许多大的企业都拥有专门研究设计机构和各类专业技术人才，如信阳木工机械股份有限公司、山东工友集团股份有限公司、威海木机集团公司等大企业都建立有研究所或技术开发中心。中小企业在稳步发展中，也逐步加大了对科技的投入，广招各类专业人员，有的还以重金招聘高级技术人才，以期提高企业开发创新能力。

在新产品开发中，大企业仍然发挥着主导作用，承担许多高技术产品和大型成套设备重大项目的研制工作。2002年，信阳木工机械股份有限公司依靠自己的实力与优势，成功研制出我国第1条年产30 000m³的水泥刨花板生产线成套设备。该生产线利用水泥及小径木、原木芯、枝桠材等为原料，生产一定规格的三层渐变结构水泥刨花板；具有刨花制备好、分选严格、铺装均匀、自动化程度高等优点，质量总体优于日本生产的产品。中小企业在新产品开发中，大多以仿效、移植国外产品为主，侧重于对现有老产品的更新换代，从环保、安全、节能、高效等方面改进提高，开发适合市场需求的中小型、多功能机械或系列化产品。青岛木工机械制造总公司2002年设计试制成功的BB1330型立式刨切机在2003年2月上海国际木工机械展览会上得到了用户的认可，很有市场潜力。该厂在产品开发中还非常重视对新产品使用过程的跟踪，一旦发现问题，就及时进行分析研究，不断改进，使结构更加合理，进一步完善产品技术性能。这几年民营企业在产品开发方面很有进步，产品的性能档次不断提高。像福建邵武的“振达”、顺德的“马氏”、“富豪”、青岛的“千川”等都是较有实力的民营企业，具有一定的开发能力。

2002年木工机床(刀具)新产品开发情况见表4。2002年木工机床(刀具)行业科研项目情况见表5。

表4　2002年木工机床(刀具)新产品开发情况

产品名称	型号	主要技术参数	鉴定时间	鉴定单位	企业名称
年产30 000m³水泥刨花板生产线成套设备					信阳木工机械股份有限公司
旋切机	BXG1113/6	长度600～1320mm 直径75～650mm	2002.04	东台市技质监督局	东台木工机械厂
木工四面刨	MB4016	最大加工宽度160mm	2002.03	南平市科委	邵武振达机械有限公司
双侧铣	MX202	最大加工宽度200mm	2002.03	南平市科委	邵武振达机械有限公司
机夹式可转位圆柱型铣刀		100mm×100mm×40mm	2002	哈尔滨市机械局	哈尔滨第二工具厂

（续）

产　品　名　称	型号	主要技术参数	鉴定时间	鉴　定　单　位	企　业　名　称
切铝圆锯片		650×4.5×60×72Z	2002	哈尔滨市机械局	哈尔滨第二工具厂
纤维刀片		75×15.8×1×20°	2002	哈尔滨市机械局	哈尔滨第二工具厂

表 5　2002 年木工机床(刀具)行业科研项目情况

项　目　名　称	主　要　内　容	应用现状	投入资金（万元）	项　目　来　源	企　业　名　称
高精直线导轨	攻克导轨工艺	往复锯	16	自主开发	邵武振达机械有限公司
BB1330 立式刨切机	新产品开发	样机	50	自主开发	青岛木工机械制造总公司
BSG2113 宽带砂光机	新产品开发	样机	20	自主开发	青岛木工机械制造总公司
BSG2413 宽带砂光机	新产品开发	样机	22	自主开发	青岛木工机械制造总公司
金刚石系列刀具研究	研究金刚石铣刀(PCD)和镀层刨刀片(CVD)	已做出样品	15	哈尔滨理工大学	哈尔滨第二工具厂

五、质量与标准

在与海内外各路竞争对手的竞争中，企业对产品质量和质量管理工作的重要性有了更加深刻的认识，从根本上改变了计划经济体制下偏重产量、忽视质量、只抓生产、不抓管理的局面，积极开展群众性质量活动，大力宣传标准、贯彻标准，健全完善各项规章制度，形成了自觉抓质量、抓管理的良好氛围。为了进一步扩大出口，各企业积极开展 ISO 国际质量体系认证和 CE 安全认证工作，取得很大进展。截止至 2002 年，木工机床行业通过 ISO9001 国际质量体系认证、获取进入国际市场通行证的企业已有：青岛木工机械制造总公司、威海木机集团公司、山东工友集团股份有限公司、青城机械有限公司、威海齐全木工机械有限公司、南通茂溢机床有限公司、信阳木工机械股份有限公司、金华市强劲木工机床有限公司、哈尔滨第二工具厂等。

质量和质量管理工作不仅在大企业、国有企业有着坚实的基础，而且在民营企业、小企业中也得到重视。“粗制滥造”、“简陋劣质”已不再是他们的“专利”；而“今日的质量就是明天的市场”、“以质量求生存、以信誉占市场”、“没有永远的第一，只有永远的追求”则映衬出他们对质量认识的深刻变化。他们本着这样的经营理念，自动导入 ISO9000 国际质量体系认证标准组织生产，为产品打入国际市场作准备。目前，已有一些民营企业已获得 ISO9001 国际质量体系认证，如广东顺德的富豪木工机械有限公司、新马木工机械设备有限公司、威力木工机械厂、同安木工机械厂和东莞的南兴木工机械有限公司等。

木工机床行业的标准化工作在全国木工机床标准化技术委员会的主持下，制订了一系列产品标准，形成了较为完整的木工机床标准体系。在此基础上，2002 年又完成“国家标准《单轴木工铣床安全》、《木工镂铣机安全》的征求意见和送审稿”、《木工四面刨床安全》等 6 项国家标准的征求意见稿和有关技术文件的编制，从而进一步完善了我国木工机床标准体系。

六、改革与发展

在市场机制作用下，木机行业经历了空前的大分化、大调整、大改组。原来的许多“国营企业”、“部属重点企业”、“国家定点企业”，如今已是名气渐衰、风光不再。经过重新洗牌，大部分因不适应市场经济体制而关、停、并、转，退出市场。能继续生存下来的国企，目前大都改制成有限公司或股份有限公司。但由于机制转变没有完全到位，老问题得不到彻底解决，所以仍然不能轻装上阵、公平竞争。而乡镇集体企业在市场经济体制下则是如虎添翼、如鱼得水，更加充满生机与活力。如山东工友集团股份有限公司在 20 年前还是个名不经传的乡镇企业，是改革开放、市场经济体制给企业带来了机遇，创造了高速发展的条件；到 2002 年已发展成为全国最大的木机生产企业，工业总产值达 24.21 亿元，连续 5 年创下工业总产值等 5 项主要经济指标全行业第 1 的佳绩。

在木机行业发展中，民营企业的崛起是个新的亮点，它产生于 20 世纪 80 年代，90 年代得到迅猛发展，成为木机行业的新生力量。民营企业规模虽小，但机制灵活，对市场反应快，适应性强，没有历史包袱，生产成本比较低，具有很强的市场竞争力。民营企业不少是从国企中分化出来的，在技术、人才和销售渠道等方面都有一定优势，在经过不长时间的原始积累后，很快又开始新一轮的创业，发展成为颇具规模实力的企业，并形成一个生机勃发、富于竞争的群体。民营企业的产生与发展，改变了木机行业原有的行业结构，形成了新的格局，这一方面强化了国内企业的竞争，同时也促进了木机行业的更大发展。

七、木工机床企业介绍

威海木机集团公司　公司现有职工 3 500 人，下设 5 个研究所，8 大销售公司，26 个分厂，共 45 个直属单位。产品包括 13 大系列、200 个品种、300 个规格的木工机械、金切机床及其他设备。公司占地面积 95 万 m^2，拥有固定资产 4 亿元。2002 年工业总产值 6.33 亿元，比上年增长 11.01%，销售收入 5.03 亿元，比上年增长 9.01%，利税 6 287 万元，比上年增长 7.62%。公司于 1991 年晋升为国家一级企业，1993 年被评为中国 500 家最大机械工业企业，是国务院首批授予具有独立进出口权的国家大型企业集团之一。

公司有 30 多种产品获省优、部优、国优，数十种产品填补了省内空白。特别是“威木”牌 MQ 系列台式木工多用机床销量居世界第 1，在全国质量行中评比第 1，并获得 12 项国内专利，被国家科技部列为攻关及推广项目。

威海木机集团公司一贯重协作,守信誉,先后与国内 20 多所大专院校、科研单位建立协作关系;在全国建立 2 000 多个经销处。与国外 19 个财团保持合作关系,产品远销 50 多个国家和地区。1996 年被评为“山东省管理示范企业”,被山东省农行评为“AAA 级信用企业”。

威海齐全木工机械有限公司 2001 年由威海齐全木机集团有限公司改制而成,现有职工 1 100 人,其中工程技术人员 108 名,厂区占地面积 68 000m²,建筑面积 40 000m²,资产总值 7 257 万元。2002 年完成工业总产值 50 500 万元,销售额 49 285 万元,利税 6250 万元。

齐全木工机械有限公司是我国木工机床行业的后起之秀。公司生产的“齐全”牌木工机械有 30 大系列、110 多个品种,形成了年产量 18 万台的生产规模。“齐全”牌产品曾荣获“墨西哥中国实用技术参展产品银奖”和“全国第三届科技成果展示大会金奖”。产品畅销全国各地,出口 20 多个国家和地区。企业具有自营进出口权;已通过 ISO9000 质量体系认证和英国皇冠认证,取得中国机械安全认证;“齐全”牌商标获“山东省著名商标”;“齐全”牌 ML392 型木工多用机床被评为中国木工机械行业“十大驰名品牌产品”;齐全公司被授予中国木工机械行业“跨世纪先进企业”称号。综合经济效益多年名列全国同行前矛。

齐全公司大力引进、消化、吸收国外先进技术,不断开发新产品,获得国家专利 20 多项,其中 3 项分别获得“山东省第五、第六届专利奖创新奖”;企业被授予“中国专利山东名星企业”称号。

邵武振达机械制造有限责任公司 公司系原机械部重点企业邵武木工机床厂经资产优化重组、诞生的集科、工、贸于一体的民营科技型企业。公司占地面积 8 000m²,现有职工 81 人。2002 年公司完成利税 141 万元,全员劳动生产率突破 10 万元/人。

公司在产品开发中,始终以客户的需求为目标,走自己研发的道路,生产出四面刨系列、多片锯系列、立铣系列、指接设备系列、砂光机系列等产品,形成了较为完整的产品链,为用户提供了各种不同的需求选择。

进入 21 世纪,公司又勾画出新的发展蓝图——2003 年在邵武城南工业区征地 30 000m²,建立更大的生产基地,把邵武振达机械制造有限责任公司建成实力强大的木工机械制造名牌企业。

〔撰稿人:中国机床工具工业协会木工机床分会黄玉成〕

刀具量具量仪

本部分包括刀具、量具、量仪和数显产品。

一、生产发展情况

(一)刀具、量具、量仪行业

1. 行业基本情况

根据国家统计局资料:2002 年切削刀具、量具、量仪制造业共有 339 个企业,工业总产值(当年价)1 022 215 万元,比上年增长 21.9%。2002 年切削工具及量具量仪制造业主要经济指标见表 1。

表 1 2002 年切削工具及量具量仪制造业主要经济指标

经济类型	企业数(人)	从业平均人数(人)	产品销售收入(万元)	比上年增长(%)	利润总额(万元)	比上年增加(万元)	工业总产值(当年价)(万元)	比上年增长(%)	产品销售率
合计	339	92 804	945 181	18.4	46 791	23 546	1 022 215	21.9	96.2
国有经济	181	61 134	373 277	10.9	1 139	8 177	404 909	13.7	95.9
民营经济	91	21 613	378 178	30.3	28 331	9 943	414 133	34.4	95.3
三资企业	67	10 057	193 726	12.8	17 321	5 426	203 173	16.8	98.6

2. 参加本年鉴统计的企业基本情况

根据中国机床工具工业协会工具分会会员 66 个企业的综合统计,2002 年工具行业完成工业总产值(不变价)453 476.3万元,占全国工具量具工业总产值的 44.36%,比上年增长 20.3%;工业总产值(当年价)436 679.9 万元,比上年增长 15.7%;工业销售产值(当年价)409 627.6 万元,比上年增长 14.8%;工业增加值 173 798.8 万元,比上年增长 25.7%;工具企业亏损面有所缩小,但仍高达 30.3%;利润总额 15 634.7 万元,其中 46 个赢利企业利润总额为 23 524.34万元,20 个亏损企业亏损总额 7 889.64 万元。2002 年根据 66 个企业统计,职工平均人数 60 088 人,比上年减少 8 583 人;职工工资总额 53 754.8 万元,比上年增长 2.5%;职工年人均收入 8 946 元,比上年增长 17.7%,全员劳动生产率 19 891 元/人,比上年增长 0.56%;固定资产原价 371 453.1 万元,比上年增长 6.23%。2002 年生产各类刀具 125 190.52 万件,比上年增长 27.1%;生产各类量具 1 010.63万件,比上年增长 3.3%;生产各类量仪 27 539 台(套),比上年增长 17%。

工具行业 29 个重点骨干企业 2002 年完成工业总产值(不变价)140 105.79 万元,比上年增长 5.0%;工业总产值(当年价)146 462.54 万元,比上年增长 2.6%;工业销售产值(当年价)142 689.26 万元,比上年增长 5.3%;29 个重点骨干企业共亏损 3 960.04 万元,占 66 个企业亏损额的 50.2%,其中 21 个企业利润总额 2 199.04 万元,8 个企业亏损总额 6 159.08 万元。值得指出的是,重点骨干企业的发展很不平衡,一方面大多数企业(70%以上)已扭亏为盈,但少数企业仍在亏损线上挣扎，个别企业的亏损额占了66个企业总亏损额的一大半。2002年29个重点骨干企业生产各类刀具产品15 582.83万件，占66个企业生产量的12.4%；生产各类量具产品547.41万件，占66个企业生产量的54.2%；生产各类量仪产品27 416台(套)，占66个企业生产量的99.6%。必须指出的是：29个重点骨干企业产品产量在66个企业产品产量占比较低并不反映重点骨干企业对市场的实际占有率也如此之低，因为我国当前工具成品的构成十分特殊，在全部12亿以上的刀具、量具、量仪产品中，有9～10亿件是作为低档家用工具出口的，并不作为工业加工用。所以，去掉了这部分以后，金属加工业和相关产业部门使用的刀具、量具和量仪，绝大多数是由重点骨干企业生产供应的。29个重点骨干企业在连年实施减员增效措施后，2002年职工平均人数降至32 641人，比上年减少6 665人；职工工资总额28 056.15万元，比上年减少6.1%；全员劳动生产率17 928元/人，比上年增长23%；职工人均收入8 626元，比上年增长12.2%。

66个企业2002年与2001年经济效益指标对照见表2。

表2 66个企业2002年与2001年经济效益指标对照

指标名称	单位	行业标准值	权数	2002年行业平均值	2001年行业平均值	比上年增加值
总资产贡献率	%	10.7	20	6.6	4.4	2.2
资本保值增值率	%	120	16	105.4	102.6	2.8
资产负债率	%	≤60	12	80.0	80.7	—0.7
流动资金周转率	次	1.5	15	0.8	0.6	0.2
成本费用利润率	%	3.7	14	4.5	0.7	3.8
全员劳动生产率	元/人	16 500	10	19 891.0	19 780.0	111.0
产品销售率	%	96	13	95.9	96.9	—1.0
经济效益综合指数	%			0.8	0.6	0.2

3. 产品分类产量

根据国家统计局资料：2002年切削刀具、量具、量仪制造业共生产金属切削刀具186 306万件，比上年增长18.71%；生产量具2 684.54万件，比上年增长0.01%；生产量仪11.39万件，比上年下降35.60%。

工具行业66个企业生产情况：2002年生产的标准、通用刀具、量具、量仪产品，基本可满足我国传统制造业的需要。2002年生产刀具125 191万件，占全国产量的67.20%；刀具出口量占销售量的52.4%，出口额占销售额的32.6%；量具出口量占销售量的56.4%，出口额占销售额的42.4%；2002年量仪出口仅为88台(套)，出口额仅为12.5万美元。产品外销国际市场量与2001年相比增长幅度减少。

2002年工具行业66个企业产品分类产量、销售、出口情况见表3。2002年工具行业重点骨干企业主要产品出口情况见表4。2002年工具行业重点骨干企业主要产品产、销、存情况见表5。

表3 2002年工具行业66个企业主要产品分类产量、销售、出口情况

产品类别	产量(万件)	产值(万元)	销售量(万件)	销售额(万元)	出口量(万件)	出口额(万元)
刀具	125 191	294 198	118 322	278 334	61 944	93 860
高速钢刀具	122 897	259 612	116 054	248 044	60 215	78 178
钻削刀具类	117 117	193 238	110 374	179 312	59 323	72 709
铣削刀具类	1 306	14 718	1 294	14 894	158	1 427
刀条刀片	159	2 975	191	4 036	33	259
螺纹刀具类	4 057	22 987	3 932	21 925	459	1 320
拉削刀具类	6	6 144	4	6 339	1	164
齿轮刀具类	22	13 525	22	15 123	5	522
木工刀具类	11	651	11	619	234	1 756
锯条	196	4 841	209	5 332	2	21
其他	23	533	17	465		
硬质合金类刀具	2 189	30 639	2 164	30 290	1 644	14 910
工具系统类刀具	105	3 947	104	3 957	86	773
量具	1 006	48 951	940	44 034	533	18 881
卡尺类	463	5 387	420	4 182	79	5 209
千分尺类	104	7 019	102	7 572	55	3 070
指示表类	94	7 822	91	7 070	55	3 070
块规及量规	463	5 387	420	4 182	306	1 454
角度测量类	15	955	15	1 007	55	3 070
数显量具类	70	10 647	65	8 608	52	6 728

（续）

产品类别	产量(万件)	产值(万元)	销售量(万件)	销售额(万元)	出口量(万件)	出口额(万元)
辅助测量器具	1	55	1	84		4
其他	2	529	2	440	2	303
量仪	27 536	4 838	28 319	5 798	88	103

表 4　2002 年工具行业重点骨干企业主要产品出口情况

序号	产品名称	单位	出口						
			实物量	人民币(万元)			美元(万元)		
				合计	收购的交货量	自营出口额折算	合计	交货量折美元	自营出口额
1	上海量具刃具厂								
	量仪	台(件)	2.0	20.8	20.8		2.5	2.5	
	量具	万件	6.1	898.5	898.5		108.2	108.2	
	刃具	万件	1.6	12.7	12.7		1.5	1.5	
2	上海工具厂有限公司								
	刃具	万件	1 845.7	5 922.6	467.0	5 455.6	663.2	52.3	610.9
3	天津市工具厂								
	刃具	万件	104.0	177.0	177.0		21.3	21.3	
4	桂林量具刃具厂								
	量具	万件	18.2	1 698.7	1 540.0	158.7	205.3	186.4	18.9
5	成都成量集团公司								
	量具	万件	3.4	369.8	164.5	205.4	44.7	19.9	24.8
	刃具	万件	179.2	689.5	100.4	589.1	83.4	12.1	71.2
6	重庆工具厂								
	刃具	万件	74.0	230.8	230.8		27.9	27.9	
7	关中工具厂								
	刃具	万件	110.1	229.5	170.0	59.5	27.8	20.6	7.2
8	北京量具刃具厂								
	量具	万件	2.4	81.0	81.0		9.8	9.8	
	刃具	万件	33.6	258.9	137.3	121.6	31.3	16.6	14.7
9	哈尔滨量具刃具厂								
	量仪	台(件)	86.0	82.6	42.0	40.6	10.0	5.1	4.9
	量具	万件	5.3	331.3	107.0	224.3	40.1	12.8	27.3
	刃具	万件	3.0	2.3	2.3		0.3	0.3	
10	哈尔滨第一工具厂								
	刃具	万件	15.1	351.8	129.8	222.0	46.9	20.0	26.9
11	哈尔滨第二工具厂								
	刃具		13.9	612.0	612.0		74.8	74.8	
12	衡阳量具刃具总厂								
	刃具	万件	0.1	3.5	3.5		0.4	0.4	
13	汉江工具厂								
	刃具	万件	41.4	936.8	473.4	463.4	113.4	57.4	56.0
14	四平市兴工刃具厂								
	刃具	万件	0.03	2.2	2.2		0.3	0.3	
15	山东工具总厂								
	刃具	万件	154.2	331.5	186.4	145.1	39.9	22.5	17.5
16	湖南钻石硬质合金工具公司								
	刃具	万件	0.2	14.4		14.4	1.7		1.7
17	常熟量具刃具厂								
	刃具	万件	2.1	20.0	20.0		2.0	2.0	
18	兰州量具刃具厂								
	刃具	万件	123.3	406.8	406.8		49.4	49.4	
19	靖江量具有限公司								
	量具	万件	26.8	2 121.4	1 187.2	937.2	256.3	143.1	113.2
20	威海市量具总厂								
	量具	万件	18.0	844.5	844.5		101.8	101.8	

表 5　2002 年工具行业重点骨干企业主要产品产、销、存情况

序号	产品名称	单位	主要产品产销存情况							
			年初库存量		年末累计生产量		年末累计销售量		年末累计库存量	
			实物量	价值量（万元）	实物量	价值量（万元）	实物量	价值量（万元）	实物量	价值量（万元）
1	上海量具刃具厂									
	量仪	台(件)	2.0	6.1	118	71.1	118.0	72.1	2.0	6.1
	量具	万件	4.1	741.6	47.5	4 938.7	47.6	4 896.4	4.0	783.9
	刃具	万件	22.7	345.4	57.5	262.3	57.3	264.9	22.9	342.8
2	上海工具厂有限公司									
	刃具	万件	628.6	2 117.5	5 656.7	14 651.6	5 485.0	15 059.8	798.0	2 405.2
3	天津市工具厂									
	刃具	万件	137.8	668.0	557.0	1 450.0	568.8	1 070.0	126.0	947.0
4	太原工具厂									
	刃具	万件	14.0	1 685.7	76.0	2 340.8	82.1	2 257.5	7.9	1 769.0
5	桂林量具刃具厂									
	量具	万件	10.3	1 109.0	47.4	5 946.1	47.2	4 350.5	11.6	1 096.4
6	成都成量集团公司									
	量仪	台(件)	355.0	45.1	576.0	234.0	738.0	233.2	193.0	45.3
	量具	万件	64.0	2 776.6	103.7	5 898.5	99.4	5 698.9	68.4	2 976.2
	刃具	万件	1 095.1	6 969.1	1 648.2	9 742.6	1 755.1	9 932.3	974.5	6 117.4
7	重庆工具厂									
	刃具	万件	300.1	1 342.2	194.7	2 734.0	214.1	2 480.7	280.6	2 374.5
8	贵阳工具厂									
	量具	万件	0.1	87.6	0.1	59.8	0.1	55.6	0.1	115.1
	刃具	万件	20.1	1 562.3	11.2	1 194.7	11.4	1 948.6	19.5	1 549.4
9	关中工具厂									
	刃具	万件	743.4	4 108.3	810.6	6 344.3	914.5	7 136.8	639.5	3 315.8
10	青海量具刃具厂									
	量具	万件	12.2	10 331.2	44.0	3 193.2	46.6	4 122.5	9.5	10 378.0
	刃具	万件	703.6	7 385.1	1 334.0	1 178.4	1 335.4	1 603.3	702.1	7 343.6
11	北京量具刃具厂									
	量仪	台(件)	645.0	43.0	3.0	1.8	133.0	4.1	515.0	40.6
	量具	万件	5.2	318.3	15.0	621.3	13.5	577.9	6.7	359.8
	刃具	万件	331.8	696.0	121.1	612.5	195.5	641.7	257.4	666.9
12	北京工具厂									
	刃具	万件	44.9	910.0	10.3	237.6	6.2	285.5	49.0	1 007.0
13	哈尔滨量具刃具厂									
	量仪	台(件)	406.0	3 571.6	210.0	1 399.2	338.0	1 864.5	278.0	3 106.3
	量具	万件	25.4	3 348.1	61.2	5 336.4	59.8	5 217.1	25.4	2 467.5
	刃具	万件	474.6	3 646.2	2 313.2	7 341.0	2 196.3	6 167.7	591.5	4 819.5
14	哈尔滨第一工具厂									
	刃具	万件	439.3	5 881.3	741.6	15 479.8	687.7	15 108.7	439.2	6 252.4
15	哈尔滨第二工具厂									
	刃具	万件	142.6	4 891.0	176.2	3 518.8	174.7	5 002.8	144.1	4 751.2
16	衡阳量具刃具总厂									
	刃具	万件	73.8	1 177.0	13.9	377.8	18.0	333.3	69.7	1 221.5
17	本溪工具有限责任公司									
	刃具	万件	34.6	697.0	125.5	3 741.3	150.2	4 120.2	9.9	242.0
18	汉江工具厂									
	刃具	万件	25.7	4 443.8	150.8	10 116.9	152.4	12 580.2	24.1	4 617.3
19	三门峡中原量仪股份有限公司									
	量仪	台(件)	5 369.0	752.6	26 432.0	2 980.9	26 940.0	3 056.8	4 861.0	676.7
20	四平市兴工刃具厂									
	刃具	万件	159.1	114.1	56.3	2 424.7	52.3	2 179.0	163.0	1 389.8
21	长春量具刃具厂									
	刃具	万件	87.8	1 007.5	113.3	1 321.6	93.0	1 197.0	108.2	1 132.1
	量具	万件		10.4		60.5		29.6		41.3

（续）

序号	产品名称	单位	主要产品产销存情况							
			年初库存量		年末累计生产量		年末累计销售量		年末累计库存量	
			实物量	价值量（万元）	实物量	价值量（万元）	实物量	价值量（万元）	实物量	价值量（万元）
22	上海刃具厂									
	刃具	万件	466.7	1 581.7	1 040.6	3 074.7	1 007.3	3 037.5	500.1	1 618.9
23	常熟量具刃具厂									
	刃具	万件	39.8	1 051.0	189.3	2 603.0	203.5	2 772.0	25.7	882.0
	量具	万件	0.4	23.0	0.1	4.0	0.3	10.0	0.2	17.0
24	靖江量具有限公司									
	量具	万件	6.5	715.9	38.8	3 428.6	37.9	3 231.8	7.4	912.7
25	山东工具总厂									
	刃具	万件	106.3	789.5	343.4	1 169.8	354.0	1 154.4	95.6	814.9
	量具	万件	116.1	169.9	157.2	151.6	176.4	178.9	96.9	142.6
26	兰州量具刃具厂									
	刃具	万件	413.6	1 874.5	312.7	1 500.8	370.4	1 250.4	355.9	2 124.8
	量具	万件	0.2	39.3				0.3	0.2	39.0
27	湖南钻石硬质合金工具公司									
	刃具	万件	0.7	238.8	7.8	2 600.4	7.2	2 524.6	1.4	314.6

4. 市场及销售

2002 年全国进口各类刃具产品 14 285 万件，比上年增长 45.05%，刃具购置费 15 212.2 万美元，比上年增长 37.96%；进口各类量具量仪 45 万件（台、套），比上年增加 14.33%，量具量仪购置费 1 183 万美元，比上年增长 2.45%。

2002 工具行业产品销售收入前 10 名企业见表 6。

2002 年工具行业产品出口额前 10 名企业见表 7。

表 6　2002 年工具行业产品销售收入前 10 名企业

序号	企业名称	销售收入（万元）
1	江苏天工实业总公司	91 800
2	江苏飞达工具集团公司	88 331
3	上海工具厂有限公司	19 826
4	成都成量集团公司	18 860
5	哈尔滨量具刃具厂	15 062
6	东风汽车公司刃量具厂	14 616
7	哈尔滨第一工具厂有限公司	10 382
8	汉江工具有限责任公司	9 235
9	中国贵航集团西南工具总厂	8 835
10	山东齿轮箱厂	7 442

表 7　2002 年工具行业产品出口额前 10 名企业

序号	企业名称	出口金额（万元）
1	江苏飞达工具集团公司	40 939
2	江苏天工实业总公司	36 371
3	上海工具厂有限公司	5 923
4	上海长江工具厂	4 399
5	桂林广陆量具厂	4 356
6	陕西航空硬质合金工具公司	3 043
7	青海量具刃具有限责任公司	2 801
8	靖江量具有限公司	2 121
9	桂林量具刃具厂	1 699
10	中国贵航集团西南工具总厂	1 230

（二）数显装置

1. 行业基本情况

我国数显装置行业现有 17 个企业。中国的光栅、容栅数显产业连续 5 年来高速发展，年均销售额以 30% 速度增长。2002 年光栅尺和数显表的销售量已超过 10 万坐标，销售额超过 1 亿元；圆光栅编码器销售量已超过 15 万个，销售额达到 8 000 万元；容栅数显卡尺销售量达到 80 万件，销售额达 1 亿。与此同时中国进口的高、中档光栅传感器的金额也超过 1 000 万美元。中国光栅、容栅数显产业已形成了强有力的规模经济，实现了产业化，参与了国际交换和竞争。中国金切机床的年产量约为 24 万台，机床的数显化率已超过 30%，产值数控化率为 28%。数显产品的主要市场是民营、三资企业，应用领域主要是模具、汽车零部件、仪器仪表等。随着现代制造业的发展，国企的改革和西部大开发，中国数显产品还会继续高速发展。光栅尺的龙头企业是长春光机数显技术有限公司、东莞市万濠精密仪器有限公司、广州信和光栅数显有限公司、怡信精密工具有限公司，他们的年制造能力为 3 万坐标以上。圆光栅使长春第一光学有限公司处于绝对优势的地位，年制造能力超过 20 万个；容栅数显的龙头企业是桂林广陆数字测控股份有限公司，2002 年的制造能力达到 50 万件（套）。中国光栅传感器的出口占总销量的 30%，而桂林广陆容栅数显卡尺的出口量占到产量的 90%。中国数显行业的龙头企业都是资产重组后的股份制企业，他们吸引优秀人才，采用新技术，产品生产实现社会化协作，产品成本大幅度下降，而劳动生产率又有很大提高。例如，800mm 光栅尺每只售价从过去的 1 500 元左右，降到现在的 500 元左右；双坐标数显表也从过去的每台 2 000 元降到 600 元；产品虽然降价了，但企业人均产值都达到 15 万元/年的高水平。

2. 行业经济情况

机床数显装置 2002 年销售量超过 8 万坐标，销售量突破 7 000 万元，比上年增长 20% 以上，是数显装置行业持续 5 年来以 20% 以上速度增长的产品，并大量出口亚、欧、美地区。经过 5 年多的快速发展，已形成数显装置产业的 4 大龙头企业，他们是长春光机数显技术有限责任公司、东莞市万濠精密仪器有限公司、广州信和光栅数显有限公司、怡信精密工具有限公司(在珠海和东台)，4大龙头企业的年销售量都超过1万坐标，销售额都超过1 000万元。

非会员单位的圆光栅编码器生产企业——长春第一光学有限公司，2002年销售量达到14万个，占国内市场份额的80%以上，且大量出口，在国内外市场影响很大。

在数显量具量仪方面，桂林广陆数字测控股份有限公司一支独秀，2002年销售量达到50万件(占同行业的50%以上)，产值6 600万元，其中90%出口，人均产值达到15万元，提前实现承担的国家计委下达的年产50万套电子数显量具量仪产业化推进项目。

3. 产品分类产量

2002年数显行业企业主要产品产、销、存情况见表8。

表8 2002年数显行业企业主要产品产、销、存情况

产品类别	单位	生产		销售		库存	
		实物量	价值量(万元)	实物量	价值量(万元)	实物量	价值量(万元)
光栅传感器	根	70 800	6 082	68 353	3 458	8 349	333
光栅数显表	台	21 678	1 691	20 665	1 596	1 328	145
光栅部件	根	44	13	34	10	10	3
容栅数显量具	万件	46	5 781	43	5 178	7	862
容栅部件	万件	83	2 003	80	2 112	3	65
磁栅传感器	支	1 800	280	2 380	420	42	
磁栅数显表	台	580	116	530	106	50	10
感应同步器尺	根	570	42	724	67	656	50
感应同步器表	套	978	293	1 079	332	235	75
圆感应同步器	套	303	103	289	144	35	15
感应同步器部件	根	1 351	83	1 417	66	677	74
光电编码器	台	115 312	3 393	106 922	3 128	27 178	1 205

2002年数显行业企业主要产品出口情况见表9。

表9 2002年数显行业企业主要产品出口情况

产品类别	单位	实物量	价值量(万元)
光栅传感器	根	15 021	730
光栅数显表	台	1 294	111
光栅部件	根	10 690	31
容栅数显量具	万件	31	4 378
容栅部件	万件	2	10
光电编码器	台	400	300

二、科技成果及新产品

(一)刀具、量具、量仪行业

成都工具研究所2002年开发的CM320F渐开线螺旋线测量仪预期在2003年9月完成。CM320F渐开线螺旋线测量仪主要用于渐开线齿轮的齿廓偏差和螺旋线偏差的测量，齿廓偏差测量采用基圆盘与软件补偿的方法，简化了仪器结构，螺旋线偏差测量采用斜槽滑块结构，由圆光栅传感器读数。仪器也可用于插齿刀、剃齿刀齿廓偏差的检测。被测齿轮模数 $M_n=1\sim6mm$；被测齿轮最大外径 $d_a(max)=320mm$；被测齿轮最小基圆直径 $d_b(min)=20mm$；被测齿轮最大螺旋角 $\beta(max)=\pm45^\circ$；被测齿轮最大轮齿宽度 $b(max)=80mm$；工件顶尖距 44～304mm；测头至下顶尖距离 30～182mm。

成都工具研究所开发的CV450齿轮测量中心预期2003年9月完成。CV450齿轮测量中心由三个直线坐标及一个旋转坐标构成，采用CNC控制，二轴联动，主要用于齿轮、齿轮刀具及轴类零件的测量，被测齿轮模数 $M_n=0.5\sim12mm$；被测齿轮最大外径 $d_a(max)=450mm$；被测齿轮最大螺旋角 $\beta(max)=\pm45^\circ$；被测齿轮最大轮齿宽度 $b(max)=250mm$；工件顶尖距 20～460mm；齿廓测量精度四级。2002年底完成了P2000平面度测量仪的开发，该仪器用于测量阀体与阀盖的平面度，采用多测头系统，测量精度 $2\mu m$。

成都工具研究所的科研院所专项资金项目“激光轿车四轮定位仪”项目，完成了JSY－1激光轿车四轮定位仪样机及有关工艺文件，达到批量生产水平，技术指标国内领先。测量项目：前轮前束角、后轮前束角、总前束角、前轮外倾角、后轮外倾角、主销外倾角、主销内倾角、主销后倾角、推力角、包容角、退缩角，角度分辨率1′；数据传输方式为无线。

2002年12月成都工具研究所完成了断续测量主动量仪项目，该仪器用于断续表面工件测量，如花键等(高频保持电路)和用于往复式主动测量(低频保持电路)，于2003年正式生产，提供用户。

成都工具研究所还开发出营销与物流信息管理系统，采用关系数据库管理系统，Microsoft SQL Server 2000作为后端数据库支撑系统，创建可分权限使用的ctrixgl数据库，采用客户机/服务器应用程序开发工具PowerBuilder进行前端程序设计，建立一个各客户端分布作业、数据信息集中存储、信息分权限查询、管理的网络管理信息系统。

成都工具研究所研究开发的硬质合金成形磨削液通过对多种磨削液进行检测、试验和分析比较，确定适合该所硬质合金刀具磨削加工的最佳磨削液，以避免硬质合金刀片磨削加工后出现斑点、花纹等表面外观缺陷，提高产品外观质量合格率。选用自配磨削液、国产磨削液、美国产磨削液和日本产磨削液作为研究对象，分别对其产品质量、使用成本、性价比、环境影响等进行分析研究。分别采用X射线光电子能谱分析、原子吸收光谱分析、X射线衍射分析等方法对ZM25A、YT15、YG6牌号硬质合金刀片在不同磨削液中的钴析出量进行检测及分析。经分析日本产磨削液的综合性能较好；自配磨削液对钴析出的抑制作用最好，国产磨削液和日本产磨削液均含有三乙醇胺，而三乙醇胺是影响钴析出的主要因素。该项目的研究结果为该所磨削加工硬质合金刀片正确选用磨削液提供了理论依据，对于提高硬质合金刀片的外观质量和产品合格率起到了积极的促进作用，也为该所磨削加工工艺的进一步改进与优化提供了一定的技术储备。

成都工具研究所设计研制生产的毛刷专用压丝机，参照国外样品，通过编制生产工艺、设计制造相关工装，生产供汽车发动机零件去毛刺使用的新品种轮刷、排刷产品，以提高孔刷产品生产效率，降低加工成本，提高产品质量。毛刷专用压丝机2002年9月研制完成，现已投入正常使用。该压丝机可轧制Φ2.2mm、Φ2.8mm、Φ3.5mm、Φ4mm 4种直径的钢丝，扭制后钢丝柄部截形呈圆柱形，可省去打磨、抛光等后续工序。专用压丝机的使用大大提高了毛刷的质量和生产效率，使该所生产的孔刷产品质量达到国内先进水平，并创造了一定的经济效益。研制高效、实用的新型金刚石复合片PCD片抛光设备，该设备以北京电加工研究所生产的BDJP—903型聚晶金刚石镜面抛光机作为参照对象，通过改进设计，摸索并掌握了PCD片抛光工艺特性，为开展聚晶金刚石和单晶金刚石超精密研磨抛光加工及高精度研磨抛光设备的研制打好基础，使研制出设备的机械性能、加工精度等技术指标达到或超过国内同类设备水平。

洛阳洛硬工工模数控有限公司开发的磁悬浮列车铁轨复合梁用成形铣刀，技术参数：刀片径向跳动0.03 mm，刀片轴向跳动0.03 mm，刀片面成形误差0.05 mm，用于加工上海磁浮列车铁轨，使用性能良好。该公司还开发了发电动机转子槽铣刀，分直槽和斜槽型，铣刀直径Φ70～1030mm，γ_p=—3°～—4°，γ_f=—6°～—12°，径向圆跳动量不大于0.04 mm，轴向圆跳动不大于0.03 mm，精度高，工艺性能复杂，使用性能良好，与国内外同类产品相比，质量好，价格低廉。

太原工具厂开发的小径定心渐开线花键拉刀，齿形误差≤0.01 mm，等分累积误差≤0.01 mm，键侧对刀具轴线的扭斜误差≤0.01 mm，可用于满足汽车制造业生产高精度齿轮，用户已经试用。生产开发的带轮滚刀，为曲线齿形，全齿参与切削，工作效率提高3倍以上，用户已经试用。研究开发的可转位深孔钻、可转位八角铣刀、双刃可调试镗刀、可转位定心浅孔钻加工效率比高速钢刀具提高5～10倍，在石油机械、重型机械、汽车制造等行业得到广泛应用。生产的高性能高速钢刀具，热处理后硬度可达67～69HRC，具有高耐磨，高红硬性特点，已经通过用户鉴定。

重庆工具厂开发的倒角插齿刀M1.5～5，β0°～30°，倒角插齿刀主要用于加工内齿轮和双联齿轮。其优点是：在完成齿轮齿形加工的同时，一道完成齿轮齿顶的倒角，不仅提高了工作效率，节约了成本，更重要的是提高了产品质量，主要应用于汽车、摩托车行业的齿轮加工。该产品除倒角尺寸按用户要求设计制造外，其余各项技术指标均按GB6081-6082—85标准生产制造，达到国内领先水平。

陕西渭河工模具总厂开发的新标机用丝锥GB/T3464—94，规格：M14～M16，粗、细牙，精度等级：H_1、H_2、H_3，牙面粗糙度：R_Z3.2μm，径向跳动：0.02mm；其余技术要求达GB/T969—1994，已鉴定设计定型开发的新标直柄立铣刀T6117—1996，规格：Φ2～12mm，表面粗糙度：R_a6.3μm，其余技术要求达到GB/T6118—1996技术条件，已鉴定设计定型开发的直柄麻花钻GB/T6135—1996，规格：Φ0.5～6mm，技术要求达到GB/T17984—2000技术条件，已鉴定设计定型。

贵阳工具厂开发的筒形插齿刀，通过建立设计数学模型，保证了内齿的渐开线齿形和装配的精度。该项目的开发，成功地解决了汽车变速箱总成技术关键，解决了汽车变速箱中同步器结合齿加工依赖于进口刀具的局面，已通过省级项目的可行性论证。开发的带侧后角花键拉刀有效地提高了拉刀的切削性能，已完成样品制造，供用户进行试用。该厂开发的粉末冶金高速钢的应用研究，已掌握此类材料的应用特性和热处理工艺，进入小批量生产阶段，对今后刀具结构调整起到重要作用。

上海量具刃具厂开发的SLCMM1186三坐标测量机，测量范围：X1 100 mm、Y800 mm、Z600 mm，分辨率：0.5μm，测量精度：3.5+4L/1 000 μm，2002年11月通过上海市经委组织的技术鉴定。

汉中万目仪电有限责任公司开发的英公制双显卡尺表头，可同时指示英制和公制尺寸，量程8in/200mm，分度值0.001in/0.02mm，专用于带表卡尺，已通过工厂鉴定。开发生产的硬度计指示表头，表头总行程5 mm，分度值0.005 mm，表壳外径108 mm，专用于硬度计，已通过工厂鉴定。开发的卡规表头系列，量程：10 mm、20mm、1in、2in，公制分度值0.01 mm，英制分度值0.001in，专用于卡规，通过厂级鉴定。

湖南钻石硬质合金工具有限公司开发的航空工业加工铝材用的转速在20 000r/min以上的高速铣刀，主要性能、技术参数接近国际先进水平。公司开发的钢用钻削刀具，适用于汽车制造业，主要性能、技术参数达到国际先进水平。开发的模具系列铣刀，适用于模具制造业和通用机械加工业，主要性能、技术参数达到国内领先水平，接近国际先进水平。

四平兴工刃具有限公司开发的成形铣刀(军工用)、槽铣刀Φ80mm×3.2mm、槽铣刀Φ80mm×4.175mm、两刃球铣刀Φ20mm×115mm，达到国内先进水平，通过了吉林省工业厅机械行业管理办公室组织的鉴定。

嘉兴精工工量具有限责任公司开发的0～150mm沟槽内测游标卡尺，内测最小尺寸：上爪9 mm，下爪18mm，读数值0.02 mm，已小批量试产。开发的0～1 000mm深度游标卡尺，测量范围0～1 000mm，读数值0.02 mm，已小批量试生产。

上海工具厂有限公司开发生产的整体硬质合金钻削刀具，夹持部分精度H6，工作部分圆跳动0.03 mm，产品经用户试用切削性能和使用寿命均达到国际同类产品的先进水平，可以替代进口，2002年12月通过上海市经委组织的新产品鉴定。

河南第一工具厂开发的高精度高效复合专用刀具CAD/CAE/CAPP/CAM集成系统，建立各种标准、非标准刀具截形的图库、数据库及分析、计算应用软件，开发CAPP软件，建立符合国家标准的绘图环境，完成典型加工工艺装备的设计计算、图样绘制、三维模拟仿真，最终达到智能化CAD/CAPP/CAM一体化的能力。开发的抛物线截形设计软件，能够快速准确地绘制抛物线截形，达到国内先进水平。

哈尔滨量具刃具厂开发的强力镗铣卡头（BT40—TXJT16—105、BT40—TXJT22—105），可广泛用于数控镗铣床装夹刀具，径跳动0.005～0.01 mm。开发的大量程百分表(0～50)，示值总误差0.1 mm，相邻误差0.003 mm，广泛应用于建筑行业。开发的双内冷钻头（Φ21锥钻），可达到深孔内冷却，延长切削刃寿命。开发的抛物线钻头（Φ4、Φ5直钻），广泛用于孔加工，可达到深孔内冷却，排屑性好。开发的高度游标改型卡尺（0～1 500、0～2 000），读数值0.02 mm、0.05 mm，示值总误差±0.1 mm、±0.14 mm，广泛用于机械测量。开发的公制杠杆千分尺（0～25），广泛用于外径精密测量，示值总误差0.002 mm，精度值0.001 mm。开发的3906型齿轮测量中心，采用CNC电子数控展成测量圆柱齿轮及齿轮刀具，可测模数1～20mm，最大外径600 mm，齿轮最大重量300kg，广泛用于汽车、机床、工具等行业。开发的台式粗糙度测量仪(2206B)，包括粗糙度、直接轮廓、直线度测量系统，驱动箱滑行长度100mm，直线度精度0.6μm/100mm，包括平面、圆弧、深槽，刚性四种传感器。开发的万能双啮仪(3100)，可测齿轮模数1～6mm，两轴中心距40～175mm，仪器的示值误差0.005mm，用于大批量齿轮综合测量，具有自动化智能化功能。开发的数显分度头(6003A)，可测量范围0°～360°，可测零件最大长度850 mm，实现角度精密测量，可对花键轴、齿轮轴、凸轮轴等工件进行精密测量。开发的万能齿轮测量机(3001D)，可测量渐开线圆柱齿轮、剃齿刀、插齿刀的齿形误差、齿距误差，可测齿轮模数0.5～15mm，最大外圆直径450 mm，被测齿轮最大重量85kg。开发的锥度比较仪(7：24)，广泛用于加工中心、高精度镗铣机床和柔性机床生产线，径跳<0.01 mm，定位精度高，卡紧力大，刚性好。开发的管结构外径千分尺（1 000～1 500 mm），示值总误差0.028 mm、0.038 mm，分度值0.01 mm，用于大外径工件尺寸精密测量。开发的表面粗糙度测量仪(71000A)，测量精度<±10%，测量范围：触针位移±40μm最小分辨率：0.005μm。用于测量平面、圆弧、两结合面的根部和直径大于Φ14mm的深孔等表面的粗糙度。

东风汽车有限公司刃量具厂开发的高效齿轮倒棱工艺及装备，齿轮倒棱刀：蜗杆式，使用寿命长，一把倒棱刀可加工齿轮约2万件。齿轮倒棱机：机床外形尺寸900mm×640mm×1 200mm，机床净重700kg，倒棱宽度0.5～2 mm，工件最大直径320 mm，工件模数2～8mm，倒棱过程平稳、噪声污染小，工件无需紧固装置，辅助调整时间短，完成1件产品倒棱只需1～1.5min，已通过省级鉴定，获得2002年度中国汽车工业科技进步奖。

三门峡中原量仪股份有限公司开发的WJB—SI数显外径比较仪，测量范围0～150 mm，精度≤1μm。开发的DWJ—1微机测量仪，精度1%FS。开发的QMD—14L背压指针式空气测微仪，基准放大倍数880倍、1 800倍、3 500倍。开发的轴承合套仪，精度0.8μm，共分8组。

(二)数显装置行业

1. 中国数显产品的水平

光栅尺

光栅尺是市场广阔、竞争最激烈的产品，近两年来各厂家的镀膜光刻和复制技术都有很大的提高，制造和检测环境都有较大的改善。主要厂家都能制造3m以内的光栅尺，准确度在±10μm/m的基础上向±5μm/m提高，测量速度由48m/min提高到了60m/min。其中信和公司1μm/m准确度的光栅尺测量速度能达到120m/min，并应用在三轴联动的数控铣床中。

国产光栅尺均为玻璃投射光栅总体指标为：

栅距：40μm、20μm和10μm；

分辨率：10μm、5μn、1μm和0.5μm；

最大测量长度：3m（接长可达12m）；

系统准确度：±10 μm/m、±5μm/m；

测量速度：48m/min、60m/min。

在产品开发方面莱格公司已开发出钢带光栅尺和绝对直线光栅尺。

(1)光栅数显　各厂家都充分应用现代信息技术和微电子技术，普遍采用可编程逻辑器件(PLD)，大大地简化了电路结构，缩短了产品开发周期，降低了制造成本。在普遍采用的表面安装技术(SMT)基础上数显表都做成低功耗的单板结构，电源几乎都采用输入电压为100～240V的开关电源，机箱也采用铸铝的轻型结构，数显表已大大地缩小了和国外的水平差距，但是光栅倍频数仍为4和20。现在光栅测量系统除了用在机床外，已广泛用于投影仪、影像仪、对刀仪、万能工具显微镜等。

(2)圆光栅传感器　我国生产的圆光栅传感器主要是旋转编码器，长春一光的产量要占到总产量的80%以上，是中国光栅传感器制造业中的第1个具有国际影响、具备国际竞争力的企业。该公司从设计、制造到销售构成了一个完整的体系，拥有自有知识产权，开发了多种用途的产品，产品从应用于机床、机器人、交流伺服电动机、变频调速推广至电梯、纺织机、加油机、注塑机、银行的刷卡机。2002年该公司光电编码器的销售量达到14万个，销售额达到7 000万元。

(3)容栅数显　容栅测量系统在我国主要用于数显卡尺（通用和专用）、数显千分表和机床数显装置。容栅在我国最大的生产厂家是桂林广陆。该厂生产的数显卡尺分辨率为0.01mm，速度为1.5m/s，测量长度100～500mm，大型卡尺500～2 000mm；机床数显分辨率为5μm，测量长度为2m，速度可到240mm/min。该厂的容栅数显量具2002年产量已达到50万件，销售额7 000万元，其中90%产品出口欧美等30多个国家，年创汇700万美元。

2. 新产品开发

2002年数显行业新产品情况见表10。2002年数显行业完成科研成果情况见表11。

表10 2002年数显行业新产品情况

序号	产品名称	型号	主要技术参数	鉴定时间	企业名称
1	千分尺数显组件	HT—M	带微处理能力，螺距0.5/0.635，预置0/25/50/75	2002.12	北京峰光科技开发中心
2	高度尺数显组件	HT—H	带微处理能力，具有ABS，HOLD，TOL，RS—232C输出	2002.12	北京峰光科技开发中心
3	卡尺数显组件	HT—C	具有防潮功能(CP54)	2002.12	北京峰光科技开发中心
4	数显表数显组件	HT—D	可旋转显示，具有跳动测量功能	2002.12	北京峰光科技开发中心
5	光电编码器	ZKT—D120	电压：5V～30V±5～15V，最大消耗电流：150mA，上升下降时间：≤1 000ns 响应频率：0～100kHz，最高转速：3 000r/min		长春第一光学有限公司
6	光电编码器	ZKT—18B	电压：12V，最大消耗电流：80mA，上升下降时间：≤1 000ns，响应频率：0～100kHz，最高转速：5 000r/min		长春第一光学有限公司
7	光电编码器	ZKT—D100	电压：5V，8～30V，最大消耗电流：100mA，上升下降时间：≤500ns，响应频率：0～100kHz，最高转速：5 000r/min，防护等级：IP52		长春第一光学有限公司
8	光电编码器	ZKT—12	电压：15V，最大消耗电流：250mA，上升下降时间：≤100ns，响应频率：0～200kHz，最高转速：5 000r/min，脉冲数：2 500P/r		长春第一光学有限公司
9	多功能容栅线位移测量装置	GLB13—02	示值误差：≤(0.03+0.01/100L)mm，回程误差：≤0.02mm，示值重复性：≤0.01mm，示值漂移：≥0.01mm/h，响应速度：≥1m/s，功耗：≤15W，绝缘电阻：≥2M，泄漏电流：≤5mA	2002.12	桂林广陆数字测控股份有限公司

表11 2002年数显行业完成科研成果情况

序号	项目名称	主要内容	应用现状	投入资金(万元)	项目来源	企业名称
1	千分尺数显组件	分辩率0.005mm，精度0.02mm	投入批量	8	自选	北京峰光科技开发中心
2	数显表数显组件	分辩率0.005mm，精度0.005mm	投入批量	12	自选	北京峰光科技开发中心
3	ZKD—12型光电编码器		批量生产	40	自主开发	长春第一光学有限公司
4	ZKD—100型光电编码器		批量生产	30	自主开发	长春第一光学有限公司
5	多功能容栅线位移测量装置		批量生产	95	科技厅立项	桂林广陆数字测控股份有限公司

三、质量及标准

(一)刀具、量具、量仪行业

经国家事业单位登记管理局审查，批准成都工具检测所为独立法人事业单位并完成注册。成都工具检测所主要承担全国刀具量具量仪行业产品质量监督与检测、标准制修订及技术咨询等项工作。

2002年量具刀具各单位共制定量具行业标准27项，修订刀具行业标准47项。

2002年批准实施的刀具量具国家标准7项，其中刀具标准6项，量具标准1项；批准实施的部颁标准17项，其中刀具标准16项，量具标准1项。

2002年批准修订的刀具量具国家标准33项，其中刀具标准27项，量具标准6项。

(二)数显装置行业

数显装置行业有光栅、容栅、球栅、磁栅和感应同步器等5类栅式传感器及数字显示仪表等几百种产品，而现有行业标准只有22个，远远不能覆盖本行业的全部产品。2002年数显装置分会开展了如下工作：

(1)2002年1月由数显分会组织召开了光栅行业标准宣贯会，与会代表一致认为，企业的生存和发展必须有高质量的产品，高质量的产品必须用高标准来衡量。要解决数显行业的国家标准没有，行业标准不完整、不配套、企业标准参差不齐的问题，迫切需要成立数显装置标准化技术委员会。

(2)2002 年 8 月在长春召开了数显装置分会理事扩大会，讨论了成立数显标准化技术委员会的方案，决定成立以北京机床研究所为主的筹备组。

(3)组织了两次关于成立标准化技术委员会的专题讨论。建议成立《全国位移测量传感器数显装置标准技术委员会》。标委会技术涵盖范围主要为栅式传感器及其数字显示仪表。

(4)写出关于成立《全国位移测量传感器及数显装置标准化技术委员会》的申请。

四、基本建设及技术改造

国家精密工具工程技术研究中心(成都工研科技股份有限公司)主要从事精密切削刀具和精密测量仪器两大类机械产品的共性技术研究及其高新技术产品的研究开发、中试生产和产业化。为了便于国家精密工具工程技术研究中心在股份有限公司的形式下运作，具有很高的起点和更大的发展空间，2002 年成都工具研究所申请国家经济贸易委员会国家重点技术改造(第八期国债技改)项目，获准立项，项目总投资 2 850 万元(含外汇 143.36 万美元)，该项目新增设备仪器 57 台(套)，用于数控专用精密刀具改造。项目完成后，可实现销售收入 12 180 万元，其中新增 8 350 万元；实现利润 2 226 万元，其中新增利润 1 259 万元，投资利润率 16.40%。

2002 年上海工具厂新厂区在上海市军工路 1060 号正式挂牌，这标志着上海工具厂有限公司 1.2 亿技改项目的新厂区筹建工作正式开始启动。进口设备招投标工作已全部结束。1.2 亿项目中的其他数控机床刀具系列产品的生产准备工作已陆续展开，由硬质合金刀具、金刚石刀具、全磨制丝锥、全磨制钻头等新型刀具所构筑的产品高地的建设成功，将使上海工具厂有限公司在这个领域成为国内领先、国际一流的生产企业。陕西渭河工模具总厂引进的镍—磷合金镀覆技术可广泛用于金属零部件及其他装饰件的表面处理，在外观质量和使用性能两方面提升了产品的档次和品质。经过消化、吸收，对前、后处理技术进行完善，对核心技术参数进行优化，投资兴建了一条日处理工件近万件的合金镀覆生产线。贵阳工具厂 2002 年 7 月投资 246 万元引进世界最先进的瑞士夏米尔公司高精度电火花线切割机(ROBOFIL2030－TW)，引进高精度复杂曲面、高精度量具技术改造引进设备项目，为汽车工业提供急需的刀具、量具产品以解决该类刀具进口价格高昂，交货周期长等问题。湖南钻石硬质合金工具有限公司投资 50 万美元，引进的德国 Walter 公司五轴联动数控磨削中心，具备孔加工刀具和立铣刀的三维设计、虚拟制造和在线测量功能，已投入生产，新增生产能力达到 2 万支以上；该厂还引进 NU435H 整体硬制合金数控磨槽机，2002 年投资 33 万欧元，引进德国孔加工刀具槽形加工设备。河南第一工具厂 2002 年 7 月投资 50 万元，引进高精度抛物线深孔钻及新型抛物线钻头端面截形技术，应用 CAD/CAPP 开发出高精度特殊铣削加工刀具的截形，批量生产高精度抛物线深孔钻。现已进入试制阶段，预计达到产业化后，年生产能力达到 12 000 万件，产值 150 万元，利税达 36 万元。该厂在 2002 年 5 月投资 180 万元引进高精度高效复合专用刀具 CAD/CAPP/CAM 集成系统，建立各种标准、非标准刀具截形的图库、数据库及分析、计算应用软件，开发 CAPP 软件，建立符合国家标准的绘图环境，完成典型加工工艺装备的设计计算、图样绘制、三维模拟仿真，最终达到智能化 CAD/CAPP/CAM 一体化的能力，现已完成第一期，完成后将达到年产非标精品刀具 18 万件，年销售收入 1 500 万元，年新增利润 100 万元。江苏天工工具股份有限公司实施技术创新，投资 8 000 万元，成功引进 1 台奥地利 GFM 公司 500T 精锻机，新上丝锥生产线，新上 2t、3t 电液锤各 1 台，添置 20 台美国全自动磨沟、磨背机等设备；实施产品创新，生产丝锥、阶梯钻，航空钻、锯齿钻等新品，新生产含铝高速工具钢(M2AL)，实施品牌创新。

五、对外合作

2002 年成都工具研究所与俄罗斯 CO PAH 物理材料研究所陶瓷合成材料研究室合作，进行 WC、TiC、TiN、Ti(CN)纳米粉体制作及表面涂层技术的开发研究。该所涂层技术研发部与青岛化工学院薄膜实验室合作，共同申报德国大众汽车公司基金项目，用于研发纳米涂层材料常规 PVD、CVD 涂层，经研究涂层晶粒尺寸已在纳米以内，经德国慕尼黑工业大学检测，显微硬度 HV＞3000，已取得阶段性成果，纳米涂层技术在刀具上的应用前景有待于进一步开发；该项目合作期为 3 年，将对中方人员进行培训。

2002 年无锡工量具有限公司与日本客商渡边考一先生合资组建无锡佳华精密工具有限公司，总投资为 52 万美元，注册资本金为 38 万美元。其中公司以设备、在产品等实物出物出资 22.8 万美元，占注册资本 60%，日方以外汇出资 15.2 万美元，占注册资本金 40%。合营公司主要生产销售 0～300mm 电子数显卡尺以及各类精密小卡尺等。预计第 1 年产值 1 100 万元，销售 1 100 万元，产量 25 万件，全部用于出口，年利润 200 万元，投资回报率 30%，3 年收回投资。

2002 年 7 月上海工具厂有限公司所属成员单位上砂厂与美国 3M 公司合资建立的 3M 上海研磨产品有限公司正式举行签字仪式，签订合资协议。

六、企业结构调整

关中工具厂在 2002 年积极推进企业改制，努力建立现代化企业制度，将强化各项管理作为工作的重中之重，2002 年先后组建了宝鸡关中工具有限责任公司和凤翔关中物资回收有限责任公司。威海市量具厂有限公司在 2002 年 1 月改制成功，由原威海市量具厂改制为威海市量具厂有限公司，并于 3 月举行挂牌仪式。2002 年浙江汤溪工具制造有限公司收购原已破产的浙江双钻工具制造有限公司，改制为民营企业。上海量具刃具厂的三产企业上海飞环综合技术服务部，于 2002 年 6 月成立为上海博测水平仪有限公司，转变为民营企业。靖江量具有限公司在 2002 年 2～8 月全面完成“三置换一保障”为核心内容的深化改制工作，国有股权全部退出，土地使用权 50 年买断，编制精简 35%，自主择业分流 10%,为建立现代企业制度奠定了坚实基础。湖南钻石硬质合金工具有限公司 2002 年 2 月被确认为一汽—大众汽车制造有限公司定点供应商;4 月公司内部优化资产组合,原属于公司的模具生产线划入株洲硬质合金集团公司下属的深圳硬质合金工具有限公司,该公司单一生产硬质合金孔加工刀具及立铣刀。四平兴工刃具有限公司由原四平兴工刃具厂全体职工出资,经四平市人民政府批准改制成立为股份企业。自 2003 年 1 月 1 日起,上海砂轮厂归上海机床工具(集团)有限公司管理。

七、企业介绍

桂林广陆数字测控股份有限公司 2002 年公司完成工业总产值 7 000 万元,比上年增长 35%;产品销售收入 6 600 万元,比上年增长 32%;出口创汇 700 万美元,比上年增长 30%;实现利税 1 350 万元,比上年增长 50%。

2002 年公司根据市场需要,投资研究新型电涡流传感器及防水型电子数显卡尺,以及新型电感式传感器及高精度电子测量显示仪等科研课题。在这一年中,公司先后成功开发了多功能型(普通型)容栅线位移测量装置(已通过广西自治区科技厅科技成果鉴定、高精度电子数显百分表、电子数显千分表、数显电子千分尺、电子数显测高仪等系列 20 多种新产品,这些新产品均在 2003 年北京第八届国际机床展览会上展出,引起了国内外客商的高度关注。

2002 年公司在上海投资 300 多万元成立广陆测控—上海交大研发中心,并计划在“十五”期间开发研制九大类,100 多个新品种,上 1 000 种规格的高技术产品投放市场。

公司新制订了 16 项企业标准,获得国家专利 5 项,并获得国家批准的多项生产许可证,努力提高产品质量,精心创立“广陆”品牌,不断增加品牌的科技含量,不断提高“广陆”品牌在国内外市场的知名度。

公司于 1996 年被认定为广西高新技术企业,同时获得自营出口权,1998 年被批准为国家机电产品出口生产基地。

上海机床研究所 国有独资科技型企业。2002 年实现销售收入 1 551.51 万元,比上年增长 99.93%,利税总额比上年增加 207.83 元,年平均从业人员 102 人。

主要产品:数控小孔径深孔钻床、锥齿弧齿轮齿机、铣钻类专用机床、高精度长距离磁栅数显装置、计算机自动控制技术应用。代理产品:SONY 磁栅数显装置、贝奇尔润滑系统。服务产品:各类机床产品质量检测、调试、咨询。

上海机床研究所的高精度长距离磁栅数显装置是目前国内数显行业惟一开发、生产单位,其带型长磁栅的全长精度大大优于其他数显产品,并且逼近国际同类产品水平。上海市科委“种子基金”项目《磁栅数显装置的中试生产》于 2002 年 12 月全面完成。SONY 磁栅数显装置、贝奇尔润滑系统的代销额在 2002 年都达到了历史最好水平,成为中国大陆地区最大的代理商。

长春光机数显技术有限责任公司 2002 年公司工业总产值已达 1 080 万元,销售收入 910 万元,比上年增长 7%,从业人员 88 人,其中科技人员占 20%。

公司在国家科技型中小企业创新基金的支持下,按时完成高精度大量程光栅线位移项目,产品精度达到专业标准中规定精密级水平,为我国全闭环数控机床制造提供了低于国际市场 5 倍价格的光栅传感器;为大型、特大型机床提供了满足加工位置显示的传感器部件。

长春第一光学有限公司 公司 2002 年完成工业总产值4 423万元,销售收入 3 780 万元,上缴利税 544 万元,出口额 105 万元。

公司生产的光电编码器已经广泛地应用于数控机床上。公司现在拥有瑞士制造的 101CNC 型数控车床,CM6125 型数控精密车床、125 mm× 600mm 的高精度数控磨床各 1 台;美国制造的 CS－1472－C 型数控机床和 CNCVMC3516 型铣削加工中心各 1 台;英国制造的 4254mm× 1 066mm 螺纹磨床、Φ200mm× 460mm 万能工具磨床和 600mm× 900mm 坐标镗床各 1 台;德国制造的 HES－12 精密平面磨床 1 台,还有国产数控机床、数控线切割机、高精度外圆磨床等各种机械加工设备;还有德国和英国制造的圆刻机等精密光栅制造设备;以及德国制造的三坐标精密检测设备。年生产能力 20 万台光电编码器。

2002 年公司开发了 ZKT－D100、ZKT－D120、ZKD－12、ZKD－13、ZWX 型光电编码器;召开了 ZKD－12、ZKT－D100、ZKT－D120、ZKT－18B 4 种新产品鉴定会。ZKD－8 型光电编码器被评为长春市新产品成果奖。公司在加速开发新产品的同时,注重成果转化,完成新产品产值占总产值 20%以上。上述产品在国内均属领先水平,且接近或达到国外同类产品水平,多种产品可替代进口,已形成稳定的配套局面。

北京峰光科技开发公司 是航天部 101 研究所独资子公司(全民所有制),专业从事电子量具的核心部件——数显组件的开发、生产、销售。2002 年销售各类组件 41 万件,销售额 1 450 万元。有员工 80 人,其中具有中级以上职称的技术人员 22 人,负责新产品的开发。2002 年完成或正在完成的新产品在提高测量精度、扩展功能方面做了大量工作,使数显量具的性能和应用范围有了很大的提高。

〔撰稿人:成都工具研究所黄宁秋 数显分会李振雄 审稿人:成都工具研究所晁刚〕

机 床 电 器

本年鉴的机床电器部分含机床电器和数控系统。

一、产品概述

(一)机床电器

机床电器就其使用对象及适用范围而言,实际上就是各类机械、机床和自动化装置的控制电器。

为了确保引进产品和新开发产品的制造质量,不少企业引进了国外大量先进的工艺装备和设备，培养了一批工艺专业人员，使工艺水平得到了很大的提高。模具制造精度早已达到μ级，零部件生产普遍采用专机或自动线生产，产品装配普遍采用装配线并配以在线检测设备，因此，大大地提高了产品质量和劳动效率。

传统的机床电器是在强电系统中工作的，而作为能与电子线路一起工作的机床电器，必须能接受电子线路输出的弱电信号控制强电用电设备，又不给电子线路造成干扰，在强—弱电之间起控制作用，即具有接口作用，或者说具有电子适应性。因此，机床电器行业在继续开发了一大批传统的新型有触点电器元件的同时，还开发了一大批能满足上述要求的电子化和电子适应性产品。这些产品具有如下特点：

(1)高灵敏度：如电磁操作电器的输入功率低，只有0.5 W或以下，半导体器件的输出可以直接驱动。

(2)高可靠性：机床和机械设备的控制系统越来越复杂，采用的机床电器也越来越多，在电子线路中工作的有触点电器，其高的接触可靠性是保证系统可靠工作的主要因素之一。因此，为了提高机床电器的接触可靠性，除了规定最高工作电压和最大工作电流外，还规定了最低工作电压和最小工作电流，即在低电压、小电流下具有高的接触可靠性。如在24V、10mA条件下的接触故障率小于10^{-7}等。

(3)高抗干扰能力：电磁操作电器线圈是电子线路的干扰源，因此，必须采取干扰抑制措施，加装各类浪涌吸收器等抑制对线路的干扰。

(4)高动作精度：为了保证机床、自动化机械的动作精度，与其配套的机床电器必须具有高动作准确性。如高精度行程开关，高精度时间继电器，高精度计数器、电磁离合器等。

(5)高防护性能：机床电器常应用于有害气体多、尘埃多、切削油多的场合，因此要求机床电器具有高的防护性能，比一般电器的防护要严格的多。或在结构设计中加以改进，或采用防尘罩、密封外壳、耐油密封件等。如机床电器行业企业开发的CJX4—F系列接触器线圈和引出端子用不饱和树脂整体分装，机床强度、绝缘耐电性能及防潮、耐腐蚀、耐污染性能明显提高。

(6)高操作频率和高寿命：高效自动化机床、加工自动线及一些机械设备的动作频繁，因此与其配套的机床电器必须具有高操作频率和高寿命。如计数器的寿命比老产品提高两个数量级高达10^8次。有的机床电器行业企业生产的小型控制继电器，其机械寿命高达50×10^6次。

(7)小型化、组合化和外形美观：为了适应控制装置的小型化，所开发的机床电器的体积和安装面积也越来越小。为了达到这一要求，设计为多功能化，在主体电器上加装各种组件，如加装延时头、接触组等。

机床电器行业的发展趋势是：不断开发、研制、改进适用于高精度化、高自动化、高复杂化的各类工业机械设备、机床和自动化装置的高性能、高精度、高可靠性、高安全性的传统的新型有触点电器元件，以及利用电子技术、光电技术、光纤技术开发的电子化、电子适应性新产品。如控制电路电器(采用大规模集成电路，高精度、高灵敏度和高可靠性的超级时间继电器；高精度电子式时间继电器；采用大规模集成电路，低功耗、抗干扰强、工作可靠、计数精度高和频率高且具有停电记忆功能的电子计数继电器；具有停电保持和累积计时功能的小型累积计数器；小型、高精度、高可靠的功率继电器)，家电用接触器(高性能、高精度、高可靠性的单极、双极接触器)，开关元件(新型高可靠、高安全按钮；新型高精度微动开关；新型重负荷、耐高温、耐高压行程开关)，小型离合器、制动器(用于办公自动化设备)，电子系统控制器(新型微型控制器、接口电器、电子设备保护用电路保护器)等。

由于控制系统的复杂化与多样化，以最小的电器元件满足各种功能需要，这就要求控制电器具备尽可能多的功能。因此，发展模块组合式多功能电器元件是机床电器的又一发展趋势。

控制电器的电子化和电子适应性有3种类型：全部由电子元器件组成的固态电器；由电子元器件和传统的电器构成的混合电器；采用传统电器结构原理，对其磁系统、触头系统和机械传动系统进行电子适应性设计或改进的电子适应性电器。

(二)数控系统

数控技术是为制造技术服务的，先进的制造技术要求有先进的数控技术作基础，先进的数控技术又推动制造技术向更先进的方向发展。目前数控技术正向着高精度、高速度、智能化、网络化方向发展，进一步开发软硬件技术。一个国家机械工业装备的数控化率，在很大程度上反映着这个国家的装备水平和国防工业的能力。因此，先进的数控技术也一直是西方对我国封锁和限制的主要内容之一。

数控装置主要由数控系统与伺服驱动系统两部分组成。在实际应用中，是由技术人员在数控系统上按照加工要求编制加工程序，根据这些程序，数控系统向伺服驱动装置发出指令，伺服驱动装置则按照指令驱动机械和刀具作相应的运动，从而完成预定的加工任务。数控装置具有很高的分辨率和控制精度，特别适合于精密、复杂的加工。

二、行业基本情况

参加本年鉴汇总机床电器行业的企业共有40个。

2002年机床电器行业40个企业完成工业总产值(当年价)34.89亿元；工业销售产值(当年价)中机床工具类产品23.93亿元；利润总额5.43亿元；全年从业平均人数12 995人。

(一)机床电器行业

机床电器行业共有27个企业，其中国有企业7个，占26%；股份制企业(含改制企业)12个，占44%；集体所有制企业5个，占19%；民营企业3个，占11%。企业的地区分布主要集中在京津、江浙、上海、沈阳等地。

从行业的企业性质构成看，股份制公司在行业中所占比重进一步加大。随着目前国有企业改革的深入，越来越多的国企都已改制或正在改制，股份制公司将成为绝大多数国企未来发展的企业形式。

2002年行业共计完成工业总产值28.07亿元，其中：机床工具类产品17.42亿元；工业销售产值27.04亿元，其中机床工具类产品16.95亿元；工业增加值8.58亿元；利税总额4.05亿元，全年从业平均人数为11 716人；固定资产合计6.4亿元；固定资产净值余额5.02亿元。

本次汇总统计中工业销售产值前5名的企业是：德力西集团有限公司(14.12亿元)、耀华电器集团有限公司(4.88亿元)、九川电器有限公司(3亿元)、苏州机床电器厂有限公司(1.56亿元)、桂林机床电器有限公司(0.64亿元)。

利税总额前5名的企业是：德力西集团有限公司(2.34亿元)、耀华电器集团有限公司(0.73亿元)、九川电器有限公司(0.6亿元)、苏州机床电器厂有限公司(0.19亿元)、天津市机床电器总厂(0.10亿元)。

(二)数控系统行业

数控系统行业统计13个企业。其中中外合资企业3个，民营或集体企业3个，其余为国有或股份制企业。这13个企业的产量约占全国产量的85%。

数控系统行业13个企业完成工业总产值(当年价)6.82亿元，其中机床工具类产品6.44亿元；工业销售产值(当年价)6.98亿元，其中机床工具类产品6.60亿元；工业增加值2.03亿元；利润总额1.38亿元；全年从业平均人数1 279人；固定资产1.85亿元；固定资产净值余额1.18亿元。

三、生产情况

2002年机床电器行业的机床电器元件的产量达5 180.629万件，产值为17.25亿元；断路器产品产量1789.2万件，产值5.84亿元。

随着国民经济的快速发展，国产数控系统的产量产值也有较大增长。2002年国产数控装置(含合资企业的产品)产量总计2.47万套以上，比上年增长20%以上，产值5.55亿元，其中4.5亿元为合资合作产品，占总产值的81.8%。2002年机床电器产品生产情况见表1。

表1　2002年机床电器产品生产情况

产品类别	单位	产量	产值(万元)
机床电器			
机床电器小计	万件	10 362	346 240
机床电器元件	万件	5 181	172 517
接触器	万件	844	48 140
起动器	万件	47	1 226
继电器	万件	471	15 094
电磁铁	万件	26	1 609
电磁离合器	万件	12	3 973
行程开关	万件	201	3 177
转换开关	万件	56	1 804
按钮开关	万件	396	2 747
机床变压器	万件	30	2 917
断路器	万件	1 789	58 447
其他机床电器元件	万件	1 310	33 380
控制柜	件	5 688	1 209
数控系统类产品			
数控系统小计	套	24 675	55 471
经济型数控系统	套	13 168	13 250
全功能数控系统	套	6 291	40 176
专用数控系统	套	5 216	2 045
伺服与步进驱动装置小计	套	35 186	6 143
伺服与步进电动机	套	15 300	1 378
伺服与步进驱动装置	套	19 886	4 765
伺服变压器	台	6 711	102

机床电器行业的出口量较小，产品主要供应国内市场。此次统计的出口企业共有8个，在2002年共计出口机床电器产品2 538.2万件，出口值2.22亿元。出口值最大的几个企业是：德力西集团有限公司(11 603万元)、耀华电器集团有限公司(8 761万元)、九川电器有限公司(1 385万元)、苏州机床电器厂有限公司(346万元)。2002年机床电器行业产品出口情况见表2。

表2　2002年机床电器行业产品出口情况

产品类别	出口量(万件)	出口额(万元)
机床电器	2 538	22 246
接触器	113	5 772
起动器	4 900(件)	27
继电器	150	3 776
电磁铁		
电磁离合器	1	41
行程开关	10	200
转换开关	20	440
按钮开关	112	289
机床变压器	5	400
断路器	1 955	10 320
其他机床电器元件	172	981
控制柜	2(台、套)	5 000(元)

2002年机床电器数控系统产品出口情况为：南京华兴数控设备厂出口两套经济型数控系统。

四、科研及新产品开发情况

机床电器行业在2002年开发的新产品共有15种。

行业的新产品开发以自行设计为主，2002年主要开发的产品有：北京电器有限公司的JBK5机床控制变压器，该变压器作为机床和机械设备中一般电器的控制和工作照明及指示灯的电源之用；北京攀峰低压电器厂的DZ20ST智能型低压断路器，该产品具有过载、短路和缺相的保护功能，温升低，节能；产品精度高且不受环境温度的影响；沈阳二一三电器有限公司的CSKJ1继电器，获UL认证，产品出口美国；苏州机床电器厂有限公司的HGM45小型断路器、HGM45LE漏电断路器，分断能力达到了4 500A、6 000A；德力西集团有限公司的CDC0交流接触器、CDC6交流接触器、CDDK1智能型低压真空断路器，其中CDC3交流接触器属国家级新产品，CDC6交流接触器属省级新产品，CDDK1智能型低压真空断路器的50kA可分断次数为20次，达到国际A级免维护先进水平，其全分断时间不大于40ms；九川电器有限公司的JCFD11转换开关；耀华电器集团有限公司的HQR1软起动装置，适用于鼠笼型三相异步电动机；湖北省荆州市机床电器厂的ZSG整流变压器、TL—3三相电抗器、JBK4防护型控制变压器、JBK4G隔离防护型控制变压器；西安腾达电器有限责任公司的SM系列数字式波段开关。2002年机床电器行业新产品开发情况见表3。2002年数控系统行业新产品开发情况见表4。

表3　2002年机床电器行业新产品开发情况

产品名称	型号	主要技术参数	鉴定时间	企业名称
机床控制变压器	JBK5	变压器的外壳防护等级为IP00；额定容量：40～800VA	2002.04	北京电器有限公司
智能型低压断路器	DZ20ST	动作脱扣时间≤0.15s；设定电流大范围连续可调，设定范围：20～100A、50～200A、200～400A、350～630A	2002	北京攀峰低压电器厂
继电器	CSKJ1	额定工作电压 U_e＝220V；额定工作电流 I_e＝6A；机械寿命：100万次；电寿命：10万次；线圈电压频率：交流50/60Hz 24V、48V、110V、220V	2002	沈阳二一三电器有限公司
小型断路器	HGM45	额定电压：230/415V；额定电流：1～63A；极数：1、2、3、4；分断能力：4 500A、6 000A	2002.11	苏州机床电器厂有限公司
漏电断路器	HGM45LE	额定电压：240/415V；额定电流：1～50A；极数：1、2、3、4；分断能力：4 500A、6 000A	2002.11	苏州机床电器厂有限公司
交流接触器	CDC3	额定工作电压：最高至660V，380V/AC－3；额定工作电流：9～110A；接通/分断（通断）能力：12I_e/10I_e各50次；机械寿命：1 000万次；电寿命（380V/AC－3）：120万次	2002.11	德力西集团有限公司
交流接触器	CDC6	额定工作电压：最高至660V或1 140V；380V/AC－3额定工作电流9～1 000A；接通/分断（通断）能力：12I_e/10I_e各50次；机械寿命：（9～250A）1 000万次，（315～500A）600万次，（630～1 000A）300万次；电寿命（380V/AC－3）：（9～50A）100万次，（63～250A）120万次，（315～500A）60万次，（630～1 000A）30万次	2002.11	德力西集团有限公司
智能型低压真空断路器	CDDK1	额定电压 U_e：400V；额定电流 I_n：630A、1 000A、1 250A、1 600A；额定极限短路分断能力 I_{cu}：max 65kA；额定运行短路分断能力 I_{cs}：max 65kA；额定短时耐受电流 I_{cw}：max 40kA；全分断时间：不大于40ms；机械寿命：10 000次	2002.10	浙江德力西电器股份有限公司
转换开关	JCFD11	额定电流：25～100A	2002.05	九川电器有限公司
软起动装置	HQR1－7.5～500B	输入电源电压：三相交流380V±10%，50Hz；额定绝缘电压：AC660V；最大起动转矩：6倍额定值；接口：RS485；起动次数：6h^{-1}；适用电动机：鼠笼型三相异步电动机	2002	耀华电器集团有限公司
整流变压器	ZSG	防护型100kV·A，150kV·A	2002.12	湖北省荆州市机床电器厂
三相电抗器	TL－3	0.123mH，200A；0.245mH，150A	2002.11	湖北省荆州市机床电器厂
防护型控制变压器	JBK4	63～1 200V·A	2002.11	湖北省荆州市机床电器厂
隔离防护型控制变压器	JBK4G	63～1000V·A	2002.04	湖北省荆州市机床电器厂
数字式波段开关	SM系列	额定电压：（AC）5V，0.5A/50V，0.05A；（DC）5V，0.25A/25V，0.05A/100V，0.01A；回转力矩：0.1～0.2N·m（1～2kgf·cm）	2002	西安腾达电器有限责任公司

表 4　2002 年数控系统行业新产品开发情况

产品名称	型号	主要技术参数	鉴定时间	企业名称
DA98 全数字式交流伺服驱动装置	DA98	速度频率响应 200Hz 或更高；速度波动率：＜±0.03(负载 0～100%)/＜±0.02(电源－15～＋10%)；调速比：1∶5000；脉冲频率：≤500kHz。	2002.08	广州数控设备厂
KT590 全功能数控系统	KT590	面向用户的 24 输入/16 输出；控制轴数：2 轴(X、Z)＋主轴＋手脉；最小分辨率：0.001mm；最小设定单位：0.001mm；最大编程尺寸：±8 388.607mm；快速移动：65 000mm/min；进给速度范围：1～6 500mm/min	2002.12	上海开通数控有限公司
KT270 高性能交流伺服驱动系统	KT270	采用 DSP(数字信号处理器)芯片和最新的功率器件 IPM，监视功能允许显示 17 个参数状态，具有脉冲位置及模拟速度二种输入控制方式，可设置位置指令脉冲的分倍频，可设置位置输出脉冲的分倍频，位置/速度/力矩三种控制模式，系列伺服驱动器，内置制动电阻	2002.12	上海开通数控有限公司
圣维车床数控系统	SKC2－F	6in 液晶显示器；最小输出 0.001mm，最大 2mm；进给速度 15m/min；自带反馈接口，交流伺服驱动	2002.12	西南自动化研究所
圣维铣床数控系统	SKF4－CA	10.4in 液晶显示器；最小输出 0.001mm；C 型刀具补偿；交流伺服驱动	2002.12	西南自动化研究所
数控系统(控制器)	60T	μm 级高精度；最高进给速度 15m/min	2002.12	南京新方达数控有限公司
数控系统(驱动器)	HBQ1103	每转细分高达 12 000 脉冲；与 μm 级 CNC 配套	2002.12	南京新方达数控有限公司
华兴彩豹		640×480STN 液晶显示		南京华兴数控设备有限公司
32 位平台		32 位嵌入式 CNC 实时操作系统		南京华兴数控设备有限公司
交流伺服	SPM－1000	频响 250Hz		南京华兴数控设备有限公司
交流伺服	SPM－3000	频响 500Hz		南京华兴数控设备有限公司
喷丝头加工数控系统	TR800－A			北京同锐兴业科技公司

五、行业合资合作情况

机床电器行业在 2002 年签订合同的合资合作项目只有 1 项，即：沈阳二一三电器有限公司与香港金龙科技公司合资成立沈阳金钟宏特电器有限公司，从事断路器产品的设计、生产和销售。该项目合资金额 80 万美元，其中中方占股 49%，港方占股 51%；合资年限为 10 年；2002 年销售断路器产品达 40.9 万极，销售额为 2 500 万元。2002 年数控系统行业合资合作产品销售情况见表 5。

表 5　2002 年数控系统行业合资合作产品销售情况

产品名称	销量(台)	销售额(万元)	企业名称
数控系统	4 499	33 076	北京发那科机电有限公司

(续)

产品名称	销量(台)	销售额(万元)	企业名称
数控系统	3 003	10 293	北京西门子有限公司
数控系统	2 000	1 600	南京新方达数控有限公司
合计		44 969	

此外，德力西集团有限公司正同外方公司积极接洽，目前已初步达成合资合作的意向，计划成立德澜电气有限公司，以生产和经营电气产品为主，并从事有关商务活动。

六、行业科研项目完成情况

2002 年机床电器行业完成科研项目情况见表 6，2002 年数控系统行业完成科研项目情况见表 7。

表 6　2002 年机床电器行业完成科研项目情况

项目名称	主要内容	应用现状	投入资金(万元)	项目来源	企业名称
CJX9B－20、25、32、40S 交流接触器	改进产品的设计、制造工艺	自行应用	18	自行开发	上海机床电器厂有限公司
JRS2－38、85 热过载继电器	改进产品的设计、制造工艺	自行应用	34	自行开发	上海机床电器厂有限公司

（续）

项目名称	主要内容	应用现状	投入资金（万元）	项目来源	企业名称
JCT1时间继电器	改进产品的设计、制造工艺	自行应用	16	自行开发	上海机床电器厂有限公司
漏电开关可靠性技术及应用研究	提出漏电可靠性考核指标，即采用失效率考核漏电保护器操作可靠性，采用成功率考核漏电保护器的漏电保护可靠性；提出漏电产品的可靠性提高措施；研究漏电保护的原理	自行应用	80	科研项目	德力西集团有限公司
负载断路开关	实现产品系列化	自行应用	300	国外引进	九川电器有限公司
机床变压器	实现产品系列化	自行应用	500	国外引进	九川电器有限公司
HQR1系列软起动装置的设计开发	设计开发HQR1系列软起动装置，利用交流鼠笼型电动机软起动技术，成功解决了交流电动机起动时产生的较大起动电流，对输配电网络的电流冲击、电能消耗以及起动时对机械设备的冲击等问题	自行应用	35		耀华电器集团有限公司

表7　2002年数控系统行业完成科研项目情况

项目名称	主要内容	应用现状	投入资金（万元）	项目来源	企业名称
中档数控系统产业化支撑技术及应用	包含中档及以上数控系统、全数字式交流伺服进给系统的整套研究、开发、设计及大批量制造的基地，真正实现数控系统国产化		640	国家科技部	广州数控设备厂
车床数控化改造用进给机构	针对回转直径为320～630mm等多种规格的卧式车床设计的、用于车床数控化改造的进给机构	小批量生产，已经获得国家专利	500	广东省经贸委	广州数控设备厂
车床数控化改造用进给机构的推广应用	配以该厂生产的数控系统、交流伺服（或步进）电动机驱动装置、电控柜成套提供，使普通车床数控化改造形成产业化规模	小批量生产，预计年产300台	400	广州市科技局	广州数控设备厂
KND10M2数控系统开发	硬件、软件平台设计与制造	中试生产	50	自有	北京凯恩帝公司
专用数控系统	用于专用机床的数控系统	在生产中应用	200	自选	北京同锐兴业科技公司
数控系统开发与示范应用	开放式柔性/份比新型数控系统产品开发	批产与销售	120	科技部	西南自动化研究所
60T数控系统	0.001mm控制精度，速度15m/min	批量生产	50	市场需求	南京新方达数控有限公司
HBQ1103驱动器	矢量细分每转12 000脉冲，μm精度	批量生产	20	市场需求	南京新方达数控有限公司
华兴彩豹	彩色液晶、经济型		30	自筹	南京华兴数控设备有限公司
32位平台	基于32位嵌入式数控平台		35	自筹	南京华兴数控设备有限公司
直线电动机	高速、大推力直线电动机试制	试制	18	自筹	华中科技大学新型电动机厂
开放式数控系统开发及示范应用	研究开放式数控系统的体系结构，建立开放式数控系统工程化平台，设计开发开放式应用软件，形成可进行柔性重组和对数控机床进行集群控制的开放式数控系统	自行应用	270	国家科技攻关项目	北京航天数控系统有限公司
全数字交流主轴伺服控制系统开发及应用	研究开发多工作模式全数字交流伺服平台，开发多输入方式全数字交流伺服平台接口，开发全数字式大功率交流伺服驱动系统和中、小功率主轴交流伺服控制系统，形成系列化产品	自行应用	530	国家科技攻关项目	北京航天数控系统有限公司

（续）

项目名称	主要内容	应用现状	投入资金（万元）	项目来源	企业名称
GTC2E 数控系统	普及型、高速、高精度车床数控系统	已定型，应用较好	2	公司开发计划	成都广泰实业有限公司
GTHB5－3 驱动器	五相混合式高性能超低振动驱动系统	已定型，应用较好	1	公司开发计划	成都广泰实业有限公司

七、行业科研项目获奖情况

2002 年机床电器行业有 3 项科研项目获奖。

北京攀峰低压电器厂的节能型交流接触器获中国国家专利局的“2002 年中国专利博览会创新奖”。

德力西集团有限公司的 PPC－7810 系列电脑保护神获科学技术部火炬高技术产业开发中心的国家级火炬计划项目证书，该产品具有过载短路保护、高频噪声滤波、电源全线大能量突破保护、稳压和过压、欠压以及断电保护等功能；可置于显示器下运行，并带有一个 RJ45 网络接口对上网设备进行保护，同时将电源输出插座改用国际通用型插座更适合设备不同电源插头的需要；应用于个人电脑、办公室、家用多媒体系统及办公自动化设备和家用视听设备。

九川电器有限公司的 JBK 系列机床变压器获中国技术监督情报协会的“中国质量过硬服务放心信誉品牌”。

2002 年数控系统行业共有 1 项科研项目获奖，南京新方达数控有限公司的 39T 数控系统获南京高新技术产品奖。

八、机床电器行业企业简介

北京机床电器有限责任公司　主要生产低压断路器、接触器、继电器、组合式转换开关、行程开关、熔断器、机床控制变压器、按钮、信号灯、继电器组合模块等 30 多个系列，2 000 余种规格的电器产品。

大规模的技术改造使公司进口设备占设备总数的 60%，独家引进的日本黑田精工株式会社的模具制造技术，使模具制造精度达到 μ 级。

2002 年公司完成工业总产值 4 536 万元，销售收入 3 667万元，全年从业平均人数 380 人。公司电工材料分部主要生产各种规格的银及银合金电触头、银基钎料、金银及其合金材料制品、银粉和钎剂等。

北京第一机床电器厂有限公司　民营有限责任公司。2002 年公司完成工业总产值 952.1 万元，销售收入 892.2 万元，从业人员平均人数 185 人。公司承担了《行程开关》行业标准的修订工作，行程开关质量在行业中居于主导地位。

北京电器有限公司公司　2002 年完成工业总产值 885 万元，销售收入 1 060 万元，从业人员 179 人；主要生产设备有金切设备 17 台，锻压设备 16 台；具有生产低压成套装置、母线槽系统、电缆桥架、电器元件等产品年产值达 1 500 万元的能力，产品的各项技术性能符合或优于各相关的国家标准。公司于 2002 年自行开发了 JBK5 系列机床控制变压器。

北京第三机床电器厂　是国内生产工业矩形插头座的专业厂家。该厂研发的工业矩形插头座和插接转换器曾荣获机械电子工业部“七五”科技攻关重大成果奖、国家级新产品称号和北京市技术开发优秀项目三等奖，并拥有产品专利。产品防护级别达到 IP65，已成为国际上通用的电器连接装置。该厂是行业标准《机床接插器件》的制定单位。

2002 年企业完成工业总产值 580 万元，销售收入 750 万元，产值和销售收入每年递增 30%～40%。主要产品有 ACJ1 系列、ACJ3 系列工业矩形插头座和 ACY2 系列插接转换器、ACZ—232 组合开关、JSS29 系列时间继电器及 LS2 系列主令开关。

北京攀峰低压电器厂　该厂主要产品有：CJX8（B 系列）节能型交流接触器、JRS8（T 系列）热过载继电器、JRL1 系列热过载继电器、液位控制器、电动机综合保护器、照明控制器、接近开关、光电开关、JSS29 系列数显式时间继电器、JSS38 系列新型时间继电器、新型行程开关、DZ20ST 系列智能型低压断路器等。该厂先后荣获 5 项填补国内空白的国家专利，并获得了 1998 年中国专利博览会金奖。

天津市机床电器总厂　是生产电磁离合器、制动器的专业厂家，产品注册商标为“天”字牌。1982 年从德国斯托马克公司引进 ERD、EKE、EZE 三个系列产品，1994 年和日本神钢电机株式会社部分合资组成天津神钢电机有限公司。该厂生产手段先进，专业工艺成熟，技术人员齐备。产品达 48 个系列 1 000 多种规格，力矩从 0.1N·m～85 400N·m，广泛用于各个领域，除为国内各主机厂配套外，还随机出口欧美及亚太地区，单机出口至欧洲、亚洲各国。近几年为汽车空调压缩机配套各种形式专用的离合器，规格从 50N·m～510N·m。

沈阳二一三电器有限公司　中国著名的电器供应商。公司主要产品有：交（直）流接触器、小型断路器、空气式断路器、中间继电器、热过载继电器、时间继电器、行程开关、可编程序控制器、传感器、指示灯、防爆电器、防爆灯具、输配电柜、机床自动化成套控制装置、防火控制系统、扭矩工具等多类产品，并被广泛应用于机床、建筑、船舶、铁路、电子、成套控制装置等行业。公司的各项产品曾多次荣获国家、部委、省市的多项大奖。

公司投入 675 万德国马克，从金钟默勒电器公司购进了具有 20 世纪 90 年代中期水平的小型断路器生产技术和生产线，使公司的小型断路器生产线完全实现了自动化，产量达到年产 300 万极，在中国同行业中名列前茅。

沈阳市按钮开关厂　生产按钮开关的专业厂，属集体所有制企业，现有职工 52 人，2002 年企业完成工业总产值 44 万元，销售收入 41 万元。主要产品有：按钮开关（包括一般式、紧急自锁式、钥匙式、旋柄式、防水式、防护式、按钮站等十几个系列)及信号灯 AD11、AD16 系列。该厂具备生产电器元件的机械加工、热压、注塑、热处理设备及齐全的产品出厂检测设备的能力，具备健全的管理体制和质量保证能力。成熟的工艺足以保证产品质量的稳定，电器产品的年产能力可达 40 万只以上。为适应市场需求，该厂已新增 LAY5、LAY6、LA39 等系列的按钮新品种。

沈阳市建新机床电器厂 是原机电工业部机床电器产品定点生产的国有民政福利企业。该厂现有职工 725 人，固定资产 1 316.4 万元，2002 年完成工业总产值 508 万元，销售收入 551 万元。

主要产品有：JJSK2 系列空气式时间继电器、LAY3 按钮开关、LX5 系列行程开关、JZ7 中间继电器、HZ2、HZ4、HZ5、HZ10、HZW1 系列组合开关及 BK 系列控制变压器等。

该厂先后开发研制了 LST2～LST9 系列脚踏开关、JBK2、JBK5 系列单相控制变压器、BKZ 系列硅整流电源装置、JBS1 系列三相控制变压器、自耦变压器、电抗器等产品。其中，LST2 系列脚踏开关获得了专利权；JBK2、JBK5 系列单相控制变压器和 JBS1 系列三相控制变压器成为机床配套首选产品。

上海机床电器厂有限公司 属上海电气(集团)公司旗下的国有企业，2002 年公司完成工业总产值近 5 000 万元，有近 500 名员工，主要生产接触器、继电器等电器产品。

上海机床电器厂有限公司根据空调、机械等不同行业的特点和要求，开发出适应不同用户的产品，如：CJX9B 二极交流接触器等。

上海电器工业有限公司第二机床电器厂 国有企业，专业生产按钮开关、行程开关、微动开关、接近开关、时间继电器及光电开关、信号灯等电器产品。2002 年完成工业总产值 2 096 万元，销售收入 2 448 万元，现有职工 230 人，该厂从西门子公司(德)引进的 3SE3 系列行程开关、3S 系列接近开关和从柯赞公司(法)引进的 83 系列微动开关已形成批量生产，各种产品年产量已近 200 万件。“九五”期间，开发了 LX21、JSS29、JS30、LAY12、LAY22、LXJ8、WY12、LXJ83 接插式、LAY50、LXP1—200 等按钮、行程开关和时间继电器等新产品，并正在开发 TE 按钮、TE 行程开关、接近开关 BCS、BES、BNS 等系列行程开关、BOS 系列光电 ST/4P 时间继电器、固态继电器等新品。

上海第三机床电器厂 是具有 40 多年机床电器产品生产历史的国有企业，隶属于上海电气(集团)总公司。2002 年工业总产值 1 188.9 万元，销售收入 1 563.94 万元，出口产品 9 000 件，创汇 4.5 万美元，现有职工 179 人。主要产品有：机床控制变压器、电磁离合器、电磁制动器、阀用电磁铁、牵引电磁铁等。

南通市开关厂 2002 年完成工业总产值(不变价) 1 102.6万元、工业总产值(当年价)848.2 万元，年销售收入 827.14 万元，从业人员为 203 人。该厂的主导产品为：交、直流，干、湿式阀用电磁铁，按钮开关和 CJX1 系列交流接触器。现有主要生产、检测设备 136 台(套)，其年生产机床电器总量可达 150 万台。

苏州机床电器厂有限公司 生产各类电器元件的重点骨干企业，国家二级企业，中国 500 家最佳经济效益工业企业之一。公司现有职工 1 000 多名，其中工程技术人员近 300 名，其他专业人员 200 多名，2002 年完成销售收入 1.6 亿元。主要产品有：小型断路器、塑壳式断路器、智能型万能式断路器、电涌保护器、交流接触器、热继电器、中间继电器、时间继电器、行程开关、转换开关、手动起动器、电磁起动器、可编程序控制器以及调压器、稳压器等 80 多个品种。公司年产各类电器产品 150 多万台，产品行销全国，出口东南亚、南美、中东和欧洲地区。

杭州机床电器厂 该厂生产各类时间继电器、中间继电器、交流接触器和牵引电磁铁等电器产品，此外还生产 HK2 闸刀开关及 RC1A 插入式熔断器等系列产品及低压成套电器。

无锡市第二机床电器厂 专业生产变压器、电磁铁等电器产品，2002 年完成工业总产值 1 262 万元，销售收入 1 307万元，现有从业人员 267 人。主要产品有：SG 三相伺服、电源变压器，BK、JBK3、JBK4、JBK5 系列控制变压器，BZS、QZB 自耦变压器，MQ1、MQ2 牵引电磁铁，MQZ5 直流电磁铁，MQE 电子型电磁铁，ZDT—4 直流电磁铁，DQ—23 电动牵引器，C1—6/4 插销，TC—1 退磁器，DJ—31 抬刀线圈，YDT1—11K 脚踏开关等。其中，SG、JBK、QZB 系列变压器取得 CE 安全标准认证，ZDT—4、DQ—23、BK—05 产品取得 CCEE 电工产品合格证。2002 年 10 月，该厂生产的洗衣机用电动牵引器和直流电磁铁取得了 CQC 质量认证。

宁波银鸡机床电器有限公司 民营股份制企业，2002 年实现工业总产值 360 万元，产品销售收入 353 万元，现有从业人员 46 人；2002 年生产机床电器产品 46.8 万件，其中起动器 17 万件，按钮开关 29 万件；其主要生产设备有：冲制设备、热塑性注塑机、超声波塑料焊接机等，具备了较强的电器产品生产能力。

德力西集团有限公司 是以输配电气为主业的国家大型工业企业，主要生产高压电器、低压电器、成套电气、仪器仪表、交通电器等产品。现有员工 13 000 余人，集团下属企业 70 多个，协作企业有 800 多个，在全国 300 多个城市和 40 多个国家与地区设立了 600 多个销售公司，生产产品已达 300 多个系列 3 万多个规格，企业综合实力跃居全国民营企业 500 强第 5 位。

企业先后被评为中国明星企业、国家火炬计划重点高新技术企业、全国机械工业管理示范企业、全国首批重合同守信用企业、全国重质量守信誉单位、全国用户满意企业、全国质量管理先进企业、农业部最高利税总额企业、中国最大低压电器出口基地、全国出口创汇先进企业等。公司新产品产值率达 31%，技术进步贡献率达 56%。

耀华电器集团有限公司 无区域大型民营跨国企业集团。其主要产品有：接触器、起动器、继电器、电磁铁、主令开关、隔离开关、熔断器、变压器等，已形成近 200 个系列，

6 000多种规格。公司各类电器产品的经营额比上年递增16%，其中机床工具类产品总产值为 51 375.69 万元，销售产值为 48 806.91 万元。

乐清市华达电子器材厂 是股份合作制企业，2002 年实现工业总产值 350 万元，销售收入 300 多万元，现有从业人员 62 人（其中高级工程师 1 人，工程师 3 人，技术员 8 人）。该厂主要生产接近开关、磁开关、光电开关、行程开关等机床电器产品，其主要设备有：大小冲压机床、注塑机、台钻、搓丝机及老化测试台、图示仪等。该厂于 2002 年荣获“温州市科技进步奖”，并连续多年被评为“重合同守信用单位”。

邯郸市机床电器厂 2002 年完成可比价工业总产值 351 万元，销售收入 263 万元，利润 1.5 万元，上缴税金 9.5 万元。其主要产品分为机床电器类和高低压开关类两大系列产品。其中，机床电器类包括交流接触器、信号灯、控制按钮、组合开关、中间继电器、接线板等；高低压开关类包括高压开关柜和各种低压开关柜类产品。主要设备有高精度数控线切割机床、深喉冲床、剪板机、折弯机及各种金切机床和锻压设备。年生产能力机床电器类为 30 万件，高低压开关类为 1 000 台（套）。

湖北省荆州市机床电器厂 该厂专业主导产品分为两大类 15 个系列，80 多个品种的机床电器产品和低压成套配电设备。该厂有 6 个系列产品获国家生产许可证，7 个系列产品获机械工业部机床电器产品型号使用证，其变压器类产品曾先后多次获机械工业部“春燕奖”，湖北省机械工业优秀新产品开发成果奖，湖北省节能产品奖，荆州科技进步二等奖。

福建光泽机床电器有限公司 2002 年公司完成工业总产值 662 万元，销售收入 593 万元，现有从业人员 109 人。公司主要生产时间继电器、热继电器、交流接触器、中间继电器等机床电器及电气控制箱（柜），年生产各类机床电器可达 100 万台（套）。

2002 年公司新开发了 SCF—P/C（通电延时带瞬动）、SCF—P/Y（星三角起动）、SCF—P/D（断电延时）等电子式时间继电器，其中 SCF—P/D 系列已报福建省科技型中小企业创新产品。

桂林机床电器有限公司 中国低压电器专业委员单位，“高新技术企业”、“优秀科技型企业”、“管理优秀企业”。公司从 1984 年起引进德国西门子公司的先进生产制造技术，其主导产品交流接触器、热继电器先后通过 CE、CCEE、CCC 安全认证及德国 TÜV 等安全认证。

桂林机床电器有限公司 是全国各大机床主机厂及各大空调企业的重点配套电器厂家，是目前国内市场占有率最大的空调器用交流接触器制造企业。由于公司产品拥有多项专利、性价比高而售后返修率明显低于同类进口产品，多年来相继为格力、美的、春兰、科龙、长虹、奥克斯、新科、新爱特、波尔卡、清华同方、乐华、志高、澳柯玛、双鹿等空调企业配套供货，产品被大用户（如格力、科龙、长虹等）列为免检产品、信得过分供方。公司拥有员工 500 人，董事长及经理 5 人均为高级工程师；公司下属的“桂林机床电器有限公司技术中心”被认定为省级技术中心，拥有工程技术人员 110 人，其中高级工程师 20 人，工程师 35 人。

西安腾达电器有限责任公司 从事指令电器和显示电器设计开发研制和生产经营的专业厂家。公司取得国家工业局颁发的生产许可证，通过欧盟 CE 认证，而且是《按钮开关》行业标准的起草单位之一。2002 年公司实现工业总产值 600 万元，公司现有职工 36 人，其中技术人员 8 人。

2002 年公司与西安交通大学合作，进行 SM 系列数字式波段开关的研究和开发工作，并在配套厂家进行了试运行，已通过鉴定。

西安机床电器厂 原机械工业部机床电器行业的重点国有企业之一，毗邻西安高新技术产业开发区，占地面积 33 000m²，建筑面积 28 000m²，现有职工 500 余人。该厂主导产品有 LAY3、LAY7、LAY8、F31 等系列按钮开关，XDY1、XDY2、AD11、AD16 等系列指示灯及交流接触器，中间继电器，DZ47 高分断小型短路器，低压配电控制柜等十多种产品。该厂先后有多个系列产品获部、省、市优质产品奖和名牌产品荣誉。

绵阳圣维数控有限公司 公司主要从事具有自主知识产权的各类档次数控系统开发和应用，以及利用数控技术和先进制造技术改造传统制造业的业务。公司资产规模 2 300余万元，从业人员现有 140 多人，拥有开发实验与总装总调工房面积 4 000m²，装备有先进的开发工具、电子仪器、测试设备、生产设备和多种型号的计算机、工作站共 120 余台（套）。产品的技术档次定位于低价位、高性能的普及型数控系统并兼顾高性能的数控系统。

2002 年公司实现产值 1 980 万元，销售收入 1 860 万元，实现利税 150 余万元。2002 年公司新开发的伺服驱动普及型数控系统 SWAI SKC2—F 和 SKX4—CA 相继投放市场。

北京凯恩帝数控技术有限公司 是从事数控系统及工业自动化研发、生产的科技型股份制公司。

公司自 1993 年以来陆续开发的产品有 KND800、KND500、KND200、KND100、KND1 等五大系列 16 个品种。功能可基本满足机床工具行业中各种加工中心，数控车铣床及单轴控制机械的需要。2002 年经 KND 公司在国内装备的各类数控机床达 5 000 余台。

广州数控设备厂 民营股份制企业。2002 年产销数控系统 6 500 多套，改造、组装销售数控机床 500 多台，销售额达 9 007 万，工业总产值 6 757 万元。2002 年平均从业人员达 350 多人。主要经营：GSK980T、GSK928TA、GSK928TC 等系列数控车床控制系统，GSK980M、GSK928M 等系列钻床、铣床控制系统及 DA98 全数字式交流伺服驱动系统、DF3 微步进电动机驱动器、DY3 混合式步进电动机驱动器、991 系列多功能控制器、专机系统，承揽普通机床数控化改造、专机改造，经销数控车床、数控铣床等自动化机床。现已达到年产 1 000 套数控系统的生产能力。该厂新产品 DA98 全数字式交流伺服驱动装置通过了市级科研成果鉴定。申请并立项国家863计划课题1项，省、市、区科研项目各1项。

上海开通数控有限公司 成立于1993年2月27日，位于上海市漕河泾新兴技术开发区，占地面积3 600m²，建筑面积7 800m²。隶属上海电气(集团)总公司电气研究中心，是上海市科委认定的“上海市高新技术企业”。

公司主要业务范围：各种数控系统、交流伺服、主轴驱动系统、混合式步进电动机驱动开发、制造、销售；各种电气控制设备设计开发及改造。产品广泛应用于机床制造业、汽车及配件制造业、机械零件加工业、模具行业、轻工机械行业。

中外合资南京新方达数控有限公司 由南京方达机电设备有限公司合资成立，是从事机床数控系统生产的专业公司。公司员工48人，具有一支由博士生、研究生等高素质人才组成的研发队伍，大专以上的技术、管理人才占员工总数70%以上。公司年生产销售各种数控系统近2 000套，并先后为40多个机床厂配套。2002年新产品60T数控系统通过国家检测中心鉴定检测。公司27T、39T、60T数控系统被全国数控设备用户委员会授予“全国用户满意产品称号”。

西门子数控(南京)有限公司(SNC) 是德国西门子股份公司/西门子(中国)有限公司与中国北方工业集团公司/中国东方数控公司的合资公司。目标是让西门子的长期技术转让合作伙伴成为中国机床工业优秀的供货商，同时将SNC的产品从中国出口到国际市场。

北京同锐兴业科技公司 股份制企业，2002年企业生产情况：工业总产值300万元，销售收入250万元，从业人员15人。产品范围为专用设备数控系统。2002年年生产能力100套(据定单生产)。2002年在山东藤州新技术开发区合作筹建《鲁南同锐科技公司》。

北京发那科机电有限公司 由北京机床所、日本FANUC、美国GE—Fanuc、北京实创高科技总公司合资成立。2002年完成工业总产值35 588万元，销售收入38 093万元，从业人员106人。

南京华兴数控设备有限公司 私营有限责任公司。从业人员约50人，主要生产数控系统驱动电源等配套，面向简易数控、经济型数控的机床配套、纺织、印染及包装等轻工产品的运动控制等。新产品投入重点在彩色液晶大屏显示数控系统，全数字式中高性能交流伺服单元。

江苏仁和新技术产业有限公司 民营企业。2002年完成工业总产值1 228万元，销售收入1 121，从业人员45人。主要生产全功能数控系统和经济型系统，各种专用控制系统及零配件。主要产品生产设备有两条流水线，各种设备40台(套)，具有年产3 000台(套)生产能力。2002年企业开发立项新产品15个，当年完成11项，并投入生产。

2002年公司在南京马群科技园投资叁佰万元，购买土地面积10 000m²，建设厂房面积1 800m²。

北京航天数控系统有限公司 隶属于中国航天科工集团公司，是国家定点机床数控系统研发中心和产业化基地、北京市新技术产业开发试验区高新技术企业，主要从事机床数控系统及其配套产品的设计、开发、生产、销售和服务。

2002年，公司加大了科研投入力度，并承担了国家科技部“十五”科技攻关项目、航天支撑项目及国家“863”专题项目，根据市场的需要，全面开展新产品研制和开发工作，设计开发了数控系统及交流主轴伺服驱动单元等系列化产品，全面实现数控系统自我配套和产业化，提高数控系统的性能价格比，扩大了市场占有率。

成都广泰实业有限公司 是专业从事高科技数控系统开发、生产的民营体制经济实体，公司拥有一批国内最早开发数控系统的专家和年轻的专业技术人才，具有从产品研制开发、生产加工到销售服务以及机床数控化改造、数控机床销售的完备体系。

广泰数控根据中国的实际需求出发，从经济型数控开发生产开始，逐步发展到普及型数控，并已进入中高档数控系统开发生产领域。现有产品主要有：经济实用的GTC2B、GTC2D、GTC2C、GTC2F、GTX3B、GTX4B、GTZ1B数控系统；具有较高精度和速度的标准普及型GTC2E、GTX3E、GTX4E数控系统；具有高精度、高速度、功能强大的GT—180M/T系列数控系统；网络式模拟数控操作的教学软件，并具有交流伺服系统；二(四)相、五相全系列混合式步进电动机驱动器；三相、五相各型反应式步进电动机驱动器。产品适配于各型车床、铣床、钻床、磨床、滚齿机等加工机床。

广泰公司经过全面发展和调整，已形成年产各型数控系统4 000余台、驱动电源万余台的生产能力。

〔撰稿人：中国机床工具工业协会机床电器分会董华根、熊 伟 数控系统分会刘 珑〕

机 床 附 件

本年鉴所指机床附件包括机床附件、组合夹具、滚动功能部件和主轴单元。

一、产品综述

(一)国产数控机床附件产品的现状及发展趋势

随着我国数控机床产业的高速发展，对数控机床附件的要求也越来越高。因为数控机床附件产品水平的高低，直接影响着数控主机的水平，二者相辅相成，缺一不可。

1.品种规格

数控机床附件产品的品种主要有为经济型数控车床配套的各种简易数控刀架，为全功能数控车床配套的各种全功能数控刀架、动力卡盘、自定心中心架；为数控铣床及加工中心配套的各种数控分度头、数控回转工作台、数控刀杆；为数控磨床等配套的各类吸盘，以及角度转换镗铣头，各类机用虎钳及自动排屑、过滤、恒温装置等。

就品种而言，大部分国内都有了，但规格及专业化生产、系列化方面与国外仍有相当大的差距。经济型数控刀架、全功能数控刀架、数控分度头、数控回转工作台、自定心中心架、动力卡盘、吸盘、数控刀杆、机用平口钳、排屑、过滤、恒温装置等都形成了专业化生产，基本能够满足数控主机的需要，而加工中心用各类刀库，角度转换镗铣头、自动交换工作台等数控机床的关键配套件，国内只有个别研究机构和厂家单件研制，或主机厂自制，满足自身需要，规格及产量很少，还没有形成专业化生产，作为商品应该说还是空白。

另外，随着电控技术的发展，国外相同品种、不同结构的数控机床附件产品也在不断出现，例如回转轴直接驱动的数控回转工作台已经出现，完全改变了传统的回转工作台的结构，回转速度及精度要比传统的机械结构高得多；伺服电动机驱动数控刀架也已出现有两年多时间。当然，真正实际普及应用还要有一个过程，这里只想说明的一点是，随着新技术、新工艺的不断出现，新的品种、新的结构的机床附件产品也在不断出现。国内的相关企业也在加大研发力度，如烟台环球机床附件集团有限公司就已开发出了伺服刀架和动力刀架，但受国内数控水平，工艺、制造装备能力及国内协作配套能力等多方面的限制，目前只能是填补国内此类产品的空白，形成批量生产和普及应用还需要一段过程。

2. 产品水平及国内外对比

数控机床附件产品的水平比起 10 年前应该说有了非常大的提高，当时研发此类产品主要是参照国外产品进行，也有引进技术生产的。首先是从动力卡盘、分度类数控附件、数控刀架几个产品开始研发生产的，近 20 年，品种不断完善，主要性能和可靠性有较大提高。我国生产的数控机床附件产品应该说满足中低档数控机床的配套需求已没有问题，但为高档数控机床配套的机床附件产品与国外比较差距较大。其中产品设计能力有差距，但不是很大，主要差距在于整个行业的装备制造能力、协作配套能力，这是制约整个数控机床附件产品水平提高的主要原因。

我国数控机床附件产品水平较国外的差距主要体现在以下几个方面：

(1)速度　随着数控机床高速化的发展，对附件产品也提出了相应要求，基于材料、检测能力、装备制造能力等方面的条件限制，我国附件产品在速度方面较国外同类产品有较大差距。例如为数控车床配套的各类动力卡盘的极限转速平均比国外低 1 000～2 000r/min。盘体材料质量不高、零件制造精度较低、动平衡差，是决定国产动力卡盘转速上不去的主要原因。再如为数控铣床、加工中心配套的各类数控回转工作台，日本日研公司的 Φ200mm 的数控回转工作台最高转速可达 88r/min，而国内的只有 12～16r/min，主要差别在于材料质量不高，而国内材料问题一时还难以解决。还有德国 Dupulomatic 公司的伺服刀架，伺服电动机驱动主要目的就是快速可靠。

(2)可靠性　国外数控机床附件产品开发应用比较早，经验丰富，再由于技术进步，新材料、新结构的不断出现与应用，使得其产品可靠性非常好。如日本日研公司部分规格的数控回转工作台的核心部件蜗杆副，蜗轮采用氮化钢，齿部表面氮化处理，硬度高，蜗杆采用硬质合金杆，整个蜗杆副为硬齿面接触，耐磨，既实现了高速，又保证了可靠性。伺服刀架也是同样道理。而国内产品基本上均采用传统材料，传统的结构，加上外购配套件的可靠性差造成产品的整体可靠性较国外产品有差距。例如数控车床 70％以上的故障出现在数控刀架上，而数控刀架 70％以上的故障则出现在与之配套的电气等元件上。可以说数控机床附件产品的整体可靠性与我国目前整个工业发展水平有相当密切的关系，随着配套件水平的提高，整体状况将会有所改善。

(3)精度　我国数控机床附件产品的精度及稳定性较好，基本上能够满足主机的配套要求，但与日本、德国等工业发达国家的产品相比仍有一定差距，但不大，与中国台湾地区的产品相当，这与行业企业近几年抓质量、提高质量意识有密切的关系。

3. 市场情况

我国近几年数控机床发展迅猛，对数控机床附件的需求量急增，市场容量大。中、低档数控机床附件产品国内产品占主要份额，高档产品主要还是依靠进口，部分产品如数控刀杆、数控分度头还有一定的批量出口。但国外工业发达国家如日本、德国等，以及中国台湾地区的产品大量涌入，市场竞争激烈。

国产数控机床附件产品价格低，同类产品一般为国外产品价格的 1/2～1/3，近几年国外厂商为了进入我国市场产品价格也逐步调低，价差逐步缩小，其市场份额也在逐步扩大。由于地域因素，国内产品的售后服务比国外厂商具有优势。价格低及地域优势是国产数控机床附件产品能够立足而且不断发展的两个主要原因。劣势就是我国产品与国外产品整体上的差距，目前看一时还难以改变。

4. 发展趋势

数控机床附件产品的发展趋势是与数控机床的发展趋势同步的，即品种多样化；在增加产品功能的前提下，产品结构设计多样化；新材料、新技术将被广泛应用；产品规格向大规格、小规格两头延伸；向高速、高可靠性方向发展。随着市场激烈竞争，产品价格逐步走低，产品的利润空间减小，产品生产向社会协作、专业化方向发展，生产企业小而全的模式将不适应社会化生产的要求。

综上所述，我国数控机床附件产品可以说还处在一个发展阶段，品种、规格、可靠性等方面还需要有一个完善的过程，还远远没有达到成熟的程度。

(二)滑动轴承主轴单元行业

1. 行业结构

滑动轴承主轴单元行业是机床主轴功能部件行业的一个分支。对于精密机床主轴系，动静压混合油膜轴承在滑动轴承体系中，在加工精度、生产效率、精度寿命等方面具有先进性，代表着当前发展的方向。尽管多数主轴轴系生产仍为机床生产厂自制，专门从事生产动静压混合油膜轴承及其主轴功能部件的生产厂家，第一市场仍是用于精密机床设备维修和技术改造。但随着机床行业向专用、小批、个性化发展，将促使原有机床企业进行体制改革和涌现新兴机床生产厂家，一些机床厂部分产品的主轴系已采取外配方针。为机床产品配套的机床附件的品种和数量也在逐步增加，如为数控活塞车床配套的动静压混合油膜轴承床头箱每批定单在10台以上。

滑动轴承主轴单元行业企业数量没有变化，但产品品种和产值都有较大的增长。如：北京中航设备改造研制厂产值超过500万元；岳阳科梦科技有限责任公司用于增加用户机床功能和提高用户机床档次的产品也有多种品种。

2.行业产品简介、特点及构成

滑动轴承主轴单元行业产品主要用于精密轴系，包括内圆磨床、平面磨床、各种外圆磨床、精密车床、金刚镗床等精密机床的主轴系统。滑动轴承主轴单元行业产品构成仍是以下4种：①一对轴承加压力油源，当前只有用于磨床改造的产品，未见标准化产品。②套筒组件加压力油源，是当前市场的主导产品之一，用于机床配套和机床技术改造。③主轴功能部件，也是当前市场的主导产品之一，用于机床配套和增加机床功能的技术改造。④电主轴，市场主要仍是滚动轴承电主轴，油膜轴承的电主轴产品已应用于活塞车床床头箱等专用数控机床。

二、行业发展情况

(一)机床附件行业

2002年机床附件行业比2001年有了较快的发展，从产品看，更加专业化，行业产品生产更加集中，规模扩大，企业改制步伐加快。

为传统的普通机床配套的机床附件产品大多属劳动密集型产品，但2002年数控机床附件随数控主机产业化的高速发展而发展较快，机床附件行业的技术档次明显提高，行业企业加快产品结构调整，以适应数控主机的配套需求。

1. 企业情况

2002年机床附件行业企业基本上都步入了专业化生产，按产品类别分：

(1)分度类的机床附件产品主要生产厂家是烟台环球机床附件集团有限公司、常州亚星机床数控设备有限公司、南京第二机床厂等，主要生产机械分度头、机械回转工作台、数控分度头、数控回转工作台、数控刀架、数控自定心中心架等产品。

(2)卡盘类产品主要生产厂家是呼和浩特机床附件总厂、烟台第二机床附件厂、无锡建华机床厂、瓦房店机床附件厂、天津机床附件厂、东阳市机床附件有限公司、甘肃平凉市机床附件厂、浙江园牌机床附件厂、浙东机床附件厂等。附件产品量大的还有钻夹头，主要生产企业为山东威达机械股份有限公司、浙江台州三欧钻夹头制造有限公司，此外还有原山东机床附件总厂分解后相继衍生出的十几个小的钻夹头专业生产厂，但后者产量都不大。卡盘类产品总产量较5年前增长了5～6倍，发展较快。

(3)吸盘类产品主要生产厂家是无锡建华机床厂、山东临清宏鑫机械股份有限公司、东阳市机床附件有限公司、天津电磁工作台厂等；夹头、刀杆、镗铣插头等产品主要生产厂家为山东征宙机械股份有限公司、上海机床附件一厂、山东威海精密机床附件厂、天津机床附件厂等；虎钳、顶尖产品生产企业多而杂，大连机床附件厂、南京机床附件厂原是生产此类产品的主导企业，由于产品结构调整，这两个企业现已不占这类产品的主导地位。此类产品行业内、外生产企业、包括军工企业介入较多，市场竞争激烈；还有一批生产排屑、过滤装置的新兴企业大多为民营制、股份制企业，规模都不大，构成复杂。

2002年来企业改制的较多。企业改制分流出来的人员只要有能力就独立或合股办厂，规模都不大，产品主要是其熟悉的附件产品，但其产品的品种规格各有特点，弥补了行业缺门规格产品，使整个行业的产品品种规格体系较全。

本次参加年鉴汇总的行业企业一共有16个，主要是部分骨干企业，虽然统计指标不能概括全面，但具有一定的代表性。

2. 行业基本情况

2002年机床附件行业企业经济效益综合平均指数为52.41%，比上年下降31.66个百分点；工业总产值(当年价)4.278亿元，比上年增长12.15%；工业产品销售率96.81%，比上年增长1.02%；产品销售收入3.886亿元，比上年增长14.67%；2002年机床附件行业企业及各小行业盈亏相抵后利润总额为－1 401万元。

工业总产值、工业产品销售率、产品销售收入增长应属正常，因为2002年全国的机床行业形势很好，而利润总额下降幅度较大主要是因为卡盘行业的一个企业亏损额过大，影响到整个行业的利润情况。

2002年机床附件行业企业基本情况见表1。

表1 2002年机床附件行业企业基本情况

序号	指标名称	单位	2002年完成	2001年完成
1	产品销售收入	万元	38 857	33 887
2	产品销售成本	万元	27 453	22 967
3	产品销售费用	万元	1 828	1 447
4	产品销售税金及附加	万元	344	357
5	管理费用	万元	9 680	8 209
6	财务费用	万元	1 749	1 475
7	其中：利息支出	万元	1 744	1 479
8	利润总额	万元	－1 401	429
9	资产总计	万元	102 203	99 703
10	流动资产平均余额	万元	54 228	51 383
11	应收账款余额	万元	11 236	12 449
12	存货	万元	26 947	24 770
13	其中：产成品	万元	18 649	17 216
14	固定资产净值平均余额	万元	30 837	31 067
15	应付账款	万元	8 491	6 076
16	负债总计	万元	68 788	63 202
17	流动负债平均余额	万元	51 321	45 910
18	销项税额	万元	6 521	5 787
19	应交增值税	万元	3 083	3 069
20	工业中间投入	万元	29 243	24 011
21	工业总产值(不变价)	万元	40 066	35 392

（续）

序号	指标名称	单位	2002年完成	2001年完成
22	工业总产值（当年价）	万元	42 781	38 144
23	工业销售产值（当年价）	万元	41 417	36 539
24	其中：出口交货值	万元	7 702	8 763
25	本年累计订货量	万元	24 769	17 139
26	从业人员平均人数	人	8 012	8 105
27	从业人员工资总额	万元	5 967	5 596
28	平均资产总额	万元	101 599	97 700

3. 生产、出口情况

2002年机床附件产品产量（参加统计汇总的16个单位）176.7万件，产值3.5个亿。2002年机床附件行业主要产品产量、产值情况见表2。

数控机床附件产品除数控分度头外，均有较大幅度的增长。分析其原因是由于2002年国内机床工具市场较好，国内市场可以说是产销两旺，机械、数控附件产品大部分产量增长，产量减少的产品如数控分度头、电磁吸盘、弹簧夹头等主要是出口产品，受出口因素影响较大，出口量少，产量就低。

钻夹头产品是个特例，参加年鉴汇总的企业的钻夹头产量估计只占全国产量的5%左右，因此，表2统计的钻夹头产量下降不能说明钻夹头产品量的实际情况，实际上国内生产钻夹头的厂家非常之多，产量非常之大。

2002年机床附件行业共出口产品约16万件，数量比上年减少近50%，出口值6 445万元，比上年减少11%，数量减少幅度较大，但出口值减少幅度相对不大，说明低值易耗、低价产品出口减少。

2002年机床附件行业主要产品出口情况见表3。

表2　2002年机床附件行业主要产品产量、产值情况

序号	产品名称	单位	产量	比上年增长（%）	产值（万元）	比上年增长（%）
1	机械分度头	台	7 657	112.7	1 566	25.7
2	数控分度头	台	180	－45.9	184	－35.6
3	自定心卡盘	台	417 710	3.9	15 793	5.5
4	单动卡盘	台	74 253	－1.5	3 871	0.7
5	动力卡盘	台	3 540	29.0	541	5.5
6	其他卡盘	台	6 609	－43.0	706	－6.0
7	机械工作台	台	5 454	15.8	637	29.9
8	数控工作台	台	204	25.9	679	50.0
9	数控刀架	台	797	86.6	588	16.0
10	其他刀架	台	23 809	70.6	711	12.2
11	普通虎钳	台	9 057	9.5	494	21.8
12	固定顶尖	件	45 319	44.0	597	44.9
13	回转顶尖	件	480	－92.4	7	－88.4
14	变径套	件	136 189	3.6	828	93.8
15	钻夹头	件	333 162	－68.0	655	－57.0
16	弹簧夹头	件	422 535	－14.0	522	－62.0
17	电磁吸盘	台	5 395	－37.0	2 044	－24.0
18	永磁吸盘	台	6 346	26.6	985	6.4
19	铣镗插头	件	8 905	16.8	452	27.0
20	数控刀杆	件	105 673	19.2	2 870	26.0
21	普通刀杆	件	75 534	38.3	121	－65.0
22	其他	件	78 365	－9.0	544	37.5
	合计	件	1 767 173	－29.1	35 393	－1.4

表3　2002年机床附件行业主要产品出口情况

序号	产品名称	单位	出口量	比上年增长（%）	出口额（万元）	比上年增长（%）
1	机械分度头	台	259	7.9	93	9.1
2	数控分度头	台	124	－30.0	88	－31.6
3	自定心卡盘	台	78 568	－8.3	3 733	1.0
4	单动卡盘	台	14 591	－0.4	765	－18.0
5	其他卡盘	台	9 563	40.3	462	8.9
6	机械工作台	台	2 538	18.8	289	－3.0
7	数控工作台	台	1		3	
8	其他刀架	台	6 641	103.0	450	25.6
9	普通虎钳	台	269	－21.0	29	－29.2
10	钻夹头	件	18 000	85.0	52	100.0

（续）

序号	产品名称	单位	出口量	比上年增长（%）	出口额（万元）	比上年增长（%）
11	永磁吸盘	台	613	−81.0	75	−78.0
12	铣镗插头	件	32		7	
13	数控刀杆	件	654	−86.0	13	−46.6
14	其他	件	29 051	−67.0	387	6.0
	合计	件	160 904	−50.0	6 445	−11.0

数控分度头、单动卡盘、虎钳、永磁吸盘出口量与出口值下降幅度较大。动力卡盘、虎钳、顶尖、变径套、钻夹头、丝锥夹头、弹簧夹头、铣夹头、快换夹头、吸盘、普通刀杆没有出口或出口量少。实际此类产品是我国机床附件的传统出口产品，出口量很大，而表3数据仅是源于参与年鉴汇总的行业企业数据，不能代表此类产品的实际出口情况。

机床附件行业产品出口量的大小直接影响行业的整体经济效益，看2002年机床附件行业产品出口量及出口值较2001年进一步下降，说明机床附件产品出口，还没有完全走出低谷。

4. 新产品

从机床附件分会收到的企业上报的资料，行业新产品开发的主力还是大型骨干企业，其中以烟台环球机床附件集团有限公司为主，共计24项，主要是数控附件产品。现在开发的新产品都是据市场需求而开发，专用、通用都有，包括改型产品、扩大规格产品等。2002年机床附件行业新产品开发情况见表4。

表4　2002年机床附件行业新产品开发情况

序号	产品名称	型号	主要技术参数	鉴定时间	企业名称	用户名称
1	数控分度头	FK14210A	中心高 210mm	2001.01	烟台环球机床附件集团	国内主机厂
2	数控回转尾座	PK36250L	台面直径 Φ250mm	2001.01	烟台环球机床附件集团	哈尔滨量具刃具厂
3	数控大通孔立卧回转工作台	TK13200L	台面直径 Φ200mm	2002.08	烟台环球机床附件集团	国内主机厂
4	数控立卧回转工作台	TK13800	台面直径 Φ800mm	2002.08	烟台环球机床附件集团	国内主机厂
5	数控等分回转工作台	TK 51200、320、400	台面直径 Φ200mm、Φ320mm、Φ400mm	2002.05	烟台环球机床附件集团	国内主机厂
6	数控大通孔立卧回转工作台	TK13630L	台面直径 Φ630mm	2002.01	烟台环球机床附件集团	出口丹麦
7	数控回转工作台	TK121500	台面直径 Φ1500mm	2002.04	烟台环球机床附件集团	海信逆工程研究所
8	数控转塔刀架	AK21150×4C	刀尖高 150mm	2002.03	烟台环球机床附件集团	国内数控立车主机厂
9	数控回转工作台	TK121000M	台面直径 Φ1000mm	2002.08	烟台环球机床附件集团	苏州电加工研究所
10	可倾回转工作台	TK14400A	台面直径 Φ400mm	2002.08	烟台环球机床附件集团	国内主机厂
11	数控转塔刀架	AK27450×4	刀方尺寸 450mm	2002.12	烟台环球机床附件集团	国内数控立车主机厂
12	数控转塔刀架	AK27440×6A	刀方尺寸 440mm	2002.12	烟台环球机床附件集团	国内数控立车主机厂
13	数控转台	TK13320L	台面直径 Φ320mm	2002.12	烟台环球机床附件集团	国内主机厂
14	数控刀架	AK22500×8A	刀方尺寸 500mm	2002.11	烟台环球机床附件集团	沈阳车床厂
15	重力切削万能分度头	F11125C	中心高 125mm	2002.12	烟台环球机床附件集团	哈尔滨量具刃具厂
16	数控可倾回转工作台	TK14320A	台面直径 Φ320mm	2002.02	烟台环球机床附件集团	威海华东数控有限公司
17	数控转塔刀架	AK27320×6	六方刀台对面尺寸 320mm	2002.12	烟台环球机床附件集团	国内数控立车主机厂
18	铣钻中心孔机床	YTF−24X	最大加工长度 480mm	2002.12	烟台环球机床附件集团	轴类零件加工企业
19	数控转塔刀架	AK27320×4−QY	四方刀台对面尺寸 320mm	2003.02	烟台环球机床附件集团	国内数控立车主机厂
20	数控转塔刀架	AK27380×4−QY	四方刀台对面尺寸 380mm	2003.02	烟台环球机床附件集团	国内数控立车主机厂
21	数控分度头	FK15140	中心高 140mm	2002.12	烟台环球机床附件集团	出口美国
22	数控转台	TK12500×600	台面尺寸 500mm×600mm	2002.12	烟台环球机床附件集团	威海华东数控有限公司

（续）

序号	产品名称	型号	主要技术参数	鉴定时间	企业名称	用户名称
23	卡盘	K01—50	参照 JB/T8074.2—1999	2002.12	台州浙东机床附件厂	中国台湾凯杰公司
24	卡盘	K03—80	参照 JB/T8074.2—1999	2002.12	台州浙东机床附件厂	中国台湾凯杰公司

2001 年烟台环球机床附件集团有限公司的 FK53140 数控等分分度头、TK12500N 配油式数控回转工作台分获省科技进步二、三等奖，主要出口美国市场及为国内主机厂配套，属填补国内空白产品。2002 年以上两个产品包括另 1 台 TK13400B 数控立卧回转工作台（改型产品）又获得了国家经贸委 2002 年度国家重点新产品奖（国家级）。

应该说机床附件行业在科研和新产品开发方面还是企业各自为战，受制于企业自身的能力和投入力度，整体上研发水平不高，今后必须加大力度和进一步加强产、学、研合作。

2002 年机床附件行业在全国大市场看好的情况下总体效益好转，但是国外产品、中国台湾地区产品大量涌入，市场竞争激烈，出口连年下降，使得行业企业面临的困难较大。反过来看，我们应该发挥我们的地利优势、价格上的优势、提高产品质量，巩固、扩大现有的市场份额，及时调整产品结构，上能力、上规模，力争扭转出口下降局面、扩大出口，提高经济效益，只有这样，才能使我们行业健康、快速的发展壮大。

（二）组合夹具行业

2002 年组合夹具行业 8 个生产厂完成工业产值 5 337 万元，比上年增长 7%，产品销售收入 5 351 万元，比上年增长 10.8%，夹具出口 822 万元，库存产品 2 953 万元。近两年在国家扩大内需和机床行业发展的拉动下，组合夹具行业的工业产值和销售收入同步增长。各企业在体制、机制与管理方面加大改革力度，技术创新也取得一定的成绩，经营服务的领域不断扩大。各企业不同程度地进行了设备更新，或实施了技术改造，产品质量有所提高，经济状况有所好转，职工收入有所增加。2002 年组合夹具行业基本情况见表 5。2002 年组合夹具行业产品产量和产值情况见表 6。2002 年组合夹具行业产品出口情况见表 7。

表 5　2002 年组合夹具行业基本情况

企业数（个）				职工数（人）	固定资产		工业总产值（万元）	销售收入	
国有	民营	合资	总数		原价（万元）	净值（万元）		总额（万元）	出口（万元）
3	4	1	8	1 572	20 991	10 343	5 337	5 351	770

表 6　2002 年组合夹具行业产品产量和产值情况

产品名称	产量（台、件）	产值（万元）
合计	527 076	3 991
组合夹具元件	474 047	2 552
组合冲模、专用夹具	33 730	470
机床配件（钢导轨）	1 323	227
汽车修理工具	17 800	165
机床附件（光学仪器）	44	206
金属带锯床	132	371

表 7　2002 年组合夹具行业出口情况

产品名称	出口量（件）	出口额（万元）
合计	142 647	823
组合夹具元件	47 253	778
钢球	95 394	45

（三）滚动功能部件行业

参加本次年鉴汇总的企业有 13 个，2002 年完成工业总产值 3.69 亿元，其中机床工具类产品 3.35 亿元；工业销售产值 3.56 亿元，其中机床工具类产品 3.21 亿元；生产滚动功能部件产品 20 万件，产值 2.46 亿元。

2002 年参加中国机床工具工业协会滚动功能部件分会的企业有 24 个，尚未加入分会的企业约 20 个。2002 年滚动功能部件总的生产能力约在 6～7 亿元，市场需求总量约 8～9 亿元。2002 年行业内所有企业都是合同饱满，生产任务充足。

2002 年滚动功能部件行业 13 个企业分类产品生产情况见表 8。

表 8　2002 年滚动功能部件行业 13 个企业分类产品生产情况

序号	企业名称	滚珠丝杆副		滚动直线导轨		滚珠花键		滚动直线导套		二坐标工作台		其他	
		产量（件、套）	产值（万元）	产量（件、套）	产值（万元）	产量（件、套）	产值（万元）	产量（件、套）	产值（万元）	产量（件、套）	产值（万元）	产量（件、套）	产值（万元）
	合计	107 860	15 025	67 055	8 230	614	96	794	82	76	213	24 339	962
1	南京工艺装备制造厂	38 330	4 562	17 570	2 327	614	96	794	82				
2	汉江机床有限公司	11 494	2 302	5 763	755					18	27	23 339	557

（续）

序号	企业名称	滚珠丝杆副		滚动直线导轨		滚珠花键		滚动直线导套		二坐标工作台		其他	
		产量（件、套）	产值（万元）	产量（件、套）	产值（万元）	产量（件、套）	产值（万元）	产量（件、套）	产值（万元）	产量（件、套）	产值（万元）	产量（件、套）	产值（万元）
3	北京机床研究所	3 570	820										
4	山东济宁博特精密丝杠制造公司	9 868	2 800	4 600	680					58	186		
5	汉江昆山分厂	12 543	1 370	568	55								
6	上海中恒导轨有限公司			15 354	1 563								
7	西北机器厂滚珠丝杠分厂	12 000	1 100										
8	北京新兴超越科技开发公司												305
9	济宁华珠机械有限公司	7 900	400									1 000	100
10	贵州平水滚珠丝杠有限公司	1 555	311										
11	南通精华滚动功能部件厂	3 600	800										
12	江苏海安县机械厂	7 000	560										
13	新会特精密机械有限公司			23 200	2 850								

（四）滑动轴承主轴单元行业

1.2002年行业生产情况

2002年专门从事生产动静压混合油膜轴承及其主轴功能部件生产继续好转。总产值约1 100万，其中参加滑动轴承主轴单元行业的企业总产值约870万，比2001年增加210万，增幅接近25%；与机床产品（主要是与数控机床）配套的产值有明显增加。

2.2002年行业新产品、新工艺发展情况

(1)超精密滑动轴承主轴单元的研制，转速12 000r/min，回转精度为纳米级，由广州机械科学院（原广州机床研究所）与北京机床研究所合作，正在进行。

(2)高速电主轴国产化研制，北京市投资，该项目由北京东方精益机械设备有限公司承担，2003年完成。

三、机床附件行业企业简介

烟台环球机床附件集团有限公司　以生产分度类机床附件为主的专业生产企业，现有主要生产检测设备200余台套。2002年共实现工业总产值4 050万元，比上年增长11.19%，销售收入实现4 816万元，利税98.5万元，出口交货额完成813万元，共完成附件总产量13 507台，其中数控产品756台。

2002年刀架实现销售收入509万元，比上年增长49%，数控分度头和数控转台共完成656万元的销售收入，比上年增长18%，机床附件产品在传统市场空间不断被数控产品替代和挤压的情况下依然稳中有升，2002年实现销售收入2 918万元，比上年增长12%，产销率达到105%。

2002年共完成新产品开发设计22种，制造开发完成21种。其中3种新产品填补国内空白达到国际先进水平，还有3种数控产品被列为2002年度国家重点新产品试产项目。目前，新开发产品的投产率达到85%，产值逐年提高，2002年达到998万元，比上年增长47.02%。

北京机床附件厂　原国家机电部投资定点生产机床附件的国有中小型企业。

北附厂占地10 000m²，建筑面积6 246m²。现有在岗职工133人，其中科技专业管理人员40名，高、中级职称占22%。拥有生产设备56台，金属切削机床占90%。2002年企业销售收入创历史最好水平，突破1 000万元大关。国内市场占有率达70%，出口产品销售额达457万元，比上年增长68%，已占企业销售总额的44%。

北附厂目前主要系列产品有：滚针式铣夹头、可逆式丝锥夹头、可调接杆式快换攻丝夹头和数控机床强力型弹簧夹头刀柄。

瓦房店机床附件厂　大连机床集团有限责任公司下属的全资子公司，是国家机床附件行业为普通车床和数控车床生产配套产品的骨干企业，是四爪单动卡盘行业标准的起草单位。

工厂现有在岗职工526人，其中工程技术人员28人，中、高级技术人员16人，工厂占地面积5.8万m²，建筑面积3.6万m²，拥有各种金切设备390台，总资产8 529万元，企业主要生产三爪自定心卡盘、四爪单动卡盘、数控转塔刀架、电动卡盘、液压卡盘、油缸、气动卡盘以及各类管子卡盘等，产品主要为沈阳第一机床厂、大连机床集团、宝鸡机床厂等专业厂配套。2002年完成各类附件产品61 749件，工业总产值4 500万元，销售收入4 045万元。

平凉机床附件厂　中国机床附件重点企业，是西北地

区惟一生产卡盘的专业厂。

主要产品有：三爪自定心卡盘、四爪单动卡盘、精密机用虎钳及专用虎钳等十多个品种、四十多个规格，可根据用户需要设计生产二爪、六爪卡盘及其他专用卡盘。

近几年来，工厂先后投资700余万元，更新数控机床、计量设备、电脑，扩建铸造车间等，现拥有各种金切机床182台，锻压设备11台，以及数控机床和立卧加工中心等。

2002年工业总产值达766.6万元，销售收入612.8万元。

西安机床附件厂 2002年完成工业总产值320万元，从业人员93人。2002年主要生产各类回转顶尖，公制套类，各类固定顶尖，特制顶尖等。主要生产设备以数控车床为主，年生产能力3万只，新产品开发以重型、大型顶尖为主，同时为主机厂配套生产轴套类产品。多年来产品随主机大量出口。

浙江省台州市浙东机床附件厂 由企业内部骨干人员组合而成的股份制企业。

主要生产卡盘，其主要品种有：K10（二爪）、K11（三爪）、K12（四爪）、K13（六爪）自定心卡盘，其规格：Φ80～Φ320mm；K72四爪单动卡盘，其规格：Φ80～Φ250mm；K01（三爪）、K03（六爪）手紧卡盘，其规格：Φ50～Φ160mm。2002年工业总产值1 200万元，其中机床附件产量为30 000台（出口11 000台），创产值约600万元。企业生产卡盘主要专用机床有80多台，年生产能力约5万台。卡盘从业人员150人（其中机床附件90多人）。2002年销售产量3万多台，销售收入500多万元。2002年企业开发了袖珍小卡盘K01～05、K01～65、K03～80卡盘，当年销售了4 000多台，K01～05、K03～80经浙江省科委鉴定为合格新产品。

山东征宙机械有限公司 国家机床附件定点生产厂家。现有职工855人，其中大中专生93名，工程技术人员149名，经济财会人员18名。企业占地面积67 420m²，其中厂房面积13 469m²。资产总额4 800万元，其中固定资产原价3 063万元，净值1 855万元，流动资产2 945万元。公司拥有生产设备520台，其中多工位数控加工中心2台、高精度平面磨床5台、高精度外援磨床4台、高精度万能螺纹磨床1台、激光打标机1台及其他设备470台。企业有出口自营权。1997年获得出口产品质量许可证。

公司主要生产各类弹簧夹头、铣夹头、攻丝夹头、万能镗头、刀柄接杆、回转顶尖、变径套、数控刀柄、快换刀架、砂轮修整器、分度头、精密平口钳等机床附件，年生产能力260万支（按R8夹头当量值15元/支）。产品以出口为主，远销美国、英国、法国、德国、加拿大、东南亚等30多个国家和地区，是我国出口机床附件系列产品创汇较大的专业厂家。2002年完成工业总产值3 257万元，比上年增长10%；销售收入2 335.5万元，比上年增长11.63%；实现利税491.8万元，比上年增长10%；上缴税金400万元，比上年增长2.1%；自营出口21.16万美元，比上年增长1.1倍。在全国机床附件行业中，经济效益综合指数居第三位。

北京市长城机床附件厂 生产机床减振垫铁的专业厂家，中国国际贸易促进委员会会员单位，中国环境保护产业协会噪声与振动委员会委员单位。

该厂生产10余个系列、50多个规格的定型产品，单位承载值由50～40 000kg，适用于金切机床、锻压机床、橡塑机械、制药机械、包装机械、汽车、电动机、工程设备的隔振减振。为各类机床设备及振动机械提供优质的解决方案和优良服务，改善环境质量与工作质量。

东阳市机床附件有限公司 私营有限责任公司，是浙江省机械厅定点生产机床附件的专业厂家。

该公司下设卡盘、吸盘两个分厂，永磁、锻造、热处理、维修4个车间。注册资本1 000万元，占地面积36 800m²，公司总资产3 700多万元。现有职工224人，其中各类专业技术人员23人。

2002年公司实现工业总产值1 616万元，销售收入1 522万元，比上年分别增长45.5%和52.9%，实现利润57.2万元，完成出口交货值278万元，其余各项主要经济指标比上年同期都有大幅度增长，创下了历史最高纪录。公司生产的主要产品及产量为：卡盘13 663只、电磁吸盘3 718台、永磁吸盘3 480台。

北京中航设备改造研制厂 是北京航空航天大学校办企业。在校科研成果基础上研制和生产液体动静压轴承支承的精密主轴单元。该厂研制生产的“WMB型液体动静压混合轴承及主轴功能部件”1999年被评为国家级重点科技新产品。现有内磨、平磨、外磨、各种专用磨床、金刚镗床、数控机床等6大系列100多个品种主轴功能部件。并有JYZ系列专用油源系统与各类主轴单元配套。

岳阳科梦科技有限责任公司 集体所有制企业。公司专门从事液体动静压技术的研究和应用，研制开发的精密动静压主轴部件已实现模块化设计和专业化生产。技术领衔李见光是国家有突出贡献专家，首创在龙门刨上分步成形周边磨削机床导轨的装置和方法；是我国率先提出并进行动静压主轴部件专业化生产的专家之一。公司主要产品是圆柱式、顺锥式和背锥式结构的TM筒型系列和BM箱型系列主轴功能部件，产品服务于增加机床的功能和精度的配套或改造。产品通过部级鉴定，获首届中国机床工具博览会“银奖”；北京国际发明展“铜奖”；湖南省科技进步奖。

北京东方精益机械设备有限公司 北京市科委批准的专业生产各种主轴系列产品的制造业高新技术企业。公司技术主管早在20世纪六七十年代就致力于动压轴承研究，利用台阶式几何形面成功地解决了整体瓦动压形面的浅腔加工等技术难点。主要产品是：整体套筒式大锥度台阶动压轴承加滚动止推轴承的高精度动压轴承主轴系列；中间止推、带腔内回油岛和台阶动压型面专利技术的动静压轴承主轴系列；滚动轴承主轴系列和滚动轴承电主轴系列四大类。

北京普来得而机电技术有限公司 中关村科技园区高新技术企业，在结构、节流器、制造工艺、材料等多方改进的NOB系列液体动静压混合轴承、主轴单元及主轴功能部件产品是该公司的主导项目。2002 年基本完成产品结构和工艺标准制定并在实施中得到验证和完善，保证了产品质量和可靠；完成加工基地和管理体系建设，保证了产品交货期和售后服务。

南京工艺装备制造厂 国有企业。2002 年完成工业总产值 1.27 亿元，产品销售收入 1.23 亿元，从业人员 1 302 人。主要产品范围：滚珠丝杠副、滚动直线导轨副、滚动花键副、滚动际副、数控二坐标工作台和数控水射流超高压切割机。

企业现有主要生产设备 511 台，其中精密设备 44 台，大型设备 42 台，滚珠丝杠、滚动直线导轨等大型产品最终加工设备均引进世界名牌厂家数控机床产品、自动化程度及精度高、性能稳定并具备生产特大、超长滚动元件的能力其中有瑞士 RG2000 螺纹磨床、英国 MATRIX6950 螺母磨床、德国 ELB 公司 SS013－L50 双砂轮成形磨床、RM60X 轧丝机等世界一流冷热加工设备，产品质量达到 20 世纪 90 年代国际先进水平。

2002 年 4 月滚珠丝杠副产品获得全国设备用户委员会授予的"2001 年用户满意产品"称号；2002 年 9 月企业获得"2001 年机械工业企业核心竞争力 100 强"称号；2002 年 4 月滚珠丝杠副产品获得全国设备用户委员会授予的"2001 年用户满意产品"称号。

北京机床研究所滚珠丝杠厂 2002 年企业现有人员 53 人。主要生产精密微型滚珠丝杠副、精密滚珠丝杠副、大导程滚珠丝杠以及高速滚珠丝杠副。

滚珠丝杠厂现有设备 48 台，其中关键设备外螺纹磨床 14 台。内螺纹磨床 4 台、外圆磨床 6 台，年生产能力 6 000 套。

新会凯特精密机械有限公司 中外合作高新技术企业，生产滚动直线导轨副。2002 年职工人员共为 143 人，实现的工业总产值为 2 850 万元，销售收入达 2 800 万元。通过对冷拉毛坯结构及余量的改进，以及相应的加工工艺的改良，使得导轨的精磨工序加工工时大幅下降，大大提高生产效率，使关键工序的加工能力超出原来的设计能力。

公司与华中科技大学合作，研制了直线导轨副的动态综合精度及预紧力测量设备交付使用后，可使该产品在出厂之前得到模拟客户使用状态的测量，满足客户的使用要求。公司荣获 2002 年"广东省高新技术企业"的荣誉称号。

济宁博特精密丝杠制造有限公司 2002 年在原山东济宁丝杠厂的基础上改制的股份制公司。公司的主导产品有滚珠丝杠副、滚动直线导轨副、梯形丝杠，机床主轴，坐标工作台，高速精密电主轴等。公司目前拥有国内最大的 5M 螺纹磨床、4M 螺纹磨床、3M 全数控高精密螺纹磨床、3M 全数控导轨磨床、3M 激光动态综合导程测量仪、摩擦力矩测量仪、动平衡仪器合计 486 台。具有生产精密、微型，高速、大型、重载、超长机床配件的能力。

汉江机床厂昆山分厂 是专业生产滚动功能部件的国有中型企业，主要产品有精密滚珠丝杠副和直线导轨副。精密滚珠丝杠的品种有微型丝杠、重型丝杠、大导程丝杠及机械传动装置中的配套丝杠，用于机械设备，如线切割机床、普通机床、数控机床和加工机床上。

昆山分厂占地面积 4 万 m^2，建筑面积 1 万 m^2，固定资产 3 000 多万元，现有在岗职工 220 人，主要产品生产设备有：精螺磨 7 台，内螺磨 6 台，外磨 7 台，螺磨 7 台，流体淬火炉、中频炉、回火炉各 1 台，直线导轨专机 2 台。年生产能力为 1 800 万元。

2002 年，分厂完成产值 1 538 万元，实现销售收入 1 572 万元，利税总额为 295 万元。

上海中恒导轨有限公司 公司 2002 年实现工业总产值 1 563.5 万元，销售收入 1 510 万元。公司生产的主要产品有：SGA 系列四方向等载型滚动直线导轨副、SGB 系列等载荷分离滚动直线导轨副、SGC 系列轻型滚动直线导轨副和 SGV 系列交叉滚柱 V 形导轨副等。

公司拥有生产滚动直线导轨产品必备的各种冷、热加工及检测、理化设备等 86 台(套)。其中有 CNC 专用导轨磨床 2 台，专用滑块磨床 2 台，CNC 钻铣床 3 台，CNC 3M 感应淬火机床 1 台，滚动直线导轨副综合精度测试仪 1 台，具备年产各种型号滚动直线导轨副 2 万 m(套)的生产能力。

公司对 SGA 全系列产品作了结构改进，更新了全部模具和金刚石修整器，使产品性能得到显著改善。完成了 CNC3M 感应淬火机床技术改造项目，突破了工艺过程中的瓶颈，使已有的加工能力得到释放，现在可以向用户提供单根长度为 3m，不拼接的滚动直线导轨副。

西北机器厂滚珠丝杠厂 设计、制造、销售精密滚珠丝杠副的较大型国有企业。截止至 2002 年底，共有员工 102 人，厂房面积达 4 000 余 m^2，设备 80 多台，固定资产 550 余万元(不含厂房)，已形成了年生产各种精密滚珠丝杠 14 000 套的能力。

2002 年共生产各种精密滚珠丝杠副约 12 000 余套，完成工业总产值 1 100 万元，销售收入 1 050 万元，工业增加值 506 万元，利税总额 330 万元。

西北机器厂滚珠丝杠厂研制的插槽式内循环滚珠丝杠副，取得了国家专利。

北京新兴超越科技开发公司——北京新兴超越离合器有限公司 专业研制、生产和销售各种 CK 系列楔块式离合器和 CD 型滚柱式超越离合器。CK 系列楔块式单向超越离合器是公司总经理孔庆堂教授的专利产品，是机电一体化的基础件，有的行业又称逆止器或单向轴承。该产品按孔庆堂教授级高工与机械科学研究院共同制定的单向楔块式超越离合器的标准(ZB/T19025－1990 和 JB/T9130－2002)生产，1998 年荣获第十一届全国发明展览会优秀新产品金杯奖。2001 年 2 月北京质量管理协会授予北京新兴超越科技开发公司为"用户满意企业"，授予 CK 型楔块式离合器为"用户满意产品"；2002 年荣获中国机械通用零部件行业新产品"优秀奖"。

公司生产 CKA 型、CKB 型(B200 系列)、CKZ 型等接触式超越离合器，CKF 型、CFL 型、NF 型等非接触式超越离合器(逆止器)，CKS 型等双向超越离合器，产品共 10 余种类型500个规格单、双向超越离合器供用户选用，并可根据用户的需求制作各种非标离合器。

济宁市华珠机械有限公司 属股份制企业2002年公司实现工业总产值720万元、产品销售收入650万元，从业人员平均人数为96人。

2002年公司主导产品是：滚珠丝杠副、梯形丝杠副和直线导套副。公司开发研制了多种规格的数控淬火机床。此外，公司还购置了万工显微镜等高精度检测设备，从硬件上保证产品质量，购置了数台高精度外螺纹磨床、外圆磨床及数控车床，使公司加工设备总数达到60余台，年加工能力1 000余万元。

贵州平水滚珠丝杠有限责任公司 中国贵州航空工业(集团)控股，是从事滚珠丝杠副设计、生产、制造的专业生产单位，现有职工56人，2002年度完成工件总产值315万元，销售收入180万元，实现利润20万元。

南通市精华滚动功能部件厂 集体企业，2002年实现工业总产值800万元，销售收入780万元，从业人员36人。

企业专业生产各种系列、规格的滚珠丝杠副。主要生产设备：S7432×2000螺纹磨床、S7420螺纹磨床、S7520螺纹磨床、S7620内螺纹磨床、M1332外圆磨床、MM1432B×2000精密万能外圆磨床、MG1432高精密万能外圆磨床等数十台专业生产设备。

〔撰稿人：中国机床工具工业协会机床附件分会秘书长刘　夏　组合夹具分会秘书长刘贵宝　功能部件分会秘书长陈孝富　滑动轴承主轴单元专业委员会武弘毅〕

一、生产发展情况

根据国家统计局资料：2002年磨料磨具制造业共有627个企业(全部国有和年产品销售收入在500万元以上的企业)，从业人员112 105人，产品销售收入1 984 041万元，比上年增长11%；利润总额61 666万元；工业总产值(当年价)2 075 178万元。2002年机床年鉴企业统计数在上年基础上有一些变动，共收录企业269个，与2001年对比，有28个企业未报，新增26个企业。2002年度样本概括了行业内的主要大型企业，反映的数据比较有代表性。

2002年磨料磨具行业269个企业主要经济技术指标见表1。

为客观分析2002年行业企业主要经济指标增长情况，下面用2002年与2001年磨米磨具行业同口径企业进行对比分析，详见表2。

表1　2002年磨料磨具行业269个企业主要经济指标

指标名称	单位	2002年完成	指标名称	单位	2002年完成
产品销售收入	万元	669 619	流动负债年平均余额	万元	560 025
销售成本	万元	537 871	销项税额	万元	71 447
销售费用	万元	35 562	应交增值税	万元	23 859
销售税金及附加	万元	2 974	工业中间投入	万元	318 174
管理费用	万元	66 000	工业总产值(不变价)	万元	502 477
财务费用	万元	18 466	工业总产值(当年价)	万元	635 917
其中：利息支出	万元	12 742	工业销售产值(当年价)	万元	520 147
利润总额	万元	−2 464	其中：出口交货值	万元	152 811
资产总计	万元	1 269 762	本年累计定货量	万元	201 630
流动资产年平均余额	万元	592 004	从业人员平均人数	人	63 967
应收账款余额	万元	160 438	从业人员工资总额	万元	54 693
存货	万元	224 570	平均资产总额	万元	1 276 121
其中：产成品	万元	120 789	出口创汇额	万美元	17 194.8
固定资产净值年平均余额	万元	420 833	工业增加值	万元	141 033
应付账款	万元	112 209	所有者权益	万元	584 626
负债总计	万元	683 642			
指标名称	**单位**	**2002年平均**	**指标名称**	**单位**	**2002年平均**
流动比率	%	131	流动资产周转率	次	1.69
速动比率	%	68	工业成本费用利润率	%	−1.68
债务股权比率	%	309	工业全员劳动生产率	元/人	42 090
总资产贡献率	%	8.5	产品销售率	%	97
资本保值增值率	%	112	工业经济效益综合指数		74
资产负债率	%	62			

表2　2002年与2001年磨料磨具行业同口径企业进行对比分析

指标名称	企业数（个）	2002年（万元）	2001年（万元）	比上年增加（万元）	比上年增长（%）	上年增长率（%）
产品销售收入	258	642 516	593 878	48 639	8.2	3.3
产品销售成本	250	517 884	462 267	55 617	12.0	
产品销售费用	230	32 698	31 483	1 215	3.9	
产品销售税金及附加	221	2 824	3 403	−579	−17.0	
管理费用	246	65 186	57 133	8 053	14.1	
财务费用	219	17 998	17 590	407	2.3	
其中：利息支出	155	12 242	1 142	822	7.2	
利润总额	252	−6 280	12 329	−18 610	−150.9	17.2
资产总计	244	1 235 099	1 227 670	7 429	0.6	
存货	245	218 406	214 348	4 060	1.9	
其中：产成品	230	114 811	112 547	2 263	2.0	
固定资产净值年平均余额	232	406 796	403 717	3 080	0.8	
负债总计	238	670 075	654 896	15 179	2.3	
从业人员平均人数（人）	248	58 840	61 363	−2 523	−4.1	
从业人员工资总额	240	51 818	50 894	924	1.8	
工业总产值（当年价）	221	619 403	579 018	40 384	7.0	7.4
平均劳动生产率（元/人）	162	39 203	35 362	3 841	10.9	7.8
人均工资（元/人）	238	8 923	8 391	532	6.3	8.6

2002年221个企业工业总产值（当年价）达61.94亿元，比上年提高7.0%，增幅与上年基本一致；258个企业，销售收入达64.25亿元，比上年增长8.2%，增幅明显提高。这说明以销定产的运营方式使存货与产成品的增幅相对较小，库存量相对下降。但销售成本及管理费用均有较大幅度上升，分别达12%与14.1%，说明产品的可变成本，如原材料及水、电等费用有所升高，另一方面说明企业内部管理工作仍然比较落后，应当进一步加强企业管理，提高管理效率，节省管理费用。这两项费用的增加也是利润下降的原因之一。

252个企业，利润总额为−6 280万元，比上年同期减少151%，若去掉一个大户的非正常的巨额亏损2.72亿元，即按251个企业计算，利润总额为1.39亿元，比上年同期减少26%，而上年的增长率为17.2%，利润指标比上年下降严重。按2002年报送利润指标的259个企业计，盈利企业191个，占总数的74%，亏损企业及持平企业为68个，占26%（2001年盈利企业占比72%，亏损企业占比28%，2000年盈利企业占比72.9%，亏损企业占比27.1%），2002年盈亏企业占比略有提高，而利润指标大幅度下降，这主要是由于2002年部分大型企业亏损严重，亏损数额巨大，影响了总体的效益指标。另外，有些中小型企业已经破产、转产，未纳入本年鉴，因此未体现在亏损企业总数中。而多数集体、民营企业，机制灵活，运转情况较好，维持了盈利企业比例，但毕竟这些企业大部分规模较小，总的盈利不足以抵消部分大型企业的亏损额，致使全行业利润指标出现负值。

报送资料的同比企业资产总计及固定资产净值均增长极微，分别只有0.6%和0.8%，说明各企业对于技术改造、更新设备、提高产品档次、扩大规模等方面投资不多，只能维持固有的产品水平，缺乏发展后劲，这也是造成企业经营艰难的重要原因之一。

从业人员平均人数为58 840人，减少4.1%，说明各企业仍在加强改革，冗员进一步减少，企业负担进一步减轻，劳动生产率由2001年的35 362元/人提高至39 203元/人，净增3 841元/人，增幅为10.9%，减员增效取得了一定的效果。职工收入稍有提高，人均年工资为8 923元，比2001年的8 391元增长6.34%，但仍处于较低水平。

从数据分析可知，全行业工业总产值及销售增长率与国家整个经济增长率基本一致。利润总额下降幅度较大，但全行业盈利企业比例仍保留在前两年的水平上。

由表1也可以看出，流动资产周转率、产品销售率高于机械行业标准值，工业全员劳动生产率值明显高于标准值，其他各项经济效益指标均低于机械工业标准值，尤其是工业成本费用利润率出现负值，致使行业工业经济效益综合指数与标准值有较大差距，这值得磨料磨具行业企业给予足够重视。总的来说，磨料磨具行业2002年总体生产情况较好，销售情况稳中有升，但整个行业亏损数额巨大，这与国家宏观经济形势发展不相协调，企业的改革力度应继续加强。

二、产品分类产量

2002年磨料磨具行业269个企业的产品分类产量见表3。1998～2002年磨料磨具产品产值构成比见表4。

表3　2002年磨料磨具行业269个企业产品分类产量

产品名称	单位	产量
普通磨料	t	670 626
棕刚玉	t	386 735
白刚玉（含WA微粉）	t	42 630
黑碳化硅（含C微粉）	t	91 480
绿碳化硅（含GC微粉）	t	24 045
其他①	t	54 025
磨料商品块	t	71 711
普通磨具	t	115 359

（续）

产品名称	单位	产量
陶瓷磨具	t	68 855
树脂磨具	t	43 662
橡胶磨具	t	797
磨石	t	1 270
其他	t	775
硅碳棒	万标支	1 400
涂附磨具	万 m^2	12 353
干磨砂纸	万 m^2	945
干磨砂布	万 m^2	2 775
耐水砂纸	万 m^2	6 330
全树脂砂布卷	万 m^2	1 095
砂带	万 m^2	770
页轮	万 m^2	148
其他②	万 m^2	290
超硬材料	kg	342 905
人造金刚石	kg	318 476
立方氮化硼	kg	24 429
超硬制品③	kg	95 522
金刚石制品④	kg	85 613
CBN 制品⑤	kg	9 909

①含天然磨料、锆、铬、黑、单晶、微晶刚玉、碳化硼及其他。

②含超涂层砂纸、半树脂砂布卷、耐水耐油砂布卷、磨金属砂布卷、特柔软砂布卷、其他卷状、带状产品及砂盘、碟盘、磨片、弹性海绵磨块及未分项等产品。

③含制品中未分项 5 809kg。

④含人造金刚石聚晶。

⑤含立方氮化硼聚晶。

表 4　1998～2002 年磨料磨具产品产值构成比

（单位：%）

年度	普通磨料	普通固结磨具	涂附磨具	超硬材料	超硬制品	硅碳棒
1998	30.12	23.54	11.20	20.31	14.11	0.72
1999	23.70	17.99	17.75	29.78	10.12	0.66
2000	25.49	14.09	12.78	30.49	16.72	0.43
2001	33.11	16.06	13.08	25.77	11.05	0.93
2002	25.07	13.99	14.39	28.86	17.18	0.52

注：1. 普通磨料含商品块。

2. 2000～2002 年超硬材料制品含聚晶、复合片。

（1）普通磨料　2002 年普通磨料类统计生产厂家（均为本年鉴统计的厂家下同）有 122 个，其中含 2002 年首次上报的河南伊川磨料协会下属的 43 个企业（其中去掉 3 个与 2001 年上报重复的）实际较 2001 年的 82 个企业净增 40 个。122 个企业产品产量合计为 670 626t（含商品块），比上年 632 538t 增加 38 088t，增长率为 6%，但仍距实际产量差距较大。仅海关统计的普通磨料出口量就达 73.6 万 t，加上国内消耗量，估计 2002 年我国普通磨料的产量应近 100 万 t。本年鉴统计的产品种类除棕刚玉、白刚玉、黑碳化硅、绿碳化硅之外，还包括天然磨料、WA 微粉、C 微粉、GC 微粉、铬刚玉、锆刚玉、单晶刚玉、微晶刚玉、黑刚玉、碳化硼等，1998～2002 年普通磨料按产量计产品构成比见表 5。

表 5　1998～2002 年普通磨料按产量计构成比

（单位：%）

年度	棕刚玉	白刚玉	黑碳化硅	绿碳化硅	其他
1998	70.46	7.82	8.74	8.71	4.27
1999	69.73	4.56	10.48	5.76	9.57
2000	55.34	9.75	20.26	8.92	5.73
2001	52.77	6.91	24.69	9.43	6.20
2002	61.68	6.78	21.88	6.19	3.47

注：1. 本表 2000～2002 年的磨料含微粉及商品块。

2. 其他项为天然石榴石、铬刚玉、锆刚玉、单晶刚玉、微晶刚玉、黑刚玉、碳化硼及其他。

由表 5 可知，刚玉类磨料产量占比仍居各类磨料产量首位，但基本趋势是逐年降低，碳化硅类磨料产量占比逐年提高。2002 年磨料生产企业新增的企业 40 个产品均为刚玉类产品，故 2002 年的刚玉类产品占比有所增加。若将新增的 40 个企业的产量除去，则各类产品占比变为：棕刚玉 54.44%，白刚玉 8.06%，黑碳化硅 26.01%，绿碳化硅 7.36%，其他 4.13%，与上年基本一致。其他类的特种磨料占比波动较大，但各年占比均在 10%以下，这类磨料有特殊用途，附加值较高。2002 年绿碳化硅产量与占比有所降低。碳化硅产品中黑、绿构成比例失调。

（2）普通磨具　2002 年普通磨具类生产厂家为 99 个，比上年的 115 个少 16 个，减少 14%，但产品产量合计为 115 358t，比上年的 115 210t 增加 148t，基本持平，说明 2002 年普通磨具产量仍呈增长的趋势。但从统计结果可以看出，普通磨具仍以中低档次产品为主，缺乏高档产品，产品价格除个别企业外仍维持在较低水平。普通磨具的未来市场将是十分广阔的，这是因为汽车工业的高速发展，将为磨具行业带来极大机遇；我国钢产量和钢材产量连续第 6 年成为世界第 1 大国，也对磨料磨具行业发展起着重要的拉动作用；航天、航空、兵器船舶和核工业等行业和其他行业的快速发展，包括国家重点工程建设如西部大开发（西电东送、西气东输、青藏铁路、南水北调、三峡工程）等都将为磨料磨具行业提供良好的发展空间。

1998～2002 年普通固结磨具按产量计产品构成比见表 6。

表 6　1998～2002 年普通固结磨具按产量计产品构成比

（单位：%）

年度	陶瓷磨具	树脂磨具	橡胶磨具	油石	其他
1998	59.08	31.50	1.43	7.98	0.01
1999	61.30	35.77	1.36	1.38	0.19
2000	61.45	31.74	1.05	5.12	0.64
2001	60.80	33.21	0.75	4.32	0.92
2002	59.69	37.85	0.69	1.10	0.67

注：2000、2002 年数据未计未分项。

由上表可以看出，树脂磨具产量占比逐年上升，陶瓷磨具产量占比起伏不大，橡胶磨具与油石产量占比呈下降走势，统计覆盖面不全也可能是其中一个原因。

（3）超硬材料　2002 年超硬材料类生产厂家有 48 个，产品产量（含微粉）合计为 342 904kg，比上年的 265 814kg 多 77 090kg，增长 29%。其中金刚石（含 RVD、MBD、SMD）、金刚石微粉及镀衣金刚石的生产厂家有 40 个，产量合计为 318 476kg,比上年的 256 595kg 多 61 881kg,增长 24%;CBN 及 CBN 微粉的生产厂家有 9 个,比上年多 3 个,产量合计为 24 429kg,比上年多 19 460kg,增长 211%。

1998~2002 年人造金刚石按产量计产品构成比见表 7。其中 RVD 产量占比与上年相比基本相同,MBD 占比下降,SMD 占比上升(占比比 2001 年增长 4.4%,基本与 2000 年占比持平)。说明产品构成不合理的势头得到遏制,较高档次产品占比有所增加,但 MBD 仍是主流产品,高档的 SMD 产品占比相对较小,仍应下大功夫进行产品结构调整。

表 7 1998~2002 年人造金刚石按产量计产品构成比

(单位:%)

年度	RVD	MBD	SMD
1998	27.16	60.19	12.65
1999	31.08	45.13	23.79
2000	33.10	45.66	21.24
2001	34.05	48.91	17.04
2002	34.18	44.36	21.46

注:未计金刚石微粉、其他及未分项等。

2002 年 46 个人造金刚石生产企业产量已达 15.6 亿克拉,去掉微粉生产厂家,41 个大、中、小金刚石生产企业共生产金刚石约 14 亿克拉。46 个企业囊括了产量 5 000 万克拉以上的全部大型生产企业;1 000~5 000 万克拉的生产企业,个别可能有遗漏;1 000 万克拉以下的企业,有相当数量未统计在内。据测算,2002 年我国金刚石的产量应在 20 亿克拉左右,比上年增长 25%左右,已成为世人瞩目的人造金刚石第一生产大国。前 10 名企业合计产量已达 10 亿克拉以上,约占行业总量的一半以上,金刚石生产的大型化、集中化初步形成。

2002 年人造金刚石产业压机大型化势头仍在继续,行业压机生产厂、大型金刚石生产厂掀起了不断提高压机吨位的竞赛,六面顶压机的油缸缸径目前最大的达 Φ1 000 mm。据超硬材料分会的不完全统计,200 多个企业压机总数达 5 300 多台,6×12MN 及以上压机占总数的 32.5%,有不少企业对 6×10MN 以下压机进行扩大腔体生产的技术改造,提高了产量。拥有百台压机的企业达 13 个,还有许多中小厂拥有为数众多缸径大小不等的压机,这是我国人造金刚石生产能力巨大,产量突飞猛进的雄厚基础。

随着金刚石压机吨位的不断提高,合成棒直径同步扩大,整个工艺技术水平亦在不断提高,粉末触媒与碳素生产工艺应用面不断扩大,生产成本进一步降低,产品质量也在逐步提高。据 8 个有代表性的大中小企业的价格走势可以看出,2002 年平均价格除一个企业外,其余各家都比 2001 年均有不同程度的下降。2002 年 8 个企业均价比上年降低了 9%。而 41 个企业(不计微粉)的均价只有 1.02 元/克拉,比 2002 年海关统计的出口单价 0.096 美元/克拉稍高一点。产品单价下降一方面源于技术进步引起的成本下降,另一方面是市场恶性竞争引起价格下滑,企业利润空间进一步缩小。这就导致没有特种产品的企业只能在盈亏线附近艰难运行,普通金刚石生产的微利时代已经到来。人造金刚石 8 个有代表性的大中小型企业 2001~2002 年产量产值及单价对比见表 8。

表 8 人造金刚石 8 个有代表性的大中小型企业 2001~2002 年产量产值及单价对比

平均价格 企业代号		RVD				MBD				SMD				合计		
		产量(kg)	产值(万元)	平均价(元/克拉)	占总产量比例(%)	产量(kg)	产值(万元)	平均价(元/克拉)	占总产量比例(%)	产量(kg)	产值(万元)	平均价(元/克拉)	占总产量比例(%)	产量(kg)	产值(万元)	平均价(元/克拉)
A	2001 年	24 000	4 200	0.35	30	36 000	19 800	1.10	45	20 000	26 000	2.60	25	80 000	50 000	1.25
	2002 年	30 000	6 000	0.40	30	44 500	27 812	1.25	45	25 000	26 250	2.10	25	99 500	60 062	1.21
B	2001 年	3 469	804	0.46	29	7 571	7 623	2.01	63	1 060	753	1.42	9	12 100	9 180	1.52
	2002 年	6 488	1 034	0.32	29	14 152	9 283	1.31	63	1 823	1 477	1.62	8	22 463	11 793	1.05
C	2001 年	8 260	826	0.20	46	7 278	4 885	1.34	40	2 591	2 791	2.15	14	18 129	8 502	0.94
	2002 年	7 041	946	0.27	27	15 503	7 142	0.92	59	3 855	3 194	1.66	15	26 399	11 282	0.85
D	2001 年	4 180	752	0.36	52					3 900	2 890	1.48	48	8 080	3 642	0.90
	2002 年	3 744	562	0.30	41	3 094	1 160	0.75	34	2 319	1 461	1.26	25	9 157	3 183	0.70
E	2001 年	1 580	330	0.42	51	960	546	1.14	31	555	646	2.33	18	3 095	1 522	0.98
	2002 年	2 193	329	0.30	40	1 974	1 102	1.12	36	1 316	1 669	2.54	24	5 483	3 100	1.13
F	2001 年	660	118	0.36	30	990	487	0.98	45	550	495	1.80	25	2 200	1 100	1.00
	2002 年	768	94	0.24	29	1 213	573	0.94	46	660	587	1.78	25	2 641	1 253	0.95
G	2001 年	129	23	0.36	20	423	229	1.08	65	98	98	2.00	15	650	350	1.08
	2002 年													594	238	0.80
H*	2001 年	250	140	1.12	28	350	380	2.17	39	300	780	5.20	33	900	1 300	2.89
	2002 年	110	25	0.45	22	250	220	1.76	50	140	355	5.07	28	500	600	2.40
合计	2001 年	42 528	7 193	0.34	34	53 572	33 950	1.27	43	29 054	34 453	2.37	23	125 154	75 596	1.21
	2002 年	50 344	8 989	0.36	30	80 685	47 292	1.17	48	35 113	34 992	1.99	21	166 736	91 511	1.10

注:* 企业 H 为使用两面顶压机生产企业。

2002 年 CBN 及 CBN 微粉的产量是上年的近 3 倍,达到 12 215 万克拉,除了因统计企业中比上年多了几家中小企业外,主要是由于几家大型生产厂产量均有大幅度提高,与此同时,由于金刚石价格下滑,而 CBN 有相对较高的利润,一些金刚石生产厂家也大大扩大了 CBN 的生产量。但也应看到,随着产量的提高,2002 年 CBN(不含微粉)的平均价格从 2001 年的每克拉 2.26 元下降到 2.11 元,CBN 市场呈现出越来越激烈的竞争局面。

(4) 超硬材料制品 超硬材料制品类生产厂家有 49 个(含生产聚晶的厂家),比上年多 2 个,产量合计为101 331kg

(耗用超硬材料量),比上年多42 708kg,增长73%。统计的制品有两类:①耗用人造金刚石类制品:金刚石砂轮及油石、锯片、聚晶、钻探工具、电镀制品、研磨膏及其他制品,共计耗用金刚石85 613kg;②耗用CBN类制品:CBN砂轮、CBN工具、CBN聚晶、CBN其他制品,共计耗用CBN 9 909kg。(由于部分企业填报的产量未按要求填报超硬材料消耗量,有大量产品无法计入产量合计)。

1998～2002年超硬材料制品按产值计产品构成比见表9。2002年金刚石其他制品,尤其是CBN制品的产量占比有很大提高,这主要是因为有一个大企业所报数据中这两项的绝对值较大,若将其去掉,则各种产品的相应占比变为:11.63%,69.65%,4.86%,5.08%,7.91%,0.87%,与前几年相比变化不太大。

表9　1998～2002年超硬材料制品按产值计产品构成比

(单位:%)

年度	金刚石砂轮、油石	金刚石锯片	金刚石钻探工具	金刚石电镀制品	金刚石其他制品	CBN制品
1998	3.92	54.55	6.47	2.98	31.80	0.28
1999	9.82	46.45	9.63	21.73	10.80	1.57
2000	5.18	62.62	5.78	13.88	11.68	0.86
2001	6.47	79.55	1.75	2.08	9.43	0.72
2002	4.86	62.73	2.03	2.12	19.57	8.70

注:2000～2002年数据未计聚晶、未分项及其他,金刚石研磨膏归入金刚石其他制品。

超硬材料货源充足,制品产量在内需与出口两个市场的拉动下稳步增长。超硬材料制品在深度、广度方面的全方位推广应用,显著地促进了为现代工业和传统产业的技术进步,提高了加工效率,改善了加工质量,减轻了劳动强度,更为突出的是多年困扰工业界的某些材料难加工问题,得以迎刃而解。

2002年49个企业消耗金刚石近4.3亿克拉,比上年增长47%。超硬材料制品厂为数众多,非常分散,实际产量将大大超过上述数字。但我国超硬材料制品精品很少,低档产品过剩,某些高档产品,甚至某些应用领域长期被国外产品所垄断,即使国内产品质量水平较高,已完全达到进口产品水平,国内生产企业也很难跻身于国内某些用户领域。许多金刚石工具企业已意识到这个问题,投入大量技改资金,引进国际先进设备,加大技术改造力度,加强科研开发,提高产品质量,提高高档产品的生产比例,向高档次、专用化产品进军,提高整体竞争能力。市场整体竞争力有所增强,国内市场占有率有所提高,有些产品已出口到发达国家。但我们的结构调整只是刚刚起步,还远远不够。

金刚石制品的价格也在连年下降,降价的原因主要有两个方面,一是原材料即金刚石的价格下降了,二是雷同中低档产品产量增加,市场竞争加剧。与此同时,金刚石制品降价也极大地推动了金刚石制品的应用推广。

2002年CBN制品共消耗CBN近5千万克拉,其中99%为一大企业所报产量,其绝对值较大。CBN制品在超硬材料制品中只占不到9%,远远低于发达国家的比例。而CBN磨料质量稳定,且价格大幅度下降,为CBN制品的推广应用创造了更有利的条件,因此其应用领域应进一步拓宽,普及应用仍亟待加强。

(5)涂附磨具　2002年涂附磨具生产厂家共有48个,比上年多6个,产品产量合计为12 254万m^2。统计的产品有干磨砂布、干磨砂纸、耐水砂纸、全树脂砂布卷、砂带、页轮及其他(超涂层砂纸、半树脂砂布卷、耐水耐油砂布卷、磨金属砂布卷、特柔软砂布卷、其他卷状、带状产品及砂盘、碟盘、磨片、弹性海绵磨块等产品)。涂附磨具可归纳为普通产品(干磨砂纸、砂布、超涂层砂纸等)、耐水砂纸、高档产品(卷状、带状及异型产品),1998～2002年涂附磨具产量产值构成比见表10。

表10　1998～2002年涂附磨具产量产值构成比　(单位:%)

年　度	1998	1999	2000	2001	2002
普通产品					
产量	51.80	48.10	39.10	37.00	30.12
产值	43.70	38.60	33.10	31.00	20.40
耐水砂纸					
产量	44.80	46.70	50.70	50.90	51.40
产值	34.10	35.20	37.00	37.10	27.90
高档产品					
产量	3.40	5.20	10.20	12.10	18.47
产值	23.20	27.20	29.90	31.90	51.70

从几年来的统计资料分析,涂附磨具发展态势呈两大特征:一是向高档产品发展。所谓高档涂附磨具就是机用产品,其性能更加适应顾客为提高经济效益的需求。自1998年到2002年高档涂附磨具在总产量中的占比由3.4%增加到18.5%,上升了15个百分点;产值占比由23.2%增加到51.7%,上升了28.5个百分点。高档涂附磨具产量的强劲增长标志着我国使用涂附磨具的加工方式在改变,正在由原来的手工加工方式向机械化、自动化的加工方式发展,就此可以说明我国涂附磨具的技术水平正在快速发展。但如果和发达国家相比,还存在一定的差距,特别是对特殊材料的加工,我们的强力磨砂带在强度、耐冲击性方面还存在着差距。

另一特征是向多品种系列化发展。从统计资料可以明显看到这一趋势。以异型产品为例,1997年产量不足150万m^2,到2002年已增加到791.3万m^2,5年间增加4倍多。20世纪90年代初期我国涂附磨具企业绝大多数产品品种比较单一,最近几年各企业都在随着社会需求的变化向产品多样化、系列化发展。白鸽集团就是一个典型,他既生产一般性干磨砂布又生产高档产品，而且高档产品也是多品种，既有全棉基体，又有混纺基体系列产品；既有一般性通用产品又有专业性产品，截止至2002年已可生产8个系列30个品种。像白鸽集团能够生产多系列多品种产品的企业还有湖北玉立砂带股份有限公司、顺德市裕涌磨具制造厂、济南砂布厂、上海砂轮厂、北京东升砂布实业公司等一大批企业。

三、市场及销售

2002年中国磨料磨具市场竞争主体多元化，竞争更趋激烈。2002年我国磨料磨具产品结构有所改善，科研成果与新产品增多，一些企业开发的产品已经可以替代进口，甚至接近国际先进水平，也有少量高档产品出口，但总体上仍是中低档产品过剩，高档产品不足。高档产品依赖进口或国外独资、合资企业在境内生产的局面未得到根本扭转。国有企业面临压力增大，企业重组、转制、改制进入攻坚阶段，个别国有大型企业出现停产、半停产状态，民营企业虽然机制灵活，经营情况相对较好，个别企业也意识到开发高档新产品的重要性，但是毕竟多数企业科研力量不足，对科研开发的重视也不够，产品多数仍停留在中低档次，或小有改良，致使国内高档磨具难以与国外竞争。

2002年磨料磨具216个企业的产销率见表11。

表11　2002年磨料磨具216个企业产销率

产品销售率(%)	≥100	99～90	89～80	≤80	合计
企业个数(个)	67	87	30	32	216
所占百分数(%)	31.02	40.28	13.89	14.81	100

其中71.3%的企业产销率在90%以上，比2001年的68.77%增加2.53个百分点；有31.02%的企业产销率为100%或以上，与上年基本一致；产销率在80%及以下的企业数略有增加，占比与上年的14.77%也非常接近。总的来说，销售情况跟上年相比稍有好转但相差并不太多。这也说明有越来越多的企业适应了市场竞争，能够在竞争中看准市场，及时调整产品结构，增强价格、质量竞争力，使自己的产品保持畅销，但也有一部分企业在市场竞争中处于落后位置，产品滞销。

2002年磨料磨具行业产品销售收入前10名企业见表12，2002年磨料磨具行业工业总产值前10名企业见表13，(两表均去除了以非磨料磨具类产品为主的个别企业、非经济实体的伊川磨料集团和包括在白鸽集团中的白鸽股份公司)。

表12　2002年磨料磨具行业产品销售收入前10名企业

企业名称	产品销售收入(万元)
河南黄河实业(集团)股份有限公司	101 140
白鸽集团有限责任公司	23 157
湖北玉立砂带股份有限公司	21 468
太原双塔刚玉股份有限公司	21 334
安徽宏晶新材料股份有限公司	18 366
上海砂轮厂	18 102
河南中南工业有限责任公司	17 615
兰州河桥硅电资源有限公司	13 588
四砂股份有限公司	12 907
安徽亚珠集团有限公司	10 610

表13　2002年磨料磨具行业工业总产值前10名企业

企业名称	工业总产值(当年价)(万元)
河南黄河实业(集团)股份有限公司	102 153
湖北玉立砂带股份有限公司	30 005
白鸽集团有限责任公司	28 279
太原双塔刚玉股份有限公司	23 108
安徽宏晶新材料股份有限公司	17 987
河南中南工业有限责任公司	17 921
重庆南川市矿产品开发(集团)有限公司	15 025
上海砂轮厂	13 655
河南富耐克超硬材料有限公司	13 180
安徽亚珠集团有限公司	11 793

2002年磨料磨具进出口汇总(海关)见表14，2002年磨料磨具行业主要进出口的国家或地区(按进出口量顺序)(海关)见表15，2002年磨料磨具出口创汇前10名企业见表16(去除了以非磨料磨具类产品为主的企业)。

表14　2002年磨料磨具进出口汇总(海关)

	出口				进口				2002年
	数量(t)	比上年增长(%)	金额(万美元)	比上年增长(%)	数量(t)	比上年增长(%)	金额(万美元)	比上年增长(%)	进口单价/出口单价
合计	780 089	0.6	30 772	3.8	49 927	27.4	13 882	18.3	7.1
普通磨料	735 891	0.4	23 975	4.3	30 143	33.2	2 391	33.6	2.4
天然磨料	14 749	−5.5	368	48.9	1 962	−4.6	296	9.0	6.1
人造刚玉	487 539	0.7	12 780	8.2	26 890	37.4	1 573	28.0	2.2
碳化硅	232 877	0.2	10 214	−1.9	1 284	29.0	512	84.0	9.1
碳化硼	726	23.2	613	20.8	6	−45.0	10	−12.6	2.0
普通磨具	27 962	3.8	3 229	6.0	3 446	−0.4	2 961	11.1	7.4
普通砂轮	16 617	6.1	2 357	5.0	2 580	7.9	2 270	18.0	6.2
天然石制砂轮	3 261	10.8	410	19.1	259	−34.2	405	−13.4	12.4
磨石	8 084	−2.9	462	0.9	607	−10.0	287	4.8	8.3
涂附磨具	14 003	11.9	2 085	27.1	15 295	26.0	6 602	26.8	2.9
砂布	5 003	24.8	867	41.9	7 188	35.8	2 754	41.7	2.2
砂纸	8 765	4.5	1 102	13.6	6 472	22.9	2 441	25.2	3.0

（续）

	出口				进口				2002年
	数量（t）	比上年增长（%）	金额（万美元）	比上年增长（%）	数量（t）	比上年增长（%）	金额（万美元）	比上年增长（%）	进口单价/出口单价
其他	235	94.4	117	95.6	1 635	3.6	1 408	7.0	1.7
金刚石	25	−16.8	1 217	−21.0	1	54.1	187	−29.1	3.5
金刚石制品	2 208	−22.9	266	−40.0	1 043	8.0	1 741	−3.5	13.9

表 15　2002 年磨料磨具行业主要进出口的国家或地区（按进出口量顺序）（海关）

产品名称	出口的国家或地区	进口的国家或地区
普通磨料		
天然磨料	日本、美国、韩国、泰国、中国台湾、新加坡、加拿大	日本、法国、中国台湾、印度尼西亚、印度、韩国
人造刚玉	美国、日本、韩国、俄罗斯联邦、南非、印度、荷兰、中国台湾	荷兰、日本、德国、印度、美国、韩国
碳化硅	美国、日本、韩国、墨西哥、印度、挪威、中国台湾	日本、挪威、朝鲜、比利时、巴西、中国台湾
碳化硼	日本、德国、美国、荷兰、英国、韩国、印度、中国台湾	日本、德国
普通磨具		
普通砂轮	日本、巴基斯坦、越南、美国、中国台湾、泰国、英国、马来西亚	中国台湾、日本、美国、奥地利、德国、韩国
天然石制砂轮	德国、泰国、新加坡、美国、比利时、埃及	中国台湾、日本、意大利、德国、中国香港、奥地利
磨石	印度尼西亚、泰国、越南、菲律宾、韩国	中国台湾、韩国、日本、意大利、中国香港、美国、德国
涂附磨具		
砂布	印度尼西亚、孟加拉国、美国、阿拉伯联合酋长国、土耳其、缅甸	韩国、中国台湾、日本、德国、印度尼西亚、瑞士
砂纸	美国、越南、英国、土耳其、印度尼西亚、孟加拉国、德国、泰国	日本、韩国、中国台湾、德国、瑞士、意大利
其他	美国、孟加拉国、荷兰、德国	德国、中国台湾、韩国、日本
金刚石	日本、美国、中国香港、新加坡、阿拉伯联合酋长国、印度	爱尔兰、中国香港、韩国、美国、比利时、日本
人造和天然金刚石制品	马来西亚、中国台湾、美国、越南、中国香港、英国	中国台湾、日本、泰国、韩国

表 16　2002 年磨料磨具出口创汇前 10 名企业

企业名称	出口创汇额（万美元）
河南黄河实业（集团）股份有限公司	2 100
白鸽集团有限责任公司	1 819
河南富耐克超硬材料有限公司	1 121
重庆南川市矿产品开发（集团）有限公司	1 087
丹阳华昌钻石工具制造有限公司	1 045
湖北玉立砂带股份有限公司	836
太原双塔刚玉股份有限公司	735
黑龙江丹峰磨料磨具集团有限公司	556
丹阳锋泰钻石工具制造有限公司	519
上海砂轮厂	511

2002 年我国磨料磨具海关出口总额 30 772 万美元，比上年增长 3.76%，出口总量为 780 089t，比上年增长 0.64%，出口单价稍有上升。海关进口总额为 13 882 万美元，比上年增长 18.34%，进口总量为 49 927t，比上年增长 27.4%，进口量与进口额都有大幅度上升。进口量只是出口量的 6.4%，而进口额却是出口额的 45%，说明进口单价远远高于出口单价。2002 年进口、出口单价比值虽稍有下降，但仍高达 7.05(2001 年为 7.82)。磨料磨具产品从 1997 年连续 3 年，出口量、出口额持续下降，2000 年有较大回升，2001 年以来，发展平稳；进口量自 1997 年持续上升，2001 年稍有下降，2002 年又大幅提升。从国际市场看，我国磨料磨具产品出口到世界六大洲 136 个国家和地区，又从世界六大洲 46 个国家和地区进口，是磨料磨具进出口大国。但我国出口的产品仍以重污染、高耗能的磨料类产品为主，占总出口量的 94.3%，出口额的 82%，大多出口到限制或不愿从事该类产品生产的发达国家，而技术含量相对较高、附加值高的磨具类产品仅占出口量的 5.6%，出口额的 18%，大多只能出口到产品性能要求较低的发展中国家，少量出口到发达国家。从进口情况看，磨料类产品占进口量的 60.4%，进口额的 18.6%，磨具类产品（含超硬材料制品及涂附磨具）占进口量的 39.6%，进口额的 81.4%，进口地主要是发达国家和地区。

普通磨料是我国出口的主要产品，2002 年出口量变化不大，出口额略有增长，但进口量与进口额增长幅度都在 33%以上，说明国内对质优价高的产品需求的增长，这也说明我国普通磨料深加工发展空间很大。其中天然磨料出口量有所下降，而出口额却上升 48.93%，单价从 2001 年的 158 美元上升至 249 美元，提高了 57.6%；进口额升幅不太大，单价从1 322美元上升至1 510美元，上升14.2%，进口单价虽仍为出口单价的6.06倍，但与2001年的8.36倍相比，差距已有所减小。刚玉是我国磨料磨具中最大宗的出口产品，出口量占普通磨料的66.3%，占磨料磨具总量的62.5%，2002年出口量变化不大，出口额有所上升，单价从244美元上升至262美元，而进口量与进口额大幅上升，但单价却从628美元下降至585美元，应该说是一种可喜的现象。碳化硅是另一主要出口商品，占普通磨料的31.6%，占磨料磨具总量的29.9%，2002年出口情况变化不明显，但进口增幅明显，进口量增长29%，进口额增长高达84%，单价从2 792美元猛增至3 985美元，提高42.7%，是出口单价的9倍多，进出口产品质量差距扩大，应引起碳化硅生产企业的足够重视。碳化硼出口量与出口额都有较大增长，进口量下降明显，进口总量虽然不大，但进口单价上升至出口单价的2倍(2001年为1.24倍)。

2002年人造金刚石出口单价与上年相比稍有下降，进口量增长54%，进口额却下降29%，进口单价从2001年的每克拉0.723美元下降至0.332美元，还不到2001年单价的一半，进出口单价之比从2001年的7.17下降至3.47。因为海关分类的原因，每年的金刚石项中均有一部分属于天然钻石，这部分价值量较高，对单价有一定影响，但无法完全剥离出来。对各国金刚石进口情况具体分析，其单价有升有降，但总体来说，进口价格还是下降的趋势。值得注意的是，从爱尔兰进口的金刚石由占进口总量的1/4左右增至近一半，而价格却从每克拉0.54美元下降至0.20美元，这是导致进口单价下降的主要原因之一。

与磨料相比，普通磨具的形势更不容乐观。2002年各种产品的进出口单价之比均有上升，2002年普通砂轮进口量与进口额都有上升，且出口单价下降而进口单价提高。磨石与天然石制砂轮出口额虽都有上升，而进口量有所下降，但进口单价均有较大幅度的提高。金刚石制品的情况更差，出口量与出口额均大幅下滑，单价下降；进口量有所增长，单价稍降，但仍为出口单价的13.87倍，高于2001年的12.07倍，在整个磨料磨具进出口中差价最大，而且差价越来越大，高档产品仍然依赖进口，高精尖产品市场仍然被外国占领。

涂附磨具的进出口形势也很严峻，虽然与固结磨具相比，进出口单价之比相对较低，今年又略有下降，但进口单价仍然为出口单价的近3倍。2002年涂附磨具虽然进出口量与进出口额均呈两位数增长，但进口增长更为显著，且继2000年后，再度出现进口总量大于出口总量的局面。

综上所述，我国磨料磨具工业与世界先进水平之差距仍然很大，全行业企业应当团结一致，努力拚搏，力争赶上世界先进水平。

四、科技成果

2002年全国磨料磨具行业情报网收到的经地市级以上鉴定或验收的科研项目有16项。

(1)“磨航空部件专用砂轮”，由峰航(邯郸)砂轮制品有限公司完成。该项目是河北省2001年科研计划项目。该产品采用新型F13A专用混合磨料制造，具有微气孔、松组织、超软硬度、磨削力强、形状保持性好、工件加工表面质量高等特点，用于高温耐热合金材料复杂型面的成形磨削，如军用及民用航空发动机叶片榫齿、叶身及各种导向器的成形磨削，以及用于横向切入磨削带台阶的复杂型面。本项目所研制的产品经河北省磨料磨具产品质量监督检验站检测符合标准，经试用并与国外同类产品在BLHOM五坐标数控磨床上对比试验，产品性能与进口产品一致，达到了进口同类产品技术水平，整体性能和效果良好，完全可以替代进口产品，填补了国内该类产品的空白，推广应用前景良好。

该项目由河北省科学技术厅于2002年8月组织鉴定。

(2)“细粒度含硼金刚石”，由河南飞孟金刚石工业有限公司完成。该项目采用粉末触媒和粉末碳素合成工艺，关键技术是在特定的压力和温度控制下，将微量硼均匀引入金刚石晶体中，生成浅绿色的多晶结构到晶形较为完整的亮黑色单晶RVD系列金刚石，用于制造树脂结合剂和陶瓷结合剂磨具，填补了国内空白。

其主要技术指标：颜色：黑色透明，粒度：60/80～400/500，耐热温度高于800℃，冲击强度100/200，粒度大于7 800次。

该产品为不规则多刃角多晶体，由亚晶体粒组成，有许多凹角和粗糙表面，具有沿亚晶体界破裂的特征，在磨削过程中不断产生新的切削刃，切削锋利，自锐性好，使用性能达到国内同类产品的先进水平，可广泛用于机械、航空等行业加工高硬度、高耐磨合金。

产品经国家磨料磨具质量监督检验中心检测符合国家和行业标准。河南省科学技术厅于2002年9月11日组织鉴定。

(3)“亮黑色高强度立方氮化硼”，由河南飞孟金刚石工业有限公司完成。该项目选用一种专用触媒作催化剂，在高温(约1 400℃～1 500℃)、高压(约5～6GPa)合成过程中，从化合物材料中向CBN晶体引入一种微量稀有元素，生成B和N各占50%的亮黑色高强度立方氮化硼，晶体杂质含量与一般氮化硼相比减少25%，在技术上具有独创性，达到国内先进水平。产品经国家磨料磨具质量监督检验中心检测符合标准。产品具有高强度、高韧性、高热稳定性，晶体以等积形为主，磨削效率高，使用寿命长，加工表面精度高等特点，可广泛用于机械、航空、建材等加工制造业。河南省科学技术厅于2002年9月11日组织鉴定。

(4)“高精度超薄超硬材料磨具成套制造技术的研究”，由郑州磨料磨具磨削研究所完成。该项目是1999年科技部科研院所技术开发研究专项资金项目。课题组经过独立自主的系统研究，解决了该类产品毛坯密度组织不均、断裂、变形、难加工、掉环、切缝偏斜等一系列关键技术问题，在国内首次提出和完成了金属和树脂两类结合剂高精度超薄超硬材料切割砂轮的成套制造技术，填补了国内空白。

通过原材料的选择与制备工艺、结合剂与配方技术、均匀压制成形与烧结(固化)工艺、磨料层与基体高强度结合技术、精密加工工艺、表面商品化处理工艺、检测技术、专用工装设备等全方位技术的研究,开发出压制法生产金属结合剂整体式、树脂结合剂外环式、树脂结合剂整体式等3个系列产品(树脂结合剂砂轮厚度<0.15mm,金属结合剂砂轮厚度<0.085mm)。产品具有厚度薄、精度高、强度和刚性好、使用性能优良的特点。经河南省计量测试研究所检验和用户使用表明,该项目所研制的系列产品能满足电子信息产业领域不同用户、不同材料的超精密微细切割与开槽加工的工艺要求(包括多片组合使用),产品的尺寸精度、形位精度和使用性能指标均达到国际同类产品先进水平。该技术属国内首创,主要技术指标达到国际先进水平。

该项目的主要创新点有:适合超薄砂轮的专项摊料技术;在金属结合剂、树脂填充料研究应用方面具有独创性;磨料工作层与钢基体的高强度结合技术和检测方法;超薄制品内圆、外圆及端面的精密加工技术。

该项目2002年3月由中国机械工业联合会组织鉴定,2002年12月获中国机械工业联合会科技进步二等奖。

(5)"激光焊接工程薄壁钻头",由石家庄博深工具有限公司完成。该项目是河北省1999年新产品试制开发计划项目。该项目采用粉末冶金的工艺原理,预先将金刚石与金属粉末进行预处理和混合,含有金刚石的工作层粉料经真空烧结制造钻头刀齿,然后通过激光焊接工艺将刀齿与钢体焊接在一起。该项目通过激光焊接直接将母体材料熔化焊接成一体,刀头与钢体联接强度由原设计的≥300N/mm³,提高到600N/mm³,实际钻孔速度可达120mm/min,钻进砖墙寿命达80m。

其主要创新点为:采用CNC控制技术,通过电脑编程,实现刀头自动输送,并全自动精确分度、精确定位与控制间隙,刀头烧结采用压力、温度、时间自动控制的真空热压烧结机,钢体材质选用28CrMo精拉管,内外径不需二次加工,芯管与接管采用氩弧焊接并与粉末造粒、全自动冷压以及金刚石涂覆新技术一起用于薄壁钻头的制造。

该产品经河北省机械产品质量监督检验总站检测,各项性能指标均达到有关标准,并符合德国VBG49标准中的有关要求,综合技术水平达到国际先进水平。

该项目2002年7月由河北省科学技术厅组织鉴定。

(6)"纤维油石的开发研究",由郑州磨料磨具磨削研究所完成。该项目是2001年河南省科技攻关项目。该项目研制的纤维油石是一种新型高强度的特种磨具,其抗折强度是同规格常规树脂、陶瓷结合剂油石的10倍以上,并具有很好的精密抛光性能,广泛用于模具制造、精密铸件、电子产品、工艺玉器等行业,精磨各种精密、复杂、异型模具与制品的异型表面,解决了该用户的一大加工难题,是市场急需的产品。该项目较好地解决了材料选择、混合,以及成形加工等一系列工艺问题,研制出较好的产品配方,开发的纤维油石产品规格有(宽×厚×长)4~10mm×100mmΦ3mm×50mm等,基本满足了用户的使用要求。其主要技术性能指标:抗折强度≥50kN/cm²,尺寸公差:$4\sim10^{+0.05}$ mm×$1^{+0.05}$mm×$100^{+0.05}$mm,据纤维纤径不同,外观呈红、黄、蓝、黑等不同颜色的半透明状。该产品填补国内空白,居于国内领先水平,已批量生产并取得了良好的经济效益,经国家磨料磨具监督检验中心检测,各项指标均达到了标准规定。于2002年9月由河南省科技厅组织鉴定。

(7)"PDC、PCBN复合片加工用系列树脂结合剂金刚石砂轮的研制",由郑州磨料磨具磨削研究所完成。该项目采用高性能树脂结合剂、材料处理技术、优化设计配方、自动化工艺控制技术、精加工和检测技术等先进制造技术,研制出的系列PDC、PCBN复合片加工用树脂结合剂金刚石砂轮具有高磨削效率、高加工精度和低成本的特性,使用寿命优于国内其他厂家同类产品,整体技术居国内领先水平。

其主要技术性能指标:①粗磨复合片外圆金刚石砂轮 砂轮规格:1A1400mm×40mm×203mm×5mm;复合片规格:Φ19系列;加工工艺要求:加工余量≥1.3mm,锥度≤0.05mm,表面粗糙度R_a≤1.6;加工寿命≥220片。

②精磨复合片外圆无芯磨金刚石砂轮 砂轮规格:1A1400mm×150mm×203mm×5mm;复合片规格:Φ19系列;加工工艺要求:加工余量0.15mm,锥度≤0.03mm,表面粗糙度R_a≤0.8;使用寿命:较原金刚石砂轮提高15%左右。

③多晶金刚石层抛光用杯型金刚石砂轮 砂轮规格:6A2 205mm×37mm×50.8mm×25mm×4mm;复合片规格:Φ19系列;加工工艺要求:加工余量0.15mm,平面度≤0.03mm,表面粗糙度R_a≤0.2。

使用结果:砂轮磨削效率、复合片工件的表面粗糙度、尺寸精度、形位公差满足加工工艺要求。

该项目研制的产品经国家磨料磨具质量监督检验中心检测,各项指标均达到了标准规定。2002年12月被河南省科学技术厅认定为高新技术产品。于2002年9月由河南省科技厅组织鉴定。

(8)"热压涡轮锯片",由石家庄博深工具有限公司完成。该项目是石家庄市科学技术局2001年科研计划项目。项目引进韩国整体热压烧结炉等系列金刚石锯片制造工艺和设备,研制开发适宜欧美市场的普通涡轮锯片和超级涡轮锯片。

其主要创新点:在引进消化吸收国外的整体热压烧结炉上采用PLC控制和自主开发的冷预压——热压工艺,实现在热压过程中直接成形;利用涂覆技术将金刚石及胎体粉末进步预处理,基体齿部镀铜,在降低烧结温度的同时,保证了金刚石强度及胎体与基体的粘接强度。

该产品经河北省机械产品质量监督检验总站检测,各项性能指标均达到有关标准,鉴定结论为综合技术水平达到国内领先水平。该项目由石家庄市科学技术局2002年11月组织鉴定。

(9)"合成金刚石用新型复合传压密封介质",由河南远发金刚石有限公司完成。该项目是为我国六面顶大吨位大腔体压机专门研制设计的。以研制的新型复合传压密封介质，替代原来的均质叶蜡石块，内衬传压层不产生高温相变硬化层，不发生体积收缩，有利于合成腔体内压力的稳定；新型密封传压介质消除了叶蜡石对反应腔的污染；保温性能良好，有利于减小合成腔体内温差。新型复合传压密封块采用新型材料和新型结构，为国内首创，综合性能居国内领先水平，经过金刚石厂大批量生产使用表明，性能稳定、密封性好，可明显降低顶锤消耗，同时还可降低合成金刚石所需的压力和功率，有利于提高金刚石产量和质量，对促进金刚石合成技术进步以及大腔体压机的推广应用具有积极意义。

该项目由河南省科学技术厅 2002 年 6 月组织鉴定。

(10)“合成金刚石用超薄高纯石墨片”，由河南远发金刚石有限公司完成。项目采用新型材料和新的制造工艺研制成功的合成金刚石用超薄高纯石墨片，用于在我国大吨位六面顶液压机大腔体中合成金刚石。该产品具有较高的石墨化度(90±2%)，合适的体积密度(1.9～2.1±0.1g/cm^3)，大的直径(Φ60mm)，超薄的厚度(0.5mm)等特点，有利于提高石墨的利用率，减少高压腔中的压力损失，有利于合成高品级的金刚石。该产品为国内首创，综合性能居于国内领先水平。

该项目由河南省科学技术厅 2002 年 8 月组织鉴定。

(11)“复合片高效精磨抛光机的研制”，该项目由郑州磨料磨具磨削研究所完成。

该项目研制的复合片高效精磨抛光机适用于对表面粗糙度要求很高的零件平面进行高效精磨、抛光，是金刚石复合片表面镜面抛光的理想设备，也可用于硬质合金、陶瓷、石墨等零件平面的高效精磨、抛光。其结构特点：高效精磨盘和抛光盘均采用金刚石磨具，加工速度快、精度高；工件压头采用弹性浮动加力机构，操作简便、快捷；工作磨头采用多头结构，一次可同时加工 9 片工件，效率高；工件卡头采用球面接触传动，工件抛光平面与金刚石砂轮工作面自适应，保证工件均匀抛光；磨头多头结构采用同一微型齿轮减速电动机驱动的同步齿形带传动，结构简单，传动平稳，噪音低。

其主要技术参数：表面粗糙度 0.05μm 以上，主轴转速 1 430r/min，磨头数量 3 个，磨头转速 12 r/min，工件压力 5～20kg，冷却水流量 22L/min，总功率 3.2kW。

该产品达到国内同类产品先进水平，在浮动机构施加磨削力和工件定位方面居国内领先水平。该项目 2002 年 9 月通过河南省科技厅鉴定。

(12)“UDS－III 型高压合成装备及工艺”，由河南黄河旋风股份有限公司完成。该项目为河南省科技攻关重点项目。该项目从系统工程的角度进行设计、制造，在主机结构、液压系统、控制系统和金刚石合成工艺等方面融合了大型金刚石压机设计技术、智能化自动控制技术、粗粒度高强度合成工艺技术等多项专利技术和专有技术，在大腔体高温高压方面实现了重大突破。

用 USD－III 型六面顶金刚石压机稳定地满足了实现 Φ46mm(粉末触媒)和 Φ52mm(片状触媒)合成工艺条件的要求，提高了单次产量与高强比，为开发高档次产品创造了条件。

项目的主要技术性能指标：单缸压力：34.5MN；合成腔体：Φ46mm(粉状)、Φ52mm(片状触媒)；单次产量：≥120 克拉；粒度分布：30＃～60＃占 90%；工艺时间：20～30min；强度比例：中、高品级(12kg)以上占 60%，其中高品级(20kg)以上占 20%。

USD－III 型六面顶金刚石压机经郑州机械研究所检测，各项技术指标符合企业标准的要求，所生产的金刚石经检测符合有关国家标准要求。

于 2002 年 12 月由河南省科技厅组织鉴定，鉴定委员会认为，本项目在大吨位六面顶压机和大腔体合成装备和工艺方面属国内首创，技术水平处于国内领先和国际先进水平。

(13)“JQZ150 型金刚石球磨整形机”，由河南黄河旋风股份有限公司完成。该整形机的主要原理为电动机经减速后驱动旋转主轴，在主轴圆周方向上对称排列 4 个球磨桶，充分有效地利用工作空间。在加大装料量的同时保持结构紧凑。每个球磨桶均与主轴成 45°夹角，使混合料的运动轨迹更多维，混合料在做圆周运动的同时，也有上下翻动、混合、碰撞，有助于提高研磨效率和研磨品质。

产品主要技术性能指标：混料桶内径：150mm；单次装料量：8 000 克拉；电动机功率：2.2kW；混料桶额定转速：45r/min；整机质量：≤200kg；外形尺寸(长×宽×高)：1 000 mm×650mm×1 250mm。

于 2002 年 12 月由河南省科技厅组织鉴定，经鉴定该产品在同类设备中居国内先进水平。

(14)“砂轮安全性能检测设备”，由郑州磨料磨具磨削研究所和国家磨料磨具质量监督检验中心完成。该项目为国家科技部科技型中小企业技术创新基金项目。

研制的“砂轮静态抗弯强度测定仪”：压力测试范围 0～500N，测试精度±2N；

“砂轮动态三点侧向负荷测试设备”：主轴转速 10 000r/min，检验砂轮直径 300～400mm，侧向负荷测试范围 0～500N，测量精度±5N；

“砂轮动态单点侧向负荷测试设备”：主轴转速 16 000r/min，检验砂轮直径 100～400mm，侧向负荷测试范围 0～500N，测量精度±5N。

该项目由国家科技部科技型中小企业技术创新基金管理中心 2002 年 12 月组织鉴定。鉴定结论为：项目研制的设备在测量范围、测量精度和检测功能上达到了规定的技术指标，设计的刚性体静态线性加压机构、动态侧向负荷检测设备智能控制数学模型，以及开发的动态大波动压力信号峰值锁定和滤波技术、测速、控速、数据采集、信号之间抗干扰技术等，解决了开发的检测设备的关键技术问题，具有创新性。砂轮静态抗弯强度测定仪为国内领先水平,砂轮动态单点、三点侧向负荷检测设备填补了该类产品的国内空白。该项目产品 2002 年 12 月被河南省科学技术厅认定为高新技术产品。

(15)"超硬材料及制品标准与检测技术",由国家超硬材料及制品工程技术研究中心(依托单位:郑州磨料磨具磨削研究所)完成。该项目是 1999 年科技部科技基础性工作(任务),首次全面系统地分析了国内外超硬材料及制品标准与检测技术及其发展历程、现状和趋势及其管理运行机制,其内容翔实、客观、深刻。在国内首次提出:现行的以单颗静压强度为主的超硬材料的检测方法及标准不能正确反映产品的实际使用性能,制约了产品的发展。应建立以 TI(冲击韧性)、TTI(热冲击韧性)、晶形、每克拉颗粒数为主的多指标量化检测指标体系,作为超硬材料质量评定的主要依据;尽快推广应用 TTI 和磁化率检测技术以及磁选技术,以解决目前我国金刚石磨料 TTI 性能差的问题,加快产品结构调整;改进现行 TI 检测技术,积极开发和应用晶形量化检测技术,发展无损检测技术,与国际接轨,拓展国际市场。这些建议对行业的发展具有重要的指导意义。项目就检测方法进行的探讨和试验研究,为国内今后超硬材料检测技术的发展和标准的制订提供了有价值的参考依据。项目研发的 CYRL－1 型金刚石加热管式炉及 ZMC－A 型金刚石锯片锯齿结合强度测定仪属国内首创,经使用性能可靠、稳定,在产品出口方面发挥了重要作用。在国内首先制订了"TTI 检测方法标准"和"金刚石锯片锯齿结合强度检测方法标准"的初稿,标准可与国际接轨,经全国磨料磨具标准化委员会审查符合 GB/T1－1993 标准的要求。

该项目成果的推广应用,对推动行业产品结构调整,提高产品质量,增强在国际市场中的竞争能力,具有重要的意义。该项目 2002 年 3 月由中国机械工业联合会组织鉴定。

(16)"超硬材料与磨料磨具文献数据库的开发",由郑州工业高等专科学校和郑州磨料磨具磨削研究所完成。该项目为河南省科技厅软科学研究项目。

该数据库可应用于全国超硬材料与磨料磨具行业以及相关行业企事业单位的科技信息检索,还可应用于高校本专业和相关专业师生教学和科研的参考信息检索。数据库检索系统可实现对数据库的自动化管理,完成数据记录的录入、编辑、修改、打印等操作并能进行多字段智能检索、输出和打印各种检索报告单。

性能指标:采用目前最先进的 Visual FoxPro 数据库系统,分为超硬材料文献数据库和磨料磨具文献数据库两个子库;完整地收集了国内外磨料磨具、超硬材料及相关行业科技文献信息;数据库所设各字段均可作为检索入口;编制打印各种专题报告单的程序;可实现单机运行和网络运行。

该数据库收录的专业信息全面,反映了我国超硬材料和磨料磨具工业技术进步和发展的全貌,跟踪当今该学科领域的学术前沿。在超硬材料和磨料磨具中文文献方面具有权威性;采用 FoxPro 数据库系统,实现多途径检索,用户操作简便,具有很强的实用性;该数据库已成为中国科技信息研究所、河南省科技情报研究所超硬材料和磨料磨具专业的科技查新数据库,行业企业及用户反映良好,已取得显著的经济和社会效益。

该数据库在大学图书馆特色数据库建设与学科发展、行业应用紧密结合方面有创新,达到国内同类数据库领先水平。该项目由河南省科技厅 2002 年 12 月组织鉴定。

五、新产品

2002 全国磨料磨具行业情报网收到的经地市级以上鉴定或验收的新产品有 5 项。

(1)"陶瓷结合剂 CBN、SG、刚玉、碳化硅系列小砂轮及带柄磨头",由宁波万福磨料磨具厂完成。该产品用超硬材料和新型陶瓷合成工艺制造,与普通砂轮的高温、高强度、热膨胀大的制造工艺有很大不同,它是采用低的烧成温度和小热膨胀系数工艺制造出高转速、高强度、高切削率的产品。产品主要特点有:磨料硬度高、导热率高、磨粒锋利、磨削能力强、磨削温度低、砂轮磨损小、使用寿命长,耐热、耐油、耐水、耐酸碱性好,磨削精度高,不堵塞、烧伤工件,自锐性好、砂轮修整间隔长,非常适合在数控磨床和自动化生产线上应用和推广。随着我国航天、航空、军工、轴承、汽配等工业的进一步发展和数控磨床自动化生产线在国内其他各领域的推广应用,该产品具有广阔的市场前景。国外工业发达国家陶瓷结合剂 CBN 砂轮用量正以每年 30%以上的速度增长,市场前景广阔。

该厂研制的产品经国家磨料磨具监督中心检测,符合国家相应标准和企业标准,用户使用反映效果良好。该产品由宁波市经济委员会 2002 年 2 月组织鉴定。专家委员会认为,其技术指标达到国内先进水平,其 CBN 磨头产品填补省内空白,具有较好的经济效益和市场前景。

(2)"薄壁金刚石钻头",由石家庄开发区博深工具有限公司完成,于 2002 年 3 月获国家实用新型专利。

(3)"金刚石锯片砂带抛光机",由郑州磨料磨具磨削研究所完成。该产品是一种金刚石圆锯片砂带抛光机,主要由锯片旋转系统、砂带抛光系统及其支撑轴系组成。该机的特点是锯片旋转系统由数根方钢支撑锯片,强力磁铁夹紧锯片,旋转的风力可自动排走工作时产生的粉尘,净化工作环境,降低设备损耗。砂带抛光系统由三轮布置组成,除砂带抛光外,接触轮上可加装安装砂轮或其他抛光轮的连接轴,可清理锯片焊缝,实现一机多用。该机抛光效果好、抛光效率高,是锯片厂家的必备设备。该产品于 2002 年 7 月获国家实用新型专利。

(4)"金刚石加热管式炉",由郑州磨料磨具磨削研究所完成。该产品特征:包括加热装置以及控制加热装置的电气测控装置;加热装置由设置在底座上的密封加热室、安置在密封加热室中段外部的加热炉以及控制加热炉的行走驱动机构构成;密封加热室还通过导管与惰性气体瓶相连接,安置在加热室内的温度传感器通过导线与电气测控装置结合在一起。由于采用电气测控装置以及与之相连接的加热装置等结构，能精确控制升温速度且升温速度快，另外，不需要水循环冷却密封效果好。该产品于 2002 年 10 月获国家实用新型专利。

(5)"数字式磨料单颗粒抗压强度测定仪"，由中国七砂集团有限责任公司完成，于 2002 年 12 月获国家实用新型专利。

六、管理及改革

2002 年磨料磨具行业进一步加强企业管理和加快机制转换步伐，原国有、集体所有制企业竞相转制成股份制企业。特别是大型国有企业，随着改革的深入，原有的弱势更加充分地显示出来，这些企业不得不加大改革力度。如 2001 年运行较好的上海砂轮厂，与 3M(中国)投资有限公司合资成立上海研磨产品制造有限公司，还有 4 个企业均在进行资产重组转制的协商洽谈，其方案已获政府支持和批准。与此同时，不少中小企业也已经完成或正在积极推进企业股份制改造。也有一些中小企业停产、转产，或被大企业兼并，形成集团化公司。各企业减员增效等一系列改革措施取得明显成效。

七、质量及标准

国家磨料磨具质量监督检验中心 2002 年通过了国家实验室认可委员会年度监督评审和国家质检总局的复查验收。根据"全国工业产品生产许可证办公室"的授权要求和实施计划，全面完成了"砂轮产品生产许可证换(发)证实施细则"的宣贯工作。2002 年共受理全国各省、市(直辖市)、自治区 700 个砂轮生产企业的换发许可证的申请；先后 4 次对审查员进行了有关法律、法规、工作纪律及有关技术知识的培训学习，举办了两期内审员培训班，培训学员 200 多人次；组织编写了陶瓷结合剂砂轮工艺文件、树脂结合剂砂轮工艺文件、程序文件范例、内部产品质量审核 4 套教材，对促进许可证工作的顺利开展和规范企业的生产管理工作发挥了较好作用，得到了行业的好评。

全国磨料磨具标准化技术委员会 2002 年组织行业制修订 11 项标准(上报待批)，其中国家标准 8 项，行业标准 3 项；全年共收到 ISO 国际标准化组织来函 24 项，其中有 19 项是关于标准制修订的，标委会秘书处经过分析研究后都及时回函，提出了我国关于国际标准制修订的意见。

八、磨料磨具行业企业简介

郑州磨料磨具磨削研究所　中国第一颗人造金刚石诞生地，创建于 1958 年，是我国磨料磨具行业综合性研究和产品制造机构。

建所 40 多年来，研究、开发科研成果 800 余项，其中有 100 多项获省部级以上各种奖励，已有 550 多项成果在全国各地推广应用。在第 1 颗人造金刚石之后，相继在超硬材料领域开发了立方氮化硼、人造金刚石聚晶、人造金刚石及其磨具等多种产品。1998 年，以该所为依托单位建立了国有超硬材料及制品工程技术研究中心，在超硬材料及制品领域一直处于行业领先地位。

该所是国家磨料磨具质量监督检验中心的依托单位，国家磨料磨具标准化技术委员会、超硬材料协会、磨削协会及《金刚石及磨料磨具工程》杂志社等均依托该所而设，该所拥有较强的技术实力和行业信息优势。

2002 年完成经营收入 2 138 万元，财务收入 2 548 万元；有 4 项产品被河南省科技厅认定为高新技术产品：珩磨油石，65m/s 陶瓷结合剂砂轮，砂轮安全性能检测设备和 PCD 、PCBN 复合片加工用系列金刚石砂轮。

河南黄河实业集团股份有限公司　始建于 1979 年，经过 20 多年的发展，现已成为集科研、生产、贸易于一体的国家大一型企业，是人造金刚石及其制品行业的排头兵企业。公司现有员工 3 991 人，其中中专以上学历技术人员 1 260 人，硕士 72 人，博士 22 人；拥有总资产 10.19 亿元，净资产 5.27 亿元。公司是河南省政府重点扶持的 50 个大型企业之一，是国家火炬计划重点高新技术企业，拥有国家级企业技术中心和企业博士后科研工作站上海研发中心，其控股骨干企业河南黄河旋风股份有限公司为股票上市公司。

公司主要产品有新一代 UDS—Ⅰ 9 000t 金刚石压机、人造金刚石、金刚石工具制品、建筑机械、电子制品、特种车辆及零部件等 6 大类 138 个品种，400 多个规格产品。近年来公司先后获国优金奖 1 项，国家专利 38 项，科技进步奖 28 项，"旋风"牌系列产品畅销海内外市场。

河南中南工业有限责任公司　是一个专业从事超硬材料生产和科研的大型企业，占地面积 236 万 m^2，拥有固定资产 3.6 亿元，各类设备 3 200 台(套)，现有职工 3 000 余人，拥有完善的现代化检测设备。

2002 年生产六面顶液压机近 200 台，并且缸径均在 420mm 以上；年产人造金刚石和立方氮化硼 2 亿克拉，产品在国内、外市场上深受广大用户的好评。

中南公司的人造金刚石和立方氯化硼产品每年都通过国家磨料磨具监督检验中心检测。目前公司人造金刚石产品质量已经达到美国 GE 公司两面顶合成工艺的中高档水平。产品主要特点：晶型完整、呈立方八面体晶型，晶面饱满，耐磨性高，具有高的抗冲击性和热稳定性，边缘锐利，杂质含量很低。公司被中国机床工具工业协会评为 2002 年"精心创品牌活动"十佳企业。

金瑞新材料科技股份有限公司　是以中央直属大型科技企业长沙矿冶研究院为主发起人，联合华菱集团等 4 个发起人共同发起设立的、以新材料为龙头的高科技股份有限公司。公司注册资本 1 067 万元，拥有自营进出口权。公司现已发展成拥有数个直属企业和 5 个控股子公司，总资产规模近 10 亿元的大型高科技上市公司。

公司现已成为我国电子基础材料、超硬材料研究开发和生产的重要基地。其中合成人造金刚石用触媒合金、高品级人造金刚石和金刚石微粉的生产技术处于国内领先水平，产品产销量居全国前列。

白鸽(集团)股份有限公司　是亚洲最大的综合性磨料磨具生产企业，作为"中国驰名商标"的"白鸽"牌产品以其质量好、信誉高而被广大用户接受和喜爱，产品远销世界 60

多个国家和地区。

高档涂附磨具系列产品、钢轨打磨专用砂轮等被国家批准为2002年国家级重点新产品；特种涂层涂附磨具参加省高新技术项目成果交易会和行业展览会，取得了很好的效果。

湖北玉立砂带股份有限公司 2002年全年共完成工业总产值3.8亿元，上交国家税金1 200万元，出口700万美元。主要经济指标位居全国同行业前列，多项产品居国内市场份额之首。"犀利"牌商标第三次荣获"湖北省著名商标"，"犀利牌"系列产品连续三届被评为省名牌产品。公司荣获中国机床工具工业协会"精心创品牌十佳企业"、涂附磨具分会2002年度质量管理先进单位、技术改造先进单位、利税大户三项桂冠，"全国诚信守法乡镇企业"、"湖北省企业技术中心"、"湖北省高新技术企业"、"湖北省出口先进单位"等称号。

2002年投资1 000万元的中国玉立砂带(越南)公司于2002年5月竣工投产，产品全面走向越南市场，向东南亚市场挺进。投资3 000万元引进全套欧洲高档砂带生产线及工艺技术，并于当年10月竣工投产。在科技创新方面，公司在国内率先研制出特柔软砂带、重型布基砂带、锆刚玉砂带、复合基砂带、纸基砂带、钢纸砂盘、全树脂防潮蓝版砂布等"三高一新"产品，已成功投放国内外市场。

上海砂轮厂 是一个具有60多年历史的综合性磨料磨具专业生产厂，国家二级企业，原机械工业部重点企业，原外经贸部批准的第一批具有出口自营权的出口基地企业。其产品多次被评为上海市优质产品、上海市优质出口产品，获得上海市出口免检商品称号。强力砂带连续5年被评为"上海市名牌产品"。

上海砂轮厂生产普通磨具、涂附磨具、超硬材料制品等3大类产品，形成了一定的生产规模。普通磨具年生产能力3 000t，涂附磨具年生产能力1 500万m^2，超硬材料制品年生产能力在250万克拉以上。2002年销售总额达到1.81亿元，出口创汇500多万美元。

2002年7月23日与3M公司签订合资经营合同，并于10月23日组建了合资厂——3M上海研磨产品制造有限公司。3M公司在合资最初的二三年内，将7种新产品转入合资公司。

上海砂轮厂是全国磨料磨具行业首家通过认证审核单位。

江苏三菱磨料磨具有限公司 现有员工206人，其中大专以上学历的科技人员占30%，拥有1个布处理中心和8条自动化涂附磨具制造线，形成年产1 500万m^2涂附磨具系列产品的能力。

2002年实现销售收入10 410万元，利税1 186万元，工业增加值3 274万元，入库税金734万元，人均收入1.5万元；比1998年分别增长11.7倍、37倍、16倍、18.4倍、3.25倍

近年来，三菱公司投入4 000万元，瞄准国际、国内行业的先进技术，开发、储备了一些新产品。全树脂砂布被列为省火炬计划项目，YA、YC全树脂砂布产品被列入国家火炬项目计划，主产品卷状全树脂砂布被评为江苏省高新技术产品。企业先后被认定为省、市高新技术企业，跨入全市"大企业、大集团"行列。企业取得自营出口权资格。

北京东升砂布实业公司 是中国涂附磨具行业的骨干企业之一，是中国涂附磨具理事长单位。砂布、砂纸、水砂纸等系列产品不仅畅销国内市场还远销东南亚、中东及北美等国际市场，而且多次荣获北京市优质产品称号。"熊猫牌"商标已成为中国涂附磨具市场的著名商标。

2002年，企业销售产值2 850万元，创历史新高。

为了进一步扩大企业规模，2002年企业投资200多万元，建立了北京市规模最大的磨料磨具公司——北克艾博锐磨具销售有限公司，为顾客提供专业化的打磨抛光产品和服务，成为企业发展的新亮点。

顺德市大唐研磨材料有限公司 公司从国外引进先进的涂附磨具生产线，生产出适合不同行业要求的全树脂砂布、砂带以及各种研磨材料、抛光磨具，其中以"小太阳"、"新东江"、"裕得"、"宇航"、"坚力士"等品牌的产品畅销全国，深受广大客户的好评。

济南砂布厂 占地面积53 333m^2，建筑面积20 000m^2，拥有资产总额4 200万元，固定资产原价2 000万元，现有职工230人，其中专业技术人员70人，占职工总数的30%。

该厂拥有实用新型专利12项、外观设计专利12项，主要产品有砂布、砂纸、耐水砂纸、全树脂砂带、环形砂带和异型抛光磨具。其中，砂布获原国家轻工部优质产品称号，砂纸和耐水砂纸获山东省优质产品称号，并获国家商检局颁发的出口产品许可证；"工字牌"涂附磨具获山东省著名商标称号；"BOOS"商标涂附磨具在国内外享有较高的声誉。

该厂引进美国技术，新上了宽幅水砂纸生产线和高档全树脂砂带生产线。项目完成后新增生产能力350万m^2，新增产值近1亿元，利税可达1 200万元，出口创汇可达500万美元。

该厂2002年的工业总产值比上年增长24%，销售收入5 011万元，比上年增长25%；工业增加值1 729万元，利税327万元，比上年增长29%；出口交货值2 600万元。

该厂拥有进出口自营权，2002年利用电子商务，积极参加国际性商务会展，争取世界级终端顾客。产品出口到欧美及东南亚30多个国家，2002年出口交货值2 000万元，比上年增长43%，占总销售收入的50%以上。

郑州市磨料磨具厂 是集冶炼、制粒到磨具制造的企业，享有进出口经营权。工厂主要生产"腾达"牌高档固结磨料、涂附磨料、固结磨具及耐火原料。年产棕刚玉、高铝刚玉、半脆刚玉、矾土电熔致密刚玉、电熔模铝尖晶石、莫来石、白刚玉30 000t，陶瓷、树脂磨具3 000t。

该厂高铝刚玉、棕刚玉产品已获多项国家及省部级、市级科技进步奖及优质产品奖，其中高铝刚玉荣获国家科技进步二等奖。2002年申报国家发明专利"附料的热处理方

法”1项；与郑州大学高温材料研究所签订《矾土基电熔刚玉制品开发》项目1个。

河南富耐克超硬材料有限公司 创立于1988年，是专业研究与生产立方氮化硼(CBN)单晶及其系列磨料产品的高新技术企业。现已发展成为世界最大的立方氮化硼产品研发、生产企业。在超硬材料行业“富耐克”品牌以其稳定可靠的质量与专业化的技术服务享誉国内外。

公司位于郑州高新技术产业开发区，年产CBN磨料产品1亿克拉，产品80%出口，畅销美国、日本、欧洲、东南亚等国家和地区。

〔撰稿人：中国机床工具工业协会超硬材料分会赵博、李志宏 涂附磨具分会尹传忠 磨料磨具分会陈和生〕

中国机床工具工业年鉴

China Machine Tool & Tool Industry Yearbook

2003

第Ⅱ部分

企业概况

企业概况

2002年机床工具行业四项十佳企业名单

出口创汇十佳企业

江苏天工工具股份有限公司
江苏飞达工具集团有限公司
白鸽(集团)有限责任公司
沈阳机床(集团)有限责任公司
重庆南川市矿产品开发集团有限公司
大连机床集团有限责任公司
呼和浩特众环(集团)有限责任公司
宝鸡机床厂
上海工具厂有限公司
北京阿奇夏米尔工业电子有限公司

数控产值十佳企业

沈阳机床(集团)有限责任公司
济南二机床集团有限公司
大连机床集团有限责任公司
北京第一机床厂
济南一机床集团有限公司
宝鸡机床厂
浙江日发数码精密机械股份有限公司
北京阿奇夏米尔工业电子有限公司
湖北三环锻压机床有限公司
上海冲剪机床厂

产品销售收入十佳企业

大连机床集团有限责任公司
沈阳机床(集团)有限责任公司
无锡开源机床集团有限公司
耀华电器集团有限公司
北京第一机床厂
济南二机床集团有限公司
杭州机床集团有限公司
湖北三环锻压机床有限公司
上海机床厂有限公司
成都宁江机床(集团)股份有限公司

精心创品牌活动十佳企业

上海机床厂有限公司
中捷机床有限公司
江苏多棱数控机床股份有限公司
重庆机床厂
成都宁江机床(集团)股份有限公司
大连亿达日平机床有限公司
南京工艺装备制造厂
上海冲剪机床厂
河南中南工业有限责任公司
湖北玉立砂带股份有限公司

〔执笔人:中国机床工具工业协会李继运〕

企 业 介 绍

本篇收录的企业介绍，是根据年鉴要求企业报送的资料和2002年度机床工具行业企业开展"精心创品牌活动"的资料加以筛选和整理

实施创新战略 促进企业跨越式发展

——秦川机床集团有限公司

秦川机床集团有限公司前身为秦川机床厂，1965年由上海机床厂分迁至陕西省宝鸡市，是我国机床工具行业的重点骨干企业。截止至2002年底，公司资产规模超过12亿元，拥有20个控股、参股公司，形成了以精密机械类（精密机床工具、汽车零部件、塑料及食品包装机械、齿轮传动、军品制造）、电子信息类（三帝系列PC及网络产品、汽车电子产品）、农业环保类（节水灌溉设备、节水灌溉产品及工程服务、新型木塑产品）三大主体产业群。

公司主要经济指标已连续20年稳步增长，并处于国内同行业领先水平。2002年公司完成工业总产值、实现销售收入、利税等各项主要经济效益指标行业排名分别为第五、第六、第五名。2003年1～6月份，公司完成工业总产值同比增长54.7%，实现销售收入同比增长64.4%，实现利税同比增长41.7%。

公司现有员工3 472人，拥有一批高素质的科研、管理、生产人才。其中博士9名，硕士48人，各类专业技术人员1 115人；国家级专家6人，享受国务院政府津贴的3人。

一、把握政策机遇，坚持体制创新

20多年来，秦川机床集团紧紧抓住政策机遇，勇当改革先锋，一直走在全行业全国的前列。20世纪80年代，率先实行厂长负责制，进行利税改革试点和承包制改革。90年代，作为全国百家现代企业制度试点之一，积极致力于建立现代企业制度，1995年，企业严格按照《公司法》改制为国有独资公司，初步建立了法人治理结构，使企业决策机制趋于合理。1998年，公司部分改制上市，成为全国机床工具行业为数不多的几家上市公司之一，在许多同行为资金紧张所困扰的时候，开辟了企业的快速发展融资渠道。2001年10月，公司成功实施了债转股，中国华融等四家金融资产管理公司成为公司新股东，不仅实现了投资主体多元化，进一步健全了法人治理结构，而且奠定了企业科学决策的制度基础与法治框架。与此同时，集团公司资产负债率由63%降到21%，每年仅减少利息支出就达1 400多万元，优化了公司资本结构，也为企业卸掉债务包袱，轻装前进创造了有利条件。2002年6月，股份公司成功地实施了配股，融资1.3个亿，再加上国债项目，累计融通资金3个亿，使公司的资金状况达到历史最好水平。

二、深化企业内部改革 推进机制不断创新

在从计划经济向市场经济的转轨过程中，公司积极推进内部体制创新，主动适应不断变化的市场环境。20世纪80年代初，企业适应厂长负责制、承包制改革的体制特点，给二级单位适当的下放经营自主权，将原来封闭的生产车间改制为分厂，各厂从自己的资源特点出发，在各自专业市场上大有作为，开发出适销对路产品。按模拟法人运作，企业推行"收支两条线"的财务管理模式，制订工效挂钩的经济责任制考核办法，并对经营者实行年薪制。在当时的历史环境下，内部体制创新对调整产品结构、转换经营机制，促进企业经济效益提高，起到积极的推动作用。

但是，这种模式在运行中依然存有计划经济色彩，以及早期多品种发展战略使这种"分厂制"模式在新形势下缺乏进一步创新的动力，制约和牵制了企业主营产品的发展。主要表现在：分散了企业的人、才、物力，资源配置效率低下，主业难以做精做强做大；经营战略目标不清晰，导向乏力；内部利益群体多元化，协作与沟通难度增大，不利于先进制造技术和制造模式的推广应用。

为此，公司突破原"分厂制"的桎梏，重组与整合企业内部业务流程，促进结构性调整和流程再造，优化"大而全"、"小而全"的资源配置模式。公司在"以客户为中心，以服务为第一"的经营理念下，提出了"大平台"战略：即在"二线厂"的基础上，打造具有先进制造技术和先进管理技术的共同制造平台，在"一线厂"的基础上，整合以研发、装配、销售、服务"四位一体"为主要功能的主机厂群，探索以用户需求为导向的、具有竞争力的新赢利模式。继2001年整合研究院、分拆机床厂，成立塑机厂和机加厂等业务单位后，2002年又组建成立了机床二厂、机加二厂、特种齿轮箱厂、工模具厂等一批具有新体制特点、新运作模式的业务单位。整合公司销售资源，成立了上海销售分公司，加强公司在华东地区的销售实力和市场影响，彻底告别过去"提篮小卖"的营销形象。按照现代物流特点，重组公司及宝鸡本部物流系统，也取得了阶段性成果，等等。这些都标志着公司业务战略从"跷跷板"型向"大平台"型战略的转变，流程再造新格局初步形成。

同时，通过体制创新、资产重组、外协等灵活方式，将公司本部的冷作、锻造、标准件、粗加工、运输队等技术含量低、劳动密集型的部门逐步剥离，以集中优势资源，增强公

司核心产业。如通过引入民营资本和集体资本，组建由公司控股，多家外部单位参股的秦川精工模具有限公司、秦川海通运输有限公司等，实现股权多元化，允许管理层持股，既达到了对经营者的有效激励，又解决了富余人员的分流问题，大幅提升了企业的劳动生产率和盈利能力。

三、找准战略定位，谋划百年目标

1. 立足制造业，夯实主业基础

机床工具工业是制造业的“装备部”和“工艺师”，具有相对技术密集、资金密集、复杂劳动密集的产业特征，在整个制造产业链上处于高端位置。大力发展装备制造业将是我国新世纪经济发展的战略选择。

公司旗帜鲜明的将企业定位于“制造业”，确立了“创建宜人制造业，打造具有国际竞争力的百年企业”的发展目标和“做实本部、做强主业、做大规模”的战略步骤。积极以信息技术改造传统产业，确立了机械类(精密机床工具、汽车零部件、塑料及食品包装机械、齿轮传动、军品制造)、电子信息类(三帝系列 PC 及网络产品、汽车电子产品)、农业—生物—环保类(节水灌溉设备、节水灌溉产品及工程服务、新型木塑产品)三大主体产业群。

公司制订了百年战略的阶段性目标——“三·三”发展规划，3 年内在本部投资 1 个亿，夯实主业基础，提升核心竞争力。加大数控磨齿机、螺旋伞齿轮加工机、高速主轴等高端技术的研发投入；强化精密加工、精密检测、精密装配新“三精”优势，如对铸造厂一次投资 2 200 万元，进行大规模技术改造，以提升球铁铸件、有色铸件生产能力，全部技改项目 2004 年完成后，铸造厂的生产能力提高 1.5 万 t，销售收入将达到 8 000 万元以上；按照现代物流特点重新整合公司的物流系统，引入敏捷制造、精益制造理念，战略性购置关键设备，如 M—VRN25 五面体加工中心、DIXI75AM 坐标镗床、PAMA · ACC152—380CNC 数控落地镗铣床、ELC800 数控双端面磨床等，解决了关键工序的加工瓶颈；整合公司信息资源，加快信息化建设步伐；新建超高型恒温装配车间，使公司具备大规格磨齿机、加工中心的生产条件；建造智能化立体仓储中心，实现物资采购与存储的科学管理。

同时，根据国际产业转移的规律和自身优势，以秦川铸造厂为核心，整合周边的铸造资源，组建陕西秦川铸造有限公司，形成年产 3 万 t 铸件的生产能力，成为西部最大的铸造产品生产和出口基地。

2. 强化资本运作，实现低成本扩张

随着国有企业改革力度空前加大，通过资本市场改造、改组、改革国有企业，必将成为我国经济体制深层次改革的新课题和新思路。资本运作作为企业一种经营战略，尽管经过了依靠大资金、新概念进行纯粹投机炒作的时期，但企业资本运作的投资理念、重组目标逐步回归于产业的整合与区域经济的群集化，成为企业更迅速、更经济的获取新的战略资源，提高主业核心竞争力的金融手段和工具。

2002 年 6 月，公司与陕西机床厂合资组建了陕西秦川柏兰德机床有限公司，拉开了以市场手段整合区域机床产业的序幕。新公司定位于精密外圆磨床高端产品研发与制造，将依托秦川雄厚的资金和先进的管理模式，充分激活陕西机床厂在外圆磨床、凸轮磨床领域的设计、制造优势，形成“双赢”的发展态势。当年实现收入 2 000 万元，2003 年将实现收入 6 000 万元，2004 年可望达到 1 个亿。由于公司精心运做，在与陕西机床厂的重组改造中取得了明显的经济效益和社会效益，为振兴我国装备制造业和陕西的区域装备制造业做出了贡献。

面对国际竞争，公司正加紧实施跨国并购。该外国机床公司有 80 年的历史，具有品牌知名、销售渠道完善、用户基础广泛(300 多户，分布在美、欧、亚等地，包括美国通用汽车、福特汽车、通用电气等，在中国也有 10 多家，并因注重出口而获得美国总统出口奖)、技术积累雄厚以及地理位置优越等多方面优势，是目前世界上有其独有的具有完整切削工艺技术与产品系列的生产企业。此次收购控股该企业，是公司实施海外战略，提升核心能力的重要举措，其作用、其效益，不仅仅只是在于收购一个企业本身的生产经营效益，而是欲以此作为区域机床工具工业在国际市场上的立足点和“桥头堡”，为西部企业走出国门，参与国际竞争，搭建一个广阔的平台。

3. 培育核心能力，高筑技术门槛

公司是“国家级高新技术企业”和“国家级火炬计划重点高新技术企业”，拥有国家级企业技术中心(秦川发展技术研究院)和经国家人事部批准设立的博士后流动科研工作站，被评为“中国机械工业企业核心竞争力 30 佳企业”之一。公司每年投入的研发费用达到销售收入总额的 6%以上。近四十年来，公司共开发 200 多项具有国内领先和国际先进水平的新产品，50 多项获国家、部和省级科技进步奖和优秀新产品奖。其中，Y7032A 碟形双砂轮磨齿机获得国家科技进步一等奖；Y7125A 大平面砂轮磨齿机、Yk7232 数控蜗杆砂轮磨齿机、SCJ230 塑料挤出吹塑中空成形机和 2030 飞剪机获得国家科技进步二等奖；YH2240 螺伞齿轮加工中心获得“九五”国家技术创新优秀新产品奖。产品数控化率已达 87.3%，连续多年新产品产值率超过 60%以上。

公司加大技术储备，建立企业的专利体系，缩短与国外竞争对手的差距，在齿轮传动、精密磨削、复杂箱体、精密轴系以及节水灌溉产品的加工制造中拥有二十多项专利技术。

为进一步提升公司核心技术产品、规模效益产品的质量水平，加快新品研发的速度，公司在研发设计中推广运用成组技术、并行工程、计算机建模与仿真、虚拟制造等大量先进理念和方法，紧密追踪国外竞争对手的动向和当代相关技术发展的前沿。如在产品设计、工艺编制过程中采用模块化设计，进行有限元分析和热场分析，对零件的加工过程进行全方位的仿真和测算，极大提升了研发效率和可靠性；通过试验中心加强对新材料、新工艺的研究和推广；引进、吸收国外先进技术和软件，陆续开发复式加工中心、高速主轴、数控螺旋伞齿轮铣齿机、高效数控磨齿机及超大规格磨齿机、节水滴灌生产线、塑木生产线等一批具有技术前瞻性、代表我国制造工业最高技术水平的研发项目。

4. 培育"宜人"文化，增强企业活力

秦川的主业是机械制造业，企业发展以稳健见长，虽在业内以及全国有一定影响，但终因是传统产业而少受公众"青睐"，通过对企业文化的提升与再造，突出强调"宜人"与"沟通"的文化特征，旨在引发人们对制造业理性认识的回归，聚集社会公众对公司及制造业的关注度和认同感，同时向社会各界展现现代制造业丰富的内涵。

所谓"宜人"，就是要改变传统制造业给人黑色、冰冷、苦累的传统印象，通过用高新技术和新型实用技术改造传统制造业，提高、改善制造业的研发、生产制造的手段和环境，提升产品和服务水平，提高用户满意度。

所谓"沟通"，就是对内在班子内部、干群之间与员工之间营造一种坦诚、互信、融洽的沟通氛围；对外在企业与政府、与金融机构、与投资者、与用户、与社会公众、与中介机构和媒体之间搭建一种诚信、友好、信赖、共赢的沟通平台。

通过全方位的沟通，使人们感受到现代制造业阳光、温暖、快乐的感觉属性，在此基础上，孕育出具有秦川特色的企业文化体系——

治理文化，以德治厂、依法治厂；

诚信文化：堂堂正正做人，踏踏实实做事，快快乐乐生活；

经营文化：以用户为中心，以服务为第一；

质量文化：质量是生存之本，上道是下道的用户；

绩效文化：重学历更重能力，重资历更重业绩。

强强联合　打造精品

——交大昆机科技股份有限公司

交大昆机科技股份有限公司(简称交大昆机)是西安交大产业(集团)总公司与昆明机床股份有限公司重组后的一个新型公司，是中国资本市场上集高校概念、H股概念、国企重组概念和西部战略资源整合概念于一身的首家上市公司。

交大昆机科技股份有限公司在中国机床工具行业协会组织开展的"精心创品牌、亮相新世纪"的活动中，结合自身实际，推出了以"精心创品牌"为主要内容的"明珠工程"，其目的就是依托西安交大这所名校使昆机这个靠质量起家，《人民日报》曾专门发表社论向全国推广其质量管理经验，先后两次荣获国优金质奖，三次荣获国优银质奖，共18次荣获部以上质量奖，党和国家领导人对其给予高度评价的中国机床工业的这颗"明珠"，在市场经济新的条件下，在中国加入WTO，中国工业融入世界工业的大潮中重放异彩。使"昆机牌"这个"全国知名品牌"在全中国乃至全世界叫得更响更亮。公司在精心创品牌工作中取得明显成效，其主要表现在：

(1)交大昆机产品正成为我国航天、航空、兵器、大型企业和国家重点工程项目的首选产品。航天工业中，中国航天一院、二院、三院都买了交大昆机的产品，其中仅三院所属北京159厂就购买了交大昆机上千万元的产品，购买的高精度转台达12个之多。飞机制造工业中，哈飞东安发动机制造公司、西飞西安航空发动机制造公司、沈阳黎明发动机集团公司、北京科航设备公司、成都飞机工业公司、南飞的南方航空动力机械公司、南昌洪都飞机公司等无一例外都购买了交大昆机的高档产品。机械制造工业中，一汽、二汽、洛阳拖拉机厂、上海烟草机械厂等大型企业购买交大昆机的精密卧式加工中心都在3台以上。

(2)交大昆机产品经受住中国加入WTO所面临的"全球范围内采购"的挑战，以产品的技术先进性、质量可靠性、精度稳定性、价格合理性、服务周到性进入众多外资企业，摩根轧机(上海)有限公司是一家美国的独资公司，一次就采购价值740万元的交大昆机产品。其中就有技术先进、精度高、质量可靠、加工效率高的大型数控落地铣镗床TK6916。日本什产业株式会社在张家港市的独资港口机械厂，一次就选购交大昆机生产的TX6916、TX6113、TX6111B等价值达670多万元的产品。重庆建设雅马哈摩托车有限公司是中日合资企业，近几年先后购买了交大昆机500多万元的产品，山东西门子真空泵压缩机制造公司(德资)、艾特航空制造有限公司(美资)相继购买了交大昆机的产品，而且都是高档次的THK46100高精度卧式加工中心。还有众多日资、德资、港资和台资的企业都购买了交大昆机产品。

(3)高而稳定的精度，优良的产品质量、周到的售后服务，使交大昆机产品市场占有率不断提高，产品供不应求，卧式镗床系列产品一直是昆机生产发展的优势产品，该系列产品的结构合理、性能可靠、广泛、几何和坐标精度高而稳定，而且品种齐全，是国内同类产品最主要的供应商，该系列产品市场占有率已高达41%。大型落地铣镗系列产品，设计起点高、结构先进、精度高而稳定、造型美观、气派，该系列产品一经推出，便获得市场认可、受到各方面用户好评。仅一年多的时间，就订货17台，价值达7 000万元，大型坐标镗床更是全国独家生产的高档产品，市场占有率近100%。大型精密加工中心的生产制造也是公司的优势，卧式加工中心产品THM4680、HK46100精度为同类产品最高者，在同行业中已占重要地位。总之，正是有了这样一大批高精度、高水平、高质量的优质系列产品，使订货量已超过公司原生产能力一倍以上。在连年盈利的基础上，2002年完成工业总产值、实现销售收入比2001年都有大幅增长。

交大昆机科技股份有限公司在“精心创品牌”活动中能够取得显著的成绩，是公司在几十年打下的人才、技术、装备、管理等方面的坚实基础上，开展大量艰苦细致工作的结果。

一、建立了完备的质量保证体系

(1)为了不断提高质量管理水平、产品质量和售前、售中、售后服务质量，通过内部的管理创新、满足客户需求，提高客户满意度，在通过中国质量认证中心认证的基础上，公司依据 ISO9001：2000《质量体系要求》标准，结合自身特点，通过具体的质量体系策划，建立并实施了新的质量管理体系文件，又通过了中国进出口质量认证中心的审核，完成了公司质量管理体系从 ISO9001：1994 到 ISO9001：2000 的转换工作。2002 年 4 月，由总经理发布了新的《质量手册》，全面贯彻执行，在此基础上公司又提出了新的质量方针，颁布实施了全员全额《产品质量奖赔办法》、《工作质量考核奖赔办法》，通过每一位员工搞好每一项工作来确保最终的产品质量，实现产品质量奖赔向工作质量奖赔的跨越。

(2)公司所生产的卧式镗床、坐标镗床、落地铣镗床、加工中心和精密位移传感器(内含精密转台)等 5 大系列产品，全部按照现行国家标准和行业标准，或按照具有国际先进水平的标准进行生产。由于几十年如一日地执行了内控精度指标、使公司出厂产品的精度储备都在 20%以上。

(3)公司利用上市募集来的资金等途径先后投入 4 亿多元资金用于技术改造、设备更新、技术攻关、工艺攻关，2001 年投入了 6 600 万元，2002 年又自筹资金 3 200 万元，改善了生产环境条件、购买了一大批关键装备，攻克了一系列技术难关。

二、调整产品结构，实现产品升级换代

在精心创品牌活动中，交大昆机把“大型，精密、数控、成套”作为机床产品的发展方向。首先实施了“数控机床产业工程”，使产品数控化率迅速提高，特别是在精密产品上，数控化率已高达 85%以上，实现了重大转变。

公司还十分注意提高所生产机床的性能、精度、档次，扩大机床产品的规格、型号。通过努力，数控卧式镗床已能够实现四轴联动，特别是开发出了数控平旋盘，解决了封闭体内的孔、曲面、止口等加工难题，深受用户欢迎。

适应市场和自身发展的需要，公司充分发挥在制造大型、精密、数控机床方面的强大优势，高起点开发高附加值的先进产品。以 TK6916 为代表的大型数显、数控落地铣镗床的开发就是成功一例。该大型落地铣镗床由于采取了一系列先进技术和模块化设计，可不断地扩大主机的工艺适应性，能进行四轴联动加工、可用轮廓方法铣削斜面、框形平面、大孔端面，复杂平面曲线及内外螺纹的镗削或铣削。其各项性能指标、技术参数、结构合理性在国内处于领先地位，其加工精度达到国际先进水平。该系列产品以其优良的性能、高而稳定的精度、合理的结构、气派现代的外观，受到用户的格外青睐。

三、建立健全服务体系、实施用户满意工程

(1)为满足机床的销售和服务，公司抽调了一批素质高、技术过硬、作风优良、服务态度好、工作认真负责、能吃苦的技术人员和装配工人组成售后服务队伍，营销部对这支队伍实施动态管理，严格考核，以确保服务质量，让用户满意。并有专人对用户的每一个反映都输入计算机档案，反映的问题及时按程序反馈给相关部门，限期以最快的速度给予答复和解决。何时反映、何时答复、何时解决都记录在案。

(2)以公司本部为中心，以北京、上海、广州、成都、济南、西安为分中心，形成了全国性服务网络。

(3)抓好对用户的培训。公司对购买昆机产品的每一个用户都坚持进行培训，有熟悉产品结构性能的培训，有数控编程的培训、有操作使用的培训、有维护保养培训。有讲课式的培训，也有现场培训，有的用户从产品开始装配就跟班学习培训。

(4)由于公司生产的产品许多都是大型精密产品，技术复杂、价值高，公司坚持对购买产品的用户实施一条龙服务，实施“交钥匙工程”。

正是由于公司建立了完备的产品服务体系，从机构、人员、手段、制度等各个方面来保证为用户提供优质的服务，使交大昆机产品在用户中的满意度保持了较高的水平，一年来没有任何由于公司原因而导致不履约的现象，更没有发生过质量投诉纠纷，履约率高达 98%。

抓好四大结构调整　实施安全快速发展战略

——杭州机床集团有限公司

杭州机床集团有限公司是原国家机械工业重点骨干企业、全国最大的平面磨床专业制造厂——杭州机床厂和全国最早批量生产电火花数控线切割机的专业生产厂家——杭州无线电专用设备一厂，根据强强联合，优势互补原则组建的。年产 5 000 余台平面磨床、数控铣床、加工中心和线切割机床。企业拥有省名牌产品一个，国优、省优产品 11 个。产品畅销国内，远销美国、日本、意大利等 60 多个国家和地区。

十六大将推动经济战略性调整作为本世纪头 20 年一项主要的经济建设和改革的重要任务之一。杭州机床集团公司在当前和今后一段时间内，将抓住发展机遇，充分利用优势资源，努力抓好产品、生产组织、产权和产业等 4 大结构调整，实施安全快速发展战略，使集团公司核心竞争能力满足市场需求的快速反应能力，使用户更觉满意能力进一步得到提高。并突破产品局限，实现跨行业发展，使集团公司呈现生机勃勃的新面貌。改制一周年后的2002年，实现销售收入2.75亿元，比上年增长35%，在全国金切机床行业118个重点联系企业中，销售收入名列第6位，上交税金名列第5位，平面磨床销售量稳居全国第1位。中国机床工具协会开展2002年四项十佳企业评定，杭机集团被评为“产品销售收入十佳企业”，跃入中国机床行业前10强，驰入了发展快车道。

一、四大结构调整的重要意义

四大结构调整是公司在产品创新、管理创新、体制创新基础上的提高和升华，是根据市场经济的竞争规律，结合企业自身特点而推出的具有企业特色的重大举措，是集团公司发展过程中，从工厂化管理向集团公司管理转变而采取的战略决策，对集团公司的发展具有重大决定性的意义。①通过结构调整提高市场反应能力，优化工艺流程，降低成本。②优化产品结构，提高产品档次。③充分利用优势资源，从最佳方位参与市场竞争。④及时有效地抓住发展机遇。⑤分散经营风险，促进企业安全快速发展。⑥充分运用企业内部资本市场。

二、公司4大结构调整的具体内容和做法

1. 产品结构调整

产品结构调整总的要求是围绕用户，围绕市场，把握现状，预测未来趋势，进行迎合式调整、主导式调整、回避式调整，不断开发具有市场生命力的新产品，并从原来的单机、单品种开发向精密数控、成形高效、大型专用、成套成线发展。

(1)迎合式调整。用户是企业生存的支撑点，市场是企业发展的基石，企业的产品开发，要努力迎合满足用户需要。这种产品开发，都是由用户从自身的需要提出技术要求，再由公司工程技术人员按用户要求提出技术方案，经双方讨论磋商达成统一意见后，再投入开发。如公司2002年上半年为四川五粮液集团公司成功地开发了用于磨削模具模板、模架的14台平面磨床，其中有工作台宽度达1.5m的大型数控龙门磨，也有长宽比为5∶4短宽工作台平磨。这些机床，都是根据用户要求，“量体裁衣”定向制作的，公司以尽量迎合、满足用户要求为宗旨。产品结构调整中，此类产品有不断增加趋势，在整个产值中占的比重越来越大。

(2)主导式调整。这种产品开发，在开发的当时，并无用户订货，也无市场需求。是经营决策者在分析了用户需求趋势后，走在市场前面的超前性行为。开发的目的是主动引导用户消费，并预见到当用户了解了它的性能后，会表现出较大的热情，出现一定的市场容量。这种主导式调整开发，在生活消费品中屡见不鲜，如电视机、手机等，在开发前，用户没有这种消费概念，当用户了解它的用途后，却表现出极大的消费热情。公司开发成功的能成形磨削飞机发动机叶片枞树根的MKLD7140数控缓进给成形双头磨床，属国内首创，在开发之初并无确定用户，开发后，成功地诱导了用户需求，出现了多台订货。公司正在投入开发的亚纳米级超高精度平面磨床，也属此类主导式调整开发的产品。

(3)回避式调整。商战犹如兵战，当了解竞争对手某种产品竞争势头锋芒毕露势不可挡时，就应该分析迎战还是避战。当采取回避的策略利大于弊时，就应当遵循“人无我有，人有我精，人精我转”的原则，另辟蹊径。如公司历史上曾生产过车床等产品，为避开竞争，就主动放弃了这种产品。在平面磨床开发上，也曾实施主动回避式结构调整。

在产品结构调整过程中，公司还重视产品的服务增值，努力做好为用户服务，用优秀的售前、售中、售后服务使产品声誉和价值提升。

2. 生产组织方式调整

传统高效、刚性、机械化、自动化、单品种大批量的生产模式，正在向现代的敏捷、快速、柔性、低成本、多品种、小批量的生产组织方式转变。为适应这种变化，公司也积极进行了生产组织方式调整。

(1)建立敏捷、快速的柔性生产制造系统。柔性制造系统，是指能根据市场不测变化因素迅速按新的要求重新构组生产的能力。企业柔性，不仅要求机器设备和生产相应的设施具有柔性，而且要求根据市场新的需求，工程技术设计人员也应具有柔性，即从一种产品开发迅速转换到另一种产品开发。因为在个性逐步发育的现代社会，其产品需求也呈现个性化潮流，富有个性特性要求的市场需求，逐步成为市场的潮流。尤其是机床产品是工作母机，这种特点会更为明显。为适应这种状况，公司正在建设已具初步规模的五大生产区域，既有能进行大批量生产的刚性流水线，也有能快速柔性组合的数控化生产基地，如公司成功开发的全国最大的平面磨床HZ——K4020的过程就充分显示出公司具备的柔性制造能力。为开发这台全国第一的平磨，公司的设计人员、加工、装配及相应的设备，迅速进行了重组，以历史最快的6个月时间，完成了产品设计制造和调试总装过程。用户使用后，对产品质量十分满意。

(2)按“精益”生产模式，调整产品加工工艺流程，降低成本。在生产组织方式调整的过程中，按“精益”生产整体优化的要求，合理地配置和利用企业拥有的生产要素，消除生产过程中一切不产生附加值的劳动和资源，追求“尽善尽美”。根据这一要求，分析生产组织结构现状，认为公司由于分厂车间退城进郊，曾进行多次投资、搬迁，导致生产区域分散、工艺路线过长、管理效率低、成本上升，制造周期延长。经反复论证，科学决策，实现生产布局合理化调整，在原有基础上，按专业化生产的要求，建立相对封闭的生产区域。一种产品、一种部件，力求在一个生产区域内完成加工总装，这样，大幅度缩短了工艺流程，减少了生产过程中的运输管理费用，减少了加工过程中的意外损伤。同时推行大集团、小核算管理模式。企业内部模拟市场运作，对劳务协作、经济往来每个月都进行结算，使企业内部经济核算细化、量化、深化。有效地控制了成本。

ERP是信息技术运用于企业管理的最新方法。为“优化业务流程、深度开发企业资源、降低生产成本，快速反映市场”，2002年9月3日，公司已与美国享有盛名的国际软件公司MAPICS签约，正式启动ERP系统，联手合力打造制造业e化巨轮，致力改造传统企业为现代化制造企业。根据ERP的要求，公司将进一步进行生产组织方式调整。

3. 产权结构调整

产权结构调整主要是为解决企业发展原动力问题。国有全资企业是计划经济时的产物，与计划经济相适应。当实现市场经济，特别是我国加入WTO，国内经济融入全球经济大循环后，国有全资企业与市场经济就不相适应，企业发展原动力不足，必须对产权结构进行调整。按“整体设计、分步实施、逐步到位”的指导思想，原杭州机床厂和杭州无无线电专用设备一厂联合组建集团公司。在市政府改制指导组的直接指导下，对现有固定资产和流动资产进行了全面的清产核资，经资产评估机构进行客观评估，按规定进行了核销、剥离、提留。对在职职工进行了工龄置换，并按政策规定进行了现金配股。在核剥提后，还剩余国有资产500多万元，经股东会讨论，由全体股东出资购买，实现了国有资产全部从企业中退出。

完成集团公司的总体改制后，集团公司为进一步推进企业经营机制的转变，根据人、财、物基本因素，结合是否具有企业法人资格条件等情况，决定对通用机床公司、涂装公司、钣焊分厂、EDM事业部进行分体改制。分体改制的单位，划清资产关系，组建有限责任公司，实行独立核算、自主经营、自负盈亏的管理模式。员工与集团公司中止劳动关系，与二次改制单位建立劳动关系。一旦离开二次改制单位工作岗位，劳动合同即行解除。分体改制的单位，按现代企业制度要求，实现经营者持大股。如通用机床公司正在进行的二次改制，注册资本1 000万元，经营班子持股30%，集团公司参股55%，其余15%在集团公司高层领导和有关骨干中定向募集。通过对产权制度改革，逐步使产权清晰，解决公司发展过程中的利益机制、责任机制等原动力问题。

4. 产业结构调整

公司在历史上曾是全国最大的平面磨床专业制造厂，随着改制联合组建集团公司和产业结构调整，从较单一的制造厂向集团化的多元经营发展，与此相适应，公司大力进行产业结构调整，经过调整，已初步形成了各具特色的三大产业：一是机床制造业。杭州牌平面磨床目前能制造3个精度等级七大系列200多个品种，年产40个品种3 900余台；产品正在向超高精度、智能化方向发展；已获得浙江省名牌产品称号。“天工牌”线切割机床，已形成5大系列30多种规格；目前，公司的机床制造业正向成套成线化发展，生产的品种不断扩大，目前已有平面磨床、加工中心、数控铣床、树脂砂铸件成套设备、钢塑复合管机械及钢复管；能为用户提供菜单式的服务；新一代超高精度、智能化的机床，也正在开发之中。二是铸造基础业。由于出口铸件质量、价格、交货期均达到要求，曾获得日本三菱重工株式会社特别奖。我国加入WTO后，给铸造业带来新的发展机遇。目前，出口铸件已为日本著名生产企业东芝公司、大限、富士机械等知名大公司提供配套服务。三是流通服务业。公司兴办的零售商业，已拥有28 000m² 营业面积；为进一步发挥地域优势，环城东路37号地块将改建商居楼，设计规划建筑面积达到11.8万m²。杭州学院路50号地块，利用位于高新技术开发区的优势，和中国科学院、杭州市科技局、杭州高新技术开发区管理委员会联合组建中国科学院杭州科技园已正式签约，建筑面积达2.9万m²，将建科技园区孵化器电脑市场和写字楼；第三产业将成为保证公司安全经营，具有稳定经济收益的新的经济亮点。

在产业结构调整中，公司既努力拓展新的经营领域，又注意防止战线拉得太长，人力、财力过于分散。为此，提出了产业结构调整的三大原则：即产业相关、工艺相近原则；低成本扩张原则；充分利用企业资源原则。使产业结构调整在平衡、有序、增效的基础上进行。

在集团公司改制前夕，曾提出了“国有企业的生命力在于创新”的观点，努力进行体制创新、产品创新、管理创新，思维新带来观点新，观点新带来了行为新，使公司从国有全民所有制企业转换为有限责任公司，完成了产权革命，企业也从经营危机中解脱出来，从求生存进步到求发展。为抓好四个结构调整，集团公司将会在盘活存量资产，发挥资源优势，扩大经营规模，安全快速发展上发挥积极作用。将会使企业从单纯工厂型管理向集团化管理转变。杭州机床集团有限公司从预定目标出发，将不断夺取一个又一个新的胜利。

跨越历史　再造中国机床工业辉煌

——北京第一机床厂

北京第一机床厂（以下简称北一机床）成立于1949年，是中国机床行业18罗汉厂之一，是中国第一个制造数控铣床的企业，也是中国第一批生产制造加工中心的企业之一。北一机床现有资产10亿元，具有从产品设计、生产制造到销售服务完整的经营体系，年产近40个品种、数千台各类机床，是中国最大的铣床制造企业。产品系列包括了1 000～5 000mm龙门数控镗铣床、龙门加工中心，400～1 000mm立、卧式加工中心，320～1 000mm工作台升降、不升降数控铣床、普通万能铣床、龙门铣床、圆工作台铣床、生产制造线、地质工种钻机等。50余年来，北一机床依靠知名品牌和广泛的客户群体，位居中国机床行业重要地位，为中国装备工业做出了突出贡献。北一机床通过近年的数控产业化调整，产品结构实现了从普通产品向数控产品转型，2000年被国家经贸委确定为中国四大数控机床产业基地之一。

一、抓住搬迁机遇　确定北一发展定位

北一机床为了落实北京市"十五"规划和北京CBD开发要求，抓住土地置换机遇建设新的机床企业。北一机床对企业搬迁发展进行了详细规划，站在用高新技术改造传统工业、全面提升中国机床工业核心竞争力的高度，重新确定新企业在中国机床工业的地位，乃至在世界机床工业的地位。通过改组改制，实现体制机制的创新；通过合资合作，实现产品技术和管理水平的提升；通过引进技术的消化吸收，实现缩短自有技术形成历程；通过与世界接轨的生产经营方式，实现企业市场化行为；通过制造环境的彻底改造，实现数控机床的大规模定制生产；通过产品发展定位，实现企业市场竞争的核心定位；通过建立强大完善的市场营销网络，实现企业竞争的全面覆盖；通过精化现有企业资源，实现企业无效资源的有序退出。从而彻底改变机床生产企业"散、弱、低、小、慢"的局面。（注：散：产品重复，工艺手段重复，是资源的浪费和人力的浪费。弱：技术、管理力量弱；开发能力较为薄弱，科技人员、技术工人的平均水平距国际水平相差较大，管理基本停留在传统管理阶段。低：产品水平低，制造能力更低，大部分产品水平基本是20世纪80年代，甚至70年代的水平。小：生产规模小，生产度不集中，新产品、数控产品都不能达到规模生产，生产度的分散，企业结构的不合理，使企业的经济效益始终只能在低水平徘徊。慢：体制、机制改革慢，企业的经营机制不能适应生产力的发展。）最终把北一机床定位在品种齐、成套全、开发力量大、生产效率高、竞争能力强，具有能与世界先进机床制造企业抗衡和持续发展能力的中国最大最强的数控机床制造基地，10年内进入世界机床前20位的目标上，使北一机床在搬迁中真正体现出二次创业、创新发展的意义。

国家政治形势稳定，经济发展势头良好，国民生产总值每年以7个百分点以上的速度持续增长；国内市场潜力巨大，由于国家基本建设投资的拉动，对机床的消费日益增长，尤其是数控机床的消费更为明显。据日本某企业对中国机床市场的预测表明，至2008年中国是世界上惟一迅速发展的机床市场，需求量将超过美国；北一机床目前厂址已被定为中央商务区（CBD）的中心地带，土地级差给北一机床带来较丰厚的搬迁资金，保证了企业发展所必须的资金需求；市政府的支持也为北一机床的发展创造了良好的周边环境；北一机床的知名品牌、数十年的人才培养、长时期的技术积累、国内较为先进的工艺装备等等，也是北一机床发展的基础条件。

北一机床所确定的实现跳跃式发展，建成实力最强、盈利能力最大、能与世界机床抗衡的中国机床龙头企业；10年内进入世界机床20强，创建国际化的北一机床的战略目标是符合中国工业现代化发展需要的，发展条件是充分的。

二、走合资合作之路　实现企业跳跃式发展

为实现发展战略和目标，北一机床制定了详细的发展规划，企业将实现以下六个方面的彻底改变：组建机床集团，实现产权结构重组；产品换代升级，实现当代水平的数控机床批量生产；提升工艺手段，实现产品制造现代化；改变产业结构，实现"两头在内，中间在外"专业分工的总公司—子公司产业结构；改变生产环境，实现厂房、生产环境现代化；建立计算机网络，实现现代化管理。

北一机床的发展，首先要解决企业的体制问题。不建立现代企业制度，不形成法人治理结构，企业不可能完全进入市场。政企不分，产权不清，将成为企业发展的桎梏。为此，在市政府和北京市机电控股公司的支持下，北一机床与北京第三机床厂合并后，将其优良资产和部分土地转让资金与其他法人单位共同组建了北京北一数控机床有限责任公司，建立和完善了法人治理结构。北一数控的建立，预示着北一机床成为真正的市场经济主体，为北一机床今后的腾飞插上有力的翅膀。

要实现北一机床的发展规划，需要以一种超常规的发展思想，在体制创新、产品升级、制造手段提升、管理升级等方面实现跳跃式发展。以我们目前的技术实力、制造手段和管理水平，要实现这种超常规发展是无法想象的，必须借助外力才能实现。与国外先进机床制造企业的合资合作则是实现这种跳跃式发展最好的切入点。合资合作将使企业跨越数控机床发展的初级阶段，直接与世界先进机床企业接轨，实现北京机床工业的升级，全面提高行业的竞争力。同时，企业所处的环境也要求企业加快发展步伐，中国入世，国外资本和产品全面进入中国市场，竞争更加残酷；中国产业结构进行根本性的调整，用户对机床产品提出更高的要求；国内竞争对手成长速度加快，已对我们构成威胁；CBD建设启动，企业搬迁建厂加快。因此，合资合作应该成为企业实现发展规划的起点。

北一机床经过缜密的选择，2002年5月与日本大限株式会社签订了合资协议，引进8种具有当代先进水平的加工中心、数控车床和复式车床。合资企业——北一大限（北京）机床有限公司已于2002年10月破土动工，2003年10月，一座现代化的加工中心生产基地将在北京顺义林河工业开发区建成，当代一流水平的装备、网络化制造、现代先进的管理理念和方法将成为北一大限的特色。每年数百台的高质量产品将有力地保障中国工业现代化需求。

目前，北一机床引进重型机床、精密机床关键技术的项目进展迅速，已和德国、日本等国家的知名企业频繁接触，有的已签订了合资、合作意向书。不久的将来，重型机床的生产基地也将在林河开发区崛起。

机床产品的水平提高不仅在于主机厂的水平，而且取决于零部件配套厂家关键支撑技术。因此，北一机床已着手在充分利用企业现有资源的基础上，和国内外企业合资或合作，进一步利用国外技术和社会资源，建立精密加工、电柜、钣金配套以及刀具、刀须加工企业弥补国内关键支撑技术不足的差距。并在满足北一机床配套的基础上，进一步向社会提供零部件配套产品，提高机床行业的总体技术水平。

北一机床作为一个大型企业，其经营范围不可能局限在机床制造产业。但北一机床不是无目的、无约束的实施多角化经营战略，而是在考虑合理配置资源的基础上，最大

限度地利用企业核心技术，通过多个领域的产品创新和市场创新，将核心技术最大限度地转化为经济效益。因此，北一机床实施了一整套横向相关的多角化战略。北一机床已有10年生产制造生产线的基础，广泛服务于家电制造业，如：洗衣机、电冰箱等家用电器的生产线制造，为使生产线致力于汽车制造业的应用，2001年北一机床和法国FEBREICOM公司合作，承接了二汽发动机生产线的制造，并于2002年顺利投产。目前，北一机床和法国FEBREICOM公司的合资谈判已进入实质性阶段。北一机床计划将生产线制造技术应用于机床的成套供应上，使用户在购置机床产品的同时可配置与之生产节拍相适应的物流线，从而形成北一机床新的经济增长点。北一机床还利用机床制造的核心技术和IT产业装备工艺相结合，进入通信装备行业，为今后的发展开拓广阔市场。目前已成功开发、生产了划片机、一贯机等IT装备产品。

北一机床的技术引进，采取了一系列合资、合作的措施，主要希望用最短的时间，赶上或缩短和世界先进水平的差距。北一机床已经规划利用土地转让的部分资金，建立强大的研发队伍和装备精良的实验场所，在吸收、消化国外先进技术的基础上进一步进行技术创新，最终形成有自主知识产权的核心技术和产品。

三、把握市场资源　创建新的营销体系

北一机床产品规划正在有条不紊地按计划实施。数控机床的销售采用销售网点代销方式，已不适应市场需求。北一机床拟在全国几大地区建立若干个有技术含量、能够包容售前、售后服务和安装调试等内容的销售中心，并形成销售网络，把销售的触角伸向现有的和潜在的客户群，遵循国际化、规范化的原则，着力筹建北一机床国内外销售中心。

四、根据国情拓展传统产品

普及型、经济型数控机床在国内有着广泛的市场、北一机床利用引进的先进技术，提高数控铣床、普及型加工中心的技术性能和可靠性，充分利用生产普通铣床的成熟工艺和相应的装备，具备了规模化生产普及型数控铣床和加工中心的条件。在吸收、消化国外技术的基础上，形成数控产品的规模化生产，使产品的技术水平、质量和可靠性以及价格都具备较强的竞争能力。

北一机床全体员工正以饱满的精神，朝着既定的目标，改革创新，奋勇拼搏。不久的将来，中国最大的现代化数控机床生产基地将屹立在京郊大地，北一机床将焕发出更大的活力，为国民经济和北京制造业做出更大的贡献，实现跨越历史，再造中国机床工业辉煌的宏伟目标。

推行现代化管理，建设现代化企业

——大连机床集团有限责任公司

大连机床集团有限责任公司(以下简称机床集团)是我国机床行业集科研、开发实验、生产制造为一体的大型企业集团，国家机床工具行业排头兵，我国高效自动化成套技术与装备的产业化基地。2002年收购了美国英格索尔生产系统分部，实现了中国机床工业跨国并购国际知名公司的历史性突破。公司现有12个控股、参股子公司，其中：4个与德国、日本、韩国、中国台湾合资的公司，一个是在美国的独资公司，公司总资产24亿元，从业人员5 977人，工程技术人员538人，其中：高级职称133人。建厂55年来，先后为汽车、摩托车、机械制造、轻工家电、航空航天、采矿冶金、地质勘探等国民经济各部门提供各类机床15万台，出口机床1.6万台，产品遍布国内各省、市、自治区、运销世界105个国家和地区。组合机床及自动线生产总量居全国首位，通用机床产销量全国第1，数控机床居全国第2位。

公司有一支年富力强、有文化、懂管理、善经营、创新务实、团结拼搏的领导班子和能打硬仗、甘于奉献、追求卓越、永不言败的员工队伍，有健全完善的管理机制和先进的管理模式。自1999年以来，结合建立现代企业制度，机床集团更新管理理念，按照现代企业管理模式，对企业管理进行全面提升，努力实现管理的现代化。在综合分析国内外市场、竞争对手和企业的实际状况的基础上，大胆地推行和实施制度创新、技术创新和管理创新，有效地进行重大决策和内部组织结构、技术结构、产品结构和人员结构的调整与优化，在短短的几年间，使企业产品产值、产量及销售收入等诸多方面取得了一个又一个历史性突破，连续3年获全国机床工具行业销售收入第1名，连续两年获全国机床工具行业“销售收入”、“数控产值”、“出口创汇”3项“十佳企业”。2002年，是大连机床集团公司历史上实现跨越式发展的一年，面对跌宕起伏的国际经济形势，机床集团坚持以市场为导向，以发展为主题，以改革创新为动力，转变观念，解放思想，带领员工努力提高“三个质量”，即：员工质量、工作质量、产品质量；推进四项建设，即：现代化企业制度建设，现代化新厂区建设，新的经济增长点建设，先进企业文化建设，加快战略调整，持续快速发展，经济运行质量出现了质的飞跃，各项经济指标大幅度提高，各项工作取得了巨大成绩。2002年实现销售收入18.95亿元，比上年增长69.2%；工业增加值47 696万元，比上年增长149.6%；实现利税17 568万元，被大连市树立为国有工业学习的典型企业，集团公司董事长兼总经理陈永开先后当选为2002年度大连市十大经济人物和辽宁省十大财经风云人物。

几年来，根据国家和省市的要求，结合企业的实际情况，机床集团企业的改革和发展在以下几个方面取得成效：

一、以改革为突破口，建立现代企业制度

①针对企业多年人员多、包袱重、体制机制和结构不适

应等问题，机床集团积极推进劳动、人事、分配制度改革，3年累计减员分流 6 010 人，员工总数由原来的 11 987 人减少到 5 977 人；按照贡献大小和岗位重要程度，实行多种分配形式，拉开分配档次，实现了干部能上能下、人员能进能出、收入能升能降。②改革管理机构，精简管理人员，建立了适应市场快速反映、灵活快捷扁平管理体制。③分离、关闭辅助单位和三产公司 58 个，使企业内部办社会问题得到彻底解决。④积极争取国家政策，实现债转股 35 625 万元，减轻了企业债务。⑤企业全部完成下属子公司的股份化改造，实现了子企业投资主体多元化，国有资本退出控股地位，国有职工身份全部转换。⑥按照市场化运作原则，内部配套关系由指令性计划管理改为实行订货制。⑦规范法人治理结构，理顺领导体制，形成董事会、监事会、经理层分工明确、协调运转、相互制衡的决策、监督、执行体系。通过减人、减债、减负、减机构、转换经营机制，建立现代企业制度，企业进一步焕发了活力，加快了企业发展速度。

二、提高研发能力，创新技术产品

为加快使用高新技术，改造传统产业，实现企业技术水平的提高和产品的更新换代，机床集团在技术创新工作中首先加快技术创新体系建设。积极招聘国内外人力，结合原部属组合机床研究所进入大连机床集团公司，对技术中心进行优化重组，形成国内机床工具生产企业实力最强的技术开发体系。分别与欧洲著名的阿亨大学和清华大学及其他国内外科研开发机构合作，成功开发了世界先进、国内领先的高速加工中心和新概念并联机床等具有自主知识产权的高新技术产品。集团公司实现向数控化机床转移的产品发展战略，先后组织开发了具有广阔市场前景和自主知识产权的立、卧式通用加工中心和进入自动线的立、卧加工中心单元、全功能数控车床、车削中心等 70 余种具有先进水平的数控新产品，形成高、中、低档次，大、中、小全系列的数控产品群，为机床集团未来产品结构调整、高新技术产品出口奠定了扎实的基础，培育了新的经济增长点。2002 年数控机床产销量年增长速度达到 120%，完成立式加工中心、数控车床、英 600 变频普车、CDS 高速车床等新产品开发 40 项，完成科研攻关计划 26 项。由机床集团公司自行设计、自行制造的重点工程项目保定柔性加工自动线，标志着国产柔性加工自动线开始进入发动机加工装备和主流市场。

三、加强信息化建设，加快企业现代化进程

加强企业现代化和运用信息化技术是提高企业经营效益，改造传统产业的重要途经和手段。装备制造业信息化是当今世界制造业发展的大趋势，也是企业自身发展的迫切需要。装备工业信息化工程主要有 5 个数字化，设计数字化、生产进程数字化、加工装配数字化、管理数字化，在此基础上形成数字化企业。近两年来，机床集团将信息化作为重点来抓，预计投资 1 500 万元，用于企业信息化建设。①应用先进模式和管理技术，推进企业业务流程的优化重组和管理科学化。②开发应用虚拟制造技术和高新工程技术，提高产品功能层次和智能化、数字化程度。③应用综合自动技术，提升生产过程柔性化、自动化水平。④开发和应用网络制造技术，促进企业间交流。2003 年，机床集团将利用企业搬迁改造、企业改制契机，低成本、高效益，分步快速实施信息化，年内计划实现各种文件、计划、目录、车间数据电子化，逐步实现贯穿企业人、财、物一体高效率的信息化建设。

四、加快合资合作，实行跨国经营

实施国际化战略是机床集团应对加入 WTO 和加速发展做大做强的重要举措之一，是实现公司发展战略目标的中心环节。近年来，机床集团加快与世界著名企业的合资合作步伐，拓宽合资合作领域，引进国外先进的技术和管理经验及聘用国外高级技术和管理人才，加速提升企业的产品水平和管理水平，使机床集团在生产经营、组织管理和技术产品等得到全面提高。2001 年机床集团与德国因代克斯公司在大连建立了合资企业——大连因代克斯机床有限公司，生产欧洲畅销的高档全机能数控车床和车削中心，使大连机床集团公司的数控产品水平一步跨越了几十年，达到当代水平。在通用机床方面，选择了世界通用机床名牌生产商——英 600 公司，合作生产变频车床和数控车床，全面带动了集团公司通用机床水平的提高，产品全部出口，供不应求。2002 年，机床集团公司成功并购了世界著名的美国英格索尔公司机床生产分部，实现了中国机床工具行业跨国并购发达国家知名企业的历史性突破。大连机床集团公司通过与国际知名大公司合资合作，吸收、消化外国先进技术和管理，极大地提高了技术水平、管理水平和制造能力，提高了企业的核心竞争力，逐步实践与世界机床巨人同行的目标。

加强企业质量管理，切实提高企业产品质量

——中捷机床有限公司

中捷机床有限公司(原中捷友谊厂)在 2001 年的基础上，2002 年加大了企业质量管理力度，做了大量工作，取得了显著成效。

一、加强企业质量管理，切实提高企业产品质量

2002 年初，厂领导明确向全厂职工提出了：2002 年是加强质量管理年和企业产品质量年。目的是让全体职工人人重视，形成全员抓质量的局面。为此，充实了质量管理处的管理力量，成立了质量保证部，制定了企业质量方针、质量目标和企业质量计划及实施质量计划切实可行的措施。取得了可喜成绩，产品质量得到了持续提高。这一切都是

在按 ISO9000 标准建立的质量管理体系的管理控制中。

1. 机械行业第一个通过质量管理体系认证

中捷机床有限公司按照 ISO9000 标准建立的质量管理体系是于 1992 年下半年试运行，1993 年 3 月在机械行业首家通过了华信公司的质量管理体系认证，并通过了多次复查和复评。现在，该质量管理体系经过 9 年多的运行，已日臻完善，使得从原材料进厂、零部件加工、外购外协、产品装配调试、质量检验、理化试验，一直到成品交付用户和售后服务，生产经营的一切活动都在质量管理体系的控制之下，确保了企业产品质量的稳步提高。确保了企业产品以市场为导向，以满足最广大用户需求为目标的经营方针的实施。

2. 建立了企业自己的标准化体系和标准化管理机构

企业标准化体系以技术标准为主体，包括企业管理标准和工作标准。企业采用的国际标准和国外先进标准、国家标准、行业标准和企业标准，总计达到 2 000 余个。覆盖了企业的方方面面。使企业的各项工作全部纳入了标准化管理之中。

企业还建立有自己的标准化管理机构——厂标准化管理委员会，总经理任主任，总工程师任副主任，各部、室领导为委员。企业设有技术标准办公室（在厂标准化室）和管理标准办公室（在总经理办公室），各部、处室设有兼职标准化员。技术标准办公室负责技术标准的修制订和宣传贯彻，管理标准办公室负责管理标准和工作标准的修制订及宣贯。

3. 企业数控机床产品采标率达 100%

中捷机床有限公司的全部产品都全面贯彻了现行的国家标准或行业标准，占总产值和总销售额 75% 以上的数控机床和加工中心，则全面贯彻了国际标准或国外先进标准，采标率达 100%。并获得了沈阳市技术监督局关于采用国际标准或国外先进标准的采标认可，获得了辽宁省技术监督局关于使用采用国际标准或国外先进标准采标标识的认可。企业获得了沈阳市采标先进单位称号。2002 年我厂对数控机床和加工中心产品，又制定了比国际标准更严格的企业内控标准，即在国际标准规定的误差值基础上，又压缩了 15%～20%，经过实施，取得了显著成效。

4. 严格工艺纪律，一切为用户着想

在产品的生产上，企业严格执行工艺纪律，开展了多次工艺纪律大检查。不仅在零件加工、装配过程中注重产品质量，还强化了产品的检验、试验；不仅精心搞好产品设计，而且还在工艺上有了大突破。投入巨资引进 13 台高、大、精、尖设备，使工艺手段发生了巨大变化，增加了大量检测仪器，保证了产品的严格检验验收。为用户着想，数控机床、加工中心在出厂前都还要进行一次预验收。

由于采取了一系列措施，使企业产品质量大大提高，产品出厂后的返修率降到了 0.6% 以下。

二、企业信誉大大增加，产品供不应求

中捷机床有限公司在产品结构调整的基础上，将经营理念转向以市场为导向，以满足最广大用户需求为目的。经营中，以用户为上帝，以关注用户需求为焦点，受到了广大用户的欢迎和好评，在用户中树立了极高的信誉。

1. 积极参与国家重点工程、重点行业所需重点设备、成套设备的投标

中捷机床有限公司在 2001 年广泛参与投标，并在顺利完成上海磁悬浮专用加工成套设备等众多重大项目的基础上，2002 年又在国家重点工程和重点行业参与投标，投标次数近 70 次，中标率达 80% 以上，特别是在航天工业、军事工业、航空工业、汽车、造船、铁路运输、石油化工等重点行业，中标率更高，中标金额达 1.2 亿元以上。

生产经营中，重合同守信用，包括大量的交钥匙工程，合同履约率达到 100%，被辽宁省工商管理局授予“重合同守信用”企业称号。

2. 企业建立有完善的用户服务体系，确保了用户 100% 满意

营销部设有技术处、服务处、项目工程室、培训室等为用户服务的专门机构。

技术处负责售前、售中服务，主要是介绍产品性能、特点等，并帮助用户选购产品，提供建议。由于设立了这样的机构，许多用户来厂订货时，都带着要加工产品的图样，并都能签上满意的合同。

服务处负责售后用户服务。服务要求规定，得到用户需服务的信息后，市内当天、省内第 2 天、外省第 3 天到达服务现场。基于此，企业在山东济南市、上海市，湖北武汉市设立了 3 个固定服务点，配有足够的服务人员常驻，确保了服务的及时性，极大地满足了用户的服务要求。特别是国家“十五”重点工程，上海磁悬浮列车项目中，中捷机床有限公司不仅提供了一流的成套加工设备，还提供了一流售后服务。从设备交给用户加工零件那一刻起，企业就派有 2～3 名（电气和机械）技术人员服务在现场，及时进行现场技术指导，直到所有加工件完成。特别是 2002 年 2 月 12 日农历春节期间，由于轨道梁加工任务紧张，整个春节一刻都没有休息，企业的服务人员同操作工人一起服务到现场，确保了轨道梁加工任务比计划提前一个多月完成。企业的服务人员也受到了上海磁悬浮指挥部和工人的一致赞扬。

2002 年成立的项目工程室把工艺设计、切削、编程、工装有机结合起来，负责用户特殊要求的技术服务，特别是交钥匙工程，用户需求各种不同的工装夹具、刀具，项目工程室都能给予满足。有的用户，购买该厂 1 台产品，却需要几套不同的工装夹具，上百件刀具。这样虽给该厂设计、生产和采购带来了许多困难，但该厂都千方百计地满足了用户的各种需求。用户拿到机床后，可立即根据个性化需求投入生产。最大限度地赢得了市场，赢得了用户。

培训室负责用户的技术培训和操作使用、维修、保养的培训，每次都有周密的计划，选最好的设计人员、操作人员、编程人员、装配调试人员给用户授课，并安排用户人员亲临现场，进行实地装配调试、操作、编程，直到完全掌握为止。不仅数控机床、加工中心对用户进行培训，普通铣镗床也同样对用户进行培训。

2002 年企业产品在省、市的质量抽查中，全部合格。

三、生产国内一流产品，建设我国数控机床制造基地，做大做强制造业

企业引进世界多家先进机床设计与制造技术，努力开发国内一流的机床产品。

企业现在生产的主要产品，技术水平已处于国内领先水平，TH5940系列立式加工中心、TH6940系列卧式加工中心、S2—237磁悬浮数控机床和TH65100X100A系列加工中心等已达到国际水平。

由于企业主要产品结构先进，新技术应用较多，很受市场和用户欢迎，始终保持了旺盛的销售势头，产品销往全国各地，并远销五大洲十几个国家。主要产品中普通铣镗床市场占有率达50%～65%，大型加工中心市场占有率达到80%～90%。

2002年该厂普通铣镗床、数控机床、加工中心都获得了沈阳市人民政府授予的“沈阳名牌”产品称号。TH6940卧式加工中心和S2—237轨道梁专用数控机床获得了国家科技部、对外贸易经济部等5部、局授予的“国家重点新产品”称号。TH5940立式加工中心2001年已获得此称号。S2—237还获得了辽宁创新工程十大成果奖，企业获得了中国机床工具工业协会授予的数控产值十佳称号，企业还获得了辽宁省“十五立新功创伟业”五一奖状。

四、企业良好的社会效益和经济效益

由于企业在“质量管理”中采取了许多有效措施，做了许多工作，收到了显著成效，企业取得了很好的社会效益和经济效益。企业产品比2001年增加了30%，仍不能满足市场和用户需求，产品更是遍布全国各行各业，为航天、军工等重点行业提供了大量优质产品，有力地支援了祖国的四化建设。也使企业的总产值和销售收入都突破了21 500万元，在国内同行业中名列前茅，成为了我国重要的数控机床开发制造基地。目前，企业正朝着做大做强的方向发展。

可持续发展的必由之路

——大连亿达日平机床有限公司

中日合资大连亿达日平机床有限公司（原大连渤海机床厂）是由大连亿达集团与日本株式会社日平富山合资经营的现代化机床制造企业。地处大连软件园，占地面积60 000m²，投资总额32亿日元，注册资本25亿日元，公司员工500人，其中技术人员100余人。YNC的主要客户群为汽车制造业，其产品是为汽车发动机厂提供生产汽车发动机关键零件的工作母机。主要产品有高精度组合机床及自动线，高效、柔性加工中心单元及由它们组成的自动线。按合资时董事会设想的战略目标“引进技术、引进管理、结合中国国情消化吸收，创建YNC品牌，不求最大，但求最佳”的思路，通过5年的发展，从产品结构、技术含量到制造能力得到质的飞跃，其产品具有广阔的市场空间，技术含量、技术创新在行业首屈一指，受到用户的高度评价。为创建YNC品牌打下坚实的基础。自1996年以来，大连亿达日平机床有限公司为企业和社会创造了显著的经济效益。出口日本、美国、英国、韩国、巴西等国家BH4S、BH4K模块、数控滑台、工位夹具等423套；为国内大中型企业、三资企业的汽车发动机企业、压缩机企业等提供高精度组合机床及自动线223台（条），柔性加工单元及其自动线33台（条）。现已投放国内市场的主要产品有：为沈阳航天三菱汽车发动机有限公司提供中国第1条进排汽歧管柔性加工线；为广州本田汽车发动机有限公司提供的中国第1台数控转塔可换箱气缸体加工柔性组合机床；为东风康明斯汽车发动机有限公司提供的中国第1条柔性加工自动线等。

品牌是一个系统，是企业市场竞争实力的综合反映，YNC在实施品牌战略过程中重点做了以下工作。

一、确立实施品牌战略的指导思想

YNC的主要客户群为汽车制造业，其产品是为汽车发动机厂提供生产汽车发动机关键零件的工作母机。主要竞争对手为国外的同类机床制造商及国内竞争实力较强的机床制造商。面对中国进入WTO，在挑战与机遇并存的形势下，如何实施品牌战略是YNC管理层的当务之急。

1. 战略目标的确定

YNC确立了“在持续引进新技术、开发新产品的同时，在未来5年，重点提高管理水平，进行管理创新，以降低企业管理成本和制造成本，成为具有国际竞争力、中国专机行业一流企业”战略目标。其内涵充分体现实施品牌战略的指导思想，品牌的主体是企业，产品是品牌的载体，因此只有满足顾客需求，生产顾客满意的产品，才能在市场中树立企业良好形象。YNC始终以顾客为关注焦点。从市场调研、项目洽谈到产品设计、产品确认始终保持与顾客的沟通，以满足顾客需求并超越顾客期望，同时，制定了2001～2005年中期经营计划，确定了成本控制目标、新产品开发目标、现场改善目标及设备投资计划，通过以上计划的实施，为实施品牌战略提供管理支持及资源保证。

2. 市场定位

YNC为中日合资企业，国内的中日合资汽车制造厂、压缩机厂较多，其企业管理水平、企业文化与之相近，YNC的产品可替代日本进口产品，而价格要比进口产品低很多，目前，YNC的产品在这些企业中信誉较好，无论从价格、交货期到售后服务都有较强的优势，有广阔的市场发展前景。确立了以中日合资的汽车、压缩机制造企业作为YNC的目标市场。

3. 品牌战略

品牌是价值、品牌是文化，品牌是个性的体现。因此，YNC的产品应该代表着高科技、代表着成功。在互动的顾客型市场中，为保证 YNC 持续竞争的优势，产品、价格、营销固然很重要，但所有这些优势容易很快被竞争对手所模仿，惟一真正可持续的优势在于，在快速掌握顾客的信息的同时实施品牌战略。

二、产品的科技含量、创新点

随着科学技术的发展，在严峻的市场竞争环境下，市场的需求呈现多样化。汽车制造业正在进行战略性调整，由单一品种、大批量生产模式向中小批量多品种生产模式转变。因此，汽车制造业的工艺装备也由专用化向柔性化转变。

基于以上原因，作为为汽车工业提供工艺装备的大连亿达日平机床有限公司，抓住目前市场的机遇，为满足中国一汽集团无锡柴油机厂、东风汽车集团、东风本田汽车发动机有限公司、沈阳航天三菱汽车发动机制造有限公司等客户的需求，开发研制了柔性、高效、高精度系列加工单元及自动线。该项目被列为 1999 年大连市第 1 批科技计划（重大项目）。

大连亿达日平机床有限公司于 1996 年开始立项开发，成立了以总工程师为组长的研发小组。研发过程得到了日方专家及用户的大力协助及支持，投入市场后，经过不断的改进和完善，产品的性能和指标均满足客户的需求。加工精度、稳定性均达到国际同类产品水平。

BH 系列 NC 控制三坐标柔性加工系列产品以卧式 BH4S、BH4K、BH5S 和立式 4G 系列单元为主机，配备夹具或数控转台等部件，构成柔性加工系统，该系统具有高速、柔性、节省空间等特点。

该系列产品投产后，能产生显著的经济效益和社会效益，有广阔的市场空间。为汽车工业装备的国产化，提供了有力的支持。

该系列产品采用标准模块式结构，根据被加工零件的体积及材质采用不同模块组合，占地面积小、刚性好；采用了先进的 ATC 换刀装置，换刀时间快；配备了刀具折断检测装置提高了机床的可靠性；主轴采用喷雾润滑，同时还采用了高压内冷式加工方法，提高加工效率。

该机床专用部分采用了先进的触发式测量系统，用于孔加工前的测量，将测出数据反馈给 CNC，通过数据处理得出补偿数据，再进行孔的加工，大大提高了产品的加工精度。同时配备了高精度数控转台，实现了 360°范围内的任意加工。以上设计结构技术含量较高，只有欧美等机床制造商应用，国内尚属首例。

该系列产品具有灵活多变、模块化、柔性化的特点，刀具折断可自动检测，拥有先进的触发式测量系统。

三、品牌战略是循序渐进的过程

品牌的成长是一个循序渐进的过程，是营造知名度、可信度、美誉度、忠诚度、依赖度的过程，只有一步一个台阶，逐级上升，才能最终登上品牌的最高峰——依赖度。

1. 知名度

知名度是任何品牌成长的起点，加速品牌成长速度的最佳途径是提高知名度。

YNC 的发展经历了两个重大过程，为提高其知名度起了推动作用。1992 年在小平同志“南巡”讲话的感召下大连机床厂一批工程技术人员和管理人员投奔亿达集团建立渤海机床厂，引发的“两机风波”在全国范围内无形中扩大了宣传，使渤海机床厂一夜成名；1996 年，亿达集团与日本国日平富山株式会社共同出资成立中国专机行业第 1 个合资企业既现在的大连亿达日平机床有限公司，同样，在行业及客户中引起轰动。以上事件为大连亿达日平机床有限公司的发展创造了良好的外部环境。

2. 可信度

知名度是品牌成长的起点，仅仅停留在起点必然会失败，因此，YNC 高层管理人员充分认识到建立 YNC 在市场中的可信度是十分重要的。

1994 年 9 月“BU042 缸盖导管孔精加工组合机床”荣获首届科技之光产品新产品博览会金奖；1995 年 10 月“汽车发动机生产柔性自动化配套机床”通过大连市新产品鉴定；1995 年“汽车发动机缸盖导管孔精加工组合机床”通过大连市科技成果鉴定并荣获大连市科技进步三等奖；1998 年通过 ISO9001 质量体系认证；2001 年 BH 系列 NC 控制三座标加工柔性系列产品通过大连市科技成果鉴定及新产品新技术鉴定。

3. 美誉度

美誉度就是商品在社会消费者心目当中的赞美程度。面对日益成熟的市场，依靠综合服务质量获取和保持经营优势在 YNC 管理层已达成共识。YNC 不仅局限于产品的售后服务，而是在项目承接过程中就为用户提供高附加值的服务。例如，在方案设计过程中，为用户提供各种方案供用户选择，根据用户的项目规模、投资状况，无偿为用户提供整体设计方案及工场设计布局方案等。

专家认为，维持一个老客户比开发一个新客户要节省 5 倍的费用，YNC 始终注意维持和发展与老客户的关系，定期走访用户，召开用户联谊会，以了解用户的需求及产品改进的意见。定期进行用户满意度调查，针对调查结果进行分析，采取纠正措施，改进设计，完善服务，以增强顾客满意度。

4. 忠诚度及依赖度

忠诚度是指消费者在长期消费过程中对产品及厂商的专一程度，忠诚度越高专一性就越大。产品有较高的顾客忠诚度，将是企业一笔巨大的无形资产。

提高产品忠诚度是一项系统的战略工程。要求生产商要有强大的企业文化力，在生产商与消费者之间能够心灵相通，融为一体，形成相互合作的最佳状态。YNC 的目标市场是国内的中日合资企业，企业文化、企业理念相近，易于文化交流。通过 YNC 及顾客双方的共同努力，目前已形成良好的合作关系，如东风本田汽车发动机有限公司、惠州本田汽车零部件有限公司、松下万宝压缩机有限公司已将 YNC 做为国内的设备采购的主要供应商。

企业创立品牌的最终目的是消费者对其产品的依赖性，这也是 YNC 所追求的目标，YNC 通过不懈的努力，坚持以人为本，聚焦顾客，技术创新，一定能够达到品牌的最高境界——用户的发展依赖于 YNC 的支持。

四、以 ISO9001 质量管理体系为平台，构建现代企业管理体系确保品牌战略有效实施

1998 年，YNC 通过质量管理体系认证。运行效果较好。进入 2000 年，适逢 ISO9000 质量管理体系改版，YNC 借转版之机，在现有质量管理体系基础上，对企业管理各方面进行规范和整合，基于过程模式的方法，建立结合企业实际情况的现代企业管理制度，规定各岗位的职责和权限，合理配置企业资源，重新识别业务流程，建立激励机制和过程监测考核体系。

五、科学的过程管理模式

1. 成本控制体系

YNC 将企业部门划分为直接制造部门、间接制造部门和销售管理部门。将企业资产划归各部门管理，设立部门费用，实行预算管理制度。直接费用实行生产号管理。通过直接费用、间接费用、固定费用、变动费用、工时单价等组合进行成本核算。提高了成本核算的准确度，对各部门实际发生费用进行有效控制，使企业成本始终处于受控状态。通过数据分析为企业决策提供了理论依据。同时，对各部门主管的业绩考核提供了可靠的依据。

2. 严把设计质量关，与供方建立互利协作关系

YNC 的产品客户化程度较高，需根据顾客需求设计制造。设计过程是确保产品质量、满足顾客需求的关键。为确保产品设计质量，制定了设计过程有关的程序文件。在设计的不同阶段，对其结果进行评审、验证。特设两名副部长，专职负责设计质量把关。获得较好的效果；YNC 产品技术含量较高，结构复杂，原材料及 60%以上的零件需要采购，采购质量将会直接影响到整机的质量。为了严把采购质量关，YNC 建立了供方评价体系，建立了供方档案，实施有效地管理制度考核供方业绩，对供方资格定期进行评价。同时，为了提高供方产品质量和管理水平，不定期对其进行培训和指导。建立了与供方互利的协作关系，以确保可持续稳定的提供顾客满意的产品。在专业化和协作化日益发展供应链日趋复杂的今天，与供方的关系影响到 YNC 对市场的快速反映能力。因此，对供方不能只讲控制，不讲合作互利，特别是关键供应商，更应建立互利的关系，只有这样才能降低企业成本，使资源的配置达到最优化。

3. 缩短交货期实施同步工程

随着市场竞争的加剧，交货期越来越短。为了满足顾客的需求，YNC 采用同步工程工作方法。在方案设计阶段，就考虑到工艺、设备、采购、装配、成本等在内的与产品生产周期有关的因素。通过实施同步工程，缩短了设计、制造周期，提高了产品质量，降低了成本，真正体现以顾客为中心的思想，增强用户满意。

六、构建 YNC 企业文化

运用企业文化管理企业，是企业经营管理者追求的最高境界。每个人都具有某些心理学家所说的“个性”。一个人的个性是由一套相对持久和稳定的特征组成的。一个企业也同样有自己的个性。而 YNC 是中日合资企业，融合了中日两国的文化。因此，创造和维系 YNC 文化更为重要。企业文化，是企业的灵魂和动力的源泉。基于以上思考，YNC2002 年在中日双方共同努力下，创建了 YNC 的企业文化，确立了 YNC 员工的共同的价值观体系。塑造企业文化的同时也是塑造品牌文化，名牌的灵魂是文化是优质是精品，因此，只有将企业文化融入到企业名牌形象中才能达到尽善尽美的境界。

企业依靠人进行生产和经营活动，同时企业也是为了满足人的需求而生存。“齐心、挑战、创新”是 YNC 追求的永恒的主题，同时也是 YNC 成功的法宝。

品牌是金　服务是心

——南京工艺装备制造厂

南京工艺装备制造厂是原国家机械工业局重点骨干企业，中国机床工具协会滚动功能部件分会的理事单位，国内第一个研制生产滚动功能部件产品的企业。从 20 世纪 60 年代中期开始经过多年的摸索，比较完整的掌握了滚动功能部件的开发、设计、制造及生产检测技术。在“七五”、“八五”期间受到国家部委及省市的重视和支持，实施了重点技术改造和科技项目攻关，使得企业在产品开发能力、产品质量、规格品种、管理水平、产值、产量、经济效益等方面一直处于国内同行业领先水平，产品在国内外均有一定的知名度。经过近 50 年的发展，企业目前拥有国内一流的滚动元件的生产、检测装备，产品的综合设计开发能力、生产规模、生产品种和质量水平稳居国内同行业之首，被《机电日报》誉为“中国滚动元件之王”。企业始终推崇“品牌是金，服务是心”的经营理念，追求用一流产品为用户服务、为用户的发展添砖加瓦的服务理念。企业多次获省、市质量管理先进企业和省级先进企业称号，是南京市高新技术企业。

2002 年企业又提出了“经济发展上规模，产品调整求效益，全面提升竞争力，盈利改善上水平”的发展方针，企业发展的势头更猛，目前企业滚动功能部件产品在国内市场占有率已达 40%以上，其中滚珠丝杠副的市场占有率已接近 50%。

2000 年、2001 年企业的滚动元件产品连续被评为“南京市名牌产品”，2002 年 4 月滚珠丝杠副产品获得全国数控设备用户委员会授予的“2001 年用户满意产品”称号；2002 年 9 月企业获“2001 年中国机械工业企业核心竞争力 100 强”称号。

随着中国加入WTO，跨国企业纷纷抢滩中国，“狼来了”的呼声此起彼伏，是关门打“狼”，还是与“狼”共舞，是摆在中国企业面前的课题。企业的竞争归根到底是品质的竞争，企业与国外知名企业站在同一条起跑线上，市场、技术、质量是考验企业的试金石。为此，企业及时确立了市场发展战略、产品发展战略、品牌发展战略、技术发展战略，四大战略同时推进，为企业持续发展奠定了牢固基础。

一、强化宣传，提升品牌知名度

加入WTO后，我国经济日益融入国际经济大循环，企业进一步被推向国际市场，在国际市场舞台上参与竞争，然而，要参与国际竞争，就必须进行与异域市场间的信息交流，而广告则是连接这一交流的桥梁与纽带。广告作为企业产品进入国际市场，参与国际竞争的开路先锋。因此，企业2001年加强了品牌产品的宣传，利用各类宣传媒体，如电视、计算机网络、展览会等进行企业形象、品牌产品的广告宣传，2002年企业更是加大品牌产品的宣传力度，全年投入广告宣传费用近300万元，“艺工”品牌借“海、陆、空”多种立体全方位传播手段，使人们在电视、报刊中都能听到看到“艺工”品牌，积极参加各类专业展览会20余场，并在展览会期间组织滚动元件系列产品及数控设备产品专业技术讲座，提高用户对艺工牌滚动元件的认识度。

二、确立品牌发展战略

实施品牌发展战略，提升企业产品含金量。南京工艺装备制造厂拥有自主品牌，企业拥有知名产品注册商标，产品被列为江苏省高新技术产品，南京市名牌产品，并被评为部省优质产品，“艺工”品牌在国内具有较高的知名度。企业连续四届担任了中国滚动功能部件分会理事长单位，拥有南京市市级技术中心，正在向省级技术中心升级。企业设立了品牌推广专项费用，不断扩大国内市场的影响力，并通过提高产品精度、质量、产品性价比及售后服务水平，积极开拓国际市场，增强产品竞争力，力争创建一流的世界名牌产品。

市场经济中要靠品牌产品争市场，在国际化市场中，更要靠品牌产品闯天下，企业实施品牌战略就是要优化“艺工”形象，创“艺工”品牌，用“艺工”品牌开拓国内外市场，积极投身竞争激烈、科技革命迅猛发展、信息化和知识经济化的全球经济化市场，探索出一条以实施品牌战略来不断提升企业核心竞争力的品牌管理道路。

三、全方位实施品牌发展战术

1.提高全员质量意识是创品牌的基础

创品牌绝非能毕其功于一役，它是企业员工长期劳动与智慧的结晶。品牌是企业整体素质的集中体现，创品牌也是不断提高企业整体素质的过程。南京工艺装备制造厂在实施品牌战略的过程中从狠抓质量意识入手，强化全员的品牌意识。

(1)全员签订《产品质量保证承诺书》并以此作为本年度员工上岗合同的附件。

(2)中层以上管理人员从上缴的责任保证金中划出20%作为质量保证金，年底考核兑现。

(3)对严重违反企业质量管理规定的干部给与撤职，对严重违反企业质量管理规定的员工给予解除当年的上岗聘约。

(4)构建企业有效运行的品质责任制体系，完善品质管理考核机制。企业品质工作重点从实物质量向工作质量转移，严查因管理失误、失职而造成的产品和不良服务的毁誉事件，重点抓好各级人员因工作差错给企业造成质量损失的全额理赔，质量事故的审结率达100%，对因企业产品质量问题造成的售后服务费用按责任实施全额理赔。

(5)企业月度编发内外部质量信息处理结果通报，季度编发情况简报，让全体员工动态了解“艺工”品牌在市场中的形象。

2.建立现代质量保证体系，确保产品质量，是创品牌的关键

通过质量体系认证是企业提高品质创品牌，参与国际竞争的重要途径，同时也是进一步提高企业的产品实物质量水平和质量管理水平的有力手段。企业在2000年通过ISO9002质量保证体系认证后，始终把产品质量作为管理工作的关键，提出了“求精、求诚、保质、守信”的质量方针，建立了包括质量手册和相应的质量体系文件等一整套较为完善、科学、有效的文件化的质量保证体系。明确了各级各类人员的质量职责和权限；明确了各生产环节工艺流程、操作规程和作业指导书；明确了进货产品、过程产品、最终产品检验和试验规程；明确了未经检验合格和试验的产品不准投产、不准转序、不准出厂；对影响产品质量的技术、管理及人的因素进行有效控制。

在质量保证体系运行过程中不断对其有效性和适宜性进行管理评审，从而加深理解最高管理者的治企思路，全员统一思想，及时采取有效的纠正和预防措施进行完善，使企业的整个质量过程始终处于受控状态。

按照ISO9000标准要求，强化对分供方的管理。企业从分供方的选点、调查、评价确认，到分供方提供产品质量的跟踪，都制定了一套严格的质量控制程序，并形成文件。同时建立了合格分供方质量档案，结合企业质量外保证体系的运行情况，每年调整一次合格分供方名录，做到优胜劣汰，坚持执行优质优供、劣质不供的原则，把分供方的管理工作有效落到实处。通过这一系列有效的措施，不仅提高了外配套件的质量，而且保证了企业产品质量，促进了企业效益的提高。

3.提高服务质量，是保护品牌、提高品牌知名度的有效手段

产品是有形产品，而服务作为无形产品，是有形产品的延伸，是其不可分割的一部分，同样给顾客带来利益和价值。目前，企业的服务概念已不再仅仅是“三包”，而是以顾客为中心的售前、售中、售后综合的大服务概念。“产品是第一次竞争，服务是第二次竞争”，企业要以品牌在竞争中取胜，必须延伸产品附加的利益，向顾客提供具有竞争力的服务。企业为达到“让顾客满意”这个质量标准，全力提高产品售前、售中、售后服务质量，理顺信息反馈通道，简化用户

服务环节，提高服务效率；建立服务的快速反应机制，省内48h，国内72h到达服务现场，并保证故障不排除，服务人员不撤离现场；对服务的原因、责任、效果全方位监控，使之成为企业产品拓展的新起点。

4.优质装备是品牌发展的重要保证

企业重视在规模化生产中工艺、技术效益作用的发挥。针对当前市场周期短、技术难度大、精度要求高的特点，从个性中寻找共性规律，以快捷的速度，实施投入调整，为“艺工”品牌打造了巨大的速度、规模效应。

关键设备的国外引进，给产品品质保证提供了必要条件。没有一流设备就生产不出高质量的产品，工欲善其事，必先利其器。为了能够大批量生产出高精度、高品质的产品，企业先后从国外引进了瑞士RG2000螺纹磨床、英国MATRIX6950螺母磨床、德国ELB公司SS013—L50双砂轮成形磨床，BLOHM公司PROFIMT307滑座磨床、AEG数控中频淬火机床、RM60X轧丝机等世界一流的冷热加工设备。近两年，企业每年投入改造费用均在1 000万元以上，为大批量生产高质量、高水平产品提供了重要保证。

5.不断创新是品牌发展的根本保证

面对瞬息万变的市场竞争，企业以全新的市场经济理念注入各项管理工作。从培育快速适应市场变化的企业文化入手，从技术、营销、品质、生产、员工素质等五个方面导入先进理念和先进意识，提出“速度抢占市场、规模覆盖市场、品质称雄市场”的竞争理念。实现了理念再造、管理再造及企业再造，提升了企业的核心竞争能力。为用户创造价值、为员工创造机会、为社会创造财富已成为企业文化的核心内涵。

(1)技术创新　企业提出“技术创新是企业发展的源动力”理念，依靠技术创新开发行业领先水平的新产品，以为顾客创造超值功能与服务、创造低成本产品为产品开发标准，丰富了“艺工”品牌的内涵。

近年，企业对原有的滚珠丝杠副、滚动导轨副、滚动导套副、滚动花键副产品围绕实施品牌战略采取局部延伸，全面推进系列化、标准化、个性化、特性化，向高速、微型、复合、重载、超长方向发展，实行“以老养新，以新代老”不断推陈出新，加速产品升级换代，使企业具有“人无我有、人有我优”的形象力。研制开发数字控制滚动执行单元，并在企业的数控生产线研制出系列数控工作台、数控超高压水射流切割机、数控雕刻机、数控雕铣机等系列新产品，起到了引导市场的作用，为企业发展积蓄了后劲，为国家实现数控行业产业化配套打下了良好基础，同时，企业产品形成了“滚动元件族”、“数控设备群”的格局。

(2)品质管理创新　企业在2000年通过ISO9002质量保证体系认证后，始终把品质作为管理工作的关键，不断更新品质理念。在产品质量符合技术标准的基础上，持续进行质量改进，精益求精，力求完美，2002年又提出了机械产品家电化的新概念，树立让用户满意为最终目标的品质意识，实现了产品的上档升级。企业拓展了品质管理的内涵：由终端管理向源头推进，从人、机、料、法、环五个方面严控中间过程，实施“亚铃型”品质管理模式，即一头抓外购外协件、合同评审质量；一头抓产成品、市场销售、中间生产环节质量，形成“两头大、中间精”的创新品质管理模式。实施产品全过程的控制，以工艺为突破口，完善从原材料进厂到各主要生产工序的工艺技术标准，使之与国际标准相适应，完善各主要工序的操作工艺流程，从前到后形成一条严密的工艺品质管理网络。加强日常现场质量监督检查和考核，实施月度入库产品质量监督抽查，严格按照产品质量技术标准和顾客要求组织生产，努力提高产品的内在质量和外观质量，降低废品消耗，保证各项品质管理制度的有效实施，企业的各类主导产品在历次省、市质监部门的监督抽查中均顺利通过。

(3)生产管理创新　近年企业在对生产现场硬件设施进行大规模的技术改造，大大改善现场环境的基础上，导入了6S现场管理法，将品质管理与6S现场管理有效结合，整理、整顿、清扫、清洁、素养和安全这6S实际上是通过加强对工作现场的管理，保持其正常秩序，来提高员工的工作效率，它直接关系到生产过程的产品质量。企业自推行6S现场管理活动以来，实施了精品工程，提出优质产品上精度、上等级，零部件达工艺品，外观及包装达家电化，符合国际标准要求。这项活动已成为企业员工自觉遵守的一项要求，员工的整体素质得到提高，由被动管理逐步形成主动参与管理。

企业高度重视现代管理手段的运用，全面推行信息工程，建立了完整的电脑局域网络系统，运用CAD技术和网络技术进行图样设计、工艺编制。通过共享数据库，实施MRPⅡ系统的资源管理，准确地进行产品研发与市场开发工作，从而缩短了信息传递时间，提高了功效，使最高管理层决策，技术管理、生产制造均可对市场做出快速反应，有效地满足了用户个性化的要求。

精诚服务　满意为先

——河南中南工业有限责任公司

河南中南工业有限责任公司是中国超硬材料行业人造金刚石最大的生产基地之一。年生产能力(含立方氮化硼)达到1.2亿克拉。国内设有销售网点27个，出口欧、美、韩和东南亚等十多个国家市场。注册商标“中南”牌。中南品牌经过十多年精心培育，赢得近10%的市场占有率，全行业排名第三；100%的顾客满意度；具有国内先进水平的产品质量。中南牌金刚石被中国机床工具工业协会超硬材料分会评为行业优秀品牌；2001 年全国“3·15”质量抽查活动中，中南牌人造金刚石被《人民日报》、《市场报》和《大公报》等新闻媒体评为“产品质量和售后服务无投诉十佳企业”；2002 年 2 月，中南牌人造金刚石被法国科技质量监督评价委员会推荐为中国高质量产品，中国国际贸易促进委员会也将上述产品列为向欧盟市场推荐产品，2002 公司被评为河南省质量管理先进单位。

中国加入 WTO 后，对于中国超硬材料行业而言，机遇与挑战并存。国外高档金刚石更加大量涌入，对国内市场冲击力度加大，对我国的金刚石产品质量提出了更高的要求。中南人在抓住机遇的同时，勇敢地应对挑战。增强质量兴业、名牌兴企的紧迫感和责任感，积极采取对策，尽全力打造中南品牌。

一、提高意识　制定战略

一个品牌的树立是一项复杂的系统工程，要树立自己在消费者心中的名牌形象，决不是朝夕之功可以完成的，也无捷径可走，只能在质量、技术、服务等各方面下功夫，中南公司通过扎实工作精心创品牌。

人造金刚石属超硬材料行业范畴，超硬材料行业比起钢铁行业、家电行业和纺织行业等大行业实属是一个小行业。但它始终是一个阳光行业，特别是它广阔的应用范围和优异的功能，几乎涉及到国计民生的各个领域，小到家庭装修，大到微电子及航空航天等高技术领域均有其用武之地。有的甚至是非其莫属。但是整个行业的品牌意识淡薄，目前只有少数几家生产厂和一些外贸公司建立了自己的品牌。为了提高行业的品牌意识，2000 年中国机床工具工业协会超硬材料分会组织了优秀品牌推荐活动，经技术监督局抽样，国家磨料磨具质量监督检验中心检测，评审小组评审，领导小组审定，历时 10 个月，最终推荐 8 个企业 15 种产品为 1999～2000 年度优秀品牌产品。并在行业杂志和互联网上进行公示(其中包括中南牌高品级金刚石)。其目的就是树立品牌意识，引起企业对品牌的重视，纵观市场经济中激烈的品牌竞争，中南人对名牌产品效应有了深刻的认识和体会。充分认识到，作为大型军工企业，要充分发挥军工管理优势，依靠科技进步，在行业中首先树立中南品牌的形象。在名牌意识的驱使下，中南人首先制订了“名牌战略”，制订切实有效的实施措施。在国家质监总局刚刚启动中国名牌战略推进工作时，中南人不失时机地向所在省、市技术监督局提出了中南人造金刚石创河南省名牌产品的申请。中南人契而不舍，朝着既定的目标努力，一步步实现自己的名牌战略。

二、完善管理　规范行为

“质量是企业的生命”。这是市场竞争教会每一位企业经营管理者的普遍道理，而对于一直在市场经济的潮头浪尖拼博的中南人而言，对这一准则有着更加深刻的理解。公司抓产品质量建设，2000 年率先在超硬材料行业通过了 ISO9002 质量认证。目前正在积极的进行 2000 版的转换工作。2002 年又被南阳市质量技术监督局推荐为河南省质量管理先进单位。其次，质量要想领先，标准必须先行。人造金刚石产品有行业制订的产品标准和检测标准，但由于行业市场的不规范，行业标准尚未完全贯彻执行。如尽管标准要求测量冲击韧性，但国内金刚石市场绝大多数仍以单颗粒抗压强度来验收。这种测量方法既不准确，又不完善，不能与国际市场接轨。从品种牌号方面看，按照金刚石用途来分，De Beers 公司共有 44 个牌号，GE 公司有 25 个牌号，我国行业标准只有 11 个牌号，其中 DMD 尚没有商业化的产品，牌号少而不细，影响了制品的研制开发和质量水平，而划分为 36 个品种牌号，对于外贸产品检测冲击韧性，国内市场销售时，对中、高品级的峰值粒度段也都检测冲击韧性，为了确保选型质量的一致性，严格控制了强度离散度，实际指标超出标准的 50%，公司的内控标准在行业处于领先水平，在贯彻 ISO9000 标准的同时，还采取有效的质量奖惩制度，把产品质量直接与操作者工资挂钩，技术人员和管理人员也都按一定的比例与个人工资挂钩。以此增强各类人员的责任感。加强过程控制和最终检验控制，使产品出厂合格率达到 100%，产品的一次交验合格率达到 95%以上，质量损失率控制在 3%以下，创行业最好水平。

三、技术创新　精品迭出

创新是一个民族进步的灵魂，是企业发展的不竭动力。企业要在激烈的市场竞争中做不倒翁，就必须能围绕市场的需求坚持不懈地进行技术创新，引领行业技术进步。用敏锐的眼光审视市场，折射出技术创新的新思路。企业于 1993 年、1996 年和 1999 年分别对人造金刚石生产线进行了二期、三期、四期技术改造，共完成投资 4 527 万元，目前正筹备第五期技术改造。通过技改，由创业初期仅有 3 台老式压机，发展为以先进的人工智能控制的六面顶液压机为主机群的规模化的生产线。拥有 420mm 缸径 6×12MN～6×13.5MN 吨高精度、大吨位压机 140 多台；460mm 缸径 6×17MN 吨超大吨位压机 30 多台。全部采用公司自行研制开发的计算机控制系统。目前金刚石生产线拥有压机 174 台，人员 586 人，建筑面积 13 563m²，作业面积 10 076m²，配套生产线 7 条。现代化的型貌测定仪、性能优良的磁化分析仪等都在行业处于领先地位。

精良的工艺装备为先进的合成工艺的研发提供了操作平台。公司每年制订科技开发计划，针对行业发展趋势，开展人造金刚石大腔体、高品级、低消耗合成工艺的研究，率先在行业推广应用粉末触媒技术。目前正准备在 Φ500mm 缸径的六面顶液压机上进行 Φ40mm 以上大腔体合成工艺的研制，目标是单产：≥45ct/块，高强比 14kgf 以上比例≥25%，顶锤消耗每万克拉＜4kg 。

为了确保合成工艺的先进性，公司研制开发了复合传压介质制造技术、粉末触媒合成体制造技术、金刚石提纯分级技术、大吨位压机设计制造技术、人造金刚石控制系统的设计制造技术。以上技术，为公司的综合技术水平在行业处于领先地位提供了强有力的支持。为了使公司发挥好行业排头兵的作用，公司制定了“生产一代、开发一代、预研一代、构思一代”的科技创新战略。并在郑州高新技术产业开发区建有经省级认定的"企业技术中心"，聘请中国超硬材料界的专家、郑州磨料磨具磨削研究所王光祖教授级高工为技术中心顾问。带领硕士研究生和高级技术人才，开展金刚石合成工艺技术的研究和应用。其中粉体触媒法高品级金刚石工艺在"2002 年中国·郑州交易会"上被评为"2002 年中国·郑州先进适用技术交易会"金奖。技术创新为中南品牌不断注入了新鲜血液，使中南品牌保持了强大的生命力。

四、精诚服务　满意为先

公司视顾客为衣食父母。把顾客满意看作是企业生存和发展之本。牢固树立"顾客至上"的服务理念和"用户双赢"的服务宗旨。利用售前、售中和售后到位的精诚服务，作为抢占市场的重要法宝。公司在销售系统中运行着两条主要网络，一条是销售网络，另一条是销售信息网络。在销售网络上，公司配置现代化的办公设备和电脑、传真机等。在全国重点区域建立销售终端，及时反馈各销售网点的信息。在销售信息网中，公司建立配套档案，开展专访用户活动，认真走访每一客户，征求顾客对企业和产品的意见，特别是新工艺、新产品推向市场时，更要详细地介绍新产品的性能指标。销售人员对顾客使用企业产品的范围、规格、月消耗量、生产的切割工具品种以及资信情况等详细做好记录。公司对收集到的信息进行统计分析，找出与营销目标及竞争对手的差距，对存在的问题做出快速反映和解决。把顾客不满意的因素消灭在萌芽中，公司销售人员在为顾客服务中，发扬"五千"精神：不怕千辛万苦，克服千难险阻，踏过千山万水，走遍千家万户，话尽千言万语。

市场的杠杆是最公平的。公司迅速发展证明了只有依靠过硬的产品品质才能不断拓展市场，也只能凭借精诚的服务才能赢得更多的客户。中南人将不辜负社会各界的厚爱和行业寄予的重托，坚持名牌战略，精心培育中南品牌，将中南牌人造金刚石打造成知名品牌、省级名牌乃至中国名牌，为提升超硬材料行业水平做出更大贡献。

抢抓机遇，转化机制
实施名牌战略，做强做优企业

——宝鸡机床厂

宝鸡机床厂是全国大型企业，具有进出口自营权。企业总资产 4.8 亿元，年产各类机床 3 000 台，年销售收入 2.3 亿元，出口创汇 700 万美元。主要产品为车削柔性单元、车削中心、数控车床、马鞍车床、普通车床、平面磨床、带锯机、专机、数控机床功能部件、动力刀架等 12 个大类、160 个品种。

近年来，在经济全球一体化的进程中，企业紧跟国家实施西部大开发战略部署，坚持改革，持续不断地进行经营机制的转换，企业经济效益显著提高。2002 年，企业完成机床产量、工业总产值、销售收入、利税、出口创汇分别比上年增长 32.22 %、36.74 %、31.28%、48.57%、32.01%。数控产值率达到 57.1%，比上年增长 6.4%。该厂在调整产品结构、实施名牌战略、深化企业改革、做强做优企业方面主要作了以下工作：

一、以品牌产品为龙头，发展品牌，提高"宝机"品牌的知名度

随着中国加入 WTO 和积极的财政政策引导下，以轿车为代表的汽车工业，以航天、航空为代表的军工企业及新兴而快速发展的模具工业，迅速发展。国产机床的战略地位得到高度重视，这是一个千载难逢的大好时机。企业制定了"以市场为导向，以创新为动力；以实施新产品开发战略为基础；以强化企业管理、推进信息化建设为手段；调整结构，深化改革；增强核心竞争力，打造企业新形象。"的经营思路，坚持"以市场为龙头，以财务为中心，以生产为后盾"的经营指导思想，抢时间，抓进度，大力开发适销对路的新产品，占领市场，扩大市场份额。

(1)通过品牌的创新，来创新企业文化。该厂注册的产品商标为"忠诚"牌。企业提出："科技创新，忠诚为本，顾客满意，持续改进"的质量方针。

(2)要发展品牌，实质是增强品牌的科技含量，不断创新，适应市场和自身发展的需求，对产品结构进行调整，形成以品牌为主的核心竞争力。

在"维持普通型，重点发展数控，紧追高档型，扩大普及型，普及经济型"开发思想的指导下，企业先后完成了集车、铣、钻、镗等复合功能为一身的三轴三联动的 CH7520 车削中心；具备料库、上下料机械手、双主轴两联动、具有九轴控制的、可实现多机联网、少人或无人看管的 BK202S 车削柔性单元。此机床的开发成功，为企业将来进一步进行自动机床的开发及实现无人看管加工奠定了基础。二是根据市场和客户要求，完成了对普及型中档数控车床 CK 系列化、模块化设计，实现了从 CK7516 到 CK7530 4 个系列、10 个品种的产品提供市场。三是对常规产品 CT—6A、SK50、TK40、CJK 系列产品结构、功能、外观等方面进行改进，延长了产品的寿命周期，保持了市场份额。

(3)加大售前、售中、售后服务力度，保持品牌长盛不衰。2002 年针对市场的持续升温，企业不断调整营销策略，重视对营销队伍的素质培养，在营销过程中，处处把用户的利益和企业的信誉放在第一位。售前服务上真实的介绍产品的功能和特征，为顾客答疑解难；售中服务中，认真为用户安装、调试，培训操作技能；售后服务时，与用户保持密切

联系，出现问题及时解决，了解用户对产品改进的期望。为了不断提高用户的满意度，企业选拔了一批年轻、知识结构好、业务精、素质良的技术骨干，补充到售后服务队伍中。管理上实行驻片服务，承包驻片机床的调试和维修。厂内设立专门机构，对用户的投诉进行快速解决，塑造企业良好形象。

二、坚持以创新为动力，深化内部改革，增强"宝机"的竞争优势

为适应市场形势发展，坚持深化企业内部改革。在加强财务管理方面，建立灵敏、高效、监控严格的财务核算系统。在搞好定额管理、目标管理、费用包干等一系列行之有效方法的同时，积极开展全面预算管理。

(1)严格执行全面财务预算制度，确保各项费用都在控制之中。

(2)严格产品开发、采购、生产、销售全过程的成本核算及控制，积极推行比价、招标采购和上网采购，在供应商的选择上实行准入制、动态化管理。

(3)坚持市场这个导向，不断提高企业的整体组织协调能力。进一步完善车间、班组的管理职能，把生产任务进行层层分解，确保任务、质量指标分解到人，对班产量、日进度进行考核。

(4)进一步进行人事、劳动、分配三项制度改革。

(5)在加强质量管理方面，重点加强对产品外购件和配套件的质量监控。为了提高数控产品的质量，厂里定期对外购件和配套件进行质量评审。大量采用国内外知名品牌的产品。如：数控系统主要使用日本FANUC和德国SIEMENS公司生产的系统。主轴轴承主要选用日本的NSK、瑞士的SKF或哈尔滨的HRB品牌，滚珠丝杆主要采用日本的THK和汉江机床厂的产品，数控刀架主要采用意大利D.M公司产品。由于配套件和外购件的产品质量稳定可靠，所以有效地保证了整机质量水平。

同时对整个生产过程不断进行改进，生产中严格执行质量控制标准，坚持外销机床质量标准均高于内销机床等级，数控机床标准高于行业标准，对产品质量考核指标进行定量压缩。

通过不断管理创新，企业的活力得到很大增强，产品质量稳步提高。主导产品多次获得国家、省、部级优质产品奖和科技进步奖。其中"忠诚牌"CS6266B马鞍车床被陕西省树为"省名牌产品"，CK7520数控车床列入国家级火炬计划、国家重点新产品，CH7520车削中心、CK7520数控车床系列获国家机床质量监督抽查优质产品。企业先后荣获"省科技效益型企业"、"省企业管理进步型企业"、"省出口创汇大户"、"高新技术企业"、"重合同守信用企业"等多项荣誉称号。

三、坚持把人才战略列为企业的头等大事，建立人才济济的科技强厂

人才是科技创新的源泉。为适应科学技术日新月异的发展，企业采取了一系列措施，抓好人力资源的管理。厂里确立了"感情留人，事业留人，待遇留人，机制留人"这一指导思想，把人才培养当作企业参与市场竞争的头等大事常抓不懈。在原有的计算机中心上，对CAD室进行了较大规模的改造，添置了部分高性能台式计算机、笔记本电脑，实现了局域网的联结。

为了不断地提高技术人员的业务水平，增强其技术开发能力，除鼓励他们加强自学外，积极创造条件组织技术培训。2002年，组织科技人员技术培训8次。特别是在厂长的关心支持下，厂里决定培养自己的研究生队伍。现已和西安交通大学合作，有32名技术人员参加了2002年10月份全国工程硕士班的考试。

近期企业正加大和大专院校、科研机构的合作，对关键技术进行攻关，提高技术储备水平，适应市场发展需要。从而使产值数控化率达到70%，新产品产值率达到60%。

企业正在进行数控机床产业化项目的实施，要通过技术改造，调整产品结构，来增强企业的核心竞争力。企业将继续坚持"以人为本"，以科技为先导，以市场为导向，强化以财务为中心的企业管理，贯彻"科技创新，忠诚为本，顾客满意，持续改进。"的质量方针，提高整体竞争力，全面推行"用户满意工程"，锐意进取，与时俱进，再创21世纪新辉煌。

以创新为动力　形成新优势

——南京数控机床有限公司

南京数控机床有限公司成立于1998年10月，是由享有"十八罗汉"美誉的南京机床厂改制而成。企业被国家科技部认定为"科技型技术创新企业"；被江苏省政府认定为"高新技术企业"；被南京市政府命名为"建设新南京先进单位"。

一、以改革为突破，树立新观念

观念决定思路，思路决定出路。在应对入世挑战的进程中，南京数控机床有限公司全体职工怀着卧薪尝胆的勇气和重铸竞争盾牌的决心，围绕"老企业与新机制、老产品与新市场、老观念与新思路"的矛盾展开讨论，把航标定位在市场，把精力放在改制，认真清理认识误区，破除思想障碍，树立"订单是硬道理、质量是生命线、工期是死命令"的新理念，以"组织结构调整，开发能力提高，产品质量翻身"为主题，唱响主旋律，打好主动战，使思想观念全方位融入市场轨道。

成也机制，败也机制。南京数控机床有限公司的决策层深刻认识到：以机制创新为重点的深化改革，是一场史无前例的攻坚战，要闯出一块破晓的天空，必须兴利除弊，大力调整所有制结构，破除僵化的生产关系，使企业的体制与生产力发展水平相适应。为此，南京数控机床有限公司围绕现代企业制度的建立，从三个方面拉开大调整、大治理的帷幕。

(1)调整组织结构。打破计划经济形成的"大而全"、"小而全"模式，以"三个有利于"为标准，根据"两头大(开发、销售)、中间精(加工、制造)"的示范要求，将原有的8个处室、车间，归并精减为"5部"框架，推进由"橄榄型"向"哑铃型"的转变。

(2)改革劳动人事制度。打破过去以人定事的做法，处理好"定岗、定编、定员"的关系，按照市场化用工原则，打响"竞争上岗、择优录用"的改革攻坚战。在原有的527名在岗职工中，仅录用284名，录用率仅为53%，其中科技人员占35%。

(3)变更劳动合同。按照股份制要求，以增强活力为目的，签订补充协议，明确产权关系，推进全员持股和经营者、骨干持大股，打造"利益共享、风险共担"的命运共同体，使生产要素的潜能充分释放，全员劳动热情喷涌而出，各项主要经济指标以每年40%的速率递增，实现由"要我干"向"我要干"的转变。

二、以品牌为龙头，确立新格局

市场是树，品牌为根。南京数控机床有限公司承前启后，以"精心创品牌活动"为突破口，抓住产品创新制高点，发展独具特色的新产品。仅用5个月的时间，便开发生产出N－084型系列数控车床，开创工厂制造史上"当年设计开发、当年批量生产、当年批量销售"的先河，被江苏省政府列为"数控机床技术创新工程"的重点产品。作为数控机床产业化工程的主推产品，经过几年的发展与完善，N－084型系列数控车床以适应面广、功能齐全、价格适中的优势，领先国内同类产品，在品种与档次上填补了国内空白。

随着供销产品新格局的形成，南京数控机床有限公司抓好市场定位，制定了"突出优特精，结合产学研，占领技术高点，赶超国际水平"的开发方针，灵活地采用"两条腿走路"的方法，一手抓产品开发，一手抓市场开拓。广大科技人员把握适应性开发与特色性耦合，以个性化替代通用化，以专门化替代大众化。走出设计室，将用户需求融入设计方案，与销售人员一道，参与市场竞争，参与用户谈判，参与订单报价，在国防科研、高校产业、汽车工业等诸多领域里与对手"贴身紧逼"，通过"卖出一台机，赢得一颗心；进入用户门，送上一片情"的优质服务，巩固了老朋友，扩大了新用户。企业在成功地连续多届参加国内外大型机床展览会的同时，和着国家"十五"计划节拍，主动参与西部大开发，数控精品亮相"武汉经洽会"后反响强烈，订单大批涌现，塑造了企业新形象，形成稳定用户群，确保了《南机牌》数控机床在市场竞争中的强势地位。

4年来，南京数控机床有限公司致力发展数控产品，推广品牌战略，数控机床的产值自1999年比上年增长150%后，实现3年再跨"三大步"的目标。2002年产量达到300台，产值突破6 000万元，比1998年增长5倍。产品在巩固原有市场的基础上，延伸到医疗、轻工、环保、航天等领域。培育出在尺寸规格上有大中小、在档次价格上有高中低，总体上形成两大类(棒料类、件料类)11个主系列、8个派生系列的40多个数控车床品种，可满足不同层次用户的需求。到目前为止，主导产品数控车床的国内市场占有率居前3位，人均销售收入居全国同行前列。

三、以创新为动力，形成新优势

创新没有休止符，发展才是硬道理。以4台超大型数控车床与机械手的开发创造而命名的"155工程"，是推进"精心创品牌活动"的加速器。跨入新世纪，南京数控机床有限公司抢抓机遇，承担了为某军工企业开发大规格数控车床的重任。这种高科技含量、每台净重20t的"巨无霸"，由于工艺独特，国内从未生产过。

根据江泽民同志提出的"基础装备逐步国产化"的要求，南京数控机床有限公司全体职工将"科技强军"的决心变为行动，在短短一年时间里，克服了开发难、精度高、周期短的重重困难，用创新与实干，唱响一曲工人阶级的志气歌。具有自主知识产权、达到国际先进水平的"155工程"的胜利竣工，体现了质优价廉的市场魅力。每台价位仅占进口机床的1/3，既解决了国产数控机床的结构性矛盾，又打破了进口机床在大规格上一统国内市场的坚冰。截止至2002年，该产品已投放市场18台，创产值3 000万元，市场前景极为广阔。

质量是品牌的生命。南京数控机床有限公司从"产品就是人品"的高度强化全员质量意识。以生产工序中的质量网络建设为切入点，健全各级质量责任制。让一线工人直接与用户对话交流，感受来自市场的压力，增强提高质量的紧迫感。向用户实施"交钥匙工程"，严格执行无故障运转试验，数控车床可靠性指标达到MTBF/500h。企业狠练内功，强化基础管理，于1998年通过ISO9001质量体系认证，并连续4年顺利通过了年度监督审核。《南机牌》数控机床也连续4届荣获省、市名牌称号。

与时俱进的开发理念，使南京数控机床有限公司拉长了创新优势，拓宽了发展空间，取得了累累硕果：CK1463型数控车削单元取得历史性突破，继2002年度荣获江苏省、南京市科技创新两个一等奖后，再度荣获中国机械工业科技进步奖二等奖；普及型数控车床产业化工程通过国家验收，被省科技厅确定为"十五"科技攻关项目，受到中国机械工业联合会的表彰；国家创新基金数控机床系列产品通过专家组验收，总体目标和经济指标完成良好，产品性能达到国内先进水平；国家"九五"重大科技攻关项目N－084型和N－088型数控车床通过省级验收，填补了国内空白；企业实施知识产权保护法，2002年5个实用型创新产品获国家专利，承担的国家经贸委新一代开放式数控系列平台开发通过验收，受到国家经贸委和中国机械工业联合会的表彰。

四、以人才为支撑，增添新活力

在旺盛的产品创新背后，是人才队伍和机制创新的强力支撑。南京数控机床有限公司每年都要从国内一流高校中吸收数十名毕业生加盟。为了保护和培养科技骨干队伍,设立“人才保护基金”,实施“新产品开发奖励办法”,对各级技术骨干给予岗位津贴,通过“事业留人,感情留人,适当待遇留人”的人才战略,做到政策上尽量倾斜,知识上充分尊重,生活上关爱有加,精神上热情鼓励,为他们提供“天高任鸟飞,海阔凭鱼跃”的发展空间。

与此同时,南京数控机床有限公司着力营造“自己挑战自己、自己提升自己”的竞争氛围。以机制创新为动力,改革用工制度,强化分级管理;实现项目负责制,拉开分配档次;颁发《员工手册》,规范企业文化;评选星级员工,倡导奉献精神。市场化约束激励机制的建立,为每一位职工创造出竞争与发展的机会,从而以机会牵引人才,以人才创造机会,实现人才与发展、发展与机会的良性互动。据统计,企业2002年全员劳动生产率达到20.5万元,比1998年增长6.5倍,人均年收入达到16 000余元,比1998年提高3倍,实现了“让用户满意,让职工富裕,让政府放心”的发展目标。

南京数控机床有限公司以产品创新为龙头,让科研开发、生产销售融入市场,互联互动,形成活力。近年来投入数百万元,更新了CAD设备,在科研开发能力的提高和手段的完善方面取得卓越成效。企业推进信息化建设,建立了POM管理系统,是江苏省首批信息化示范单位。现在新产品的计算机出图率已达100%,提高了数据电算化、绘图电脑化、信息网络化的“三化”水平。尤其是在产品的开发周期上,由过去开发一个产品需要12个月缩短为3个月,用户有特殊需求的变形产品的设计仅需1个月。高科技向生产力的加速转化,使“满足市场一切需求”由口号变为现实。

如果说,经济发展艰难,难在国有企业;那么,难能可贵的变化也在国有企业。在国家、省、市各级政府的扶持下,南京数控机床有限公司通过自身的努力奋斗,已形成以高新技术为主、独具特色、多元化的发展格局。以市场为导向的产品结构、组织结构的调整势头良好,一批新的经济增长点开始涌现。在十六大精神和全面建设小康社会的旗帜指引下,企业决心瞄准国际先进水平,设定新的攻关目标,抢抓新机遇,迎接新挑战,将昔日的自动车床摇篮,建设成为数控机床基地,为重振雄风增添新活力,为加快发展作出新贡献。

发挥比较优势　实施走出去战略

——云南CY集团有限公司

云南CY集团有限公司(原云南机床厂)始建于1961年,是中国机械工业重点骨干企业,国有大二型企业,拥有自营进出口权,是中国西部地区规模最大的车床制造厂。7种产品连续获得省、部优质产品称号,企业先后荣获“五一”劳动奖状、“全国思想政治工作优秀企业”、“全国机电产品出口创汇先进企业”、“全国贯彻商检法先进企业”、“全国职工职业道德建设先进单位”、2001年荣获中国机床工具行业“出口创汇十佳企业”称号。现有职工2 700名,年生产各式车床3 500台以上。十余年来产品一直保持2/3出口,产品远销北美、南美、欧洲、澳洲、南非、北非、中东以及东南亚等77个国家和地区,连续6年出口创汇保持1 000万美元以上,在中国机床行业出口业绩中一直保持前列水平。企业已通过了ISO9001质量体系认证,产品CE认证。

企业的主导产品是CY系列卧式普通车床、数控车床、高速精密车床、大孔径车床、仿型车床。近几年,围绕市场需求开发了Φ320～660mm的NC—DS系列、NC—C系列、NC系列、NC—P系列、NC—T系列等全系列数控车床,为机械加工制造行业提供最终解决方案,包括难加工、特种加工成套、成线设备等,具备完成以车削为主的复杂、复合加工成套技术和交钥匙的能力。其主要产品被评为优质名牌产品,数控机床曾两次被评为全国用户满意度第1。形成了5大类,250多种规格,集机、电、液,高、中、低档兼容,规格齐全的产品阵容,产品广泛适用于机械、汽车、石油、兵器、航天、航空、纺织、船舶等多种行业需要。在国内和国际市场上有完备的分销网络及备品、备件、技术支持等售前售后服务体系。

一、加强技术中心建设　加快产品开发力度

(1)加强技术中心建设。紧紧围绕市场要求和用户结构的变化,依靠科技进步,实现产品结构的调整。始终坚持走国产化道路,发展拥有自主知识产权的核心产品,努力把核心产品做精、做专,并紧跟市场,开发各类专用机床,为用户成套成线,最大限度为地用户解决问题。逐步完善技术中心管理制度,2001年被认定为昆明市市级技术中心。同时还争取到昆明市经委、市科委对技术中心建设项目经费的部分支持。

(2)加快新产品的开发力度。近几年来,在成功开发了T系列数控车床两个品种12个规格的基础上,推行模块化设计,2001年完成了NCP数控车床的改进型产品P系列产品的全系列的设计及制造,完成了CYNC—32DS双主轴数控车床的样机试制。完成了CYNCP—500MZ磨花专机的设计制造并移交付用户使用。完成了CYNC—C40车削中心的设计方案的审定、CYNCP—500/2000数控机床的设计;完成了车削中心用三菱M65数控系统的电器设计工作,形成了主系列配置西门子、三菱、发那科和航天901数控系统等不同档次的产品阵容。

(3)积极推进“产、学、研”相结合的研究开发方式,先后与上海交通大学合作,继续按计划进行数控车床可靠性研究应用项目的合作,与北京理工大学合作共建云南先进制

造技术研究中心工作向前推进，与航天数控的进一步合作成效显著。

(4)逐步推进企业信化建设。密切跟踪国内外信息技术的发展，在产品开发、设计、制造以及物质采购、市场营销过程中，逐渐采用现代信息技术手段。改造更新了技术中心计算机及其网络系统，初步将设计、工艺、生产管理连成局域网，计划经营处形成计算机的局域网，为企业信息化建设推进了一步。更换了设计开发软件，加强了网络管理手段，加强中心机房的建设。CY—CIMS 信息化进程又向前推进。

(5)在生产过程中加强质量控制，提高质量意识。生产线上严格进行质量控制，每一个零件、每一道工序做到有质量检查、有记录。实行定置管理，规范生产作业环境，使数控机床生产装配在认真有序的条件下进行。在关键零部件的采购中，以 ISO9001 质量保证体系为标准，分供方严格实行比价、比质的招标采购方式；公司内部也同样实行比价、比质的采购方式，确保每一个零部件的质量，为整机装配和用户的使用奠定基础。

二、建立产品服务体系　实施用户满意工程

随着产品结构的调整，数控产品产量的增加，服务体系严重不适应，为了实施用户满意工程，近两年开展了几项工作。

(1)为满足数控机床的销售，抽调一批素质高、技术过硬、作风优良、服务态度好、工作认真负责、能吃苦的技术人员组成售后服务队伍。提高待遇，实行动态管理，以用户的利益为重，严格兑现“服务承诺”，并将每一个用户的服务记录都输入计算机档案，服务中碰到的质量问题及时按程序反馈给相关部门。使整支服务队伍从年轻化、专业化、知识化方面上了一个台阶，在用户中树立了企业良好的精神风貌。

为把数控机床服务好，在做好售前、售中、售后技术服务的同时，把用户的满意度作为衡量一切工作的标准，作为对数控机床开发、生产、销售、维修服务人员考核的重要基准。无论是制定那一个环节的工作标准，都要把用户的满意度作为重点，在工作标准中进行分解实施。要求每一名销售人员把“求真、务实、细致”的工作作风贯穿到整个营销活动中，要求他们在用户购买数控机床之前，做好售前服务工作，仔细了解用户购买数控机床的目的和加工要求，生产什么产品，加工什么零件。有针对性地向用户推荐、有针对性地开发新产品，力争最大限度地为用户解决问题。

(2)抓好对用户的培训工作。在售中服务时，企业把重点放在用户的培训工作上，要求用户提供零件加工图样和零件加工料样，还为用户编好零件的加工程序。不仅在机床的初验收时做好用户的培训工作，还要在用户单位进行一次机床终验收时的用户培训工作，让具体操作者能够进一步掌握 CY 系列数控机床的性能、操作技巧和零件的加工要领，让用户在尽可能短的时间里，利用企业的数控机床产生经济效益。

(3)定期巡回服务。建立了经常性地用户巡回访问制度。由产品开发人员、销售人员、售后服务人员组成的巡回访问组，定期或不定期地对用户进行巡回访问。这样做的目的是不仅了解市场信息，掌握用户需求结构的变化，及时开发具有市场竞争力的产品，还让用户感到购买 CY 系列数控机床放心、使用 CY 系列数控机床舒心、维护 CY 系列数控机床顺心。

(4)把用户满意工程落到实处，争创用户满意工程。通过建立反应快捷、服务完善的售前、售中、售后服务体系和实施用户满意工程，得到了市场的广泛认可和用户的一致好评。2002 年被全国数控设备用户委员会授予“用户满意产品称号”。肯定了公司实施的“建立数控产品服务体系，实施用户满意工程”的工作是卓有成效的。

三、发挥比较优势　实施走出去战略

机床产业作为世界性的产业，加入 WTO 以后，客观存在着国际分工的问题，其核心内容是发挥比较优势，在国际贸易交换中取长补短，实现互惠互利，共同发展。从出口发展战略来看，企业走出了一条主动出击、参与国际市场竞争和角逐，把自己作为国际机床界的一分子找准定位，发挥比较优势，获得了生存和发展。

为适应国际市场需求的变化，公司把外销工作的重点放在出口产品的质量提高和结构调整上，在生产过程中加强质量控制，提高质量意识。在产品结构调整上，实施普通机床精品化、数控机床产业化战略，走普通机床为基础、数控机床为新的经济增长点、提高出口效益质量的道路。严格遵循国际机床市场的客观规律，从产品研发、产品制造、机床装配、市场销售出发，做到市场需要什么样的产品；企业就要提供什么样的产品，用户提出对机床进行改进，企业就针对用户的需求进行改进。这样做虽然增加了企业的工作量，但是却赢得了用户的订单和市场的信任。

企业的出口工作将以“科技兴贸”战略为纲领，运用先进的产品宣传推介手段和网络技术加强国际市场的营销力度；着力进行产品结构的调整，精化普车生产，在品种和品质上做文章；加快数控机床产业化进程，提高高附加值产品的营销力度，不断提高出口产品的质量和档次，进一步扩大产品出口。到 2005 年实现企业的振兴发展，机床制造产量继续保持 3 500 台，其中数控机床年产量达到 600 台以上，数控化产值率达到总产值的 40% 以上；实现年销售收入突破 3.5 亿元，其中出口创汇达到 1 500 万美元，使企业由出口创汇型转变为出口效益型。

云南 CY 集团有限公司在认真学习领会十六大精神的基础上，将继续深化改革，建立完善法人治理结构，逐步向规范的现代企业制度迈进。进一步利用国家实施西部大开发的历史机遇，实施产品开发和结构调整的基本战略，以“中国装备、装备中国”为己任，面对激烈竞争的现状，发挥“哑铃型”企业的优势，利用多年开发国内外两大市场的优势和条件，把技术创新和技术进步作为新世纪企业的立厂之本。坚定不移的走数控产业化、坚持出口战略、坚持扩大内销的方针，并以数控产业化作为企业的发展基础。

顾客满意是宗旨

——险峰机床厂

一、企业概况

险峰机床厂是集科工贸于一体的国家大型二档重点骨干企业，是我国数控和普通轧辊磨床、无心磨床等产品的主要开发、生产基地。被国家计委列为“特定振兴企业”，拥有国家认定的“企业技术中心”，享有进出口经营自主权。

主要产品有：数控轧辊磨床、数控导轨磨床、数控无心磨床等7大类11个系列100余个品种规格。基本形成了以无心磨床为代表的名牌产品，以数控轧辊磨床为代表的特色产品。产品具有较高知名度，深受用户青睐，远销亚、非、欧、美、澳等10多个国家和地区。

二、产品开发方面

险峰机床厂生产的数控轧辊磨床是在引进国际先进（德国济根公司）技术基础上，经过消化、吸收，不断跟踪国际同类技术发展，结合市场和用户需求不断创新、自主开发的。数控轧辊磨床系列产品，经部省级鉴定，均达到国际先进水平。

企业数控轧辊磨床产品，被宝钢、首钢、鞍钢、武钢、攀钢；华北铝加工厂、西南铝加工厂、西北铜加工厂；苏州紫兴纸业有限公司、杭州华丰纸业有限公司等国家重点技改工程选用。在1991～2002年期间，为我国钢铁、冶金、有色金属加工和造纸等行业累计提供数控轧辊磨床近100台。数控轧辊磨床已成为我国钢铁、冶金、有色金属加工和造纸等行业替代进口的国产设备，取得了显著的社会经济效益，对促进相关行业的发展起到了重要作用。数控轧辊磨床的开发成功，受到国家有关部委的高度重视，产品遍布全国，并已销往国外。

在实施人才工程，不断壮大科技人才队伍和提高科技人员素质方面，企业一手抓现有科技人员的培养，一手抓科技人员的引进。积极开展与高校，科研院所的合作，通过合作开发培养自己的人才队伍。2002年起，拟委托国内重点院校代培高级人才（硕士、博士）。逐步实现技术中心结构合理化，即：有一组超前研究开发队伍；有一组满足目前顾客需求的设计队伍；有一组满足目前正常设计和现场服务的队伍。

试行分配制度改革，在科技人员方面，按岗位、按任务、按业绩确定报酬的工资收入分配制度。合理拉开科技人员与普通职工、做出重大贡献的科技人员与一般科技人员的工资收入差距。实行按技术成果奖励办法，如项目成果奖、科技产品销售收入或利润提成等，对做出贡献的科技人员给予重奖。

在硬件的投入方面企业先后投巨资建立和逐步完善CAD系统，改善设计人员的工作环境，投资120万元添置技术中心CAD、CAPP网络建设的软硬件，进一步提高技术中心的装备水平。

企业坚持以市场为导向，以技术进步为支撑，加强技术创新能力，从2002年到现在先后研制或生产MK84100×40、MK84100×60、MK84100×100、MK84200×85、MQK84200×120、MK8485×40、MK8450/3×50、MK8463×30、MK84100A×60、MK84125×55数控轧辊磨床；M1040/1无心磨床；XF—125×60数控外圆磨床；XF—80×25汽车后桥外圆端面专用磨床13种新产品，新产品产值占总产值的30%以上，给企业创造了较好的经济效益。

三、加强质量管理，提高产品质量

1. 贯彻ISO9000标准方面

险峰机床厂是贵州省机电行业第1个于1996年获得中国机械工业质量体系认证中心颁发的符合ISO9001：1994标准质量体系要求的质量体系认证证书的企业；1999年再次通过该“认证中心”质量体系换证的认证工作。

2002年10月，中国机械工业质量体系认证中心，对该厂质量管理体系按ISO9001：2000标准进行审核，认为该厂质量管理体系基本符合ISO9001：2000标准要求，体系运行正常。11月份认证中心就该厂对7项一般不合格报告的纠正实施措施进行了验证后，颁发了该厂质量管理体系符合ISO9001：2000标准要求的认证证书。

2. 产品采标

该厂所生产的产品，完全根据市场需求组织安排生产，所有产品均按标准要求检验，如：主导产品无心外圆磨床、数控轧辊磨床在制造过程中，必须严格按照国家现行的产品质量分等规定、制造与验收技术要求和精度、金属切削机床通用技术条件及相关标准进行检验，而且制订了企业内控标准；若顾客另有特殊要求的，检验部门按设计输出文件要求进行检验，机床达到要求后方能出厂。

3. 严格工艺纪律，强化产品出厂前的考核验收

为了确保最终的产品质量满足顾客要求，通过设计、工艺输出的主要件的关键工序和主要部件的装配质量控制措施表，编制了相关的检验作业指导书，操作人员必须按照操作规程办事。质管部门根据生产计划大纲按规定对主要件的关键项目和主要项目进行质量抽查，抽查的结果，关键项目均100%合格，主要项目合格率也都保持在95%以上。

在工艺纪律执行方面，为有效控制生产现场工艺纪律的正常执行，采用定期全面检查和不定期随机抽查的方式，对生产现场工艺执行情况进行检查。

为了降低产品出厂后的返修率，该厂规定了普通机床试车之前的空运转，以及出厂前的空运转，均必须连续进行8h无故障试验；数控机床负荷前必须连续进行16h、负荷后48h空运转外，还请顾客来厂对整机质量进行预验收，目的是将机床早期故障暴露在出厂前，确保机床质量的可靠性。

四、顾客满意是宗旨

顾客是企业的衣食父母，失去了顾客企业无法生存。为此，最高管理者在企业质量手册中进行了质量承诺，作为企业在质量活动中的纲领，每个职工应围绕这一宗旨做好本职工作。

为了满足顾客对特殊产品质量的要求，企业非常重视与顾客签订合同前的评审工作，充分了解顾客对产品的要求和潜在期望并将评审后的合同和技术协议传递到设计部门，设计输出文件必须满足设计输入的要求，最终产品质量全部达到设计规定方可出厂。

企业的产品售前、售中、售后服务工作的职能由销售部门承担，并负责厂长质量承诺中的产品“三包”服务。为了把握市场动态，了解顾客对产品满意程度，根据厂“顾客信息监控程序”的规定，采取产品出厂前将顾客评价意见表随机发给顾客；另外，有的放矢地按地区，按产品分类，随机取样，调查收集顾客评价意见；还有，在市场调研、售后服务、产品销售等过程中收集其信息。

通过对顾客信息进行数理统计，找出产品质量的薄弱环节，以及在工作质量方面需要改进的薄弱环节，责成有关部门采取纠正或改进措施，逐步提高顾客对产品的满意度。

随着我国市场经济体制的逐步完善，国内外市场竞争异常激烈，企业在这一环境里争占了一席之地，主要得益于创立了企业品牌，形成了企业特色。今后企业必须在自己产品的品种、技术水平、质量和售前售后服务上狠下功夫，精心树创自身企业的产品和企业品牌，维护好品牌的信誉，与时俱进，亮相新世纪，让无限风光在险峰。

精心设计　精细制作　精诚服务

——青海重型机床有限责任公司

青海重型机床有限责任公司(原青海重型机床厂)是我国机械行业重点骨干企业和特种数控重型机床的生产基地之一，为国家一级计量单位、国家二级企业、全国用户满意企业、特级信用企业、青海省科技先导企业。现有员工2 228人，其中工程技术、管理人员 446 人。公司占地面积 40 万 m^2，拥有各类设备 780 余台，其中主要生产设备 380 余台。截止至 2001 年末，公司拥有总资产 2.5 亿元，共生产出各类机床 232 种 3 522 台，其中 140 余台出口到 30 多个国家和地区。

公司主要生产铁路专用机床系列；重型卧式车床系列；轧辊专用车床系列；无心车床生产线；旋压机床系列等其他专用机床。产品全部服务于国家重点支持和优先发展的交通、能源、原材料等基础产业。

随着我国加入世贸组织，国际市场与国内市场的接轨，市场经济运行体制逐步规范，市场空间进一步扩大，十分有利于公司的产品在提高技术性能、增强市场竞争力方面更上一步台阶。公司将遵循“精心设计”、“精细制作”、“精诚服务”的质量方针，利用技术质量水平、价格低廉优势开辟更加广阔的国际市场，努力将公司办成规模化、国际化、多元化的优势企业。

一、创新质量管理，实施品牌战略

30 多年来，公司在提高产品质量、创新质量管理实践中形成了自己的特点，摸索出了企业质量管理工作的思路：提高全体员工的质量意识和管理意识，建立完善质量管理体系，理顺质量与数量的关系，从落实质量职能入手，突出产品实物质量，抓好开发设计和售后服务，达到提高产品质量、发展品种、提高经济效益、实施品牌战略的目的。

1.建立完善质量管理体系

公司推行企业全面质量管理，贯彻质量标准，遵循八项质量管理原则，建立实施和保持有效质量管理体系，并保持改进。公司于 1999 年获得北京华信技术检验有限公司认证机构的质量管理体系认证，公司质量管理体系是公司管理体系的一个组成部分，它与环境管理体系、职业安全卫生等其他管理体系是相容的。

公司确定了关键支持过程，制定了 21 个控制程序，对其进行有效管理。除质量管理体系文件外，公司还制定了六个大类 840 多项管理标准和 7 大类的 2 097 项技术标准。

2.贯彻国家标准，开发特色产品，树创品牌形象

按标准组织生产是产品进入市场的必要条件。公司在严格执行国家法制性标准的同时，积极制订竞争力高于现行国家标准的企业内控标准。目前主要产品质量水平在我国处于领先地位，6 大系列产品国内市场占有率在 60%～75%。数控不落轮对机床、数控重型卧式车床于 2002 年 10 月被认定为青海省高新技术产品，同时公司获得高新技术企业光荣称号。公司现已设计开发了 80 余种特种机床产品(10 种数控铁路机床，7 种数控轧辊机床，12 种数控重车(车削中心)及 50 多种专用机床)，其中 7 种数控机床产品被国家经贸委、科技部列为国家级重点新产品，数控不落轮对铁路机床被科技部列为国家火炬计划项目，并获得国家机械工业局科技进步二等奖、青海省科技进步二等奖。

3.强化工艺纪律，严格整机把关

多年来，公司始终贯彻以质量为主线的方针，加强产品质量管理，提高整体管理水平。在产品制造过程中，实施了“以精品工程创品牌”活动。企业完善质量管理体系，落实质量职能，修订质量考核细则，严格执行质量责任制和质量奖惩制度，全面实行质量否决权，使产品实现过程中的主要环节得到控制。

(1)工艺管理与质量管理紧密结合，推动质量管理向深度和高度发展，在工艺突破口工作深化实施的过程中，企业将工序质量控制作为“双向管理”的重点，编制了工序质量

控制计划，制定了《关键工序质量控制的有关规定》等制度，在12台关键设备和4道关键工序上，建立了16个工序质量控制点，使重点工序始终处于受控状态。

(2)为了保证整机装配质量，在产品制造过程中，一方面加大了质量考核和奖惩力度，质量考核与各单位的收入挂钩，并设立了产品整机抽查一等品奖、主件主项优质奖，箱体零件减少扩孔镶套奖等，对出现的质量事故按质量奖惩条例处罚。另一方面，狠抓技术改造，"十五"前3年企业投资5 000万元进行企业技术改造，重点增加数控主轴磨床、数控导轨磨床，激光干涉仪等质量把关设备。

(3)加强出厂的质量把关是保证实物质量的关键，在整机检验中，公司全面执行了国内机床检验14项分等规定，严格执行"三不出厂"规定：未经切削试验或切削不合格的机床不出厂，随机附件和文件不齐全的机床不出厂，未达到技术协议要求及用户不满意的机床不出厂。同时，还加强了产品出厂监督抽查力度，做到月月进行整机质量抽查，并对所有库存产品出厂前进行复检，保证了出厂产品的整机质量。企业一贯实施产品检验的基础性工作，建立和完善了计量检测体系，强化计量检测力度，严格对计量设备进行定期鉴定和检测。

二、完善企业服务体系，维护企业市场信誉

近些年来，我国机床工业大范围、大规模地引进技术，形势发展迅速，加之国外机床的大量涌入，造成国产机床市场"十分天下失之六"的惨痛局面，机床行业出现了前所未有的困难。就公司而言，为适应日益激烈的市场竞争，企业在加强技术创新的同时，积极进行营销战略的调整，特别是在完善服务体系，维护企业信誉，确保品牌产品方面下了一番功夫。

(1)近年来，公司及时调整营销策略，组织专人进行市场调研，确定以国家重点建设项目为重点，围绕军工企业改造、三峡电站工程建设、城市地铁和轻轨建设方面的需要，抓住公司品牌产品数控铁路专用机床、数控重型卧式车床、数控轧辊机床3大系列的市场需求，开展优质销售，采取重点突破，使这方面领域的市场占有率得到巩固和提高。国际市场方面，积极与国内代理机构合作，争取市场份额，获得了较好的市场信誉。

(2)完善售后服务体系，实施名牌战略，真诚服务用户。售后服务是企业产品进入市场后的第二次竞争，在市场日趋激烈的今天，服务质量的优劣对市场的影响越来越大。公司在外设立了北京、沈阳、武汉、成都、西安5个分公司，在全国各省市派驻销售服务人员。同时，注意疏通和规范销售服务体系。建立和贯彻了一整套的售后服务制度，如用户验收报告制度、用户培训制度、安装调试制度和"三包"服务制度。建立了完整的产品售后服务档案，做到了用户函电48h内答复，一周内服务人员到现场的服务承诺。

三、企业主要产品的技术水平、市场占有率

公司主导产品是数控重型专用机床，品种、规格能适应用户高、中、低不同档次的需求，已初步建立起具有市场竞争力的产品结构。其中主要产品技术水平在国内机床行业同类产品中处于领先地位。

2001年生产数控铁路机床26台。产品广泛用于电力机车、电传动的内燃机车、客货车辆、城市轻轨地铁车辆等不解体轮对的轮缘和踏面的修理加工。该产品的研制成功，结束了我国车轮车床无数控型高精度、高效率、高自动化的历史，填补了国内空白，同时也提高了我国铁路交通业车轮的制造水平和修理水平，这对于我国铁路现代化、电气化以及城市地铁的发展有着极其重要的作用。

企业生产的数控轧辊机床对原有的轧辊车床进行了数控改造，同时开发数控轧辊车床系列产品(加工直径Φ400～1 600mm)和无缝钢管生产线上的CK9455数控管道定径辊车床等产品，满足了冶金行业的重型轧辊大规格的需要。

企业生产的数控重型卧式车床(加工直径Φ1 250～3 150mm)用于航空航天、造船、发电设备等重型机械行业。尤其是CK61315数控卧式重型车床，为三峡工程1200t起重设备特大折线筒加工提供了重大技术装备。其技术指标及性能达到了国际水平，在国内同行业中处于领先地位，填补了数控重型卧式车床大规格的空白。

企业生产的Q3808A无心车床。主要用于特殊钢厂加工光亮棒材，和轴承行业及军工行业。通过该机床加工的钢材可达到较高尺寸精度和表面粗糙度，为我国冶金行业出产高附加值的钢材，提高轴承坯料加工效率提供了较好的技术装备，该产品属于国内独创。

上述产品在技术上具有一定的储备和导向作用，市场占有率分别为：铁路机床85%、重型车床40%、轧辊机床70%，部分产品远销欧洲、非洲、东南亚等国家和地区。

公司坚持以市场为导向，以国际水平为目标，以提高经济效益为中心，合理调整产品结构，提高技术创新开发能力，大力发展新、特、奇特种数控专用重型机床产品。现已形成了数控化、大重型、大规格特种数控专用机床和多品种、多层次、多领域、特色鲜明的产品格局。公司的CAK8013/1数控不落轮对车床、CK84100、CK84160数控轧辊车床被法国科技质量监督评价委员会列为"中国进入WTO高质量推荐产品"；公司自行开发研制的Q3808A无心车床、CKA8013/1数控不落轮对车床系列产品在国内属独家生产，填补了国内无心车床、铁路机床空白；CK61315数控重型卧式车床、CK84160数控轧辊车床填补了国内特种数控机床高精度、大规格的空白，创造了企业新纪录。2001年青重牌机床产品被中国机械工业质量管理协会、中国资信评价中心列为2000年度中国市场名牌全国同行业前10名，被国家工商行政管理局命名为首批500家"重合同守信用"企业，并取得了一定品牌信誉和较好社会效益和经济效益。

随着公司第八批国债技改项目的上马和产品开发的升级，管理创新、企业再造，青重品牌将开创新的声誉。

提升产品品质　促进企业效益

——江苏亚威机床有限公司

江苏亚威机床有限公司是国家定点生产锻压机械的重点企业；行业首批国家二级企业；江苏省高新技术企业；江苏省双文明单位；江苏省博士后技术创新中心。

江苏亚威机床有限公司致力于发展板材加工机械已有近30年历史，产品覆盖平板加工和卷板加工两大类，是国内首批生产折剪机床的生产厂家，多年来折剪机床的技术水平和生产量一直位居同行前列；20世纪90年代中期，亚威在国内率先开发研制卷板加工成套生产线，产品自投放市场以来一直保持国内产销第一的优势地位。亚威系列产品在全国同行业中享有极高的声誉，亚威商标被评为“江苏省著名商标”，2001年企业又荣获“中国机床工具行业竞争力之星”称号。

1999年以来，企业成功地进行股份制改造，成立了江苏亚威机床有限公司，同时积极扩大对外开放，与国际先进同行进行合资合作。组建了两个合资型子公司：中瑞合资——江苏亚威爱普特锻压机床有限公司是与瑞士SMS公司共同投资建立的，专业从事数控折弯机、剪板机、数控冲床等高品位平板加工机械。通过合资进一步巩固了亚威折剪机床国内同行一流品牌地位，为“亚威”攀升世界知名品牌奠定了坚实基础；中意合资——江苏亚威赛力玛锻压机械有限公司是与意大利SLM公司共同投资建立的，专业从事数控开卷校平剪切线、分条卷取线等卷板加工机械。通过合资合作优势互补，这种国际性的强强合作使亚威在卷板加工机械行业中的领先地位得以巩固和加强。

2002年，在激烈的市场竞争中，公司通过合资合作、组织机构整合、质量管理体系的持续改进以及进一步加快技术创新步伐，完善服务体系，制定实施行之有效的精品战略，使得亚威品牌信誉得到了提升，企业经济效益和社会效益实现了较大幅度的增长，各项经济技术指标处于国内同行业领先水平，增强了企业的核心竞争力。

一、持续改进质量管理体系，促进产品质量的稳定提高

公司于1999年通过CQC的ISO9001质量体系认证，在企业进行股份制改造和组织机构的整合通过中，为保持质量管理体系的持续有效性，不失时宜地对质量文件进行调整、完善并有效实施。同时对全体员工不断灌输市场竞争意识、以质取胜观念。在ISO9001：2000质量管理体系标准发布后，公司先后组织十多人次参加各级培训机构的内审员培训班，在企业内部强化对八大质量管理原则的宣贯和ISO9001：2000质量管理要求标准的学习，于2002年3月，完成ISO9001质量管理体系文件的换版工作，并组织运行，取得了显著成效。围绕以顾客为关注焦点这一原则，通过有效实施质量计划，产品的外观质量有了质的飞跃，产品可靠性明显提高。

公司在进行合资合作中，在引进消化国外先进技术的基础上，注重引进国外先进标准，学习先进工艺方法，产品全面达到和超过现行国家标准和行业标准。同时，公司将数控产品技术档次、质量水平、外观质量的提高作为主要内容，先后组织数控折弯机后挡料、油缸质量攻关，并取得明显突破，质量指标达到国际先进水平。

为有效实施精品战略目标，公司将强化生产过程控制，严格工艺纪律，把好质量关作为现场质量管理的首要工作，加强对加工过程的“三按”、“三检”、“三自一控”质量管理。强化“三检”及成品装配一次交检合格率的考核，对发现的质量问题坚持“三不放过”原则，并直接与生产工人、检验员工资挂钩，在产品改进、新产品试制后，严格检验、试验程序，进行型式试验和可靠性试验，提高出厂产品质量的稳定性、可靠性，对常规出厂产品逐台按标准及合同要求进行出厂项目检验，并组织质量、技术、生产人员进行不定期的抽查，满足了顾客的要求，公司产品出厂后"三包"故障率在10%以下，树立了亚威品牌在市场的形象。

二、完善企业服务体系，维护企业市场信誉

公司为适应市场，以顾客的需求为导向，积极参与国家重点工程所需重点设备、成套设备的投标，先后向株洲机车厂提供高效智能化卷板复合线，承接华北铝业铝板加工生产线以及华北制桶卷板加工生产线等招投标大型项目，为沈阳电力工程提供电杆生产线，为援缅成套设备提供剪板机等，并认真履行合同条款，对顾客进行售前、售中、售后服务，合同履约率达100%。

公司根据自身产品特点、现有组织机构模式和顾客的需求，在销售技术队伍售前优质服务的基础上，建有数控折剪冲设备、数控卷板加工设备、普通折剪设备三套专业服务队伍，按公司向全国公示的机床产品质量承诺声明的内容，及时高质量为广大客户进行售中、售后服务，向客户提供24h电话服务，确保客户满意，无投诉纠纷。

公司产品在近十年国家、行业及省、市各级质量监督抽查、定期检验及委托检验中，质量均达到和超过标准规定要求，各项质量指标处于国内先进水平。

三、技术创新，保持产品在行业中的领先地位

公司将技术创新始终贯穿于企业技术工作中，努力加快技术进步的步伐，企业被江苏省认定为高新技术企业、博士后技术创新中心、信息化产业中心。拥有国内外顶尖技术开发队伍，先后承担国家、省级火炬计划3次，WS67K—100/3200数控板料折弯机、T44QK—3×1600数控开卷校平剪切线2项产品为国家重点新产品，WE67Y—100/3200板料折弯机等5项产品为江苏省高新技术产品。公司每年有近10个新产品投放市场，经查新、检测、鉴定、评价，各项技术性能指标均达到同行业领先水平。

公司生产的卷板类开卷分条卷取线在国内同类产品中

产销量第一，同时也是目前国内惟一能成套提供数控折、剪、冲厂家，通过有效嫁接外来技术，产品技术水平在国内同行业中处于领先地位。

四、亚威品质的提升，促进了企业综合效益的增强

亚威产品优良的品质及较为完善的服务体系，促进了企业综合效益的增强，根据锻压机械行业有关信息统计，公司产值、销售收入、利税率等各项指标处于同行业前茅，2002年9月，企业被评为中国机床工具行业竞争力之星，公司将以此为契机，精心创品牌，增强核心竞争力作为一项长期工程常抓不懈，为赶超国际先进水平，积极参与国际市场竞争立于不败之地奠定坚实的基础。

亮出“出厂门就是国门”的质量理念

——齐齐哈尔二机床(集团)有限责任公司

齐齐哈尔第二机床厂始建于1950年，经过50年的发展建设，企业的综合实力显著增强。1999年新一届领导班子上任，经过对优良资产和资源进行重组，按照现代企业制度重新组建了齐齐哈尔二机床(集团)有限责任公司。在董事长兼总经理曲波领导下，从抓营销策略入手，提出了“出厂门就是国门”的质量理念。

为提高企业的综合管理水平、产品质量、服务质量，公司将2002年确定为“质量管理年”。其主题内容是：加强科学管理、纠正不良习惯、强化过程控制、提高工作质量和效率，“出精品、创品牌”走内涵式发展之路。一年来，企业的各项工作都有明显提高，产品更具竞争优势，赢得了较大市场份额。2002年度被评为齐齐哈尔市质量管理先进单位；齐二牌镗铣床系列产品获2002年度“黑龙江省市场畅销商品”。

一、加强质量管理，提高产品质量

(1)自20世纪70年代开始推行全面质量管理，1988年获得“机械工业部质量管理奖企业”称号。2001年6月通过ISO9001质量保证体系认证。

(2)企业的主要产品有：普通落地铣镗床、数控落地铣镗床、落地铣镗加工中心、大型机械压力机、自动锻压机、升降台铣床等10大系列300多个品种。主要产品均贯彻现行国家标准和行业标准。

(3)企业非常重视执行工艺纪律工作。工艺部门负责每月的工艺纪律检查与指导，质量检验部门负责日常生产现场的工艺纪律检查监督。质量管理部门负责组织季度及年度的工艺纪律抽查工作，保证工艺纪律的贯彻与实施。

(4)产品出厂前检验验收分两类。①小型产品：在产品交检合格后、入库前由质量监督部门逐台进行摸拟用户验收。主要考核：外观质量、一次开车成功、操作机构灵活可靠、运动平稳无阻、渗漏油等事项。发现问题改进后，方可包装出厂。②大型产品：整机组装后由质检员按标准逐项检查，直到符合要求，然后提请用户来厂预验收并签署预验收协议。对在预验收中用户提出的有关要求，由现场副总师、质检员监督改进，改进验证后，允许拆机包装出厂。企业负责安装调试，直至用户满意后签署正式验收协议。

二、完善企业服务体系，维护企业市场信誉

(1)公司为适应市场经济形势的需要，积极参与国家重点工程所需设备、成套设备的投标工作。如中标产品有：三峡工程的武昌船厂T6916C、TK6916/35×80；重庆轻轨T6913C；军工兵器项目：汾西机器厂TK6913；沪东造船厂T6920D；内蒙古包头第一机械厂TH6913、TK6913、DZ—TH6913/L70；齐市和平厂TK6920；冶金项目：鞍钢TK6916、TK6925、TK6513等。产品在国内外市场上树立了良好的信誉，合同履约率较高。

(2)近年来企业本着质量第一、对顾客负责的精神，诚恳热情、实事求是地作好服务工作，建立了一套完整的售前、售中、售后服务体系。向顾客承诺“三包”即包修、包换、包退。大型产品到用户后，提供完备的安装调试服务，待各项精度全部合格后交付使用。对于用户来函、来电，当天内必须及时答复，需派人的48h到位。在保修期内损坏的零件无偿提供，产出当天发往顾客。每年由副总师以上领导带队进行一次用户走访，听取客户的意见与要求，进行改进，不断提高产品质量。由于服务质量的提高，产品销售量在同行业中名列前茅。顾客满意度逐年增加，2002年顾客满意度达到99%，近几年未出现顾客投诉纠纷。

(3)为保证产品质量，公司十分重视质量监督抽查工作。对零件、部件、整机的抽查，严格按国家或行业的有关标准执行，确保出厂的产品满足标准要求。2002年下半年特邀请国家机床产品质量监督检测中心来公司委托检验铣床产品，经检验证明产品满足国家和行业有关标准要求，同时对一些外观、电气、零件表面处理等提出了改进意见，使企业的产品质量又上新台阶。

三、提升企业主要产品技术水平、市场占有率

公司始终把技术创新作为增强竞争力的关键措施，通过引进、消化吸收、自主创新不断提升企业数控机床的研制水平，扩大了自主知识产权产品的技术领域。形成了以大重型落地铣镗床、重型机械压力机、自动锻压机为主的产品，并在国内外形成优势。远销国内外40多个国家和地区，成为以生产可替代进口产品为主的高新技术企业。

大重型落地铣镗床系列产品：

企业从20世纪70年代开始研制“大重型落地铣镗床”，现已成为国家大重型落地铣镗床的研发基地，为国家重点行业提供了近200台的落地铣镗产品。近年来加快了传统产业的优化升级和技术创新，先后开发研制成功具有自主知识产权的“数控铣镗加工中心”，产品规格从Φ100

260mm 形成系列投放市场。该系列产品为机电液一体化技术精密型产品，可实现多轴控制、五轴联动、刀具自动装夹、刀库容量 60 把，集钻、镗、扩、铰、铣、车、磨于一机，属高精度、高性能、高效率的高新技术产品。产品达到了 90 年代国际先进水平，填补了国内空白。2002 年签订铣镗床合同 40 台，产值 14 746 万元，其中数控铣镗床占 40%以上。目前，铣镗床系列产品市场占有率 85%以上，从生产能力、规格、品种、技术、市场占有率等方面，位居国内同行业之首。

机械压力机、数控多连杆压力机系列产品：

该产品主要服务于汽车、摩托车和轻工家电等行业；是加工外形覆盖件和其他零件的关键冲压设备。该产品是在引进日本小松制作所和德国埃尔福特公司技术的基础上，经消化吸收和二次开发的系列产品。机械压力机采用独特的柱塞导向装置、低惯量气囊式离合器和制动器、耐磨合金、可调导轨等多项世界先进结构和技术，产品达到国际先进水平。数控多连杆压力机系列产品采用 AC 自适应的控制。产品的调整、监测和保护用软件编程存入 sps 系统，高效的多连杆驱动使滑块回程速度快，接触工件时能适应冲裁和拉伸变形的慢速，该产品功能齐备、性能优良，并达到国际同类产品先进水平。目前可提供单点、双点、四点、单动、双动，传动方式有偏心齿轮传动、多连杆传动，公称压力 4 000～20 000kN 等 30 多个品种。已为国家重点行业提供了 100 余台装备，市场占有率达 30%以上。

自动锻压机系列产品：

企业是生产自动锻压机专业厂，国家二类所齐齐哈尔自动锻压机研究所设在企业内。生产的自动锻压机采用多项国际先进技术，适用于钢、铜、铝等线材、棒料、豆料自动送料进行冷镦、冷挤压；加工各种空心、实心零件、标准件以及复杂的零件。已广泛用于汽车、摩托车制造业及航空、仪表、标准件等行业。市场占有率在国内名列前茅。

四、企业的综合效益处于行业中的地位

公司以数控机床等重大技术装备产品为依托，以企业优良资产和高技术为支撑，以深化内部组织结构、人员管理结构、管理机制为保证，生产可替代进口高新技术产品为主的高新技术企业。公司 1999 年底正式营业，注册资本 5 248 万元。2002 年末公司总资产 18 323 万元，其中固定资产总额 3 831 万元，流动资产合计 14 395 万元。2002 年工业总产值 16 612.4 万元，销售收入 11 203.9 万元，利税总额 938.1 万元。公司从 1999 年末营业至今，综合经济效益在国家、行业的地位逐年提升。2000 年 45 个企业排名 23 位；2001 年 45 个企业排名 19 位；2002 年 48 个企业排名向前进一大步。

抓开发　严管理　优服务

——汉江工具厂

汉江工具有限责任公司是中国机床工具行业大型重点骨干企业，中国大型精密复杂刀具的重要制造基地。继齿轮刀具被陕西省人民政府认定为 1996 年“陕西省名牌产品”后，“汉工”牌金属切削刀具系列产品被陕西省人民政府认定为“九九年陕西省名牌产品”。公司在 2000 年通过 ISO9001 质量体系认证。2001 年获全国“五一”劳动奖状。

一、加强质量管理，提高产品质量

公司自 1978 年推行质量管理以来，坚持以质量为中心的经营管理，走质量效益型发展道路。

公司产品严格按照国家标准、行业标准和企业标准组织生产，并积极采用国际标准和国外先进标准进行生产，随时跟踪国内外最新标准。齿轮滚刀系列产品、锥柄麻花钻系列产品，1997 年获机械工业部产品采标认可证书。14 种主要产品中曾获国优 1 种、部优 7 种、省优 13 种。

对生产过程严格工艺监督，关键工序设置了质量控制点，月度进行重点工序质量监督，季度进行全面的工艺纪律检查，使公司工艺纪律执行率保持在此基础上 97%以上。对产品实物质量，每件出厂产品都进行严格检测，严把产品质量关，做到不合格产品坚决不出厂。对入库成品月度抽查制度，确保入库产品的合格率 100%。同时每年定期对入库成品进行切削试验，动态监测公司产品内在质量。

对生产过程中存在的主要质量问题，由质量管理部门、科技管理部门编制成质量改进计划和科研计划纳入年度经营计划中层层分解落实到各个部门实施，并广泛地发动员工坚持不懈地开展群众性质量管理活动，持续进行质量改进。公司每年都要开展技术比武、岗位练兵活动及召开 QC 成果发表会。目前，有质量信得过班组 14 个，其中获全国机械工业优秀“班组”4 个，获陕西省机械工业优秀“班组”7 个。取得 QC 成果 163 项，其中获全国机械工业优秀 QC 小组 4 个，获陕西省优秀 QC 小组 16 个，获陕西省机械工业优秀 QC 小组 30 个，参加群众性质量管理活动的人数达 1 500 人次，为公司创造经济效益 457.77 万元。

几年来，公司内主要产品全部按一等品生产、检验，公司内产品抽查合格率保持在 98%以上，质量损失率逐年下降，近 3 年分别为 1.67%、1.09%、0.95%。国家主管质量监督部门对公司产品质量年度监督抽查全部合格，出口商检无拒收，公司无重大质量事故发生。

公司各级组织狠抓职工的质量意识教育，每年都要表彰奖励 1 个质量先进集体，10 个质量标兵。树立了省级质量标兵集体 1 个，省级质量标兵 4 个。

二、完善服务体系，维护企业市场信誉

为了适应日趋激烈的竞争市场，扩大市场份额，让汉工产品在用户中有良好的口碑和信誉，近年来，公司完善和加强了售前、售中、售后服务工作。首先加入了机床工具行业及陕西省机械企业“产品质量保证声明”，庄严地向用户公开承诺。在公司内部开展了处室为生产分厂、上序为下序质量服务承诺；对外在全国建立了20个销售服务网点，将部分工程技术人员充实到销售队伍中，以对市场需求的产品作出快速反应，及时解决顾客困难。公司每年还分期、分批地派厂级领导及副总工程师带队赴全国走访用户，定期召开用户座谈会，为用户排忧解难。质量服务人员积极参与市场，为用户服务。对用户提出的产品质量问题，24h内作出答复，并实行“用户无过错”的原则，做到产品销售到哪里，服务就跟踪到哪里，使售后服务工作同销售网络有机地结合起来。市场服务主要开展以下工作：

(1)强化五个意识。即质量意识、市场意识、用户意识、品牌意识和服务意识。牢固树立“用户永远是对的”、“用户的难题就是我们的课题”的观念，让“先卖信誉、后卖产品”的理念扎根于每个员工心中。

(2)做到“售前服务要亲切、售中服务要诚实、售后重时效”。以“用户的烦恼减少”为服务目标。

(3)变售后为售前服务，随时收集市场信息，建立健全市场信息反馈记录并及时加以分类处理，做好市场预测和市场导向。

(4)使顾客服务管理系统化。建立顾客服务档案，进行技术操作培训。

(5)加强工作责任心，自觉维护公司的声誉与形象；处理好一切事务，从而实现以质量求生存，以质量求发展的目的。以市场和用户的评判来检验企业的一切工作，树立“服务品牌与产品品牌同样重要”的新理念。

由于公司重视质量服务工作，因而多年来用户对企业服务的满意度较高，达80%以上，并且没有用户的质量投诉纠纷。2001年汉工获陕西省争创质量无投诉(售后服务)先进单位。

三、重视新产品开发，使企业生产的产品处行业领先地位

不断开发新产品，生产出第2代、第3代具有高技术、高附加值、替代进口的刀具产品。是公司近几年来以市场为导向，以汽车刀具为突破口，建立集市场、产品开发、生产、销售、售前、售后服务为一体的运行机制。公司建立了省级企业技术中心，配备了一流的设计开发人员，对科技人员进行政策上的倾斜，连续3年在公司内部聘任公司内科技专家、公司内高级技师、技师，每月予以一定的津贴，极大地调动了产品开发设计人员的工作热情。

公司广泛采用CAD和CAM技术，开发刀具设计软件，如在Windows环境下用VB编成的《齿轮刀具设计系统》、拉刀设计程序、麻花钻沟形优化其沟刀、背刀等的设计程序。开发成形磨削拉刀、特型插齿刀及特殊成形刀具技术中的转换砂轮截形计算程序等。极大地提高了公司产品设计水平和制造水平。

近几年来，公司积极参与国家重点项目配套刀具的招投标工作，相继为用户开发径向剃齿刀、新结构弧铣刀、小径多槽加长整体滚刀、汽车发动机连杆拉刀、小径定心花键拉刀、链轮插齿刀、齿轮倒角刀、叶根铣刀、梳齿刀、搓丝板等新产品和特殊刀具产品。其中，小径多槽加长滚刀切削速度可达100～120m/min，连杆拉刀一次刃磨可加工8 400件，拉削长度达134m，为国内最好水平；ZK型蜗轮滚刀为国内独家生产；新开发的m8～12外径Φ345mm大型剃齿刀、模数40的镶片齿轮滚刀及模数32的硬质合金刮削滚刀均创造了国内工具之最。目前，汉工生产的复杂刀具部分产品达到国际先进水平，汉江工具有限责任公司已成为工具行业的排头兵。

四、重视技术改造，提高产品档次

公司狠抓技术改造，“九五”期间从西班牙引进了圆磨法滚刀生产技术与设备；1998年从德国、瑞士、西班牙引进了4台拉刀生产数控设备；“十五”期间，又投巨资从德国和瑞士引进剃齿刀、滚刀数控加工设备及测量仪器，极大地提高了公司生产高精度、高技术、高性能、高可靠性、高附加值金属切削刀具的能力。

公司积极采用高性能高钴高速钢，如S705、S500、S690和S790等，以提高刀具性能和寿命，开展了粉末冶金高速钢的工艺实验，推广立方氮化硼砂轮，进行诺顿砂轮及金刚石砂轮的磨削研究。

由于公司重视对产品技术、质量的投入，开发、制造、检验层层把关，因而产品的生产技术水平、产品质量不断提高，“汉工”牌金属切削刀具在市场上享有较高的声誉，市场占有率稳步提高。每年，先后有20多个公司、制造商来公司参观洽谈，把可替代进口刀具及研制新产品所需刀具产品，定点在汉工。目前，“汉工”牌齿轮滚刀、插齿刀、剃齿刀、滚丝轮市场占有率居全行业第一，拉削刀具居全行业第二，而且逐步在提高，公司综合经济效益已处于全国重点复杂刀具生产企业前列，显示出良好的发展潜力和市场前景。

为实现公司“以汽车工业高性能复杂刀具为突破口，可替代进口，扩大品牌优势，重组扩张，实现资本运作，超常规发展，把汉工建成高技术、外向型的企业集团”的发展战略，担负起振兴中国工具工业的历史使命，在中国加入WTO后，公司员工正以崭新的姿态，秣马厉兵，苦练内功，精心打造“汉工”——这一中国工具工业的品牌。

广州数控——中国的民族数控品牌

——广州数控设备厂

广州数控设备厂是从事机床数控系统和步进/交流伺服电动机驱动装置的开发和生产的专业厂家。经过十来年的不懈努力，现已发展成为以研发、生产数控系统为主导，开展数控机床贸易、改造、生产、服务与培训的综合性企业。2002年8月，由中国机械行业协会数控系统分会主办的《机械工人》杂志，进行了一次全国性数控系统千人大调查。调查中："用户使用的数控系统"及"用户满意品牌"排序结果显示：广州数控名列第1。

一、质量第一，全面贯彻ISO9000质量管理体系

广州数控1991年建厂。1997年开始转变意识，树立市场观念，并开始全面贯彻："质量第一"的生产经营方针。首先从元器件供应商抓起，一律采用进口优质可靠元器件，每批电子元件进仓前，进行100%零缺陷筛选。同时，广州数控还在不断引进当前成熟的技术和设备，完善生产工序，建立科学合理的生产工艺流程。其三是质检：在每个生产环节都要求自检，并设有检验，对每道工序进行复检，确定可靠后，再进入下一道工序，为进一步保证产品质量，成品要进行长达100h、40℃高温的老化烤机，再进行48h的整机试运行，达到完全合格才能入库。由此层层把关后，广州数控的系列产品，质量迅速提高，业务不断扩大，企业蒸蒸日上。

2002年3月，广州数控正式成立了ISO质量管理体系推行委员会，2002年6月我厂在顾问公司的帮助下成功导入ISO9001：2000最新版质量管理体系和6S管理模式。

广州数控主要经营：GSK系列数控车床、铣床控制系统、DA98全数字式交流伺服驱动系统，DY3混合式步进电动机驱动器，DF3反应式微步进电动机驱动器、991系列多功能控制器、专机系统，承揽普通机床数控化改造、专机改造，经销数控车床、数控铣床等自动化机床。其中生产的GSK系列数控系统及主要相关产品均通过国家质量检验监督部门的检验，现有产品中除DA98全数字式交流伺服驱动器按企标外，其他均符合国标或部标。

二、"精益求精，让用户满意"的经营服务宗旨和"一丝不苟，打扎实基础"的企业精神

近几年，GSK系列数控系统的产品质量和较高的性价比得到了全国各地客户的肯定和认可。为了进一步拓宽业务范围，扩大国产数控系统的市场份额，广州数控以市场为导向，不断加大科研投入力度，积极开展产学研用的科技创新之路。在完善、更新产品性能的同时，建立了完善的售前、售中、售后服务体系，并在全国各地区设立了多个售后服务站。目前，我厂的售后服务人员达50多人。除市场开拓人员本身具有丰富的专业技术为前提外，每2个市场销售人员就会有5个服务工程师做销售技术支持。这些服务人员大多驻外，保持与用户间的短距离，短时间，对用户的服务尽最大可能地做到：方便、快捷。

正是因为树立了这种"精益求精、让用户满意"的经营服务宗旨和"一丝不苟、打扎实基础"的企业精神，广州数控在国产数控系统中连续3年质量评估最高，产销量最高，并在2002年的数控系统大调查中成为："用户满意"及"用户使用品牌"中的佼佼者。

近年来，广州数控的飞速发展和良好声誉，受到了业界同盟、地方政府及各级主管部门的高度重视和极大关注。2002年，国家科技部和机械工业联合会先后两次到广州数控进行考察，对广州数控的发展、经营方针给予了充分肯定。当前，广州数控开始承担国家863科技计划的重要科研任务——"中档数控系统的产业化支撑技术"。

2002年以来，广州数控继续紧紧把握企业当前的良好发展态势，不断提高产品质量，扩大科研队伍，拓宽服务领域，完善管理营销体系。正式提出了："打造百年企业，铸就金质品牌"的战略思想，并积极筹备广州数控集团科工贸产业园——打造中国南方的数控产业基地。10月，广州数控整合原有的开发、设计部门，广纳贤士、积极筹备，在市、区政府的支持下正式成立了广州数控工程技术研究开发中心。同时，广州数控——全国名优机床汇展中心及广州数控职业技能培训中心也取得了突破性进展。广州数控全国名优机床汇展中心作为我国首家"数控机床大超市"，不仅为广州数控带来可观的经济效益和良好声誉，也为民族数控的发展推波助澜，作出积极贡献。9月，广州数控全国名优机床2号展厅已正式开业。现广州数控东莞数控机床贸易分公司已初步确立。

1999年成立的"广州数控加工职业技能培训中心"，至今已累计培训学员超过1 500人。2001年获准国家劳动部授予为数控车床、数控铣床应用初级、中级职业技能鉴定所。2002年，广州数控不断改善培训中心的教学办公环境，在发挥企业优势资源，为学员提供良好的实习环境的同时，正在不断扩大师资队伍，逐步向有特色的现代制造技术、数控技术应用培训基地迈进。

该技术培训中心，一方面为机床厂、用户乃至社会进行全方位技术服务，配合机床厂进行设计、装配、销售人员的培训服务、协助机床厂配套、设计安装，并为用户进行培训甚至直接从学员中推荐熟练操作人员，为用户极大地节省了时间和费用。另一方面它为推广普及数控技术起着重大作用，同时也成为一件为社会解决劳动就业问题的好事。

三、拳头产品，高性能、低价格，产销量一路领先

目前，广州数控推出的系列产品，性能稳定可靠，性价比优势明显。其中GSK928TC、GSK980T、GSK928TA等车床数控系统，GSK980M、GSK928M系列铣床数控系统，配套我厂DA98交流伺服等驱动装置构成经济型、普及型数控系统，畅销全国30多个机床厂家，并配套一些驰名企业的机床远销至中国香港、印度尼西亚、马来西亚等国家和地区。值得一提的是DA98全数字式交流伺服驱动装置经过长达两年用户使用，运行平稳，并在2002年通过市级科研成果鉴定。其批量生产，填补国内空白，可替代进口，并引发了外资企业对该产品的大幅降价，为企业和社会带来可观的经济效益和巨大的社会效益。

同时，广州数控还自行开发了具有自己专利和技术的机床改造用数控滑台、数控电动刀架、X7132小型加工中心、X715数控铣床等相关产品。其中"卧式旧机床数控化改造的进给机构"——CT—L型机床改造用数控滑台。它具有：经济投入、高能产出的特点，改造周期短，现场改造速度快，最快2天完成，特别适合于工程的批量改造。该产品得到了广大客户的一致好评和高度认可，并已获得国家专利。

四、做足长远规划，打造国产数控品牌

广州数控自成立至今的10年间，为全国各地客户提供技术、设备、维修、服务、培训等一体化服务，企业不断成熟、发展、壮大。尤其是1997年后，企业的规模、产值和利税等各方面都取得了长足发展。目前，广州数控拥有员工400多人，其中博士2名，硕士2名，大专以上学历150多人以及数十名具有技师以上职称的技术工人，拥有了一批高素质的员工队伍。尤其是近几年，广州数控的产值、销售额正以40%的速率逐年递增，产品的市场占有率超过30%。

目前，广州数控在深入思考、反复论证的情况下，提出了创建："广州数控集团——科工贸产业园"的设想。规划中产业园设有：

数控机床及工业自控设备贸易公司（大型超市）；数控应用技术专业学院；工程技术研究中心，包括：数控技术研究所、伺服与驱动研究所、机电一体化研究所；数控系统生产基地；数控精密机械生产基地（数控机床出口装配基地、数控机床大修改造基地）。

广州数控集团——科工贸产业园的筹备、建设是广州数控的可持续发展的必然趋势。它将对我国南方乃至全国的数控产业发展产生深远的影响。作为一个国内数控行业的先锋企业，广州数控始终把推动民族数控工业发展——"用中国的数控精品去装备中国"作为企业的伟大使命。

短短几年，广州数控经过了经济型的昨天、普及型的今天。数据和事实表明：广州数控正在奔向辉煌的未来。相信广州数控的可持续发展和未来的规划建设，能够打造成一个国际知名品牌，在我国的民族数控工业发展史上谱写辉煌的一页！

发挥专业化优势实施名牌战略

——山东济宁博特精密丝杠制造有限公司

山东济宁博特精密丝杠制造有限公司是2002年1月在山东济宁丝杠厂的基础上改制的民营企业。公司的主导产品有：精密机床主轴，梯形丝杠、光杠、开关杠、滚珠丝杠副、滚动直线导轨副、运动直线单元及已正在开发的高速精密电主轴。

要使企业立于不败之地，有长足的发展，在市场竞争中占领制高点，就必须下大功夫，开展创名牌、精心创品牌活动，并作为企业的主旋律。

一、实施名牌战略，要发挥专业化的优势

该公司是专业化生产机床配件的企业，具有几十年的生产经验，在该产品服务领域有较高的知名度，如何更好的发挥企业专业化优势，体现出生产的产品质量好，货期快，价格优，服务好的要求，公司在专业化生产方面做了大量工作。

公司成立后，明确了企业继续走专业化生产路子，在企业发展方向上不求最大，但求最强，博采众家之长，形成自我特色，使产品发展体现"专、精、特"，经营体现"灵、快、活"。把企业的发展定准位、定好位，实实在在的做好创品牌工作。

1.做好技术创新改造，形成专业化优势

2002年公司通过参加各种机床展览会及参观了解世界知名企业（如TAX、NSK、中国台湾上银、律廷等），认识到企业专业化的差距。因此，提高专业化水平，要在设备的数控化，专用生产线上下功夫，只有这样才能提高产品质量，体现专业化水平。因此公司今年进行了较大的技术改造，先后购进了螺母加工中心，激光测量仪、摩擦力矩测量仪，数控跑合清洗机，同大专院校共同改造了数控激光反馈螺纹磨床，设计制造了数控淬火机床、数控旋风铣、数控丝杠专用车床，提高了企业的专业化水平。

2.利用新技术改进传统的生产工艺，提高企业的专业化工艺水平

专业化的企业在产品的生产工艺方面要体现专业化的优势，公司2002年把工艺改进作为提高产品质量，开展精心创品牌活动的重点；公司对螺纹磨床的修整器进行了改进，采用金刚滚轮修整砂轮，提高了齿形的稳定性，提高了效率和产品质量；采用新材料、新工艺改进了返回器的制作工艺，使其形成标准件，大大提高了装配质量及外观质量，提高了滚珠丝杠副、直线导轨副的手感流畅性；采用CBN砂轮及专门为淬火材料配制的磨用砂轮，提高了产品的精加工精度；采用数控技术及热处理新工艺来减小热处理变形，提高了热处理的内在质量及稳定性。通过对各产品工艺的改进，大大提高了产品的生产制造工艺水平。

3.做好职工的技能培训，培养专业化的职工队伍

公司通过业余时间对一线操作工人进行了各种岗位的技术培训，着重培养一线工人的操作水平，质量意识，爱岗敬业的精神，通过考试，合格方可上岗。对全厂质检人员进行培训，培训其业务技能、市场意识、质量观念及产品标准的贯彻，质量整改的内容等，通过考试者上岗，不合格者转岗或下岗。对全体管理人员在工业干部学校专门进行相关的管理知识培训，以提高其管理水平；对全体中层干部的培训，则专门定期到青岛成龙咨询公司进行培训，由国内知名专家授课，学习现代化的管理知识，提高干部的市场意识、战略意识、危机意识及相关的专业知识。通过以上不同层次的培训，提高了公司员工自身素质及业务能力，提高了企业的市场适应能力。

二、实施名牌战略，要以顾客为中心

企业的效益来自于顾客，企业的声誉来自于顾客，实施名牌战略，必须以顾客为中心，以赢利为目的。这就必须实

现企业的经济效益和社会效益、环境效益的共同提高，才是企业发展的康庄大道。

1. 提升管理水平，适应市场变化

公司在经营管理上提出了管理体现"灵、快、活"的思想，就是要求企业能适应不断变化的市场要求。车间围绕生产转，生产围绕销售转，销售围绕市场转，全厂围绕客户转，使全体员工不断树立市场观念、效益观念、质量观念，来适应市场的要求。做好售前服务，认真研究用户的需求，做好用户选型、安装、维护的指导，全方位的满足用户的要求。在生产方面根据用户的不同需求，按 A、B、C 分类，安排生产，急用户所急，加班加点来满足客户需求，保证按质、按量、按期供货。2002 年 1～10 月合同按期完成率 96%，真正把用户的需要放到首位。

2. 搞好 ISO9000 认证，建立质量保证体系，建立良好的企业信誉

公司 2002 年进行了 ISO9001：2000 认证工作，对公司的质量保证体系进行全面整改。坚持以顾客为中心，以不断持续改进为目标，踏踏实实做好质量控制能力的提高，于 2002 年 10 月份通过认证。在认证的同时狠抓产品质量的提高，使产品综合合格率提高 3 个百分点，真正依靠提升管理水平，质量控制能力，提高客户的满意机制和团队素质来建立企业信誉。

3. 做好广告及展览会的宣传工作，提高企业的知名度

公司 2002 年组织有关人员参加了不同行业，不同地区的展览会。展示企业开发的新产品及精品，并在报刊专业杂志上做宣传广告，让更多的行业、更多的客户了解博特公司，扩大企业的知名度。

4. 做好售后服务及用户走访工作，建立亲密的伙伴关系

公司组织有关人员定期对客户进行走访，了解客户的需求，掌握应改进的问题，以便更好的服务于客户。建立健全客户质量档案，做好售后服务工作，并邀请客户来公司参观、指导，增加双方的相互了解，真正从用户的需求考虑，为用户提供个性化、多元化的服务，不遗余力地想办法同用户建立直接的联系，同用户建立长久的亲密伙伴关系。

三、实施名牌战略，要以科技进步创新为先导

实施名牌战略，必须适应用户和市场不断发展变化的形势，这种发展必须依靠科技进步，靠的是全面创新。

1. 引进人才、培养人才、留住人才、用好人才，搞好企业科技队伍建设

公司 2002 年引进了高级工程师 5 名，工程师 4 名及新分配大学生和高级技校生。率先在科技人员中实行岗位绩效工资、项目提成、承包制及新产品销售额按比例提成等办法，来提高技术人员的收入，调动广大技术人员的工作积极性、创造性。使引进的人才干的出色，公司人才留得住、干得好，使广大技术人员全身心地投入到科技创新、技术进步的活动中去，取得了良好的效果。

2. 搞好产品的研制开发，提高企业的竞争力

实现科技进步，技术创新，要不断的多出新产品来满足市场的需求。为此，公司 2002 年开发了行星式滚柱杠、重载滚珠丝杠副来满足重型机械行业的需求。完善直线导轨副系列，满足于不同行业，不同客户的需求。开发了高精密机床主轴，来满足高、中档数控车床的需求。并研制开发了磨用、铣用系列高速精密电主轴来满足高速切削的要求。并聘请行业的老专家来公司指导企业的技术进步，研究行业的发展方向。总之通过不断的开发新产品，来扩大企业的服务领域，提高企业的竞争力，公司 2002 年被省列为高新技术企业。

3. 加强国内外行业间的交流，提高企业的创新能力

2002 年公司组织科技人员参加相关机械展览会，并利用国内外同行业之间参观学习进行技术交流活动，开阔了视野，掌握了行业的发展水平及方向，提高了创新能力。

只有不断努力，持之以恒，始终以顾客为中心，以科技为先导，以不断持续改进为目标，企业就会发展强大，企业的名牌战略就能够实现。

依靠科技争创名牌　快速发展作贡献

——河南黄河实业集团股份有限公司

河南黄河实业集团股份有限公司是集科研、生产、贸易于一体的国家大一型企业。公司现有员工 3 800 多人，规划面积 $2km^2$，占地面积 $1km^2$。主导产品有人造金刚石、金刚石制品、UDS 系列金刚石压机、建筑机械、特种车辆、自动化装置 6 大类 138 个品种 400 多个规格。公司拥有国家级企业技术中心、企业博士后科研工作站。在河南省股份制企业中拥有 8 项第一。

企业被中国质量管理协会建机行业分会评为"名优产品生产企业"、"全国建设机械行业全面质量管理先进企业"；被全国用户委评为"产品质量用户满意企业"；被河南省技术监督局评为"河南省质量管理先进企业"；金刚石圆锯片被评为"河南省免检产品"（原河南省重点保护产品）；"旋风"商标获得"河南省著名商标"；被中国机床工具工业协会评为"2001 年度出口创汇十佳企业"、2001 年度"精心创品牌活动"十佳企业。

企业的主导产品之一的金刚石圆锯片通过德国 DSA 安全认证，公司超硬材料实验室通过 ISO/IEC17025：1999 标准认证，是国家出入境检验检疫总局注册实验室。

一、依靠科技创新、管理创新、机制创新发展企业

1. 技术投入为先导，科技创新促发展

为了减少进口，扩大出口创汇能力，振兴民族金刚石工业，企业投入科研经费近 3 000 万元，经过 3 年的艰苦努力，研制成功了 UDS－Ⅰ型金刚石压机。随后又相继研制成功了 UDS－Ⅱ型、UDS－Ⅲ型金刚石压机，并利用股票上市募集的资金，经过短短 1 年的时间完成了产业化。现在，黄河公司生产的 HHD、SMD_{30}、SMD_{35} 等中高品级系列产品所占比例已达 42%，经济效益提高 2/3，由于单位成本仅是美国两面顶压机生产的同等级产品的 1/2，在国际市场上具有很强的竞争力。目前，黄河公司人造金刚石年产量达到 4 亿克拉，从规模和产量上已基本达到世界三强的目标（一强是美国 GE；二强是英国戴比尔斯公司），已大量出口日本、美国、德国等国家。企业步入了高速发展的轨道。

2. 完善各类制度，加强质量考核

公司历来重视完善质量标准，健全各种规章制度及考核办法，层层落实目标责任制。对完不成指标的予以重罚，对认真负责的人员予以重奖。全公司各分厂均将质量指标分解到各个岗位，每月组织一次质量考核，将质量考核结果与全员工资、年终奖金挂钩，将质量目标完成情况作为分公司、独立厂领导全年经营目标考核的重要指标之一，作为评判其经营能力好坏的一个重要依据。公司明确规定：在每月的质量考核中，分数底于 70 分的底线时，分厂必须停产整顿，对完不成质量指标或造成质量事故者，要追究责任。

3. 培养、提高职工全员质量意识

针对公司的职工多来自农村，整体素质相对较差，质量意识较为薄弱的实际，狠抓职工的教育培养，提高员工的质量意识，让员工懂得“质量即饭碗”的道理。公司长期坚持组织员工学习《产品质量法》、《质量振兴纲要》等法律法规，并编写了《质量工作一百题》等学习材料，让每个员工深入学习、领会质量管理的方方面面。近年来，公司开办过机械、管理两个专业电大及超硬材料在职硕士班，已有数百名职工取得毕业文凭，并走上了工作岗位；举办以提高岗位技能、质量教育和 QC 知识为主要内容的各种技术比武、技能培训近 300 期，参加培训人员近15 000人次。公司规定：所有职工上岗之前，必须经过 3 个月以上的质量、技术培训方可上岗，这一切有效地提高了职工的整体素质。

4. 加强生产过程的质量控制

针对公司供应、外协户较多，质量保证能力参差不齐的现状，公司强调了对供应、外协户质量保证能力的审核，由公司全质办负责人与分公司或分厂的质量负责人联合，定期对供应、外协户的质保能力进行审查，对质保能力不合格者，令其定期整改，甚至停止合作关系，以确保购进件的质量。

对任何新产品的投产试销，公司均是慎之又慎。在产品投放市场之前，公司制定有严格的试制过程控制制度。不经过严格的产品性能检测和可靠性试验验证，产品是无法取得试销通行证的。所有产品投放市场时，均有产品的试销档案，对于出现质量问题的产品，随时可以追溯到具体的工序及负责人。

二、建立和完善技术创新体系

黄河集团在不断成功实施“联姻”的同时，下大力气组建自己的人才队伍，建立和完善技术创新和科研开发体系。

乔董事长说过：“没有国际一流的人才，就不可能办成国际一流的企业。”针对公司发展的需要，公司投入巨资在上海建设了一个研发中心，花年薪 26 万从美国夏威夷大学聘请了王裕昌博士，并委以公司总工的重任，现已有 6 位博士与公司签订了合作合同，公司正为他们的课题建设相应的实验室，开展超硬材料领域的边沿科学研究。

公司在引进和使用人才的同时，注重对人才的培养。公司采用送高等院校深造、出国学习等多种形式进行人才培训。吉林大学在公司开办了超硬材料硕士研究生班。同时，坚持与世界金刚石知名企业——美国 GE 公司、英国戴比尔斯公司、日本 ODK 公司、东明公司等进行技术合作和交流，并聘请国外专家到公司指导、讲学。培养和造就了一批优秀科技人才。

黄河集团舍得在科技上投资，科技经费从占年销售收入的 3%上升到现在 5%，现在，黄河集团不仅是生产实体，也成了技术开发实体。企业拥有国家认定的技术中心，建立了企业工作博士后工作站。公司正以极大的精力在改革开放的前沿阵地——上海浦东建立研发中心。利用上海在人才、信息、科技、金融等方面的优势，向国内外公开招聘博士和博士后，重点进行高压物理、新材料、计算机软件、工业自动化、超硬材料制品、纳米材料等尖端课题的研究，发挥“研发、教学、展示、信息、交流”功能，使其成为黄河公司新技术的蓄水池、孵化器，为“十一五”“十二五”作技术和产品准备。黄河集团决心以科技铸造长盛不衰的民族工业。

精心创品牌　保持国内领先优势

——甘肃永登树屏碳化硅厂

甘肃永登树屏碳化硅厂自 1994 年以来，凭借着优秀的团队，一流的技术与资源，为用户提供了高品质的“河桥”牌碳化硅产品。企业根据市场的变化注重产品产量的规模化发展及增加高科技含量产品品种，现已发展成为以冶炼为龙头，采用世界先进国家标准生产的 2 个系列，100 多个产品品种的实力型企业。

一、加强质量管理，提高产品质量

树屏碳化硅厂树立“以人为本，开发高科技产品”的经营理念，大力弘扬“锐意创新，力求发展”的企业精神，始终坚持“零缺点”的质量目标，“科学管理、从严治厂”，提高全体员工的素质，不断实施质量改进，以质量求生存，以效益谋发展。已按照 GB/T19002：1994，ISO9002：1994，建立了质量保证体系，于 2000 年通过了 ISO9002 质量体系认证，2002 年企业通过全体员工的共同努力进一步健全和完善，并结合实际，不断改进和完善企业质量体系，已逐步实现了制度规范化、工艺科学化，形成了具有企业特点的记录表单系统，建立了检查、分析、纠正、预防、评价体系，企业质量体系的有效性和运作效率正日益显现。

目前，该厂拥有多条最新的碳化硅冶炼、加工生产线，年产量达 26 000t，是碳化硅生产、加工专业厂家。在生产中严格执行工艺纪律，严格控制从原材料进货到成品的作业流程，对所有产品均进行一系列的品质控制，并强化产品出厂前的考核验收，确保所有产品的品质符合国家、国际标准，降低产品出厂后的返修率。

该厂产品引进了国外气孔率、吸水率控制及检测方法并形成企业标准，用来检测评价耐火材料用碳化硅的质量状态。同时为保证产品质量的稳定，企业在加工过程中采用质量控制概念来控制产品质量的稳定，对客户的质量承诺一律列明产品的粒度分布，保证产品的长期稳定。

二、完善企业服务体系，维护企业市场信誉

以市场为导向，开发重点新产品及发展高品级产品的深层次加工，是企业经营的整体思想。树屏碳化硅厂采用国外先进技术，将产品发展方向定位在高级领域并付诸实施。已建成投产了年产万吨高密度、大结晶高品级碳化硅生产线，冶炼工艺和产品质量达到国内领先和世界先进水平。该生产线的建成，结束了我国没有高品级碳化硅产品的历史，填补了国内空白。成功研发出的高密度、大结晶碳化硅原块产品，经国家科技部等五部(局)鉴定认为该产品达到国际先进水平，国内领先水平，并获得国家级重点新产品证书。

该厂认真研究国内外市场及收集市场信息，了解顾客的需求，调查其现实和潜在的要求，如产品功能的要求，以及原有产品的不足，及时捕捉产品的发展和改进方向。在顾客选购产品之前，实事求是地向顾客宣传企业产品的情况，为顾客选购产品提供指导服务，始终坚持以顾客关注为焦点，及时向客户征询产品质量状况，为用户解决疑难问题，不断改进质量及服务，提供实时、直接和完善的服务，赢得了国内外用户的一致好评。近年内经甘肃省进出口商品检验检疫局质量监督抽查，产品合格率 100%，未发生重大质量投诉和质量事故。

三、企业主要产品处于行业的领先地位

该厂已建成投产的一、三车间，是以高纯石英砂、石油焦(无烟煤)为原料，实施大功率、长时间冶炼，适合高级耐火材料、磨料及特种陶瓷等用途的碳化硅产品生产。这些产品经国内、外客户广泛应用，各项指标如韧性、密度、磁性物含量等，均完全能满足日益发展的高级耐火材料、研磨业和特种陶瓷等领域的要求。并在行业内形成了“品牌”效应和一定的美誉度。目前，市场占有率达 40%，在同行业中处于领先地位。产品主要销往美国、韩国、日本、法国、印度尼西亚、新加坡等国家。

以高品级产品为基础，加大加工产品的开发力度。针对国内产品档次低，理化指标达不到高级用途等结构性缺陷，利用企业生产的高品级碳化硅产品作原料，引进日本耐火材料用加工工艺方案，生产出的耐火材料骨料产品很快被日本耐火材料企业采用，成为中国此类产品首次应用国外的高炉耐火材料，填补了国内空白。碳化硅加工生产线的发展已颇具规模，生产的产品主要有段砂、粒度砂、细粉、微粉等。

随着科学技术的发展和碳化硅产品应用领域的不断开发，企业生产的碳化硅产品除在传统应用领域作为磨料、冶炼脱氧剂等普通用途外，可根据其产品具有很高的强度、耐磨性、耐冲击性、抗氧化性及抗热震稳定性等特性，作为高级耐火材料、工程陶瓷等的新型材料正在得到迅速发展，并作为新型的基础材料，将广泛应用于高科技领域。

高级耐火物用碳化硅包括粗粒和微粉等产品，主要特点为铁含量低，体积密度高，颗粒形状好，流动性极佳，产品质量稳定，主要用于窑具、棚板、梁柱等其他定型、不定型耐火材料和结构陶瓷领域。耐火材料骨料用碳化硅，晶粒完整、气孔率低、颗粒形状为等积圆形颗粒，韧性值高、体积密度高、铁含量低、吸水率低。该厂产品与国外同类产品相比，各种理化性能均等同或优于日本、巴西产品，所产大结晶产品系中国产品首次成功应用于国外高炉不定形耐火材料行业。

四、企业的综合效益处于行业的领先地位

2002 年树屏碳化硅厂共计销售耐火材料骨料 7 400t，填充料 4 100t，占市场销售量的 44%，取得了较好的经济效益，并得到国内外用户的普遍赞誉。

该厂 2002 年实现销售收入 5 500 万元，利税 500 万元，提供出口货值 95 万美元。企业将根据市场的变化，继续发展以高品级碳化硅产品为基础的深加工产品，提高产品附加值，持续增加企业效益和社会效益，在日益激烈的市场竞争中站稳脚跟，保持企业在国内的现有领先优势，从企业发展的角度出发，已制定出了一套近期、中期和长期的生产高附加值产品的发展目标，现已付诸实施。

依靠技术进步，开发高精度、高效率的先进产品

——北京机床研究所

北京机床研究所始建于 1956 年，原隶属于国家机械工业局，在 2000 年是国务院下放的 242 个直属科研院所之一，

并转制为科技型企业，中国机床产品质量监督检验中心及中国机械工程学会生产工程分会挂靠在本所。现归属于北京市科委。

多年来，北京机床研究所以高精、高速、高效、智能化的技术与产品，为我国机床工业的建立及不同时期的发展做出了贡献。现主要研究开发的内容有：立卧式加工中心及成套的柔性制造工程技术（FMC、FMS、FML、FME、CIMS）；高精、超精加工工艺及装备；精密测量技术及装备；数控系统及驱动装置技术；机床精密元部件；工业机器人；计算机辅助应用技术（CAD、CAM、CAP、CAT、CAQ、CAE 等）；气动液压技术；特种加工技术及装备（EDM、LBM、LBT 等）；材料与热处理改性技术；模具制造技术及装备。到目前，已完成 2 000 多项科研攻关项目，许多项目达到国际水平和国内领先水平，获得上级或有关部门奖励 260 次，其中国际发明奖 2 项，国家发明奖 9 项，国家和部级奖励 200 多项。

北京机床研究所 1974 自行研制了我国第 1 台卧式加工中心（JCS—013）以来，先后设计并生产了 JCS—018、XH714、XH715、EMC50 等立式加工中心，柔性制造单元（FMC）、柔性制造系统（FMS）。至今已开发形成符合我国标准的产品 20 余个机型，并多数推广到十几家兄弟厂，成为国产数控机床的支柱产品。随着竞争的机床市场环境发展和国外数控机床产品进口的强劲形势，在 CIMT2003 上根据市场的需求，又开发的 μ 级系列三轴联动和五轴联动立式加工中心，展现了向高速、高效、高精方向发展的技术特点。在性能和精度上均瞄准了国际上当代先进水平，取得了跨越式发展成果。

北京机床研究所是在 1958 年开始对数控技术进行基础性、应用性和开创性的研究。1981 年，在我国最早与日本 FANUC 公司合作，引进数控系统及直流伺服等技术，经过不断开发，中试生产，完善了产品系列，并增加了系统功能，现已发展成为国内较大的数控产品开发生产基地。

北京机床所是自 20 世纪 60 年代以来一直保持着研制精密、超精密加工机床等产品的先进水平，先后研制了我国第 1 台高精度光学坐标镗床、千分尺磨床、小滚刀铲磨床，打破了西方国家的技术封锁。随之又研究、开发完成了基准金属线纹尺、经济线纹尺的产品化生产，并满足了机床行业定位元件和国家基准传递的需求。还成功研制了“0 级、双 0 级”高精度滚珠丝杠副，并推广到行业进行规模生产。自行开发了 2m、3m 双频激光滚珠丝杠行程误差检查仪、动态力矩测量仪、三坐标测量机、激光动态光栅检刻机等关键设备。其中研制的超精密轴系精度达0.025μm，在超精密机床，超精密测量技术的研究、应用上，至今均属于国际前沿水平。

北京机床研究所从 20 世纪 80 年代初对激光加工技术及装备进行了开发和应用研究，先后研制成功了 JCS—033 多功能激光加工机、JCS—034 激光切割机、JCS—046 精密激光线纹刻划机、LMS—60A 激光打标机等产品，与此同时开发出了激光导光系统、激光切割喷嘴间隙随动系统等一些关键单元应用技术。

对电加工技术的研究，北京机床研究所于 1956 年开始，至今开发、生产和转让的电加工机床及功能部件有 50 多种。并在行业中掌握了丰富的电加工工艺技术，并不断在生产的数控电火花技术水平上跟踪世界先进制造技术，目前，也是国内少有的几家推出了直线电动机驱动的电火花成形机。

气动液压技术是北京机床研究所 20 世纪 70 年代初研究与开发的项目，经过多年努力，在流体传动和控制技术上取得多项成果。先后研制出电气比例阀及电液伺服阀、精密定位步进气缸、磁性无活塞杆气缸、气液伺服导向器、电磁换向阀等产品，其中有的产品填补了国内空白。

在计算机技术应用上，北京机床研究所取得了多项成果，在机床整体结构优化和性能仿真等技术上开发了有自主版权的 AMT POS 软件包。在产品技术信息系统（TIS）上进行了模具 CAD/CAM 应用软件的开发、机床整机 CAD 设计以及产品运行仿真及拟实等软件的开发、JCS 网络制造技术等为促进机床行业技术进步奠定了坚实的基础。

根据国家的产业政策和市场的需求，北京机床研究所近些年不断依靠技术进步，发挥综合技术优势，开发高精度、高效率的先进产品，并继续保持在中高档加工中心和超精密加工机床等技术方面的市场竞争优势，实践着“贴近用户需求，发挥技术优势，加强产品创新，营造特色品牌”的市场拓展方针。

坚持质量第一，不断开拓市场

——桂林量具刃具厂

桂林量具刃具厂（以下简称桂量厂）创建于 1970 年，是著名的哈尔滨量具刃具厂的分迁厂之一。厂区座落在风景秀丽的南溪山公园南侧，环境优美，宛如花园一般，是“全国环境优美工厂”之一，也是我国工量具行业重点骨干企业，精密量具主要生产厂家之一。

桂量厂现有在职员工 830 多人，拥有实践经验丰富的技术工人和高水平的工程技术人员队伍，其中，各类工程技术人员共计 165 名，中级职称 51 名，高级职称 18 名。

桂量厂现有资产总额 1.025 亿元，2002 年在全国工量具行业 45 家重点骨干企业效益排位中，桂量经济效益综合指数列第 10 位。2002 年桂量厂职工年人均收入达到 11 065元，位居行业 10 强前列。桂量产品产销量、价值量在全国量具行业中仅次于成都量具刃具厂、哈尔滨量具刃具厂，列第 3 位。

桂量厂生产的山字牌精密量具产品，包括游标卡尺系列、量表系列、千分尺系列、带表卡尺系列、数显量具系列及各种专用量具和变型量具系列，共六大系列200多个品种1 000多个规格，产品品种规格为国内最全。产品结构先进，质量优良。桂量是国内最早生产电子数显量具产品的厂家之一，研制了国内第1块电子数显百分表和电子数显千分尺，电子数显量具系列新产品获广西自治区科技进步三等奖。2001年研制开发出孔距卡尺和指示表卡规两项新产品获国家专利，属国内首创。新近开发生产的数显杠杆百分表和定头大型卡尺在国内处于领先地位。尤其是桂量大型游标卡尺系列产品，在国内大卡尺市场的占有率达50%以上，具备较大的产品技术竞争优势。

多年来，桂量厂始终坚持“质量第一”的方针，视产品质量为企业的生命，紧紧抓住不放松。在山字牌精密量具产品中，带钻防震百分表成为首批荣获国家优质产品银质奖章的产品，为广西机械工业夺得了第1枚国家质量奖章。0～25mm千分尺、0～125mm镀铬卡尺、0～150mm带表卡尺、0～0.8mm杠杆百分表等4种主要产品获部优产品称号，0～100mm外径千分尺、0～125mm游标卡尺等7种产品获自治区优质产品称号。1998年度在全国行业产品质量监督检查中，桂量产品质量获第1名，受到国家技术监督局的表彰。桂量厂1997年通过ISO9001质量保证体系认证，2000年再次通过复审。

为适应日益激烈的市场竞争需要，桂量厂注重采用新设备、新技术、新工艺，加快新产品开发，稳步提高产品质量。桂量现有设备500多台(套)，其中，在采用新设备、新技术、新工艺方面，添置各种新设备和仪器350台(套)，使原有52%的旧设备都更新成20世纪80、90年代水平的新装备，特别是引进的德国激光刻线机、美国激光切割机、惠普激光干涉仪、瑞士保护气体不锈钢淬火炉、瑞士高精度小模数精密滚齿机、轴颈抛光机、精密数控铣等具有当代先进水平的设备和仪器，对提高桂量厂山字牌量具的质量水平，提高生产效率，节能降耗，改善生产环境都起到了重要作用，使关键工序的生产工艺技术条件大为改善。同时，工厂还设立了CAD中心，新添置电脑30多台，为加速产品设计和更新换代创造了较好的条件。为此，桂量厂被评为广西首批“优秀科技型企业”之一。

在市场开拓方面，桂量坚持实行两条腿走路，积极拓展国内外两个市场，取得了比较显著的效果。目前，桂量的销售网络已遍布全国，除西藏自治区外，全国到处都有桂量山字牌精密量具的销售点，桂量山字牌产品在国内市场享有较高知名度，市场占有率达18%，在全国工量具行业中仅次于成都量具刃具厂和哈尔滨量具刃具厂，排行第3。桂量厂依靠优质产品打开国际市场已有20多年历史，每年出口额在200万美元左右，位居行业前列，屡获广西区出口奖产品远销美国、德国、法国、荷兰、瑞士、巴西、东南亚等40多个国家和地区，在国际市场享有盛誉。

近几年来，桂量厂逐步摆脱全行业市场疲软、出口下降的严重困难，抓住时机，不断深化内部改革，进一步焕发了企业的生机与活力，工厂生产经营势头发展迅猛，实现了“三年三大步”的经营目标，每年跨上一个新台阶，职工收入逐年增加，住房条件不断改善，职工凝聚力不断增强。1999年，桂量生产经营指标达到了历史最好水平后，2000年再上新台阶，产值完成4 450万元，产量达到37.8万件，比上年增长30%以上；销售回款完成3 200万元，比上年增长20%；职工年人均收入达到7 500元。2001年桂量生产经营继续创历史新高，产值完成5 700万元，比上年增长30%；完成产品产量45万件，比上年增长20%，完成销售回款3 750万元，比上年增长15%；职工年人均收入达到9 082元，比上年增长21%；实现利税300万元。

在过去的一年里，在桂林机床工具集团公司党委、董事会的正确领导下，在党的十六大精神鼓舞下，桂量厂更是在取得生产经营“三年三大步”快速发展的基本上，努力贯彻“巩固广东，主攻华东，扩大出口”的市场策略，以扩大出口为重点，各项经济指标继续实现稳步增长，再创历史新高，生产经营保持较快的发展势头，2002年完成产值5 890万元；产量45.2万件；销售回款4 103万元；职工年人均收入达到11 065元，位居行业10强前列，进一步提升了桂量的行业地位和市场竞争力。

2002年，桂量厂在进一步做大做强，构筑新的发展模式上又有新举措，通过与桂林砂轮厂合并，利用两厂盘活土地资金，一次性归还桂量厂欠工行的逾期技改贷款本金1 000万元，并享受免息380万元的优惠政策，使合并后的桂量厂减轻了债务，轻装上阵。

桂量厂在重点发展经济的同时，注重不断改善职工的生活条件和福利待遇。继1998年新建房改房104户后，2000年又兴建职工全额集资房56户，2002年8月份又有66户集资房破土兴建，两房面积最小85m^2，三房面积达到132m^2，现已全部封顶，职工的住房越来越宽敞，住房条件得到了较大改善。目前全厂住上新房的职工已近500户。从2002年9月份起，桂量厂加入了桂林市职工医疗保险，进一步完善了职工的社会保障机制。

走技术创新之路　树“广陆”国际品牌

——桂林广陆数字测控股份有限公司

桂林广陆数字测控股份有限公司是专业生产容栅式高精度电子数显量具量仪的高新技术企业，生产的“广陆”牌数显卡尺、指示表、千分尺和其他数字化智能化精密仪器仪表系列产品共有200多个品种1000多种规格，大部分属国内首创，有的还被定为国家级重点产品。自1996年以来，公司产品的产量、销量、出口量年平均增长速度都在30%以上，产品的80%以上出口到欧美等30多个国家和地区。2002年产销量达50万套，在国内同行业中居第1位；出口量42万套，在国际上仅次于日本的三丰公司，居第2位。全年销售收入6 600万元，利税1 500万元，出口创汇近700万美元，其中自营出口153万美元，其余为通过外贸部门出口，全员劳动生产率达15万元，人均年收入达2万元，位居国内同行业前茅。公司还拥有国家授予的在数显核心技术领域具有自主知识产权的发明和实用新型专利14项，获各级政府颁发证书的科技成果15项，是国内500mm以上专用(非标)电子数显量具的惟一生产企业，1999年被批准为国家机电产品出口基地企业，2000年被推选为中国机床工具工业协会数显装置分会理事长单位。2003年7月，广陆公司作为首批仅有的3个企业之一，被授予“广西高新技术出口创汇示范企业”荣誉称号。目前，公司正抓紧实施国家原对外贸易经济合作部下达的“广陆年产100万套电子数显量具量仪高精度电子组件出口生产基地技术改造项目”和国家科技部“科技型中小企业技术创新基金重点支持项目”等建设项目，正朝着把“广陆”建成“中国第一，世界一流”的数显量具仪生产销售企业和国际知名品牌的发展目标扎实地迈进。

“广陆”取得的业绩，是在国家鼓励技术创新政策的指引和各级政府部门的有力支持下，坚持企业管理体制和运行机制的改革，构建产学研结合的技术创新体系，对引进的核心技术在消化吸收的基础上进行国产化自主研发并取得自主知识产权和实施一系列相互配套的技术创新举措所结成的硕果。走技术创新之路，为“广陆”取得国际竞争的优势奠定了基础，使“广陆”能在国际市场上赚取产品上升期高端利润的同时也树起了自己独创的品牌。

一、企业管理体制和运行机制的改革，为技术创新的主体奠定了根基

企业是技术创新的主体，企业管理体制和运行机制对技术创新的实施至关重要。广陆公司的前身是创建于1989年的广陆量具厂，属桂林陆军学院管辖的军办企业，1992年转属地方管辖，在体制上难免带有国有中小企业所共有的弊端。1993年，桂林市政府批准对广陆进行体制改革，由国有企业变革为由229位自然人共同出资的股份合作制企业，1999年迁入桂林高新区新址，2000年改组为有限责任公司，2001年12月，经自治区人民政府批准整体变更为股份有限公司，注册资金由原来的173万元增加到现在的2 210万元。现在的广陆公司成立了股东会、董事会、监事会，按《公司法》建立了法人治理结构，按现代企业方式运作，一改过去国有企业那种“所有者缺位”的状态，没有国家股，成了民营股份制企业，绝大多数公司骨干都持有公司股份。公司真正形成了“为股东创造利润，为员工创造机会，为客户创造价值，为社会创造财富”的有效运行机制。近几年来，公司通过资产并购方式，把无锡的一家仪表厂改制成了无锡广陆仪表有限公司，还设立了上海广陆量具有限公司、上海广陆测控技术开发有限公司和合作成立了广陆测控—上海交大联合研发中心等下属子公司和研发机构，公司营经状况进入了良性循环。截止到2002年底，公司占地2万m^2，厂房建筑面积1.8万m^2，员工487人，公司资产8 489万元，其中固定资产3 050万元。历经改革，公司形成了科学的决策体系和灵活的激励约束机制，现在公司已进入了上市辅导期，公司的体制即将跃上一个新台阶。

二、构建产学研结合的技术创新体系，是实现技术创新的有效途径

人才是技术创新的承担者，广陆公司十分注重人才的培养和使用。公司现有员工400多人，其中工程技术人员139人。在充分激励和发挥公司工程技术人员和广大员工的积极性和创造性的同时，还努力走产学研联合开发的道路，与人才荟萃的有关大专院校、科研院所密切合作，构建共同开发的技术创新体系，并取得相应的成效。公司先后同中国计量院、原航天部303所、101所、合肥微机所、桂林电子工业学院、哈工大、上海交大、广西电子研究所等单位合作，研发成功一系列数显量具新产品，并研发成功数显装置的核心部件——高精度容栅线位移(角位移)测量系统，以及相应的新产品，共取得11项国家专利、15项科研成果。2002年，公司投资300多万元，在上海与上海交大联合建立了广陆测控—上海交大联合研发中心，使技术创新体系长期稳固化。由于产学研技术创新体系的效能得到发挥，公司先后获得了ISO9000国际质量体系的认证和CE欧盟国家安全认证，为广陆产品大步走向国际市场取得了“通行证”；公司研发的容栅数显测量仪、高精度电子数显指示表、新型多功能电子数显卡尺等一系列新产品均属国内技术创新成果，填补国内空白，并获科技成果奖励。

三、对引进技术在消化吸收基础上进行国产化自主研发并拥有自主知识产权，是企业技术创新的核心课题

容栅式数显量具是集精密机械与微电子技术、高精度容栅技术为一体的先进量具，上世纪70年代由瑞士发明。广陆公司初创时期从国外引进了该项技术的核心部件——容栅传感器，研制成功数显量具系列产品。为了突破外国的技术垄断，公司组织工程技术人员对该核心部件进行了多年的攻关研发，终于在1996年获得成功，并取得了国家专利。广陆研发的容栅传感器比引进的原型在测量精度上提高了一个数量级：原型的栅节距为5.08mm，广陆研发的为0.508mm，栅节距缩小为原型的1/10；原型的分辨力为0.01mm，广陆的为0.001mm，达到了微米级，精密度是原型的10倍，因而命名为“高精度容栅线位移传感器”。在此基础上又研发出“高精度容栅角位移传感器”用于角度的精密测量。该高精度容栅传感器与广陆自行研发的大规模集成电路、显示器、电源等组成的容栅传感器电子组件比引进的原型还增加了负责激励信号产生、位移信号采集、数据计算、功能切换、LCD显示、外传串口数据等功能，具有测量精度高、体积小、功耗低、可数据输出等优点。该项技术创新的研发成功，获得了国家专利，表明广陆公司在掌握容栅式数显量具的核心技术方面同世界先进国家已站在同一平台上。该容栅传感器电子组件的规模化大量生产并作为关键配套件量具量仪大量出口，是广陆公司在树国际品牌道路上一座重要的里程碑。

由于高精度容栅式电子数显量具量仪是近年面世的高新技术产品，在国内还没有专门的国家标准和行业标准，而通用型的国家标准又未能覆盖这类新产品的技术内涵。为此，广陆正在参考国外同行的技术资料，结合国情和企业实际，制订企业技术标准。目前，已提出、起草《产品企业标准》17项，并获得广西技术监督局、广西计量测试研究所的认可、好评。

四、实施配套创新，是实现技术创新的可靠保证

创新是企业的灵魂，技术创新是企业在市场竞争中取胜的法宝。广陆公司把技术创新工作作为一个系统工程，组织公司的方方面面实施配套创新，以确保技术创新的实现。

(1)工艺创新。数显卡尺的尺身、尺框是用不锈钢钢板制作的，原采用冲压工艺，现创新为用数控线切割工艺。仅此项创新，使成品率由低于97%提升到高于99%，原材料消耗降低了50%，且由原来的一人开一台机变成一人可看管多台机，生产的效率和安全性也大大提高了。在容栅节距的刻划工艺上，用超精细激光刻划代替蚀刻工艺，使产品达到高精度、高分辨力的要求，成品率大幅度提高。

(2)制造材料的创新。引进的原产品容栅传感器以敷铜板作为电子电路基板，在使用中容易受潮、膨胀，水气侵入易发生腐蚀，出现接触不良、稳定性差、测量精度不高等质量问题，公司在联合研发中，利用新型陶瓷、玻璃材料固有的物理特性，在其上采用增层多层布线技术，再应用气相沉积技术使基片金属化，作为传感器的电子电路基板。这样做成的传感器测量精度可达微米级，受温度、环境的影响小，提高了产品的抗干扰性、稳定性和应用范围。广陆还用功耗低的硅金属材料取代了功耗高的铝金属材料制作传感器的主副栅，使功耗从原来的40μA降低到25μA，使一个1.5V的钮扣电池可以使用2 000h或更长时间。

(3)产品品种规格的创新。公司注意应客户的需求生产各种品种的量具，有量长度、高度、沟槽、孔距等用途的，有横式的，竖式的，也有测量珠宝专用的，还有连续测量卷烟锡箔厚度的，可谓琳琅满目；在量具规格上，有各种量程的，如卡尺量程小的为0～75mm的，大的到0～5 000mm的，高度尺有0～2 000mm的，还有专供测量大轮胎、火车轮箍直径用的固定式测量装置。不同的品种规格，可争得不同的用户。

(4)产品造型设计上的创新。有的小型量具要特别注意造型上的“人文关怀”理念，为此广陆公司对一些产品造型经常广泛征求顾客意见，多次进行调整。能把桂林山水的灵秀之气融进产品造型中，把工业品设计成像工艺品那样的精致，自然会吸引更多的顾客。

(5)产品特殊功能的创新。广陆的数显量具量仪产品注意特殊功能方面的创新，有防潮的，防水的，有左手使用的，有可限制测力的，有微型的等。

(6)技术服务的创新。技术服务与技术创新是相辅相成的，广陆公司特别注意技术服务上的观念更新。对自己生产的产品，公司实行包修、包换、包退，并免费保用3年，对修、换、退所发生的费用，全由公司承担；对顾客要求上门服务的，派出人员必须第二天出发；顾客退回返工的产品，三天内必须返工完毕；公司还在国内18个省、市、自治区的城市设有39个技术服务点，随时为用户提供技术服务。

为进一步增强企业技术创新的实力，广陆公司在早些年已普及应用CAD、CAM，基本实现办公自动化的基础上，现正在作为以广西机械工业研究所为中介机构、以桂林电子工业学院下属桂电瀚特信息产业有限公司为开发商的“机床工具行业ERP(企业资源计划)软件系统开发与应用”的试点企业，列入广西100家、桂林13家企业信息化建设重点推广应用单位。该软件系统可望在2003年底运行，届时公司的生产、销售、研发等业务流程会得到更好的整合，“信息化带动工业化”的程度会得到提升，对技术创新、产品研发会作出更有成效的快速反应。

技术创新是企业成长壮大的最主要动力，品牌亦是企业信誉的重要标志。广陆为此作了努力，也初见成效。但前面的路还很长，还要继续探索前进。广陆员工决心秉持“诚信为本”、“科技立业”的经营理念，与时俱进，协力同心，力保“全国先进，全球持平”，走信息化与工业化结合的新型道路，进一步把公司办成知识创新、技术创新、产品创新、运行机制创新的高成长性、高知名度、具有国际品牌的外向型量具量仪制造业大企业，为广西高新技术产品的发展及出口创汇、为中国数显行业早日走向世界作出应有的贡献。

中国机床工具工业年鉴

China Machine Tool & Tool Industry Yearbook

2003

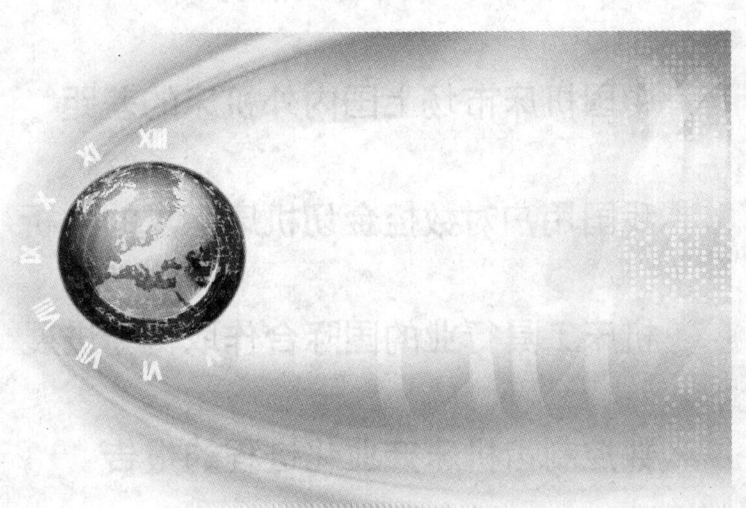

第Ⅲ部分

市场概况

市场概况

2002 年机床工具的部分用户行业生产发展现状

一、机械工业行业部分小行业基本情况

(一)工程机械制造业[1]

1. 行业发展情况

工程机械行业在 2001 年高速发展的基础上,2002 年工业总产值、产品销售收入、利润指标又上了一个大台阶,进入了一个黄金发展期。

2002 年工程机械行业实现工业总产值(不变价)765 亿元,比上年增长 38.58%;销售收入 774 亿元,比上年增长 38.03%;利润 46.40 亿元,比上年增长 37.69%。其中电扶梯产品 90%以上由中外合资企业生产,产品销量增长 10%左右,达到 47 000 台水平,但由于市场产品价格竞争激烈,产品销售收入只与上年基本持平,约 150 多亿元,利润也与上年持平。液压挖掘机行业中的外商合资与独资企业发展迅猛,产品销售收入 131 亿元,比上年增长 92.6%,占整个挖掘机行业的 96%;利润达到 13.3 亿元,比上年增长 97%。2002 年工程机械分行业销售收入和利润完成情况见表 1。

从表 1 中看出,凿岩机械与风动工具、路面机械、专用配套零部件产品销售利润出现负增长现象,其中凿岩机械产品由于煤碳开采大机械化水平的发展,进口综采机数量上升,冲击市场,亏损企业增多,行业发展受到了影响;压路机与路面机械行业由于山东公路机械厂企业改制,处理不良资产,财务会计出现大额亏损,影响到路面机械行业的效益。专用配套零部件行业,由于工程机械主机生产选用进口配套件数量上升,虽然主机产品销售增长幅度很大,但专用配套零部件发展不明显。

表 1　2002 年工程机械产品销售收入和利润完成情况

产品名称	销售收入			利润总额		
	2001 年(亿元)	2002 年(亿元)	比上年增长(%)	2001 年(亿元)	2002 年(亿元)	比上年增长(%)
液压挖掘机械	70.67	136.00	92.4	6.75	13.28	96.7
铲土运输机械	98.00	152.00	55.1	3.33	6.59	97.8
机动工业车辆	32.50	44.00	35.4	0.86	1.69	96.5
工程起重机械	27.16	39.00	43.6	0.48	0.85	77.1
凿岩机械与风动工具	8.82	11.00	24.7	0.14	0.12	−14.3
压路机械与路面机械	43.50	56.00	28.7	2.05	1.80	−12.2
塔机、混凝土机械、钢筋预应力机械、桩工机械、装修机械、讯息工期升降机等	91.92	146.00	58.8	6.83	9.11	33.4
专用配套件	23.80	25	5.0	0.41	0.35	−14.6
电、扶梯	150.00	150	0.0	13.00	12.50	−3.8
其他	13.63	14	2.7	−0.15	0.12	180.0
合计	560.00	774	38.0	33.70	46.40	37.7

随着中国工程机械市场的发展,外商投资在中国越来越活跃。2002 年全行业资产总额约为 820 亿元,其中外商投资的中外合资与独资企业的资产总额已达到 270 多亿元,占 33%;销售收入 290 亿元,占全行业的 36%。这种情况反映国际工程机械产业逐步向中国转移,国际跨国公司如美国卡特彼勒公司、日本小松制作所及日立公司、三菱电梯等企业均在中国大力扩展工程机械制造业务,国内工程机械行业应抓紧资产重组与整合,加大投资规模、提高现有资产利用率,使我国工程机械产品继续保持主导地位。

2. 主要产品销售量

2002 年工程机械行业大部分产品销量均有大幅度上升;少数产品如混凝土搅拌运输车、臂架式混凝土泵车、挖掘机、装载机、摊铺机、稳定土路拌机等产品经常出现脱销状况。根据对 223 个主要企业产品销量统计,内燃叉车销量增长 27.47%,年销售量达到 25 417 台;汽车起重机增长 57.46%,达到 6 338 台;挖掘机增长 58.24%,达到 19 709 台;装载机增长 64.5%,达到 43 349 台;推土机增长 40.41%,达到 4 750 台;压路机增长 46.53%,达到 8 837 台;摊销机增长 80.95%,达到 1 064 台;混凝土搅拌运输车增长 106%,达到 5 700 台。2002 年工程机械产品分类销量及增长率见表 2。

表 2　2002 年工程机械产品分类销量及增长率

序号	产品名称	企业数（个）	2001 年销量（台）	2002 年销量（台）	比上年增长（%）
1	塔式起重机	28	9 306	11 500	23.6
2	轮式起重机	20	5 136	6 426	25.1
3	高空作业机械	4	522	488	−6.5
4	叉车	38	25 603	32 977	28.8
5	拖盘搬运车	14	466 833	610 923	30.9
6	凿岩机械	27	115 143	110 190	−4.4
7	挖掘机械	21	12 452	19 709	58.3
8	铲土运输机械	27	30 820	49 681	61.2
9	压路机	11	6 031	8 837	46.5
10	路面机械	16	1 242	1 984	59.7
11	商品（预拌）混凝土机械	26	5 749	9 910	72.4

3. 进出口情况分析

工程机械产品 2002 年进口总额 206 287 万美元，比 2001 年的 155 057 万美元增长 32.2%。2002 年出口总额 74 209 万美元，比 2001 年的 68 900 万美元增长 7.7%。进出口逆差由 2.25 倍上升到 2.76 倍，进口增长率比出口增长率高出 24.5 个百分点。

进口情况分析：

2002 年进口量上升的主要原因是国内市场需求的拉动。进口增长快的产品主要有履带式起重机、全路面越野起重机、叉车、自行式铲运机、机重 18t 及 18t 以上的振动压路机、履带式液压挖掘机、混凝土搅拌运输车。特别是零部件进口量进一步大幅上升，由 2001 年进口 15.26 万 t 增加到 23 万 t，增长 50.72%，其中液压挖掘机、压路机、推土机等土石方施工机械产品的零部件达到 20.6 万 t，占零部件进口总量的 89.56%，而且液压挖掘机进口用的零部件，主要是为外商独资、合资企业产品配套，进一步扩大了挖掘机的生产能力，说明国内挖掘机市场需求火爆。在 206 287 万美元进口额中，主要整机产品进口为 104 112 万美元，占进口总额的 50%，零部件为 79 266 万美元，占进口总额的 38.42%，其他产品为 22 909 万美元，占 11.58%。31 种整机产品进口数量达到 27 187 台。其中进口数量多的有中小型托盘搬运车 9 936 台，电动叉车 3 825 台，内燃叉车 3 053 台，集装箱叉车 147 台，18t 重以上的振动压路机 176 台，履带式液压挖掘机 2 858 台，凿岩与掘进机 99 台，沥青混凝土搅拌设备 1 922 台，沥青混凝土摊铺机 226 台，混凝土搅拌输送车 511 台，前铲装载机 225 台。

上述进口量上升快的产品，均是目前国内市场需求的热门产品，分析原因主要有以下几种情况：①生产能力不足，例如液压挖掘机、重型振动压路机、高等级路面摊铺机等。②没有能力生产，例如全断面掘进机、大型液压挖掘机、全路面起重机、半自动化电动叉车、混凝土与沥青混凝土大型搅拌器、水平定向钻机、大型吊管机等。③产品技术水平满足不了部分客户的使用要求，要急待提高产品技术水平和使用可靠性。④产品结构调整跟不上市场高速发展的形势。在这种形势下，国内有关企业应加快产品更新换代的步伐，企业之间主动整合，加大改制改革力度，提高竞争力。产品主要进口来源仍然是欧洲占 40%左右，日本、韩国占 49%，其次是美国占 7%左右。加快和这些地区企业的技术合作，既可使我国产品水平尽快与他们接近，减少进口，也可以提高自身的出口能力，这也是企业技术改造的主攻方向，同时有实力的企业，要加强对零部件的开发投入，以提高整机技术水平。

出口情况分析：

2002 年工程机械出口总额达到 7.47 亿美元，比 2001 年的 6.89 亿美元增长 8.42%。出口量增长幅度最大的产品有托盘搬运车，年出口量达到 39.15 万台，比 2001 年增长 51%，占 33 种主机出口数量的 91%，其次是载客电梯、自动扶梯，主要由合资企业出口，增长率分别达到 29%和 119%，小型挖掘机和挖掘装载机随着国外市场的扩大，出口数量大幅上升。

在出口额中，零部件占 51.46%，达 38 118 万美元。出口数量由 2001 年的 23.05 万 t 上升到 2002 年的 38.12 万 t，增长 27.45%，但出口金额（创汇）没有上升，产品技术含量与附加值在下降。零部件出口平均每吨产品价格 2001 年为 1 361 美元，2002 年降为 1 091 美元，其中主要是金属结构件、铸造件，完全是粗放型出口。相反，大量进口的零部件平均每吨产品价格在 3 500 美元以上，是出口价格的 3.5 倍，有的达到 5 000 美元以上，而且进口量仍然大幅度上升。这说明我国工程机械产品越来越依赖国外进口的零部件厂商来发展，因此有远见的投资者应把它作为一个很好的投资商机进行研究。

中国工程机械整机产品出口市场主要在中东地区占 21.4%、东南亚占 21.4%，其次是欧洲占 14.4%、中北美洲占 13.9%、东亚地区占 11.9%、非洲占 8.8%，其他地区占 5.7%。其中，零部件主要出口到日本、韩国、美国和欧洲。因此开发次发达和经济技术比较落后的地区贸易，是中国工程机械的主要出口市场，在发达地区要推销可靠性高、廉价实用的经济型产品，从而扩大出口量。

4. 市场发展展望

2002 年工程机械销售收入 10 亿元以上企业见表 3。

表 3　2002 年工程机械销售收入 10 亿元以上企业

序号	企业名称	销售收入（亿元）	利润（亿元）
1	合肥日立挖掘机有限公司	30.28	4.70

（续）

序号	企业名称	销售收入（亿元）	利润（亿元）
2	大宇重工烟台有限公司	26.80	1.70
3	小松山推股份有限公司	20.38	3.33
4	常州现代股份有限公司	20.10	1.25
5	广西柳工机械股份有限公司	17.34	1.46
6	徐州卡特被挖掘有限公司	16.92	1.19
7	厦门工程机械股份有限公司	16.07	0.76
8	福建龙工集团有限公司	15.25	1.08
9	成都工程机械集团有限公司	14.27	0.25
10	三一重工股份有限公司	13.16	2.56
11	徐州重型机械厂	12.16	0.49
12	山东临沂工程机械股份有限公司	12.12	0.38
13	安徽星马汽车股份有限公司	11.84	1.18
14	安徽叉车集团公司	11.23	1.13
15	常林股份有限公司	10.05	0.60

近两年来，国家和地方性工程建设项目投资来源呈多元化发展趋势，国家投资、地方投资、世行贷款、国际财团、民营资本等为工程机械发展提供了良好的投资环境。另外，采购工程机械产品的客户和资金来源也发生了较大变化，其中民营资本对促进工程机械市场发展起到重要作用，例如购置装载机和液压挖掘机的客户，50%～90%都是民营资本。综合分析，影响工程机械市场迅速发展的因素有以下几方面。

(1)启动国债拉动内需，极大地拉动了工程机械的市场需求。2002 年、2003 年国家安排国债投资 1 800 亿元和1 500亿元(2003 年 1 500 亿元包括 2002 年 200 亿元结转资金)，据国家经济发展研究中心测算，将拉动近万亿元消费。2003 年国债资金 40%以上安排在西部地区开发建设，其中380 亿元用于长江中下游干堤加固、天然林资源保护、退耕还林等生态工程，460 亿元继续支持青藏铁路建设项目，170 亿元用于环保与城市基础设施、中央储备粮库建设工程，180 亿元用于西部地区新开工项目，170 亿元支持技术进步与产业升级等项目费用。从这些资金投向分析，2003 年国债投资对工程机械仍然有较大的拉动作用。

(2)全国加快城镇改造建设，其中建设部全国 100 个示范城镇建设工程全面启动，20 多个城市要发展轨道交通，房地产开发投资已达到 6 000 亿元水平，其中大量资金来自于民间储蓄存款和银行信贷，带动了建筑机械市场的火爆。

(3)我国加入 WTO 以后，外资建设项目资金不断增加，也为工程机械提供了市场和资金来源。

(4)土石方工程项目向私人企业转移，购买工程机械的数量大幅度上升，例如江苏省 2001 年有 2 000 多台液压挖掘机由工程承包商和个体户购买，装载机行业中民营购置达到 40%以上，挖掘机行业达到 90%以上。其中部分拓展了租赁业。

(5)采购工程机械产品开始启动银行信贷制，为流动资金不足的单位提供了资金保障，银行资金开始流入工程机械市场。只要产业发展方向正确，产品有市场，充足的银行信贷就可以促进工程机械产品市场按揭贷款的稳步发展。

(6)党的“十六大”召开以后，又召开了全国经济工作会议，将继续执行扩大内需的政策，实现积极的财政预算和稳健的货币政策，为今后较长期的经济稳定增长制定了正确路线，因此工程机械市场外部环境暂时不可能走向低谷。

根据上述工程机械市场需求因素分析，在“十五”期间，我国工程机械市场需求进入一个快速与稳定的发展过程，工业总产值进一步向 1 000 亿元目标冲刺，主要产品产量、销售额将提前两年半达到“十五”规划目标。2003 年又是 1 个工程机械发展好势头，根据一季度主要企业完成情况，全行业产品销售收入增长 30%以上，好的企业将达到 50%以上。

(二)重型矿山机械制造业[2]

2002 年重型机械制造业由于国家扩大内需政策的贯彻和西部大开发的实施，国内需求上升，全年经济运行态势良好，生产经营呈稳步快速增长态势，企业效益大幅提高，是多年来最好的一年，为中国机械工业的快速发展做出了重要贡献。

1. 行业基本情况

重型机械行业包含 4 个制造业。①冶金设备制造业，主要生产金属冶炼设备、轧制设备、拉拔设备、重型锻压设备等。②矿山机械制造业，主要生产矿山开采所用采掘、提升、破碎、研磨、筛分、洗选设备等。③起重运输机械制造业，也称物料搬运机械制造业，主要生产起重、运输、装卸、给料等机械及叉车等搬运机械、电梯和扶梯等。④工矿车辆制造业，主要生产工厂、矿山等企业用的有轨车辆，主要有窄轨内燃机车及小矿车、大型工矿车辆、电动平车等。重机行业产品广泛应用于国家能源、原材料及交通运输等基础行业，是国家装备工业的重要组成部分。

2002 年重型矿山机械行业共有规模以上企业 1 165 个，从业人员(平均)48.3 万人，资产总额 1 202.1 亿元，工业总产值当年价 800.10 亿元、不变价 822.33 亿元，利润总额30.1亿元、税金 73.3 亿元。2002 年重型矿山机械行业主要经济指标见表 4。

表 4　2002 年重型矿山机械行业主要经济指标

分行业类别	企业数（个）	资产总额（亿元）	从业人员平均数（万人）	工业总产值（当年价）（亿元）	工业总产值（不变价）（亿元）	销售收入（亿元）	利润总额（亿元）	税金总额（亿元）	亏损企业亏损总额（亿元）	亏损面（%）
合计	1 165	1 202	48	800.10	822.33	795.80	30.10	73.30	11.95	27.6
冶金设备制造业	155	212	10	95.30	83.50	93.10	0.90	4.60	1.60	25.2
矿山机械制造业	351	306	16	140.40	135.30	133.20	−0.50	6.10	3.50	31.6
起重运输机械制造业	611	650	21	536.70	538.80	521.90	27.80	20.10	6.60	24.5
工矿车辆制造业	48	35	2	52.50	45.20	47.60	1.80	1.10	0.30	45.8

2. 产品产量大幅上升

除个别产品外，多数重点产品以二位数高速增长。2002 年矿山设备生产 48 万 t，比上年增长 31.8%；冶炼设备 10 万 t，比上年增长 53.7%；金属轧制设备 9 万 t，比上年增长 32.6%；起重设备 77 万 t，比上年增长 13.0%；工矿配件 46 万 t，比上年增长 8.8%。2002 年全国主要重型矿山机械产品产量见表 5。

2002 年重型矿山机械行业骨干企业主要经济指标见表 6。

表 5　2002 年全国主要重型矿山机械产品产量

产品名称	单位	2002 年	比上年增长(%)
矿山设备	万 t	48	31.8
冶炼设备	万 t	10	53.7
起重设备	万 t	77	13.0
输送机械	万 m	72	6.4
工矿配件	万 t	46	8.8
金属轧制设备	万 t	9	32.6

表 6　2002 年重型矿山机械行业骨干企业主要经济指标

单位名称	资产(亿元)	负债(亿元)	产品销售收入(亿元)	利润(万元)	利息(万元)	应收账款(亿元)	税金(亿元)
第一重型机械集团公司	38.48	27.30	10.42	−881	6 008	6.96	0.25
第二重型机械集团公司	32.96	20.62	10.57	443	1 854	5.27	0.51
太原重型机械集团公司	52.01	28.78	15.10	249	6 747	9.43	0.92
大连重工起重机械集团公司	36.63	25.41	15.30	1 701	7 019	7.12	0.90
上海重型机器厂	14.11	11.79	2.79	1 005	488	2.00	0.21

(三)船舶制造业

1. 中国船舶工业集团公司[3]

(1)工业产值完成情况　2002 年集团公司工业企业完成工业总产值 158.8 亿元(不变价，下同)，比上年增长 19%；其中造船产值 106.5 亿元，比上年增长 17.1%；船舶配套产品产值 16.9 亿元，比上年增长 10.7%；修船产值 10.6 亿元，比上年增长 14.7%，其中外轮修理 9.9 亿元；非船产值 24.8 亿元，比上年增长 37.4%。出口产值 79.1 亿元，比上年增长 4.6%。实现工业增加值 28.7 亿元，与上年持平。

从产值完成情况看，全年任务完成较好，增长幅度较大。各分项指标中的造船产值、船舶配套产值、修船产值、非船产值都取得好成绩。

重点企业产值完成情况：沪东中华造船(集团)公司完成产值 43.3 亿元，比上年增长 6.3%；江南造船(集团)公司完成产值 28.2 亿元，比上年增长 13.3%；广船国际完成产值 27 亿元，比上年增长 38.7%。

(2)主要产品产量完成情况　全年造船完工 166 艘、122.5 万 t，其中出口船完工 31 艘、77.9 万 t。2002 年造船完工的特点是：①首制船特别是高技术高附加值船，如客滚船、半潜船，建造难度很大，生产进度难以控制。②部分企业流动资金周转困难，影响了生产进度。③产品结构发生了较大变化，完工船舶中散货船、多用途船所占比重明显减少。

船用柴油机累计完成 178 台、63.3 万 kW。其中低速机完成 42 台、48 万 kW，中速机完成 136 台、15.3 万 kW。特别突出的是，通过技术改造项目的实施，集团公司所属中船设备有限公司中速柴油机年产量突破 100 台大关，生产能力上了一个新台阶。船用仪器仪表全年累计完成 317 台(套)。

非船产品中医用 B 超完成 1 827 台，比上年增长 11.2%；集装箱制造完成 59 825 只，比上年增长 85.1%；分离机完成 297 台，比上年增长 60.5%；大型钢结构产量增长较快，全年共完成产值 6.4 亿元。江南重工在钢结构生产方面业绩突出，在国内的影响日益扩大，由集团公司投资建设的上海卢浦大桥工程进展顺利，年内实现了主桥拱合拢。

(3)科研开发及信息化建设　2002 年集团公司共对 2 个船舶设计院所和 7 个骨干船厂下达了 25 个船型开发和优化项目，出台了《船型开发优化管理办法》，建立了船型开发优化信息通报制度。

2002 年集团公司向国家有关部门申报了高技术船舶科研计划、技术创新计划、重大技术装备研制计划、技术基础计划等研究开发项目，其中约 25 项列入国家各种科研计划，有的项目还拓展了研究任务。例如 LNG 船、60 万桶浮式生产储油轮等项目的进度都比计划提前完成，15 万 t FPSO 优化项目，研究成果已应用于文昌、番禺两油田的 FPSO 设计建造船舶中。琼州海峡火车渡船——“粤海铁 1”号已实现交船，填补了我国造船史上建造跨海火车渡船的空白，引起了国内外的极大关注。沪东中华造船(集团)公司将大型集装箱船设计建造技术的阶段成果，同步应用于 5668TEU 集装箱船建造，使首制船建造就在船坞周期、出坞完整性等方面接近当今国际先进水平。1 600m 滚装客船实现了依托工程的交船，175 000t 散货船依托工程进展顺利，大型低速柴油机项目国产化研制已经启动。组织制定了国家标准、国家军用标准和船舶行业标准 116 项，舰船设计、试验、工艺规范 522 项，进一步完善了船舶标准体系和企业技术标准体系。组织开展了系列软课题研究和船舶建造技术研究，开展了 2002 年度集团公司科技成果奖的评审。一批科技成果得到了推广和应用。

2002 年集团公司主要以上海外高桥造船公司 CIMS 和集团骨干网升级为重点，全面推进集团信息化建设。上海外高桥造船公司 CIMS 工程项目被列入了国家高技术船舶科研计划。各成员单位根据自身情况，也开展了相应工作。这些工作的开展，为集团公司进一步开展信息化建设创造了条件。

(4)重点建设和技术改造　2002 年，集团公司完成固定资产投资 19.8 亿元。总的看全年建设工作较为顺利，一批重大项目于年内完工。上海外高桥建设项目已经基本完成，提前实现了 4 年建成的目标，初步形成年产 105 万 t 造船生产能力，两座 30 万 t 大坞已开始造船。沪东中华厂造船(集团)公司的 30 万 t 船坞工程也于年内完工，造船能力达到了 150 万 t，并已顺利实现 5668 箱大型集装箱船首制船出坞。为该船坞工程配套的首台 600t 龙门吊车投入使用后运转情况良好，第二台 600t 龙门吊也已开始施工。江南造船厂的船坞改造工程已经完工。上海船厂崇明造修船基建设已初具规模，一座 10 万 t 级浮船坞已完工投产。

2. 中国船舶重工集团公司[4]

2002 年，中国船舶重工集团公司经济总量首次突破 200 亿元，达到 226 亿元，比上年增长 20%，总体上继续保持了快速发展的良好势头。

(1)工业产值完成情况　全年共完成工业总产值 176 亿元(不变价，下同)，比上年增长 20%。其中，造船产值 118 亿元，比上年增长 24%；修船产值 10 亿元，基本与上年持平；非船产品产值 48 亿元，比上年增长 17%。出口产值 51.8 亿元，比上年增长 33.9%。完成工业增加值 43 亿元，比上年增长 20%。实现销售收入 115 亿元，比上年增长 12%。

(2)主要产品产量完成情况　船舶完工 67 艘、138 万 t，吨位数比上年增长 48%，创历史新高。其中出口船 41 艘、119 万 t，吨位数比上年增长 141%。主要船用配套产品船用柴油机全年完成 341 台、42 万 kW，功率数比上年增长 13%。

2002 年集团公司工业生产总体上大幅增长，工业总产值、工业增加值以及集团公司主业造船的产值均比上年增长 20%或以上，出口船吨位数比上年增长 1 倍多。重点船舶产品，30 万 t 超大型油轮(VLCC)、1.23 万 t 重载滚装船等一批首制船实现交船，5668TEU 集装箱船、21 万 t 浮式生产储油轮(FPSO)、15.9 万 t 油船、7 000t 多用途船等一批重点船型均按计划节点顺利建造，11 万 t 成品油船、3 万 t 多用途船、3.25 万 t 散货船、4.5 万 t 化学品船等一批成熟船型形成了批量建造。尤其是大连新船重工有限责任公司建造的首艘 VLCC 于 8 月 31 日正式交付伊朗船东，实现了我国建造超大型油轮“零”的突破，打破了日、韩等国的垄断，在我国造船史上具有里程碑的意义。修船企业效益大幅增长，青岛北海船舶重工有限责任公司盈利达 5 000 多万元。

(3)经营工作　在船舶市场持续低迷的情况下，积极开拓国内外市场，努力承接订单。通过参加汉堡海事会、出访等途径拜访国外船东，加强了与国内重要客户的联系与沟通，获得了 17 万 t FPSO、11 万 t 成品油船、5.73 万 t 散货船、4.5 万 t 化学品船、3.5 万 t 成品油船等一批新订单，进一步扩大了中船重工的知名度。全年承接合同金额 176 亿元，比上年增长 20%。其中，承接船舶订单 81 艘、122 万 t，合同金额 88 亿元。截止至 2002 年底，集团公司手持船舶订单 379 万 t，手持合同总金额超过 300 亿元。

(4)重点建设和技术改造　2002 年，中船重工集团公司下达固定资产投资计划 42 亿元，完成投资 23 亿元；新增军、民建设项目 38 个，新增投资规模 21.5 亿元。重点编制了大连船舶重工有限责任公司总体规划发展建设方案、海西湾造修船基地总体发展建设项目建议书等。大连造船重工新建大坞、大连新船重工大坞接长及配套工程一批重点建设项目全面展开；按照《公司法》规范组建了财务公司、科技投资公司。2003 年国家统计局按新标准公布的船舶行业部分大型企业名单(选登)见表 7。

表 7　2003 年国家统计局按新标准公布的船舶行业部分大型企业名单(选登)

序号	企业名称	销售收入(万元)	资产(万元)	从业人数(人)
1	江南造船(集团)有限责任公司	313 766	828 135	10 895
2	沪东中华造船(集团)有限公司	287 533	883 211	10 274
3	广州广船国际股份有限公司	241 863	315 864	4 335
4	大连造船重工有限责任公司	167 476	522 451	6 450
5	武昌造船厂	117 351	689 832	6 795
6	大连新船重工有限责任公司	116 137	702 439	4 495
7	广州文冲船厂有限责任公司	107 361	231 617	4 261
8	江苏新世纪造船股份有限公司	101 131	187 257	2 022
9	中国长江航运集团金陵船厂	87 001	119 069	2 426
10	广州黄埔造船厂	81 544	89 954	2 868
11	上海船厂	79 646	281 796	5 555
12	澄西船舶修造厂	61 022	102 550	2 488
13	大连辽南船厂	55 163	40 350	2 363
14	渤海船舶重工有限责任公司	51 047	1 058 538	8 350
15	武汉船用机械厂	45 251	104 209	3 400
16	天津新港船厂	42 147	89 209	4 651
17	山海关船厂	40 075	106 922	2 830
18	青岛北海船舶重工有限责任公司	38 549	132 554	2 174
19	国营芜湖造船厂	37 590	84 400	2 635
20	中国长江航运集团青山船厂	34 615	64 794	3 298
21	綦江齿轮厂	33 268	51 551	3 376

(四)仪器仪表制造业[5]

1. 行业发展情况

根据我国国民经济行业分类标准(GB/T4754—1997),仪器仪表行业作为七大机械产业之一,包括仪器仪表及计量器具等20个类别,即工业自动化仪表、电工仪器仪表、光学仪器、计时仪器、导航制导仪器、分析仪器、试验机、实验室仪器及装置、通用仪器仪表元器件、其他通用仪器仪表、农林牧渔仪器仪表、地质地震仪器、气象海洋水文天文测量仪器、教学仪器、核仪器、电子测量仪器、传递标准用计量仪器、衡器、船用仪表和汽车用仪表。

2002年,规模以上企业数为1 887个,比上年增长13%,亏损企业401个(2001年为401个),亏损企业数占全行业企业数的21%,比2001年低2个百分点。其中大一型企业27个,大二型企业88个,中一型企业54个,中二型企业156个,小型企业1 562个。各类型企业都有增长,中小型企业增加比例较高。按经济类型分:国有企业504个,比上年下降5%,亏损188个,比上年下降11%;民营企业954个,比上年增长23%,亏损131个,比上年增长6%;三资企业429个,比上年增长17%,亏损82个,比上年增长26%。按地区分:浙江、江苏、上海、北京、广东等5个省市的企业数分别为281个、247个、207个、164个、130个;亏损企业占本地企业数的比例分别为7.5%、15%、11.6%、28%、23%,其中,浙江省亏损企业比例最低,北京、广东两省市的亏损企业已超过全行业平均数。

全行业从业人员平均人数为439 480人,比上年下降0.1%。国有企业从业人员为184 400人,比上年下降8.9%;民营企业从业人员为167 975人,比上年增长4.7%;三资企业的从业人员为87 105人,比上年增长12.8%。以上数据说明:全行业从业人数趋向稳定;国企继续减员增效,但仍未摆脱冗员多,劳动生产率低下的局面。

2. 主要产品产量

各类产品中,汽车仪表增幅最大,工业自动化仪表增长明显,电能表产量继续下降,煤气表有过热迹向。2001~2002年仪器仪表行业主要仪器仪表产量见表8。

表8 2001~2002年仪器仪表行业主要仪器仪表产量

产品名称	计量单位	2002年	2001年	比上年增长(%)
自动化仪表及系统	万台(套)	4 116	3 325	11.2
电工仪器仪表	万台	5 818	6 219	—3.4
光学仪器	万台	695	850	—2.9
成分分析仪器	台	51 035	54 881	4.9
汽车仪器仪表	万台	1 277	1 021	23.7
地质勘探专用仪器	台	10 498	9 562	—6.0
仪表元件	亿件	45 000	43 000	6.0

3. 进出口完成情况

截止至2002年12月底,仪器仪表行业主要商品的出口金额为30.3亿美元,比上年增长37.9 %;进口金额为105.3亿美元,比上年增长62.2 %;逆差为75亿美元。按照传统的分类方法,将商品归入各小行业后进行分析。进口方面:光学仪器进口额最大,达到了49.1亿美元,比上年增长188.9%;自动化仪表的进口额为12.7亿美元,列第3,比上年增长37.9%;医疗仪器的进口额有所下降,降幅为3.6%。出口方面:光学仪器出口金额最大,达到了12.8亿美元,比上年增长43.9%;电工仪表的增幅最大,达到了166.1%;自动化仪表的出口增长19.3%。其中,出口金额超过进口金额的有教学仪器、量具量仪、衡器;出口增幅超过进口增幅的有电工仪表、电子测量仪器、试验机、教学仪器、量具量仪、衡器、导航制导仪器、医疗仪器等。

(五)文化、办公用机械制造业[6]

1. 主要产品产量

中国大陆已成为中低档照相机、复印机世界生产基地。2002年国内生产照相机4 809.8万架(不含一次性相机和简易相机),比上年降低11.8%;生产复印机207.3万台,比上年增长36.5%;生产打字机、油印机25.9万台,比上年降低28.6%;生产幻灯机及投影仪5.7万台,比上年降低19.6%;生产电影放映机6 497台,比上年增长42.7%。

按国家统计局2002年1~12月统计资料,2002年国内生产照相机整机的企业有47个,其中年生产量超100万架的企业有14个。

2. 进出口情况

文办行业2002年完成进出口总额53.61亿美元,其中进口16.2亿美元,出口37.41亿美元,比上年增长分别为14.5%、13.5%、14.9%,顺差21.21亿美元。

照相机及器材完成进出口总额29.24亿美元,其中进口8.51亿美元,出口20.73亿美元,比上年增长分别为24%、17.1%、27%,顺差12.22亿美元。

复印机及耗材完成进出口总额20.55亿美元,其中进口5.39亿美元,出口15.16亿美元,比上年增长分别为3.3%、—2.4%、5.5%,顺差9.77亿美元。

目前国内已成为世界照相机、复印机出口大国。2002年国内出口各类照相机1.08亿架,创汇总金额16.71亿美元,其中传统相机9 154万架(包括一次性相机及简易相机),创汇7.7亿美元;数码相机1 677万架(包括数码摄像头),创汇9.01亿美元。数码相机的出口额首次超过传统相机的出口额,占文办行业出口总额的24.1%。

2002年照相机出口到100个国家和地区,出口额前10名的国家和地区是:美国、日本、中国香港、德国、新加坡、荷兰、英国、马来西亚、韩国、比利时,出口额前10名合计15.39亿美元,占照相机出口总额的91.7%。

3. 行业发展特点

(1) 是一个以出口为主的外向型行业　近几年行业内出口型企业逐年增多,出口交货值逐年增高,出口交货值占当年销售产值的比例高达70%以上。2000年出口交货值250.71亿元,占当年销售产值的74%;2001年出口交货值301.89亿元,占当年销售产值的84%;2002年实现出口交货值330.92亿元,占当年销售产值的73.7%。出口主要产品有照相机、复印机、投影仪、碎纸机、光学镜头及镜片。出口主要国家和地区有美国、日本、韩国、中国香港、中国台湾、欧盟、东南亚。

(2) 生产、出口集中度均高　在全行业200个企业中，按1～12月累计统计销售收入超亿元的企业有51个(其中超过12亿元的企业12个)，企业数占全行业25.5%，销售收入合计占全行业总数的92.1%；年出口交货值超亿元的企业有39个，企业数占全行业19.5%，出口交货值合计占全行业总数的94.8%。在全行业185个出口经营单位中，出口额超1 000万美元的厂商有15个，厂商数占全行业8.1%，出口金额合计8.4亿美元，占全行业出口总额的93.2%。全行业年产照相机超100万架的企业有14个，合计产量3 904万架，占行业总产量的81.2%。年产复印机超10万台的企业有7个，合计产量198万台，占行业总产量的95.5%。生产、出口企业集中度均较高。

(3) 新技术快速发展　全行业新技术应用实现了模拟技术向数字技术的转化，数字照相机、数字彩扩设备、数字闪光灯、多功能数字复印机、数字速印记、数字油印一体机、数字投影设备、数字语音教学设备、数字电影立体声设备、数字缩微设备等数字化产品已成为行业发展的主导产品。

产品结构实现了由单一功能向多功能产品转变。数字照相机向复合功能发展，除照相外，还有录音、收音、MP3、摄像头等多种功能，还出现了数字照相手机等新的品种。复印机产品也随着数字技术、激光技术、微电子技术、网络技术的迅速发展，实现了复印、传真、打印、扫描多功能一体化的复合机。

(4)跨行业发展趋势明显　随着行业产品结构的转变，以及数字技术、激光技术、微电子技术、网络技术的迅速发展，行业界线逐渐淡化。影像产品跨行业得到大力发展，国内IT行业的方正、紫光、联想、朝华科技、华旗资讯等和家电行业的TCL、先科等厂商，纷纷进军数字照相机领域，逐步成为数字相机生产的主力，并与国外品牌争夺国内市场。

办公设备的复印机、计算机外部设备的打印机和扫描仪、通信设备的传真机，都是OA行业、IT行业和通信行业的拳头产品。随着信息网络时代的到来，现代办公自动化更需要高品质、高效率、快节奏的数字化设备，因此，集复印、打印、传真、扫描四大功能于一身的数字化多功能复合机已成为当今现代自动化办公的新宠儿。IT行业如联想、方正，推出了以打印功能为主的多功能复合机、通信行业推出了以传真功能为主的多功能复合机、OA行业推出了以复印功能为主的多功能复合机。传统办公设备产业格局正在被打破，跨行业发展趋势越来越明显。

(六)模具加工技术的发展方向[7]

在我国，模具共分10大类46小类。不同类型的模具具有不同的加工方法，同类模具也可以用不同加工技术去完成。模具加工方法主要有精密铸造、金属切削加工、电火花加工、电化学加工、激光及其他高能束加工及集两种以上加工方法为一体的复合加工等。数控和计算机技术的不断发展使它们在模具加工方法中得到了越来越广泛的应用。在工业产品品种多样化、个性化越来越明显，产品更新换代越来越快，市场竞争越来越激烈的情况下，用户对模具制造的要求是交货期短、精度高、质量好、价格低。这就给模具加工技术提出了相应的发展方向。

1. 高速铣削技术的进一步发展及其推广应用

近年来我国模具制造业中的一些骨干重点企业先后进口了高速铣床和高速加工中心，它们已在模具加工中发挥了很好的作用。国外高速加工机床主轴最高转速有的已超过100 000 r/min，快速进给速度可达120m/min，加速度可达1～2g，换刀时间可提高到1～2s。这样就可大幅度提高加工效率，并可获得$R_a \leqslant 1\mu m$的加工表面粗糙度，可切削60 HRC以上的高硬度材料，形成了对电火花成形加工的挑战。随着主轴转速的提高，机床结构及其所配置的系统及关键部件和零配件、刀具等都必须要有相应的匹配，从而使机床造价大为提高。因此在一定时间内，我国模具企业进口的高速加工机床主轴最高转速仍将以10 000～20 000 r/min为主，少数会达到40 000 r/min左右。虽然向更高转速发展是一个方向，但目前最主要的还是推广应用。高速加工是切削加工工艺的革命性变革。从技术发展角度看，高速铣削正与超精加工、干硬切削加工相结合，开辟了以铣代磨的新天地，极大地减轻了模具的研抛工作量，缩短了模具制造周期。因此可以预计，我国模具企业将会越来越多地应用高速铣削技术。

2. 电火花加工技术的不断发展

电火花加工(EDM)虽然已受到高速铣削的严峻挑战，但是EDM技术的一些固有特性和独特的加工方法是高速铣削所不能完全替代的。例如模具的复杂型面、深窄小型腔、尖角、窄缝、沟槽、深坑等处的加工EDM有其无可比拟的优点。虽然高速铣削也能部分满足上述加工要求，但成本要比EDM高得多。对于60HRC以上的高硬材料，EDM要比HSM成本低。同时较之铣削加工，EDM更易实现自动化。复杂、精密小型腔及微细型腔和去除刀痕、完成尖角、窄缝、沟槽、深坑加工及花纹加工等将是今后EDM应用的重点。为了在模具加工中进一步发挥其独特的作用，以下几方面将成为EDM今后的发展方向：①不断提高EDM的效率、自动化程度和加工的表面完整性。②EDM设备的精密化和大型化。③EDM设备良好的加工稳定性、容易操作及优良的性能价格比。④满足不同要求的高效节能及反电解等新型脉冲电源的研发，电源波形检测及其处理和控制技术的发展。⑤高性能综合技术专家系统的研发及EDM智能化技术的不断发展和自适应性控制、模糊控制、多轴自动控制、电极自动交换、双线自动切换、防电解作用及放电能量分配等技术的进一步发展。⑥混粉加工等镜面光亮加工技术的发展。⑦微细EDM技术的发展。包括三维微细轮廓q数控电火花铣削加工和微细电火花磨削及微细电火花加工技术等。⑧WEDM中的人工智能技术的运用、走丝系统和穿丝技术的改进等方面。⑨电火花铣削加工技术及机床和EDM加工中心也(包括成形机和线切割机)将得到发展。⑩作为可持续发展战略，绿色EDM新技术是未来重要发展趋势。

3. 快速原型制造和快速制模(RPM/RMT)技术得到更

快更好的发展

模具本来的最大竞争因素是如何快速地制造出用户所需求的模具。RPM 技术可直接或间接用于 RMT；金属模具快速制造技术的目标是直接制造可用于工业化生产的高精度耐久金属硬模。间接法制模的关键技术是开发短流程工艺，减少精度损失，低成本的层积和表面光整技术的集成。RPM 技术与 RMT 技术的结合将是传统快速制模技术进一步深入发展的方向。RPM 技术与陶瓷型精密铸造相结合，为模具型腔精铸成形提供了新途径。应用 RPM/RMT 技术，从模具的概念设计到制造完成，仅为传统加工方法所需时间的 1/3 和成本的 1/4 左右，因而具有广阔的发展前景。要进一步提高 RMT 技术的竞争力，需要开发加工数据生成更容易，高精度，尺寸及材料限制小的直接快速制造金属模具的方法。

4. 超精加工、微细加工和复合加工技术

随着模具向精密化和大型化方向发展，超精加工、微细加工和集电、化学、超声波、激光等技术综合在一起的复合加工将得到发展。目前超精加工已可稳定达到亚微米级，纳米精度的超精加工技术也已被应用到生产中。电加工、电化学加工、束流加工等多种加工技术已成为微细加工技术中的重要组成部分。国外已有用波长仅 0.5nm 的辐射波制造出的纳米级塑料模具。在同一台机床上使激光铣削和高速铣削相结合，已使模具加工技术得到了新发展。

二、航空航天

(一)中国航天科工集团公司[8]

1. 经济发展情况

2002 年，中国航天科工集团公司在外部环境不利的情况下，仍然较好地完成了年初制定的经济指标。全年完成工业总产值(不变价)144 亿元，比上年增长 17.2%；实现销售(营业)收入 205 亿元；实现利润(结余)总额 8 亿多元；总资产达到 452 亿元，所有者权益为 126 亿元；经济运行质量进一步提高，企业亏损面为 19.5%，亏损额进一步下降。2002 年中国航天科工集团公司经济效绩指标继续位居 10 大军工集团公司前列。

2. 科研生产任务完成情况

2002 年，中国航天科工集团公司型号科研生产任务取得较好成绩，重点型号研制工作取得一定进展。集团所属单位较好地完成了为载人飞船和长征运载火箭及多种卫星配套的研制生产任务。

3. 科技创新工作

航天产品开发有所推进，固体运载火箭首次飞行试验为研制工作积累了经验和教训，小卫星特别是体积更小、集成化更高的纳星研制工作取得重要进展。无人机研制工作已正式展开，进展顺利；依托国内若干著名大学开展了一批航天支撑技术基金课题研究，有的项目已获得国防科工委、总装备部的批准。CIMS 技术应用在 4 个试点型号中开展产品模装、虚拟样机建造、动力学及运动学仿真等工作，为在型号研制和重大工程中扩大推广应用打下基础。加强了同国内有关重点大学的合作，与清华大学签署了军工企业信息化建设战略合作协议，产、学、研合作取得实质性成果。

4. 外经贸与国际合作工作

2002 年，中国航天科工集团公司出口形势呈现良好势头，大部分具有外贸经营权的企业都有了赢利，经济运行状况处于良好态势。

中国航天科工集团公司出口市场从港澳及主要发达地区向全球延伸，形成了多元化的市场网络。出口商品结构逐步优化，创汇能力不断增强。中国航天科工集团公司出口商品已由主要出口初级产品向主要出口工业制成品转变，深加工、高附加值商品的含量不断增加，出口初级产品与工业制成品的比例不断提高，一批拳头出口商品正逐步形成。专业外贸公司、工贸公司、自营进出口企业、“三资”企业出口齐头并进，初步形成“大外贸”的经营格局。

国际经济技术合作及招商引资有了较大的发展，利用外资规模不断增大，项目质量有所提高，招商引资工作取得了一定的进展。

(二)中国航空工业第一集团公司[9]

1. 重点型号取得重大进展

高新工程决战之年，公司取得一大批重要成果。实现“四机(弹)定型、四机首飞、一机鉴定”。飞机、发动机和导弹批生产任务按计划完成。

积极推进了新支线飞机(ARJ21)项目。2002 年 9 月国家正式批准中航一集团研制国产涡扇喷气支线客机 ARJ21 的立项。10 月该项目的法人责任单位——中航商用飞机公司正式成立，ARJ 电子虚拟样机通过评审。

2. 开拓经济增长点初见成效

军机方面，完成新型高级教练机等飞机的立项；部分机载产品积极参与竞争并竞标获胜。民机方面，新舟 60 飞机大部分改进完成。燃机方面，中航世新燃机公司完成工商登记；国家“863”计划中的重型燃机竞标成功；QD128、QD70 即将投入发电。机载方面，五大中心与航空电子平台建设积极推进。非航空产品方面，工业企业实现销售收入 103 亿元，比上年增长 15 %。外贸方面，中航和其他企事业单位实现外贸总额 35 亿美元，比上年增长 50%，其中出口 10.5 亿美元，转包生产 1.2 亿美元；新签 11 架歼七 PG、歼教七 PG 飞机出口和 1.64 亿美元转包生产合同。航空维修和通用航空也取得一些进展。

3. 保障条件建设大力度推进

高新工程条件建设项目进展顺利，目前已建成 36 项，其他将于 2003 年、2004 年陆续建成。这些项目建成后，将使集团大型试验设施增加 50%，数控加工能力翻番，型号科研生产能力大幅提升。

4. 技术创新工作不断深入

预研工作进展顺利，配合军方完成新一轮战技指标论证，飞机总体、动力、航电等关键技术攻关取得新成效；发动机电调系统试飞演示验证完成。设立集团技术创新基金，48 个企业建立技术中心。完成一批信息化建设重点任务，在应用系统及信息资源开发方面取得新成效，列入“863 计划”的航空 CIMS 项目取得新进展。

(三)中国航空工业第二集团公司[10]

1. 集团公司3年工作

2002年集团公司完成工业总产值280.5亿元,比上年增长29.4%;实现销售收入202.1亿元,比上年增长22.1%;实现工业增加值53.8亿元,比上年增长23.5%;利润2 000万元,利税总额11亿元。2002年集团公司完成工业总产值比1999年的157亿增长78.7%;实现产品销售收入比1999年的125亿元增长61.7%。特别是汽车比1998年的16.6万辆增加101.2%,发动机比1998年的15.1万台增加120%,都翻了一番以上。集团公司从1999年组建之初亏损2.3亿元,到2002年盈利2 000万元,完成了3年整体扭亏为盈目标。2002年实现了由亏损大户变为军工集团利税大户的质的转变。

2. 重点型号研制取得新成绩,民用飞机开发有重大突破

经过一年的奋战,集团公司重点型号研制取得新成绩,各型号研制项目也都按计划完成节点任务。民用飞机开发有重大突破。在国务院领导同志亲切关怀和有关部门大力支持下,经过艰苦谈判和协调,与巴西航空工业公司签订了合资生产涡扇支线飞机合同,立项、科研、合资建公司已经批准,这一项目的实施可以迅速提高我国支线飞机制造能力和水平。同时,运8F400、直9H410A和直11航拍机取得型号合格证,直11民用型取得生产许可证,进一步扩大了集团公司进入民用航空市场的实力。农林飞机市场开发也取得了突破。

2002年共交付飞机112架,其中指令性计划45架,交付发动机323台。

3. 汽车产销创历史最好水平

2002年集团公司共生产汽车33.5万辆,比上年增长24.8%,销售汽车33.2万辆,比上年增长22%;生产汽车发动机33.2万台,比上年增长21%,销售汽车发动机33.2万台,比上年增长22.1%。汽车及发动机生产、销售均突破33万大关,其中电喷车产销量超过总量的1/2。

“哈飞赛马”和“昌河北斗星”取得轿车公告,符合安全标准的“哈飞中意”改型、“哈飞民意”、“昌河海豚”、“昌河海象”、“汉江赛福”、“汉江伊美”开始小批量生产,轿车“哈飞路宝”已研制成功,表明汽车产品结构上了一个新的台阶。

(四)航空航天制造工程的技术状况和航空航天制造业对设备的要求[11]

1. 航空航天制造业的要求

航空航天设备从使用要求来看,普遍存在结构复杂,工作环境恶劣,重量轻,可靠性好,成本低的特点。从设计要求看,采用了许多新技术、新材料和新结构,导致零件的结构形状复杂。对高温和承力构件而言,多采用整体结构。零件加工精度、表面粗糙度要求高,对零件的表面质量还有特殊要求等等;这就需要采用先进的制造工艺技术。

从生产要求上看,研制、准备周期长,工艺装备品种多,数量大,更新换代快,批量不大,制造工艺技术要适应多品种、小批量生产的特点。

2. 航空航天制造技术的特点

(1)飞行器结构变化快。为保持国防军事实力,掌握制空权、制天权,以及在激烈的市场竞争中保持竞争优势,需要加快飞行器的型号更新。所以航空航天制造技术必须适应多品种、小批量的生产特点,制造工艺要有高度柔性和应变能力。

(2)飞行器构件多,形状复杂,制造困难大。例如,整体薄壁结构多、复杂面形多,需要大量工艺装备和精度高的多坐标数控机床加工;承力构件多用轻型焊接结构,需要采用真空电子束焊、惯性摩擦焊及真空焊等先进焊接技术;动力装置各种小孔多,其形状、尺寸精度以及表面质量要求高,需采用激光、电子束、电火花和电解等特种加工技术;盘类零件辐板、轴的深孔加工,由于形状复杂,须采用先进机械加工技术和新的工艺方法。零部件配合关系复杂,装配精度高,要求加工精度也高。

(3)材料性能愈来愈高,可加工性愈来愈差。现代飞行器所用的航空航天材料最大的特点是强度、刚度高而质量轻(即比强度和比刚度或比模量高),要求具有一定的耐高温和抗低温性能,有良好的耐老化和抗腐蚀能力,有足够的断裂韧度和良好的抗疲劳性能。因此大量采用高温合金、钛合金、高强度钢、复合材料、工程陶瓷材料等。这些材料加工性能差,需要使用特殊的切削刀具、设备以及特种加工工艺。

(4)零件的加工技术要求高,表面粗糙度值小。需采用精密、超精密加工和检测技术,如高精度数控坐标镗床、高精度多坐标加工中心、高速拉削、数控车削、数控磨削加工技术以及三坐标数控测量机和激光检测技术等。

(5)零件表面质量的特殊要求,如耐磨、防腐蚀、抗疲劳等,需采用表面强化、喷涂、喷丸、渗、镀等表面处理技术。

(6)新材料、新结构的采用,需要应用新工艺,如以高能束流加工为代表的特种加工技术,包括激光加工、电加工、磨粒流加工、高压水切割等,以及新的表面技术和计算机集成技术等。

3. 航空航天制造业的关键制造技术

飞行器尺寸大、形状复杂,必须使用专用制造技术和设备加工,如等温锻造技术、粉末冶金热等静压成形技术、精密锻造和铸造技术、超塑成形/扩散连接技术(SPF/DB),大吨位巨型压力机及板材落料的成组数控铣切或激光切割设备等。

飞行器的加工主要有常见的车、铣、刨、磨、钻、铆以及电解、电火花和线切割等机械加工、化学铣削和激光束、电子束、离子束高压水束等高能束加工,板材、型材和管材压制成形,橡胶零件的塑造,有机玻璃的切割和成形等非金属零件的加工。

4. 飞行器机体的关键制造技术及设备

(1)机器整体壁板喷丸成形技术:CNC数控喷丸成形机。

(2)装配连接技术:机械连接(干涉配合技术、密封铆接、自动钻铆技术)、胶接技术(计算机控制巨型真空热压罐)、机器人钻铆与柔性自动装配系统(多台自动钻铆机组

成计算机集成控制的柔性自动装配系统)。

(3)大型整体构件制造技术:整体机械加工构件制坯工艺(为制造巨大的锻坯和厚板坯,需要大吨位的锻压机和拉伸机)、超塑成形/扩散连接技术(SPF/DB)(用于钛合金整体构件毛坯成形,需特殊的成形与扩散连接设备和模具)、机械铣削(整体构件的机械加工,采用多坐标、多主轴、多工位数控铣床加工,由数十台甚至百余台CNC机床组成生产线,并向集成自动化生产过渡)、化学铣削(化铣槽等)。

(4)钣金件制造技术:数控集成制造技术是钣金件关键制造技术之一。钣金件加工主要有冲裁加工和成形。镜面蒙皮成形技术(大型成形设备和变形量数控技术)、钛合金和钢件成形工艺(大型成形设备和化铣设备)、型材成形工艺(大吨位转台式型材拉弯机)、橡皮囊液压成形工艺(大型橡皮囊液压机)。

(5)复合材料结构制造技术:复合材料结构是指用碳纤维作为加强材料,以环氧树脂或金属作为基体复合而成的材料制造的结构件,它具有比强度和比刚度高,结构轻,不需表面防护的特点。但其制造方法和工艺过程与金属结构件截然不同,构件的性能设计与部件设计一次完成。因此,成形技术在复合材料构件制造技术中占有重要地位。大型飞行器复合材料构件的CAD/CAM技术、新型固化模具、大型计算机控制的固化设备、固化工艺、固化监控技术及计算机实时控制固化工序是复合材料构件制造中的关键技术。

5. 发动机关键制造技术

(1)特种加工技术:激光加工技术、电子束加工技术、电解加工技术、精密电火花加工技术(采用多轴、多坐标电火花加工中心)、磨料流加工技术。

(2)先进焊接技术:电子束焊接技术(大型真空电子束焊接机)、真空钎焊技术、扩散连接技术、惯性摩擦焊技术。

6. 机载设备关键制造技术

机载设备品种庞杂、精度高、结构复杂、品种多、批量小、试制周期短。其关键制造技术主要有:①微电子工艺。②超精密加工技术:这是掌握当今尖端技术的关键技术手段之一,是衡量一个国家科技水平和武器发展水平的重要标志。机载设备采用的超精密加工技术主要有超精密切削技术(车削、铣削)、超精密磨削和镜面磨削、超精密复合加工、超微细光刻技术等。③微型制造技术。④自动化加工技术,包括计算机辅助设计(CAD)/制造(CAM)和柔性制造技术(FMS)。

7. 航空航天制造业的新技术及其发展趋势

(1)数控技术:数控设备是以数控系统为代表的新技术对传统机械制造业渗透而形成的机电一体化产品,已成为现代航空航天制造业的主流制造设备,一般占设备总数的40%以上。数控技术覆盖了机械制造技术,信息处理、加工、传输技术,自动控制技术,伺服驱动技术,传感器技术,软件技术等领域。数控技术的发展趋势是向智能化、网络化、集成化、数字化的方向发展。

(2)高速加工技术:为快速响应全球化市场变化和顾客多元化与个性化需求,制造业不仅需要产品零件的高质量,同时还需要提高生产率,降低生产成本。高速加工技术(HSM,High Speed Machining)这一最有发展前途和极具革命性的技术已成为机加技术发展的主流方向。正是由于HSM能在保证产品零件精度和质量的前提下提高生产率,降低制造成本,因而在航空航天制造业中得到了广泛应用。采用框中框(Box in Box)结构和对称结构设计的大型龙门五坐标高速铣床,在航空航天制造业中得到广泛的应用,已成为航空航天器整体结构件的关键加工设备。由高速加工中心构成柔性加工单元取代了以往的专用生产线,实现对航空航天器整体构件的高速高效加工,如更多采用五坐标联动高速加工中心进行整体结构件加工,实现高速切削和空间曲面控制能力的综合优势。

(3)复合加工技术:复合加工技术(Complete Machining或 Multi－functional Machining)就是尽可能地将零件的各项加工工序(甚至检测工序)集中在一台机床上,实现"全部加工",缩短加工周期,提高加工效率和加工精度。复合加工技术是数控机床技术重要发展趋势之一,它包括跨加工类别的复合加工和多面多轴联动复合加工等形式。

(4)精密、超精密加工技术:为了提高产品的性能、质量和可靠性,提高装配效率,实现装配自动化,航空航天制造业对加工精度和加工表面质量的要求越来越高。精密、超精密加工技术及机床不断涌现。超精密加工技术已经进入纳米加工技术领域。超精密加工技术在向更高精度发展的同时,也呈现以下发展趋势:高效率和大型化、广泛采用软件补偿技术提高加工精度、加工测量一体化、模块化、廉价化、超精密加工工艺方法的多样化。

(5)采用先进制造模式:随着航空航天制造业经济全球化、消费多样化和个性化的发展,产品生命周期日益缩短。信息技术飞速发展并得到广泛应用,传统的高生产率、低柔性、大产量制造模式已不能适应这种多变市场的实际需求。工业化国家在航空航天工业中纷纷采用各种先进生产模式(AMM: Advanced Manufacturini Mode)。如计算机集成制造系统(CIMS)、敏捷制造(AM)、精益生产(L)、虚拟制造(V)、绿色制造(GM)等。它们具有并行性、集成性、柔性、智能性、快速反应性、动态适应性、人机一体性的特点。2003年国家统计局按新标准公布的航空航天行业大型企业部分名单(选登)见表9。

表9 2003年国家统计局按新标准公布的航空航天行业大型企业名单(选登)

序号	企业名称	销售收入(万元)	资产(万元)	从业人数(人)
1	哈尔滨飞机工业(集团)	595 211	818 803	16 548
2	昌河飞机工业(集团)有限责任公司	450 825	636 611	10 024
3	西安飞机工业(集团)有限责任公司	359 388	1 017 046	20 010
4	沈阳飞机工业(集团)有限公司	219 230	563 739	17 132

（续）

序号	企业名称	销售收入（万元）	资产（万元）	从业人数（人）
5	成都飞机工业(集团)有限责任公司	210 123	472 131	14 348
6	中国三江航天工业集团总公司	195 657	188 948	7 611
7	江西洪都航空工业集团有限责任公司	167 429	439 043	16 794
8	沈阳黎明航空发动机(集团)有限责任公司	151 465	387 348	14 091
9	西安航空发动机(集团)有限公司	121 841	446 624	13 080
10	中国南方航空动力机械公司	115 444	461 819	7 896
11	北京飞机维修工程有限公司	110 590	174 011	3 802
12	哈尔滨哈飞实业总公司	97 774	88 069	5 438
13	贵州黎阳机械厂	72 465	114 064	4 519
14	沈阳航天新光集团有限公司	66 577	161 927	3 961
15	首都航天机械公司	58 558	158 393	5 059
16	北京航星机器制造公司	57 534	106 176	2 254
17	广州飞机维修工程有限公司	57 329	88 542	2 462
18	成都发动机(集团)有限公司	56 113	295 403	8 707
19	陕西飞机工业(集团)有限公司	53 807	187 893	8 110
20	西安华山机械工业有限公司	52 648	142 169	5 380
21	西安东方机械厂	37 175	123 873	5 714
22	中国贵航集团双阳飞机制造厂	35 904	40 385	2 221
23	沈阳航天新新集团有限责任公司	32 100	92 512	6 109
24	西安航天发动机厂	30 047	79 857	2 843

三、汽车[12]

(一)生产发展情况

2002年是我国加入WTO第一年，汽车产销不但没有下降，反而创10年来增幅最高纪录；汽车行业产业结构调整步伐加快，进一步确立了以三大集团为核心的一批重点骨干企业在行业中的地位；国产汽车市场繁荣，新产品不断推出，质量不断提高，基本满足市场需求；汽车及零部件出口稳步增长，国际交流与合作进一步加强；汽车行业总体经济效益大幅度提高，保持了持续快速发展。

据中国汽车工业协会《中国汽车工业产销快讯》(以下简称《快讯》)统计，全行业4 870个企业，其中汽车整车企业130个，改装车企业450个，摩托车企业360个，零部件企业3 930个。2002年生产汽车325.12万辆，比上年增长38.49%；销售汽车324.81万辆，比上年增长36.65%，增幅超过2001年近25个百分点。全行业职工人数1 895 067人，其中：汽车整车企业418 899人，改装车企业193 511人，摩托车企业134 502人，零部件企业1 148 155人。

2002年全行业累计完成工业总产值(不变价)7 467.6亿元，比上年增长36.35%，增长额为1 990.81亿元；累计完成工业总产值(当年价)6 964.18亿元，比上年增长33.85%，增长额为1 761.38亿元，累计完成工业销售产值6 849.44亿元，比上年增长33.75%，增长额为1 728.43亿元。2002年全行业累计完成工业增加值1 544.54亿元，比上年增长28.82%，增长额为345.53亿元，增幅高于全国工业增加值增长速度(12.6%)16.22个百分点。2002年累计完成新产品产值2 199.34亿元，比上年增长53.16%，增长额为763.34亿元。新产品产值占全年工业总产值(当年价)的比重为31.58%。2002年全行业实现出口交货值310亿元，比上年增长39.20%，增长额为87.31亿元。全年出口交货值的增长率基本保持在35.6%～39.2%之间。2002年全行业实现产品销售收入6 713.46亿元，比上年增长34.01%，增长额为1 703.60亿元；实现利润总额469.83亿元，比上年增长72.86%，增长额为198.02亿元；实现利税总额844.77亿元，比上年增长50.31%，增长额为282.77亿元。在全行业4 870个企业中，亏损企业数为906个，比上年下降7.74%，与上年亏损企业数982个相比，减少亏损企业76个；亏损企业亏损额全年累计为66.39亿元，比上年下降6.35%，减少亏损额4.50亿元。2002年末，应收账款净额和产成品存货与上年相比有所上升，但幅度不大。应收账款净额为820.49亿元，比上年增长0.26%，增长额为2.15亿元；产成品存货为420.80亿元，比上年增长4.60%，增长额为18.50亿元。

(二)汽车产销情况

1. 汽车产销情况

2002年我国汽车产量3 251 225辆，比上年增长38.49%；销售3 248 058辆，比上年增长36.65%。其中生产载货汽车109.62万辆，比上年增长31.49；客车106.42万辆，比上年增长25.83%；轿车109.08万辆，比上年增长55.05%。全年汽车销售市场形势大好，仅中型载货汽车出现销量下降1.68%，中型客车因为统计方法改变引起销量下降，其他车型均保持增长。

2. 分车型市场分析

(1)重型载货汽车　2002年国家加大基础设施建设投资力度，增加了重型载货汽车的需求。国内重型车市场在国家1 500亿元专项国债及相关优惠政策拉动下，产销量再创新高。全国23个重型车企业全年生产252 845辆，比上年增长60.97%；全年销售245 401辆，比上年增长66.96%。在23个重型车企业中，排名前5名企业销售

236 487辆，市场集中度达96.37%。一汽集团、东风公司，在重卡市场中处于绝对垄断地位，2002年两大集团总销售203 246辆，占市场份额82.82%，比上年市场份额下降1.66%。2002年中国重型汽车集团有限公司、陕西汽车集团有限责任公司、重庆红岩汽车有限责任公司3个企业总销售33 241辆，占市场份额13.55%。湖北三环专用汽车有限公司、北汽福田汽车股份有限公司、北方奔驰重型汽车有限公司3个企业，总销售6 044辆，占市场份额2.46%。山西省汽车工业集团、三环集团十通专用汽车厂、重庆铁马工业集团有限公司、上海汇众汽车制造有限公司、庆铃、汉阳特种汽车制造厂等企业，总销售2 870辆，占市场份额1.17%。这类企业产品科技领先，但尚未形成规模效益，随着企业进一步降低经营成本，推出经济型重卡，市场份额将会增加。

(2)中型载货汽车　2002年中型载货车市场在沉闷中度过，全年12个生产企业共销售中型载货车164 498辆，比上年下降1.68%。一汽、东风两大集团继2001年市场份额下跌90%以后，2002年两企业市场份额下降到80.91%，又创新低。中型载货车企业中的第二梯队成员实力增强，湖北三环、南京春兰汽车制造有限公司、陕西集团有限责任公司2002年销量都超过7 000辆，成都王牌车辆股份公司由2001年销量不足300辆上升到2002年的5 375辆。这些企业能够快速成长的主要原因是向市场推出了具有特色的产品，满足了部分用户的需求。

(3)轻型货车　2002年，国内45个轻型货车企业共销售轻型货车520 200辆，比上年增长41.37%。由于竞争不断加剧，一些轻型车生产企业开始退出市场，2002年有6个企业销量为0，有25个企业销量不足1 000辆。2002年销售前8名企业共销售425 496辆，占全年销量的81.79%。前8名企业生产集中度较2001年提高2.6个百分点。销量排名第9～20位的12个企业共销售89 219辆，占2002年市场份额17.15%。加入WTO后，国外汽车公司依然无法在中国的轻型载货车市场上有所作为，国内一些企业在市场成功的基础上不断扩张：北汽福田以其品牌产品“时代轻卡”为主体，全年销售150 026辆，占市场份额28.84%，位居轻卡销量第1；东风公司改进了“2002版小霸王”，与“多利卡”互为帮衬，双拳出击，建成了10万辆生产能力；解放新推出了“3吨王”，区域市场效果显著；江铃汽车(集团)有限公司针对城市推出适用型新品牌；安徽江淮汽车集团有限公司虽然跟进较晚，但发挥了在底盘上优势，迅速跻入主流军团；北汽福田则在高“性能价格比”的比较优势下，全方位出击高中低三档轻型载货车，有望保持其领先地位。

(4)微型载货车　2002年国内11个微型载货车企业共销售微型货车146 514辆，比上年增长4.16%。国内微型货车市场基本由上汽通用五菱汽车股份有限公司、长安汽车有限责任公司、昌河飞机工业(集团)有限责任公司、哈尔滨哈飞汽车制造有限公司4个企业所垄断，4个企业占91.69%的市场份额。上汽通用五菱作为微型货车龙头企业2002年共销售30 078辆，较上年下降19.8%。由于微型货车动力、车速、安全性及环保等的不足，大中城市对微型货车的限行或禁行越来越严重，使微型货车生存空间逐年缩小。由于微型货车底盘低、离地间隙小，无法适应农村市场对车辆通过性要求高的需求，即使在一些适合微型货车行驶的小城市、县城等地区，由于受到超载能力大、通过性强的农用车的排挤，微型货车的市场发展前景不很乐观，开发更适合小城镇和农村使用的微型货车是其进一步发展的关键。

(5)大型客车　2002年国内21个大型客车生产企业销售大型客车16 668辆，比上年增长45.81%。2002年大型客车销售前5名企业共销售10 910辆，市场占有率65.45%，而2001年销量为2002年的74.37%。大型客车销售的集中度出现大幅度下降。主要是国内大型客车市场高速发展，促使更多企业加强了对大型客车市场的角逐；其次是大型客车较低的行业准入门槛导致不断有新企业加入竞争，也分散了部分市场份额。常州长江客车集团有限公司共销售3 468辆，比上年增长87.87%，居销量第1。郑州宇通凭借自身努力，2002年销量增长1 311.11%，成为销量增长最快的大客车企业，排名上升到第3。2002年大型客车市场在高速发展的同时，产品档次也大幅度提高。高速公路里程的快速增长及旅游业的发展促使豪华长途、旅游大客车需求大幅度增长，进口底盘或总成组装车辆增加。国内高档大客车技术引进及与国外合作速度加快。

(6)中型客车　2002年26个中型客车生产企业共销售64 763辆，比上年下降1.77%(由于统计划分标准改变，2001年数据被重新调整，使2002年中型客车销量出现负增长)。销量前10名企业共销售60 853辆，市场占有率93.98%，与上年市场占有率基本持平。销量前5名企业共销售48 659辆，占全年销量的75.13%，较上年市场占有率下降1.47个百分点。一汽集团、东风公司两个企业底盘产销量下降。一方面是一些改装车企业开始自制底盘，减少外购底盘数量；另一方面是部分中型客车底盘被划分到轻型客车中也降低了中型客车的统计量。2002年有8个中型客车生产企业年产量不足百辆。

(7)轻型客车　2002年国内55个轻型客车生产企业共销售332 893辆，比上年增长24.57%。11个企业销量超过1万辆，共计销售280 845辆，占市场份额84.36%。轻型客车企业间竞争进一步加剧，但轻型客车生产企业多，生产不集中的现象没有得到改善。2002年中高档轻客继续下滑，经济型轻客继续增加。经济型轻客以“金杯海狮”、“得利卡”、“风景海狮”为主流。在福田“风景海狮”跟随金杯挺进市场的带动下，国内多种海狮轻客再度活跃。如“金程海狮”、厦门“金龙海狮”，同福田“风景海狮”一起争夺“金杯海狮”的市场份额。2002年经济型轻客向多功能车发展的现象相当突出。经济发展促进物流业进步，以及大中城市对载货车行驶区域有一些限制等多方面因素作用，使经济型轻客开始承担大中城市的物流运输。另外，2002年轻型客车销量统计中除真实意义上的轻客产品外，还涵盖了准轿车、中型客车底盘等非轻客产品，如“吉利美日”、东风中型客车底盘等。

(8)微型客车　2002年微型客车市场继续保持近10年的发展势头。8个生产企业共销售微型客车631 092辆，比上年增长29.18%。前4个企业销售量占总份额的69.54%，销量集中度比上年降低了3.32个百分点。主要是以一汽集团佳宝为代表的微型客车销量出现大幅度增长，从4个主流企业中抢走部分市场份额。佳宝的市场份额从上年8.12%上升到11.14%。微型客车发展虽然受到大城市限行、环保、安全升级等不利因素的影响，但该车型是较长时间内适宜中国市场需求的产品，诸多不利因素抑制不住对它的需求，加之近年来生产企业市场反应机敏、新产品开发及时、市场定位合理，因此国内微型客车一直处于高发展、高集中度的良性状态。

(9)轿车　加入WTO一年来，国内轿车市场高速增长，全年共销售轿车1 126 029辆，一举突破百万辆大关，增幅达到56.08%。上海大众汽车有限公司与一汽大众汽车有限公司两个企业共销售轿车510 791辆，占市场销售总量的45.36%，德国大众在中国的霸主地位尚无人撼动。上海通用汽车有限公司凭借其经济型车“赛欧”在市场上的良好表现，共销售110 833辆，实现了89.87%的高速增长，占据销量排名第三位。天津汽车销售97 788辆，实现39.05%的增长。神龙汽车公司销售达到85 088辆，实现增长59.96%。广州本田汽车有限公司在产能不足的情况下，仍销售59 151辆，实现增长15.85%。东风汽车销售轿车41 060辆，比上年增长133.03%。民族品牌“奇瑞”诞生短短几年不断成长，2002年销售50 155辆，增幅达78.11%。定位在中档车的“中华牌”轿车上市4个月实现销售8 816辆。另外，民营企业吉利控股集团2002年携其准轿车销售43 500辆。一汽“红旗”调整产品定位、大幅度降价，实现增长44.53%，但低于国内轿车平均增长水平。

(三)全国汽车商品进出口

(1)总体情况(据海关总署统计)　进口：2002年全国汽车商品进口基本延续了上年的增长态势，全年进口70.2亿美元，比上年增长58.13%，增幅高出上年35个百分点。2002年全年进口汽车整车(包括汽车底盘、挂车和半挂车)128 195辆，比上年增长79.55%，进口整车平均单价2.50万美元，比上年有所回升；进口零部件(包括汽车、摩托车和发动机零部件)295 874万美元，比上年增长13.03%。整车进口增幅大于零部件进口增幅。

出口：2002年全国汽车商品出口形势良好。全年出口金额39.09亿美元，比上年增长43.55%，增幅比上年增加35%个百分点；从汽车商品分类的出口金额情况看，除摩托车出口金额低于上年外，汽车整车、汽车用发动机、汽车零部件、挂车、半挂车及零部件均出现不同幅度的增长。2002年全年出口汽车整车(包括汽车底盘、挂车和半挂车)28 645辆，比上年增长9.86%，出口整车平均单价0.86万美元，继续保持上升势头；出口零部件(包括汽车、摩托车和发动机零部件)221 006万美元，比上年增长35.41%。整车出口增幅小于零部件出口增幅。

(2)进出口产品结构：①进口整车产品中，按占进口总数的比例，前3名依次为轿车、越野车(载客用)、小客车(9座以下)，这3种车型合计占进口整车总数的89.59%。出口整车产品中，按占出口总数的比例，前3名依次货车、挂车和半挂车、汽车底盘，这3种车型合计占出口整车总数的80.51%。②2002年，进口汽车产品以汽车整车和零部件(主要是汽车零部件)为主，出口汽车产品以零部件(摩托车零部件最多)和摩托车为主。

(四)汽车新产品

2002年汽车产销出现了大幅度增长，提前3年实现汽车工业“十五”规划总量目标。从需求角度看，同国民经济发展，汽车消费观念改变，城市道路基础设施改善等紧密相关；从供给角度看，汽车生产企业不断推出各类符合市场需要的新产品，刺激消费，增加有效供给，是其中一个重要客观原因。

2002年我国汽车新产品开发呈现出明显特点：

(1)轿车推出新产品数量最多。轿车是社会各界和新闻媒介最为关注，也是竞争比较激烈的一种车型。2002年列入《快讯》的轿车生产企业有21个，此外尚有一些新取得轿车生产资格的企业如东南(福建)汽车有限公司和沈阳华晨金杯汽车有限公司和生产“准轿车”的企业，这些企业纷纷推出新产品(包括老产品改型和推出全新产品)。在各类车型中，轿车是2002年推出新产品最多的一个车种，其原因也很明显：①轿车是消费热点，消费增长快，需求层次多样，需求潜力大，促使生产企业不断推出新产品满足需求，占领市场。②新进入的轿车生产企业使竞争更加激烈，迫使各生产企业不断推出新产品以吸引消费者，扩大市场份额。③我国现有轿车生产企业绝大多数有外资或技术引进背景，只要市场有需求，新产品可很快引进，并不需要很长的开发周期。

(2)重型载货汽车新产品投放是亮点之一。2002年国内重型载货汽车增长速度惊人，新产品投放的增加与产销的增长是互为因果的。投放的新产品从技术特点上看，已初步呈现出大吨位、大功率和高档化的趋势。

(3)大中型客车新产品以高档、豪华车为主。随着国民经济的发展、人们生活水平的提高以及高速公路建设加快，大中型客车高档化要求不断增加，又由于高档豪华客车利润率较高，生产企业自然优先满足这一市场。交通部新颁布实施的客车等级评定办法，无疑又为大中型客车向高档豪华方向发展起到了促进作用。

(4)皮卡“变脸”为SUV。2002年汽车市场上一个不太引人注意的特点是，许多皮卡生产企业纷纷推出“SUV”。这是皮卡生产企业对各大中城市皮卡限行政策的应对之举。虽然这些“SUV”可能并不是严格意义上的“SUV”，但毕竟可以进城。

(五)基本建设及技术改造

根据国家统计局资料统计，2002年全国汽车行业新增固定资产计划总投资为11 281 121万元，实际需要的总投资为11 337 417万元。自开始建设至2002年底，累计完成投资 6 662 562 万元，累计新增固定资产 4 130 008 万元。当年计划投资 3 615 303 万元，当年完成投资 3 036 690 万元。2002 年新增固定资产按构成分：建筑工程 780 542 万元；安装工程 221 641 万元；设备工器具购置 1 707 495 (2 034 507)万元，其中购置旧设备 1 707 495 万元。

2002 年更新改造设备工器具购置中用于更新的设备 205 379 万元，当年新增固定资产 1 552 085 万元，当年施工房屋面积 6 136 249m²，竣工房屋面积 2 602 422m²，竣工房屋价值 265 614 万元。施工项目个数 1 239 个，其中当年新开工项目 736 个，投产项目 499 个。

2002 年固定资产投资资金来源合计 3 564 452 万元，上年末结余资金 242 744 万元。当年资金来源小计：国家预算内资金 23 637 万元，国内贷款 400 785 万元，利用外资 493 560万元(均为外商直接投资)。自筹资金2 327 576万元。其中中央各部门自筹 500 万元，省自筹2 020万元，地(市)自筹16 126万元，县自筹9 164万元，企事业单位自筹 2 299 766万元；其他资金来源72 900万元，其中集资17 951万元。各项应付款合计164 985万元，其中工程款50 628万元，设备、器材款56 314万元。

(六)对外合作

2002 年汽车行业新签约中外合资企业 19 个，其中汽车整车企业 7 个，零部件企业 8 个，涉及物流领域 1 个，汽车租赁企业 1 个，汽车出口基地 1 个，摩托车研发中心 1 个，总投资额 27.89 亿美元，比上年提高 3.68 倍。整车合资企业数较上年增加 6 个，零部件合资企业数较上年有所减少。

1. 汽车项目

(1)2002 年 10 月 18 日，北京现代汽车有限公司成立。注册资本 18 亿元，中韩双方各占 50%股份。投资 33 亿，在 2003 年 1 月完成。到 2010 年，韩方对合资企业投资将达到 11 亿美元。双方合作期限为 30 年，生产“索纳塔”、“伊兰特”牌轿车。

(2)华晨中国汽车控股有限公司与德国宝马公司获准在我国建立汽车合资企业。该合资公司将利用华晨中国持有 51%股权的沈阳金杯客车制造有限公司的设备，于 2003 年下半年开始生产宝马 3 系及 5 系型轿车。

(3)中国第一汽车集团公司与日本丰田汽车公司合作项目于 2002 年 8 月 28 日举行签字仪式。根据协议双方就实现中高档轿车、微型车、高档 SUV 三个领域的生产达成一致意见。

(4)上海汽车工业(集团)总公司、通用汽车中国公司和广西柳州五菱汽车有限责任公司 2002 年 6 月 4 日在南宁正式签约。此次与通用合作，上汽五菱主要解决技术、资金上的不足，特别是后续产品平台的缺乏问题。

(5)2002 年 8 月，江苏悦达起亚汽车有限公司正式更名为东风悦达起亚汽车有限公司。新成立的公司为“中中外”合资模式，合资经营期限 30 年，投资总额 9 800 万美元，注册资本 7 000 万美元。其中，东风汽车公司出资1 750万美元，占公司总股本的 25%；江苏悦达投资股份有限公司出资 1 750 万美元，占公司总股本的 25%；韩国起亚自动车股份公司出资 3 500 万美元，占公司注册资本的 50%。生产“普莱特”、“千里马”牌轿车。

(6)2002 年 1 月 18 日，郑州宇通客车股份有限公司和德国 MAN 商用车辆股份公司签约，共同投资兴建猛狮客车有限公司。总投资 3.2 亿元，双方各占 50%的股份，引进 MAN 公司极具市场潜力的 5 种客车底盘，豪华公路旅游客车底盘及宇通系列 8.5m 以上的中、高档客车底盘产品。

(7)2002 年 9 月 19 日，东风汽车公司与日本日产汽车有限公司签署建立全面合作伙伴关系协议。根据协议，双方将联合组建“东风汽车有限公司”，各持 50%的股份，其中，日产将向新公司直接投资人民币 85.5 亿元。2006 年以前，日产将在产品开发上投入人民币 53.3 亿元的资本支出。新公司总部设在武汉，生产包括日产全系列乘用车和东风重、中、轻型载货车及客车。

2. 零部件项目

2002 年零部件合资企业数较上年有所减少。合资企业主要有北京海拉车灯有限公司(北京市北灯汽车灯具有限公司与德国海拉集团合资)、长春曼・胡默尔富滤清器有限公司(一汽四环股份有限公司与德国曼・胡默尔公司合资)、万都(哈尔滨)汽车底盘系统有限公司(哈飞汽车公司与韩国万都公司合资)、上海爱知锻造有限公司(上海汽车锻造总厂与日本爱知制钢股份公司及日本住友商事股份公司、日本丰田通商股份公司合资)、福州儒亿精密工业有限公司(福州儒亿和德维特公司、美国思创铁克公司合资)、厦门正新东燕轮胎有限公司(日本东洋橡胶公司从中国台湾吉斯国际有限公司获得厦门正新海燕轮胎有限公司 20%股份)、武汉车身激光拼焊有限公司(武汉中人瑞众汽车零部件产业有限公司与德国蒂森克虏伯集团合资)、西安吉比有限公司(西安华山机械有限公司与意大利吉比公司合资)。

外商独资零部件企业有：比泽尔压缩机(北京)有限公司、邦迪管路系统有限公司天津工厂。

3. 多领域的合资合作项目

上海汽车工业销售总公司与世界著名的 TPG 跨国集团下属荷兰天地物流控股有限公司合作组建安吉天地汽车物流有限公司，公司主要经营物流技术咨询、管理、培训；仓储、运输服务及管理等。

上海汽车工业销售总公司与国际著名跨国汽车租赁公司——安飞士(AVIS)欧洲集团控股有限公司共同投资组建安吉汽车租赁有限公司，主要经营汽车租赁服务业务。

广州本田汽车公司、东风汽车公司和广州汽车集团三方合资成立广州汽车出口基地，该基地引进生产本田先进的小型轿车，起步规模为年产 5 万辆，产品 100%出口，主要面向欧洲和亚洲市场。

4. 原有合资企业签约扩大合作范围

天津伊利萨尔客车项目增资重组改造合同在天津签字；亚星—奔驰有限公司的双方股东：戴姆勒—克莱斯勒股份公司与江苏亚星客车集团有限公司，以及扬州市政府共同签署新的合作协议；东风公司与法国 PSA 公司扩大合作的合资合同签字仪式在北京举行。

5. 中外技术合作

日本三菱汽车公司与北京吉普汽车有限公司签署第二份技术许可协议，生产三菱 Dutlander 越野车；戴卡轮毂制造有限公司与日本著名铝合金轮毂制造商旭公司签署技术及贸易合作协议，向国外销售优质铝合金轮毂；北京一奥托昆普铜带公司与中国一汽集团技术中心签约，2002 年底共同完成一汽新型卡车用热交换器的设计、优化、样品试制和路试工作；吉利集团与韩国大宇国际股份公司正式签订全面技术合作协议；湖南长丰集团正式引进日本三菱都市休闲帕杰罗 IO 车技术举行签字仪式；深圳航盛电子股份有限公司和韩国现代 MOBIS 股份公司确立汽车安全气囊合作项目。

（七）企业结构调整

1. 国内企业之间合作与重组的总体特点

(1)合资合作重规模与实力。纵观国内合资企业，规模都较大，且实力非同一般。之所以形成此局面，与行业大集团的参与有着密切的关系。如中国第一汽车集团公司、东风汽车公司、上海汽车工业（集团）总公司、重庆长安汽车股份有限公司等，在行业中具有举足轻重的地位，由这些企业牵头成立的合资企业，因为有大集团的资金、产品开发等强大后盾的支撑，不但规模大，而且都具有很强的实力。合资企业生产的产品种类多，整车有载货汽车、客车、轿车、越野车，也有适应环保要求的电动汽车。有的公司刚刚成立，就被国际市场看好，市场订单已纷至沓来。国内零部件合资企业不仅满足国内企业配套，还将目标锁定在拓展国际市场。

(2)合作领域更加宽广。国内企业之间的合作领域较以往更加宽广，除了整车和零部件，还有技术合作、银企合作等。技术合作瞄准关键工艺重点投资，并与主机厂共同开发关键部件。银企合作，银行对企业汽车服务贸易领域给予支持，推动汽车销售和市场开发，加快开展汽车信贷业务，同时也拓展了银行服务领域。

(3)重组步伐加大。随着一汽、天汽重组尘埃落定，我国汽车史上规模最大的一次联合重组企业诞生。2002 年上海汽车工业（集团）总公司、上海通用汽车有限公司共同出资 9 亿元收购山东烟台车身有限公司，开创了中国汽车工业国有企业改革“投资主体多元化”的又一先河。此外，一汽吉林轻型车厂的重组及上海中顺实业有限公司兼并松辽企业（集团）有限公司，重组步伐及力度都较大。经过重组，整合了资源，实现了优势互补，加快了企业结构调整的技术升级，进一步提高了企业的竞争力。

2. 国内企业之间的合资合作

(1)整车企业：重庆长安汽车股份有限公司与河北长安胜利汽车公司联合组建河北长安汽车有限公司，生产微型卡车；上海汽车工业（集团）总公司、上海同济企业管理中心、上海科技投资公司、上海工业投资（集团）公司、信息产业部电子第二十一所及自然人共同出资，成立上海燃料电池汽车动力系统有限公司，主要进行电动汽车整车相关技术开发、电动汽车动力平台的研制与销售等；保定长城汽车股份有限公司和中信中原汽车有限公司共同出资，组建郑州长城汽车制造有限公司，生产尼桑 D22 型高档长城皮卡；东风汽车公司与湘火炬投资公司共同出资组建东风越野车有限公司，生产军地两用高档轻型越野车；第一汽车集团公司与成都工业投资经营公司共同投资成立成都——一汽汽车有限责任公司；力帆集团和重庆公共交通（控股）集团有限公司合资，成立力帆重客商用车辆制造有限公司；湘火炬投资股份公司与陕西汽车集团合资组建陕西重型汽车有限公司。

(2)零部件企业：上海客车制造有限公司与浙江瑞立集团有限公司等四个企业投资组建上海沪豪汽车零部件有限公司，主要生产客车车身骨架零部件及总成焊接、底架零部件等；安徽安凯、北汽福田、丹东曙光三个出资组建安徽安凯福田曙光车桥有限公司，生产车桥；中国台湾全兴国际集团合资子公司萨摩亚优利得公司、景德镇市昌河汽车配件制造公司、昌河飞机工业（集团）公司三方合资组建江西昌兴汽车配件有限公司，主要生产汽车座椅及汽车相关配件；延峰伟世通汽车饰件系统有限公司与东风电子科技股份有限公司合资组建伟世通汽车系统有限公司，生产汽车饰件系统。

(3)多方位合作：海南马自达汽车集团与万向钱潮公司签署整体合作框架协议，联合开发马自达汽车底盘系统，进行同步发展的整体合作；万向集团与上汽奇瑞就开展汽车底盘零部件技术和供应合作，在建立双方长期战略联盟协议上签字，主要生产汽车底盘零部件系列产品；建设银行与第一汽车集团在长春举行银企全面合作签约仪式；长安汽车股份有限公司与中国光大银行在重庆签署关于建立“汽车销售金融服务网络”合作协议，协议规定光大银行为长安汽车销售提供全方位的信贷支持和网络结算业务。

3. 国内企业间的资产重组

(1)资产重组的企业：福田汽车公司以现金方式出资收购长沙中汽梅花客车有限公司的 50％股权，主要生产中型客车；一汽与天汽正式签订联合重组协议，此次重组采取股权转让方式，天汽集团将夏利公司总股本的 50.98％股份转让给一汽，天汽同时转让华利公司 75％的中方股权给一汽；万向集团与杭州汽车配件公司合资组建杭州万向钱潮制动系统有限公司，生产真空助力器总泵。

(2)上海汽车工业（集团）总公司走出国门参与全球汽车业重组：2002 年 10 月 13 日，上汽集团总裁胡茂元与通用中国公司董事长、首席执行官司墨斐在上海共同宣布：上汽集团将投资 5 970 万美元，参与通用—大宇项目，并将派一名代表进入通用—大宇董事会。这是中国大型汽车集团首次走出国门，参与全球汽车工业重组。在整个项目中，通用汽车公司占 42.1％股份，上汽集团占 10％股份、大宇债权人占 33％股份，其他合作伙伴占 14.9％股份。该项目主要进行轿车、多用途车和轻型商用车的设计、制造、销售和服务。

(3)改制的企业：山西长治液压件厂根据国家“债转股”政策，按照《公司法》转换经营机制，成立了山西长治液压有限公司；安凯华夏汽配有限公司挂牌正式营业，该公司是在安凯集团安徽省客车总厂原汽车配件厂的基础上改制成立的。

（八）大型企业

2003年国家统计局按新标准公布的汽车行业部分大型企业名单（选登）见表10。

表10 2003年国家统计局按新标准公布的汽车行业部分大型企业名单（选登）

序号	企业名称	销售收入（万元）	资产合计（万元）	从业人数（人）
1	中国第一汽车集团公司	4 821 386	5 314 483	88 846
2	上海大众汽车有限公司	3 626 528	2 962 890	10 652
3	一汽一大众汽车有限公司	3 028 096	1 715 253	6 184
4	上海通用汽车有限公司	1 856 297	1 412 916	3 396
5	广州本田汽车有限公司	1 363 173	612 625	2 274
6	中国第一汽车集团青岛汽车厂	1 032 291	299 712	3 818
7	神龙汽车有限公司	938 460	1 345 676	5 270
8	金杯汽车股份有限公司	867 175	1 298 895	10 730
9	北京福田车辆股份有限公司	757 614	330 580	13 470
10	中国重型汽车集团公司	747 354	886 089	15 087
11	重庆长安汽车股份有限公司	692 459	692 053	6 553
12	跃进汽车集团公司	672 461	1 198 242	14 065
13	东风汽车股份有限公司	615 896	626 641	5 349
14	江铃汽车集团公司	550 932	649 308	16 078
15	安徽江淮汽车股份有限公司	523 448	244 116	3 594
16	天津汽车工业（集团）有限公司	480 202	1 050 498	12 706
17	上汽集团奇瑞汽车有限公司	429 549	464 456	3 532
18	上海汇众汽车制造有限公司	389 642	295 570	7 666
19	上汽通用五菱汽车股份有限公司	377 307	213 130	4 080
20	长春一汽四环汽车股份有限公司	324 084	192 830	7 149
21	北汽福田公司诸城汽车厂	321 127	72 882	3 891
22	东风柳州汽车有限公司	296 009	136 807	2 867
23	哈尔滨东安发动机（集团）有限公司	257 848	522 961	4 194
24	江苏牡丹汽车集团有限公司	231 586	226 534	4 533
25	保定长城汽车股份有限公司	230 459	120 331	2 553
26	重庆重型汽车集团有限责任公司	221 384	196 398	4 403
27	陕西汽车集团有限责任公司	188 355	141 127	6 510
28	上海汽车股份有限公司	173 577	818 730	3 760
29	江西昌河汽车股份有限公司合肥分公司	165 549	82 182	2 375
30	长安汽车（集团）有限责任公司	143 046	671 746	11 400
31	江苏亚星客车集团有限公司	140 146	228 863	4 609
32	湖北三环专用汽车有限公司	138 405	45 092	2 019
33	北京吉普汽车有限公司	127 176	213 976	3 502
34	郑州日产汽车有限公司	120 286	167 245	2 601
35	常州依维柯客车有限公司	116 416	130 838	2 196
36	一汽红塔云南汽车制造有限公司	110 975	116 073	3 032
37	桂林客车集团公司	99 738	112 497	2 561
38	辽宁黄海汽车（集团）有限责任公司	95 886	69 542	4 465
39	东风杭州汽车有限公司	95 327	89 196	2 373
40	齐鲁考格尔集团有限公司	88 280	110 263	4 248
41	安徽安凯汽车集团有限公司	84 474	144 278	2 821
42	柳州五菱汽车联合发展有限公司	66 736	57 493	3 055
43	沈阳金杯汽车工业有限公司	62 734	190 448	5 893
44	北京市客车总厂	62 164	99 516	2 240
45	中通客车控股股份有限公司	45 656	104 617	2 294
46	中国第一汽车集团哈尔滨轻型车厂	35 953	58 543	3 740
47	东风云南汽车有限公司	31 576	31 576	2 052

资料来源：

[1]2002年工程机械行业经济运行分析 2003年《中国机械工业年鉴》。

[2]2002年重型矿山行业经济运行分析 2003年《中国机械工业年鉴》。

[3]王 红 2002年中国船舶工业集团公司发展综述 2003年《中国机械工业年鉴》。

[4]朱雪松　2002年中国船舶重工集团公司发展概况　2003年《中国机械工业年鉴》。
[5]2002年仪器仪表行业经济运行分析　2003年《中国机械工业年鉴》。
[6]曲金魁、邵白石　2002年文化、办公用机械制造业发展综述　2003年《中国机械工业年鉴》。
[7]周永泰　模具加工技术的发展方向　2003.5《制造技术与机床》。
[8]胡秋雁　2002年中国航天科工集团公司发展综述　2003年《中国机械工业年鉴》。
[9]付明耀　2002年中国航天第一集团公司发展综述　2003年《中国机械工业年鉴》。
[10]苏醒社　2002年中国航天第二集团公司发展综述　2003年《中国机械工业年鉴》。
[11]罗松保　航空航天制造技术及设备的现状与发展趋势　2003.6《制造技术与机床》。
[12]2002年中国汽车工业发展综述　2003年《中国机械工业年鉴》。
〔稿件整理：中国机床工具工业协会王惠方〕

2002年机床工具出口情况

一、概况和构成：

据海关统计我国机床工具2002年出口9.49亿美元，比上年增长14.53%。(此数据未包括磨料磨具出口，2002年磨料磨具出口2.78亿美元．比上年增长5.2%(2002年磨料磨具出口2.78亿美元，但因历年未列入机床工具海关统计数内，为同比方便，未将其计人总数)。其中出口最多的是金属加工机床(金切机床＋成形机床)出口3.14亿美元，比上年增长8.11%，出口增幅最大的木工机床增长36.45%。2002年机床工具行业各类产品出口情况见表1。

表1　2002年机床工具各种产品出口情况

产品名称	金额(亿美元)	比上年增长(%)
金切机床	2.64	13.85
成形机床	0.50	－14.76
木工机床	0.12	36.45
压铸机	1.57	22.92
机床夹具	0.61	28.49
机床零件附件	1.30	2.06
数控 装置	0.24	43.19
刃具	2.16	23.48
量仪量具	0.35	－0.45

1. 机床工具产品出口变化

全部机床产品类产品的出口逐年增加，2001年比2000年增长5.55%，2002年比2001年增长14.53%。但各类产品增长幅度不同，金切机床出口增长缓慢，2001年低于2000年，2002年缓慢回升，在机床工具类产品出口构成中，从31%降为28%。2000～2002年机床工具类产品出口构成情况见表2。2000年机床工具类产品出口构成见图1，2002年机床工具类产品出口构成见图2。

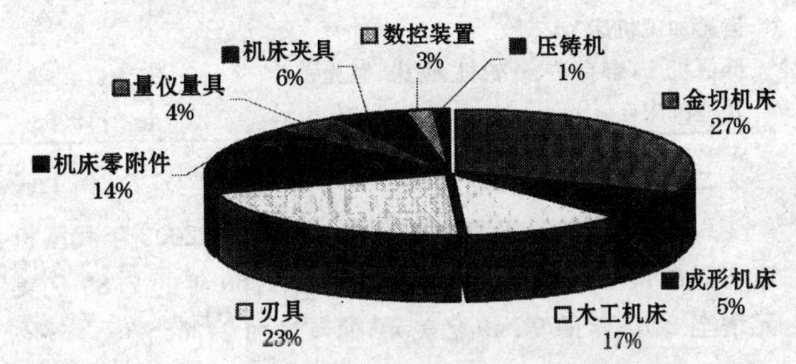

图1　2000年机床工具类产品出口构成

表2　2000～2002年机床工具出口构成情况

产品名称	2000年 出口额(百万美元)	2000年 构成比(%)	2001年 出口额(百万美元)	2001年 构成比(%)	2002年 出口额(百万美元)	2002年 构成比(%)
合计	785.06	100	828.67	100	949.08	100
金切机床	246.00	31	231.78	28	263.89	28
成形机床	52.96	7	58.26	7	49.66	5
木工机床	86.17	11	127.81	15	157.10	17
刃具	167.78	21	174.87	21	215.92	23
机床零附件	133.37	17	127.64	15	130.27	14
量仪量具	36.87	5	34.96	4	34.80	4
机床夹具	37.70	5	47.68	6	61.26	6
数控装置	16.09	2	16.90	2	24.20	3
压铸机	8.12	1	8.79	1	11.99	1

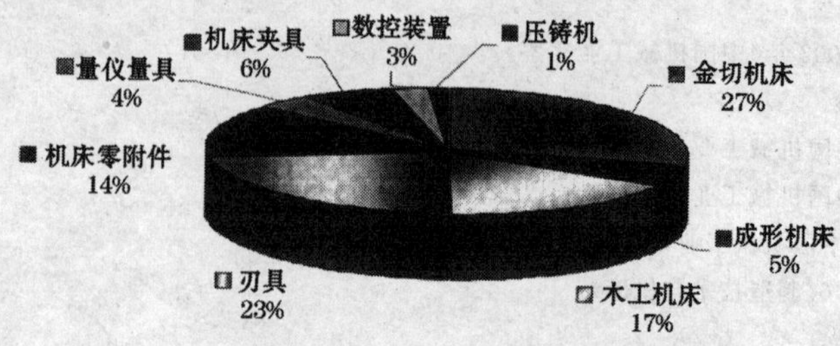

图 2　2002 年机床工具类产品出口构成

由表 2 可见，木工机床和刃具出口增速较快，在工业出口中占比明显增加：2002 年和 2000 年比，木工机床占比增加 6 个百分点，刃具增加 2 个百分点。金属加工机床因增速相对较低，所占比有所下降。

2002 年，由于劳动密集型产品出口的恶性竞争，造成我国机床工具产品出口价格下降。2002 年 1～12 月份，金属加工机床出口台数比上年增长 22.11%，而金额仅比上年增长 8.11%，单台平均价格下降 11.46%；木工机床出口台数增长 34.42%，金额仅增长 22.92%，单台平均价格下降 8.6%，都反映出口价格在进一步下降，严重影响到机床工具产品出口金额增长幅度。

2. 机床工具产品中金切机床产品出口变化

金切机床传统量大面广品种的车床所占构成比日益下降，从 2000 年占全部金切机床的 25%降为 2002 年的 23%，低值机床(含台钻、砂轮机、锯床、抛光机)2002 年出口 1.42 亿美元，占金切机床的 54%，出口值比 2000 年增长 23.4%，占比提高 7 个百分点。原来占机床出口主要内容的车、铣、刨、磨等普通机床近年没有明显增长。

2000～2002 年金切机床出口构成见表 3。

表 3　2000～2002 年金切机床出口构成

机床类别	2000 年		2001 年		2002 年	
	出口额(百万美元)	构成比(%)	出口额(百万美元)	构成比(%)	出口额(百万美元)	构成比(%)
合计	246.00	100	231.78	100	263.89	100
车床	62.60	25	55.36	24	59.64	23
铣床	13.43	5	10.99	5	11.92	5
特种加工机床	25.48	10	21.74	9	23.64	9
加工中心	2.31	1	3.71	2	3.80	1
磨床	7.48	3	7.53	3	9.03	3
镗床	2.36	1	3.28	1	3.67	1
齿轮加工机床	1.79	1	1.21	1	2.76	1
低值机床(含台钻、砂轮机、锯床、抛光机)	114.92	47	119.12	51	141.81	54
其他机床	15.63	6	8.84	4	7.63	3

二、机床工具出口特点

(1)行业出口呈平稳增长态势：从 2000～2002 年我国机床工具出口基本趋势是平稳增长。由 2000 年的 7.85 亿美元增至 2002 年的 9.49 亿美元，两年增加 21%。

(2)木工机床和刃具增速较快：行业内出口增速较快的小行业是木工机床和刃具：木工机床出口由 2000 年 8 600 万美元增至 2002 年的 1.57 亿美元，两年增加 82.3%；刃具出口由 2000 年的 1.68 亿美元增至 2002 年的 2.16 亿美元，两年增加 29%。

(3)金属加工机床出口占比下降：金属加工机床出口仍是本行业第一大户，但增幅较小：2000 年金属加工机床出口 2.99 亿美元，2002 年为 3.14 亿美元，两年仅增加 5%。在行业出口中占比已从 2000 年的 38%降为 2002 年的 33%。

(4)低值机床(锯床、台钻、砂轮机和抛光机)是金切机床出口主力：金属切削机床出口仍在金属加工机床出口中占较大比例：2002 年出口 2.64 亿美元占金属加工机床出口的 84%，比上年增长 13.85%，情况比成形机床要好。但金切机床出口中低值机床(锯床、台钻、砂轮机和抛光机)要占到 50%左右，如把低值机床减去(与国际接轨)金切机床出口仅为 1.22 亿美元，而且从 2000 年来处于徘徊状况。

三、出口渠道还要进一步开拓

从出口去向分析，以金属加工机床为例，出口去向不是很集中，2002 年向美国出口 7 376.2 万美元，占 23.53%，其余依次为德国 1 980.5 万美元，占 6.32%；中国香港 1 874.3 万美元，占 5.98%；加拿大 1 372 万美元，占 4.38%；印尼 1 202.7 万美元，占 3.84%；澳大利亚 1 027.9 万美元占 3.28%。再以下，年出口都不到 1 000 万美元，占 52.67%，说明较分散。2002 年金属加工机床出口去向见表 4。

从表 4 可见，北美现在是我机床出口第一大市场，2002 年出口 9 576.1 万美元，占 30.55%，其次，依次为东南亚(出口 6 620.7 万美元，占 21.12%)和欧盟(出口 6 033 万美元，占 19.26%). 此三地区占机床出口 70.93%. 其他地区就较分散，出口量目前较小。

美国一直是世界最大机床消费市场，只是近年因经济不景气而市场萎缩。机床进口由 2000 年的 43.21 亿美元，剧减至 2002 年的 23.27 亿美元，减幅 46.15%。

东南亚二十世纪七八十年代一直是我国机床出口最大目的市场，自九十年代受亚洲金融危机影响而使往该市场出口下降，现正在逐步恢复中。越南的经济发展正受到我国有出口意向的机床工具企业的普遍关注。

表 4　2002 年金属加工机床出口去向

出口去向	出口额（万美元）	占比(%)
合计	31 354.6	100.00
北美(美国、加拿大、墨西哥)	9 576.1	30.55
东南亚(中国香港、印度尼西亚、越南、缅甸、泰国、马来西亚、新加坡)	6 620.7	21.12
欧盟(德国、英国、法国、意大利、荷兰、西班牙、比利时)	6 033.0	19.26
大洋洲(澳大利亚、新西兰)	1 235.7	3.95
东北亚(日本、韩国)	1 426.7	3.73
西亚及南亚(伊朗、巴基斯坦)	946.6	2.86
南美(巴西、智利、阿根廷)	383.4	1.22
南非	321.7	1.03
其他	4 860.7	15.50

四、体制改革和多种经济所有制正在促进出口

从 2002 年机床工具出口情况看，不同所有制企业都涌现出出口先进代表：①沈阳机床集团和宝鸡机床厂等国营企业，通过改制更认识到两个市场都要抓的重要。坚持走出去，坚持送产品到国外参展(能用好国家对中小企业出口参展支持政策)；沈阳实行海外网点销售经理待遇当地化政策对发挥外贸人员作用并稳定外贸队伍有好处；宝鸡机床厂通过“走出去”实现：转变观念、激活机制、提高质量、锻炼队伍、产品换代和得到政策支持等多种效果。2002 年沈阳机床集团出口 1 878 万美元，创历史新高。白鸽集团、大连机床、宝鸡机床、呼和浩特机床附件等国企都在改制后在出口上有新的突破。②民营企业异军突起产生出口新亮点：江苏天工工具和江苏飞达工具两家民营工具制造企业 2002 年分别出口 4 401 万美元和 3 050 万美元。成为行业出口排头兵。③三资企业在坚持抓好质量的基础上，充分用好合资方外销渠道，近年出口开始有较快增长。北京阿奇夏米尔的电加工机床、青岛前哨朗普的三坐标测量机在国内打开销路后又开始扩大出口，取得较好成绩。

总之，出口呈平稳增长，进口远大于出口，进口增速快于出口。这就是我机床工具出口的基本概括。正因为如此，扩大出口的空间很大，需要我们全行业努力奋斗。

就金属加工机床来说此问题更突出，2002 年我国首次成为世界机床消费第 1 大国、机床进口第 1 大国、机床产值第 3 大国。而出口仍排在第 13 位。这一现状，既因巨大的机床需求给行业带来商机，出口的落后又形成巨大鞭策。有压力，也有出口空间，正需要同行以更大努力来实现新的突破。

〔撰稿人：中国机床工具工业协会徐树滋〕

中国机床市场上国内外机床的差距

2002 年，世界经济不景气，中国经济一支独秀。在众多机床消费大国，如美国、德国、日本机床市场萎缩的同时，中国以 59 亿美元的市场容量成为世界最大的机床消费国。无论是世界上机床制造强国还是和我国同属于发展中国家的印度、巴西等国家，都十分看好中国市场，积极采取行动。大量国外机床涌入中国市场，并且每年增速迅猛，显示出国产机床与进口机床还有一定的差距。

一、国产机床自给率差距

世界上一些少数机床生产强国的机床自给率较高，达到 60%左右，如日本 86%，意大利 63%，德国 59%；大部分发达国家机床自给率不高，如美国 30%，瑞士 42%，法国 32%，英国更低为 11%。2002 年我国的机床自给率为 46.7%，比 2000 年下降 3.6 个百分点，近几年呈下降趋势。2000～2002 年我国机床市场宏观数据见表 1。

1. 国产机床的自给率在逐年下降

从消费结构来看，自给率达到一半以上是颇令人满意的。但是近年来这个数字在逐年下降。2001 年比 2000 年下降 1.1 个百分点，2002 年又比 2001 年下降 2.5 个百分点。从用户今后需求看，还有进一步下降的趋势。这个趋势不能不引起机床业界的广泛注意和担心。

2. 国产机床的自给率中高技术产品自给率太低

在不同产品的消费量中，自给率也有很大差异。我国是车床生产大国，2002 年全国生产数控车床约 13 000 台，金额 2.33 亿美元；其中出口 418 台，金额 0.044 亿美元；进口 5 446 台，金额 2.27 亿美元；消费量为 18 028 台，金额 4.56亿美元。其中国产数控车床在数量上占 70%，在金额上占 50%左右，自给率比较理想。而在高技术产品的消费结构中，国产机床所占比例非常低。以加工中心为例，2002 年全国生产加工中心约 1 000 台，产值 0.57 亿美元；出口 398 台，出口额 0.038 亿美元；进口 3 320 台，进口额 3.62 亿美元；消费量为 3 922 台，消费额 4.15 亿美元。其中国产加工中心在数量上仅占 15%，在金额上仅占 12%。

表 1　2000～2002 年我国机床市场宏观数据

项　目	2000 年	2001 年	2002 年
消费量(亿美元)	38.20	47.40	59.10
生产量(亿美元)	22.20	26.20	30.70
进口量(亿美元)	18.90	24.60	31.50
出口量(亿美元)	3.00	2.90	3.10
自给率(%)	50.3	49.20	46.70

二、高技术产品在国内机床生产中比例也低

2002 年我国金切机床产量为 23 万多台，位居世界第 1；

产值22.3亿美元，位居世界第4。但是整体水平比较低，产品数控化率低尤为突出。目前全球机床的拥有量为1 400万台，其中CNC机床100万台，占7.1%。全世界年产150万台机床，包括20万台CNC机床，占13%。我国2002年金切机床产量为231 951台，其中数控机床为24 803台，产量数控化率为10.7%。在数控机床中，数控车床占43%，特种加工机床占16.9%，加工中心仅占11.6%。在我国生产的数控机床中，有相当一部分为我国特有的经济型数控机床，如数控车床中，经济型占到数控车床的70%；而线切割机床中，经济型的快走丝线切割机床，占总量的80%，而全功能数控线切割机床，即为慢走丝线切割机床，其价值几乎是快走丝线切割机床的4倍，所占比例却很低。以2002年210个企业生产金切机床产品构成比情况来看，目前数控车床和数控特种加工机床的产量约占全部数控机床的70%以上，产值所占比例也过半，就是说约有一多半的数控机床是我国特有的经济型的。2002年机床工具行业210个企业生产金切机床产品产量见表2。

三、机床出口占产值比例更低

虽然瑞士、美国等机床生产强国自给率不超过50%，但其出口量很大。2002年各国(或地区)出口量占总产量的比例见表3。

表2　2002年机床工具行业210个企业生产金切机床产品产量

序号	产品名称	总数		其中:数控	
		数量(台)	产值(万元)	数量(台)	产值(万元)
	合计	179 514	1 016 109	22 672	407 503
1	加工中心	579	47 433	579	47 433
2	车床	109 731	439 168	11 601	175 342
3	钻床	9 641	33 254	273	6 906
4	镗床	842	42 318	201	18 680
5	铣床	20 010	120 718	849	29 145
6	磨床	11 845	106 416	630	22 105
7	插床	163	733	0	0
8	拉床	52	1 238	0	0
9	刨床	1 484	5 989	0	0
10	锯床	6 731	16 097	52	394
11	齿轮机床	1 656	35 675	326	14 833
12	螺纹加工机床	1 691	833	1 624	187
13	特种加工机床	11 756	116 354	6 004	69 014
14	组合机床	1 071	36 002	302	19 409
15	其他金属切削机床	2 262	13 881	231	4 055

表3　2002年各国(或地区)出口量占总产量的比例

国家(或地区)	英国	瑞士	中国台湾	德国	日本	法国	西班牙	意大利	美国	巴西
出口量占产量比例(%)	94.05	85.59	80.85	60.09	54.28	60.31	50.53	47.72	47.63	31.23

由于我国是一个内需强劲的国家，出口在产值中占比重很小，仅为生产值的约1/10，因此能否得到出口订单对于很多企业也并非关系到生死存亡。这种状况是造成我国出口与生产，出口与进口的极大不平衡因素之一。近年来我国机床出口年增长十分不稳定，增长速度较低，而进口却一直保持在30%左右的高增长速度。中国每年机床工具贸易逆差高达20多亿美元，大大限制了民族工业的发展空间。

我国的机床出口增长缓慢的主要原因是出口机床结构不合理。如在出口的金切机床品种上，小型机床，包括台钻、砂轮机、抛光机、锯床，占机床出口金额的50%以上，数控金切机床和高技术产品出口所占比例很少。传统低值小型机床在国际市场上我国具有相对优势，应该继续保持优势，加强出口。但是，传统低值小型机床出口空间有限，很难改变我国出口弱国的地位。要加速出口，提高机床出口额，必须大力加强数控金切机床和高技术产品出口。

对于出口所面临的困难，国内企业可能会写满一张纸。但是我们先不妨看一看下面这个例子，那就是中国台湾的机床企业是如何走向世界的。在20世纪七八十年代，世界上鲜有人知道中国台湾机床，中国台湾的机床厂缺少技术、没有人才，但是他们意识到主动出口是其惟一出路，因此，那些为欧美日生产OEM机床的厂家逐渐开始自己设计制造产品并积极参加国外的展览会，这样，中国台湾廉价的数控钻床、数控铣床、数控车床、加工中心开始在国际市场上亮相，经过七八年的努力，这些机床迅速占领了低价位通用数控机床的国际市场，并在世界范围内掀起了低价狂潮。而我国企业的技术力量和制造能力都比当初的中国台湾企业强，差距就在于我们开拓国际市场的动力以及方法。如果国内企业只安心做好外国定购的OEM产品，只满足出口普通机床，而不拿出自己在国内市场的主流产品去闯世界，只能是将自己出口产品范围限得越来越窄，利润越来越低。

四、高技术产品还不能产业化

在当前追求高效生产的要求下，机床向着高速、复合、智能和环保的方向发展。

近年来，随着国际间交流与合作的频繁，国产机床的品水平已与国际相当，生产厂商较多，有的生产厂商已具有一定批量，取得了国内用户认可，可以满足市场需要，而且，在性能价格比上我国产品还具有一定优势。当前的关键是提高质量和可靠性，加强售前售后服务。卧式加工中心在精度和性能上与国外同类产品相比还有一定差距，国外产品都装有温度补偿系统，保持加工精度的稳定性，而我国生产的机床都没有该项技术；国外产品都能按 VDI3441 标准或国际标准制造和验收，而国产产品大多数没有执行国际标准。五轴加工中心，虽然这几年各企业都开发出不少新产品，但是，大多数产品还没有经过生产考验，取得用户认可，停留在样品阶段，今后的关键在于商品化。

数控齿轮加工机床，国产的性能水平与国际相当，除个别高精度齿轮磨床(精度 DIN 2～3 级)需进口外，已能替代国外产品。

数控电加工机床，除精密数控电加工机床外，能满足市场需要。数控电加工机床在加工精度、加工表面粗糙度、加工方式、软件等方面与国外先进水平都有差距，线切割加工机国外普遍采用浸水加工，加工轮廓精度为 0.003～0.005mm，表面粗糙度为 R_a0.1～0.2μm，有的产品还具有细丝加工性能。

国产数控磨床、重型机床在价格上具有很大优势，基本上可以满足国内市场需要。但是，数控磨床中某些高精的、高效的、复合的数控磨床还须依赖进口；重型机床中个别超重型的、多轴控制的、精密的重型机床国内还没有商品。

总之，国产数控金切机床满足度还不高。2002 年国产金切数控机床的国内市场占有率，按台数计接近 60%；按价值计仅为 30%。在国内金切数控机床市场中，不仅我国目前尚不能提供的高档数控金切机床，如五轴加工中心、高速加工中心、车铣复合中心等等为国外产品垄断，即使我国已批量生产的、技术比较成熟的数控金切机床，如立式加工中心、中小规格卧式加工中心、数控车床等也被国外公司占领一大部分。今后，机床行业首要任务是加快企业体制机制转换，建立现代企业制度，提高国产数控机床的市场占有率，提高经济效益。其次是企业要加快产品结构调整，提高开发资金在销售额中的占比，广泛吸引国内外人才，加强数控机床新品开发。建议国家建立新产品开发基金，补助企业从样品到商品中所需的费用，鼓励企业免费将新品送给用户使用、考核，缩短新品到商品的过程。第三是要进一步提高产品质量，加强售前售后服务，缩短交货期。产品质量、交货期是企业综合竞争力的反映，也是综合素质的反映。目前，我国很多机床企业的制造技术装备水平不仅远远落后于国外同类企业水平，同时落后于用户的制造技术装备水平，我国大多数机床企业金切机床的数控化率仅在 4%左右，与国外同类企业相比，差距太大，所以要加大企业技术改造力度，提高加工设备的数控化率。因为装备水平对于制造零件尺寸的一致性、产品质量、交货期至关重要，这一点应引起注意。还要加快实施企业信息化工程，实施从营销、开发到制造整个过程的信息化管理，实现并行工程。最后是企业要加快合作合资步伐，引进资金、引进先进管理、引进先进技术和产品，提高企业的整体实力和整体竞争力。

二、各行各业对数控金切机床的需求

数控金切机床的主要用户是四大产业，即汽车及其相关产业、高新技术产业、军工产业、传统机械产业。

1. 汽车及其相关产业

汽车及其相关产业是金切机床行业的最大、最主要的用户，发达国家汽车及其相关产业所消费的机床占机床销售总额的 40%～60%，机床工业随着汽车产业兴旺而发展，萧条而下降。

(1)发动机加工　目前汽车工业采用的发动机加工设备基本依赖进口。加工缸体缸盖的由卧式加工中心组成的柔性生产线，加工变速箱的由卧式加工中心组成的柔性生产线中的卧式加工中心基本为高速加工中心，要求主轴转速≥12 000r/min、快速行程≥40m/min、换刀时间在 1.5s 左右，而且要求加工中心布局适合于联线。已进口和即将进口的有德国 GROB 公司、HECKERT 公司、日本牧野铣床公司、马扎克公司、丰田公司的产品。曲轴加工设备中的曲轴车车拉机床、数控曲轴内铣或外铣床、数控曲轴磨床、曲轴抛光机基本上都是进口设备，如德国 BOEHRINGER 公司的曲轴车车拉机床、曲轴外铣床；美国 LANDIS 公司、德国 NAXOS 公司、意大利 SAIMP 公司的数控曲轴磨床等。凸轮轴加工设备中的凸轮轴数控车床也都是德国 BOEHRINGER 公司、日本 OKUMA 铣床公司的产品；凸轮轴磨床则来自美国 LANDIS 公司、德国 JUNKER 公司等。连杆加工大多为专用设备，双端面磨床为德国 GARGNER 公司产品。

(2)汽车零配件加工　我国生产的数控车床、立式加工中心基本上可以满足汽车零配件加工的需要。仅少数品种还需要进口，如加工淬硬后齿轮的倒置式立式车床和立式车磨复合加工机床、数控组合磨床、球道保持器专用铣床以及个别齿轮加工机床如拉齿机、铣齿机等。

2. 航空等十大军工产业

航空工业飞机制造企业机翼、机身、尾翼的整体框架、梁、壁板等零件加工需要各种规格的高速立式加工中心和五轴高速立式加工中心，工作台长 2 000～4 000mm、宽 800～2 000mm、主轴转速 6 000～30 000r/min；龙门移动式或高架式高速加工中心、五轴龙门移动式或高架式高速加工中心，工作台宽 1 000～2 000mm、长 2 000～8 000mm、主轴转速 6 000～40 000r/min 以及五坐标专用蜂窝数控高速铣床、五坐标长桁缘条铣床；其工模具制造还需要精密卧式加工中心和数控坐标磨床。发动机制造中有各种结构复杂的整体机匣、叶片、叶盘等，零件材料大多为钛合金和高强度耐热合金，要求机床功率大、刚性好。目前在技术改造中，原则上精加工都采用国外设备，粗加工和半精加工采用国内制造设备。所需设备有 Φ1 000～2 000mm 数控立式车床、大功率高刚性数控车床、立卧转换镗铣加工中心、精密卧式加工中心、五轴卧式加工中心、六坐标镗铣中心、叶片高速加工中心、榫齿磨床、叶片安装板成形磨床、高精度齿轮加工机床、数控螺纹磨床等。机载设备制造需要各种规格的数控机床，如精密数控车床和车削中心、立卧转换镗铣中心、五轴立式加工中心、数控万能磨床、高精度电加工机床等。

航天工业需要的数控机床大多为精密、中小型的数控机床。如精密纵切自动车床、盘料数控自动车床、精密数控车床和车削中心、立卧转换四～五轴铣削中心、高精度电加工机床、高精度数控万能磨床、数控坐标磨床、数控光学成形磨床等等。也有少数企业需要大型数控机床，如五轴双柱立式车铣中心，工作台尺寸 Φ>3 000mm；大型外圆磨床，加工直径 Φ1 000mm×6 000mm；镗杆直径 Φ160mm 左右落地镗铣床和龙门加工中心。精密数控车床和车削中心多来自于美国哈挺公司、瑞士碧玛泰公司；小型五轴立式加工中心较多从瑞士威力铭—马科黛尔公司、瑞士米克朗、德国哈默公司进口；纵切自动机进口较多的是瑞士 TORNOS 公司产品；进口的还有瑞士阿奇公司和瑞士夏米尔公司的电加工机床、瑞士 STUDER 公司和瑞士 KELLEBERGER 公司的高精度万能磨床、瑞士 HUASER 公司和美国 MOORE 公司的数控坐标磨床等。

船舶工业船用柴油机制造、螺旋推进器制造、船用机械和仪表制造需要各种的数控机床。船用柴油机制造需要重型和超重型龙门铣镗床，工作台尺寸为 7 000mm×27 000mm 和 4 000～4 500mm×10 000～14 000mm 左右、镗杆直径 Φ160～250mm 的数控落地镗铣床；X 轴行程6 000～15 000mm 的大型数控卧式镗铣中心；工作台尺寸1 000mm×1 250mm～1 400×1 600mm 的六轴五联动数控镗铣床；Φ2 500～10 000mm 数控立式车床；以及大型数控成形砂轮磨齿机、曲轴镗铣床、大型曲轴车铣中心、大型曲轴磨床等等。螺旋推进器制造需要大型五轴车铣中心；加工直径 Φ10 000mm 左右的六轴五联动数控落地镗铣床、六轴五联动数控镗铣中心；Φ10 000mm 大型数控立式车床等。船用机械和仪表创造需要各种数控机床，如五轴立卧转换加工中心；五轴车铣中心；工作台 500mm×500mm～1000mm×1000mm 卧式加工中心；各种规格的数控车床和车削中心等。

兵器工业需要的数控机床的品种和规格很全。大件加工需要重型龙门铣镗床，工作台尺寸约在 4 000mm×12 000mm 左右、对置式镗杆直径 Φ160mm 落地镗铣床；工作台尺寸 1 200mm×1 400mm 镗杆可移动式镗铣中心等。中小件加工需要的数控机床有立式加工中心、五轴立式加工中心、卧式加工中心、车削中心和其他各类数控机床等。

3.信息电子等高新技术产业

数控金切机床主要用于模具和中小零件制造，所需主要设备有纵切自动机、盘型棒料自动车床、排刀式数控车床、小型五轴立式加工中心、高速加工中心、高速铣削中心、精密细丝电火花线切割机床、精密电火花成形机等。

4.传统机械产业所需的数控金切机床很广。

三、近年来我国进口较多的数控金切机床

(1)数控车床和车削中心　从美国进口的主要有哈挺公司的精密数控车床和车削中心，如 Conquest T 系列、Quest 系列和 Elite 系列车削中心，Cobra 系列和 Talent 数控车床，GT 系列排刀式数控车床；也有哈斯公司和辛辛那提机床公司的数控车床。从德国进口的有斯宾纳公司的 SB—CNC、PD/B、UP—65CNC 精密数控车床、TC 系列车削中心；DMG 公司的 CTX 系列数控车床和车削中心；Boehringer 公司 VDF 系列数控车床和车削中心、DUS 系列平床身数控车床；Index 公司的 TNA 和 D 系列数控车床和车削中心；Niles Simmons 公司的 N 系列数控车床和车削中心。从瑞士进口的有碧玛泰公司的 S—188CNC 数控车削中心、威力铭公司的 W—211SN2 排刀式数控车床。从日本进口的数控车床主要来自马扎克、大限、森精机制作所等公司。进口的大型的数控车床，主要来自意大利 Safop 公司、Innse 公司、西班牙 Danobat 公司，个别也有来自中国台湾地区乔福公司、丽伟公司和韩国大宇重工业公司的。

(2)车铣复合中心　进口的卧式车铣复合中心较多是日本马扎克公司的 Integrex 系列，有 100 Ⅱ SY、200 Ⅱ SY 和 300 Ⅱ SY，还有 Integrex e 系列；其他还有日本大限公司的 Mac—Turn250 车铣中心；德国 Index 公司的 G400 车铣中心、TNA700 车铣中心；奥地利 WFL 公司的大型车铣复合中心。进口的卧式车铣中心都为五轴控制，四～五轴联动，有刀具自动交换系统。进口的立式车铣中心为德国科堡公司和德国 DS 公司产品，都为五轴联动，用于制造大型螺旋桨和复杂形状大型零件。

(3)加工中心　①立式加工中心主要进口的是五轴立式加工中心，占进口的立式加工中心总数 1/2 左右。实现五轴联动有二种方式，即主轴头摆动和工作台摆动。进口的主轴头摆动的有美国辛辛那提机床公司的 VS 系列五轴立式加工中心、意大利菲迪亚公司的 K 系列五轴立式加工中心、日本新日本工机公司的 FSP—120V 五轴立式加工中心、日本马扎克公司的 VORTEX 系列五轴立式加工中心、意大利的 Rambaudi 公司 RAMMATIC 1201MM/NC 五轴立式加工中心、德国 DMG 公司的 DMU 系列 T 型五轴立式加工中心、瑞士威力铭—马科黛尔公司的 W 系列五轴立式加工中心等。进口的工作台摆动的有德国 DMG 公司的 DMU50evolution、DMU70evolution 五轴立式加工中心、德国哈默公司的 C 系列 U 型五轴立式加工中心、瑞士 Mikron 公司的 UCP600、UPC800 五轴立式加工中心。进口的立式高速铣削中心有瑞士 Mikron 公司的 HSM 系列、哈默公司的 C 系列、德国 Roders 公司的 RP 系列。②卧式加工中心进口较多。进口的五轴卧式加工中心主要有美国辛辛那提机床公司的 HPC—630XT 和 H5—800 五轴卧式加工中心、瑞士迪西公司的 DHP 系列五轴卧式加工中心、瑞典 Sajo 公司的五轴卧式加工中心。大型卧式加工中心，有 W 轴的和无 W 轴的，进口的有美国吉丁斯路易斯公司、瑞典 Sajo 公司、德国 Scharmann 公司和 Heckert 公司、日本马扎克公司的产品。③立卧转换铣削中心，也是我国进口的主要品种，进口较多的是德国 DMG 公司的 DMU60P、80P、125P、200P；瑞士米克朗公司的 UCP1000、UCP1350。

(4)数控龙门铣镗床　进口主要的是数控超重型龙门铣镗床、五面和五轴龙门加工中心，也有工作台宽度1 500 mm左右的数控定梁龙门铣床和数控定梁龙门加工中心。数控超重型龙门铣镗床进口极少，主要用于加工船舶柴油机机体，产品来自日本新日本工机公司、德国瓦德里希·科堡公司。数控高速桥式和高架式五轴龙门加工中心主要用于航空工业，进口较多，提供的厂商有美国辛辛那提机床公司、法国弗雷斯特一里内集团，小规格的也有来自意大利FPT工业公司的。五面和五轴龙门加工中心应用面很广，工模具制造使用较多，进口的有日本新日本工机公司、日本大隈公司、日本本间金属工业公司、日本三菱重工业公司、意大利Jobs公司、德国Kolb公司等公司产品。工作台宽度1 500mm左右的数控定梁龙门铣床和数控定梁龙门加工中心主要用于纺织机械工业，大多从中国台湾地区进口，进口中较多的是中国台湾高明精机工业有限公司、中国台湾协鸿工业股份有限公司的产品。

(5)数控落地镗铣床　镗杆直径Φ150～160mm以下的数控落地镗铣床主要来自于美国Giddings&Lewis公司、意大利FPT工业公司、意大利Pama公司；镗杆直径Φ>160mm数控落地镗铣床来自于捷克SKODA公司、意大利INNSE BERARDI公司、意大利PAMA公司。国外数控落地镗铣床最多可以提供八轴控制，五轴联动，可以实现各轴全闭环控制(*W*轴仅个别厂商能提供全闭环控制)，机床都具有温度补偿和镗杆、滑枕下垂自动补偿技术和软件，提高了机床的加工精度。

(6)数控磨床　我国近期进口的主要是高精、高效、复合的数控磨床和专用数控磨床。高精度数控万能外圆磨床进口较多，主要是从德国斯莱福临集团的瑞士STUDER公司进口，也有从美国哈挺公司的成员瑞士KELLENBERGER公司进口的。机床砂轮架可以自动回转(B轴)，可作1°、2.5°分度或0.001°连续分度，砂轮架上可以装有2个外磨砂轮轴和1个内磨砂轮轴。一般精度的头架卡盘的跳动为0.4μm，高精度的为0.2μm。数控内圆磨床主要从瑞士HTT公司(被美国哈挺公司收购)的TRIPET公司和STUDER公司进口。数控组合磨床进口自德国KEHREN公司和BUDERUS公司、瑞典NOVA公司。进口的数控专用磨床有德国NILES SIMMONS公司的车轴磨床、瑞士REISHAUER公司和意大利SAMPUTENSILI公司的数控万能螺纹和滚刀磨床、德国BLOHM公司的叶片安装板成形磨床和单面榫齿蠕动成形磨床等。高精度坐标磨床近年进口也不少，主要从瑞士HAUSER公司和美国MOORE公司进口。最近几年，数控万能刀具磨床进口很多，进口自德国SAACKE公司、德国WALTER公司、瑞士SCHNEERBERGER公司、丹麦SORENCO公司。

(7)齿轮加工机床　齿轮加工机床进口较少，进口的主要是高精度齿轮加工机床和弧齿锥齿轮加工机床。如德国NILES公司、瑞士OERLIKON的齿轮加工精度可达DIN2～3级的数控成形砂轮齿轮磨床，以及美国GLEASON公司、德国KLINGERNBERG公司的数控弧齿锥齿轮磨床；德国LORENZ公司和PFAUTER公司的加工精度达到5～6级的数控滚齿机和数控插齿机。

(8)电加工机床　进口的电加工机床主要是高精度的和细丝加工的。如加工形状精度要求达到0.003～0.005mm、电极丝径Φ0.03～0.05mm的精密电火花线切割机床以及带*C*轴和电极库的精密电火花成形机床。进口的产品以瑞士阿奇公司、夏米尔公司的产品居多。个别进口的还有瑞士PALUSAX公司的精密电火花小孔加工机床。

〔撰稿人：中国机床工具工业协会市场部丁雪生〕

机床工具行业的国际合作取得新进展

一、技术引进、合作生产循序渐进

改革开放以来，机床工具行业加强技术引进、合作生产，起到了借用国际资源，提高开发水平，加快机床产品的开发、研制和生产，降低生产成本的作用。

1978年起，一批行业企业如济南第一机床厂、南京机床厂、济南第二机床厂、上海重型机床厂、北京第一机床厂等相继采用合作生产、技术引进、联合设计等方式，生产出符合国际标准、达到同期世界先进水平、能满足国内外市场需求的机床产品，并积累了开发、生产、管理的先进经验。由科技合作走向技贸合作的技术转让，由引进技术发展到产业之间在资金和生产上的合作、联合设计，这样的合作方式得到很快发展。如齐齐哈尔第一机床厂、险峰机床厂、南通机床厂、上海锻压机床厂、徐州锻压机床厂、黄石锻压机床厂等，与德国、日本、美国、意大利等国家的机床厂商合作，生产出新的符合国际标准的产品满足了国内市场需求，扩大了产品出口。

在当时的政策环境下，技术引进、合作生产是一种比较行之有效的合作方式。对国内生产厂讲，产品都是外国厂家现行生产的产品，技术先进，质量由外方总负责，对中方制造质量要求严格，促使中方认真消化、改进生产工艺，从而比较扎实地掌握技术，获得了先进的设计思路和制造工艺技术以及严格的科学的管理方法，有的工厂还举一反三，进行二次开发，提高了自己产品的技术水平，生产出市场所需的机床产品；对外国厂商讲，看重中国的机床大市场，赢得良好的效益;对用户来讲,得到的是以国外先进技术为标准制造的,价格具有竞争力的先进产品,"三赢"何乐而不为。那时候,全国的绝大多数机床企业都乐于采用这种形式进行国际合作,并取得了可喜的成果。

我国机床行业和国外的合作合同大部分是在"六五"、"七五"期间签订的。到目前为止,大部分合同已经到期。到期合同中,有的延长了合同的有效期,有的发展成为合资企业,但大部分已经终止。20世纪80年代,一大批外商所以积极和中国合作,是当时对中国市场情况了解甚少,又看中了中国劳动力低廉,生产成本低,想通过合作而进入中国市场,通过20多年的改革开放,外商对中国市场已逐步熟悉,并发现中国机床厂的制造成本并不低,合作热情渐渐地降低了。加入WTO后,成员国必须遵守"知识产权保护规则",国际技术合作更规范、更严谨。这对今后的技术合作会增加一定的难度。再加上20世纪末的世界经济萧条,外国机床行业的生产步入低谷,而我国机床企业又处于改造重组及改革所有制时期,这都影响到机床合作生产的发展和继续。近几年,三资企业数量增加,技术引进和合作生产项目的减少,说明了整个世界机床市场格局的变化,也说明中国机床大市场对世界机床制造商很有吸引力。

近十年来,中国机床工具工业协会为行业的技术发展,促进国际合作做了大量的工作,取得一定成绩。通过与国外机床协会的密切联系,促使机床合作生产向深层次发展,探讨两国机床企业如何合作向用户提供成套设备和技术,提供交钥匙工程,从而促进了数控机床整机、数控系统及功能部件的成功开发,提高了全国机床产品数控化率。中国机床工具工业协会为企业机床合作生产和合资生产发挥了桥梁和纽带作用,促进了合作项目的开发,深得企业信赖。

二、合资项目,三资企业发展迅速

加入WTO以后,接受WTO有关规则的约束和给予外商国民待遇等措施的实行,保护知识产权和投资政策的贯彻执行,以及国内实施积极的财政政策和扩大内需方针,使中国市场进一步改善和扩大,吸引了更多的外商来华投资和开展国际合作,也为我国机床行业的发展提供利用外国技术和资本资源的机遇。国际大公司纷纷在国内开办独资或合资企业,如日本大限和北一数控机床有限公司合资建立北一大限机床有限公司,共投资3亿元,形成年产数控机床1 000台能力,年销售收入将达到8亿元。德国DMG公司在上海松江区建立独资企业,生产最新的立式加工中心和数控车床、年产500台。意大利Riello Sistemi(利雅路)机床集团在上海松江工业开发区独资建立现代工厂,占地26 500m²,预计于2003年底前后向中国市场提供加工中心产品。继意大利政府贷款在北京机床研究所建立意大利机床培训中心后,2002年西班牙政府赠款在天津建立了中一西机床培训中心,这既是一个机床产品人才开发的国际合作项目,也是该国家政府为支持本国企业拓展中国机床市场的途径之一。国际合作方式已从产品、技术、资金的合作,发展到人才的合作。美国的法道、哈斯、肯纳,日本的马扎克、村田、小松,以及中国台湾地区的一些厂商,也都纷纷在中国内地建立独资公司。有的已开始生产,有的正在建设,这些企业都将是竞争力很强的对手。

独资或合资企业不但带来了先进的技术和产品,也带来了先进的管理方法,新的产品不但满足了国内市场的需求,也为扩大出口提供了一定的货源,同时也促进了我国机床行业的发展。

经济日报最新报道,2002年中国直接吸引外资已跃居世界第1位。国家统计局公布2002年外商直接投资合同金额828亿美元,比上年增长19.6%。据对机床工具行业8个小行业的不完全统计,截止至2002年底,企业总数为2 225个,其中三资企业316个占14.2%,反映出机床工具行业的合资、合作进程也在加快。三资企业的发展,既是对国有机床企业的挑战,又为国有机床企业提供学习技术、管理经验的机会,增添了我国机床工具行业的新生力量。2002年机床工具大行业三资企业主要经济指标完成情况见附表1。

三、合作生产、合资经营促进机床产品的出口增长

回顾我国机床工具行业的产品出口历程,可分为三个阶段:第一阶段,是在计划经济下出口,以指令性计划援外,易货贸易为主;第二阶段,是国家指令性计划下的出口,即国家指导企业出口,这个阶段变化很大,很多企业看到了国内外两个市场的重要性,基于国家有针对性的引导,企业发展成出口基地企业,出口从几百万美元迅速扩大到几千万美元;第三阶段,扩大企业自营出口权,按市场运作出口,以市场为导向,从几千万美元发展到几亿美元,市场经济为行业产品出口工作创造了更好的外部环境。

改革开放政策加快了机床工具行业的合作生产、合资经营的进程,相当一部分企业在合作生产、合资经营的实践中调整了本企业的产品结构,合作生产出既能满足国内市场需求,又能满足国外市场需求的先进的机床产品,从而提高了本企业的知名度,又为机床产品出口作出了贡献。如济南第二机床厂的闭式压力机、苏州沙迪克三光的电加工机床、南通机床厂的高速立铣、济南第一机床厂的普通车床、青岛前哨的三坐标测量机、上海冲剪机床厂的数控多工位冲床和北京阿奇夏米尔的电加工机床等一批企业的合作或合资产品主要以出口为主,有的出口比例达到本企业产量的50%以上。他们是成功的。

随着入世后市场大环境发生的变化,未来行业企业的发展将受到出口的制约,国内市场与国际市场将逐步接轨和融合,我国将逐步进入国际经济大循环,参与国际分工和交换,机床工具市场面临更加激烈的竞争,不解决好出口问题,在市场中就难以立足,生存发展必将受到威胁。当然加入WTO也为我国借助于合作、合资公司力量,通过引进技术、引进人才、引进管理,提高我国机床工具行业整体的国际竞争力创造了条件。

扩大出口,在世界机床市场上抢占一席之地,在国外建厂是十分重要的。美国、日本、德国的机床产品成功地进入我国市场,但英国不成功,原因就在于美、日、德在中国国内建厂,而英国则没有。鼓励开发高技术产品出口和在国外建厂是国家政策支持的。大连机床集团率先在海外选择合适对象建立能控制主要股权的具备本地化特色的加工厂，生产市场所需产品，并进一步将被并购厂的技术积累、销售网络、经营模式为我所用，这是我国入世后进入世界经济大循环中值得积极探索的一种途径。在国外建生产基地，服务问题也解决了，这是出口的高级阶段。

大连机就集团的做法，为国内企业兼并国外企业，到国外设厂生产提供了经验。我们深信中国机床企业已有条件和实力走出去，在国外设厂生产高水平产品，并在当地销售。我国的机床产品出口是大有可为的。

近几年，经过全行业的不懈努力，大力调整产品结构，目前主机企业已由只生产普通机床向生产数控机床发展，由只生产万能机床向生产专用机床发展，由只生产单机逐步向成套、成线供货方向发展。

据海关总署统计，2002 年中国出口机床工具类产品计 12.59 亿美元，比 2001 年增长 11.9%，其中数控(数控金切机床、数控成形机床、数控压铸机、数控装置)类产品出口 0.67 亿美元，占全部机床工具类产品出口值的 5.46%。虽然我国机床产品出口有所增长，但只占世界机床贸易总量的 1%。

四、中国机床工具工业协会为企业国际合作发挥了桥梁和纽带作用

2001 年 11 月，中国机床工具工业协会组织召开了“加强国际合作迎接入世挑战研讨会”，青岛前哨、北京阿奇、苏州沙迪克三光、无锡光洋、宁夏小巨人等合作生产、合资经营较为成功的企业，交流了多年来与国外进行合作、合资的经验。2002 年中国机床工具工业协会组团访问了日本 4 个机床生产厂家：大隈株式会社、丰田工机株式会社、丰和工业株式会社和日平富山公司。这些企业主要产品都是数控机床、加工中心、自动化生产线。自用的或出口的也是这些产品。这些厂家有一特点，且引以为自豪的就是使用自己生产的数控机床生产市场所需产品，如大隈自己生产的数控机床占全公司机械加工设备的 60%。这一方面向用户展示自己数控机床使用的可靠性，另一方面也可通过生产实践考验机床性能并不断改进。众多的机床厂家都设立了机床加工试验区，针对用户的零件进行加工，以取得用户的认同。中国机床工具工业协会组织的这些活动，对行业发展合作生产起到了促进作用。2003 年第八届中国国际机床展览会(CIMT2003)期间，中国机床工具工业协会(CMTBA)充分发挥其桥梁和纽带作用，利用展会的有利条件，为本行业的企业服务，为开发国际机床市场服务，体现了协会在行业企业之间的协调功能。展会期间，协会领导与世界各国和地区机床协会的同仁，就协会之间如何进一步开展合作，如何适应中国机床市场对高新技术装备的需求，国际机床市场对中国机床产品的需求，进行了认真友好的会谈，并取得了良好的成果。会谈中，各国(地区)的机床协会均表示，要根据会员产品特点和要求，及本地经济形势的变化，寻找合适的合作对象为其会员服务。他们希望合作对象的产品结构，技术水平与其会员的产品相当。如：展会期间，中国机床工具工业协会国际合作部利用展会有利条件，牵线搭桥，促成了昆明机床厂和意大利 FPT 公司就 CNC 镗铣床的合作项目进行了卓有成效的会谈。

入世后，为机床工具行业创造了更好的国际合作大环境，引进技术、合作生产、合资经营。在技术上可以全面接受合作对象的设计、制造技术；在管理上可以运用其管理模式，在信息上享受其全球网络资源系统；在人员培训上可以接受合作企业的培训方法；在用户服务上从被动转为主动，采取售前、售中、售后全方位服务。机床工具工业协会诚心为企业服务，希望企业抓住机遇，利用现有条件，在国际合作的进程中加速本企业的发展，在国际机床大市场舞台上大显身手。

21 世纪是国际产业结构重组，国际分工深化，经济全球化加快，科技迅速发展的时代。机床工具工业合作生产、技术引进、合资经营是国际合作化的重要组成部分。随着规模方式的不断发展，我们的国际合作不但体现在国外企业和国内企业的合作，也必将体现在国内企业走出去和国外企业的合作。

附表 1　2002 年机床工具大行业三资企业主要经济指标完成情况

三资企业行业类别	从业人员平均人数	产品销售收入(万元)	比上年增长(%)	利润总额(万元)	比上年增长(万元)	工业总产值(当年价)(万元)	比上年增长(%)	工业产品销售率(%)	比上年增长(%)
金切机床制造业	11 005	261 112	24.4	20 812	11 103	268 812	15.4	93.3	—2.2
锻压设备制造业	2 933	72 612	7.4	7 947	1 480	68 246	1.8	98.2	1.9
铸造机械制造业	1 681	39 061	24.6	6 092	2 740	39 951	31.4	99.3	0.1
机床附件制造业	1 708	35 564	32.8	3 875	—6	36 897	24.6	95.1	—0.7
切削工具及量具量仪制造业	10 057	193 726	12.8	17 321	5 426	203 173	16.8	98.6	0.7
磨料磨具制造业	18 315	834 290	8.8	17 980	—10 648	846 035	6.7	99.4	—0.5
电器制造业	425	13 837	—2.6	1 201	95	14 494	2.7	98.5	—2.2
其他金属加工机械制造业	5 833	182 705	35.0	11 984	4 258	169 927	24.4	99.7	1.3
合　计	51 957	1 632 907	14.7	87 212	14 448	1 647 535	11.5	98.2	—0.4

〔撰稿人：中国机床工具工业协会国际合作部朱裕民〕

数控制齿机床产业化进程的报告

——兼谈齿轮加工装备行业面对 WTO 的策略

中国制齿机床从 20 世纪 50 年代诞生于重庆机床厂。行业统计结果表明,通过实施数控机床产业化,精良的国产数控齿轮机床从几年前的弱小地位一跃成为国内重点用户的首选装备,数控齿轮机床销售额在齿轮机床销售额中的占比已从 1996 年的 11%上升到 2001 年的 61%,确立了在国内市场的主导地位。秦川机床厂从 1992 年开始研制数控磨齿机,目前已成为市场知名品牌;南京第二机床厂、长江机床厂、天津第一机床总厂从 1994 年起步开发数控插齿机,经过市场洗礼,基本形成了三足鼎立局面。全行业齿轮机床产值数控化率已达 42%,为中国机床行业赶超世界先进水平做出了很大贡献。

作为中国制齿机床开创者的重庆机床厂,从 1999 年至今,在潜心开发,默默耕耘中厚积薄发,创造了令人瞩目的数控机床精品,建树了用户青睐的数控机床名牌,数控机床产业化结出了丰硕的果实。为哈尔滨东安汽车股份有限公司定做的 11 台六轴数控高效滚齿机床和 12 台三轴数控剃齿机床是最好的例证。

重庆机床厂是中国制齿机床行业排头兵,从 20 世纪 70 年代研制 YK3345 非圆柱齿轮铣齿机开始,就非常注重技术创新,80 年代研制了 YKJ3180 一轴半数控滚齿机、YK3132 两轴数控滚齿机和 YKQ3180 四轴数控滚齿机。90 年代中期采用国外系统,研制出达到国际 90 年代初先进水平的 YK3120 六轴四联动数控高效滚齿机,并以此为契机,研制了数控剃齿机、数控插齿机、数控内啮合珩齿机、数控成形磨齿机。但由于整体技术、生产组织尚处于幼稚期,且热衷于追求高精尖、填空白,很少有市场销路,更无法参与市场竞争,满足用户需求。在此期间,国外质优价昂的数控制齿机床长驱直入,使国产机床相形见绌,进口的数控制齿机床占国内市场需求量的 2/3,相当于每年有 6 千多万美元落入他手,严重冲击了国内制齿机床厂家,几乎导致全行业亏损,重庆机床厂重创尤深。

面对普通机床滞销,用户纷纷订购进口数控机床的局面,重庆机床厂果断做出了"做好普通机床保饭碗,发展数控机床创品牌"的策略,决心大力调整产品结构,以高新技术改造提升传统产品,增强企业整体素质与核心竞争能力。从 1996 年起,重庆机床厂向北京华纳提供了 7 台 YKA3132、YKB3132 数控滚齿机;为中日合资唐山爱信齿轮公司开发成功 YKAT4232 径向剃齿机。之后唐山爱信齿轮公司继续向重庆机床厂订购了 11 台;与此同时,重庆机床厂主动出击,一举夺得中法合资神龙公司 15 万辆轿车工程的国际招标项目——带自动上下料装置的 5 台 YKZ3120 数控自动滚齿机和 2 台 YKTZ4220 数控径向自动剃齿机的订单,并严格按国际标准和欧洲标准设计制造,达到了国际先进水平,用户非常满意。这几项重点项目的成功实现,表明重庆机床厂对数控制齿机床的开发设计制造能力,已从幼稚期走向成长期,成为数控机床产业化的前奏。

随着新一轮经济周期的到来和市场竞争的加剧,数控机床已成为用户的首选装备,重庆机床厂敏锐地意识到市场对数控机床的需求已进入新里程。为了运用数控技术提高我国制齿设备档次,改变汽车、国防工业对高档数控齿轮机床依赖进口的现状,重庆机床厂于 1999 年提出"向数控机床进军"的口号,2000 年提出了"推进数控机床产业化进程"的目标,坚决贯彻"跟踪高级型,发展普及型,扩大经济型"的方针,瞄准当代先进水平,根据市场和订单,提出调整产品结构、开发数控机床的目标;实施人才工程、培训数控人才;加大技术和装备投入;引进吸收当代先进技术,追随时代潮流开发新一代名品;运用模块化设计研发高档次产品,使用共性技术覆盖普通产品,以数控技术改进经济型产品,使数控机床和新产品产值约占总产值的 50%。

(1)以重大装备国产化为开发重点,重庆机床厂承担了国家重大技术装备的研制。其系列科研成果 YKS3120/YKS3132 六轴四联动高速滚齿机,突破了传统滚齿装备的设计结构和设计方法,采用国际顶级配置,产品的高技术性能远远超过国内同类产品,为我国齿轮制造业提供了高速、高效、高精度的齿轮柔性加工设备,经用户使用和鉴定,认为产品已达到 20 世纪 90 年代末国际先进水平,产品售价大大低于进口机床,就性价比而言,具有参与国际市场竞争的能力。产品被列为 2001 年国家重大技术装备创新项目,一汽、上海三菱、上汽齿等国内重点用户已将其作为更新的首选装备,重庆青山公司把该机床作为可替代进口的主力机型,对产品高性能非常满意。

(2)针对汽车、摩托车行业的技改需求,使用数控共性技术覆盖普及型产品,开发先进适用的高效数控机床。重庆机床厂开发的一～四轴数控剃齿机淘汰了机械型剃齿机,采用价值工程等先进技术,注重技术先进性和成本控制,开发了一至四轴高速、高效数控滚齿机,产品性能价格比高,以其加工精度高、可靠性好、调整方便等特点深受用户欢迎。YKB3120A、YKA3120A、YKX3132 等高效数控滚齿机在一汽、二汽、山西大同、重庆青山、上汽齿、唐山爱信、钱江摩托大量采用后,反映性能可靠,精度稳定,生产效率成倍提高,是普通设备更新换代的优选装备。YKX3132 被国家经贸委评审为"2001 年国家重点新产品"。

(3)充分考虑中小企业及民营企业生产特点,运用数控机床更新传统的普通齿轮加工机床,开发出性能稳定,性能价格比高，加工效率高的经济型数控机床，受到用户广泛好评。

重庆机床厂实施数控机床产业化近3年来，在政府的关怀、供应商的合作、用户的支持下，依靠科技进步，以人才为支撑，成功开发了以YKA3132、YKS3132为代表的14种二至六轴模块化设计的高档数控滚齿机，YKA4232A、YKA4250A等为代表的7种模块化剃齿机以及数控倒棱、倒角机、珩齿机等近30个品种的数控机床，并为东风汽车、二汽神龙、一汽大众、上海汽车、上海三菱、唐山爱信、钱江摩托、北京华纳、天津夏利、大同齿轮、重庆青山、重庆长安、陕汽齿等重型、轻微型汽车、轿车、摩托车、工程机械及其他行业的客户，提供了可与国际20世纪90年代水平媲美的数控机床。经统计，已累计销售数控机床300多台，涉及用户70余家。剃齿机已全部实现数控化，其销售额占国内剃齿机销售总额的60%。哈尔滨东安项目23台高档数控制齿机床，价值近2 300万元，是中国目前数量最大、金额最多、技术含量最高、交货期最短的单笔数控制齿机床订单，表明重庆机床厂的市场快速响应能力已达到了新的高度。2001年重庆机床厂销售数控齿轮机床近120台，占国产数控齿轮机床销量的51%，是国产数控齿轮机床销量最多的厂家，大幅度提高了国内数控齿轮机床的市场占有率，产品质量和档次都得到了全面提升，成为中国数控齿轮机床的中坚，数控机床产业化工程进入了新的里程碑。重庆机床厂在推进数控机床产业化的同时，专机和普通齿轮机床的市场继续得到拓展，产销量呈上升趋势，经济指标保持了快速稳定增长的势头。

尽管我国齿轮机床行业数控齿轮机床发展迅速，实现了跨越式发展和历史性突破，在国内市场与进口机床的竞争实力得到加强，但从总体技术水平看，与发达国家尚有较大差距。国产机床数控化率还较低，国产数控机床所需的基础关键主件还主要依赖进口，制约着数控机床的发展。这就需要国家基础工业整体的提高来支撑，也包括国内市场各个方面对数控机床的国产基础件的逐渐认同和国家政策上的呵护。从制造厂家来看，设备老化严重，制造手段落后，全行业拥有的数控金切机床仅占金切机床的6%，而产出的齿轮机床产值数控率达42%，严重不对称，迫切需要国家在技改资金和减轻负担方面给予扶持。

随着加入WTO，数控齿轮机床国内市场竞争将会更加激烈，数控替代普通是必然趋势，这将推动产品水平和档次提高。国产数控齿轮机床已树立良好的形象，有利于国产数控齿轮机床在市场中处于竞争优势，发展势头与前景良好，其主要因素有：

(1)国内市场需求旺盛　①国家继续以扩大内需支撑经济发展，用国产设备装备国民经济各行业的政策将会长期坚持并给予相关政策支持。②国产汽车制造有5年保护期，有利于汽车厂家扩大规模，需要高效高精度数控齿轮机床提高自身竞争力。③随着全球经济一体化进程加快，中国作为世界工厂的“制造中心”，数控齿轮机床同国际接轨，必将成为首选对象。

(2)用户购买需求导向　国内市场用户主要有两大类：①国有企业是国家重点项目主要投资方向，国家政策导向是用“中国装备装备中国”作为国家投资政策主线，其购买倾向显而易见。②非公有制企业非常注重性价比，由于国产数控齿轮机床相对国外同类机床有价格和服务优势，对购买国产数控齿轮机床积极性较高，从重庆机床厂销售实践看，相当比例是销售给非公有制企业，可见其市场化程度相当高。

(3)价格因素　国产数控机床与国外机床比较，其价格优势明显，国外中低档数控机床质量与国产机床接近，但国外人工成本高，其价格必然也高。高档数控齿轮机床中，一种是我国不能生产或质量差，国内又急需，价格必然高，如进口的价格昂贵的数控磨齿机；另一种是国内能生产质量较好的高档数控齿轮机床，如重庆机床厂的YKS3132、YKS3120六轴四联动数控滚齿机，其性能完全可同发达国家产品媲美，而价格仅为后者50%，有非常明显的价格优势。在质量不断提高的前提下，国产与进口机床的巨大价差为国产数控机床的发展留下了较大的竞争空间。

(4)售后服务比较　加入WTO后，国内企业有相同的文化背景，其设计更符合中国特征的人性化特点，售后服务工作将是企业长期不懈的工作。国内齿轮机床厂家对数控机床的售后服务尤其重视，建立了遍布全国乃至国外的销售网络和服务网点，建立维修备件库，随时为用户服务。这种方式既适合中国特点，又相对便宜，是外商所不具备的，尤其是网络时代的到来，更为产品的销售和服务提供了便捷的手段。对于中国数控齿轮机床的发展，我们有理由相信将具有美好的前景。

基于上述分析，面对WTO的新形势和世界经济一体化的格局，国内数控制齿企业应立足于以下发展策略：

(1)寻求与国际顶级企业合资合作，拓展数控齿轮机床品种规格，满足特殊加工的需要，尤其是在复合性、特殊性和辅助性齿轮加工装备方面的合作。

(2)加大改革改制和重组力度，采用“网头大，中间精”哑铃型经营模式，减轻企业负担，让企业轻装上阵快速发展。

(3)延伸企业及企业集团产品链，向用户提供成套的技术装备与服务，在向用户学习的基础上，当好用户的总工艺师。

(4)面对全球化采购，让产品走出国门，参与全球竞争，一方面分享国际市场，另一方面用国际惯例和国际标准，促进国内企业整体水平提高。

(5)面向网络时代，选用新型数控系统，运用信息化技术，实现网络化制造和服务。

(6)大力发展有特色的机床零部件、铸件产品，满足国内外市场需求，如发展电梯曳引机、高精度数控转台、高档及精密铸件等。

机遇和挑战摆在我们面前，努力学习新知识，苦练真功夫，把自身融入国际大环境中，经受风雨考验，提高应变能力，以数控齿轮机床领先中国机床主流，为用户提供最满意的服务是我们的责任，相信通过我们的共同努力，以中国精良的装备装备现代化的中国这个宏伟目标是能够实现的。中国的精品走向世界也是指日可待的。

〔撰稿人：重庆机床厂厂长廖绍华〕

国产数控刀具如何缩小与国外的差距

近年来，随着我国数控机床的发展，数控工具特别是数控刀具行业也有了长足的进步。然而，不容忽视的是，国外工具企业却在无情地挤压国内数控刀具市场。

针对我国工具行业与国外同行业的差距，工具企业如何迎头赶上，如何在加入 WTO 后，在数控刀具市场上占有一席之地，是需要工具企业认真对待的问题。

我国刀具行业起步晚，特别是先进的数控刀具仅仅是随着近年来数控机床的发展而发展的，因此，数控刀具行业产品基础比较薄弱，品种少，质量不高，发展速度缓慢，竞争力低下。国外刀具行业能抢滩中国的数控刀具市场，主要原因是：产品档次高、品种多、质量好。由此，国内企业的外国机床用外国刀具，产品精加工选用外国刀具，高性能切割使用外国刀具，特殊需要时也使用外国刀具，也就不足为怪。这就使国内工具企业处于十分被动的局面。

通过对国外数控刀具在国内市场占有份额分析可以看出，美国山特维克公司占有 3 亿元，美国瓦尔特公司占有 1 亿元，日本、欧洲、韩国等国家在中国也有很大的销售量。国内数控刀具市场除去株洲、自贡（硬质合金刀片）占 1.5 亿元外，以哈尔滨工量数控刀具有限责任公司为骨干企业，加上成都英格尔、成都量具刃具厂、上海附件一厂、东风汽车公司工具厂数控刀具产值合计只有 1 亿元左右，另外还有工具行业的一些小厂生产数控刀具也不过几千万元。国内外工具行业还不仅仅表现在量的差距，更重要的是质的差别。如以刀具档次计，国外工具行业的大公司提供的是第一档次产品，而国内企业产品只能算作是第二档次，在国内企业还不能生产高档次的数控刀具产品。

为缩小与国外工具行业的差距，哈尔滨工量数控刀具有限责任公司遵循市场规律，把哈尔滨量具厂和第一工具厂生产数控刀具的优势，优化组合起来，形成了国内最大的数控刀具生产基地，逐渐增强了我国数控刀具的竞争力，对振兴数控刀具行业起到了重要作用。哈尔滨工量数控刀具公司充分应用和发展与英格索尔刀具公司的合作成果，相继研制开发出曲轴、内曲和外曲切削刀具，汽轮机转子槽铣刀、螺杆铣刀等一大批可转位切削刀具。上述刀具的性能、精度都完全达到了国外同类产品水平。在工具系统切削刀具方面，哈尔滨工量数控刀具公司不断完善现有的镗铣类切削刀具，并相继推出了万能角度头、强力夹头、旋转刀架等一系列切削刀具，满足了刀具市场的需求。

要缩短与国外刀具行业的差距，需尽快解决好以下几个问题：一是要加快企业的改革步伐，增强企业的竞争力；二是加快企业产品结构调整，满足用户需求，重新树立国产数控刀具的形象；三是急需国家出台相关政策对数控刀具行业给予支持；四是国内企业尽量使用国产数控刀具，给国内刀具企业以支持；五是行业内要进一步整合、规范无序竞争；六是加快引进国外先进技术，寻求与国外先进刀具公司的合作，尽快与国际接轨；七是尽可能的再降低成本。

在国外同类产品抢夺市场的情况下，国内企业还能够生存的主要原因是企业的一些产品和国外产品相比，在精度和性能相同的情况下，有价格优势。现在哈尔滨工量数控刀具公司不是与国内企业竞争，而是瞄准产品市场需求，生产出档次高、国内空白产品和高附加值产品，以求与国外产品一拼。

〔撰稿人：哈尔滨工量数控刀具公司董事长兼总经理黄泽远〕

国机械工业年鉴系列

中国机床工具工业年鉴

China Machine Tool & Tool Industry Yearbook

2003

第Ⅳ部分

统计资料

统计资料

2002年机床工具行业主要经济指标完成情况

行业类别	代码	企业数		从业人员平均人数	产品销售收入			利润总额			工业总产值(当年价)		
		企业数(个)	占比率(%)	(人)	完成(万元)	占比率(%)	比上年增长(%)	完成(万元)	占比率(%)	比上年增加(万元)	完成(万元)	占比率(%)	比上年增长(%)
金属切削机床制造业	3521	410	100.0	190 734	1 860 867	100.0	24.3	35 756	100.0	30 376	1 919 531	100.0	18.9
国有经济		282	68.8	169 794	1 490 678	80.1	24.3	10 204	28.5	17 448	1 527 346	79.6	19.5
民营经济		69	16.8	9 935	109 077	5.9	24.4	4 740	13.3	1 825	123 373	6.4	19.9
三资企业		59	14.4	11 005	261 112	14.0	24.4	20 812	58.2	11 103	268 812	14.0	15.4
锻压设备制造业	3523	221	100.0	61 561	643 272	100.0	20.1	21 521	100.0	7 641	698 283	100.0	15.4
国有经济		145	65.6	50 336	415 934	64.7	21.7	6 465	30.0	3 549	456 536	65.4	13.9
民营经济		57	25.8	8 292	154 726	24.1	22.6	7 109	33.1	2 612	173 500	24.8	26.5
三资企业		19	8.6	2 933	72 612	11.2	7.4	7 947	36.9	1 480	68 246	9.8	1.8
铸造机械制造业	3525	144	100.0	26 819	254 070	100.0	19.8	10 309	100.0	7 014	279 057	100.0	18.4
国有经济		87	60.4	19 498	161 458	63.5	18.4	2 374	23.0	3 961	175 299	62.8	13.5
民营经济		40	27.8	5 640	53 551	21.1	20.6	1 843	17.9	313	63 807	22.9	25.4
三资企业		17	11.8	1 681	39 061	15.4	24.6	6 092	59.1	2 740	39 951	14.3	31.4
机床附件制造业	3526	114	100.0	23 861	215 335	100.0	30.3	10 646	100.0	2 252	236 096	100.0	24.1
国有经济		72	63.2	18 495	125 436	58.3	24.8	5 363	50.4	1 944	135 763	57.5	17.7
民营经济		25	21.9	3 658	54 335	25.2	43.1	1 408	13.2	313	63 436	26.9	40.1
三资企业		17	14.9	1 708	35 564	16.5	32.8	3 875	36.4	−6	36 897	15.6	24.6
切削工具及量具量仪制造业	3431 4242	339	100.0	92 804	945 181	100.0	18.4	46 791	100.0	23 546	1 022 215	100.0	21.9
国有经济		181	53.4	61 134	373 277	39.5	10.9	1 139	2.4	8 177	404 909	39.6	13.7
民营经济		91	26.8	21 613	378 178	40.0	30.3	28 331	60.5	9 943	414 133	40.5	34.4
三资企业		67	19.8	10 057	193 726	20.5	12.8	17 321	37.1	5 426	203 173	19.9	16.8
磨料磨具制造业	3190	627	100.0	112 105	1 984 041	100.0	11.0	61 666	100.0	2 202	2 075 178	100.0	9.2
国有经济		384	61.2	79 699	879 945	44.4	9.3	31 825	51.6	9 388	938 538	45.2	8.3
民营经济		152	24.2	14 091	269 806	13.6	25.3	11 861	19.2	3 462	290 605	14.0	20.7
三资企业		91	14.6	18 315	834 290	42.0	8.8	17 980	29.2	−10 648	846 035	40.8	6.7
电器制造业	4027	19	100.0	11 264	257 993	100.0	10.1	14 429	100.0	542	274 894	100.0	12.1
国有经济		17	89.4	10 797	243 357	94.3	10.9	13 196	91.5	439	259 451	94.4	12.6
民营经济		1	5.3	42	799	0.3	15.4	32	0.2	8	949	0.3	32.9
三资企业		1	5.3	425	13 837	5.4	−2.6	1 201	8.3	95	14 494	5.3	2.7
其他金属加工机械制造业	3529	351	100.0	60 002	883 424	100.0	24.1	36 306	100.0	12 105	946 457	100.0	22.6
国有经济		220	62.7	44 535	530 852	60.1	24.0	17 107	47.1	6 810	575 685	60.8	22.3
民营经济		86	24.5	9 634	169 867	19.2	14.3	7 215	19.9	1 037	200 845	21.2	22.2
三资企业		45	12.8	5 833	182 705	20.7	35.0	11 984	33.0	4 258	169 927	18.0	24.4
8个小行业合计		2 225	100.0	579 150	7 044 183	100.0	18.6	237 424	100.0	85 677	7 451 710	100.0	16.4
国有经济		1 388	62.4	454 288	4 220 937	59.9	18.3	87 673	36.9	51 716	4 473 527	60.0	15.5
民营经济		521	23.4	72 905	1 190 339	16.9	25.1	62 539	26.3	19 513	1 330 648	17.9	26.7
三资企业		316	14.2	51 957	1 632 907	23.2	14.7	87 212	36.8	14 448	1 647 535	22.1	11.5

[供稿人:中国机床工具工业协会周秀茹、黑 杉]

2002年各地区机床工具行业主要经济指标完成情况

（按产品销售收入排序）

序号	地区	企业数（个）	从业人员平均人数（人）	产品销售收入			利润总额		工业总产值（当年价）	
				完成（万元）	比上年增长（%）	在全国占比（%）	完成（万元）	比上年增加（万元）	完成（万元）	比上年增长（%）
	合计	2 225	579 150	7 044 183	18.6	100.00	237 424	85 677	7 451 710	16.4
1	江苏	357	93 142	1 957 703	17.0	27.79	64 418	17 997	2 069 847	14.9
2	山东	193	62 935	749 439	30.8	10.64	28 750	9 138	827 929	27.8
3	浙江	191	37 867	668 418	20.0	9.49	40 523	10 382	680 594	16.7
4	河南	178	37 861	481 824	8.2	6.84	20 246	8 574	522 394	7.7
5	上海	170	27 423	471 017	13.3	6.69	21 182	5 476	456 869	16.8
6	辽宁	119	35 282	454 564	36.0	6.45	8 134	6 985	425 431	30.8
7	广东	139	19 498	322 142	14.3	4.57	12 636	6 557	323 668	14.0
8	四川	56	21 397	258 214	13.1	3.67	15 355	−650	267 615	15.8
9	北京	71	12 176	182 250	27.1	2.59	4 965	−2 783	185 712	24.1
10	河北	91	20 711	181 643	16.0	2.58	15 296	4 699	199 402	9.4
11	湖北	79	26 586	179 056	19.6	2.54	3 431	2 040	203 781	21.0
12	陕西	29	18 312	116 101	33.1	1.65	344	922	149 260	18.4
13	安徽	54	13 669	96 247	16.1	1.37	2 102	−47	106 718	15.9
14	天津	76	10 782	96 006	4.8	1.36	2 614	2 726	109 963	8.3
15	湖南	60	10 429	89 653	32.5	1.27	1 903	−395	105 720	25.8
16	福建	50	8 182	87 678	21.0	1.24	5 095	4 367	96 789	19.9
17	吉林	28	8 541	82 804	6.5	1.18	1 998	2 824	86 866	18.3
18	山西	30	13 475	81 208	−4.1	1.15	−2 499	−3 669	82 275	5.5
19	黑龙江	27	23 248	79 394	28.7	1.13	−313	4 838	92 744	7.6
20	广西	34	8 536	57 388	20.9	0.76	1 705	560	58 334	12.0
21	贵州	46	15 680	57 203	7.6	0.81	−4 589	561	66 038	3.1
22	江西	42	10 635	53 119	28.3	0.75	−1 070	−721	56 350	−1.8
23	青海	18	6 943	48 151	7.4	0.68	1 280	776	58 025	14.9
24	重庆	17	7 743	47 464	17.2	0.67	1 567	805	49 523	13.5
25	甘肃	36	10 144	46 289	15.7	0.66	−837	211	61 279	12.8
26	云南	17	7 721	44 476	10.4	0.63	−1 810	2 379	49 832	7.2
27	宁夏	4	2 586	26 493	32.9	0.38	−1 997	1 224	27 364	12.3
28	内蒙古	8	7 112	26 387	−6.1	0.37	−2 802	45	28 839	−8.9
29	新疆	3	290	1 152	−22.9	0.02	−190	−137	1 762	−43.3
30	海南	2	244	700	−0.3	0.01	−13	−5	787	−6.1

〔供稿人：中国机床工具工业协会周秀茹、黑　彬〕

2002年各地区机床工具行业国有经济主要经济指标完成情况

（按产品销售收入排序）

序号	地区	企业数（个）	从业人员平均人数（人）	产品销售收入			利润总额		工业总产值（当年价）	
				完成（万元）	比上年增长（%）	在全国占比（%）	完成（万元）	比上年增加（万元）	完成（万元）	比上年增长（%）
1	江苏	157	44 291	548 632	16.9	13.00	5 625	17 328	576 808	13.9

（续）

序号	地区	企业数（个）	从业人员平均人数（人）	产品销售收入 完成（万元）	产品销售收入 比上年增长（%）	产品销售收入 在全国占比（%）	利润总额 完成（万元）	利润总额 比上年增加（万元）	工业总产值（当年价） 完成（万元）	工业总产值（当年价） 比上年增长（%）
2	山东	111	51 148	502 641	29.0	11.91	13 695	5 077	565 739	26.4
3	浙江	91	24 621	416 979	15.4	9.88	23 401	4 245	422 890	11.1
4	河南	124	32 454	399 136	9.6	9.46	16 483	7 872	433 737	10.2
5	辽宁	81	31 147	382 682	35.5	9.07	2 443	4 859	349 868	30.2
6	上海	88	19 317	271 102	11.0	6.42	4 149	1 224	253 366	11.9
7	四川	41	19 935	244 950	13.3	5.80	15 356	−686	254 204	16.6
8	北京	56	10 999	151 333	26.5	3.59	2 030	−3 353	153 582	23.9
9	湖北	67	25 667	146 965	17.5	3.48	3 053	2 202	166 278	17.5
10	广东	55	10 412	120 120	20.4	2.85	3 670	745	125 558	17.0
11	陕西	24	17 571	112 253	35.7	2.66	573	1 052	145 293	18.8
12	河北	65	16 933	106 074	13.4	2.51	4 708	374	119 394	3.4
13	吉林	24	8 296	81 108	5.4	1.92	1 943	2 865	84 641	16.6
14	湖南	54	9 815	80 189	32.6	1.90	307	−1 317	94 313	23.9
15	黑龙江	24	23 127	76 550	31.0	1.81	−363	4 851	90 095	8.7
16	山西	27	12 937	76 324	−5.5	1.81	−2 865	−3 678	76 974	4.7
17	安徽	33	11 621	76 127	15.8	1.80	1 628	248	84 816	15.6
18	天津	56	9 442	59 659	13.6	1.41	−514	2 891	67 632	13.7
19	广西	31	8 094	54 082	20.7	1.28	1 541	446	55 338	11.6
20	江西	34	10 026	47 862	28.5	1.13	−1 227	−795	49 710	−2.2
21	青海	14	6 762	47 669	6.4	1.13	1 339	834	57 142	14.5
22	甘肃	35	10 024	45 265	15.3	1.07	−907	207	59 081	12.6
23	贵州	34	14 430	37 586	−3.9	0.89	−4 314	855	40 735	−9.4
24	重庆	13	6 334	36 279	25.8	0.86	1 553	771	36 883	18.3
25	福建	20	3 850	33 038	35.6	0.78	3 089	1 447	34 863	24.1
26	内蒙古	7	7 037	25 878	−6.4	0.61	−2 805	57	28 273	−9.4
27	云南	15	5 116	25 627	−0.5	0.61	−3 325	1 225	27 967	−3.5
28	宁夏	2	2 348	12 977	25.5	0.31	−2 393	14	15 797	38.5
29	新疆	3	290	1 152	−22.9	0.03	−190	−137	1 762	−43.3
30	海南	2	244	700	−0.3	0.01	−13	−5	787	−6.1

〔供稿人：中国机床工具工业协会周秀茹、黑　彬、王惠方〕

2002年各地区机床工具行业民营企业主要经济指标完成情况

（按产品销售收入排序）

序号	地区	企业数（个）	从业人员平均人数（人）	产品销售收入 完成（万元）	产品销售收入 比上年增长（%）	产品销售收入 在全国占比（%）	利润总额 完成（万元）	利润总额 比上年增加（万元）	工业总产值（当年价） 完成（万元）	工业总产值（当年价） 比上年增长（%）
1	江苏	136	30 009	535 915	31.8	44.81	30 266	12 891	604 177	33.1
2	浙江	75	9 775	141 773	26.1	11.86	6 698	1 806	158 118	30.8
3	山东	56	8 078	130 919	37.0	10.95	6 446	1 362	144 080	35.9
4	广东	44	3 575	73 423	10.1	6.14	1 785	205	74 986	15.5
5	河南	43	3 604	58 533	4.4	4.89	1 696	529	64 182	−2.7
6	河北	18	2 515	48 022	21.9	4.02	5 484	859	52 653	20.1
7	上海	29	2 216	41 044	22.1	3.43	4 396	1 896	44 986	27.5
8	辽宁	20	2 898	31 880	7.3	2.67	2 255	−122	35 026	6.8
9	湖北	11	[illegible]	[illegible]	[illegible]	[illegible]	[illegible]	−163	31 979	46.8

（续）

序号	地区	企业数（个）	从业人员平均人数（人）	产品销售收入			利润总额		工业总产值（当年价）	
				完成（万元）	比上年增长（%）	在全国占比（%）	完成（万元）	比上年增加（万元）	完成（万元）	比上年增长（%）
10	天津	8	648	18 782	18.2	1.57	1 653	104	19 381	15.6
11	福建	10	957	13 861	10.5	1.16	323	4	16 965	17.8
12	安徽	16	1 584	13 276	16.0	1.11	367	－49	15 211	19.2
13	贵州	7	809	12 111	54.6	1.01	－386	－230	17 799	46.5
14	重庆	4	1 409	11 185	－3.9	0.94	14	34	12 640	1.5
15	四川	11	1 123	8 627	－4.9	0.72	67	61	8 844	－6.4
16	云南	1	198	5 550	28.8	0.46	202	46	5 969	38.3
17	湖南	4	262	4 823	29.6	0.40	654	484	6 412	24.1
18	江西	7	513	4 257	18.8	0.36	85	62	5 462	－2.4
19	北京	5	442	3 522	－16.4	0.29	115	－358	4 962	8.9
20	广西	2	422	2 392	48.0	0.20	101	87	2 082	48.4
21	陕西	3	401	2 345	－18.0	0.20	4	29	1 774	－1.3
22	黑龙江	2	81	1 960	－20.3	0.16	49	1	1 733	－30.8
23	山西	2	318	1 723	－8.4	0.14	60	80	2 133	11.3
24	吉林	4	245	1 696	109.2	0.14	55	－41	2 225	155.2
25	甘肃	1	120	1 024	31.8	0.08	70	4	2 198	19.7
26	内蒙古	1	75	509	14.2	0.04	3	－12	566	19.6
27	青海	2	32	61		0.01	－11	－11	74	－87.1
28	海南	0	0	0	0	0.00	0	0	0	0
29	宁夏	0	0	0	0	0.00	0	0	0	0
30	新疆	0	0	0	0	0.00	0	0	0	0

〔供稿人：中国机床工具工业协会周秀茹、黑　彬、王惠方〕

2002年各地区机床工具行业三资企业主要经济指标完成情况

（按产品销售收入排序）

序号	地区	企业数（个）	从业人员平均人数（人）	产品销售收入			利润总额		工业总产值（当年价）	
				完成（万元）	比上年增长（%）	在全国占比（%）	完成（万元）	比上年增加（万元）	完成（万元）	比上年增长（%）
1	江苏	64	18 842	873 156	9.6	53.65	28 527	－12 222	888 862	5.7
2	上海	53	5 890	158 871	15.1	9.76	12 637	2 356	158 517	22.4
3	广东	40	5 511	128 599	11.3	7.90	7 181	5 607	123 124	10.4
4	山东	26	3 709	115 879	31.7	7.12	8 609	2 699	118 110	25.5
5	浙江	25	3 471	109 666	31.8	6.74	10 424	4 331	99 586	21.7
6	福建	20	3 375	40 779	14.8	2.50	1 683	2 916	44 961	17.6
7	辽宁	18	1 237	40 002	81.5	2.45	3 436	2 248	40 537	70.1
8	河北	8	1 263	27 547	16.4	1.69	5 104	3 467	27 355	11.9
9	北京	10	735	27 395	39.6	1.68	2 820	928	27 168	28.7
10	河南	11	1 803	24 155	4.3	1.48	2 067	173	24 475	－3.5
11	天津	12	692	17 565	－24.3	1.08	1 475	－269	22 950	－9.1
12	宁夏	2	238	13 515	41.0	0.83	396	1 210	11 567	－10.7
13	云南	1	2 407	13 299	29.8	0.82	1 313	1 108	15 896	20.7
14	贵州	5	441	7 506	21.0	0.46	111	－64	7 504	7.9
15	安徽	5	464	6 844	20.2	0.42	107	－246	6 691	14.3
16	湖北	1	125	5 417	28.5	0.33	87	1	5 524	8.4
17	湖南	2	352	4 641	45.9	0.29	942	438	4 995	68.8

（续）

序号	地区	企业数 （个）	从业人员 平均人数 （人）	产品销售收入			利润总额		工业总产值（当年价）	
				完成 （万元）	比上年 增长 （%）	在全国 占比 （%）	完成 （万元）	比上年 增加 （万元）	完成 （万元）	比上年 增长 （%）
18	四川	4	339	4 637	55.4	0.28	−68	−25	4 567	24.8
19	山西	1	220	3 161	56.0	0.19	306	−71	3 168	23.6
20	陕西	2	340	1 503	−9.0	0.09	−233	−159	2 193	12.9
21	黑龙江	1	40	884	13.7	0.05	1	−14	916	17.8
22	广西	1	20	914	−15.7	0.05	63	27	914	−15.7
23	青海	2	149	421		0.02	−48	−48	809	
24	江西	1	96	1 000	81.8	0.01	72	12	1 178	17.2
25	吉林	0	0	0	0.0	0.00	0	0	0	0.0
26	重庆	0	0	0	0.0	0.00	0	0	0	0.0
27	甘肃	0	0	0	0.0	0.00	0	0	0	0.0
28	内蒙	0	0	0	0.0	0.00	0	0	0	0.0
29	新疆	0	0	0	0.0	0.00	0	0	0	0.0
30	海南	0	0	0	0.0	0.00	0	0	0	0.0

〔供稿人：中国机床工具工业协会周秀茹、黑　彬、王惠方〕

2002 年各地区机床工具行业各种经济成分产品销售收入所占比例

序号	地区	国有企业产品销售 收入比例 （%）	三资企业产品销售 收入比例 （%）	民营企业产品销售 收入比例 （%）	三资和民营产品销售 收入比例 （%）
1	江苏	28.03	44.60	27.37	71.97
2	广东	37.29	39.92	22.79	62.71
3	福建	38.68	46.51	15.81	61.32
4	宁夏	48.99	51.01	0.00	51.01
5	上海	57.56	33.73	8.71	42.44
6	云南	57.62	29.90	12.48	42.38
7	河北	58.39	15.17	26.44	41.61
8	天津	62.14	18.30	19.56	37.86
9	浙江	62.38	16.41	21.21	37.62
10	贵州	65.71	13.12	21.17	34.29
11	山东	67.07	15.46	17.47	32.93
12	重庆	76.43	0.00	23.57	23.57
13	安徽	79.10	7.11	13.79	20.90
14	湖北	82.07	3.03	14.90	17.93
15	河南	82.97	4.98	12.15	17.13
16	北京	83.04	15.03	1.93	16.96
17	辽宁	74.19	8.80	7.01	15.81
18	湖南	89.44	5.18	5.38	10.56
19	江西	90.11	1.88	8.01	9.89
20	山西	93.99	3.89	2.12	6.01
21	广西	94.24	1.59	4.17	5.76
22	四川	94.86	1.80	3.34	5.14
23	黑龙江	96.42	1.11	2.47	3.58
24	陕西	96.69	1.29	2.02	3.31
25	甘肃	97.79	0.00	2.21	2.21
26	吉林	97.95	0.00	[illegible]	2.05

（续）

序号	地区	国有企业产品销售收入比例（%）	三资企业产品销售收入比例（%）	民营企业产品销售收入比例（%）	三资和民营产品销售收入比例（%）
27	内蒙古	98.08	0.00	1.92	1.92
28	青海	99.00	0.87	0.13	1.00
29	新疆	100.00	0.00	0.00	0.00
30	海南	100.00	0.00	0.00	0.00

〔供稿人：中国机床工具工业协会周秀茹、黑　彬、王惠方〕

2002 年机床工具行业企业经济指标

序号	企 业 名 称	产品销售收入（万元）	工业总产值（当年价）（万元）	从业人员平均人数（人）
	北京市			
1	北京第一机床厂	23 606.4	26 417.5	2 044
2	北京京城北一数控机床有限责任公司	23 536.9	16 743.6	686
3	北京阿奇工业电子有限公司	10 896.7	10 931.1	157
4	北京第二机床厂	7 179.0	7 370.5	1 263
5	北京彩虹水泵厂	7 075.0	7 075.0	152
6	北京金万众机电技术有限公司	5 548.4	4 181.8	48
7	北京市机电研究院	4 454.5	3 793.2	794
8	北京安泰钢研超硬材料制品有限公司	3 843.4	4 494.7	253
9	北京机床电器厂	3 666.7	4 044.1	469
10	北京明成电子材料有限公司	3 649.9	3 633.5	90
11	北京荏原机械有限公司	3 463.5	3 079.7	161
12	北京市兴达机电公司	3 376.5	3 376.5	42
13	北京市大兴县红恩沥青混凝土厂	2 852.2	3 364.4	98
14	北京太平洋活性炭制品有限公司	2 606.2	2 606.1	10
15	北京市丰台区重工锻压工厂	2 143.5	2 143.5	154
16	北京东升砂布实业公司	1 768.1	1 741.0	282
17	北京量具刃具厂	1 760.9		205
18	北京建奇电子机械有限公司	1 704.9	1 904.9	100
19	北京京良东方工贸有限公司	1 700.7	1 778.1	72
20	首钢莫托曼机器人有限公司	1 532.5	1 573.9	48
21	北京华创公路材料有限公司	1 223.1	2 116.8	230
22	北京第三机床厂	1 156.5	1 132.9	298
23	北京天地东方超硬材料股份有限公司	1 100.7	1 300.0	150
24	北京霹西自动化技术有限公司	975.2	975.2	51
25	北京市机床附件厂	970.7	874.5	175
26	北京兰佩铸造设备有限公司	944.0	788.1	10
27	北京市平和机器制造公司	892.3	1 011.5	38
28	北京第一机床电器厂	892.2	952.1	185
29	北京风华工具厂	890.6	1 279.0	40
30	北京长铁车辆工业公司	863.8	863.8	186
31	北京东新研磨工具有限公司	840.1	857.9	39
32	北京希道工贸有限公司	832.2	611.9	42
33	北京利群有色金属加工厂	829.5	896.7	19
34	北京波罗努斯涂装设备有限公司	781.9	817.6	69

（续）

序号	企 业 名 称	产品销售收入（万元）	工业总产值（当年价）（万元）	从业人员平均人数（人）
35	北京博浩盛机箱厂	731.9	762.4	57
36	北京精益飞跃铸钢厂	635.7	634.0	130
37	北京市建筑磨石总厂	593.9		199
38	北京市槐树岭铸造厂	589.9	707.0	147
39	北京广厦大鑫石化设备有限公司	583.5	562.8	68
40	北京第三机床电器厂	570.1	564.4	70
41	中国如意技贸中心	553.0	555.1	247
42	北京凯奇机床有限责任公司	536.9	853.0	75
43	北京市正杰模具厂	521.0	548.0	37
44	烁光特晶科技有限公司	415.5	599.7	138
45	北京市长城机床附件厂	364.3	389.1	56
46	北京市青锋机床刀具厂	352.0	439.0	112
47	北京工具厂	350.0	607.9	591
48	北京长力精密机械有限公司	349.0	432.3	62
49	北京市丰台航南金属结构有限公司	346.9	430.0	61
50	北京机床电器厂八分厂	228.5	341.6	34
51	北京市茂起密封件厂	200.5		15
52	北京市华福水处理设备厂	198.8	179.0	23
53	北京航天亚奥工贸公司	164.7	164.7	60
54	北京砂轮厂	134.6		123
55	北京海淀长城钻石工具厂	117.3	66.5	10
56	北京金刚石厂	113.8	134.6	111
57	北京新兴超硬材料厂	94.4	62.0	28
58	北京五金工具十厂	90.6	96.9	50
59	北京第三量具厂	87.2	117.4	52
60	北京公大蓝盾实习工厂	80.2	80.1	9
61	北京市大兴区绿波机械厂	79.0	86.6	35
62	北京亚航机械厂	54.3	10.0	50
63	北京市燕峰钻石工具厂	43.7	43.1	12
64	北京市华兴特种工具公司	40.5	39.7	47
65	北京市高家园中学华泰精密机床配件厂	30.8	30.8	7
66	北京市朝阳区晨茂机械厂	23.5	22.7	14
67	北京产学研激光加工技术开发应用中心	8.1	8	
68	北京市朝阳区晨光文化教学用品厂	4.2		3
69	北京市美莱尔金属结构厂	0.7		25
	天津市			
1	天津第一机床总厂	10 513.6	9 744.0	1 626
2	天津市岐脉钢铁技术工程开发有限公司	7 400.0	7 400.0	187
3	天津市锻压机床总厂	6 149.5	8 947.0	1 050
4	联东物资有限公司天津分公司	4 500.0	4 500.0	110
5	天津陈荷机械有限公司	3 630.2	4 075.0	120
6	天津宝泉防火设备有限公司	3 373.0	3 576.0	89
7	天津市机床电器总厂	3 277.3	3 659.0	446
8	天津市志环锅炉厂	3 250.0	3 300.0	55
9	天津高丽研磨有限公司	3 212.2	7 544.0	70
10	天津市长城塑料机械厂	2 560.0	2 970.0	80
11	天津市市政工程第二沥青混凝土厂	2 524.8	2 525.0	188
12	天津德记铸造材料有限公司	2 280.0	2 450.0	45
13	天津林业工具厂	2 193.9	2 573.0	425
14	天津市天福达实业公司	2 014.1	2 153.0	39
15	天津市津西中北电子工艺制品福利厂	1 845.0	1 932.0	124
16	蓟县津水测绘仪器厂	[illegible]	[illegible]	350

(续)

序号	企业名称	产品销售收入（万元）	工业总产值（当年价）（万元）	从业人员平均人数（人）
17	天津市实丰液压机械有限公司	1 716.0	1 950.0	127
18	天津市数控机床配套有限公司	1 713.5	1 942.0	540
19	天津达成电器有限公司	1 590.0	1 834.0	30
20	天津太平洋机电技术及设备有限公司	1 354.7	1 246.0	107
21	天津市市政工程第一沥青混凝土厂	1 262.9	1 513.0	276
22	中台精密机械(天津)有限公司	1 250.4	841.0	86
23	欧梯克工业天津有限公司	1 221.0	1 563.0	51
24	天津市异型刃具厂	1 199.8	1 436.0	442
25	天津市宏达铸造厂	1 192.0	1 367.0	130
26	天津市汽车发动机制造铸造材料分厂	1 162.0	1 260.0	57
27	天津市兴达自行车零件制造公司	1 115.0	1 513.0	100
28	天津南景研磨工业有限公司	1 072.8	1 088.0	61
29	凯伦(天津)国际贸易有限公司	1 070.2	601.0	12
30	天津市第二机床厂	1 056.1	1 148.0	300
31	天津市机床附件厂	1 032.6	1 314.0	256
32	天津市工具厂	1 022.7	1 450.0	339
33	天津百利铂金斯环保设备有限公司	1 017.2	1 280.0	167
34	天津市耀龙金属制品有限公司	950.0	1 000.0	18
35	天津市天重通用机械厂	872.0	933.0	136
36	天津市北闸口仪表机床厂	859.0	897.0	140
37	天津市新星焊割工具厂	855.0	887.0	100
38	天津天重中直科技工程有限公司	843.0	1 043.0	42
39	蓟县五百户乡华冠测绘仪器厂	830.0	1 184.0	92
40	天源电加工机械厂	805.0	805.0	100
41	天津市磨床总厂	777.2	1 286.0	227
42	天津市第二锻压机床厂	757.8	811.0	191
43	天津市塘沽区北塘化工厂	680.0	571.0	26
44	蓟县旭日机械制造厂	665.0	805.0	107
45	天津市北辰区鑫屹金属制品厂	658.0	685.0	12
46	天津市天菱超硬工具有限公司	631.0	645.0	46
47	天津市曹氏弯管厂	630.0	665.0	60
48	天津市渤海机械厂	503.2	479.0	50
49	天津市砂轮厂	474.5	410.0	314
50	天津市大港电热绝缘材料厂	325.3	316.0	40
51	天津市金晶铸造材料有限公司	310.0	875.0	51
52	天津市量具厂	264.6	314.0	138
53	天津人造金石厂	263.0	309.0	291
54	天津市螺纹工具厂	242.6	198.0	75
55	天津南德压力机有限公司	182.4	184.0	19
56	津西王顶堤机械加工厂	162.0	75.0	18
57	天津市塘沽船务工程公司	111.0	111.0	25
58	天津市互利新技术有限公司	110.4	110.0	26
59	天津市电磁工作台厂	97.3	85.0	62
60	天津市塘沽区第一中心小学校办工厂	86.0	86.0	11
61	天津开发区孚润得机械公司	71.2	100.0	1
62	住电硬质合金(天津)有限公司	70.2	879.0	45
63	天津市大张庄闸所五金综合加工厂	64.1	65.0	35
64	天津市红桥区新新机械配件厂	61.2	52.0	8
65	天津市武梅油石厂	61.0	64.0	46
66	天津市红桥区新兴机械配件厂	59.9	60.0	16
67	天津市无线电机械学校附属工厂	41.7	32.0	1
68	天津市津西永胜金属加工厂	36.9	45.0	13

（续）

序号	企 业 名 称	产品销售收入（万元）	工业总产值（当年价）（万元）	从业人员平均人数（人）
69	天津市塘沽区金塘电气焊加工厂	36.5	41.0	11
70	天津市北洋机械厂	24.9		8
71	天津市塘沽砂轮厂	10.5	10.0	6
72	天津市教学仪器厂	9.4	11.0	35
73	天津开发区腾达机电维修安装公司	9.0	8.0	40
74	天津市西青区第三职业学校生产实习厂	1.8		4
	河北省			
1	三河商城大安开关厂	12 803.4	12 803.4	68
2	石家庄博深工具有限公司	10 088.4	10 124.6	497
3	山特维克(中国)有限公司	8 333.6	8 708.8	148
4	石家庄冀凯金刚石制品有限责任公司	8 260.6	9 018.5	330
5	天龙制锯(中国)有限公司	8 091.9	7 202.9	419
6	石家庄轴承设备有限公司	6 482.5	6 429.6	1 321
7	衡水市板框压滤机厂	6 001.0	6 102.0	230
8	河北海伟交通设施有限公司	5 628.7	7 125.0	270
9	河北省邢台市清河县金龙有限公司	5 555.6	6 169.0	114
10	河北景县砂轮厂	4 872.0	5 400.0	76
11	玉田县锯业总公司	4 720.9	7 336.1	386
12	三河燕郊晶日金刚石工业有限公司	4 428.0	3 018.6	235
13	三河灵山机械加工有限公司	4 257.7	4 373.4	120
14	保定华建机械有限公司	4 225.3	8 247.4	390
15	保定凯达锯业有限公司	4 030.4	4 086.5	207
16	三河航燕模具厂	3 725.0	3 725.0	300
17	河间市双羊砂轮制造有限公司	3 558.2	3 446.8	307
18	河北省邢台市清河县东风硬质合金厂	3 368.6	3 612.8	60
19	河北机床厂	3 300.0	3 080.0	1 092
20	沧州市天翔晶体有限公司	2 899.9	2 735.6	210
21	行唐县秦台矿业加工厂	2 810.8	3 205.5	35
22	廊坊恒宇工具有限公司	2 700.7	2 452.9	592
23	河北省邢台市清河县硬质合金刀具厂	2 698.2	2 803.6	30
24	保定向阳航空精密机械有限公司	2 631.1	2 480.2	768
25	宣化工程机械履带有限公司	2 607.9	2 258.6	186
26	正定县金铎金刚石制品有限公司	2 487.6	2 450.3	151
27	保定第二机床厂	2 158.0	2 305.0	637
28	牛城乡采石厂	1 981.0	3 051.0	55
29	河北大城平舒砂轮厂	1 950.0	2 000.0	160
30	唐山冶金锯片有限公司	1 940.3	2 216.9	328
31	丰南市国丰机械工程有限公司	1 896.2	1 896.2	125
32	河北田野汽车集团保定铸造机械有限公司	1 890.7	2 961.6	1 286
33	河北省邢台市清河县三江合金厂	1 605.0	1 622.0	15
34	河北砂轮厂	1 600.0	1 700.0	150
35	河北省邢台市桥东区华龙机械有限公司	1 592.4	2 102.5	65
36	河北省阜城县特钢有限公司	1 519.0	3 256.3	62
37	河北省冀州市春风机械厂	1 500.2	1 560.1	251
38	唐山重型机床厂	1 467.1	1 254.6	162
39	廊坊日质机械工具有限公司	1 452.7	1 459.5	130
40	河北省邢台市清河县正大粉末冶金厂	1 446.0	1 448.0	22
41	河北省承德市铸石厂	1 445.3	1 002.3	284
42	河北省邢台市清河县冶金炉料加工厂	1 408.0	1 416.0	15
43	河北省邢台市清河县中京刀具厂	1 383.0	1 396.0	25
44	北方赤晓组合房屋有限公司	1 376.8	1 543.9	38
45	河北省邢台市清河县合金刀具厂	1 374.7	1 386.0	14

（续）

序号	企业名称	产品销售收入（万元）	工业总产值（当年价）（万元）	从业人员平均人数（人）
46	安新县特铸机械制造有限公司	1 253.5	1 095.2	230
47	开滦林西矿工业公司	1 135.7	1 291.6	120
48	河北省邢台市清河县连寺合金厂	1 100.0	1 115.0	22
49	赞皇县高砂陶瓷建筑材料厂	999.2	1 076.1	56
50	河北省邢台市宁晋县东风锻压有限公司	925.4	1 147.5	198
51	河北天辰机械有限公司	872.7	774.0	446
52	廊坊市神州硅酸铝厂	868.0	868.6	60
53	沧州市长城量具有限公司	778.2	776.5	366
54	邯郸市机床厂	742.0	1 084.8	490
55	霸州市东信金属制品有限公司	708.7	752.6	160
56	唐山千曲矿物制品有限公司	707.0	679.5	31
57	河北省唐县铸造厂	690.1	700.9	250
58	保定倍力精密机械有限公司	654.5	937.9	80
59	石家庄市锻压机床厂	650.9	994.0	195
60	三河燕郊铸造厂	633.6	852.6	165
61	故城县砂轮厂	615.3	650.0	60
62	景县昌隆铸造有限公司	612.8	863.5	120
63	高邑县机械有限公司	606.7	576.7	164
64	国营中捷友谊农场五金制品厂	578.5	437.2	74
65	河北省青县机床制造有限公司	537.6	610.1	219
66	河北省邢台市临西县福兴化工公司	530.0	943.0	39
67	石家庄华鹰机械制造有限责任公司	456.0	570.0	109
68	河北省唐山市铸造机械厂	453.7	462.7	255
69	河北省东光县霞口华刚电子公司	450.0	498.0	140
70	河北省保定机床厂	380.5	632.0	1 080
71	河北省廊坊市静海机床厂	331.5	245.0	176
72	河北省定州机床厂	277.6	307.9	580
73	鹿泉市金刚砂厂	270.0	724.0	32
74	平山县机床厂	221.1	2 064.0	125
75	河北省邢台市临西县抛光砂轮厂	207.0	550.0	25
76	河北省邢台市新河县超硬材料厂	184.0	213.0	32
77	承德铸造机械总厂	171.6	318.9	173
78	三河三北工具福利实业公司	165.0	165.0	40
79	张家口铣床厂	122.1	110.8	118
80	石家庄市结构陶瓷厂	113.5	140.5	124
81	河北省宣化县化工厂	71.4	119.4	62
82	秦皇岛市山海关鑫鼎隆机械配件加工总厂	13.6		72
83	沧州市锻压厂		47.0	150
84	石家庄市长山机械设备厂		31.5	496
	山西省			
1	太原双塔刚玉	39 967.4	27 902.5	3 375
2	曲沃乔山铸造有限公司	7 857.6	8 181.6	330
3	太原第一机床厂	7 066.1	6 014.0	1 309
4	山西省大同县地方国营工业硅厂	5 781.0	6 240.0	420
5	山西金洋煅烧高岭土有限公司	3 161.1	3 167.5	220
6	长治锻压机床(集团)有限公司	2 234.9	2 118.0	1 280
7	临猗县华晟粉末冶金厂	2 171.1	3 157.6	193
8	太原工具厂	1 962.0	2 340.8	870
9	临猗县棉机厂	1 843.7	1 849.0	254
10	襄汾县南辛店铸造总厂	1 350.0	1 705.0	220
11	太原市冶金机械厂	1 180.8	1 264.4	93
12	山西介休二机实业股份有限公司	1 002.0	2 950.0	433

（续）

序号	企业名称	产品销售收入（万元）	工业总产值（当年价）（万元）	从业人员平均人数（人）
13	山西省太行锯条厂	824.2	1 404.6	906
14	太原理工大学机电厂	646.5	711.2	130
15	山西省第二锻压机床责任有限公司	594.9	963.7	316
16	太原钢城企业公司铸造厂	529.2	1 231.6	80
17	太原钢城企业公司冶金原料加工厂	512.0	1 063.9	328
18	新绛县亨通机械厂	501.0	588.0	68
19	永济铁路铸造有限公司	452.9	6 544.0	697
20	山西省闻喜县机床附件厂	449.5	517.1	323
21	太原钢城企业公司第二冶金机修厂	405.8	1 051.8	292
22	河津市远洋磁性材料有限公司	373.0	427.8	98
23	山西省长治市机床厂	129.8	171.7	110
24	平定县铸造机械厂	67.6	320.0	128
25	忻州锻压机床厂	54.8	80.3	643
26	山西陵川县机床厂	52.4	63.6	66
27	怀仁县晋北机械铸造厂	37.0	245.0	200
	内蒙古自治区			
1	包钢集团机械设备制造有限公司	10 391.8	9 619.4	2 329
2	呼和浩特众环机床附件股份有限责任公司	8 828.5	12 150.8	2 895
3	包头钢铁集团冶金轧辊制造有限公司	3 331.8	3 082.0	714
4	包钢天骄企业股份有限公司	2 773.8	2 785.1	502
5	内蒙古化德县宇宏晶体材料有限责任公司	509.0	565.8	75
6	内蒙古化德县硅藻土总公司	320.1	364.2	110
7	内蒙古铸锻总厂	137.7	159.9	386
8	包头市民政起重机械厂	93.9	112.1	101
	辽宁省			
1	大连机床集团有限责任公司	180 000.0	143 105.0	5 977
2	沈阳机床股份有限公司	115 864.2	106 308.5	7 802
3	海城市石粉二厂	12 890.0	12 871.0	826
4	大连道氏硅业有限公司	11 868.0	11 454.0	15
5	大连亿达日平机床有限公司	9 924.0	10 024.0	441
6	大连康宁硅业发展有限公司	5 590.0	6 810.0	8
7	减速机厂	5 574.8	5 626.6	315
8	鞍山市聚龙自动化设备有限公司	5 003.0	4 541.0	187
9	大连市政材料总公司	4 749.0	4 855.0	260
10	瓦房店重型机床厂	4 311.0	4 466.0	1 196
11	大连经济技术开发区星海机械刀片有限公司	3 828.0	3 942.0	191
12	沈阳二一三电器有限公司	3 366.6	9 876.8	600
13	本溪工具有限责任公司	3 202.0	2 529.4	525
14	阜新北方压铸机有限责任公司	3 105.0	3 169.9	596
15	沈阳中捷轻型摇钻厂	2 982.8	3 155.9	658
16	宽甸满族自治县硼海镇民政福利硼粉厂	2 535.0	2 526.0	88
17	阜新市压力容器管道公司	2 458.2	2 147.6	172
18	辽阳第一机床电器厂	2 392.8	2 848.0	166
19	大连德春机械制造有限公司	2 346.0	3 089.0	150
20	辽宁省大连石英辉绿岩制品厂	2 314.0	2 106.0	714
21	丹东市磨具材料联合厂	2 307.1	3 669.0	232
22	辽宁金刚石有限责任公司	2 219.2	1 666.9	275
23	辽宁省抚顺机床厂	2 204.5	2 224.2	1 068
24	沈阳第一砂轮厂	2 198.4	2 428.2	670
25	海城市广兴集团有限公司	2 057.0	1 957.0	1 250
26	丹东韩松矿产加工有限公司	1 980.0	1 960.0	49
27	丹东机床有限责任公司	1 000.0	1 700.0	241

(续)

序号	企业名称	产品销售收入（万元）	工业总产值（当年价）（万元）	从业人员平均人数（人）
28	合山化工(海城)有限公司	1 811.0	1 811.0	27
29	海城市精华微粉厂	1 670.0	2 700.0	80
30	海城市庆利石粉厂	1 508.0	2 010.0	160
31	辽阳锻压机床股份有限公司	1 449.8	2 657.0	506
32	盖州市机械制造厂	1 427.4	1 427.4	108
33	海城增鑫实业矿产有限公司	1 422.0	1 601.0	60
34	大连兴运机械刀片厂	1 383.0	1 381.0	67
35	本溪斯尔锯业有限公司	1 372.2	1 297.5	40
36	沈阳机床厂	1 262.5	1 270.5	292
37	锦州新日硅材料有限公司	1 250.0	1 337.0	58
38	大连经济技术开发区特殊钢制品公司	1 168.0	1 662.0	70
39	沈阳第二量具刃具厂	1 153.7	1 095.3	184
40	大石桥市硼制品厂	1 147.1	1 473.2	240
41	大连环球矿产有限公司	1 142.0	1 027.0	21
42	沈阳飞马数控机床有限责任公司	1 113.2	935.7	239
43	大连新城柳焊厂	1 070.0	1 189.0	100
44	大连经济技术开发区森港机械刀片有限公司	1 068.0	1 057.0	76
45	沈阳第一机床厂装配分厂	1 065.0	1 292.9	99
46	沈阳市盛世磨料磨具有限公司	1 046.0	1 100.0	72
47	凤城市第一硼砂厂	1 020.0	1 034.0	168
48	丹东海龙化纤机械有限责任公司	930.2	930.2	80
49	营口姿光微细目滑石粉有限公司	915.9	1 110.0	20
50	沈阳厚地实业有限公司	910.0	1 019.7	50
51	台安县冶金化工机械制造厂	908.0	872.0	30
52	锦州辽河石油钻采机械厂	889.0	949.0	31
53	海城市机械设备制造厂	860.0	570.0	17
54	辽宁华兴工业公司	855.0	1 248.0	1 050
55	鞍钢实业北方连铸设备工程公司	838.0	878.0	107
56	沈阳锻压机床厂	827.9	1 186.4	491
57	营口锻压机床有限责任公司	818.7	2 679.9	366
58	瓦房店市鑫航机械厂	794.0	860.0	188
59	凤城市德利硼酸厂	793.0	1 146.0	70
60	黑山现镇安膨润土矿	761.0	730.0	248
61	沈阳液压机床厂	757.7	643.3	340
62	沈阳一蒙砂轮有限公司	757.5	1 080.0	26
63	鞍山热能滑动机械有限责任公司	745.0	768.0	88
64	朝阳机床厂	712.9	790.0	120
65	东港市长青机械修造厂	708.0	761.0	146
66	本溪经济开发区本钢腾宝有限公司	664.9	379.5	37
67	辽宁省马三家机械厂	636.0	588.3	153
68	海城市换热器厂	630.0	650.0	65
69	辽宁凌华工具厂	610.7	646.3	235
70	海城市机床厂	603.0	552.0	138
71	沈阳液压机厂	600.4	501.3	145
72	大连三环矿产有限公司	573.0	573.0	21
73	沈阳第一机床厂附件备件分厂	569.1	510.0	86
74	沈阳砂轮厂	560.4	604.9	160
75	沈阳市建新机床电器厂	550.8	449.1	254
76	大连鑫兴化工铸造机械厂	550.0	321.0	50
77	大连双金科技股份有限公司	549.0	994.0	42
78	营口冠华机床有限公司	527.7	502.9	58
79	义县金刚石厂	520.0	520.0	25

(续)

序号	企业名称	产品销售收入（万元）	工业总产值（当年价）（万元）	从业人员平均人数（人）
80	大连机械刀片厂	509.0	562.0	104
81	锦州机床配件厂	509.0	733.0	130
82	鞍山市工矿设备制造厂	482.0	430.0	42
83	盖州市熊岳铸造机械总厂	434.2	700.0	110
84	海城市英落高档石粉厂	421.0	613.0	101
85	沈阳市光辉中低压设备厂	401.3	401.3	70
86	本溪第三机床厂	388.1	755.6	170
87	大连厚实机械有限公司	356.0	374.0	23
88	液压气动配套厂	336.4	610.0	103
89	本溪市运输机械配件厂	331.1	363.5	80
90	鞍钢实业无缝金属制品厂	325.0	321.0	115
91	辽宁省盘锦锻压机床厂	300.0	300.0	60
92	辽宁工学院附属工厂	277.0	245.0	42
93	台安县高力春风机械厂	260.0		90
94	沈阳摩擦片厂	180.0	233.0	98
95	地方国营新民市农机修造二厂	178.8	145.3	170
96	阜新派克玛机械有限公司	165.4	236.9	35
97	阜新有色压铸有限公司	157.1	202.7	25
98	锦州鹤山机械刀片有限公司	153.0	165.0	60
99	大连经济技术开发区大溪科技公司	132.0	131.0	0
100	东港润鸣矿业有限公司	131.9	129.7	26
101	大连特种计量仪器厂	127.0	126.0	40
102	沈阳华立耐磨合金制造有限公司	116.6	116.6	49
103	锦州铸石厂	57.0	54.0	55
104	海城市机床修配厂	47.0	100.0	29
105	沈阳市轻工机械器厂	45.3	51.8	47
106	沈阳市机电学校实习工厂	34.9	33.2	8
107	海城市软化水设备厂	25.0	25.0	9
108	鞍海环保静电工程有限公司	23.0	34.0	61
109	沈阳三角机械有限公司	16.3	19.7	47
110	鞍山市腾鳌特区金钢大型锻造厂	15.0	440.0	10
111	沈阳市手表厂	9.5	15.6	34
112	海城市农机修造六厂	6.0	145.0	2
113	沈阳第四机床厂	3.6		157
114	海城市农机修造二厂		150.0	4
115	海城市农机修造七厂		11.0	7
	吉林省			
1	吉林油田管理局	54 567.2	48 660.0	3 170
2	长春轿车消车消声器厂	7 858.1	7 043.8	675
3	吉林省通用机械厂	2 834.0	2 990.1	606
4	通化宏信研磨材有限责任公司	2 830.8	3 067.6	187
5	四平市兴工刃具厂	1 993.6	2 424.7	358
6	长春第二机床有限公司	1 643.4	1 992.5	464
7	白山市能源金刚砂有限责任公司	1 610.1	2 185.3	396
8	长春市胜利机械设备配套有限责任公司	1 561.1	1 300.0	231
9	长春量具刃具有限公司	1 218.0	1 478.2	420
10	吉林省锻压设备厂	1 133.0	1 107.5	373
11	长白县硅藻土有限责任公司	1 079.3	9 306.3	269
12	磐石东达机械有限责任公司	955.8	953.8	120
13	东辽县东岳建筑机械厂	870.0	1 435.0	110
14	吉林省恒利机械制造有限公司	817.3	1 108.0	419
15	长春市二道区人造吊顶制厂	650.0	650.0	26

(续)

序号	企业名称	产品销售收入(万元)	工业总产值(当年价)(万元)	从业人员平均人数(人)
16	吉林省飞达页岩陶粒有限责任公司	500.0	500.0	100
17	吉林市长城机械制造有限公司	326.0	290.0	35
18	白城市同力机床附件厂	194.4	215.5	127
19	白城华陆机床有限责任公司	100.1	91.0	226
20	白城华陆工具有限责任公司	62.1	66.4	52
	黑龙江省			
1	哈尔滨量具刃具厂	14 900.0	14 619.3	4 196
2	齐重数控装备股份有限公司	12 000.0	13 591.0	600
3	齐齐哈尔二机床(集团)有限责任公司	11 203.6	14 094.5	1 100
4	哈尔滨第一工具厂	10 377.9	16 715.5	3 978
5	哈尔滨四海数控科技股份有限公司	4 971.0	4 971.0	260
6	穆棱市吉星磨料厂	3 852.0	4 202.0	57
7	牡丹江迈克机床制造有限公司	3 732.1	4 012.0	627
8	国营哈尔滨第二工具厂	2 911.2	4 858.9	1 910
9	牡丹江金刚钻碳化硼精细陶瓷有限责任公司	1 813.0	2 078.1	141
10	牡丹江北极星特种陶瓷有限公司	1 764.7	1 068.0	314
11	鸡西市丹峰磨具磨料有限公司	1 711.5	1 284.8	41
12	哈工量(集团)数控工具有限责任公司	1 553.0	1 924.7	290
13	哈尔滨市建成工业公司	1 419.1	1 642.3	1 056
14	哈尔滨市杰曼科技发展有限公司	1 171.3	929.1	22
15	哈尔滨第一工具厂小刀具分厂	1 107.0	1 204.5	410
16	哈尔滨工具厂	979.6	862.0	210
17	牡丹江正兴磨料有限公司	884.2	916.4	40
18	齐齐哈尔市和平工商联合公司	800.0	900.0	326
19	第一重型机器厂附具修造联合分厂	713.7	710.0	48
20	黑龙江锻压机床厂	515.8	615.0	369
21	哈尔滨锻压机床厂	497.2	671.0	180
22	海林市碳化硼厂	248.9	448.0	40
23	哈尔滨复合材料设备开发公司	171.1	316.2	18
24	鸡西机床厂	55.4	17.9	396
25	北安市北工锯业有限责任公司	41.1	92.0	350
	上海市			
1	上海正峰工业有限公司	26 883.9	26 368.5	822
2	上海机床厂有限公司(本部)	24 914.5	25 077.2	968
3	上海自来水给水设备工程公司	21 230.3	3 452.8	706
4	上海砂轮厂	18 102.4	13 655.1	794
5	上海工具厂有限公司(本部)	18 054.7	16 744.3	1 752
6	上海冲剪机床厂	11 449.5	12 372.6	608
7	上海第二机床厂梅陇分厂	9 569.0	9 609.0	360
8	上海胜代机械有限公司	8 232.3	9 869.7	190
9	上海第二机床厂	8 186.2	6 207.2	510
10	上海第三机床厂	8 155.2	7 840.2	283
11	上海一达机械有限公司	7 396.9	5 656.8	213
12	永德传动系统(上海)有限公司	7 368.1	7 394.8	240
13	上海江宁机床厂	7 289.7	10 035.9	696
14	上海新江机器有限公司	6 711.8	6 834.1	480
15	上海锻压机床厂	6 474.1	6 716.3	637
16	上海八木金属有限公司	5 933.3	5 933.3	325
17	上海第一机床厂	5 801.8	6 059.9	963
18	上海量具刃具厂	5 616.0	5 750.6	538
19	上海重型机床厂	5 525.6	5 347.4	792
20	上海第二锻压机床厂	5 509.9	5 342.5	477

(续)

序号	企业名称	产品销售收入(万元)	工业总产值(当年价)(万元)	从业人员平均人数(人)
21	上海捷锐气压设备有限公司	5 447.8	5 441.1	385
22	上海北辰机械设备有限公司	5 280.0	5 530.0	194
23	上海天田冲剪有限公司	5 091.8	5 126.6	44
24	上海压铸机厂	4 971.3	4 703.8	222
25	上海基伊埃技术设备有限公司	4 940.3	4 610.0	36
26	上海金旋铸造有限公司	4 497.9	4 846.3	360
27	上海长江工具厂	4 399.5	3 949.2	238
28	上海金田锯片有限公司	4 355.8	4 662.2	200
29	上海旭卡机械电器有限公司	4 304.1	4 500.0	116
30	上海机床电器厂	4 302.2	4 211.4	457
31	金纯机械(上海)有限公司	4 170.0	4 265.0	58
32	仲德实业上海有限公司	4 125.9	5 177.5	87
33	上海春日机械工业有限公司	4 022.0	4 621.4	108
34	上海博大机械装备有限公司	4 000.0	4 000.0	317
35	上海名古屋精密工具有限公司	4 000.0	4 000.0	277
36	上海华灵工具厂	3 883.8	5 072.4	266
37	上海汽车齿轮总厂三分厂	3 878.1	3 857.0	285
38	上海仪表机床厂	3 766.9	3 209.4	240
39	上海安峰科技企业有限公司	3 583.0	3 583.0	60
40	佑能工具(上海)有限公司	3 565.1	2 060.6	85
41	上海长京金属制作有限公司	3 507.9	3 504.0	91
42	上海巨威剪折机床厂	3 435.4	3 916.5	198
43	上海永明机械制造有限公司	3 346.8	4 063.4	120
44	上海第三机床厂浦东分厂	3 325.9	3 325.9	140
45	上海新力机器厂	3 212.1	3 562.7	470
46	上海华新机械刀片厂	3 126.6	3 137.6	70
47	白鸽(集团)股份有限公司上海公司	3 028.0	3 269.1	98
48	上海临铸机械配件有限公司	3 018.0	3 005.6	50
49	上海天联机床有限公司	3 003.9	3 003.9	15
50	上海西马特机械制造有限公司	2 906.1	2 820.3	160
51	摩根轧机配件(上海)有限公司	2 817.6	2 503.6	101
52	上海申利螺纹工具有限公司	2 816.0	3 048.6	300
53	上海机床附件一厂	2 815.0	2 787.6	282
54	上海陈宝光机械工程有限公司	2 750.5	2 632.9	178
55	上海申新新水表厂	2 748.0	2 747.8	90
56	上海日建大中冶金材料有限公司	2 661.4	3 009.0	72
57	上海长江砂轮厂	2 646.1	3 067.6	186
58	骁马机械(上海)有限公司	2 616.1	2 607.0	75
59	上海顺泰装饰有限公司	2 579.6	2 544.0	150
60	上海莱必泰(上海)机械有限公司	2 500.6	1 837.9	160
61	上海刃具厂有限公司	2 424.1	1 119.5	387
62	上海第五机床厂北蔡分厂	2 386.4	2 470.0	305
63	上海达力机械设备有限公司	2 362.0	2 374.1	114
64	上海朝阳锻压机床厂	2 280.1	2 151.0	154
65	上海磊亿机械有限公司	2 242.1	2 239.0	30
66	上海善能机械有限公司	2 218.5	2 176.9	42
67	上海奥林匹克制冷装璜工程有限公司	2 127.8	2 072.7	13
68	上海标准件工具厂	2 095.2	2 218.1	220
69	建荣精密机械(上海)有限公司	2 068.4	2 182.6	54
70	上海嘉音机械有限公司	2 036.2	2 297.1	144
71	上海元阳金属制品有限公司	1 960.5	1 827.0	170
72	上海鹏麒机械制造有限公司	1 954.8	2 116.0	35

(续)

序号	企 业 名 称	产品销售收入(万元)	工业总产值(当年价)(万元)	从业人员平均人数(人)
73	上海金田工具有限公司	1 936.8	1 925.1	20
74	上海竹威机电有限公司	1 895.8	2 039.3	30
75	肯纳金属(上海)有限公司	1 785.7	1 669.9	97
76	上海海灵机械冲件中心	1 773.6	2 900.0	125
77	上海上工国际精密工具有限公司	1 771.4	2 050.0	65
78	上海国豪机械制造有限公司	1 642.5	1 461.2	45
79	上海开隆冶金机械制造公司	1 597.1	1 640.0	92
80	上海申嘉机械工贸有限公司	1 588.6	3 747.5	82
81	上海舒勒压力机有限公司	1 561.3	1 967.6	114
82	黑松机电(上海)有限公司	1 557.2	395.4	82
83	上海申顺橡塑电器厂	1 540.8	1 540.8	50
84	上海大桥数控机床有限公司	1 536.2	2 200.0	31
85	上海浦东朝阳机械厂	1 491.6	1 405.0	100
86	上海洪南真空电子设备厂	1 480.8	1 350.0	110
87	上海蒙华铜材有限公司	1 452.3	1 502.5	20
88	上海汽车物流装备制造有限公司	1 444.3	1 444.3	56
89	上海龙阳机械厂	1 430.9	1 675.2	98
90	上海砂轮山林磨料磨具有限公司	1 430.3	1 428.6	10
91	上海伟扬精机有限公司	1 427.2	1 465.1	60
92	上海华灵阀门厂	1 420.3	2 105.4	127
93	上海市宝山区国平五金厂	1 420.2	1 396.3	180
94	协德机械上海有限公司	1 370.5	1 656.3	74
95	上海法道机床有限公司	1 283.8	1 166.7	19
96	上海中恒导轨有限公司	1 264.6	1 563.4	87
97	上海飞鹿磨具厂	1 244.3	509.0	80
98	上海清林机电厂	1 219.1	1 500.0	60
99	上海远都机床有限公司	1 213.7	965.5	53
100	上海上机精密机械制造有限公司	1 180.5	1 180.6	115
101	上海乐客刀具刃磨有限公司	1 123.3	1 116.0	31
102	上海飞康机械电器有限公司	1 122.2	1 017.8	80
103	上海第四机床厂	1 118.0	1 222.5	226
104	上海斯汇明机械有限公司	1 093.2	1 271.8	90
105	上海海新机床制造有限公司	1 079.9	1 100.0	47
106	上海航空设备厂	1 075.9	905.6	178
107	上海良笠机械电机有限公司	1 009.4	1 127.2	30
108	上海福源机械有限公司	1 005.5	1 155.0	80
109	上海中纺机益进机械有限公司	964.8	968.9	102
110	上海浦东力生电工机械有限公司	958.4	958.3	47
111	上海申宝丝网有限公司	957.0	939.4	50
112	上海南汇书院镀锌厂	947.7	1 105.0	86
113	上海申浩机械有限公司	922.6	775.9	111
114	上海汇元电加工机床制造有限公司	915.5	839.0	40
115	上海市唐镇有色金属铸造厂	873.9	873.9	85
116	上海金利超硬刀具有限公司	857.7	859.0	97
117	上海汉江机床附件厂	845.9	826.9	122
118	上海宝陈金属材料厂	825.7	921.4	25
119	上海上工奉贤刃具厂	824.2	1 127.3	118
120	上海青浦顺兴机械制造有限公司	815.4	815.4	30
121	上海精密机床厂	807.0	846.0	193
122	上海机械刃具厂	802.4	1 165.5	130
123	上海东源机械有限公司	774.0	800.5	46
124	上海觉氏自动化设备有限公司	756.9	756.9	61

（续）

序号	企业名称	产品销售收入（万元）	工业总产值（当年价）（万元）	从业人员平均人数（人）
125	上海浦东同乐机床附件厂	753.1	753.1	63
126	上海冰海玻璃钢冷库制品厂	751.3	747.1	16
127	上海利基机械有限公司	745.5	745.3	102
128	上海亚奉电子电器制造厂	739.8	739.8	25
129	上海第八机床厂	720.1	508.1	137
130	上海斯米克轻工机械有限公司	703.8	1 000.0	87
131	上海精密机械制造厂	688.5	688.5	50
132	上海通成机械有限公司	676.9	542.8	96
133	上海通用硅材料有限公司	667.2	767.1	38
134	上海石粉厂	664.4	564.9	105
135	上海嘉定南翔电器配件厂	661.0	696.0	54
136	上海宝山建新油泵一分厂	636.0	634.6	105
137	上海宝石印刷器材公司	634.8	610.9	38
138	上海雪峰量具有限公司	631.8	610.0	28
139	上海西马特实业有限公司	630.6	760.2	16
140	上海富安工厂自动化有限公司	616.3	1 400.0	118
141	上海华亭工具有限公司	588.7	788.5	125
142	上海福广机电设备厂	588.3	621.0	70
143	上海华灵精密铸造厂	552.8	917.5	48
144	东昱精机(上海)有限公司	533.8	613.2	69
145	上海申宏量具工具厂	522.5	576.2	194
146	上海宝发金属制品厂	512.4	512.4	53
147	上海金湖机械有限公司	483.5	640.0	80
148	上海新旋机床厂	452.4	436.3	37
149	上海精工机器制造公司	386.8	446.5	99
150	上海机床附件六厂	248.4	238.1	45
151	上海第十二机床厂	230.3	106.9	130
152	上海友特锆材料厂	190.6	220.2	17
153	上海众信机器厂	184.3	179.6	83
154	上海中亚硬质合金厂	98.0	47.3	40
155	上海经纬集团有限公司日用五金机械厂	76.5	76.5	5
	江苏省			
1	苏州爱普生有限公司	580 058.5	582 000.0	7 410
2	江苏天工实业集团公司	91 800.5	101 888.0	4 750
3	江苏飞达工具集团股份有限公司	88 331.3	100 906.0	4 800
4	无锡开源机床集团有限公司	61 554.8	56 605.6	4 378
5	苏州日本电波工业有限公司	55 177.7	55 500.0	2 882
6	南京机床(集团)有限公司	43 020.0	41 159.0	4 337
7	江苏扬力锻压机床有限公司	31 440.0	32 681.4	1 510
8	外商独资镇江科氏沥青产品有限公司	27 124.5	27 977.9	39
9	苏州三光集团公司	25 496.2	25 824.0	464
10	江苏沪宁钢机股份有限公司	18 198.0	17 580.0	550
11	丹阳市丹工实业总公司	18 154.0	18 612.3	1 089
12	南京周宇机床制造有限公司	16 510.0	17 350.0	180
13	南京巨威机械制造有限公司	15 295.0	16 615.0	170
14	南通纵横国际股份有限公司	14 890.8	16 106.0	3 659
15	捷可勃斯夹头(苏州)有限公司	14 464.4	14 241.0	414
16	苏州西门子电器有限公司	13 837.3	14 494.0	425
17	江苏锐石集团有限公司	11 123.0	12 053.0	159
18	江苏多棱数控机床股份有限公司	11 028.0	11 090.0	708
19	江阴市机械制造有限公司	10 999.7	11 726.0	553
20	盐城市石油机械厂	10 461.0	11 060.0	85

（续）

序号	企业名称	产品销售收入（万元）	工业总产值（当年价）（万元）	从业人员平均人数（人）
21	江苏金方圆集团扬州锻压机床有限公司	10 012.8	12 786.8	525
22	江苏丰裕工具有限公司	9 863.0	10 288.0	750
23	东海县石梁河镇碳化硅厂	9 649.0	9 996.0	141
24	江苏呈飞工具有限公司	9 577.2	10 169.0	413
25	江苏徐州锻压机床厂	9 530.0	8 649.0	696
26	无锡市明达电器有限公司	9 082.6	9 272.3	649
27	徐州压力机械股份有限公司	8 445.0	8 518.0	828
28	江阴市纺织机件厂	8 235.6	8 385.0	94
29	江苏新跃集团公司	8 233.0	9 300.0	552
30	丹阳市华昌钻石工具制造有限公司	8 152.3	10 449.6	375
31	盐城三菱磨料磨具有限公司	8 008.0	8 469.0	210
32	江苏亚威机床集团公司	7 774.1	8 409.0	598
33	东台市升华工具有限公司	7 546.0	7 956.0	530
34	盐城市机床有限公司	7 317.0	7 527.0	1 183
35	江苏金方圆数控机床有限公司	7 310.0	9 555.0	135
36	梅塞尔切割焊接有限公司(昆山)	6 924.3	6 924.0	125
37	南京杰曼绑扎件制造有限公司	6 703.0	6 939.0	58
38	响水县龙达传动件有限公司	6 563.0	7 522.0	312
39	苏州机床电器厂	6 503.7	6 951.0	443
40	无锡恒丰硬质合金制品有限公司	6 462.5	6 471.0	201
41	江苏省南京第四机床厂	6 312.0	6 248.0	86
42	江宁区禄口机械厂	6 271.0	6 386.0	196
43	溧阳市煤气成套设备制造工程公司	6 079.0	6 810.0	280
44	盐城市火红机动泵厂	6 050.0	6 110.0	250
45	丹阳市锋泰钻石工具制造有限公司	6 018.0	7 753.0	340
46	扬州金运钣焊机械有限公司	5 783.0	6 276.0	40
47	江苏省无锡建华机床厂	5 700.0	5 671.4	385
48	小精密工具有限公司	5 656.6	6 104.0	226
49	句容市茅山工具包装有限公司	5 457.2	6 138.1	196
50	东海县蔷薇化工有限公司	5 386.0	5 584.0	71
51	重村钢模(苏州)制造有限公司	5 316.0	4 594.0	270
52	江苏宏丰集团公司	5 259.0	6 000.0	390
53	东海县远东石英制品有限公司	5 163.0	5 352.0	45
54	江苏省范群干燥设备厂	5 147.0	5 508.0	250
55	江苏省苏州新华机床厂	5 068.3	5 371.5	345
56	丹阳市友和工贸实业总公司	5 025.7	5 320.6	500
57	句容市茅山工具有限公司	5 019.8	5 896.9	151
58	扬州市真牛机床有限公司	4 989.2	5 365.7	265
59	南京同合机械制造有限公司	4 983.0	6 533.0	185
60	天田连云港机械有限公司	4 956.2	5 824.0	53
61	东海县宏伟石英制品有限公司	4 898.0	5 074.0	50
62	东海县驼峰乡晶体元件厂	4 894.0	5 074.0	50
63	南京联合冲剪机械有限公司	4 878.0	5 920.0	54
64	无锡市百汇机械集团有限公司	4 819.0	5 500.0	120
65	泰兴市延令织机厂	4 580.0	4 714.0	158
66	苏州远东砂轮有限公司	4 568.6	4 787.0	376
67	常熟市金刚石磨料磨具厂	4 466.7	4 547.0	522
68	江苏新苏机械制造有限公司	4 446.0	4 495.7	480
69	大丰市铸造机械总厂	4 400.0	6 600.0	160
70	溧阳市齿轮二分厂	4 389.0	4 822.0	217
71	邗江县南扬轻工机械厂	4 363.9	4 887.6	310
72	南京第二轻工机床厂	4 298.0	4 670.0	136

（续）

序号	企业名称	产品销售收入（万元）	工业总产值（当年价）（万元）	从业人员平均人数（人）
73	扬州市爱华机械总厂	4 274.7	4 500.0	135
74	无锡锡工量具有限公司	4 228.0	4 865.0	400
75	蓝帜（南京）工具有限公司	4 203.0	4 413.0	118
76	无锡金球机械有限公司	4 083.0	5 192.0	438
77	江苏盟特佳集团公司	4 059.0	5 608.0	128
78	常熟市琴工硬质合金工具厂	4 036.4	4 453.0	300
79	张家港和丰机械制造有限公司	4 013.6	5 014.0	130
80	南京汤山机械制造厂	3 987.0	4 163.0	80
81	江阴市振江机械塑料厂	3 951.8	4 625.0	68
82	邗江县文教异型轧辊厂	3 815.0	4 500.0	230
83	扬州亚通机械制造有限公司	3 660.0	3 898.0	380
84	泰兴市晨晖纺织机械厂	3 658.1	4 180.0	132
85	扬州通达机械厂	3 617.0	4 941.0	198
86	南通锻压设备厂	3 581.3	3 505.0	125
87	江苏新美达工具有限公司	3 546.7	3 950.5	193
88	镇江飞亚集团公司	3 532.8	3 906.0	266
89	泰兴市黄桥工具厂	3 525.7	3 586.0	247
90	灌南压铸机有限公司	3 515.1	3 271.5	774
91	南京鑫业电动工具制造有限公司	3 491.0	4 136.0	230
92	连云港市连昌石英制品厂	3 480.0	3 784.0	8
93	连云港天元石英制品有限公司	3 393.0	3 490.0	46
94	大丰市天力有限责任公司	3 389.0	3 270.0	242
95	苏北砂轮厂	3 367.7	3 660.2	786
96	江苏恒力组合机床有限公司	3 304.0	3 328.0	524
97	苏州铸造机械有限公司	3 241.8	3 849.0	388
98	东海县宏润矿产品加工厂	3 230.0	3 369.0	80
99	靖江市三力锻压机床制造有限公司	3 221.0	3 239.5	408
100	南通市海门轻工机械厂	3 212.0	4 471.0	251
101	江苏精机集团公司	3 195.1	2 717.6	489
102	常州市茶山锻造有限公司	3 166.0	3 774.0	30
103	靖江市量具有限公司	3 164.7	3 461.1	386
104	南通恒力重工机械有限公司	3 164.2	3 120.0	318
105	东台市华久特钢工具有限公司	3 125.0	3 456.0	164
106	南京飞宇锻压机床制造有限公司	3 110.0	3 460.0	94
107	连云港市海州三达熔融石英厂	3 054.1	3 397.5	30
108	常熟量具刃具厂	3 011.0	2 834.0	376
109	镇江市荣盛工具制造公司	3 006.0	3 926.0	210
110	江阴市化工机械有限公司	2 963.7	3 470.0	107
111	冶金工业部矿山研究院南京磁性材料厂	2 935.0	3 030.0	76
112	无锡开源集团灵山机械有限公司	2 928.6	1 904.1	277
113	盐城市宝鼎机电制造有限公司	2 886.0	2 951.0	165
114	扬州贝勒锻压机床有限公司	2 872.0	2 801.8	60
115	平明鑫安石英制品有限公司	2 869.0	3 010.0	108
116	连云港市研磨厂	2 813.9	3 427.3	90
117	扬州江正切削工具有限公司	2 751.2	3 332.4	280
118	弘鑫砂轮（常熟）有限公司	2 740.0	2 739.0	97
119	南京四开电子企业有限公司	2 739.0	2 896.0	157
120	江阴市精成数控有限公司	2 726.0	2 614.0	128
121	江苏齐航数控机床有限责任公司	2 719.4	2 463.7	357
122	扬州四星集团公司	2 697.9	3 270.0	242
123	连云港力山碳化硅有限公司	2 671.4	2 842.5	24
124	南通江海机床有限公司	2 660.6	3 308.8	262

(续)

序号	企业名称	产品销售收入(万元)	工业总产值(当年价)(万元)	从业人员平均人数(人)
125	赣榆县桥信硅微粉厂	2 659.0	2 770.0	25
126	丹阳市永强特钢材厂	2 648.8	4 250.0	183
127	连云港机床厂有限公司	2 648.7	2 409.0	278
128	连云港岩山磨料有限公司	2 637.3	2 814.6	50
129	淮安市光明电器制造有限公司	2 614.0	2 767.0	180
130	常熟市减速器厂	2 605.3	2 453.0	129
131	苏州成达金属工业制造有限公司	2 563.4	3 291.0	202
132	丹阳市维克多工具制造有限公司	2 560.1	2 754.0	194
133	连云港华凯石英制品有限公司	2 513.4	2 728.9	37
134	南通第二机床厂	2 486.5	2 420.6	418
135	东海县科创石英制品有限公司	2 465.0	2 642.0	156
136	东台市冲亚机床有限责任公司	2 455.0	2 779.0	20
137	连云港桃盛熔融石英有限公司	2 438.1	2 363.9	98
138	扬州市冲压机床厂	2 373.8	2 953.5	380
139	无锡市金星农用大棚管有限公司	2 369.0	3 440.0	75
140	连云港丽港稀土材料厂	2 353.2	2 474.2	113
141	江苏省镇江市三和集团	2 332.7	3 482.8	590
142	丹阳市正大钻石工具有限公司	2 318.9	2 418.9	134
143	金坛市兴龙特钢有限公司	2 311.0	2 350.0	61
144	无锡建发机器制造有限公司	2 294.7	2 324.1	98
145	雅宝研磨材(苏州)公司	2 289.4	1 755.1	53
146	常熟市碧溪工索具厂	2 276.0	2 226.0	201
147	泰州冬庆数控机床有限公司	2 241.7	2 447.9	188
148	武进市西夏墅工具研究所	2 239.0	2 340.0	305
149	无锡开源机床集团公司三分厂	2 224.8	2 093.2	193
150	江苏三星机械制造有限公司	2 212.3	2 305.7	235
151	太平洋金浩石英制品有限公司	2 208.0	2 290.0	73
152	大丰市锐石集团	2 200.0	3 351.0	130
153	迪砂(常州)机械有限公司	2 187.0	1 687.0	71
154	常州常兴科技有限公司	2 186.0	2 993.0	82
155	东海县晶利达石英制品有限公司	2 158.0	2 330.0	65
156	无锡市蓝力机床有限公司	2 156.0	2 399.0	170
157	连云港市洪门石粉制品有限公司	2 102.1	2 250.8	40
158	太仓威格玛机械设备有限公司	2 092.0	2 225.0	54
159	扬州飞力锻压机床有限公司	2 075.4	2 120.3	313
160	南京亚龙液压机械制造公司	2 032.0	2 180.0	78
161	无锡市郊区山北木工钻厂	2 032.0	1 895.0	117
162	盐城市锋潮机械制造有限公司	2 030.0	2 140.0	50
163	无锡人民机器厂	2 029.8	2 660.0	120
164	无锡蓬天工具有限公司	1 966.9	1 973.8	100
165	江阴市南菁机械有限公司	1 963.7	2 213.0	112
166	溧阳市长江冶金机械配件厂	1 923.0	2 450.0	80
167	扬州力创机床有限公司	1 908.4	6 301.2	331
168	无锡市长安减震器材厂	1 882.0	2 040.0	120
169	苏州群伦精密机电工业有限公司	1 839.0	1 660.0	46
170	姜堰箐茂科技有限公司	1 826.8	2 407.6	103
171	连云港石湖碳化硅厂	1 818.0	1 864.3	720
172	常州市天宁区中大机械制造厂	1 814.0	1 814.0	75
173	洪泽县汽车半轴制造有限公司	1 808.0	1 892.5	106
174	邗江县杨永焊管设备厂	1 800.6	2 005.8	130
175	江苏砂轮机厂	1 781.0	1 250.0	160
176	无锡开源集团宏胜机械有限公司	1 780.0	1 780.0	115

（续）

序号	企 业 名 称	产品销售收入（万元）	工业总产值（当年价）（万元）	从业人员平均人数（人）
177	东海县横沟乡石英沙厂	1 755.0	1 810.0	60
178	无锡润元锻压机床有限公司	1 752.0	1 970.0	50
179	南通大西洋机械有限公司	1 739.7	2 305.5	130
180	江苏苏中砂轮有限公司	1 719.6	1 980.7	217
181	无锡市鳌鸿冷轧测试机械厂	1 707.1	1 540.0	23
182	东海县新世纪石英制品有限公司	1 700.0	1 800.0	51
183	姜堰苏蒙砂轮有限公司	1 700.0	1 800.4	61
184	南京力昌机械有限公司	1 700.0	1 716.0	16
185	姜堰市异型砂轮厂	1 695.2	1 925.0	68
186	丹阳市丹鹰工业制造有限公司	1 681.6	1 800.0	75
187	盐城市第二机床厂	1 668.0	1 734.0	216
188	江苏环球砂轮厂	1 650.6	1 801.0	120
189	苏州市太平洋光学仪器厂	1 632.3	1 580.1	87
190	扬州组合机床厂	1 622.5	1 760.0	141
191	江阴市三江电子实业有限公司	1 591.0	1 662.0	70
192	丹阳市华剑工具包装有限公司	1 575.6	3 073.0	80
193	常州市宝利工具有限公司	1 569.0	1 333.0	230
194	海安县特利重型剪床制造有限公司	1 566.8	1 624.0	540
195	武进市万绥工具厂	1 564.0	3 015.0	420
196	无锡市大桥轴承锻造有限公司	1 552.2	1 990.0	200
197	汉江机床厂昆山分厂	1 548.3	1 515.0	302
198	苏州精机机械工业有限公司	1 534.9	1 390.0	47
199	施泰力工具(苏州)有限公司	1 526.4	1 472.0	34
200	东海县晶体材料厂	1 521.0	1 745.0	54
201	江苏悦达集团建湖机床厂	1 511.0	1 540.0	285
202	南京友嘉机械有限责任公司	1 509.0	1 346.0	42
203	扬州市华飞通用机械有限公司	1 505.0	2 011.0	170
204	秉业金属制品有限公司	1 500.0	4 440.0	210
205	淮安市博士得工具制造有限公司	1 494.0	1 596.0	30
206	南京金长江交通设施厂	1 483.0	2 074.0	68
207	无锡国达机械设备有限公司	1 482.0	1 258.0	80
208	启东申泽机床附件有限公司	1 461.3	1 870.4	140
209	兴化市亚星量刃具有限公司	1 459.0	1 459.0	70
210	连云港市海州松源熔融石英厂	1 455.0	1 547.2	91
211	无锡新锡量量刃具有限公司	1 455.0	1 303.2	317
212	江苏久吾高科技股份有限公司	1 452.0	1 452.0	82
213	扬州市华光实业有限公司	1 450.3	1 800.0	200
214	镇江市锻压机床厂	1 440.4	1 236.5	97
215	常州市第二机床厂	1 428.0	1 446.0	190
216	无锡市桃林金属容器有限公司	1 418.0	1 890.0	60
217	江苏省泰兴机床有限责任公司	1 416.2	2 001.2	533
218	南京大地水刀有限公司	1 394.0	1 394.0	70
219	丹阳市威旺工具制造有限公司	1 371.5	2 359.8	95
220	连云港金达石英制品有限公司	1 365.0	1 383.0	34
221	金方圆集团中江公司	1 360.5	1 430.1	358
222	南通威特机械有限公司	1 358.9	1 640.0	80
223	江阴市华江机械厂	1 352.0	1 345.0	85
224	宜兴市苏南紧固件设备厂	1 350.6	1 600.0	145
225	连云港市海州锦屏刘顶熔融石英厂	1 344.7	1 416.1	60
226	江都市兴亚五金工具有限公司	1 329.4	1 608.0	103
227	连云港市海州锦屏石英制品厂	1 328.0	1 402.3	82
228	泰州市山河砂轮厂	1 321.0	1 500.0	207

(续)

序号	企 业 名 称	产品销售收入(万元)	工业总产值(当年价)(万元)	从业人员平均人数(人)
229	南通市天力锻压机床有限公司	1 319.2	1 460.8	138
230	南通市国盛精密钣金厂	1 305.0	1 950.0	146
231	无锡开源机床集团公司专用机床厂	1 303.1	1 357.0	112
232	江阴市凯达起重机械有限公司	1 301.0	1 580.0	88
233	泰州锋陵动力机械厂	1 294.0	1 144.8	32
234	徐州千斤顶厂	1 274.1	2 100.0	200
235	丹阳金钢石工具厂	1 267.3	1 360.0	92
236	宜兴市电工机械有限公司	1 251.1	1 330.0	130
237	东海县高科技硅微粉厂	1 246.0	1 429.0	80
238	武进市教育五金厂	1 241.0	966.0	178
239	南京胜阳机械制造有限公司	1 230.0	2 382.0	45
240	无锡市江南给排水设备厂	1 220.1	1 200.0	60
241	淮阴盖克斯工具制造有限公司	1 218.2	1 147.2	140
242	密测多友量仪(苏州)有限公司	1 215.7	1 219.0	37
243	苏州南兴研磨材有限公司	1 215.0	1 238.0	24
244	江阴市铸造设备厂	1 211.0	1 510.0	82
245	连云港东海县硅微粉有限责任公司	1 211.0	1 439.5	90
246	海安县东海机床厂	1 208.6	1 365.8	66
247	无锡鸿得超微粉有限公司	1 190.0	1 181.0	38
248	邗江县星火锻压机床有限公司	1 189.9	1 225.1	73
249	溧阳市保龙电器机械设备制造有限公司	1 175.0	1 383.0	156
250	溧水县东庐乡新保五金厂	1 150.0	2 760.0	150
251	常州市恒瑞机械厂	1 135.0	1 131.0	40
252	丹阳市大华实业有限公司	1 135.0	1 600.0	128
253	连云港环球锻压机械制造有限公司	1 123.4	1 169.0	213
254	响水县五金机械配件厂	1 100.0	1 200.0	10
255	泰兴市压缩机配件厂	1 095.1	1 217.0	192
256	扬州市东方砂轮厂	1 079.7	1 508.0	68
257	常州市长江铸工材料有限公司	1 058.0	1 095.0	63
258	徐州市贾汪彭达铸造厂	1 055.0	1 180.0	470
259	镇江煤矿专用设备厂	1 052.3	1 298.4	312
260	无锡开源集团艾可机械有限公司	1 044.2	1 044.2	29
261	通州市仪器设备厂	1 038.4	1 308.1	153
262	镇江市康兴锻压机床厂	1 038.3	1 050.0	18
263	无锡华联超硬材料有限公司	1 036.3	1 020.0	62
264	南京成盟化工机械有限公司	1 029.0	1 250.0	60
265	东海县曲阳乡熔融石英厂	1 023.0	1 111.0	44
266	南通第五机床厂	1 022.4	1 136.6	229
267	宜兴市锻压机床厂	1 008.0	1 025.0	136
268	淮安市飞跃工具制造有限公司	1 003.2	846.0	70
269	常熟市巨力砂轮有限责任公司	990.2	1 037.0	74
270	南京华飞机械制造有限公司	990.0	268.0	23
271	无锡市宏德超硬材料有限公司	986.6	861.8	53
272	南通市长城通用机械设备厂	976.0	976.0	26
273	无锡东源机械制造有限公司	967.0	987.0	70
274	锡山市华庄光整设备厂	961.3	1 092.0	112
275	邗江县机械工具厂	951.8	1 033.0	65
276	岱德机械工程有限公司(昆山)	933.6	1 458.0	83
277	江苏扬子工具厂	928.6	1 100.0	86
278	钴领(常州)刀具有限公司	928.0	923.0	30
279	江阴市江平镍网有限公司	925.7	1 251.0	28
280	无锡市大象机械制造有限公司	925.0	887.0	100

(续)

序号	企业名称	产品销售收入（万元）	工业总产值（当年价）（万元）	从业人员平均人数（人）
281	阜宁县横锦炉料有限公司	920.0	992.0	130
282	无锡南兴涂装设备有限公司	910.0	970.0	55
283	泰兴市冶铸材料有限责任公司	905.8	904.9	20
284	苏州树脂砂轮厂	898.8	896.2	233
285	丹阳粤阳工具厂	884.3	1 455.0	96
286	张家港市名阳精密机械制造有限公司	870.7	873.0	80
287	常州市武进永盾机械制造有限公司	868.0	871.0	78
288	苏州市华东磨料磨具厂	861.6	736.0	120
289	丹阳通用工具厂	861.3	1 620.0	138
290	常州市中频弯管厂	861.0	811.0	82
291	响水县振华紧定套制造有限公司	860.0	890.0	26
292	扬州星力机械制造有限公司	853.1	1 080.0	98
293	南京森茂机械有限公司	850.0	1 060.0	40
294	常熟市锻压机床有限公司	844.3	905.0	110
295	东台市绿玉磨料磨具有限公司	840.0	916.0	88
296	无锡市树脂砂轮厂	828.6	826.6	90
297	扬中市扬子精密磨具厂	826.2	1 222.0	38
298	江苏华东减速机厂	822.8	886.0	99
299	江苏仁和新技术产业有限公司	822.0	1 228.0	43
300	南通金鱼草园林工艺品有限公司	805.2	955.0	100
301	宜兴市群英标准件设备制造有限公司	804.0	761.0	105
302	常州兴荣机电制造有限公司	785.0	845.0	80
303	锡山市太湖冷弯型钢设备有限公司	784.5	830.0	68
304	苏州市金马机械电子公司	769.8	807.2	45
305	镇江市力搏工具有限公司	766.5	544.8	70
306	兴化市华海抛磨材料有限公司	763.0	832.0	30
307	姜堰市亚光磨具有限公司	753.6	957.7	112
308	无锡富路特包装机械有限公司	753.4	818.0	106
309	江阴市超硬工具厂	745.6	657.0	50
310	常州市永固标准件材料有限公司	735.0	730.0	60
311	常州市新墅机床数控设备厂	720.0	680.0	38
312	常州市兴昌机械厂	694.0	686.0	90
313	丹阳市蓝剑金刚石工具制造有限公司	689.3	763.3	40
314	宿迁市金马机床有限公司	687.4	877.9	206
315	东台市锋火轮磨料磨具有限公司	671.0	1136.0	65
316	扬州市邗江铸造材料有限公司	671.0	706.2	21
317	常州市瑞达机床有限公司	659.0	639.0	81
318	南京砂轮厂	655.0	576.0	130
319	吴中区灵林机械设备有限责任公司	648.8	919.0	60
320	丹阳市硬质合金厂	647.8	960.0	105
321	靖江市华源电力机械制造有限公司	637.9	750.9	41
322	常州华中金刚石工具制造有限公司	627.0	635.0	115
323	南京鑫宝机电设备实业有限公司	620.0	789.0	68
324	镇江益林金刚石工具有限公司	615.0	627.6	68
325	南通如锻机床有限公司	603.0	649.9	87
326	苏州天成钟表材料有限公司	581.6	567.0	110
327	南京金拓工具制造有限公司	572.0	570.0	60
328	宜兴市高欣机械厂	558.0	600.0	53
329	徐州丰宝矿业有限公司	555.5	558.0	194
330	无锡市西漳环保设备厂	555.0	580.0	90
331	丹阳市日用五金厂	540.6	1 070.0	62
332	丹阳市江南工具有限公司	515.2	535.0	00

（续）

序号	企业名称	产品销售收入（万元）	工业总产值（当年价）（万元）	从业人员平均人数（人）
333	丹阳市丹成特种镀钛有限公司	513.0	651.0	40
334	江苏南蒲机电集团股份有限公司	510.5	165.0	649
335	扬州琼花金刚石厂	507.0	412.0	32
336	常州市茶山电站辅机厂	502.0	548.0	51
337	宿迁市六角磨具有限公司	501.9	586.5	106
338	吴县市振宇工具厂	501.5	490.0	60
339	镇江市金鑫磨具有限公司	494.1	483.0	55
340	南京永和视频设备有限公司	488.0	542.0	78
341	锡山市精密机床制造有限公司	464.7	427.0	68
342	镇江市工具厂	453.0	808.0	70
343	沛县湖西农场锻造厂	452.5	425.5	22
344	南京辉绿岩铸石有限公司	450.0	403.0	83
345	丹徒县耐火辅助材料厂	446.9	497.8	28
346	无锡市南方冷弯机械厂	434.4	457.0	47
347	常州市三里职业高中电力机械配件厂	432.0	461.0	85
348	苏州市申丹机械制造有限公司	428.6	428.6	47
349	射阳县远航船舶有限公司	380.0	370.0	100
350	常熟市金刚石厂	302.7	348.8	9
351	常州市武进剑湖精密自动化设备厂	263.0	280.0	15
352	无锡市蠡桥机械厂	261.8	289.0	44
353	海安县民生机械制造有限公司	201.1	405.0	16
354	国营江南压铸总厂连云港分厂	188.9	208.0	21
355	苏州电焊机厂	155.0	248.0	40
356	集成电梯（苏州）制造有限公司	131.0	143.0	12
	浙江省			
1	正泰集团公司	177 789.8	181 285.3	4 011
2	杭州机床集团有限公司	22 660.1	20 291.1	1 322
3	浙江凯达机床集团有限公司	18 028.3	14 885.4	1 001
4	杭州力武机电有限公司	16 489.9	17 011.0	314
5	杭州天奕机械有限公司	14 532.4		150
6	湖州机床厂有限公司	12 930.2	12 958.8	845
7	浙江永康佳美树脂砂轮有限公司	12 380.0	13 515.0	465
8	杭州友佳精密机械有限公司	12 208.8	12 750.0	300
9	浙江东精工量具有限公司	12 168.0	14 235.6	578
10	金丰（中国）机械工业有限公司	11 891.2	9 811.4	286
11	杭州萧山焊接机械制造厂	11 760.6	12 247.0	120
12	浙江锻压机床厂	10 528.7	12 357.2	842
13	浙江西菱台钻制造有限公司	10 004.9	10 190.0	406
14	杭州兴隆机械设备有限公司	8 968.6	8 307.3	170
15	浙江萧山金龟机械有限公司	8 466.7	8 345.0	377
16	浙江嘉控电气股份有限公司	8 031.6	8 282.0	897
17	台州市三鸥钻夹头制造有限公司	8 013.6	8 100.0	1 120
18	宁波五谷美亚金属制品有限公司	6 397.0	7 254.0	275
19	杭州铣床厂	6 354.2	6 352.2	817
20	浙江荣德机械有限公司	5 944.8	9 430.0	164
21	浙江水晶电子集团股份有限公司	5 835.3	6 858.8	1 424
22	宁波海曙富茂机械有限公司	5 741.0	5 744.9	360
23	浙江金龙机械索具有限公司	5 624.5	5 780.0	400
24	宁波甬微集团有限公司	5 568.8	5 086.8	330
25	浙江天球工量具实业有限公司	5 500.4	6 212.7	219
26	杭州西湖台钻有限公司	5 428.7	5 509.3	468
27	宁波东方压铸机床有限公司	5 126.3	5 556.0	202

（续）

序号	企 业 名 称	产品销售收入（万元）	工业总产值（当年价）（万元）	从业人员平均人数（人）
28	杭州瑞达莹石经营有限公司	5 082.0	5 808.0	20
29	兰溪精强机械制造有限公司	4 847.3	5 020.6	205
30	宁波恒威机械有限公司	4 732.3	5 299.1	110
31	乐清市荣成工具有限公司	4 657.3	5 230.1	512
32	九川电器有限公司	4 235.7	4 338.3	343
33	海宁三强精密机械有限公司	4 051.3	4 074.1	70
34	永康市永天机电制造有限公司	4 011.9	5 565.2	205
35	宁波市晶鑫电子材料有限公司	3 699.6	3 699.5	60
36	杭州佳农制造有限公司	3 458.0	3 465.0	125
37	余姚市捷宇机械有限公司	3 443.7	4 108.0	540
38	宁波市德威正大机械制造有限公司	3 435.6	3 460.0	206
39	绍兴通力机床有限公司	3 403.1	3 327.6	325
40	兰溪联强机床制造有限公司	3 390.1	3 226.0	542
41	台州市椒江玻璃(集团)反光材料有限公司	3 349.8	3 439.9	95
42	海宁机床厂有限公司	3 227.2	3 095.6	262
43	浙江友信机械工业有限公司	3 199.7	3 314.7	140
44	浙江星火机电厂	3 095.5	3 171.0	109
45	浙江方大工具有限公司	3 008.8	3 215.3	224
46	永嘉县流遍机械润滑有限公司	2 824.8	2 991.1	108
47	绍兴汽车配件总厂锻造分厂	2 713.0	2 803.0	35
48	绍兴市雪花电器水泵厂	2 689.6	3 172.9	193
49	台州市定向反光材料有限公司	2 639.7	2 345.7	149
50	浙江天成机床有限公司	2 600.0	2 680.0	58
51	嵊州市锻压机床有限公司	2 316.4	2 486.9	97
52	武义机床制造有限公司	2 313.2	2 394.3	330
53	浙江郑泰集团有限公司	2 304.2	2 797.0	116
54	玉环县坎门机床厂	2 222.0	2 455.0	182
55	宁波树脂砂轮厂	2 218.0	2 292.8	131
56	台州市捷利夹头制造有限公司	2 201.3	2 199.3	180
57	杭州胜利金属构件厂	2 025.5	2 050.0	102
58	浙江红旗机械有限公司	1 993.6	1 854.3	523
59	宁波海工集团公司	1 993.4	2 053.1	382
60	杭州劳武工具厂	1 948.0	1 949.9	225
61	浙江威力锻压机床厂	1 890.6	1 800.0	130
62	宁波海恩机床有限公司	1 853.4	1 900.0	97
63	温州东亚集团有限公司	1 843.4	2 103.6	181
64	杭州工具总厂	1 824.5	2 040.3	565
65	浙江鲁顺实业有限公司	1 794.2	1 861.3	96
66	浙江鄞县鑫峰机床配件有限公司	1 782.2	1 808.7	15
67	金华永兴工具厂	1 752.7	2 001.0	120
68	上海市机械设备进出口有限公司北仑磨料磨具	1 746.1	1 500.0	100
69	台州飞达机床有限公司	1 740.5	1 787.0	55
70	嘉兴恒锋工具有限公司	1 728.6	1 940.6	102
71	杭州华兴机械厂	1 696.0	2 055.3	165
72	浙江省永康锻压机床厂	1 674.1	1 693.8	214
73	宁波大华宏联砂轮有限公司	1 669.0	1 705.0	181
74	杭州永合机械有限公司	1 668.4	2 024.3	57
75	缙云县锯力煌锯床有限公司	1 619.7	3 073.3	150
76	浙江晨龙锯床有限公司	1 607.0	2 110.8	168
77	绍兴机床集团公司	1 582.9	1 582.6	303
78	乐清市三星钻头厂	1 525.6	1 646.2	126
79	东阳市机床附件有限公司	1 521.8	1 616.2	224

（续）

序号	企业名称	产品销售收入（万元）	工业总产值（当年价）（万元）	从业人员平均人数（人）
80	杭州富阳金火仪表机床厂	1 503.8	1 624.0	138
81	温州永昌工具有限公司	1 490.4	1 698.2	221
82	象山焊接袜垫厂	1 488.8	1 523.0	102
83	杭州佳德机电有限公司	1 479.5	1 103.0	60
84	杭州浙工工具有限公司	1 447.3	1 615.4	101
85	宁波市海曙中迪机械有限公司	1 438.4	1 447.8	129
86	杭州套丝机有限公司	1 430.1	1 536.4	81
87	金华金龙工具有限公司	1 426.2	1 553.0	101
88	浙江第二锻压机床厂	1 414.1	1 504.6	66
89	宁波利浦工具有限公司	1 405.2	1 494.6	145
90	苍南县求精仪表厂	1 375.6	1 520.0	85
91	缙云县刃具有限公司	1 364.3	1 919.5	56
92	杭州长征机械模具厂	1 336.7	1 526.4	82
93	宁波市海曙长光电加工机床厂	1 322.3	1 446.5	67
94	临海市铸造机械厂	1 321.8	1 361.8	190
95	杭州萧山新欣电器厂	1 320.4	1 324.0	59
96	嵊州市天力铸造有限公司	1 320.0	923.9	60
97	杭州家豪五金工具有限公司	1 310.9	1 426.5	183
98	金华太阳机械有限公司	1 302.5	1 387.4	96
99	杭州工具量具有限公司	1 286.4	1 230.6	104
100	临海市华锦索具有限公司	1 226.2	1 290.0	180
101	永康市浙南工具有限公司	1 224.0	1 302.0	89
102	浙江大学机械厂	1 220.3	2 047.1	94
103	乐清市雁荡山机床实业公司	1 214.7	1 552.0	125
104	浙江省煤田地质局机械厂	1 213.9	1 197.5	143
105	浙江华夏防爆电气有限公司	1 211.6	1 259.6	116
106	浙江富春江集团杭州茶叶机械有限公司	1 205.4	1 601.7	125
107	杭州允上工具有限公司	1 195.5	1 209.8	93
108	温州市仪表机床总厂	1 191.3	1 441.9	106
109	金华市康华工量具有限公司	1 191.1	1 190.9	89
110	杭州机床厂城东联合分厂	1 134.1		308
111	杭州长虹机械制造有限公司	1 129.4	1 103.8	99
112	缙云县伟业锯床有限公司	1 125.9	1 233.0	87
113	上海机械工具量具总公司宁波工具厂	1 113.4	1 435.5	180
114	舟山市中天工具有限公司	1 075.0	1 403.0	105
115	杭州阳工五金有限公司	1 047.6	1 057.6	46
116	杭州西湖量具刃具厂	1 033.7	775.6	180
117	浙江省平湖市工具厂	1 015.0	1 015.0	185
118	宁波市江北数控设备厂	1 007.0	1 140.0	66
119	杭州金丰机械有限公司	1 000.7	1 101.0	122
120	浙江省永康机床厂	999.1	1 090.5	294
121	玉环县华丰机床厂	998.4	965.0	88
122	缙云县远达锯业有限公司	975.0	978.0	60
123	余姚市东方刃具厂	966.8	1 078.7	96
124	金华市捷达机械工具厂	962.0	1 350.0	57
125	海盐畅想机械实业有限公司	960.8	914.9	102
126	杭州明珠工具有限公司	947.1	1 121.2	121
127	杭州城北机械铸造有限公司	945.7	921.2	128
128	宁波市北仑耀发机械设备有限公司	939.5	1 218.6	66
129	杭州友耐工具有限公司	931.0	938.0	89
130	富阳新马工具有限公司	915.4	933.0	80
131	浙江新圣机械有限公司	893.3	826.8	147

（续）

序号	企业名称	产品销售收入（万元）	工业总产值（当年价）（万元）	从业人员平均人数（人）
132	杭州凯德机械有限公司	887.0	929.0	45
133	宁波市新型机床刀具公司	880.1	889.4	11
134	浙江锻压机床厂一分厂	877.5	912.6	20
135	宁波市镇海骆驼锻压机床厂	866.2	1 185.6	55
136	杭州金宝机床有限公司	859.2	922.7	127
137	宁波鑫磊金刚石工具有限公司	834.4	925.1	115
138	杭州泰能塑料机械厂	832.4	880.0	65
139	浙江超硬磨具有限公司	826.0	1 029.5	45
140	金华县金轮电机砂轮厂	820.3	969.8	112
141	台州齐光冲压件有限公司	815.0	816.8	45
142	金华申龙光电子有限公司	803.5	841.3	70
143	鄞县华东机床电器有限公司	798.4	948.5	42
144	象山华洋机床附件厂	798.0	902.0	66
145	温岭市工业自动化制造有限公司	796.1	796.1	50
146	浙江省常山液压机有限公司	791.3	811.4	82
147	青田县非金属矿加工有限公司	779.5	689.0	30
148	乐清市华阳化油器有限公司	756.2	821.3	85
149	杭州成洲锯业工具有限公司	756.0	1 001.4	98
150	永康市长恒工具有限公司	734.6	864.0	90
151	杭州大蒙电加工机床有限公司	731.2	599.3	70
152	浙江省浦江焊接设备总厂	723.5	1 318.5	120
153	温岭市牧屿陵城机床附件厂	719.7	734.0	35
154	宁波京琼液压机械有限公司	715.0	715.0	38
155	杭州国良精密机械有限公司	706.4	721.0	61
156	舟山市神模电气有限公司	701.3	820.8	25
157	宁波市海曙德威机床厂	682.1	491.9	55
158	金华市华龙工具厂	678.2	627.5	67
159	杭州钱祥工具有限公司	670.2	759.8	60
160	阿尔法工具有限公司	663.6	663.0	66
161	温州市奋飞数控机床厂	654.3	661.7	61
162	海盐通用机械塑料包装厂	641.4	749.1	75
163	宁波市海曙泽民电器配件厂	637.2	646.8	58
164	杭州拉丝制造厂	617.0	601.2	85
165	宁波高标磨具有限公司	609.8	671.0	60
166	杭州瑞卡仪表有限公司	583.5	472.9	79
167	嵊州市锻压机床有限公司	581.5	336.3	25
168	杭州机床电器厂	555.8	652.3	311
169	海盐贵工量刃具有限公司	550.9	1 243.8	98
170	杭州半山三渣拌和厂	545.1	576.9	24
171	浙江省缙云得力工具制造厂	533.2	517.7	60
172	舟山通利刃具有限公司	512.9	618.0	45
173	宁波幸福机电部件有限公司	508.6	525.7	72
174	温州市煤矿机械厂	507.0	887.8	107
175	缙云县机械工具有限公司	501.9	1 088.0	23
176	富阳金星五金电器厂	475.2	470.0	36
177	杭州金龙锻压机械有限公司	472.0	562.0	38
178	温岭市牧屿火炬台钻厂	465.4	478.7	25
179	杭州华金五金工具厂	444.9	444.9	50
180	温州芙蓉工具有限公司	428.3	500.1	95
181	鄞县龙观神力工具厂	412.0	411.7	54
182	湖州市硅力石英砂有限公司	411.4	435.0	41
183	浙江临安膨润土化工总厂	348.7	464.1	165

（续）

序号	企 业 名 称	产品销售收入（万元）	工业总产值（当年价）（万元）	从业人员平均人数（人）
184	浙江精密量具有限公司	311.7	529.0	142
185	永康市坚固砂轮厂	303.0	358.0	50
186	大榭开发区华液机器制造有限公司	283.3	266.1	37
187	浙江海门机床厂	237.5	144.4	127
188	杭州之江量具厂	196.4	196.4	45
189	宁海县文具二厂	178.3	436.0	46
190	核工业二六九机械厂	98.9	109.1	36
191	杭州余杭控制设备厂	86.8	103.7	39
	安徽省			
1	安徽宏晶新材料股份有限公司	11 544.1	12 150.0	1 290
2	合肥锻压机床股份有限公司	10 019.6	10 294.7	826
3	马鞍山市沪马机械设备有限责任公司	7 982.6	7 982.6	298
4	合肥长源液压件股份有限公司	7 586.5	8 665.3	679
5	马鞍山市巨星集团总公司	5 295.0	5 950.0	420
6	安徽省长江机床总厂	3 625.0	3 755.0	180
7	安徽池州家用机床股份有限公司	3 556.1	3 369.9	452
8	芜湖重型机床股份有限公司	3 494.4	3 262.1	847
9	安徽省鸿庆精机有限公司	2 742.0	2 704.0	253
10	黄山皖机集团有限公司	2 278.0	3 342.4	500
11	马鞍山机床总厂	1 872.1	2 294.0	648
12	黄山区安太集团有限责任公司	1 820.1	2 060.9	340
13	安庆机床有限公司	1 626.0	1 857.0	516
14	安徽省三力机床制造有限公司	1 608.7	1 096.0	116
15	蚌埠市金洋家用机床有限责任公司	1 525.0	1 551.4	235
16	合肥市海特微波技术有限公司	1 521.5	1 563.4	18
17	铜陵县皖江磨料集团公司	1 459.5	1 637.0	254
18	黄山第一机床厂	1 434.9	2 415.6	713
19	马鞍山市东华冶金机械有限公司	1 410.0	1 410.0	84
20	蚌埠市家用机床总厂	1 285.0	1 328.5	126
21	芜湖豹王砂布有限公司	1 203.9	1 209.2	50
22	安徽省六安长江机床厂	1 126.0	1 080.3	337
23	合肥压力机械有限责任公司	1 093.7	1 364.2	215
24	安徽省旌德县飞翔电器有限责任公司	1 081.9	1 115.0	140
25	绩溪县明雁机械有限公司	1 081.0	1 471.5	165
26	安徽量具刃具厂	1 071.8	1 665.0	287
27	皖淮机械厂	1 022.6	1 387.0	828
28	巢湖砂轮有限公司	958.7	1 016.0	245
29	池州市贵池通用机械厂	914.6	947.0	203
30	安利特机械电脑公司	914.1	577.8	28
31	淮北市新立机电制造有限责任公司	875.0	900.0	40
32	安徽省明美矿物有限公司	836.0	968.6	105
33	芜湖县锻压机床总厂	830.1	847.0	110
34	中德机床厂	830.0	877.0	60
35	刃具三厂	772.0	780.0	76
36	安徽省合肥砂轮厂	711.2	968.1	438
37	当涂县冶金机械备件厂	640.0	650.0	59
38	马鞍山市惊天液压锤制造有限责任公司	618.5	583.9	80
39	马鞍山市华菱机械设备有限公司	588.0	602.0	112
40	芜湖中轮机械制造有限公司	568.0	599.7	180
41	舒城皖龙空气压缩机厂	538.0	690.5	62
42	安徽省机动刃模制造有限公司	530.5	465.1	69
43	铜陵市东苑磨料公司	513.2	516.0	22

(续)

序号	企业名称	产品销售收入(万元)	工业总产值(当年价)(万元)	从业人员平均人数(人)
44	安徽省凤阳东方磨料磨具有限公司	501.1	1 310.2	107
45	上海工具厂有限公司舒城厂	459.0	430.3	125
46	绩溪县上庄金刚石厂	416.8	449.6	25
47	安庆红旗机床有限责任公司	400.0	348.0	209
48	马鞍山市华东金刚石工业公司	355.6	535.2	190
49	安徽省黄山台钻有限公司	354.5	1 039.7	120
50	旌德县正大实业有限公司	324.0	1 397.5	32
51	明光市大地凹凸棒有限责任公司	206.4	193.6	45
52	安徽省石台县机械制造有限公司	137.8	152.8	58
53	安徽省旌德县锦程机械有限责任公司	86.5	890.1	47
	福建省			
1	南安市南星工业机械有限公司	9 191.4	12 039.7	950
2	厦门艾思欧标准砂有限公司	6 649.7	6 782.2	107
3	艾美凯仪表(厦门)有限公司	6 233.7	6 237.7	826
4	厦门市思明区黎明冶金机械厂	5 012.7	5 012.3	159
5	龙海市多棱锯条有限公司	4 621.5	4 387.8	93
6	福建省邵武华英粉煤灰有限公司	4 410.2	4 410.3	391
7	厦门厦芝科技工具有限公司	4 022.3	4 212.2	167
8	厦门锻压机床有限公司	3 738.9	4 201.2	410
9	厦门大金机械有限公司	3 664.1	4 920.0	80
10	福州机床厂	3 336.5	2 991.8	819
11	三明机床有限责任公司	2 721.6	2 782.0	509
12	漳州全盈磨料磨具有限公司	2 579.1	2 704.8	160
13	厦门东亚机械有限公司	2 405.3	2 625.3	96
14	福建宏达机械有限公司	2 376.6	2 562.5	510
15	泉州中泰机电有限公司	2 017.9	2 288.2	107
16	龙海市多棱钢砂有限公司	1 986.3	2 102.8	85
17	建瓯东方磨料有限公司	1 813.6	2 441.2	85
18	石狮市湘闽金刚石公司	1 639.3	1 648.4	56
19	泉州市洛江区双阳金刚石工具有限公司	1 406.2	1 146.1	224
20	泉州众志金刚石工具有限公司	1 206.3	1 085.7	47
21	福建二和金刚石有限公司	1 125.4	806.4	44
22	福州台钻厂	1 110.3	1 161.1	164
23	福建省大田县卂宏硅业有限公司	1 107.9	1 540.7	86
24	石狮市天马数控设备有限公司	1 077.7	1 000.0	40
25	浙江水晶电子集团有限公司周宁分公司	969.9	1 284.7	96
26	福州鼓山远洋机械厂	927.0	927.0	130
27	泉州泰门宝金刚石工业有限公司	864.7	879.2	72
28	福建省福鼎市测绘器材厂	831.8	1 003.4	87
29	福建三利源磨具制造有限公司	705.2	661.6	83
30	宁化县石蕊矿业有限公司	623.9	1 200.0	100
31	福建省沙县恒升碳化硅有限公司	595.8	669.8	35
32	厦门佳品金刚石工业有限公司	590.3	536.8	152
33	福州仓山电动工具配件厂	590.0	601.7	30
34	漳州翊峰机械工业有限公司	549.7	626.5	162
35	福州久日机械铸造有限公司	542.0	650.0	55
36	福州双屹砂轮有限公司	534.5	540.0	70
37	平和县兴发机械有限公司	529.9	501.8	54
38	永泰县旺达机械厂	525.0	543.0	13
39	建瓯市恒丰磨料磨具有限公司	498.2	521.6	42
40	镇岗(福建)机械有限公司	400.1	425.3	80
41	福建省建瓯民盛磨料磨具有限责任公司	341.0	373.4	79

(续)

序号	企业名称	产品销售收入（万元）	工业总产值（当年价）（万元）	从业人员平均人数（人）
42	福建工模具厂	323.4	322.9	176
43	福建永德信涂附磨具有限公司	305.3	464.6	80
44	福建省莆田县恒达机电实业有限公司	270.0	2 110.0	40
45	泉州市华侨大学金刚石工具厂	221.9	287.6	21
46	福建省建阳磨床厂	134.0	173.9	65
47	福建将乐中外合资闽港水晶有限公司	120.0	157.5	80
48	福州大学机械厂	95.0	110.5	126
49	厦门航空机电厂	93.2	125.4	1
50	泉州安平工业有限公司	40.8		38
	江西省			
1	中国核工业总公司七二零厂	14 616.0	6 959.3	1 209
2	南昌市郊区贤湖钢管厂	6 120.0	7 548.0	35
3	江东机床厂	3 561.8	3 477.5	655
4	江西第一机床有限责任公司	3 374.7	4 541.4	733
5	江西德兴铜矿机械制造有限公司	3 251.0	3 984.0	593
6	江西工具有限公司	1 943.0	1 798.0	1 060
7	江西江铃锻造有限公司	1 803.8	2 019.4	354
8	江西机床厂	1 337.9	2 336.9	408
9	江西省中萤实业有限公司	1 189.2	779.8	5
10	江西金鼎钻石总公司	1 176.7	1 455.8	180
11	江西省中机技术产业有限公司	1 166.3	1 268.0	110
12	江西第三机床厂	1 088.2	1 456.7	521
13	南昌市汽车电器厂	1 030.8	1 388.0	99
14	万安县华晶电子有限公司	1 000.0	1 178.0	96
15	江西水晶厂	919.4	1 209.3	952
16	南昌江南电子仪器厂	761.0	1 351.1	182
17	江西省吉安机床厂	659.5	570.9	250
18	万安县水晶厂	652.0	853.0	34
19	江西盛鸿仪表机床有限公司	638.3	994.0	123
20	江西港隆砂轮厂	627.0	832.0	23
21	江西省国营东风砂轮厂	626.9	879.7	92
22	赣州动力机械厂	581.0	728.5	149
23	赣州萤光磁性材料厂	539.3	698.6	60
24	江西同济丰宇环境股份有限公司	504.0	543.5	35
25	吉安县宏远精密机械制造有限公司	501.0	679.0	95
26	进贤县轻化设备制造厂	480.0	778.0	20
27	龙南县闽龙机械铸件厂	415.0	598.0	30
28	江西大有科技有限公司	348.9	464.4	50
29	南昌恒鑫工具有限责任公司	346.6	832.4	108
30	江西量具有限公司	337.5	567.6	256
31	宜黄县国营钨矿	321.0	389.8	20
32	江西晶体建筑材料厂	299.3	344.4	200
33	南昌矿山机械厂	222.5	822.2	124
34	庐山区大华机械厂	204.5	413.0	35
35	江西液压机械厂	190.3	365.0	929
36	国营南昌万埠砂轮厂	71.5	247.2	24
37	国营江西省宜春砂轮厂	62.8	240.8	60
38	景德镇市陶瓷石膏模具厂	42.0		211
39	赣州伟嘉合金有限责任公司	41.1	521.3	30
40	江西机床电器厂	38.3	17.0	477
41	上犹县永光金刚石磨具厂	28.4	218.5	8
	山东省			
1	济南二机床集团有限公司	46 226.0	51 424.3	5 109
2	山东威达机床工具集团总公司	27 979.2	24 160.8	3 205

（续）

序号	企业名称	产品销售收入（万元）	工业总产值（当年价）（万元）	从业人员平均人数（人）
3	济南一机床集团有限公司	26 848.9	31 234.3	4 149
4	大明集团公司	26 005.0	30 045.0	447
5	青岛爱恩耐机械有限公司	24 030.3	22 216.0	40
6	青岛市藏南纸制品机械厂	18 700.0	23 199.0	810
7	胜代机械（山东）有限公司	17 020.6	17 307.9	206
8	文登现代研磨材料有限公司	16 525.2	17 134.0	180
9	胶南市高戈庄纸箱设备厂	13 700.1	16 707.4	552
10	四砂股份有限公司	13 000.0	10 210.0	2 019
11	山东鲁南机床有限公司	12 898.8	14 898.0	2 036
12	文登市钻床厂	11 163.0	17 130.0	130
13	德州德隆（集团）机床有限公司	10 804.3	11 680.9	1 521
14	青岛铸造机械集团公司	10 744.7	10 246.4	1 236
15	青岛金大地机械制造有限公司	10 000.0	10 300.0	340
16	乳山市乳嘉造锁设备股份有限公司	9 896.1	12 591.3	236
17	高密高锻机械有限公司	9 636.4	9 703.4	1 007
18	淄博大亚金属制品有限公司	9 368.7	9 908.4	120
19	淄博桓威机械设备有限公司	9 134.0	9 960.0	334
20	滕州枣庄碳化硅厂	8 847.8	9 845.3	371
21	文登市昆嵛机械配件厂	8 564.0	13 932.0	60
22	蓬莱远大实业有限公司	8 138.0	4 113.7	227
23	济南市王冠实业总公司	8 114.7	8 082.0	360
24	山东龙口砂轮厂	8 089.0	9 619.0	68
25	淄博晶山刚玉厂	7 985.0	8 033.0	110
26	青岛锻压机械集团公司	7 811.7	7 929.1	1 316
27	泰安泰山福神齿轮箱有限责任公司	7 442.0	9 148.4	954
28	德州长虹机械制造有限公司	6 544.9	6 047.6	233
29	枣庄宝友高岭土有限公司	6 459.0	6 537.0	92
30	莱州市行星机械有限公司	6 156.3	6 946.7	458
31	青岛天泰机械有限公司	6 100.0	6 630.0	320
32	济南市砂轮厂	6 100.0	6 600.0	50
33	烟台铣床附件厂	6 044.8	5 713.1	748
34	滕州市金利铸造厂	5 986.1	6 935.7	165
35	高密康达机床有限公司	5 815.6	6 653.0	285
36	蓬莱市三元洗涤机械厂	5 789.0	7 565.0	97
37	锻压机床厂	5 651.3	11 300.0	613
38	山东博远物流发展有限公司	5 607.8	6 650.3	42
39	淄博联兴特种瓷业有限公司	5 521.0	5 811.2	120
40	章丘市宏达磨料有限公司	5 393.0	6 330.0	266
41	山东省青岛监狱	5 267.7	5 595.2	940
42	第二锻压机床厂	5 260.0	7 252.0	150
43	济南汇九数控机床厂	5 100.0	4 790.0	350
44	济南砂布厂	5 011.3	4 756.0	261
45	威海机床厂	4 873.2	7 861.2	324
46	淄博市博山长城机械厂	4 820.0	4 957.7	202
47	烟台环球机床附件集团有限公司	4 815.8	3 977.0	1 453
48	济南东星精密仪器有限公司	4 699.6	4 988.8	100
49	泰安华鲁机械有限公司	4 645.2	4 039.6	500
50	济阳县通达机械厂	4 576.0	5 376.0	174
51	蓬莱市村里集镇富新机械厂	4 558.7	7 585.6	104
52	泰安生建电加工机床厂	4 502.4	4 599.6	472
53	日照福加五金磨具有限公司	4 323.0	5 255.6	62
54	青岛胶南市胶威机械有限公司	4 010.6	4 810.6	240

（续）

序号	企业名称	产品销售收入（万元）	工业总产值（当年价）（万元）	从业人员平均人数（人）
55	乳山市农业机械厂	4 207.5	5 353.4	80
56	新泰市煤矿机械厂	4 138.0	4 471.3	290
57	淄博砂轮厂	4 108.5	4 782.0	57
58	临清市金峰特钢锻造有限公司	4 000.5	4 082.1	610
59	华成铸造公司	3 962.0	5 456.0	18
60	青岛昊悦机械有限公司	3 941.2	4 556.9	298
61	山东恒欣镁业有限责任公司	3 782.3	2 964.2	862
62	青岛晶体元件厂	3 766.9	4 013.0	306
63	青岛汽车配件三厂	3 664.9	3 906.0	190
64	博山金峰陶瓷制釉有限公司	3 553.9	3 948.8	266
65	滕州鲁南机床厂四分厂	3 380.2	3 758.0	280
66	平原县征宙机械有限公司	3 250.4	3 248.8	842
67	泰安市宏康机械制造有限公司	3 226.0	3 473.0	260
68	烟台第二机床附件厂	3 219.7	3 050.6	453
69	泰安市锻压设备厂	3 215.2	2 947.0	206
70	东平县万通碳化硅有限责任公司	3 197.0	2 818.1	190
71	临清宏鑫机床有限责任公司	3 066.0	3 040.0	359
72	山东沂水机床厂	2 962.9	2 243.5	490
73	青岛市胶南信达机械有限公司	2 953.0	3 002.4	135
74	青岛大门铸造有限公司	2 822.1	2 822.1	101
75	淄博金刚石厂	2 820.0	2 835.0	320
76	滕州市微粉厂	2 789.4	2 840.5	96
77	德州宝鼎液压机械有限公司	2 721.2	2 778.5	85
78	青岛泰富磨具有限公司	2 718.0	2 921.6	98
79	章丘市石油化工配件厂	2 649.0	3 657.0	430
80	滕州市华成金属制品有限公司	2 601.0	2 658.0	60
81	济宁博特精密丝杠制造有限公司	2 496.7	3 124.0	767
82	龙口市砂布厂	2 400.0	2 796.0	188
83	海阳市创实机械制造有限责任公司	2 398.0	3 278.0	276
84	济南康凯钢板有限公司	2 383.8	2 879.1	15
85	泰安市振华机器有限公司	2 363.0	2 687.0	120
86	烟台精密机床附件厂	2 338.2	4 118.1	18
87	烟台海德机床厂	2 338.2	3 560.2	392
88	龙口市南王冲压机械厂	2 328.0	3 822.0	120
89	德州市德银机械制造有限公司	2 311.0	3 331.6	120
90	莱芜市轧辊制造厂	2 310.1	2 520.3	430
91	莱州市朱桥水暖器材厂	2 230.0	2 230.0	151
92	山特维克钢铁（青岛）有限公司	2 226.3	2 295.3	30
93	威海精密机床附件厂	2 086.1	2 148.4	249
94	钢城区银山企业集团公司	2 030.0	2 230.0	408
95	新泰市万滢工具有限公司	2 006.0	2 100.0	280
96	滕州枣庄力源碳化硅有限公司	1 988.8	1 826.8	186
97	滕州机床厂	1 965.2	3 020.0	198
98	淄博金宇磨料有限公司	1 897.0	2 068.0	50
99	青岛黄河铸造机械厂	1 876.4	1 800.0	103
100	莱州市金属门窗厂	1 779.0	2 321.0	103
101	滕州市恒强磨料磨具有限责任公司	1 769.2	1 930.8	86
102	烟台市牟平区裕华工程机械有限公司	1 752.7	1 533.2	166
103	山东临沂金星机床有限公司	1 746.8	1 848.5	373
104	山东省胶南市铸钢厂	1 726.0	2 222.4	200
105	平度市三星精铸有限公司	1 698.0	2 213.2	140
106	平度市强力精铸厂	1 670.0	2 213.6	120

（续）

序号	企业名称	产品销售收入（万元）	工业总产值（当年价）（万元）	从业人员平均人数（人）
107	淄博锻压机床厂	1 660.9	1 871.2	200
108	淄博隆福晶体材料有限公司	1 625.0	1 640.5	360
109	山东省诸城锻压机床股份有限公司	1 604.7	1 970.3	510
110	莱州市滑石工业有限责任公司	1 592.5	448.1	67
111	日照巨星砂轮有限公司	1 587.4	1 654.9	20
112	威海市量具总厂	1 573.4	1 712.1	387
113	呼和浩特机床附件总厂牟平分厂	1 561.8	2 038.8	444
114	山东烟台轴承仪器有限公司	1 553.3	1 709.4	441
115	青岛费尔斯特技术有限公司	1 525.6	1 194.8	20
116	滕州市威达机床有限公司	1 483.8	1 875.1	406
117	泰安市泰山冲剪机床制造有限公司	1 480.0	1 520.0	35
118	青岛高科技工业园鑫山工具厂	1 459.0	1 554.3	66
119	滕州市剪切设备厂	1 446.9	1 759.1	255
120	青岛恒谊电子元件有限公司	1 428.6	1 469.2	70
121	青岛康泰机械设备制造有限公司	1 406.8	1 966.0	200
122	青岛亚泰冶金材料有限公司	1 390.7	611.7	23
123	莱州市通达机械有限公司	1 338.2	1 590.0	100
124	日照海恩锯业有限公司	1 317.8	2 020.6	290
125	青岛康华钻石有限公司	1 255.8	1 266.2	186
126	潍坊机床二厂	1 211.3	1 467.3	290
127	烟台铣床总厂	1 202.2	1 172.6	280
128	山东齐河县机械厂	1 200.2	1 139.3	90
129	山东三川机械制造有限公司	1 189.4	908.0	126
130	山东济宁机床厂	1 171.2	1 042.7	448
131	山东大通集团公司福利金刚石厂	1 160.0	1 160.0	140
132	文登市刃具厂	1 151.4	1 499.0	380
133	淄博金星锻压机床制造有限公司	1 150.0	1 190.0	100
134	青岛黄河铸造有限公司	1 109.8	1 279.9	120
135	烟台芝鹿萤屏磨具有限公司	1 100.0	1 067.4	80
136	哈尔宾量具刃具厂烟台分厂	1 043.0	2 076.0	300
137	滕州市鲁南同锐数控机床设备有限公司	974.6	1 465.6	630
138	嘉祥县机械厂有限公司	965.2	1 134.7	150
139	淄博鑫易达刚玉有限公司	964.1	1 063.8	76
140	烟台第二机床厂	957.0	934.2	191
141	祥光机械产业有限公司	956.7	998.0	129
142	山东聊城鑫达机械设备有限公司	916.0	959.4	214
143	济南市峨嵋剪切设备厂	886.6	998.6	83
144	济宁山工量刃具有限公司	849.0	1 321.4	557
145	兖州市颜店金马机床工具公司	819.3	994.2	380
146	滕州市亚东旋转接头有限公司	787.0	740.0	60
147	高密豪迈机械有限公司	785.0	893.0	80
148	山东镁矿	778.6	371.2	210
149	青岛大贤精密机械有限公司	771.0	766.5	230
150	青岛木友机械有限公司	761.2	650.5	54
151	齐河县晏城镇通用机械厂	734.8	774.4	65
152	山东泗水天源机床附件有限公司	718.9	1 232.1	180
153	济南长城锅炉配套制造有限公司	713.0	700.0	55
154	莒南县方圆磨具有限公司	706.1	1 136.4	95
155	莱州市渤海滑石粉厂	702.4	522.1	196
156	寿光市福顺铸造公司	701.0	999.0	25
157	山东淄川泉龙化工厂	700.0	760.0	80
158	莒南县信发磨料磨具有限公司	692.8	626.9	93

（续）

序号	企业名称	产品销售收入（万元）	工业总产值（当年价）（万元）	从业人员平均人数（人）
159	乳山市双丰机床有限公司	683.7	821.6	278
160	青岛即墨市利浩五金工具制造有限公司	676.1	936.9	170
161	兖州市东岳机床工具厂	666.5	566.1	300
162	山东滨州市锻压机械厂	634.3	633.6	132
163	诸城市铸锻机械股份有限公司	632.2	1 119.6	169
164	青岛德马石油机械有限公司	608.6	1 526.3	90
165	山东莱州宏大建材厂	605.1	620.0	200
166	山东聊城光明锻压机床有限公司	596.3	559.1	186
167	青岛希尤精细石墨化工有限公司	595.0	659.0	46
168	莱州市霸力石油机械有限公司	592.3	567.0	85
169	济南佳禾机械有限公司	588.8	781.7	132
170	泰安市泰尊锻压机械有限责任公司	585.6	652.8	70
171	泰安市宏昌机械制造有限公司	575.2	770.0	56
172	临沂市圣鑫机械制造有限公司	572.1	517.5	119
173	烟台市铸造机械厂	563.9	606.6	145
174	即墨市泉兴铸造有限公司	562.7	580.1	120
175	宁阳县金辉工贸有限公司	515.2	496.4	86
176	阳谷七三铸造厂	510.0	516.0	17
177	日照市河山磨具磨料厂	509.0	511.5	86
178	淄博开元磨具有限公司	508.7	529.6	50
179	宁阳县华腾矿产品有限公司	505.8	517.4	50
180	高密市通用机床厂	504.0	531.0	202
181	泰安市华威锻压机床厂	501.7	526.4	60
182	即墨市长直锻造厂	487.0	518.0	86
183	山东莱州市砂轮模具有限公司	476.3	397.7	126
184	青岛市四方区华铁工贸公司	464.0	462.3	43
185	山东临清机床厂	451.1	632.6	500
186	青岛高科园新拓机械厂	438.1	535.3	52
187	山东五矿莱州华兴矿产有限公司	405.1	418.7	115
188	青岛市兼工业机械有限公司	371.0	371.1	80
189	滕州市约翰逊旋转接头制造有限公司	283.8	548.2	52
190	潍坊环境保护设备厂	276.2	255.6	26
191	山东省临沂晶体材料厂	218.1	118.4	43
192	济南溢鑫锅炉配件有限公司	59.4	63.1	31
193	青岛日润电子电器有限公司	56.0	67.0	30
	河南省			
1	河南黄河实业(集团)公司	102 000.0	101 400.0	3 918
2	河南省凯祥企业有限公司	37 810.0	38 151.0	470
3	河南新机股份有限公司	29 034.8	38 483.6	1 985
4	白鸽集团有限责任公司	22 359.6	30 792.1	5 832
5	孟州市飞孟公司	14 660.0	15 300.0	490
6	河南英威东风机械制造有限公司	12 746.6	13 520.0	982
7	安阳机床集团有限责任公司	10 493.0	12 016.8	1 475
8	渑池县刚玉总公司	9 526.7	10 026.0	548
9	郑州振东耐磨材料有限公司	7 835.9	8 229.5	498
10	禹州市银星磨料厂	6 580.0	7 380.0	210
11	郑州玉发磨料有限公司	5 890.1	6 034.6	150
12	巩义市信达液压机械有限公司	5 667.2	5 676.1	130
13	长葛市腾达磨具厂	5 605.0	5 096.0	256
14	新郑市九洲微粉厂	5 505.2	5 670.0	150
15	新郑市禄兴实业公司	5 349.8	5 459.0	140
16	巩义市孝义金刚砂冶炼厂	5 188.8	5 196.5	110

（续）

序号	企 业 名 称	产品销售收入（万元）	工业总产值（当年价）（万元）	从业人员平均人数（人）
17	淇县黄洞机械厂	4 968.6	4 968.6	105
18	河南省荥阳市锻压机械设备厂	4 472.5	4 659.7	120
19	郑州孝义砂轮厂	4 374.0	4 384.4	123
20	郑州市磨料磨具厂	4 134.9	3 985.6	468
21	郑州市平原磨料磨具厂	3 902.0	4 533.9	120
22	洛阳高新启明超硬材料有限责任公司	3 630.0	3 237.6	395
23	杞县高阳镇福利金刚砂厂	3 624.0	3 660.0	294
24	义马市黄河冶炼厂	3 594.3	3 222.4	216
25	郑州市豫立实业有限公司	3 300.0	3 542.0	85
26	郑州市中原万隆磨料耐材厂	3 288.3	2 908.9	39
27	河南远发金刚石有限公司	3 251.3	2 686.7	460
28	郑州市磨料厂	3 093.0	2 554.4	419
29	郑州市铁路实业总公司嵩山磨料厂	3 067.0	3 076.2	204
30	三门峡中原量仪股份有限公司	3 053.0	3 066.1	925
31	巩义市站街柏茂机械厂	2 867.0	2 946.0	80
32	河南鑫旺予兴冰晶石有限公司	2 736.0	2 773.0	120
33	伊川县东方金刚砂厂	2 635.0	2 597.8	149
34	河南省巩义市新中冶炼厂	2 598.5	2 678.9	80
35	郑州大方机械制造有限公司	2 594.9	1 701.7	118
36	河南富耐克超硬材料有限公司	2 545.9	3 214.6	164
37	郑州市长青实业发展有限公司	2 544.1	2 849.7	84
38	河南省巩义市米南磨料磨具厂	2 514.4	2 686.0	210
39	镇平县晁陂镇压缩机设备厂	2 503.0	2 286.7	76
40	夏邑县铸造有限责任公司	2 436.8	2 735.6	481
41	榆液集团安阳机床电器有限责任公司	2 394.0	2 769.4	234
42	郑州新亚复合超硬材料有限公司	2 312.2	3 043.5	90
43	河南省安阳市第二机床厂	2 292.0	3 616.0	583
44	信阳市平桥区中南助滤剂有限公司	2 285.0	1 876.9	86
45	沙沃砂轮厂	2 148.0	2 160.0	82
46	郑州亚龙超硬材料有限公司	2 094.5	2 315.0	45
47	平顶山郏县双鸽砂有限责任公司	2 046.9	2 037.0	141
48	开封市东华电器厂	1 996.8	2 034.3	340
49	安阳锻压机械工业股份有限公司	1 962.3	2 448.0	414
50	三门峡黄河齿轮厂	1 943.9	1 983.3	53
51	郑州市宇龙磨料有限公司	1 916.1	1 728.0	230
52	信阳市平桥区五里镇八达研磨安徽总公司河南	1 890.0	2 241.5	136
53	许昌县群兴工贸有限公司	1 881.9	1 936.0	80
54	巩义市鑫源建材有限公司	1 786.0	1 822.5	68
55	洛阳精密机床厂	1 766.3	1 831.5	407
56	巩义市恒大瓷业有限公司	1 710.0	1 744.9	21
57	河南省渑池县电熔刚玉有限公司	1 700.0	1 734.6	189
58	巩义市第一冲压设备厂	1 683.0	1 683.0	37
59	洛阳市秦阳重工轴承有限公司	1 677.2	2 540.0	66
60	沁阳市万电化工有限公司	1 660.0	1 378.0	50
61	义马电厂磨料磨具有限责任公司	1 653.5	1 687.5	212
62	洛阳市新民机械有限公司	1 630.9	1 657.2	124
63	安阳县茂盛金刚砂有限责任公司	1 619.6	1 720.3	127
64	林州市兴达石英砂厂	1 615.0	2 007.8	90
65	于镇机械厂	1 550.0	1 580.0	54
66	淇县晶体元件总公司	1 542.5	1 542.5	30
67	西华县逍遥镇郑遥微粉厂	1 511.7	1 575.0	36
68	郑州市豫新磨料有限公司	1 459.8	1 516.4	31
69	河南省伊川县中州磨料磨具厂	1 449.6	1 537.8	103
70	中铁建登封工贸公司	1 444.8	1 550.9	110

（续）

序号	企业名称	产品销售收入（万元）	工业总产值（当年价）（万元）	从业人员平均人数（人）
71	郑州西湖磨料磨具实业有限公司	1 441.3	1 500.8	42
72	宝丰县电石厂	1 396.3	1 465.0	129
73	伊川县伟华耐火磨料有限公司	1 381.2	1 403.1	150
74	安阳市旭辉磨料有限责任公司	1 353.3	1 424.8	150
75	登电集团金星耐火材料有限公司	1 257.4	1 083.4	97
76	伊川县富威金刚砂厂	1 237.5	1 284.8	180
77	郑州市天顺磨料厂	1 231.4	1 440.7	40
78	河南省人本轴承有限公司	1 160.0	1 350.0	100
79	安阳市金刚砂厂	1 151.0	1 520.0	160
80	郑州市中原脱氧砂厂	1 148.1	1 106.4	32
81	河南省南召县金刚石工具厂	1 131.0	1 210.0	90
82	河南英达莱超硬材料发展有限公司	1 106.4	1 030.0	35
83	伊川县天龙金刚砂厂	1 100.4	2 575.8	180
84	洛阳九久技术开发有限公司	1 090.9	1 085.1	60
85	孟州市泰丰公司	1 070.0	1 100.0	190
86	洛阳高新技术产业开发区汇翔精机有限公司	1 059.4	1 057.4	196
87	洛阳机床厂	1 058.0	1 204.3	583
88	洛阳金延有色金属加工设备有限责任公司	1 056.4	1 120.0	74
89	博爱县青天河金刚砂厂	1 022.6	1 056.4	60
90	河南省郏县广阔天地砂轮厂	1 015.6	1 500.3	62
91	河南省淅川冶炼厂	992.1	733.8	72
92	郑州铝城三星白刚玉厂	989.4	1 066.1	45
93	郑州利宝龙磨料磨具有限公司	988.0	1 003.0	58
94	郑州岑城磨料磨具有限公司	975.0	1 011.4	30
95	郑州市阳光磨料磨具发展有限公司	961.2	1 000.5	20
96	郑州市晨光特种材料厂	958.6	900.3	70
97	郑州嵩浩磨料磨具有限公司	950.0	1 025.0	20
98	河南第一工具厂	949.1	1 367.4	620
99	荥阳市熔金白刚玉厂	946.6	922.6	43
100	河南省伊川县金轮耐火材料厂	935.0	811.2	104
101	安阳市文峰研磨材料厂	934.8	1 022.7	65
102	宝丰县豫丰研磨耐材有限公司	872.0	576.0	38
103	郏县志勇磨具有限公司	859.2	895.0	65
104	郑州市恒泰磨料有限公司	854.9	795.9	53
105	襄城县王洛镇微磨粉厂	839.6	849.4	76
106	郑州宇港磨料有限公司	835.2	806.2	60
107	修武县机械厂	799.9	735.3	273
108	巩义市核桃园寺平硅石厂	783.1	799.1	52
109	洛阳市津川磨料磨具有限公司	782.4	649.9	90
110	郑州市正天磨料磨具有限公司	767.9	769.0	25
111	三门峡中原精密有限公司	761.1	847.4	52
112	登封市汇联磨料磨具有限公司	744.1	715.8	122
113	郑州白鸽树脂磨具有限公司	735.8	696.9	107
114	河南省荥阳市鑫源磨料有限公司	706.2	711.9	35
115	巩义市核桃园方家码硅石厂	705.2	719.6	50
116	郑州市上街砂轮厂	700.0	505.4	48
117	洛阳市硬质合金工具厂	700.0	900.0	310
118	获嘉县明星机械有限公司	695.8	685.9	118
119	淮阳县磨料磨具厂	682.0	695.0	46
120	合生生(郑州)矿物制品有限公司	673.1	564.0	48
121	河南省登封市卢店金刚沙厂	672.8	652.7	150
122	新郑市科达开发公司	580.5	718.3	131
123	夏邑县车站财达量具厂	552.9	499.9	175
124	中国化学工程第十一建设公司光华实业公司	551.9	506.1	179

(续)

序号	企业名称	产品销售收入(万元)	工业总产值(当年价)(万元)	从业人员平均人数(人)
125	获加县宏运车辆配件厂	550.0	597.0	30
126	新乡阳机四制造有限公司第二机床厂	523.0	900.7	410
127	开封市华豫实业公司	505.2	1 066.3	110
128	郑州市轧辊厂	498.1	567.5	127
129	项城市水寨镇东郊翻砂厂	496.0	540.0	17
130	郑州市异型砂轮制造有限公司	486.0	488.1	42
131	卫辉市城郊乡机床厂	467.9	584.6	130
132	安阳市泽川彩玻冶保材料有限责任公司	463.8	1 953.0	76
133	郑州市上街区丰源白刚玉厂	430.0	528.8	42
134	郑州亚宝实业有限公司	399.9	322.9	22
135	登封市阳城奋发金刚砂厂	386.6	351.9	20
136	河南省淅川县通用机械有限公司	383.4	460.6	79
137	洛阳市三华矿业有限公司	380.6	441.7	95
138	博爱高温材料厂	361.6	369.0	60
139	河南省淅川县结晶硅厂	361.4	217.4	68
140	郑州洞林集团有限公司贾峪磨料厂	332.5	386.7	29
141	商水县黄寨镇予东线路器材厂	330.6	492.5	23
142	河南省鲁山县国营达昌机械厂	327.8	327.0	329
143	沈丘县中南粉末冶金制品厂	326.0	432.0	50
144	郑州市中原金刚磨料磨具厂	311.0	284.3	16
145	灵宝市城关镇机械厂	287.4	292.0	25
146	洛阳市新博耐材制品有限公司	281.6	53.9	25
147	开封县汽车配件厂	259.8	370.0	45
148	鹤壁重型机器厂	255.3	430.6	465
149	郑州巨轮磨料磨具有限公司	253.6	223.6	20
150	确山县石英砂厂	244.0	1 232.2	12
151	巩义市天鹅磨料厂	222.1	203.4	31
152	平顶山银马砂轮有限责任公司	219.0	859.6	96
153	河南省长葛市建筑磨具机械厂	211.3	320.0	100
154	河南省信阳机床厂	191.9	374.1	173
155	开封量具刃具厂	191.2	378.1	98
156	夏邑县德信企业集团有限公司	177.4	3 474.0	92
157	河南省奥特轴承有限公司	170.0	940.0	86
158	郑州优德工业陶瓷有限公司	152.9	238.9	34
159	井封黄河机床厂	140.6	292.7	216
160	安阳第二锻压设备厂	132.1	63.0	90
161	安阳市砂轮厂	129.5	200.1	64
162	新乡市锻压机床厂	121.4	182.2	69
163	郑州市上街四方刚玉厂	110.0	455.0	86
164	温县金玉磨料磨具有限公司	98.0	100.0	15
165	第二砂轮厂劳动服务公司	55.2	55.9	33
166	郑州市齿轮厂	27.0	75.2	310
167	开封市技校实习工厂	26.9	35.1	35
168	滑县柴油机厂	26.6	29.7	40
169	河南省登封市耐火材料厂	5.6	332.0	85
170	新蔡县碳化硅磨料加工厂	3.7	255.6	30
171	平顶山市银马磨料磨具有限责任公司		1 200.0	100
	湖北省			
1	湖北玉立砂带股份有限公司	20 260.3	29 843.5	1 600
2	蕲春县九棵松人造板有限责任公司	19 300.0	20 158.0	2 688
3	武汉重型机床厂	16 738.0	16 121.0	3 325
4	洪山江南机床大修机械加工厂	12 361.3	14 457.0	364
5	三环集团黄石锻压机床有限公司	9 874.4	7 981.6	837
6	石首市致远晶体器材有限责任公司	5 700.0	5 070.0	510

（续）

序号	企 业 名 称	产品销售收入（万元）	工业总产值（当年价）（万元）	从业人员平均人数（人）
7	黄石华信机械设备有限公司	5 417.2	5 523.6	125
8	湖北省重型机器集团有限公司	5 062.0	5 532.0	1 550
9	赤壁市通用机械厂	4 897.0	4 998.5	105
10	潜江市机械磨具厂	4 444.0	4 639.0	132
11	宜昌力帝实业集团有限责任公司	4 373.7	3 063.6	839
12	湖北省潜江市江汉工具厂	3 952.0	4 067.0	242
13	鄂州市燕矶天赐金刚石刀具厂	3 780.0	3 860.0	40
14	老河口市光化组合机床集团股份有限公司	3 628.2	5 420.0	546
15	鄂州市楚燕石材刀具厂	3 620.0	3 695.0	45
16	鄂州市燕矶中华刀具厂	3 400.0	3 470.0	45
17	湖北省通城县宝塔砂布厂	3 274.9	3 983.3	420
18	潜江吴江工贸有限公司	3 136.6	4 463.0	500
19	黄石市福昌工贸有限公司	2 403.0	3 298.0	56
20	蕲春县界岭实业有限责任公司	2 317.0	2 685.0	300
21	武汉威泰数控立车有限公司	2 312.1	2 409.5	105
22	武汉机床厂	2 269.0	2 475.1	1 107
23	蕲春县火炬高纯石英砂厂	2 204.0	2 321.0	150
24	荆州机床厂	2 201.2	2 292.3	446
25	武钢矿渣工业设备修造厂	2 173.2	2 765.9	650
26	蕲春县鹏程行业有限公司	2 115.0	2 460.0	240
27	枣阳市冲压机床厂	1 687.0	1 775.0	170
28	汉江集团水利枢纽管理局碳化硅总公司	1 572.5	1 479.6	507
29	武汉钢实烧结设备制造安装有限公司	1 522.4	963.2	366
30	蕲春县付冲工业公司	1 508.0	1 785.0	240
31	沙洋机床厂	1 460.0	1 700.5	442
32	武汉数控集团股份有限公司	1 390.2	1 333.7	338
33	湖北长江工具有限责任公司	1 367.8	2 017.7	401
34	浠水县汪岗机械厂	1 306.0	1 346.0	69
35	宜昌长江机床有限责任公司	1 038.8	862.4	727
36	鄂州市锻压机床厂	1 031.5	991.8	154
37	罗田县长石开发公司	980.0	980.0	100
38	潜江市磨料磨具厂	944.1	1 514.1	152
39	黄石华力机械设备有限公司	806.4	607.8	121
40	鄂州市鄂城区宏发蔬菜大棚厂	710.0	774.0	75
41	黄石锻压华曜机械设备有限公司	704.5	777.2	49
42	湖北第二机床厂	677.8	848.5	1 162
43	蕲春县蕲广滑石开发有限责任公司	660.0	670.0	25
44	团风县机械厂	650.0	1 470.0	85
45	安陆市通用机械制造有限公司	593.9	812.3	118
46	恩施工具有限责任公司	579.7	825.1	119
47	浠水县巴河机械厂	573.0	625.0	45
48	十堰市碳化硅厂	558.3	833.9	59
49	武汉市汉水机械铸造厂	518.4	518.4	30
50	武汉第四机床厂	513.8	518.6	213
51	蕲春县蕲州经济特区兴达实业公司	448.6	510.0	168
52	湖北省崇阳县通用机械厂	436.1	899.0	152
53	湖北省崇阳县锻压机床厂	401.5	998.4	101
54	武汉有色冶金机械厂	356.9	389.2	129
55	随州市机床厂	349.9	739.0	120
56	汉水车辆空调设备总厂	333.0	519.0	412
57	武汉和诚汽车传动工业有限责任公司	321.6	506.5	40
58	红安县八里农机厂	320.0	283.6	102
59	磙子河保温材料厂	247.2	291.0	125
60	宜昌超亚金刚石有限责任公司	162.5	976.0	25

（续）

序号	企业名称	产品销售收入（万元）	工业总产值（当年价）（万元）	从业人员平均人数（人）
61	武汉市长江机械厂	155.2	240.5	171
62	枣阳市金刚石刀具股份有限公司	150.0	298.0	60
63	武汉市二桥矿冶机械公司	146.1	255.1	23
64	湖北咸宁矿山机械厂	126.1	110.2	78
65	应城市机床厂	102.4	61.7	68
66	鄂州市鄂丰机械工程有限责任公司	86.8	18.5	95
67	湖北省荆州市沙市第二机床厂	78.3	129.6	138
68	鄂州市机床厂	77.0	84.3	236
69	湖北宏威锻压设备制造厂	67.0	987.5	198
70	武汉市汽车研究所	28.6	0.0	423
71	武汉富诚汉阳锻压机械有限公司	27.9	20.0	502
72	宜昌大恒微细钙厂	21.1	26.5	40
73	湖北工具厂	15.6	570.7	360
74	团风县石墨坩埚厂	11.0	260.0	15
75	黄石海卓液压技术有限责任公司	10.3	97.0	20
76	兴山县峡晶电子有限责任公司	7.2	40.1	34
	湖南省			
1	金瑞新材料科技股份有限公司	29 200.0	26 866.0	548
2	湖南特种金属材料厂	7 194.4	8 217.9	119
3	湖南飞碟新材料有限公司	4 964.0	5 390.0	876
4	湖南机床厂	4 300.0	4 668.2	934
5	湖南泰山机械厂	4 016.2	5 123.0	489
6	长沙三德实业有限公司	2 791.3	2 827.7	66
7	湖南钻石硬质合金工具有限公司	2 346.4	2 743.9	157
8	磐吉奥（湖南）工业有限公司	2 295.0	2 250.7	195
9	湖南省郴州环保设备总厂	2 265.0	2 265.0	82
10	岳阳县康王乡乌江机筛厂	2 080.0	2 080.0	140
11	长沙机床厂	2 056.8	2 348.1	856
12	湖南省长沙第二机床厂	1 638.3	1 994.9	536
13	湖南省安化县结晶硅厂	1 487.0	1 549.0	120
14	长沙天和工程机械有限公司	1 460.5	1 500.0	85
15	武冈市蜂窝煤机制造厂	1 422.4	1 461.4	444
16	株洲市锻压机床厂	1 387.9	1 354.4	392
17	长沙一派数控研究所	1 120.0	1 120.8	52
18	衡阳县玉鑫超硬材料厂	1 109.0	1 136.0	170
19	长沙金石粉体材料有限责任公司	1 057.7	1 329.7	58
20	株洲九方钢结构有限责任公司	953.0	947.4	172
21	涟源市砂轮厂	860.0	889.0	48
22	洞口县高沙镇蜂窝煤机厂	786.8	849.3	61
23	汨罗市湘北石材制品有限公司	750.0	900.0	120
24	长沙深湘通用机器有限公司	716.3	862.6	94
25	益阳江南橡胶机械厂	658.9	900.0	131
26	衡阳市砂布厂	607.0	638.0	40
27	株洲市光明机械厂	603.0	699.7	168
28	南托造型材料公司	600.5	600.0	84
29	湖南中大机电设备有限责任公司	574.0	611.6	16
30	衡阳砂轮厂	541.6	554.2	149
31	湖大海捷制造技术有限公司	537.2	1 430.5	165
32	龙山县铅锌矿	535.7	600.3	169
33	株洲县华新硬质合金工具厂	535.4	618.3	80
34	株洲市机床附件厂	498.2	347.3	94
35	长沙锻压机床厂	483.5	569.6	270
36	冷水江建设机械工业总公司	458.2	582.9	227
37	邵阳县松鹤钻头厂	424.0	432.0	26

（续）

序号	企业名称	产品销售收入（万元）	工业总产值（当年价）（万元）	从业人员平均人数（人）
38	长沙第三机床厂	397.4	387.8	101
39	邵东县凿岩钎具有限公司	391.4	527.8	28
40	衡阳金科威实业有限公司	360.0	873.0	88
41	湖南省望城县学士金刚石厂	353.4	1 800.0	63
42	长沙海普化工设备新技术开发公司	343.9	344.8	46
43	邵阳县特种工具厂	337.8	332.3	21
44	平江县宏富矿产公司	329.5	2 604.0	170
45	龙山县金刚石有限公司	280.0	260.0	263
46	株洲华电抗磨工程有限公司	274.9	181.5	20
47	汨罗市龙舟动力机械总厂	220.0	3 282.0	237
48	怀化市机床总厂	198.4	508.0	50
49	溆浦县双发硅厂	195.5	1 601.0	50
50	湖南省东安县水电设备有限公司	169.0	218.2	170
51	衡阳量具刃具总厂	122.2	377.8	194
52	衡山县矿石粉厂	113.5	522.4	33
53	邵阳县工具集团公司	81.2	205.1	160
54	永顺金刚石厂	80.3	320.0	30
55	益阳市赫山区粮食局金刚石厂	50.0	64.0	14
56	长沙科技仪器厂	30.8	27.4	121
57	汨罗市金湘磁材厂	9.0	1 860.0	110
59	洪江市机床厂	0.0	163.4	24
	广东省			
1	深圳赛格柏狮电子有限公司	29 029.4	21 151.2	410
2	广州机床工具有限公司	14 854.0	12 233.0	1 570
3	中山力劲机械有限公司	12 155.6	11 399.9	200
4	广东锻压机床厂有限公司	12 053.9	10 300.4	646
5	力劲机械(深圳)有限公司	10 243.5	8 390.5	700
6	深圳市二砂深联有限公司	8 794.6	7 868.6	430
7	南海市平洲夏西祥兴机具厂	8 367.0	7 698.2	550
8	深圳金洲硬质合金有限公司	8 003.6	7 415.0	187
9	东莞厚街科技电业厂	6 690.2	4 540.9	1 808
10	珠海经济特区彩珠实业总公司	6 472.0	6 802.0	65
11	广州东成染整机械有限公司	6 422.3	6 482.3	85
12	广州市机床工具工业公司台山机床厂	6 209.5	7 110.9	60
13	鑫逸(番禺)机械有限公司	6 094.0	6 190.8	91
14	青海华鼎实业股份有限公司番禺石楼机械厂	5 115.8	7 615.8	64
15	番禺中信机械工业有限公司	5 000.0	5 200.0	150
16	广州番禺沙湾骏业洗涤机械有限公司	4 789.0	5 040.0	60
17	佛山市康思达液压机械有限公司	4 481.3	4 996.9	477
18	广东康乾机床有限公司	4 354.2	3 962.5	743
19	惠阳皇利电机有限公司	4 284.2	4 284.2	150
20	东莞柏威金属制品有限公司	4 265.5	4 638.0	330
21	良豪五金(珠海)有限公司	4 184.2	6 472.3	42
22	南海市和顺精达信五金电器有限公司	4 008.4	5 813.0	125
23	从化市神岗胜通研磨制品有限公司	3 560.0	3 370.0	125
24	南海市和顺展丰金属制品厂	3 245.9	2 980.1	98
25	中山冬晨汽动元件有限公司	3 232.6	3 186.0	81
26	江门市蓬江区德宝金属制品有限公司	3 152.8	2 627.0	200
27	广宁县木格镇滑石粉厂	2 965.8	4 168.3	45
28	顺德市容桂镇南区永雄机械制造厂	2 951.3	3 617.0	171
29	广宁县潭布镇陶土资源开发公司	2 829.2	3 366.0	138
30	南江金精准五金制品厂	2 757.6	3 083.0	225
31	花都市昌兴碳化硅有限公司	2 682.0	2 794.0	50
32	惠州市惠城东宝五金制品厂	2 652.7	2 652.7	95

（续）

序号	企业名称	产品销售收入（万元）	工业总产值（当年价）（万元）	从业人员平均人数（人）
33	南海市和顺共同五金厂	2 595.5	2 385.2	90
34	广宁县潭布镇钾长石粉厂	2 425.3	2 927.2	120
35	中山市源田非金属矿业有限公司	2 345.6	2 545.0	40
36	中山鑫和五金制品有限公司	2 342.6	2 342.6	94
37	石井超硬工具（珠海）有限公司	2 291.6	1 985.3	80
38	广宁县横山罗锅石粉加工场	2 270.7	2 760.0	28
39	韶关工具厂	2 257.2	2 896.3	872
40	南海市和顺镇富利包装机械有限公司	2 200.5	2 480.3	56
41	顺德市大良区雄大锻压机床厂	2 174.8	326.9	29
42	南海市三山港区知音工艺礼品厂	2 155.5	2 095.0	80
43	东莞正荣金属制品有限公司	2 116.1	3 649.7	152
44	顺德市宏兴机械实业有限公司	2 092.0	2 148.0	141
45	新会凯特精密机械有限公司	2 044.3	2 815.2	123
46	罗定市华石镇新德发玉器厂	2 003.5	2 148.3	68
47	广州市天河区羊城磨料磨具厂	1 959.0	1 959.0	30
48	高明市捷龙机械有限公司	1 924.0	2 164.2	22
49	汕头保税区华利旺聚酯有限公司	1 890.0	493.3	24
50	中山市翠山机械制造有限公司	1 871.2	1 873.3	146
51	从化市龙潭机电设备厂	1 870.0	2 289.0	60
52	广宁县螺岗钾长石粉厂	1 847.9	2 335.3	40
53	广宁县横山镇泽民采矿场	1 835.7	2 110.0	35
54	增城市濂辉机械有限公司	1 834.7	2 634.5	53
55	广宁县联和炼轧钢厂	1 827.0	2 184.0	178
56	广宁县晶华陶瓷材料厂	1 771.3	2 134.0	25
57	珠海市亚刚金刚石砂轮有限公司	1 750.5	1 744.9	36
58	河源市金田矿产有限公司	1 716.9	860.4	16
59	广州市番禺区石楼机械三厂	1 709.6	1 709.6	80
60	长铭磁性材料（惠州）有限公司	1 650.8	2 030.0	195
61	利丰砂布砂纸厂有限公司	1 646.7	1 717.2	63
62	南海市平洲金达机械厂	1 621.1	1 512.2	100
63	艺诚机械（深圳）有限公司	1 612.5	2 185.4	490
64	中山市科力高自动化设备有限公司	1 558.1	1 520.7	81
65	喜利（番禺）钻石首饰有限公司	1 553.3	1 551.1	520
66	东莞豪达金属制品有限公司	1 462.5	1 686.4	85
67	广宁县横山万青采矿场	1 439.0	1 654.0	50
68	南海市源田床具机械有限公司	1 398.3	1 255.2	154
69	广州砂轮厂	1 330.0	1 556.4	219
70	广宁县联和机械铸造厂	1 302.9	1 635.6	33
71	南珠人造金刚石有限责任公司	1 297.7	1 324.3	170
72	南海永江工业资源有限公司	1 290.6	2 263.9	20
73	化州市山尾鹏程机械制造有限公司	1 281.5	1 298.0	15
74	顺德市华大机械制造有限公司	1 157.1	1 329.1	117
75	广州市海珠区精诚金属制品厂	1 154.0	970.0	46
76	东莞宏远高成电子实业有限公司	1 153.2	1 410.2	119
77	江门隆固机械制造有限公司	1 148.4	1 245.8	101
78	番禺区沙湾陇一铸造厂	1 136.0	1 195.0	40
79	中山市华山色釉料有限公司	1 132.5	1 233.9	74
80	清埔机械厂	1 113.0	1 369.0	40
81	连州市大白鲨磨料磨具有限公司	1 103.0	968.8	131
82	深圳市博利昌数控切割设备公司	1 099.9	1 849.7	40
83	珠海市宜峰电子机械有限公司	1 096.2	1 168.8	110
84	深圳福斯特数控机床有限公司	1 069.0	832.1	59
85	广州市番禺区沙湾汇业铸造厂	1 033.9	1 055.0	75
86	饶平县中兴陶瓷有限公司	979.5	1 031.0	25

(续)

序号	企 业 名 称	产品销售收入（万元）	工业总产值（当年价）（万元）	从业人员平均人数（人）
87	高明市联合大良塑料机械厂	963.7	1 084.0	56
88	天河高新技术产业开发区广晶科技实业公司	951.6	1 250.0	97
89	惠东周氏金刚石制品有限公司	888.0	888.0	35
90	湛江科华实业总公司	879.5	899.0	120
91	潮阳市深港电工材料厂	871.9	758.6	30
92	广州市番禺区沙湾华天玻璃机械厂	855.0	872.0	28
93	中山市华研磨材料有限公司	848.0	1 212.9	15
94	粤和兴激光刀模(深圳)有限公司	843.7	886.3	160
95	清远市清城区源潭润丰铸造厂	806.4	862.6	103
96	广州市番禺合成机械工贸有限公司	800.0	859.0	35
97	南海市永泰机械有限公司	791.7	885.9	67
98	中山市古镇康怡电器厂	790.6	790.6	15
99	广州市番禺区沙湾紫坭顺达机械配件厂	784.0	800.0	48
100	广州市国营新塘化工厂	782.9	758.3	168
101	中山市雅立洁具有限公司	746.5	759.7	142
102	南海市狮山协成磁电厂	738.6	663.0	80
103	花都市机械厂	737.2	790.9	109
104	新会市钜星金刚石工具有限公司	693.7	806.6	73
105	清远市机械厂	690.7	749.0	120
106	广州广华金刚石磨具有限公司	686.3	707.2	50
107	广东省核工业地质局机械研究所	627.5	1 364.3	167
108	惠州市机床附件厂	626.0	750.5	106
109	广州震高机械有限公司	606.6	1 311.5	56
110	花都市车辆配件厂	557.0	580.0	35
111	肇庆市第二机床厂	552.6	480.3	65
112	东莞凤岗雁田东山珠宝首饰公司	542.5	542.5	120
113	珠海市星中金刚石实业有限公司	540.0	658.9	25
114	广州花都区立胜矿产有限公司	518.8	135.0	25
115	中山市信多机械有限公司	515.1	632.0	76
116	潮州市桥东下津建业瓷泥厂	500.0	502.0	22
117	广州市番禺区捷成液压机床厂	497.8	488.0	29
118	中山市东凤镇利晖五金厂	488.4	424.9	29
119	佛山市珠江砂轮有限公司	485.8	276.2	150
120	珠海公牛高性能复合材料股份有限公司	427.6	898.8	280
121	广州市番禺区大石豪祥五金厂	420.4	410.6	55
122	广东省湛江农垦第二机械厂	367.0	375.0	158
123	中山市穗和五金塑胶制品有限公司	363.0	368.0	22
124	广州市番禺大石南通机械修配厂	307.0	335.2	16
125	惠州市大亚湾天马机械有限公司	277.8	277.8	39
126	顺德茂森精艺金属制造有限公司	198.9	222.8	63
127	广州市海珠区电镀二厂	197.0	478.4	33
128	广东金锋金刚石工具厂	177.2	199.8	21
129	梅州机床厂	83.1	80.8	80
130	轻工总会甘蔗糖业研究所机械厂	72.3	67.1	11
131	汕头锻压机床厂	65.7	93.9	15
132	高明市第一机械厂	53.8	60.5	30
133	番禺沙涌机械厂	40.3	44.6	25
134	粤东有色金属机械厂	31.3	11.8	32
135	蕉岭县水晶厂	3.2	16.3	7
136	湛江量具刃具厂	2.6	1.0	72
	广西壮族自治区			
1	桂林冶金机械总厂	10 594.1	10 202.0	1 202
2	桂林机床股份有限公司	9 505.5	8 555.0	1 761
3	桂林广陆数字测控技术有限公司	6 100.2	6 300.1	450

(续)

序号	企 业 名 称	产品销售收入(万元)	工业总产值(当年价)(万元)	从业人员平均人数(人)
4	桂林磨床包装机械厂	6 014.0	6 271.0	875
5	桂林机床电器有限公司	4 141.2	4 492.0	427
6	桂林量具刃具厂	3 683.1	4 653.0	894
7	桂林第二机床厂	3 408.0	3 047.0	570
8	桂平市社坡机械厂	2 200.0	1 760.0	400
9	桂林漓江特种材料有限责任公司	2 175.3	1 668.5	170
10	梧州市锻压机床厂	2 110.2	2 032.8	382
11	岑溪市百发超硬材料工具厂	1 723.6	2 953.7	147
12	广西钟山桂宝晶体有限公司	914.2	914.2	20
13	桂林金刚石工业公司	626.2	820.0	138
14	桂林市科林超硬材料厂	552.1	592.3	64
15	广西百色地区百越磨料磨具厂	510.0	629.3	95
16	桂林市临桂县航天药用滑石有限责任公司	489.6	430.5	48
17	桂林砂轮厂	480.0	510.0	128
18	永福县矿石粉厂	361.5	260.2	40
19	桂林市电子衡器厂	343.4	459.5	157
20	平果矿产刚玉厂	313.3	294.0	112
21	桂林市西城金刚石工业公司	252.4	522.3	54
22	苍梧机械制造有限公司	228.0	233.8	55
23	广西防城港银龙矿粉厂	192.0	322.1	22
24	德保县机械厂	135.2	173.8	59
25	平果县砂轮厂	128.8	0.0	10
26	柳州第二机床厂	87.8	83.7	41
27	桂林永福县化工一厂	72.0	86.5	14
28	武宣县矿粉厂	22.3	35.8	27
29	金秀瑶族自治县矿粉厂	12.1	15.2	10
30	隆林县农机厂	11.6	13.7	27
	海南省			
1	海南省蓬莱磨料磨具厂	650.0	752.3	110
2	琼海市机械厂	49.9	34.5	134
	重庆市			
1	重庆机床厂	16 007.7	16 278.8	2 749
2	重庆康达机械(集团)有限责任公司	5 058.6	6 155.3	723
3	重庆第二机床厂	4 749.7	5 237.5	921
4	重庆弘愿气动工具厂	4 138.1	3 419.9	226
5	重庆江东机械有限责任公司	4 026.0	3 979.5	676
6	重庆华能石粉有限责任公司	3 271.1	3 270.3	300
7	重庆市江北区永富有色金属提炼加工厂	1 753.0	1 769.4	85
8	重庆市大足精密机械有限公司	1 573.7	1 377.4	168
9	重庆磨床厂	1 469.4	1 430.0	420
10	重庆奇兴机械厂	1 394.1	1 337.2	90
11	重庆市巴南区渝洲机械工具厂	1 361.0	1 365.0	230
12	重庆北碚鑫鑫机械厂	749.8	813.5	162
13	重庆市荣昌县中亚磁性材料有限公司	627.5	1 699.6	230
14	重庆锻压机床厂	507.6	322.8	154
15	重庆市九龙坡区铜罐金属铸造厂	346.8	618.6	50
16	重庆第三机床厂	269.6	307.8	271
17	重庆五一机床厂	160.0	140.3	288
	四川省			
1	成都西部软件股份有限公司	61 073.8	65 936.6	1 034
2	四川托普软件股份有限公司	58 898.2	63 386.1	775
3	成都宁江机机床股份有限公司	23 163.7	19 429.7	2 219
4	成都三强重工集团公司	16 069.6	16 625.1	836
5	成都成量集团公司	15 057.7	16 149.6	3 157

（续）

序号	企业名称	产品销售收入（万元）	工业总产值（当年价）（万元）	从业人员平均人数（人）
6	自贡长征机床有限责任公司	8 854.8	9 700.0	1 356
7	成都无缝钢管公司长江企业公司	5 824.1	2 035.8	1 876
8	宜宾金齿轮有限责任公司	5 014.4	5 289.3	490
9	乐轧企业公司	4 506.5	5 236.3	600
10	四川省石棉县大渡河工业硅厂	4 444.3	4 760.8	350
11	四川磨床厂	4 000.0	4 116.2	699
12	机械工业部成都工具研究所	3 238.6	4 375.7	299
13	四川自贡机床厂	3 121.7	3 407.3	426
14	四川峨眉兴德机械有限公司	2 919.5	3 091.3	781
15	四川华硅电冶有限公司	2 794.1	2 907.8	87
16	四川工具厂	2 354.0	2 397.0	708
17	成都砂轮有限公司	2 141.3	1 885.8	309
18	四川省崇州市亨通机械工贸有限公司	2 060.7	2 222.2	263
19	成都铁路局成都材料总厂附属机械配件工厂	2 022.9	621.9	138
20	乐山钻石天然磨料有限责任公司	1 958.0	2 007.6	354
21	西南硅砂有限责任公司	1 925.1	2 105.3	167
22	成都泓奇实业股份有限公司	1 672.2	1 693.0	180
23	四川简阳海特有限公司	1 630.3	1 660.6	135
24	成都金顶轮轴铸造有限责任公司	1 520.6	1 531.2	151
25	四川省石棉华硅电冶有限公司	1 487.6	1 006.0	32
26	四川省三台水晶电子有限公司	1 120.2	1 648.4	463
27	德阳市黄许重型机械厂	1 111.9	1 111.9	154
28	越西县碳化硅有限责任公司	1 080.0	1 200.0	50
29	什邡市校办企业总公司	1 021.8	1 070.1	148
30	成都量具刃具总厂板牙分厂	987.6	1 616.2	212
31	四川省宜宾机床厂	983.4	1 437.3	310
32	成都星维科自动化设备有限公司	930.5	1 049.0	72
33	成都志强液压附件有限公司	861.0	361.5	100
34	崇州市岷江铸管有限公司	844.9	1 024.2	78
35	四川省石棉县海欧磨料有限责任公司	836.7	473.7	130
36	四川工友机械有限公司	812.6	1 027.0	200
37	四川省川东铸石有限责任公司	779.6	813.1	312
38	四川省简阳龙头磨料磨具有限公司	725.5	679.3	163
39	四川自贡第二机床厂	706.2	495.9	313
40	绵阳市黎明实业有限责任公司	697.1	760.7	19
41	自贡市川华矿石粉厂	654.4	659.2	12
42	四川纳塞硬质材料有限公司	644.9	808.7	100
43	四川省甘孜州华星硅业有限公司	618.6	402.5	72
44	成都市新津新筑预应力有限公司	592.0	1 040.9	148
45	四川大光荣工具有限公司	579.3	647.5	40
46	成都协和机械实业有限公司	569.8	1 838.3	85
47	长江机床电器厂	561.1	538.9	312
48	成都机械基础件装备开发中心	502.5	707.5	135
49	甘洛县立兴碳化硅冶炼厂	489.6	550.1	50
50	成都天晶高纯硅有限责任公司	425.0	683.1	24
51	德昌县碳化硅厂	361.4	412.9	60
52	石棉县辰龙有限责任公司	341.8	77.2	47
53	资阳内燃机车厂成都液压机总厂	297.7	333.8	53
54	峨眉山市立新机械铸造厂	235.0	262.0	40
55	阿坝州岷山天然磨料有限责任公司	59.1	190.6	49
56	康定县电冶厂	28.9	115.7	24
	贵州省			
1	中国七砂集团有限责任公司	9 130.0	8 285.0	4 310
2	贵州险峰实业总公司	7 400.0	7 753.0	1 822

（续）

序号	企 业 名 称	产品销售收入（万元）	工业总产值（当年价）（万元）	从业人员平均人数（人）
3	贵阳钎具厂	5 521.9	10 040.0	358
4	贵州科隆多磨料有限公司	3 791.7	3 998.4	108
5	贵阳工具厂	2 815.7	3 608.6	1 135
6	贵州麻江利清硅锰有限公司	2 581.4	2 044.7	468
7	贵州省立新工业总厂	2 192.6	1 813.2	1 356
8	奋达工业有限公司	1 734.2	1 338.3	148
9	贵阳云岩三环实业有限公司	1 703.8	3 285.0	50
10	贵阳云雾磨料有限公司	1 562.0	1 499.8	180
11	贵州省修文县联合磨料厂	1 522.8	1 070.1	45
12	贵阳市福利工业公司大华磨料厂	1 510.1	1 734.7	30
13	鸿锐电冶公司赤水电石厂	1 510.1	1 533.3	150
14	贵州华加精细矿业有限公司	1 247.8	1 319.2	45
15	贵阳白云磨料有限公司	1 200.0	1 096.7	120
16	湄潭县铝制品厂	1 099.7	1 167.3	96
17	都匀东方机床厂	1 043.6	1 603.0	1 198
18	赤水市电石有限责任公司	825.1	997.9	168
19	贵州省遵义机械厂	748.6	882.0	353
20	凯里刃具厂	711.4	627.6	498
21	凯里市化冶总厂	675.5	717.7	170
22	贵阳红星机床厂	637.2	932.8	272
23	贵州大湖磨料有限公司	629.5	848.6	120
24	普定县城关镇勃龙碳化硅厂	522.7	359.0	88
25	黔南锻压机床厂	512.0	449.9	152
26	中国第七砂轮厂专用磨料厂	500.9	359.9	169
27	贵阳市白云金刚砂厂	500.0	498.3	28
28	织金县亳微矿产品加工厂	373.5	573.1	35
29	山牌磨料清镇联合有限责任公司	354.7	759.6	185
30	贵阳鑫火实业有限公司	327.0	164.0	45
31	上海亚太镇宁宝石有限责任公司	302.0	204.2	106
32	清镇发电厂多种经营总公司	270.9	250.7	672
33	贵州省开阳县金中化工厂	238.3	482.0	26
34	开阳县双流茶场	229.9	824.7	100
35	贵州省三灵水表制造有限公司	214.6	1 562.1	39
36	中国第七砂轮厂综合制品厂	207.3	171.7	82
37	贵阳白云源泉磨料厂	200.0	378.2	52
38	贵州铝厂白刚玉厂	188.4	173.2	75
39	贵阳磨料厂	150.8	0.0	130
40	清镇市砂轮厂	111.0	120.8	25
41	峥嵘公司	103.1	0.0	20
42	国佳矿产资源开发有限公司	45.3	10.3	10
43	贵州遵义机床附件厂	34.5	94.1	303
44	贵州省开阳县磨料厂	11.4		105
45	贵州新材料(矿业)发展有限公司	10.0	405.7	30
	云南省			
1	昆明机床股份有限公司	13 299.0	15 896.0	2 407
2	云南机床厂	10 496.9	12 250.2	1 588
3	昆明台正精密机械有限公司	5 549.6	5 968.9	198
4	云南三龙机械集团有限公司	5 508.0	6 698.5	1 308
5	玉溪机床厂	2 759.4	1 911.1	503
6	峨山县机床铸造厂	1 347.7	1 661.5	219
7	云南第三机床厂	1 151.4	1 289.3	285
8	元江红塔晶体材料有限责任公司	1 004.1	966.2	82
9	云南丽江机床厂	824.0	887.2	365
10	昆明市新二砂轮厂	714.5	561.4	44

（续）

序号	企业名称	产品销售收入（万元）	工业总产值（当年价）（万元）	从业人员平均人数（人）
11	云南锻压机床厂	538.0	478.6	179
12	昆明理工大学机电厂	409.1	409.0	113
13	昆明工业制粉厂	295.7	188.6	168
14	昆明市砂轮厂	286.4	293.3	86
15	晋宁县拖拉机修配厂	163.3	163.7	85
16	昆明市刃具厂	78.1	145.4	37
17	云南机械设备厂	50.8	63.5	54
	陕西省			
1	秦川机床集团有限公司	51 200.0	44 720.7	3 540
2	宝鸡机床厂	25 592.0	39 539.1	1 664
3	汉川机床有限责任公司	11 977.5	12 409.2	1 233
4	汉江工具有限责任公司	9 234.7	12 392.6	2 253
5	陕西汉江机床有限公司	6 076.5	6 361.0	1 692
6	陕西双鸥集团	5 846.1	7 132.3	1 684
7	关中工具厂	4 467.0	6 618.3	1 564
8	西安环宇水泥机械有限公司	2 937.0	3 274.0	198
9	安康市矿粉厂	1 454.8	407.3	62
10	咸阳机床厂	1 425.4	1 945.0	477
11	宝鸡液压件厂	1 283.3	2 071.3	165
12	汉中万目仪电有限责任公司	1 281.1	1 325.5	472
13	西安通力锻压机床有限公司	1 197.5	1 839.7	400
14	宝鸡金牛锻压机床有限责任公司	1 092.4	1 131.1	178
15	方菱冷弯型材有限公司	1 031.8	991.8	188
16	陕西品鼎硬质合金工业发展有限公司	868.2	1 472.5	280
17	长安特种钢厂	715.9	848.8	241
18	西安日洋机械有限公司	634.5	720.5	60
19	商南县宝光水晶有限公司	596.9	577.4	90
20	陕西第二机床厂	587.1	709.4	133
21	西安砂轮厂	461.3	503.1	151
22	西安机床厂	364.8	522.0	307
23	西安金戈磨料磨具有限责任公司	313.0	409.8	208
24	汉中天一机床有限公司	254.4	427.7	169
25	西乡县西玛机床有限责任公司	174.2	518.2	98
26	汉中秦元新材料有限公司	85.4	100.0	38
27	南郑县白刚玉总厂	83.3	158.6	105
28	西安机床电器厂	47.3	35.6	47
29	西安第三机床厂	17.7	97.4	615
	甘肃省			
1	天水二一三机床电器厂	13 949.8	17 616.0	954
2	天水星火机床厂	6 022.7	7 015.5	2 078
3	天水锻压机床厂	5 153.7	5 904.7	960
4	兰州高能石化设备厂	3 315.0	3 600.0	141
5	兰州机床厂	2 163.0	2 865.7	999
6	兰州飞天企业总公司	1 370.2	2 110.3	97
7	甘肃省丰收机械厂	1 352.1	1 462.3	1 328
8	天祝县电力局修造厂	1 080.0	1 212.0	80
9	甘肃岷县碳化硅厂	1 032.0	790.0	57
10	七里河区河子综合厂	1 024.1	2 198.0	120
11	兰州七里河区黄峪鸿峰机械厂	1 017.8	2 151.5	80
12	首钢前进机械厂	981.1	2 023.0	1 396

（续）

序号	企业名称	产品销售收入（万元）	工业总产值（当年价）（万元）	从业人员平均人数（人）
13	天水二一三机床电器配件厂	900.5	882.8	126
14	甘肃省天水机床厂	843.0	705.6	437
15	兰州市七里河区永红机械厂	808.6	2 078.0	48
16	兰州陇南综合机械加工厂	798.3	1 261.0	45
17	甘肃省平凉机床附件厂	612.8	766.6	196
18	兰州兰光实业有限责任公司	572.8	782.6	120
19	兰州市永登顺达倒金刚砂厂	532.0	532.0	30
21	兰州长城综合机械厂	350.6	405.6	32
22	天水铸造机械厂	328.9	422.6	220
23	兰州市七里河区龚家湾五金厂	274.8	481.1	43
24	兰州七里河兴春机械厂	256.4	308.5	40
25	兰州砂轮有限责任公司	250.0	454.5	32
26	甘肃金科源科技产业有限责任公司	249.3	435.1	20
27	兰州市西固区蓝天福利综合厂	238.0	264.0	20
28	天水二一三厂成套电器厂	233.8	299.3	52
29	兰州秀川钢铝门窗厂	230.7	243.8	40
30	兰州燎原机械厂	156.1	293.8	14
31	兰州双箭矿机有限责任公司	87.8	174.6	89
32	兰州兴华机电厂	64.3	206.6	24
33	兰州长新电表厂劳动服务公司	33.9	203.1	9
34	甘肃水泵厂劳动服务公司	4.5	265.2	24
	青海省			
1	青海华鼎实业股份有限公司	33 890.0	32 069.3	2 384
2	青海第一机床厂	4 908.9	5 000.5	710
3	青海量具刃具有限公司	3 574.1	4 555.5	865
4	青海新青工具有限公司	1 339.0	1 904.3	502
5	青海第二机床制造有限责任公司	1 283.2	2 294.8	444
6	青海省海东平安县第一碳化硅厂	1 106.8	800.0	115
7	青海重型机床厂	659.2	5 630.7	1 280
8	门源县三进碳化硅厂	494.0	524.0	80
9	青海赛那碳化硅有限公司	421.0	809.2	55
10	贵德县磨料股份有限公司	185.8	2 145.7	118
11	海北州枣庄碳化硅有限责任公司	139.1	175.0	35
12	青海财富高科技有限公司	75.0	162.6	97
13	海北州三进碳化硅厂	49.2	61.5	30
14	海北州飞碳化硅厂	14.2	17.0	6
15	海北州三江实业有限责任公司	11.8	12.9	2
	宁夏回族自治区			
1	宁夏小巨人机床有限公司	12 595.6	10 662.8	180
2	宁夏长城机床厂	7 001.6	7 018.8	988
3	宁夏大河机床厂	5 975.6	8 777.9	1 360
4	宁夏石嘴山滨港碳化硅有限公司	919.7	904.0	58
	新疆维吾尔自治区			
1	阿勒泰地区金马金刚砂有限责任公司	991.8	586.5	131
2	和静县农机修造厂	161.0	81.4	37

注：数据来源：2002年国家统计局

〔供稿人：中国机床工具工业协会周秀茹、黑　杉〕

2002 年中国机床工具出口统计

序号	产品名称	2002 年出口情况				2001 年出口情况			
		数量(台)		金额(万美元)		数量(台)		金额(万美元)	
		总数	其中:数控	总数	其中:数控	总数	其中:数控	总数	其中:数控
	总计			125 894	6 692			112 523	4 462
1	金属切削机床合计	5 506 581	3 097	26 389	3 463	4 505 615	2 194	23 178	3 578
	其中:一般机床	76 409	3 097	12 207	3 463	63 154	2 194	11 265	3 578
	台钻、砂轮机、抛光机、锯床	5 430 172		14 182		4 442 461		11 913	
	车床	49 221	418	5 964	443	39 932	515	5 536	688
	其中:卧式车床	25 385	354	4 309	368	19 825	276	4 230	625
	其他车床	23 836	64	1 655	75	20 107	239	1 306	63
	钻床	1 765 664	17	7 518	101	1 413 635	33	6 438	165
	其中:一般钻床	376	17	140	101	181	33	190	165
	台钻	1 765 288		7 378		1 413 454		6 248	
	镗床	1 564	15	367	39	1 256	3	328	26
	其中:镗铣床	69	3	71	11	75	1	115	12
	其他镗床	1 495	12	296	28	1 181	2	213	14
	铣床	11 510	74	1 192	105	7 957	56	1 099	98
	其中:升降台铣床	6 495	5	744	8	4 355	8	754	28
	龙门铣床	18	18	20	20	28	27	38	34
	其他铣床	4 997	51	428	77	3 574	21	307	36
	锯床	272 881		2 038		209 443		1 685	
	刨床	218		124		126		74	
	插床	36		23		39		21	
	拉床	12		68		4		24	
	磨床	3 393 860	30	5 669	124	2 821 122	90	4 733	138
	其中:外圆磨床	157	1	269	4	156	1	228	4
	内圆磨床	6		8		5		9	
	平面磨床	486	5	257	14	462	74	227	68
	工具磨床	798		77		463	2	72	1
	其他磨床	259	24	218	106	376	13	168	65
	无心、轧辊磨床	11		8		7		2	
	珩磨机	79		32		64		31	
	研磨机	61		33		25		17	
	砂轮机	3 332 316		4 319		2 796 893		3 643	
	抛光机	59 687		447		22 671		336	
	齿轮加工机床	404	1	276	1	189	1	121	2
	纹加工机床	1 521		37		1 972		57	
	单工位组合机床	314		200		151		206	
	多工位组合机床	470		40		2 081		122	
	特种加工机床	2 490	2 344	2 364	2 269	1 953	1 290	2 174	2 092
	其中:超声波机床	67		24		572		16	
	电加工机床	937	858	1 601	1 530	779	688	1 496	1 430
	线切割机床	894	894	128	128	137	137	329	329
	激光加工机	430	430	277	277	415	415	85	85
	火焰切割机	162	162	334	334	50	50	248	248
	加工中心	198	198	380	380	206	206	371	371
	其中:立式	41	41	100	100	103	103	225	225
	卧式	60	60	37	37	21	21	100	100

(续)

序号	产品名称	2002年出口情况				2001年出口情况			
		数量(台)		金额(万美元)		数量(台)		金额(万美元)	
		总数	其中:数控	总数	其中:数控	总数	其中:数控	总数	其中:数控
	龙门式	1	1	3	3	5	5	18	18
	其他	96	96	240	240	77	27	77	27
	其他机床	6 218		132		5 549		191	
2	金属成形机床合计	55 334		4 966		49 162		5 826	
	主要金属成形机床合计	38 554	238	3 822	417	29 835	315	4 681	848
	机械压力机	1 082	48	558	95	834	120	917	385
	成形折弯矫直机	8 054	73	848	150	7 759	57	868	177
	其中:成形折弯机	64	14	28	10	71	26	77	38
	矫平矫直机	7 990	59	821	140	7 688	31	791	139
	剪床	4 653	38	668	55	1 612	73	667	171
	其中:板带纵剪机床	29	3	68	5	26	4	88	24
	板带横剪机床	133	4	128	16	98	4	114	60
	其他剪板机床	4 491	31	472	34	1 488	65	465	87
	冲床	202	9	116	67	128	3	49	18
	液压压力机	15 708	70	538	50	8 695	62	544	97
	其他金属成形机床	8 855		1 094		10 807		1 637	
	其他成形机床	16 780		1 144		19 327		1 144	
3	压铸机合计	438	83	1 199	393	300	61	879	260
4	木工机床合计	2 912 280		15 710		2 166 539		12 781	
	其中:组合加工机床	12 578		377		24 940		583	
	锯切加工机床	1 989 688		8 843		1 594 362		7 424	
	刨铣加工机床	373 147		3 181		312 060		2 677	
	磨削抛光机床	138 202		839		77 878		625	
	弯曲装配机床	43		36		180		10	
	钻孔凿榫机床	194 237		573		55 836		296	
	剖劈切削机床	52 672		596		19 585		180	
	其他木工机床	151 713		1 267		81 698		987	
5	工具、量具合计(数量单位:万件)	185 858		25 072		178 814		20 983	
	工具(数量单位:万件)	183 768		21 592		176 734		17 487	
	其中:车刀	381		174		456		174	
	硬质合金钻头	1 817		1 007		1 479		756	
	普通钻头	168 274		11 750		162 242		9 966	
	硬质合金镗刀	146		48		20		27	
	普通镗刀	884		224		209		162	
	铣刀	1 231		1 619		1 211		1 346	
	机用丝锥、板牙	5 469		1 359		6 194		1 084	
	机用锯条、锯片	5 567		4 814		4 922		3 606	
	冲压刃具、工具			3 480				467	
	量仪,量具(数量单位:万件)	2 090		3 480		2 080		3 496	
6	磨料磨具合计			30 986		775 100		29 656	
	磨料(数量单位:t)	75 102		25 058		732 754		22 984	
	其中:人造刚玉					484 028		11 813	
	碳化硅					232 524		10 416	
	碳化硼					589		508	
	天然磨料					15 613		247	
	普通磨具(数量单位:t)	1 662		2 357		26 937		3 048	
	超硬材料(数量单位:t)			1 486		2 894		1 983	
	其中:人造金刚石					31		1 540	
	人造金刚石制品					2 863		443	
	涂附磨具	1 400		2 085		12 516		1 640	
7	数控系统			2 420				1 690	
8	机床附件:夹具、零部件	3 157		6 126				17 532	
	夹具(数量单位:万件)					2 658		4 768	

(续)

序号	产品名称	2002年出口情况				2001年出口情况			
		数　量(台)		金　额(万美元)		数　量(台)		金　额(万美元)	
		总数	其中:数控	总数	其中:数控	总数	其中:数控	总数	其中:数控
	其中:刃具装夹夹具	2 655		5 195		2 201		3 893	
	工件装夹夹具	374		753		379		725	
	分度装夹夹具	129		178		78		150	
	机床零部件			13 027				12 764	
	其中:金切机床类			10 423				10 194	
	金属成形机床类			2 604				2 570	

注:表中数据为海关统计数据。

〔供稿人:中国机床工具工业协会姜茂云〕

2002年中国机床工具进口统计

序号	产品名称	2002年进口情况				2001年进口情况			
		数　量(台)		金　额(万美元)		数　量(台)		金　额(万美元)	
		总数	其中:数控	总数	其中:数控	总数	其中:数控	总数	其中:数控
	总计			457 266	233 140			347 672	168 561
1	金属切削机床合计	75 959	18 276	207 469	145 373	61 114	13 208	163 871	110 443
	车床	13 970	5 446	28 223	22 737	9 966	3 616	21 071	17 292
	其中:卧式车床	4 735	2 245	12 629	10 666	3 109	1 352	9 433	8 192
	其他车床	9 235	3 201	15 594	12 070	6 857	2 264	11 638	9 100
	钻床	7 162	1 268	12 846	10 367	6 893	950	10 512	7 773
	其中:一般钻床	1 700	1 268	10 658	10 367	1 589	950	8 046	7 773
	台钻	5 462		2 188		5 304		2 466	
	镗床	728	334	6 069	5 133	646	324	4 223	3 684
	其中:镗铣床	505	280	3 935	3 370	438	265	3 135	2 960
	其他镗床	223	54	2 135	1 763	208	59	1 088	824
	铣床	8 024	2 773	19 508	15 075	6 471	2 017	14 883	11 365
	其中:升降台铣床	1 802	409	2 892	1 797	1 684	512	3 343	2 315
	龙门铣床	450	182	4 483	4 073	137	75	2 846	2 665
	其他铣床	5 772	2 182	12 133	9 205	4 650	1 430	8 694	6 384
	锯床	7 678		6 429		5 196		4 750	
	刨床	320		288		215		185	
	插床	46		31		164		27	
	拉床	109		718		85		840	
	磨床	21 005	1 402	35 345	14 501	17 311	1 318	33 548	15 118
	其中:外圆磨床	683	225	6 092	3 989	542	178	4 018	2 869
	内圆磨床	304	119	1 929	1 066	301	179	3 670	3 029
	平面磨床	3 034	458	5 414	2 349	2 598	414	5 452	3 149
	工具磨床	1 685	235	3 279	2 523	1 312	179	3 245	2 641
	其他磨床	1 948	365	6 407	4 574	1 710	368	5 325	3 430
	无心、辊轧磨床	57		790		21		409	
	珩磨机	159		1 425		201		916	
	研磨机	3 377		4 818		3 309		5 601	
	砂轮机	3 595		290		2 459		428	
	抛光机	6 163		4 903		4 858		4 484	

（续）

序号	产品名称	2002年进口情况				2001年进口情况			
		数　量(台)		金　额(万美元)		数　量(台)		金　额(万美元)	
		总数	其中：数控	总数	其中：数控	总数	其中：数控	总数	其中：数控
	齿轮加工机床	573	212	4 228	3 637	449	142	3 112	2 449
	纹加工机床	4 184		2 702		3 372		1 760	
	单工位组合机床	349		1 984		370		1 122	
	多工位组合机床	544		6 603		499		4 603	
	特种加工机床	6 213	3 521	42 588	37 764	5 336	2 551	29 266	23 438
	其中：超声波机床	865		1 378		788		1 062	
	电加工机床	3 599	1 772	12 844	9 397	3 383	1 386	12 164	7 398
	线切割机床	342	342	15 025	15 025	169	169	5 537	5 537
	激光加工机	1 029	1 029	9 975	9 975	663	663	7 200	7 200
	火焰切割机	378	378	3 367	3 367	333	333	3 303	3 303
	加工中心	3 320	3 320	36 160	36 160	2 290	2 290	29 323	29 323
	其中：立式	2 317	2 317	17 079	17 079	1 521	1 521	12 516	12 516
	卧式	378	378	10 840	10 840	334	334	9 808	9 808
	龙门式	78	78	3 029	3 029	60	60	2 087	2 087
	其他	547	547	5 213	5 213	375	375	4 912	4 912
	其他机床	1 734		3 748		1 851		4 648	
2	金属成形机床合计	48 173		107 581		39 740		76 702	
	主要金属成形机床合计	40 722	6 821	92 203	43 073	34 387	4 471	67 676	30 678
	机械压力机	15 199	3 133	39 132	21 176	11 719	2 117	26 832	14 544
	成形折弯矫直机	4 498	1 297	10 529	6 206	4 312	985	11 177	6 634
	其中：成形折弯机	899	162	2 414	1 080	589	122	2 112	1 404
	矫平矫直机	3 599	1 135	8 115	5 125	3 723	863	9 065	5 230
	剪床	2 324	796	8 514	5 855	1 836	345	4 416	2 683
	其中：板带纵剪机床	480	387	3 324	2 441	117	41	1 064	565
	板带横剪机床	183	102	2 215	1 873	138	68	952	824
	其他剪板机床	1 661	307	2 975	1 540	1 581	236	2 400	1 294
	冲床	3 387	842	9 145	6 063	3 057	559	7 520	5 022
	液压压力机	2 742	753	8 899	3 773	2 214	465	5 884	1 794
	其他金属成形机床	12 572		15 985		11 249		11 847	
	其他成形机床	7 451		15 378		5 353		9 026	
3	压铸机合计	1 493	303	10 365	2 929	1 327	238	7 281	2 386
4	木工机床合计	35 361		32 949		29 730		25 005	
	其中：组合加工机床	291		776		310		641	
	锯切加工机床	5 171		2 436		4 041		1 936	
	刨铣加工机床	5 689		5 819		6 992		4 519	
	磨削抛光机床	8 789		4 549		1 798		3 360	
	弯曲装配机床	1 429		2 182		3 533		1 527	
	钻孔凿榫机床	5 121		7 359		1 915		4 545	
	剖劈切削机床	2 724		2 893		6 079		2 265	
	其他木工机床	6 147		6 937				6 212	
5	工具、量具合计(数量单位：万件)	14 330		16 395		7 888		10 590	
	工具(数量单位：万件)	14 285		15 212		7 849		9 436	
	其中：车刀	31		199		33		235	
	硬质合金钻头	261		426		139		220	
	普通钻头	12 154		3 677		5 856		1 566	
	硬质合金镗刀	1		74		501		66	
	普通镗刀	53		250		22		166	
	铣刀	159		938		162		947	
	机用丝锥、板牙	486		959		483		593	
	机用锯条、锯片	1 139		1 616		652		1 384	
	冲压刃具、工具			7 073				4 259	
	量仪，量具(数量单位：万件)	45		1 183		39		1 154	
6	磨料磨具合计			14 184		39 190		11 731	

(续)

序号	产品名称	2002年进口情况 数量(台) 总数	2002年进口情况 数量(台) 其中:数控	2002年进口情况 金额(万美元) 总数	2002年进口情况 金额(万美元) 其中:数控	2001年进口情况 数量(台) 总数	2001年进口情况 数量(台) 其中:数控	2001年进口情况 金额(万美元) 总数	2001年进口情况 金额(万美元) 其中:数控
	磨料(数量单位:t)	3 154		3 385		22 627		1 790	
	其中:人造刚玉					19 565		1 229	
	碳化硅					996		278	
	碳化硼					2 056		272	
	天然磨料					10		11	
	普通磨具(数量单位:t)	3 412		2 269		3 458		2 664	
	超硬材料(数量单位:t)			1 928		966		2 068	
	其中:人造金刚石					0.73		264	
	人造金刚石制品					965		1 804	
	涂附磨具	1 530		6 602		12 139		5 209	
7	数控系统			41 765				27 440	
8	机床附件:夹具、零部件			26 556				25 052	
	夹具(数量单位:万件)	316		10 071		231		8 613	
	其中:刃具装夹夹具	73		1 764		44		1 203	
	工件装夹夹具	190		7 338		169		7 008	
	分度装夹夹具	52		969		18		402	
	机床零部件			16 485				16 439	
	其中:金切机床类			11 116				10 890	
	金属成形机床类			5 368				5 549	

注:表中数据为海关统计数据。

〔供稿人:中国机床工具工业协会姜茂云〕

中国机床工具工业年鉴

China Machine Tool & Tool Industry Yearbook

2003

第V部分

质量与标准

2003

中国机床工具工业年鉴

China Machine Tool & Tool Industry Yearbook

质量与标准

2002 年机床工具行业标准化工作简介

2002 年是我国入世后的第一年，国民经济运行持续快速健康发展。一年来，机床工具行业形势大好，是 1992 年以来最好的一年。行业标准化工作在协会和上级主管部门的领导下，取得了一定成绩。

1. 国家标准和行业标准制修订工作

近年来标准制修订的重点放在数控机床等技术含量较高的产品标准、安全标准、采标标准、标龄长的标准和存在问题较多的标准上。

(1)进行了行业内 2001 年度完成的国家标准、行业标准制修订的报批工作。全行业报批标准共 58 项，其中国家标准 20 项，行业标准 38 项。截止至 2002 年底，18 项国家标准、37 项行业标准已分别由国家质量监督检验检疫总局、原国家经济贸易委员会批准发布。

(2)报批 2 项行业标准修改通知单。

(3)申报 2002 年度国家标准、行业标准制修订计划项目，行业内列入国家标准制修订计划的 80 项，列入行业标准制修订计划的 74 项，共计 154 项。2001 年、2002 年列入计划的标准项目大大多于往年，各标委会积极组织起草、征求意见和进行标准审查，有些项目已提前完成。2002 年内，金切、刀具、量具量仪、工业机械电气系统等标委会及金切标委会的铣床、重型机床、磨床、机床附件、锯床等分会都分别举行了年会和标准审查会，认真对标准进行了审查。

(4)标准总数：2002 年度，新批准发布的机床工具行业国家标准 19 项、行业标准 37 项，废止行业标准 224 项(1990～1995 年行业标准复审项目)。截止至 2002 年底，机床工具行业现行的标准数量为 1 834 项(不包括行业内部标准)，其中国家标准 459 项(强制性国家标准 14 项、推荐性国家标准 445 项)，行业标准 1 375 项(强制性行业标准 51 项、推荐性行业标准 1 324 项)。

2. 积极采用国际标准，提高了标准水平

采用国际标准和国外先进标准是我国一项重要的技术经济政策，是提高产品质量、增强市场竞争力的有效手段之一。采用国际标准和国外先进标准对促进我国技术进步具有重要的作用，在我国加入 WTO 之后它的现实意义更为突出。机床工具行业一直十分重视积极采用国际标准和国外先进标准的工作，尤其是我国加入 WTO 后，行业内各标准化技术标委会和归口所都加快了采标的步伐，2002 年国家标准制修订计划共列 80 项，其中采标 44 项，采标率为 55%。与国际标准化组织对口的标委会积极收集最新的国际标准、国际标准草案及有关信息动态，及时翻译成册并反馈给行业各企业。截止至 2002 年底，机床工具行业现行的 459 项国家标准中采用国际标准和国外先进标准 286 项，采标率 62.3%。行业内对口的 ISO、IEC 标准 349 项，已转化为我国国家标准和行业标准的 214 项，转化率为 61.3%。

3. 积极参加国际标准化活动，逐步扩大国际影响

与国际标准化组织 ISO、IEC 对口的标委会积极参加国际标准化活动，组织行业参与国际标准的活动。2002 年 10 月 23～25 日，第 66 届国际电工委员会(IEC/TC44)在北京召开，全国工业机械电气系统标委会组成了由 10 人参加的中国代表团出席会议。此次会议是自 1997 年全国工业机械电气系统标委会成立以来，第一次参与的相关国际标准会议。通过参加会议，代表们了解了有关 IEC 计划、指令及网站、新电子出版物等一系列新信息，讨论了秘书处报告及新的标准。同时代表们也认识到，工业机械电气系统标准，对我国机械电气设备符合欧盟的 CE 指令，对我国机电产品出口欧盟地区具有十分重要意义。

4. 标准化技术委员会和归口所的调整和整顿

标准化技术委员会是行业标准化工作的主要技术组织，对推动我国相关行业的标准化事业发挥着十分重要的作用。为适应形势的发展和标准化工作的需要，标准化技术委员会必须进行改革。在国家标准委和原国家经贸委对标委会和技术归口所的调整和整顿工作中，协会充分发挥了作用。①首先对行业内的标委会和归口所现状进行了调查和统计，并发函至各标委会和归口所听取各标委会对组织机构调整的意见；②编制“目前机床工具行业标委会现状及调整方案的建议”；③在广泛听取各方面人员的意见后，最终编制了“机床工具行业标委会、归口所调整建议一览表”，报到中国机械工业联合会；④在全国标委会的整顿中，直接向国家标准委反映和传递标委会调整的意见和信息。截止至 2002 年底，经过国家标准委对全国专业标准化技术委员会进行的整顿，机床工具行业 9 个全国专业标准化技术委员会均被确认。

5. 召开行业内标委会秘书长工作会议

中国机床工具工业协会于 2002 年 11 月 14～15 日在北京召开了机床工具行业标委会秘书长工作会议。会议期间请上级标准化主管部门的领导介绍当前标准化工作的形势和任务；听取了机床工具行业标准化工作总结；各标委会进行了工作经验交流，还进行了提高标准编写质量的培训。20 位机床工具行业标委会秘书长参加了会议。通过会议，使行业内标委会秘书长进一步了解了当前国家在标准化工作的方针、政策及标准化工作的主要任务；相互学习了标委会工作的先进经验，找到了自己的差距；通过标准编写质量的培训，提高了业务水平。

6. 标准信息与咨询服务工作

各标委会秘书处为行业内企业提供了大量的标准信息。通过网刊,向企业发送新出版的国家标准和行业标准信息,处理企业来信来函及向企业提供技术咨询等。

机床工具行业的发展离不开标准化工作,行业标准化工作也必须紧紧地围绕着机床工具的大市场而展开。希望新的一年在协会和上级标准化主管部门的领导下,与时俱进,开创机床工具行业标准化工作的新局面。

〔供稿人:中国机床工具工业协会行业部〕

2002年批准发布的机床工具行业国家标准、行业标准目录

标准编号	标准性质	标准名称	被代替标准号	采标情况	批准日期	实施日期
GB/T 6576—2002	推荐	机床润滑系统	GB/T 6576—1986	修改 ISO 5170:1977	2002.01.09	2002.10.01
GB/T 1119.1—2002	推荐	尖齿槽铣刀 第1部分:型式和尺寸	GB/T 1119—1985	等同 ISO 2585:1972	2002.05.30	2002.12.01
GB/T 1119.2—2002	推荐	尖齿槽铣刀 第2部分:技术条件	GB/T 1119—1985		2002.05.30	2002.12.01
GB/T 6122.1—2002	推荐	圆角铣刀 第1部分:型式和尺寸	GB/T 6122—1985	修改 ISO 3860:1976	2002.05.30	2002.12.01
GB/T 6122.2—2002	推荐	圆角铣刀 第2部分:技术条件	GB/T 6122—1985		2002.05.30	2002.12.01
GB/T 1115.1—2002	推荐	圆柱形铣刀 第1部分:型式和尺寸	GB/T 1115—1985	修改 ISO 2584:1972	2002.05.30	2002.12.01
GB/T 1115.2—2002	推荐	圆柱形铣刀 第2部分:技术条件	GB/T 1115—1985		2002.05.30	2002.12.01
GB/T 18761—2002	推荐	电子数显指示表			2002.06.13	2002.12.01
GB 5226.2—2002	强制	机械安全 机械电气设备 第32部分:起重机械技术条件		等同 IEC 60204—32:1998	2002.06.13	2003.07.01
GB/T 18759.1—2002	推荐	机械电气设备 开放式数控系统 第1部分:总则			2002.06.13	2003.01.01
GB 18209.3—2002	强制	机械安全 指示、标志和操作 第3部分:操作件的位置和操作的要求		等同 IEC 61310—3:1999	2002.10.08	2003.10.01
GB 5226.1—2002	强制	机械安全 机械电气设备 第1部分:通用技术条件	GB/T 5226.1—1996	等同 IEC 60204—1:2000	2002.10.08	2003.10.01
GB/T 3933.2—2002	推荐	升降台铣床检验条件 精度检验 第2部分:卧式铣床	GB/T 3933—1983	修改 ISO 1701—2:1997	2002.09.13	2003.04.01
GB/T 3933.3—2002	推荐	升降台铣床检验条件 精度检验 第3部分:立式铣床	GB/T 3933—1983	修改 ISO 1701—3:1997	2002.09.13	2003.04.01
GB/T 4346.1—2002	推荐	机床用手动自定心卡盘 第1部分:参数和技术要求	GB/T 4346—1984		2002.09.13	2003.04.01
GB/T 4346.2—2002	推荐	机床用手动自定心卡盘 第2部分:验收试验规范(几何精度检验)		修改 ISO 3089:1991	2002.09.13	2003.04.01
GB/T 11270.1—2002	推荐	超硬磨料制品 金刚石圆锯片 第1部分:焊接锯片	GB/T 11270—1989		2002.09.13	2003.04.01

（续）

标 准 编 号	标准性质	标 准 名 称	被代替标准号	采 标 情 况	批准日期	实施日期
GB/T 11270.2—2002	推荐	超硬磨料制品 金刚石圆锯片 第2部分:烧结锯片			2002.09.13	2003.04.01
GB/T 18845—2002	推荐	磨料 筛分试验机		非等效 ISO 9284：1992	2002.09.13	2003.04.01
GB 18955—2003	强制	木工机床安全 平压两用刨床		修改 EN 861：1997	2003.01.17	2003.08.01
GB 18956—2003	强制	木工刀具安全 第1部分:铣刀、圆锯片		修改 EN 847—1：1997	2003.01.17	2003.08.01
JB/T 10231.5—2002	推荐	刀具产品检测方法 第5部分:齿轮滚刀			2002.07.16	2002.12.01
JB/T 10231.6—2002	推荐	刀具产品检测方法 第6部分:插齿刀			2002.07.16	2002.12.01
JB/T 10231.7—2002	推荐	刀具产品检测方法 第7部分:圆拉刀			2002.07.16	2002.12.01
JB/T 10231.8—2002	推荐	刀具产品检测方法 第8部分:板牙			2002.07.16	2002.12.01
JB/T 10231.9—2002	推荐	刀具产品检测方法 第9部分:铰刀			2002.07.16	2002.12.01
JB/T 10231.10—2002	推荐	刀具产品检测方法 第10部分:锪钻			2002.07.16	2002.12.01
JB/T 10231.11—2002	推荐	刀具产品检测方法 第11部分:扩孔钻			2002.07.16	2002.12.01
JB/T 10231.12—2002	推荐	刀具产品检测方法 第12部分:三面刃铣刀			2002.07.16	2002.12.01
JB/T 10231.13—2002	推荐	刀具产品检测方法 第13部分:锯片铣刀			2002.07.16	2002.12.01
JB/T 10231.14—2002	推荐	刀具产品检测方法 第14部分:键槽铣刀			2002.07.16	2002.12.01
JB/T 10231.15—2002	推荐	刀具产品检测方法 第15部分:可转位三面刃铣刀			2002.07.16	2002.12.01
JB/T 10231.16—2002	推荐	刀具产品检测方法 第16部分:可转位面铣刀			2002.07.16	2002.12.01
JB/T 10231.17—2002	推荐	刀具产品检测方法 第17部分:可转位立铣刀			2002.07.16	2002.12.01
JB/T 10231.18—2002	推荐	刀具产品检测方法 第18部分:可转位车刀			2002.07.16	2002.12.01
JB/T 10231.19—2002	推荐	刀具产品检测方法 第19部分:键槽拉刀			2002.07.16	2002.12.01
JB/T 10231.20—2002	推荐	刀具产品检测方法 第20部分:矩形花键拉刀			2002.07.16	2002.12.01
JB/T 10313—2002	推荐	量块检验方法			2002.07.16	2002.12.01
JB/T 10329.1—2002	推荐	电熔爆外圆加工机床 第1部分:系列型谱			2002.07.16	2002.12.01
JB/T 10329.2—2002	推荐	电熔爆外圆加工机床 第2部分:参数			2002.07.16	2002.12.01
JB/T 10329.3—2002	推荐	电熔爆外圆加工机床 第3部分:精度检验			2002.07.16	2002.12.01

（续）

标准编号	标准性质	标准名称	被代替标准号	采标情况	批准日期	实施日期
JB/T 10329.4—2002	推荐	电熔爆外圆加工机床　第4部分：技术条件			2002.07.16	2002.12.01
JB/T 10330.1—2002	推荐	高速电火花小孔加工机　第1部分：技术条件			2002.07.16	2002.12.01
JB/T 8487.1—2002	推荐	活塞车床　技术条件			2002.07.16	2002.12.01
JB/T 2322.1—2002	推荐	卧式车床　性能试验方法			2002.07.16	2002.12.01
JB/T 4371.1—2002	推荐	无扳手三爪钻夹头　第1部分：参数和精度检验	JB/T 4371.1—1999 JB/T 4371.2—1999	修改 ISO 10888：1999	2002.07.16	2002.12.01
JB/T 4371.2—2002	推荐	无扳手三爪钻夹头　第2部分：技术条件	JB/T 4371.3—1999		2002.07.16	2002.12.01
JB/T 10332—2002	推荐	机床用卡盘安全操作例行规范		修改 ISO/TR 13618：1993	2002.07.16	2002.12.01
JB/T 6344.2—2002	推荐	滚齿机　技术条件	JB/T 6344—1992		2002.07.16	2002.12.01
JB/T 4318.1—2002	推荐	卧式带锯床　第1部分：系列型谱	JB/T 4318.1—1996		2002.07.16	2002.12.01
JB/T 4318.2—2002	推荐	卧式带锯床　第2部分：参数	JB/T 4318.2—1996		2002.07.16	2002.12.01
JB/T 4318.3—2002	推荐	卧式带锯床　第3部分：精度检验	JB/T 4318.3—1996		2002.07.16	2002.12.01
JB/T 4318.4—2002	推荐	卧式带锯床　第4部分：技术条件	JB/T 4318.4—1996		2002.07.16	2002.12.01
JB/T 9930.1—2002	推荐	立式带锯床　第1部分：参数	JB/T 9930.1—1999 JB/T 9932.1—1999		2002.07.16	2002.12.01
JB/T 9930.2—2002	推荐	立式带锯床　第2部分：系列型谱	JB/T 9930.2—1999 JB/T 9932.2—1999		2002.07.16	2002.12.01
JB/T 9930.3—2002	推荐	立式带锯床　第3部分：精度检验	JB/T 9930.3—1999 JB/T 9932.3—1999		2002.07.16	2002.12.01
JB/T 9930.4—2002	推荐	立式带锯床　第4部分：技术条件	JB/T 9930.4—1999 JB/T 9932.4—1999		2002.07.16	2002.12.01
JB/T 10376—2002	推荐	碳化硅特种制品　氧化硅结合碳化硅板			2002.12.17	2003.04.01

〔供稿人：中国机床工具工业协会郭再凤〕

2002年机床工具行业废止标准目录

序号	标准编号	标准名称	代替标准号	采标情况
1	JB/T 2903.3—1994	丝锥磨床　系列型谱	JB/Z 165—1981	
2	JB/T 5248.4—1991	机床行业计算机辅助企业管理信息代码系统　机床零件编码系统JLB系统		
3	JB/T 5366.1—1991	8mm槽系组合夹具基础件　四侧槽方形基础板		
4	JB/T 5366.2—1991	8mm槽系组合夹具基础件　四侧偏槽方形基础板		
5	JB/T 5366.3—1991	8mm槽系组合夹具基础件　精密定位方形基础板		

（续）

序号	标准编号	标准名称	代替标准号	采标情况
6	JB/T 5366.4—1991	8mm 槽系组合夹具基础件　筒式长方形基础板		
7	JB/T 5366.5—1991	8mm 槽系组合夹具基础件　长方形基础板		
8	JB/T 5366.6—1991	8mm 槽系组合夹具基础件　偏槽长方形基础板		
9	JB/T 5366.7—1991	8mm 槽系组合夹具基础件　条形基础板		
10	JB/T 5366.8—1991	8mm 槽系组合夹具基础件　基础角铁		
11	JB/T 5366.9—1991	8mm 槽系组合夹具基础件　45°圆形基础板		
12	JB/T 5366.10—1991	8mm 槽系组合夹具基础件　60°圆形基础板		
13	JB/T 5366.11—1991	8mm 槽系组合夹具基础件　90°圆形基础板		
14	JB/T 5366.12—1991	8mm 槽系组合夹具基础件　莫氏尾锥基体		
15	JB/T 5367.1—1991	8mm 槽系组合夹具支承件　方形支承		
16	JB/T 5367.2—1991	8mm 槽系组合夹具支承件　偏心竖槽方形支承		
17	JB/T 5367.3—1991	8mm 槽形组合夹具支承件　偏形横槽方形支承		
18	JB/T 5367.4—1991	8mm 槽系组合夹具支承件　对称槽长方支承		
19	JB/T 5367.5—1991	8mm 槽系组合夹具支承件　长方支承		
20	JB/T 5367.6—1991	8mm 槽系组合夹具支承件　长方翻转支承		
21	JB/T 5367.7—1991	8mm 槽系组合夹具支承件　长方空心支承		
22	JB/T 5367.8—1991	8mm 槽系组合夹具支承件　30 单槽伸长板		
23	JB/T 5367.9—1991	8mm 槽系组合夹具支承件　45 单槽伸长板		
24	JB/T 5367.10—1991	8mm 槽系组合夹具支承件　双槽伸长板		
25	JB/T 5367.11—1991	8mm 槽系组合夹具支承件　加筋角铁		
26	JB/T 5367.12—1991	8mm 槽系组合夹具支承件　左支撑角铁		
27	JB/T 5367.13—1991	8mm 槽系组合夹具支承件　右支撑角铁		
28	JB/T 5367.14—1991	8mm 槽系组合夹具支承件　宽加筋角铁		
29	JB/T 5367.15—1991	8mm 槽系组合夹具支承件　角度垫板		
30	JB/T 5367.16—1991	8mm 槽系组合夹具支承件　角度支承		
31	JB/T 5367.17—1991	8mm 槽系组合夹具支承件　侧螺孔支承		
32	JB/T 5367.18—1991	8mm 槽系组合夹具支承件　过渡螺孔板		
33	JB/T 5367.19—1991	8mm 槽系组合夹具支承件　偏形板		
34	JB/T 5367.20—1991	8mm 槽系组合夹具支承件　偏心长方形垫板		
35	JB/T 5368.1—1991	8mm 槽系组合夹具定位件　平键		
36	JB/T 5368.2—1991	8mm 槽系组合夹具定位件　T 形键		
37	JB/T 5368.3—1991	8mm 槽系组合夹具定位件　过渡平键		
38	JB/T 5368.4—1991	8mm 槽系组合夹具定位件　厚键		
39	JB/T 5368.5—1991	8mm 槽系组合夹具定位件　圆形定位销		
40	JB/T 5368.6—1991	8mm 槽系组合夹具定位件　菱形定位销		
41	JB/T 5368.7—1991	8mm 槽系组合夹具定位件　圆形定位盘		
42	JB/T 5368.8—1991	8mm 槽系组合夹具定位件　菱形定位盘		
43	JB/T 5368.9—1991	8mm 槽系组合夹具定位件　角度支座		
44	JB/T 5368.10—1991	8mm 槽系组合夹具定位件　方形支座		
45	JB/T 5368.11—1991	8mm 槽系组合夹具定位件　六棱定位支座		
46	JB/T 5368.12—1991	8mm 槽系组合夹具定位件　定位接头		
47	JB/T 5368.13—1991	8mm 槽系组合夹具定位件　端孔定位支承		
48	JB/T 5368.14—1991	8mm 槽系组合夹具定位件　侧孔定位支承		
49	JB/T 5368.15—1991	8mm 槽系组合夹具定位件　侧中孔定位支承		
50	JB/T 5368.16—1991	8mm 槽系组合夹具定位件　定位板		
51	JB/T 5368.17—1991	8mm 槽系组合夹具定位件　台阶定位板		
52	JB/T 5368.18—1991	8mm 槽系组合夹具定位件　V 形板		
53	JB/T 5368.19—1991	8mm 槽系组合夹具定位件　V 形支承		
54	JB/T 5368.20—1991	8mm 槽系组合夹具定位件　活动 V 形铁		
55	JB/T 5368.21—1991	8mm 槽系组合夹具定位件　左角铁		
56	JB/T 5368.22—1991	8mm 槽系组合夹具定位件　右角铁		
57	JB/T 5368.23—1991	8mm 槽系组合夹具定位件　V 形角铁		
58	JB/T 5369.1—1991	8mm 槽系组合夹具导向件　固定钻套		
59	JB/T 5369.2—1991	8mm 槽系组合夹具导向件　快换钻套		

（续）

序号	标准编号	标准名称	代替标准号	采标情况
60	JB/T 5369.3—1991	8mm 槽系组合夹具导向件　立式钻模板		
61	JB/T 5369.4—1991	8mm 槽系组合夹具导向件　左偏心钻模板		
62	JB/T 5369.5—1991	8mm 槽系组合夹具导向件　右偏心钻模板		
63	JB/T 5369.6—1991	8mm 槽系组合夹具导向件　钻模板		
64	JB/T 5369.7—1991	8mm 槽系组合夹具导向件　中孔钻模板		
65	JB/T 5369.8—1991	8mm 槽系组合夹具导向件　导向支承		
66	JB/T 5369.9—1991	8mm 槽系组合夹具导向件　角铁型钻模板		
67	JB/T 5370.1—1991	8mm 槽系组合夹具紧固件　六角螺母		
68	JB/T 5370.2—1991	8mm 槽系组合夹具紧固件　带肩六角螺母		
69	JB/T 5370.3—1991	8mm 槽系组合夹具紧固件　圆螺母		
70	JB/T 5370.4—1991	8mm 槽系组合夹具紧固件　滚花螺母		
71	JB/T 5370.5—1991	8mm 槽系组合夹具紧固件　过渡螺母		
72	JB/T 5370.6—1991	8mm 槽系组合夹具紧固件　双头螺栓		
73	JB/T 5370.7—1991	8mm 槽系组合夹具紧固件　槽用长方头螺钉		
74	JB/T 5370.8—1991	8mm 槽系组合夹具紧固件　过渡螺栓		
75	JB/T 5370.9—1991	8mm 槽系组合夹具紧固件　关节螺栓		
76	JB/T 5370.10—1991	8mm 槽系组合夹具紧固件　球头螺钉		
77	JB/T 5370.11—1991	8mm 槽系组合夹具紧固件　压紧螺钉		
78	JB/T 5370.12—1991	8mm 槽系组合夹具紧固件　平垫圈		
79	JB/T 5370.13—1991	8mm 槽系组合夹具紧固件　球面垫圈		
80	JB/T 5370.14—1991	8mm 槽系组合夹具紧固件　锥面垫圈		
81	JB/T 5371.1—1991	8mm 槽系组合夹具压紧件　平压板		
82	JB/T 5371.2—1991	8mm 槽系组合夹具压紧件　伸长压板		
83	JB/T 5371.3—1991	8mm 槽系组合夹具压紧件　U 形压板		
84	JB/T 5371.4—1991	8mm 槽系组合夹具压紧件　叉形压板		
85	JB/T 5371.5—1991	8mm 槽系组合夹具压紧件　圆形压板		
86	JB/T 5371.6—1991	8mm 槽系组合夹具压紧件　关节压板		
87	JB/T 5371.7—1991	8mm 槽系组合夹具压紧件　铰链压板		
88	JB/T 5371.8—1991	8mm 槽系组合夹具压紧件　摆动压板		
89	JB/T 5371.9—1991	8mm 槽系组合夹具压紧件　弯压板		
90	JB/T 5371.10—1991	8mm 槽系组合夹具压紧件　圆弧压板		
91	JB/T 5371.11—1991	8mm 槽系组合夹具压紧件　双头压板		
92	JB/T 5371.12—1991	8mm 槽系组合夹具压紧件　V 形压板		
93	JB/T 5372.1—1991	8mm 槽系组合夹具其他件　连接板		
94	JB/T 5372.2—1991	8mm 槽系组合夹具其他件　钻套螺钉		
95	JB/T 5372.3—1991	8mm 槽系组合夹具其他件　键用螺钉		
96	JB/T 5372.4—1991	8mm 槽系组合夹具其他件　平面支承螺母		
97	JB/T 5372.5—1991	8mm 槽系组合夹具其他件　球面支承螺母		
98	JB/T 5372.6—1991	8mm 槽系组合夹具其他件　鳞齿支承螺母		
99	JB/T 5372.7—1991	8mm 槽系组合夹具其他件　支承环		
100	JB/T 5372.8—1991	8mm 槽系组合夹具其他件　轴肖		
101	JB/T 5372.9—1991	8mm 槽系组合夹具其他件　平衡块		
102	JB/T 5372.10—1991	8mm 槽系组合夹具其他件　手柄		
103	JB/T 5372.11—1991	8mm 槽系组合夹具其他件　弹簧		
104	JB/T 5373.1—1991	8mm 槽系组合夹具合件　顶尖座		
105	JB/T 5373.2—1991	8mm 槽系组合夹具合件　可调定位器		
106	JB/T 5373.3—1991	8mm 槽系组合夹具合件　微调定位器		
107	JB/T 5373.4—1991	8mm 槽系组合夹具合件　微调高度支承		
108	JB/T 5373.5—1991	8mm 槽系组合夹具合件　折合板		
109	JB/T 5373.6—1991	8mm 槽系组合夹具合件　键槽折合板		
110	JB/T 5373.7—1991	8mm 槽系组合夹具合件　正弦规		
111	JB/T 5373.8—1991	8mm 槽系组合夹具合件　回转支架		
112	JB/T 5373.9—1991	8mm 槽系组合夹具合件　上抬式端齿分度台		
113	JB/T 5373.10—1991	8mm 槽系组合夹具合件　侧支钉		

（续）

序号	标准编号	标准名称	代替标准号	采标情况
114	JB/T 5373.11—1991	8mm 槽系组合夹具合件　摆动头		
115	JB/T 5373.12—1991	8mm 槽系组合夹具合件　侧向压紧器		
116	JB/T 5373.13—1991	8mm 槽系组合夹具合件　偏心侧向顶紧器		
117	JB/T 5373.14—1991	8mm 槽系组合夹具合件　单向夹紧器		
118	JB/T 5373.15—1991	8mm 槽系组合夹具合件　平口钳		
119	JB/T 5555—2001	机床控制变压器	JB/T 5555—1991	
120	JB/T 5556—1991	弹簧夹头　型式和参数	JB 4222—1986	
121	JB/T 5599—1991	升降台铣床　系列型谱	JB/Z 124—1978	
122	JB/T 5600—1991	万能工具铣床　系列型谱	JB/Z 161—1981	
123	JB/T 5604—1991	轧辊磨床　系列型谱		
124	JB/T 5605—1991	圆柱滚子超精机　系列型谱		
125	JB/T 5606—1991	圆锥滚子超精机　系列型谱		
126	JB/T 5720—1991	木工机床电气设备　通用技术条件		非等效 IEC 204—1：1981
127	JB/T 5757—1991	缸体轴瓦镗床　精度		
128	JB/T 6089—1992	剪切刀片刃磨床　系列型谱		
129	JB/T 6097—1992	电加工机床电气设备　通用技术条件		非等效 IEC 204—1：1981
130	JB/T 6184.1—1992	16mm 槽系组合夹具基础件　正方形基础板		
131	JB/T 6184.2—1992	16mm 槽系组合夹具基础件　长方形基础板		
132	JB/T 6184.3—1992	16mm 槽系组合夹具基础件　顶槽基础角铁		
133	JB/T 6184.4—1992	16mm 槽系组合夹具基础件　垂直圆基础板		
134	JB/T 6185.1—1992	16mm 槽系组合夹具支承件　二竖槽正方形垫板		
135	JB/T 6185.2—1992	16mm 槽系组合夹具支承件　二竖槽正方形支承		
136	JB/T 6185.3—1992	16mm 槽系组合夹具支承件　三竖槽正方形垫片		
137	JB/T 6185.4—1992	16mm 槽系组合夹具支承件　三竖槽正方形垫板		
138	JB/T 6185.5—1992	16mm 槽系组合夹具支承件　相邻竖槽正方形垫板		
139	JB/T 6185.6—1992	16mm 槽系组合夹具支承件　相邻竖槽正方形支承		
140	JB/T 6185.7—1992	16mm 槽系组合夹具支承件　空心正方形支承		
141	JB/T 6185.8—1992	16mm 槽系组合夹具支承件　三竖槽长方形垫片		
142	JB/T 6185.9—1992	16mm 槽系组合夹具支承件　三竖槽长方形垫板		
143	JB/T 6185.10—1992	16mm 槽系组合夹具支承件　三竖槽长方形支承		
144	JB/T 6185.11—1992	16mm 槽系组合夹具支承件　强固长方形垫板		
145	JB/T 6185.12—1992	16mm 槽系组合夹具支承件　强固长方形支承		
146	JB/T 6185.13—1992	16mm 槽系组合夹具支承件　空心长方形支承		
147	JB/T 6185.14—1992	16mm 槽系组合夹具支承件　空心加长长方形支承		
148	JB/T 6185.15—1992	16mm 槽系组合夹具支承件　长方翻转支承		
149	JB/T 6185.16—1992	16mm 槽系组合夹具支承件　右角铁		
150	JB/T 6185.17—1992	16mm 槽系组合夹具支承件　左角铁		
151	JB/T 6185.18—1992	16mm 槽系组合夹具支承件　加筋角铁		
152	JB/T 6185.19—1992	16mm 槽系组合夹具支承件　角度垫板		
153	JB/T 6185.20—1992	16mm 槽系组合夹具支承件　角度支承		
154	JB/T 6185.21—1992	16mm 槽系组合夹具支承件　V 形垫板		
155	JB/T 6185.22—1992	16mm 槽系组合夹具支承件　V 形支承		
156	JB/T 6185.23—1992	16mm 槽系组合夹具支承件　V 形角铁		
157	JB/T 6185.24—1992	16mm 槽系组合夹具支承件　伸长板		
158	JB/T 6185.25—1992	16mm 槽系组合夹具支承件　双槽伸长板		
159	JB/T 6185.26—1992	16mm 槽系组合夹具支承件　过渡筒式正方形支承		
160	JB/T 6185.27—1992	16mm 槽系组合夹具支承件　过渡三竖槽正方形支承		
161	JB/T 6186.1—1992	16mm 槽组合夹具定位件　平键		
162	JB/T 6186.2—1992	16mm 槽组合夹具定位件　厚键		
163	JB/T 6186.3—1992	16mm 槽组合夹具定位件　T 形键		
164	JB/T 6186.4—1992	16mm 槽组合夹具定位件　过渡平键		

（续）

序号	标准编号	标准名称	代替标准号	采标情况
165	JB/T 6186.5—1992	16mm 槽组合夹具定位件　正方形支座		
166	JB/T 6186.6—1992	16mm 槽组合夹具定位件　轴销		
167	JB/T 6187.1—1992	16mm 槽系组合夹具导向件　镗套		
168	JB/T 6187.2—1992	16mm 槽系组合夹具导向件　弹性套		
169	JB/T 6187.3—1992	16mm 槽系组合夹具导向件　两面槽钻模板		
170	JB/T 6187.4—1992	16mm 槽系组合夹具导向件　沉孔钻模板		
171	JB/T 6187.5—1992	16mm 槽系组合夹具导向件　两面槽中孔钻模板		
172	JB/T 6187.6—1992	16mm 槽系组合夹具导向件　沉孔中孔钻模板		
173	JB/T 6187.7—1992	16mm 槽系组合夹具导向件　角铁形镗孔支承		
174	JB/T 6187.8—1992	16mm 槽系组合夹具导向件　侧孔镗孔支承		
175	JB/T 6187.9—1992	16mm 槽系组合夹具导向件　侧中孔镗孔支承		
176	JB/T 6188.1—1992	16mm 槽系组合夹具紧固件　双头螺栓		
177	JB/T 6188.2—1992	16mm 槽系组合夹具紧固件　正方头槽用螺栓		
178	JB/T 6188.3—1992	16mm 槽系组合夹具紧固件　长方头槽用螺栓		
179	JB/T 6188.4—1992	16mm 槽系组合夹具紧固件　关节螺栓		
180	JB/T 6188.5—1992	16mm 槽系组合夹具紧固件　过渡螺栓		
181	JB/T 6188.6—1992	16mm 槽系组合夹具紧固件　紧定螺钉		
182	JB/T 6188.7—1992	16mm 槽系组合夹具紧固件　内六角螺钉		
183	JB/T 6188.8—1992	16mm 槽系组合夹具紧固件　球头螺钉		
184	JB/T 6188.9—1992	16mm 槽系组合夹具紧固件　压紧螺钉		
185	JB/T 6188.10—1992	16mm 槽系组合夹具紧固件　平垫圈		
186	JB/T 6188.11—1992	16mm 槽系组合夹具紧固件　球面垫圈		
187	JB/T 6188.12—1992	16mm 槽系组合夹具紧固件　锥面垫圈		
188	JB/T 6188.13—1992	16mm 槽系组合夹具紧固件　开口垫圈		
189	JB/T 6188.14—1992	16mm 槽系组合夹具紧固件　长方形螺母		
190	JB/T 6188.15—1992	16mm 槽系组合夹具紧固件　带肩螺母		
191	JB/T 6188.16—1992	16mm 槽系组合夹具紧固件　六角螺母		
192	JB/T 6188.17—1992	16mm 槽系组合夹具紧固件　十字槽圆螺母		
193	JB/T 6188.18—1992	16mm 槽系组合夹具紧固件　六角过渡螺母		
194	JB/T 6188.19—1992	16mm 槽系组合夹具紧固件　圆过渡螺母		
195	JB/T 6188.20—1992	16mm 槽系组合夹具紧固件　T 形螺母		
196	JB/T 6189.1—1992	16mm 槽系组合夹具压紧件　平压板		
197	JB/T 6189.2—1992	16mm 槽系组合夹具压紧件　伸长压板		
198	JB/T 6189.3—1992	16mm 槽系组合夹具压紧件　回转压板		
199	JB/T 6189.4—1992	16mm 槽系组合夹具压紧件　摆动压板		
200	JB/T 6189.5—1992	16mm 槽系组合夹具压紧件　弯头压板		
201	JB/T 6189.6—1992	16mm 槽系组合夹具压紧件　U 形压板		
202	JB/T 6189.7—1992	16mm 槽系组合夹具压紧件　叉形压板		
203	JB/T 6190.1—1992	16mm 槽系组合夹具其他件　连接板		
204	JB/T 6190.2—1992	16mm 槽系组合夹具其他件　过渡螺孔板		
205	JB/T 6190.3—1992	16mm 槽系组合夹具其他件　沉孔支承环		
206	JB/T 6190.4—1992	16mm 槽系组合夹具其他件　平面支承钉		
207	JB/T 6190.5—1992	16mm 槽系组合夹具其他件　齿面支承钉		
208	JB/T 6190.6—1992	16mm 槽系组合夹具其他件　球面支承钉		
209	JB/T 6190.7—1992	16mm 槽系组合夹具其他件　平面支承帽		
210	JB/T 6190.8—1992	16mm 槽组合夹具其他件　齿面支承帽		
211	JB/T 6190.9—1992	16mm 槽组合夹具其他件　球面支承帽		
212	JB/T 6190.10—1992	16mm 槽组合夹具其他件　直手柄		
213	JB/T 6191.1—1992	16mm 槽组合夹具合件　键槽折合板		
214	JB/T 6191.2—1992	16mm 槽组合夹具合件　摆动压头		
215	JB/T 6337—1992	缸体轴瓦镗床　技术条件		
216	JB/T 6338—1992	筒式制动鼓镗床　技术条件		
217	JB/T 6339—1992	立式制动鼓镗床　技术条件		
218	JB/T 6558—1993	组合机床　类种划分		

（续）

序号	标 准 编 号	标 准 名 称	代替标准号	采 标 情 况
219	JB/T 6585—1993	立式螺母攻螺纹机 精度		
220	JB/T 6586—1993	卧式螺母攻螺纹机 精度		
221	JB/T 7418.1—1994	外圆磨床 系列型谱	JB/Z 109—1983	
222	JB/T 7419—1994	轴承套圈磨床 系列型谱	JB/Z 240—1985 JB/Z 241—1985	
223	JB/T 7454—1994	机床美术漆 涂装技术条件		
224	JB/T 7456—1994	机床用不饱和聚脂腻子 涂装技术条件		

注：以上目录摘自原国家经济贸易委员会 2002 年 26 号公告，自 2002 年 5 月 22 日起废止。

〔供稿人：中国机床工具工业协会郭再凤〕

机床工具行业全国专业标准化技术委员会名录

标委会名称	SAC	秘书处挂靠单位	秘书长	联 系 电 话	E—mail	对应 ISO、IEC
金属切削机床	TC22	北京机床研究所	李祥文	(010)64739716	lxw114@btamail.net.cn	ISO/TC39、/SC2、/SC3、/SC6、/SC8
车床	TC22/SC1	沈阳车床研究所	王兴海	(024)25875311—3477	bzhwang2003@yahoo.com.cn	
铣床	TC22/SC2	北京铣床研究所	胡瑞琳	(010)65671155—3193	hrl2000@btamail.net.cn	
钻、镗床	TC22/SC3	沈阳钻镗床研究所	许立亭	(024)88504941—2068	ztcy.jsz.j@sohu.com	
齿轮机床	TC22/SC4	重庆机床厂	张玉洁	(023)62555006	chong.jic@public.cta.cq.cn	
磨床	TC22/SC5	上海磨床研究所	黄鸣亮	(021)65483006—4418	sm@sgmri.com	
锯刨床	TC22/SC6	长沙锯床研究所	宋安祥	(0731)5413250—320	huji@public.cs.hn.cn	
重型机床	TC22/SC7	武汉重型机床研究所	伍竞平	(027)67810374	wu.jingp@my169.com	
仪表机床	TC22/SC8	成都仪表机床研究所	钱文明	(028)87132411—290	njtc@ningjiang.com	
机床附件	TC22/SC9	烟台机床附件研究所	时述庆	(0535)6535511—3038	yaufu@public.ytptt.sd.cn	
功能部件	TC22/SC10	北京机床研究所	张 维	(010)64739716	zw@tc231.com	
组合机床	TC22/SC11	大连机床集团有限公司	付承云	(0411)3631851—2135	jszx@dmtg.com.cn	
特种加工机床	TC161	苏州电加工机床研究所	于志三	(0512)67274541	tzbwh@pub.sz.jsinfo.net	(ISO/TC39/SC2 部分)
木工机床与刀具	TC84	福州木工机床研究所	郑 莉	(0591)3361121	fumjb@sina.com	ISO/TC39/SC4
磨料模具	TC139	郑州磨料磨具磨削研究所	包 华	(0371)7614280	cgwstc@public2.zz.ha.cn	ISO/TC29/SC5
普通磨料	TC139/SC1	郑州磨料磨具磨削研究所	包 华	(0371)7614280	cgwstc@public2.zz.ha.cn	
普通磨具及碳化硅特种制品	TC139/SC2	郑州磨料磨具磨削研究所	羊松灿	(0371)7657826	cgwstc@public2.zz.ha.cn	
超硬材料及制品	TC139/SC3	郑州磨料磨具磨削研究所	黄祥芬	(0371)7614280	cgwstc@public2.zz.ha.cn	
涂附磨具	TC139/SC4	郑州磨料磨具磨削研究所	张长伍	(0371)7614280	cgwstc@public2.zz.ha.cn	

（续）

标委会名称	SAC	秘书处挂靠单位	秘书长	联系电话	E—mail	对应ISO、IEC
刀具	TC91	成都工具研究所	查国兵	(028)83255594	jcs@chinatool. net	ISO/TC29、/SC2、/SC4、/SC9
通用刀具	TC91/SC1	上海工具厂有限公司	励政伟	(021)65032042	stwctc@online. sh. cn	
复杂刀具	TC91/SC2	哈尔滨第一工具厂	王家喜	(0451)8304783		
硬材料刀具	TC91/SC3	成都工具研究所	樊瑾	(028)83242782	jcs@chinatool. net	
螺纹刀具	TC91/SC4	上海刃具厂有限公司	许光荣	(021)63019904	sctw@tricletool. com	
量具、量仪	TC132	成都工具研究所	邓宁	(028)83243828	jcs@chinatool. net	(ISO/TC213 部分)
量具	TC132/SC1	成都工具研究所	姜志刚	(028)83242782	jcs@chinatool. net	
量仪	TC132/SC2	成都工具研究所	邓宁	(028)83242782	jcs@chinatool. net	
锻压机械	TC220	济南铸造锻压机械研究所	马立强	(0531)7979292	mlq@zds. com. cn	(ISO/TC39/SC2 部分)
铸造机械	TC186	济南铸造锻压机械研究所	卢军	(0531)7979292	ljmp@sohu. com	
工业机械电气系统	TC231	北京机床研究所	黄祖广	(010)64739716	hzg36@163. com	IEC/TC44

〔供稿人：中国机床工具工业协会郭再凤〕

中国机床工具行业通过ISO9000质量体系认证企业名录

序号	企业名称	认证标准	认证时间	认证机构
	金属切削机床行业			
1	北京第一机床厂	ISO 9001	1997.10	中国进出口商品质量认证中心
2	北京第二机床厂	ISO 9001	2001.02.14	中国进出口商品质量认证中心
3	北京第三机床厂	ISO 9001	1999.10.18	中国进出口商品质量认证中心
4	北京仪表机床厂	ISO 9001	1995.12	中国进出口商品质量认证中心
5	北京市机电研究院	ISO 9001	1998.12	中国质量管理协会质量保证中心
6	北京机床研究所	ISO 9001	2002.01.16	华信技术检验有限公司
7	天津第一机床总厂	ISO 9001	2000.03.30	中国进出口商品质量认证中心
		ISO 9001：2000	2002	中国进出口商品质量认证中心
8	上海机床厂有限公司	ISO 9001	1998.01	中国商检质量认证中心
		ISO 9001：2000	2002.12	中国商检质量认证中心
9	上海重型机床厂	ISO 9001	1997.10.15	华信技术检验有限公司
10	上海第一机床厂	ISO 9001	2000.01.28	华信技术检验有限公司
11	上海第二机床厂	ISO 9001	1999.06.09	中国进出口商品质量认证中心
		ISO 9001：2000	2002	中国进出口商品质量认证中心
12	上海第三机床厂	ISO 9001	1998.09(2001.09换证)	中国进出口商品质量认证中心
13	上海第四机床厂	ISO 9001	1999.12.28	华信技术检验有限公司
14	上海第十机床厂	ISO 9001	2000.09.20	中国进出口商品质量认证中心
15	上海仪表机床厂	ISO 9001	1999.10.20	华信技术检验有限公司
16	重庆机床厂	ISO 9001	1997.01	中国进出口商品质量认证中心
		ISO 9001：2000	2002.04.16	中国进出口商品质量认证中心
17	重庆第二机床厂	ISO 9002	1996.01	中国进出口商品质量认证中心
18	齐重数控装备股份有限公司(齐齐哈尔第一机床厂)	ISO 9001	2001.01.10	北京世标认证中心
19	长春第二机床有限公司	ISO 9001	1995.11(2001.03换证)	中国进出口商品质量认证中心
20	沈阳第一机床厂	ISO 9001	1996.09	华信技术检验有限公司
		ISO 9001：2000	2002	华信技术检验有限公司
21	中捷机床有限公司	ISO 9001	1993.03(1997.04.07、2001.01.17换证)	华信技术检验有限公司

（续）

序号	企业名称	认证标准	认证时间	认证机构
22	中捷摇臂钻床厂	ISO 9001	1997.10.23 （2001.12.04 换证）	华信技术检验有限公司
		ISO 9001：2000	2001	华信技术检验有限公司
23	沈阳数控机床有限责任公司	ISO 9001：2000	2002	华信技术检验有限公司
24	大连机床集团有限责任公司	ISO 9001	1999	中国进出口商品质量认证中心
25	大连亿达日平机床有限公司	ISO 9001	1998	德国莱茵公司
26	沧州机床制造有限责任公司	ISO 9001	2000.09.27	北京新世纪质量体系认证中心
27	安阳机床集团有限责任公司	ISO 9001	2001.03.08	中国机械工业质量体系认证中心
28	济南一机床集团有限公司	ISO 9001	1993.06	DNV 挪威船级社
29	德州德隆(集团)机床有限责任公司	ISO 9001	2000.01.05	中国质量管理协会质量保证中心
30	山东临沂金星机床有限公司	ISO 9001	1999.01	中国进出口商品质量认证中心
31	山东鲁南机床有限责任公司	ISO 9001	2000.03	中国进出口商品质量认证中心
32	南京数控机床有限公司	ISO 9001	1998.12.25	中国机械工业质量体系认证中心
33	南京第二机床厂	ISO 9001	1997.12	中国商检质量认证中心
34	南京人民机械厂	ISO 9001	1998.10.07	中国机械工业质量体系认证中心
35	江苏多棱数控机床股份有限公司	ISO 9001	1996(2001 换证)	中国机械工业质量体系认证中心
36	无锡机床股份有限公司	ISO 9001	1995.12 （1998.09 换证）	中国质量管理协会质量保证中心
37	南通机床股份有限公司	ISO 9001	1995.12	中国进出口商品质量认证中心
38	盐城市机床厂	ISO 9001	1996.02	中国商检质量认证中心
39	杭州机床集团有限公司	ISO 9001	1997.07(2000.07 换证)	中国商检质量认证中心
40	杭州西湖台钻有限公司	ISO 9002	1996.10.10	中国商检浙江评审中心
		ISO 9001：2000	2002.10	中国商检浙江评审中心
41	浙江凯达机床集团有限公司	ISO 9001	1997.06.03	浙江质量体系审核中心
42	绍兴通力机床有限责任公司	ISO 9002	2000.07.12	中国进出口商品质量认证中心
43	兰溪联强机床制造有限公司	ISO 9001	2000.01	万泰认证中心
44	黄山皖机集团有限公司	ISO 9001	1998.11	中国进出口商品质量认证中心
45	安徽池州家用机床股份有限公司	ISO 9001	2001.05	中国进出口商品质量认证中心
46	安徽省黄山机床厂	ISO 9001	2000.12.13	中国进出口商品质量认证中心
47	武汉武重机床有限责任公司	ISO 9001	1997.12.04(2000 换证)	中国进出口商品质量认证中心 中国方圆标志认证委员会
48	汉口机床厂	ISO 9001	1999.06.08	8.1 质量体系认证中心
49	东风汽车公司设备制造厂	ISO 9001：2000	2001.12	北京九仟标准质量体系认证中心
50	陕西汉江机床有限公司	ISO 9002	2000.01.25	中国进出口商品质量认证中心
51	汉川机床有限责任公司	ISO 9001	1996.12(2001 复审)	中国进出口商品质量认证中心
52	秦川机床集团有限公司	ISO 9001	1997.12	中国商检质量认证中心
53	咸阳机床厂	ISO 9001	2001.02	中国进出口商品质量认证中心
54	宝鸡机床厂	ISO 9001	1999.09	中国进出口商品质量认证中心
		ISO 9001：2000	2002.10	中国进出口商品质量认证中心
55	长城机床厂	ISO 9001	1999.03	华信技术检验有限公司
56	宁夏回族自治区大河机床厂	ISO 9001	1999.12.13	华信技术检验有限公司
57	天水星火机床厂	ISO 9001	2000.02.14	中国进出口商品质量认证中心
58	青海重型机床有限责任公司	ISO 9001	1999.12	华信技术检验有限公司
59	新疆第三机床厂	ISO 9002	1998.06.24	北京九仟标准质量体系认证中心
60	宁江机床集团股份有限公司	ISO 9001	1999.09.23	中国进出口商品质量认证中心
		ISO 9001：2000	2002	中国进出口商品质量认证中心
61	云南 CY 集团有限公司	ISO 9001	1997.07(2000 换证)	中国进出口商品质量认证中心
62	交大昆机科技股份有限公司	ISO 9001：2000	2002.08.16	中国进出口商品质量认证中心
63	自贡长征机床有限责任公司	ISO 9001	1996.11(1999.11 换证)	中国进出口商品质量认证中心
64	险峰机床厂	ISO 9001	1996.01.16(1999 换证)	中国机械工业质量体系认证中心
		ISO 9001：2000	2002.11	中国机械工业质量体系认证中心
65	桂林机床股份有限公司	ISO 9001	1996(2001 换证)	西南评审中心
66	桂林第二机床厂	ISO 9001	2002.01.20	中国进出口商品质量认证中心
67	江西机床制造有限公司	ISO 9001：2000	2001.11.06	中国进出口商品质量认证中心
68	北京阿奇夏米尔工业电子有限公司	ISO 9001	1996.11.18	华信技术检验有限公司

(续)

序号	企业名称	认证标准	认证时间	认证机构
69	上海第八机床厂	ISO 9001	1997.12	中国商检质量认证中心
70	苏州沙迪克三光机电有限公司	ISO 9001	1997.11	华信技术检验有限公司
71	苏州长风有限责任公司机床分厂	ISO 9001	1997.12.03	华信技术检验有限公司
72	杭州无线电专用设备厂	ISO 9001	1998.02	中国商检浙江评审中心
	锻压机械行业			
1	天津市天锻压力机有限公司	ISO 9001	1994(1999换证)	DNV挪威船级社
2	上海锻压机床厂	ISO 9001	1999.12.22	华信技术检验有限公司
3	上海第二锻压机床厂	ISO 9001	2000.12	中国进出口商品质量认证中心
4	上海冲剪机床厂	ISO 9001	2001.12.27	中国进出口商品质量认证中心
5	上海天田冲剪有限公司	ISO 9002	2000.11.28	中国进出口商品质量认证中心
6	齐齐哈尔二机床(集团)有限责任公司	ISO 9001	2001.06.09	中国进出口商品质量认证中心
7	济南第二机床集团有限公司	ISO 9001	2000.11	DNV挪威船级社
		ISO 9001：2000	2002	DNV挪威船级社
8	山东高密高锻机械有限公司	ISO 9002	2000.12	中国方圆认证委员会
9	泰安华鲁机械有限公司	ISO 9001	2001.12	中国进出口商品质量认证中心
10	江苏金方圆数控机床有限公司	ISO 9001	1997.12.10 (2000.12.10换证)	中国进出口商品质量认证中心
11	江苏亚威机床有限公司	ISO 9001	1999.04.20	中国进出口商品质量认证中心
12	江苏扬力锻压机床有限公司	ISO 9001	1999.01	中国进出口商品质量认证中心
13	江苏南浦机电集团股份有限公司	ISO 9002	1997.02	江苏评审中心
14	江苏省无锡振华机器厂	ISO 9002	2001.04	北京新世纪质量体系认证中心
15	徐州锻压机械有限责任公司	ISO 9001	1999.12.20	CQC安徽认证中心
16	南通市江海机床厂	ISO 9002	1997.12	中国商检质量认证中心
17	浙江锻压机械集团有限公司	ISO 9001	1999.01	中国进出口商品质量认证中心
18	合肥锻压机床有限公司	ISO 9001	1998	中国进出口商品质量认证中心
		ISO 9001：2000	2003	中国进出口商品质量认证中心
19	湖北三环锻压机床有限公司	ISO 9001	1998.10.27	华信技术检验有限公司
20	宜昌力帝实业集团有限公司	ISO 9001	1996.06(1999.05复审)	华信技术检验有限公司
21	西安锻压机床厂	ISO 9001	2000.12.30	中国进出口商品质量认证中心
22	天水锻压机床厂	ISO 9001	1997.12.15	中国船级社质量认证公司
23	广东锻压机床厂有限公司	ISO 9001	1998.04.10	华信技术检验有限公司
	铸造机械行业			
1	上海压铸机厂	ISO 9001	1999.12.28	法国国标质量认证有限公司
		ISO 9001：2000	2002.11	法国国标质量认证有限公司
2	青岛铸造机械集团公司	ISO 9001	2001.04.24	BM TRADA认证公司
		ISO 9001：2000	2001	BM TRADA认证公司
3	青岛新东机械有限公司	ISO 9001	1999.07.13	华信技术检验有限公司
4	诸城市新东铸造机械有限公司	ISO 9002	2000.01	赛宝认证中心
5	宁波东方压铸机床有限公司	ISO 9001	1998.12	中国进出口商品质量认证中心
	木工机床行业			
1	信阳木工机械股份有限公司	ISO 9001	2000.11.25	中国进出口商品质量认证中心
2	青岛木工机械制造总公司	ISO 9002	1998.03	中质协北京质保中心
3	浙江万利工具集团公司	ISO 9001	2001.08	浙江万泰认证中心
	量具、刃具行业			
1	北京量具刃具厂	ISO 9001	1999.12.27	北京新世纪质量体系认证中心
2	上海工具厂有限公司	ISO 9001	1996	上海质量体系审核中心
			1999.11.19	中国进出口商品质量认证中心
3	上海量具刃具厂	ISO 9001	2000.07.24	中国进出口商品质量认证中心
4	上海刃具厂有限公司	ISO 9002	1997.01.15	中国方圆标志认证委员会质量认证中心
5	上海国际精密工具有限公司	ISO 9001	1999.11.19	中国进出口商品质量认证中心
6	上海杨浦硬质合金工具厂	ISO 9001：2000	2002	英国国家质量保证有限公司
7	重庆工具厂	ISO 9001	1997(2000.12换证)	中国进出口商品质量认证中心
8	哈尔滨量具刃具厂	ISO 9001	1998.07.20	华信技术检验有限公司
9	哈尔滨第一工具有限公司	ISO 9001	1999	华信技术检验有限公司
		ISO 9001：2000	2003	华信技术检验有限公司
10	长春量具刃具有限公司	ISO 9001	1997	中国进出口商品质量认证中心

(续)

序号	企业名称	认证标准	认证时间	认证机构
		ISO 9001：2000	2001.07	中国进出口商品质量认证中心
11	四平市兴工刃具厂	ISO 9001	1998.02	中国进出口商品质量认证中心
12	山东工具总厂	ISO 9002	1997.12	中国商检质量认证中心
13	江苏飞达工具集团有限公司	ISO 9002	2001.08.20	中国进出口商品质量认证中心
14	靖江量具有限公司	ISO 9001	1998.08.04	北京国际标准认证中心
15	河南第一工具厂	ISO 9001	1996	中国机械工业质量体系认证中心
		ISO 9001：2000	2002	中国机械工业质量体系认证中心
16	太原工具厂	ISO 9002	1998.12.08	中国机械工业质量体系认证中心
17	汉中万目仪电有限责任公司	ISO 9001	1998.08(2001.08 换证)	中国进出口商品质量认证中心
18	汉江工具有限责任公司	ISO 9001	2000.12.19	中国进出口商品质量认证中心
19	关中工具厂	ISO 9001	2000.01.25	中国进出口商品质量认证中心
20	陕西渭河工模具总厂	ISO 9001	2000.10.09	中国进出口商品质量认证中心
21	成都工具研究所	ISO 9001	2000.07.26	中国进出口商品质量认证中心
22	成都成量集团公司	ISO 9002	2001	北京世标认证中心
23	贵州西南工具(集团)有限公司	ISO 9001	2000.09.20	中国进出口商品质量认证中心
24	贵阳工具厂	ISO 9002	1996	中国商检质量认证中心
		ISO 9001：2000	2002.09	中国商检质量认证中心
25	青海量具刃具有限责任公司	ISO 9001	1997.01	中国进出口商品质量认证中心
26	桂林量具刃具厂	ISO 9001	1998.11 2000.11	西南评审中心
		ISO 9001：2000	2002	西南评审中心
27	桂林广陆数字测控股份有限公司	ISO 9002	1998.11	中国进出口商品质量认证中心
		ISO 9001：2000	2002	中国进出口商品质量认证中心
28	青岛前哨朗普测量技术有限公司	ISO 9001	1994	航空质量认证中心
	磨料磨具行业			
1	北京东新研磨工业有限公司	ISO 9002	1998.03.04	中国方圆标志认证委员会质量认证中心
2	上海砂轮厂	ISO 9001	1999.06.30	中国进出口商品质量认证中心
3	牡丹江市磨料磨具工业公司	ISO 9002	1998.04.20	中国进出口商品质量认证中心
4	长春银龙纺织集团有限公司	ISO 9002	1997.09.26	中国进出口商品质量认证中心
5	中国四砂磨料磨具股份有限公司	ISO 9001	1996.12.05	华信技术检验有限公司
6	济南砂布厂	ISO 9002	1998.04	中国进出口商品质量认证中心
		ISO 9001：2000	2001.04.30	中国进出口商品质量认证中心
7	胜利油田金刚石研究开发公司	ISO 9001	1999.07.01	中国船级社质量认证公司
8	苏州远东砂轮有限公司	ISO 9001	1998.04	DNV 挪威船级社
9	苏北砂轮厂	ISO 9002	1999.11.09	华信技术检验有限公司
10	苏州市华东磨料磨具厂	ISO 9002	2001.05.31	华信技术检验有限公司
11	泰州市山河砂轮厂	ISO 9002	2000.03	兴原质量认证中心
12	石家庄博深工具有限公司	ISO 9002	2001.03.14	德国汉得公司
13	郑州新亚复合超硬材料有限公司	ISO 9002	1998.06	英国摩迪(MOODY)公司
14	郑州市磨料磨具厂	ISO 9002	2001.01.21	中国进出口商品质量认证中心
15	郑州玉发磨料(集团)有限公司	ISO 9001：2000	2002	
16	白鸽(集团)股份有限公司	ISO 9001	1996.12.31 (1999.12 换证)	华信技术检验有限公司
17	河南中南工业有限责任公司	ISO 9002	2000.12.28	中国新时代质量体系认证中心
18	河南黄河实业集团股份有限公司	ISO 9001：2000	2002	北京三星认证中心
19	湖北玉立砂带股份有限公司	ISO 9001：2000	2002	摩迪国际认证有限公司(中国)
20	三一集团材料工业有限公司	ISO 9002	1996.02(1999.06 换证)	浙江质量体系审核中心
21	成都磨料磨具工业总公司	ISO 9002	1998.09.23	挪威船级社(DNV)
22	自贡硬质合金有限责任公司	ISO 9002	1996.12	四川三峡质保中心
23	甘肃永登树屏碳化硅厂	ISO 9002	2000	
24	第六砂轮厂	ISO 9002	2000.12.29	中国进出口商品质量认证中心
25	贵州中国第七砂轮股份有限公司	ISO 9002	1995.12 (1999.05 换证)	中国商检质量认证中心
26	佛山市珠江砂轮有限公司	ISO 9002	1998.01.23	CCIB RWTUV
27	深圳市兆丰达复合片开发有限公司	ISO 9002	1998.09.17	SGS 公司

(续)

序号	企业名称	认证标准	认证时间	认证机构
28	顺德市勒流镇裕涌磨具制造厂	ISO 9002	2000.08.14	赛宝质量体系认证中心
	机床附件、卡具行业			
1	上海机床附件一厂	ISO 9001	2000.12.16	中国进出口商品质量认证中心
2	上海机床齿轮厂	ISO 9001	1997.10(2000.11换证)	上海市质量认证中心
3	呼和浩特众环集团公司	ISO 9001	1999.12	内蒙评审中心
4	烟台环球机床附件集团有限公司	ISO 9001	2000.11.09	荷兰 DNV
5	山东宇光机械总公司	ISO 9002	1997.01.29	中方委质量认证中心
6	山东机床附件总厂	ISO 9002	1997.02	中国商检质量认证中心
7	山东威达机床工具集团总公司	ISO 9001	1996.12.05	中国方圆认证委员会
8	山东济宁博特精密丝杠制造有限公司	ISO 9001:2000	2002.10.21	北京恩格威认证中心
9	青岛飞燕精密钢球制造有限公司	ISO 9002	1997	华信技术检验有限公司
10	南京工艺装备制造厂	ISO 9002	2000.10.13	江苏质量保证中心
11	江苏省无锡建华机床厂	ISO 9002	2000.12.26	江苏质量保证中心
12	江苏海安机械厂	ISO 9001:2000	2002	
13	汉江机床公司滚珠丝杠厂	ISO 9002	2000.01.05	中国质量管理协会质量保证中心
14	汉江机床厂昆山分厂	ISO 9002	2000.03	中国进出口商品质量认证中心
	机床电器行业			
1	北京机床电器厂(北京机床电器有限公司)	ISO 9001	1998.09(2001.12.04换证)	华信技术检验有限公司
2	天津市机床电器总厂	ISO 9001	1998.12.08	DNV
3	上海第二机床电器厂	ISO 9001	2000.12	华信技术检验有限公司
4	上海第三机床电器厂	ISO 9001	2001.01.17	华信技术检验有限公司
5	上海机床电器厂有限公司	ISO 9001	1999.07	华信技术检验有限公司
6	无锡市明达电器有限公司	ISO 9001	1997.09	北京中质质量保证中心
7	无锡市第二机床电器厂	ISO 9002	1999.01.16	中国船级社质量认证公司
		ISO 9001:2000	2002.04.01	中国船级社质量认证公司
8	浙江耀华集团有限公司	ISO 9001	1996.12.05	华信技术检验有限公司
9	正泰集团公司	ISO 9001	1994.03 (1998.04复审)	华信技术检验有限公司
10	天水二一三机床电器厂	ISO 9001	1998.11.16	中国船级社质量认证公司
11	桂林机床电器厂	ISO 9001	1996.01	中国商检质量认证中心
12	佛山市富达电力设备实业公司	ISO 9001	1997.11.28	华信技术检验有限公司
13	北京航天数控系统集团公司	ISO 9001	1998.07	华信技术检验有限公司
14	武汉华中数控系统有限公司	ISO 9001	2000.01	中国进出口商品质量认证中心
15	南京新方达数控有限公司	ISO 9002	2001.01.18	上海质量体系审核中心
16	兰州电机有限责任公司	ISO 9001	1994.12	中国船级社质量认证公司
17	中科院长春光机所数显工程中心	ISO 9001	1997.08.11	中国新时代质量体系认证中心

〔供稿人:中国机床工具工业协会郭再凤〕

中国机械工业年鉴系列

中国机床工具工业年鉴

China Machine Tool & Tool Industry Yearbook

2003

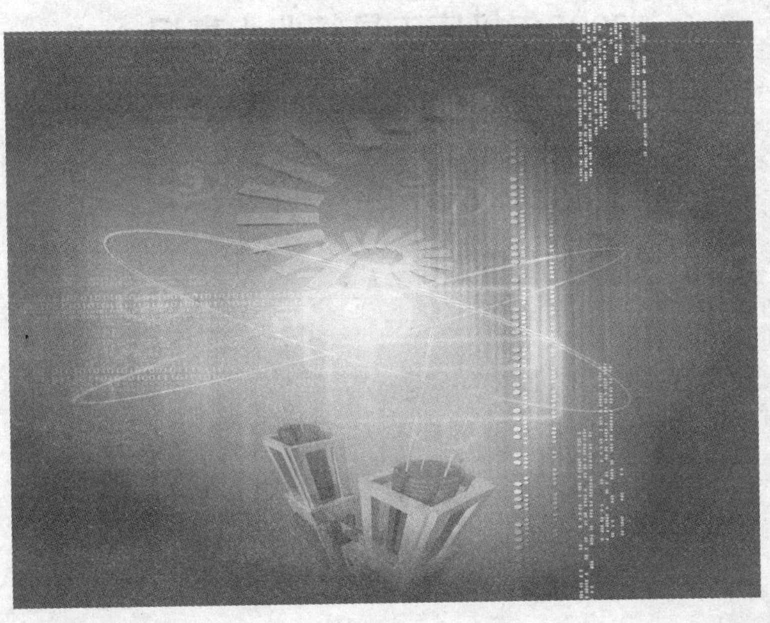

第Ⅵ部分

大事记

大事记

2002年机床工具行业大事记

2002年机床工具行业大事记

1月

4日 国家公布了《2002年进口税则、税目、税率表》,这是我国加入WTO后首次对进口税率进行大调整。我国进口税率由1996年的36%降到2002年1月1日起的9.6%。机床类产品106种,调整前平均税率为14.45%,调整后平均税率为10.14%,平均降幅29.83%,其中20种税率不变(大部分为数控机床,仍保持税率9.7%),其余86种均有降低。

20日 杭州机床厂和杭州无线电专用设备一厂组建杭州机床集团公司,由员工出资全部买下国有资产,退出国有企业行列。

3月

29日 以西安交通大学产业(集团)公司为第一大股东、云南省人民政府为第二大股东的交大昆机科技股份有限公司正式挂牌,交大昆机科技股份有限公司的前身是建厂60多年、中国大型精密机床生产制造基地昆明机床厂。

4月

1日 中捷友谊厂更名为中捷机床有限公司。公司设立董事长、总经理,由沈阳机床(集团)股份有限公司下属的二级法人变为一级法人单位。

16日 中国和西班牙两国政府间合作项目“天津中—西机床技术培训中心”在天津正式奠基。西班牙政府为该项目提供约1 000万美元的赠款,这是西班牙政府迄今对外赠款最大的项目,中国为此提供约1 500万元人民币及其他各项支持。

18日 债转股后新组建的济南一机床集团有限公司举行揭牌仪式,新公司转股总额5.17亿元,由中国华融资产管理公司、中国东方资产管理公司和济南市机械电子资产经营有限公司共同组成,新公司总资产13.75亿元,总股本5.61亿元,债转股后,企业资产负债率下降至59.02%。

5月

20日 大连机床集团有限公司正式收购美国英格索尔公司下属的专用机床厂,大连机床集团将利用专用机床厂的先进的机床制造技术、海外市场营销优势,进一步提升集团的产品水平和市场竞争力。

22日 宁江机床集团股份有限公司与日本西铁城时计株式会社,就数控纵切车床项目签署合作协议,合作双方都是生产数控纵切车床的企业。

25日 北京北一数控机床有限责任公司与日本大隈株式会社合资成立北一大隈(北京)机床有限责任公司。北一数控机床有限责任公司是北京第一机床厂控股的子公司。北一大隈(北京)机床有限责任公司将生产当今世界上比较先进的中高档水平的多品种的加工中心;总投资3 000万元,形成年产数控机床1 000台能力,年销售收入将达到8亿元。

月内 湖北玉立砂带股份有限公司投资1 000万元的中国玉立砂带(越南)公司竣工投产,产品全面走向越南市场,向东南亚市场挺进。

7月

26日 沈阳菲迪亚数控有限公司成立,公司注册资本为1 500万元,由意大利菲迪亚控股60%,并出任总经理;将以生产中、高档数控系统为主。

8月

月内 上海砂轮厂与世界500强之一的美国3M公司实现合资,合资企业全称为3M上海研磨产品制造有限公司,双方总投资2 500万美元。

9月

6日 中国机床工具工业协会在美国芝加哥成功召开第八届中国国际机床展览会(CIMT2003)的新闻发布会。到会的有媒体记者、各国协会领导和有关企业代表。美国机床协会(AMT)副主席乔治·拉斯克先生在新闻发布会上发表了非常友好的讲话。中国机床工具工业协会总干事长在发言中,重点介绍了中国的经济发展情况和CIMT2003举办的社会背景。

19日 中国主要生产复杂刀具的9个企业签署合作协议(哈尔滨第一工具厂、上海工具厂、汉江工具有限责任公司、重庆工具厂、太原工具厂、贵阳工具厂、北京工具厂、青海工具厂和韶关工具厂),建立中国复杂刀具企业协作会。主要合作内容有:建立成员企业产品价格协调机制,协调价格行为;共同促进应收账款的回收;建立需求物资采购机制;加强库存产品的调剂、协助清理债务问题;建立打假联盟;加强成员厂对出口产品的统一营销战略。

23日 青岛前哨朗普测量技术有限公司在其新厂址举行开业典礼,青岛市有关领导、用户代表、BROWN & SHARPE集团总裁等出席了开业典礼。

30日 浙江民营企业横店集团并购太原双塔刚玉股份有限公司国有法人股。浙江民营企业横店集团拥有86

亿元总资产，其主导产品之一永磁材料的生产规模居世界首位，横店集团争取在5年之内将永磁材料做到年产10 000t，销售收入达20亿元。

10月

18日 北一大隈（北京）机床有限公司在北京顺义区林河工业区举行奠基仪式。北京市委书记贾庆林、市长刘淇等市领导出席了奠基仪式。总投资额约在3.3亿元。

28日 由上海压铸机厂与日本普莱克斯自动设备株式会社合资设立的上海普莱克斯自动设备制造有限公司正式开业。上海普莱克斯自动设备制造有限公司注册资金70万美元，中方占40%，日方占60%，合作期限15年。在近5年内，生产各种自动化装置2 000台（套），其产品将有50%～60%返销国外。

著名跨国公司吉特迈集团是拥有世界先进技术的机床生产厂家，其下属德国DMG公司在上海松江区建立独资企业，这是吉特迈集团在欧洲以外设立的第1个生产企业，生产最新的立式加工中心和数控车床，年产500台。

2002年中捷机床有限公司与江苏多棱数控机床股份有限公司同时接受国家科技部科技攻关计划项目——大型数控铣镗床（加工中心）及其关键技术的研究，并分别在年内完成了TK6913A落地式数控铣镗床和TK68125A落地式数控铣镗床的研制工作和关键技术的研究与应用。江苏多棱数控机床股份有限公司还完成了国家“863”计划XH2725/5X—10桥式五轴联动加工中心的研制。

月内 国家经贸委根据“十五”工业及行业规划明确的产业发展方向，发布《近期工业行业发展导向》，就机械、汽车等行业的近期发展趋势提出了方向性指导。近期工业行业发展必须坚持以下基本原则：市场导向原则、突出重点原则、技术进步原则、协调发展原则和坚持可持续发展原则。在《近期工业行业发展导向》的基础机械部分中特别强调，要努力提高数控机床产品市场竞争力。重点发展普及型数控机床，以普及型数控机床急需的、具有自主知识产权的开放式数控系统为突破口，建立并完善我国开放式数控系统平台及技术规范，为企业网络化、数控机床连线进网创造条件。进一步研究并联加工技术、集成技术，建设具有批量规模的数控系统产业化基地，同时重点支持关键配套功能部件的发展，提高高速主轴、刀库机械手、数控刀架、动力卡盘、高速滚珠丝杠、高速防护装置、数控刀具、数控系统及伺服系统等关键配套功能部件的性能和质量。

湖北玉立砂带股份有限公司投资3 000万元引进全套欧洲高档砂带生产线及工艺技术，并已竣工投产。

〔供稿人：中国机床工具工业协会王惠方〕

中国机械工业年鉴系列

中国机床工具工业年鉴

China Machine Tool & Tool Industry Yearbook

2003

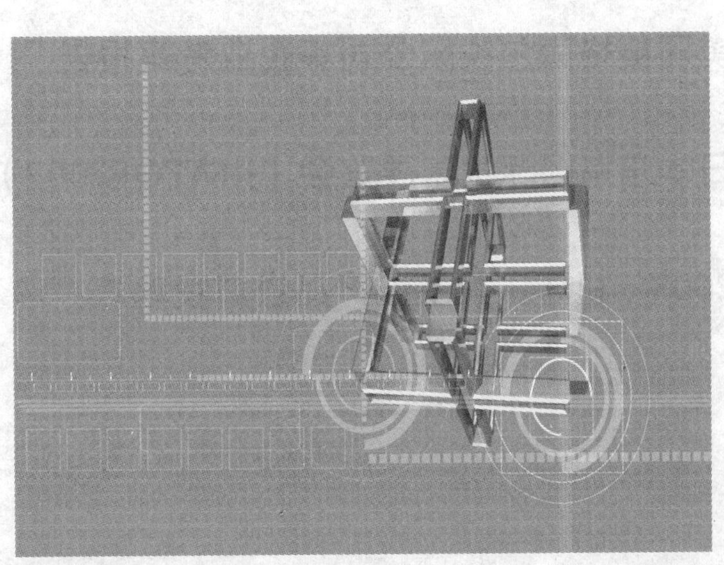

第Ⅶ部分

附录

附录

美国芝加哥国际制造技术展(IMTS2002)展品技术综述

美国芝加哥国际制造技术展览会(IMTS2002)于2002年9月4～11日在芝加哥 Mc Cormick place 成功举办。本届展会有来自40个国家和地区的展商参加,展出面积约13万 m^2,按展品不同划分为"金属切削"、"控制和 CAD/CAM"、"电加工(EDM)"、"齿轮加工"、"金属成形和激光加工"、"磨削/锯/精加工"、"机床部件/清洁/环保"、"质量保证"、"工具和刀具夹持系"等9个展区。其中"金属切削"展区最大,有230多家展商参展,占了A馆和C馆,展出面积55 742m^2,展出各类加工中心、数控车床和车削中心、生产线、铣床、钻床、拉床、传输机、坐标镗铣床、柔性制造系统等等;"控制和 CAD/CAM"展区有70个展商展出 CIM/CAD/CAM系统、CNC控制器、自动管理系统、通信系统、各种局域网、各种加工软件和集成服务系统;有50个展商参加了"电加工(EDM)"展区,展出CNC线切割机,电火花成形机、滑枕式EDM等产品和工艺;在"齿轮加工"展区,有25个厂商展出各种滚齿、插齿、剃齿、磨齿和齿轮测量设备;在"机床部件/清洁/环保"展区有140多个展出各种机床部件,环保和安全防护装置、机器人和AGV小车等等;"金属成形和激光加工"展区有161个厂商展出各种压力机、激光加工系统、水射流加工系统、弯管机、焊接机器人等;在"磨削/锯/精加工"展区有150个展商展出各种磨床、锯床、珩磨和研抛设备;"质量保证"展区有约100个展商,展品有精密测量机、激光测量机、坐标测量机、刀具状态监测设备、测量和计量软件、量规量具等;"工具和刀具夹持系"展区,展出各种工具,展出面积16 258m^2,300多个展商展出冷却液、切削液、涂层刀具、陶瓷和复合刀具、卡盘、夹具系统、铣刀、端铣刀、数控工作台、托盘、刀库、刀具夹持系统等等。这种把功能相同或相近的展品放一个展区展出,非常方便于参观、比较和选购,展出效果较好。

此次展会的展品水平和上届展会相比,有了明显的进步。总体看,机床的面貌变化不大,突破性技术也不多,一般还是已有技术的充实和发展,但可以非常清楚地凸现出当今世界机床技术的水平和发展趋势。

高速、高精、高效、智能、复合和环保等方面仍是机床技术发展的方向和制造商追求的目标,这几个方面在此次展会的展品上都有充分的体现。

一、提高生产率是制造者永无止境的追求目标。

1. 提高机床的主轴转速和切削进给速度是普遍采取的措施

这次展品中出现了大量高速加工机床。加工中心类机床的主轴转速一般都在10 000r/min以上。由于高速电主轴应用增多,主轴转速也进一步提高,有的已高达40 000～60 000r/min,快移速度也因普遍采用直线电动机而提高到100m/min以上,很多机床的直线运动加速度达到1～2g,少数可达3g以上。如:MAZAK公司的F^3－660L,直线电动机驱动,快移速度208m/min,加速度3.2g;DMG公司的DMF系列机床,快速移动208m/min,加速度3.2g。又例如Mitsui Seiki公司展出的HU50－5AX型高精度5轴高速加工中心,带一个倾斜转台,所有坐标的直线运动定位精度0.003mm,B轴、C轴的回转精度0.001°,主轴转速15 000r/min(50号锥度)至20 000r/min(40号锥主轴),主要用途是取消了铸造而直接由实体坯料加工出形状复杂的箱体件。

又如YAMAZEN公司展出的新型TC－S2A型高速精密加工中心,主轴转速16 000r/min,能经济而精密地钻孔,攻丝和铣削,用快速凸轮式换刀机构,配专用的由Brother设计的控制器,可通用编程。

Mikron Bostomatic公司展出的400U高速加工中心,可进行高速五轴联动加工。液体冷却的主轴电动机由陶瓷轴承支承,转速高达30 000r/min、42 000r/min或60 000r/min,并有整体式托盘架和托盘交换装置。

Grob公司展出的BZ500L型卧式加工中心,X、Y、Z行程均为630mm,由直线电动机驱动,移动速度120m/min,主轴转速18 000r/min,用HSK－63A短锥接合器,可配41或61把刀的刀库,托盘尺寸500mm×500mm。

Okuma美国公司展出的30H柔性卧式加工中心为固定工作台结构,快速移动的加速度为1.5g,30号锥的主轴功率为5.9kW,主轴转速40～13 000r/min,标准的ATC为24把刀,换刀时间(切屑—切屑)小于3s,机床的托盘尺寸320mm×320mm,机床具有很高的生产率。

总之,机床运动速度的提高可减少生产循环时间,为实现高生产率提供了设备条件。

2. 机床的功率普遍有提高,机床大件的强度和刚度也相应增加,以满足大功率切削的要求

Cincinnati的FTV系列是具有固定工作台和动立柱的立式加工中心,如F840－3700等,主轴功率40kW,各坐标的快速移动40m/min,加减速度为0.4～0.6g,立柱横向移动,允许在加工循环中上、下工件,以减少上、下料时间,最大限度地利用好主轴的加工时间。立柱是紧凑的高强度结构,立柱上安装了横溜板和主轴箱,具有很高的强度和重量比。

OKK公司的卧式加工中心HM850具有800mm的托盘,快速移动75m/min,换刀时间2s;在主轴转速13 000r/min,进给速度为20m/min时能进行30kW的大功率切削;T形床身结构,刚度、稳定性和精度都很高,经冷却的滚珠丝杠增加了机床的热稳定性,有助于机床保持很高的定位精

度和重复定位精度。

又如日立精机(美国)公司展出的可以高效率加工大型零件的HS400卧式加工中心,工作台承重396kg,在工作台范围内,定位精度和重复定位精度可达微米级。立柱为高刚度箱体结构,床身为高刚度三点支承的床身,适合重切削;高速内装式主轴减少了振动,适合光滑表面的精加工和更好的起动停止控制。有主轴环境温度冷却装置作为标准件配置。带有一个大容量的主轴冷却润滑装置,主轴头为油气润滑。

美国Kitamura Machinery公司展出的高速加工中心Mycenter－HX500i,工作台500mm×500mm,X、Y坐标用工作台移动实现,用动立柱方案减少工件与主轴的干涉。可实现4轴全行程联动,交流主轴电动机功率26kW,驱动一个先进的双速传动装置,主轴最高转速13 000r/min,热稳定的主轴由双角度接触轴承支承,双接触主轴系统提供主轴锥面与法兰面的双重接触,以维持大的拉伸载荷和滚柱轴承的精度,标准的主轴冷却器保证了主轴箱内温度恒定,以获得最好的精度。所以,提高机床刚度和主轴功率,是实现大功率切削,提高加工效率的基础。

3. 尽量减少无用的辅助时间,增加主轴的切削加工时间

许多公司都在机床上采取措施减少机床安装调试和工件安装时间,这些措施在机床展品上都有充分的体现。例如,美国丰田工机公司在FA550卧式加工中心上配备了新的OP刀具管理系统,能准确选定加工零件所需的子程序和相应的刀具,并且能根据刀具重量自动调节换刀时间等;Master机床公司展示的PMC生产管理控制系统,能监控机床变化,既可以远程维修服务,还有网站接口进行通信等,提高了机床的可靠性。展品中带自动上、下料的多主轴数控机床很多,都可以进行复合加工,减少工件安装时间。如TAKISAWA公司展出2台双主轴4个转塔刀架的NC车床,加工效率非常高。Heller公司的MCT双主轴加工中心的每个主轴都有B轴功能,能在两个不同工件的4个侧面上同时进行加工,有两个换刀装置以节省时间。X轴装在立柱上,Y轴是一个垂直滑块,在滑块上还装有独立的臂式Z轴,这种结构使机床能集成到一个柔性系统的传输装置中作为单独的机床工作。

意大利FPT Industrie SPA公司的Dino高速立式加工中心,中等规格,可三轴或五轴运动,铣头和可换的电主轴有限宽的选择性,电主机可以从10 000r/min、30kW至34 000r/min、17kW范围内选用;且机床占地面积小,工作台离地面只有650mm,上、下工件非常方便,自动化功能可进行无人化加工。

Hydromat公司展出一种AT带回转式传输装置的机床,这是一种模块化的开放式的加工系统,用来加工中、大批量不规则铸件或锻件毛坯。它有8～10个工位,AT是CNC控制的伺服驱动托盘机构,能把托盘从一个工位转移到另一个工位;托盘带着成品工件可以直接送到坐标测量机或计量站测量,以鉴定和分析机床的加工状况,托盘或工件的上、下由传送带、机器人或抓取装置自动进行,节省了很多工件运送时间。

Turmatic Systems公司展出Tri Flex柔性制造单元是用于加工中小尺寸工件的,具有很好的柔性,可加工不同材料,不同结构的各种工件。CNC控制的旋转式传输器使之能在4个工位中的每个工位上一次装卡进行五面加工。其基本结构是把多达7台CNC加工中心集成为一个紧凑的柔性制造单元。有56把独立的刀具,分离的上、下料工位使之能在加工期间上、下工件。液压夹紧的Hirth联接环配备了获得专利的悬挂式分度凸轮,可4×90°分度定位,装在工作台周围的4个工件夹持装置固定在分度凸轮的切线方向。这样,一次夹紧就能进行五面加工。

美国HAAS公司为其新的SL－20型数控车床配备了自动上、下工件装置(APL)。APL的夹爪能两侧转动,一个行程就能给主轴上、下工件。APL的工作直接由机床的NC控制系统编程控制,减少了零件搬运时间,促进生产率提高。

Hardinge公司展示了用多轴进行多功能加工的车床,安装容易,循环快,且刀库有大量刀具可供使用。这样在小批量生产时,没有很多转换工件的时间。

Precision Industries公司的多主轴卧式加工中心有二个或四个主轴,可以同时加工多个零件,所以生产率是单主轴机床的2倍或4倍。机床装有工件自动交换系统,高速主轴的功率范围为16～42kW,可选用FANUC或Siemens CNC系统。

Liberty Precision Industries公司BA系列多轴卧式加工中心也是一种二轴或四轴机床,可同时进行多个零件的加工,生产率是单主轴机床的2倍或4倍,机床配有工件自动交换系统。

Titan Masini Grele S. A. 公司展出了一台17个轴的复合机床,是一台龙门铣、立式镗铣床和卧式加工中心的组合,多达17个坐标,这台机床的任何五个坐标都可以联动。龙门铣加工的最大工件尺寸为17m×4m×5m,工件最大重240t,立式镗铣的工作台5m,工件最大直径5m,最大重量136t,卧式镗铣加工的工件尺寸17m×4m×4m,最大镗孔深度为2.3m。MAZAK E650H机床组合了高速\高精车、铣功能,可以在一次安装中实现复杂零件的全部加工。主要主轴的转速13 000r/min;Mori Seiki的MT1500SZ多轴车削中心,可以对零件的前、后、侧面进行全部加工,范围很广。标准主轴转速12 000r/min,标准刀库20把刀,自动换刀时间1.3s,机床装了副主轴和下转塔刀架。

Cincinnati公司V5－2000是一种理想的入门机,由于在多面加工或轮廓加工中减少了零件的安装,运输和编程时间,零件的加工时间可以减少70%左右,用一台机床就可以对零件的平面、曲面、角度、圆或螺旋面进行粗铣和精铣加工。双倾斜主轴在A轴和B轴有±40°的扫描;滚珠丝杠驱动,两个轴端有很高的动态刚度,63A,HSK刀夹的主轴功率为26kW时,转速为15 000r/min;CTA40,转速为10 000r/min的主轴是任选的;快速移动24m/min,进给速度15m/min,由一台带32bit的微处理机的西门子840D系

统进行连续轨迹控制。另一台 Cincinnati TC－200M 数控车削中心，用数字式伺服驱动；X 轴上有数字直线尺和动力回转刀架，加工回转体零件的效率很高，重复精度达 1μm。这台机床用不要维护的直线导轨，减少了精密定位时的爬行现象，伺服驱动 12 个刀位的转塔刀架。

Ingersol 公司的复合加工机床 Multi Tec 加工系统是把车削、铣削、磨削组合在一台机床上，工件不用多次安装，既提高了零件加工精度，又减少了非切削时间，结果零件的全部加工成本降低了 80％左右，等等。

由此可以清楚地看出，增加主轴数量和刀架数量，具备复合加工功能，实现同时加工或顺序加工是提高加工效率的有效方法。

4. 刀具技术有了长足的进步

展出了各种超硬、耐热、耐磨的镀层刀具和整体硬质合金刀具。例如：SANDVIK 的 Coro Mill590 高速分瓣面铣刀是首次应用固定套且刀片可进行轴向微调的高精度铣刀，400mm 直径刀具铣削汽车、宇航及一般工业部门的铝或非金属件，转速可达 40 000r/min，生产率提高 1 倍。又如用复合技术粘结的整体硬质合金端铣刀 GC1610，可用来精加工淬硬钢模具，而不必再进行电加工或抛光工序，它比一般硬质合金铣刀寿命长 5 倍，生产率提高 30％～50％。为了提高生产率，还出现了长切削刃刀具和异形刀具，宇航工业用的耐热合金钢等难加工材料一次就可以加工出很深的槽，如 Sandvic 公司的 Coromill300 环形刀片端铣刀，加工宇航、模具或透平叶片时，可加工 10∶1 的深槽，进给率比普通铣刀快 10 倍，是铣削从软铝材料到淬硬钢的理想的高速加工的刀具。Coromill390 长刃铣刀，也可加工材料从铝到淬硬钢的各种零件。美国 Kennemetal 公司也展示了各种刀具。

工欲善其事，必先利其器，刀具就象机床的牙齿。由于有了这些高性能刀具的出现，使生产的快速提高有了保证。

5. 机床状态监控系统应用增多，智能化程度提高，机床工作更加可靠

例如，Cincinnati 公司展出的 FREEDOME　LOG 电子逻辑可靠性评估系统，通过 PC 操作，收集机床工作状态的各种数据。使机床的工作状态在屏幕上一览无余地显示出来，保证了机床的可靠性。日立精机（美国）公司，这次展出 9 台机床，所有机床的功能都与一个中心站链接，并由中心站监控。系统的连通性比一般的好，可以用图形表示程序在机床间是如何传递的。系统产生 E－mail 信息给予报警，甚至可以标明特定的操作员。在这个预警系统中，操作员可以预先知道即将发生的故障等问题。远程诊断和远程服务，由于数控系统的完善和配备了网络接口已不成问题了。世界著名的控制系统生产厂 FANUC 和 Siemens 等公司均推出了高性能的具备一定智能特性的数控系统。FANUC 公司展出的一台带视觉系统的工业机器人，能从杂乱无序的零件堆中，迅速正确地抓取零件，充分显示了其智能化产品的发展水平。

二、环保和安全生产是机床产品必须达到的要求

所有机床几乎都有防护罩密封。磨床都装有油雾收集和过滤系统。冲压机床和激光加工机床都有安全防护装置，如 Trumpf 公司的名为 Bend Guard 的激光防护系统，操作者搬运工件时，万一不慎，手臂挡住某一束光时，系统会立即停止，从而保证了操作的安全。

三、机床的精度有了进一步提高

如 Makino 公司展出 V56 型加工模具的立式加工中心、加工的模具不用再抛光。机床具有很高的刚性，主轴是一种具有内冷却专利的主轴和座圈下润滑系统，防止了主轴的热变形，减少了高速运动时的振动，不仅延长了刀具寿命，还提高了加工表面的光洁度。

又如 Parpas（美国）公司展出的 HS 系列铣床，是一种精度很高的非常稳定的高速五轴加工中心平台，伺服性能适合驱动不同的运动质量。相对的两个主轴铣头，一个为普通驱动，6 000r/min、15kW，用于低端大扭矩粗加工，另一个由电主轴驱动，30 000r/min、7.5kW，用于高速铣削。SNK 美国公司展出的 RB－NM 系列机床为刚性双立柱结构，精度和稳定性很好，在高切削进给速度的情况下，能得到很高的加工光洁度，适合加工模具或其他要求超精加工的场合。整个展会上，精度最高的机床是美国 Moore 公司的 220UPL 超精车，激光标尺反馈系统的分辨率为 0.034nm，床身为天然花岗石，静压油滑动导轨，刚度达 350N/μm，主轴为空气轴承支承，带油气润滑，液压冷却，直线电动机驱动快速行程，改善了表面加工质量，且维护最少，加工的形状精度达到亚微米级。MAZAK 公司展出的 F^3－660L 卧式加工中心，其重复定位精度为 1.5μm；瑞士 Mikron 公司展出的 HSM800 立式加工中心。三个坐标的定位精度±1.5μm，重复定位精度±1μm。

与主机相配套的附件精度也有相应提高。如 Stanleg Sheppard 公司的 Mega 超精卡盘是为加工中心配套进行微米级镜面精加工的，保证了高速加工时的定心精度。这种卡盘进了动态平衡，转速可达 40 000r/min。

四、并联轴结构的应用更加多样化

DS Technology 公司，德国 Starrag－Hecker 公司展出了并联轴结构的卧式加工中心，Okuma 公司展出了并联轴结构的立式加工中心。Lamb Technicon 公司展出一台混合型并联轴结构的高速卧式加工中心，Y 轴在球铰中转动，与 X、Z 线性坐标相组合，适于高速加工铝、镁件或其他非金属件，主轴转速 24 000r/min，滚珠丝杆驱动。这种结构大大减少了移动立柱的质量，可以高速定位。加速度 2.8g，快速移动 80m/min，其速度和精度均可以与直线电动机驱动的机床相媲美。美国 MCM 公司展出一台并联轴结构的概念机（600L），快速移动 120m/min，加速度为 3g，主轴部件三个坐标的移动和对角线运动都由并联的回转联接机构产生的，这个灵活的模块是用三个直线电动机驱动 X、Y、Z 运动，结构非常简单。除机床以外，并联轴结构的机器人也有多家展出，ABB 公司的 IRB940Tricept 机器人是传统的关节式机器人和数控机床的组合，可成为生产线的一部分，既可搬运零件，也可以进行加工。Smttricept 展出的 Tricept845 机床机器人是一种独特的大行程，动态性能优越，柔性好和模块

化的机械结构换上相应的头，可进行加工、测量和工件搬运等等。可见并联轴结构的应用范围越来越广泛。

总之，IMTS2002展会上反映出机床制造业随着应用电子技术的新成果而加快发展，金属切削机床的加工效率又提高到一个新水平；加工精度也由微米级向亚微米级发展。由于生产率的提高，机床的价格继续下落，机床功率在8～11kW（12～15马力），刀具在10～20把的中小规格的机床，其价格可降到3万美元左右，价格始终是机床制造商关注的热点之一。机床制造的发展趋势是数字设计。现在产品的生命周期很短，所以产品的设计周期必须压缩。将来只有应用实体模型和数字分析的制造商才能生存，因为这些技术是机床满足新的性能要求和可靠性的有效方法。Mori－Seiki公司在2000年就开设了“数字实验室”（DTL），开发了先进的CAM软件，使公司缩短了产品开发周期，并改进了产品质量。DTL在产品设计初期建立虚拟模型，首先进行完整的静态分析，用以优化机床结构，以得到重量轻、刚度大的结构件。每一个关键件都进行刚度和振动阻尼优化。这样在设计阶段就可以判断机床的适用性，减轻构件重量，降低制造成本，还可以很容易地进行不同材料的比较，不同轴的配置，以寻找最佳方案，用这些措施大大缩短了产品开发周期、降低了成本。

现在，国外机床制造商普遍关心的三个主要问题是生产率、精度和价格。这也应引起我国机床制造厂家的重视。

〔执笔人：中国机床工具工业协会沈福金〕

美国英格索尔铣床公司等企业考察报告

以于成廷总干事长为团长的徐尚文、沈福金、孔令范、莫桂蕾、薛恒明等中国机床工具工业协会代表团一行6人，于2002年9月3～18日，考察参观了美国英格索尔铣床公司、哈斯自动化有限公司、法道公司3个机床制造企业和福特汽车公司里伏尼汽车变速箱厂、尤尼·伯林公司瑞哈特汽车专用设备厂等企业。

一、美国英格索尔铣床公司考察报告

代表团于9月8日参观访问了美国英格索尔铣床公司（INGERSOLL）。该公司负责销售的副总裁林百利先生和另两位负责产品设计的先生共同接待了代表团，并就双方感兴趣的问题，较深入地交换了意见。

英格索尔铣床公司是美国英格索尔国际公司的一个子公司，林百利先生首先简要介绍了英格索尔国际公司的构成。英格索尔国际公司由以下8个子公司构成：

(1)英格索尔铣床公司主要作专用机床和集成制造系统，如龙门式和立柱移动铣床、镗床、钻床、各类加工中心、模具成形系统；自动化中、大批量制造系统；汽轮机叶根槽及电动机转子槽铣床，铝锭平面修整机；石墨电极及碳块加工系统；复合材料机械，包括碳素复合材料铺覆机和售出机床的改造、翻新服务。

(2)英格索尔刀具公司主要生产金属切削刀具和专用刀具。

(3)英格索尔曲轴系统公司生产汽车曲轴、钴轮轴制造专用设备和系统。

(4)瓦德利希·西根机床制造有限公司生产龙门式加工中心、轧辊磨床、轧辊车床、轧辊网纹加工机床、重型车床、车铣机床及柔性制造系统。

(5)阿道夫·瓦德利希·科堡机床制造有限公司生产各类龙门式加工中心、立式车床、导轨和平面磨床、磨削中心、柔性制造系统、挤压螺杆铣削和旋风铣削机床、道叉铣床、刨床、立式插床和专用插床。

(6)英格索尔电火花加工技术有限公司生产龙门式CNC EDM机床、门式CNC EDM机床、CNC EDM加工中心。

(7)英格索尔刀具公司（德国）生产镗刀、铣刀、接刀杆、对刀装置、螺纹旋风铣削系统、可重磨刀具。

(8)英格索尔纳克索斯有限公司生产曲轴磨床（多轴砂轮磨床、单砂轮磨床及数控CBN机床）、钴轮轴磨床（多砂轮磨床及单头架磨床及数控CBN机床）、凸轮轴磨床（多砂轮主支承磨床及单头架磨床）。

英格索尔国际公司共有职工2 300人，其中在美国有800人，德国有1 500人。在美国的800人中，50%在车间，15%搞设计，15%搞销售，10%搞管理和财务，10%搞信息工作。

英格索尔国际公司在世界十几个国家和地区设有办事处，全公司年销售收入以1999年为例为5亿美元。受整个经济不景气的影响，从2001年到2002年，销售收入每年都有下降，下降的幅度约为25%～30%。

林百利先生介绍说，现在全世界的经济都不太好，只有中国除外。该国际公司和中国的业务，近几年一直发展的很顺利，截止到目前在中国已拥有近60个用户，它们分布在机床制造业、机车车辆、汽轮机、轧钢、造船、汽车、铝厂、铜厂、重型机器和造纸机械等行业。并且和北京第一机床厂、上海重型机床厂、齐齐哈尔第一机床厂、险峰机床厂等企业合作生产龙门铣镗床、导轨磨床、轧辊磨床和重型车床，在北京建立了“北瓦维修中心”，为中国用户提供及时、优质的服务。

林百利先生强调，英格索尔国际公司经营之所以成功，是得益于该公司有很强烈的为用户服务的观点。公司提出

“利润来自伙伴”，所以在“用户服务”上狠下功夫。例如在为用户选型上，不仅仅是只向用户提供产品样本，而是要帮助用户分析加工零件的工艺，使用的刀具等，提出选择机床的方案和用户共同选择合适的单台机床或成组机床。该公司为了尽快向用户提供又好又便宜的机床，采用模块设计，可以根据用户的不同需求，组成各种机床。例如龙门铣床和立车，不但美国本土产品的模块可以兼容组合，而且和德国子公司产品的模块同样可以兼容匹配。这样做的好处很多，不但可以降低成本，缩短交货期而且可以彼此平衡生产能力，在汇率变化时还可以平衡成本。林百利先生反复强调，这就是英格索尔国际公司的“经营理念”。

在谈到机床发展趋势时，英格索尔方面认为世界金属切削机床在向高效率、复合化、重环保和结构简单化方向发展。林百利先生举例说，机床的高效率主要体现在高转速、高进给、高加速度和大功率方面，只有这样才能提高机床的加工效率和降低加工产品的成本。如加工汽车传动箱壳体，用一般机床需要20台机床，改用高速机床后，只用9台，同时每件的加工时间也由原来每件8.5min降到35s。又如某航空企业在铝块上加工深65mm，壁厚1.5mm的若干槽，原来用14min，改成高速机床后只用2.25min。另一种飞机零件的加工，也由原来22min降到8min。林百利先生进一步强调，英格索尔认为机床的高速和结构简单化，提高了机床的可靠性和可维修性，减少零件数量，降低产品成本。例如原来的高速主轴，寿命低、易损坏，改成无摩擦气浮主轴后，零件数量少了，寿命也提高了。同时林百利先生还介绍说，现在重型机床也朝着高效的方向发展。

英格索尔铣床公司对开发新产品很重视，每年拿出销售收入的5%作为产品开发资金。所以近年来开发出了不少很有代表性的新产品。例如15年前就试制成功六条腿机床；最近又将直线电动机应用到大型机床上，用来加工重400t长14m的水轮机零件。

随着航空技术的发展，飞机上的一些铝合金零件正在被一种强度好、重量轻的碳素纤维制品所取代。该公司及时掌握了相应技术，并研制成功碳素复合材料铺覆机。

英格索尔在用户服务上也很有特色，该公司首先提出了“个性化服务”。现在又把自己的用户分成保修期内和保修期外两大类，进行不同层次的服务。如对保修期外的机床和一些役龄更长的旧机床，承担改造、维修业务。因为美国现在在役的加工设备只有70%的能正常运转，其余均闲置，所以用户购买新机床的兴趣不大，转向了旧机床改造。仅此1项该公司的收入就占全年销售收入的35%。

英格索尔在管理上也很严格和规范，除全面贯彻了ISO9000体系标准外，现在又引入和贯彻6σ管理模式。6σ管理是新的质量控制模式，包括对职工进行培训，对产品质量和工作质量贯彻改进又改进的理念，并分别用黄、绿、黑等6种颜色加以区别。

英格索尔是世界知名的机床制造企业，以制造高、精机床为主，在世界机床的技术水平和发展方向等方面很有代表性，代表团成员一致感受到，金切机床现时的技术发展有以下三个特点，这将是今后一个时期机床发展的趋势。①机床的高效能，主要体现在高转速、高进给、高加速度和大功率四方面。②机床结构的简单化，主要体现在广泛采用电主轴、直线电动机等高科技部件，尽量简化机床的机械结构。③机床功能的复合化，主要体现在配备相应机械结构、数控系统和软件，在1台机床上实现车、铣、磨、钻等多工种加工，减少辅助时间，提高加工效率和精度。

二、美国哈斯自动化有限公司考察报告

2002年9月18日代表团参观访问了美国加利福尼亚州的哈斯自动化有限公司(HAAS)。该公司是一家有19年历史，以生产立、卧式加工中心、车削中心和数控回转工作台为主的私人企业，公司总裁丹尼斯、销售经理比特和捷姆斯接待了代表团。

哈斯自动化有限公司生产的组织形式为批量生产，绝大部分机床零件都由公司自己生产。他们强调“只有采用最先进的机床组成生产线加工，才能确保自己产品的先进性和高质量”。所以该公司为了适应高精度数控机床的生产，投资2 000万美元用来添置先进的机械加工设备和充实完善各级服务中心、培训部和应用工程部门，确保了机床产品的质量和优质的服务。

哈斯自动化有限公司的经营理念是“用全新的、合理的性能价格比和高质量的机床奉献给国际市场”。所以在每次展会上，哈斯自动化有限公司都能推出新产品参展。哈斯自动化有限公司的机床产品现已销售在全世界50多个国家和地区。公司的负责人一再强调，公司所以发展的这样快，主要就得益于新产品的开发。该公司目前主要是生产加工中心，以500mm×1 000mm中型规格的加工中心为主，约占总产量的75%。若按立卧型式分又以立式加工中心为主，约占总产量的70%，卧式占总产量的5%，车削中心约占25%。该公司产品有30%出口，其中销售中国的量很少，只占总出口量的4%。在出口产品中也以中型规格为最多。

哈斯自动化有限公司很重视开发新产品，而且强调新产品的开发应以用户的实际需求为目标，以市场调研为依据，不一定非搞最高技术产品。例如该公司加工中心的主轴转速一般都为8 000r/min，但为满足另一些用户的需求，也备有10 000r/min、12 000r/min和15 000r/min3种。为提高机床工作效率，还备有自动进给装置和加工中心用的托盘等标准部件供用户选择。最近又针对小型企业的需求，开发出一种极有竞争力的，售价仅2万美元的手动、数控两用机床。根据市场的需求该公司还开发了激光加工机床、木工机床和注塑机械。该公司开发的产品的价格，有80%的用户都可以接受，有着广阔的市场前景。

哈斯自动化有限公司的产品零件，94%都是公司自己承制，只有滚珠丝杠、滚动导轨、钣金件、电气元件等是外购。公司认为只有这样才能保证整机产品的质量，也有利于产品品种的变化，才能形成自己的能力。哈斯自动化有限公司老板的观念是，必须先作出好的零部件，才能造出好的机床，才能满足用户的需求。

公司认为工人的工作质量是确保机床产品质量的又一

重要因素。公司为了便于来自日本、中国、西班牙等不同国家不同层次工人的操作，尽量简化加工零件工序，实行奖励制度，并且每一道工序完成后，操作者都要签字存档。

代表团认为，就是这些理念和措施，才保证了哈斯自动化有限公司的产品在市场的占有率，才促成了哈斯自动化有限公司的发展。

在双方的交谈中，中方还向对方介绍了中国国内的经济运行情况和市场的巨大容量，以及相关的国家政策，希望对方利用到中国参展等机会，多了解中国市场，对方对此非常感兴趣。

代表团参观了以制造加工中心和数控转台为主的一号车间。

该车间有18 000m²，全车间有由26台机床组成的生产线。按刀架、刀库、车削中心等产品分成6个单元，每个加工单元一般由7台机床组成，加工机床24h连续运转。

在车间的在役设备中，除自己厂的产品外，大部分都是世界知名企业的产品，有由6台日本东芝机床组成的柔性线，每台都带有6个交换工作台；有3台日本三菱公司的滚齿机用于回转工作台齿轮加工；所有机床传动系统的齿轮磨削，均采用是瑞士产的齿轮磨床；日本日立精机的车床承担着30多种回转工作台零件的加工；大型箱体都采用本厂产品加工。该公司规定，首台产品和首件加工件都必须经过严格检测。形成批量后，按比例进行抽样检测，所以在车间有3台大型三坐标测量机。

机床的装配，按立式加工中心、卧式加工中心等品种分成7条流水作业线。每个线上按工序设专人负责，待完成一个工序后再转下个工序。机床采用一次涂装。整个车间的环境都很宜人，无论是在役机床的安放、在制品的摆放都井井有条。代表团认为这也是保证产品质量的重要环节。

三、美国法道公司考察报告

代表团于9月18日下午参观访问了美国法道公司。公司副总裁都那德·哈察尔顿先生等3位先生接待了我们，并陪同到车间参观。

法道公司是属于蒂森集团公司的一个以生产立式加工中心为主的专业厂，集团公司现有职工2 500人，其中技术人员占25%，销售和服务人员占40%，法道公司年销售各类加工中心近3万台。法道公司之所以只生产单一品种机床，是认为只有高度的专业化才能及时提供给用户价格低，性能和质量最好的产品。

法道公司生产机床的零部件，30%是公司自制，其余70%均由专业零部件供应商提供。其分配原则是：关键、复杂的零部件必须由自己承制。简单、通用的零部件由外部提供。法道厂对产品出厂前的质量控制非常严格，发货前必须作3天连续运转，然后作全面的精度检测，合格后方可出厂。

在法道厂车间参观时看到该厂产品的导轨采用多种形式，有矩形导轨、直线滚动导轨、和矩形、直线滚动型两种导轨混合形式。其产品的定位精度一般都在5μm，重复定位精度为2.5μm，主轴转速一般都在15 000r/min，过去该公司以生产立式加工中心为主，现在根据市场变化和用户的需求，已开始生产卧式加工中心。机床所配的数控系统和主轴部件，都是法道公司自已开发和生产的产品。该公司认为：采用自己开发的数控系统更便于产品的升级换代。公司对所采用的控制板、主轴单元等重要部件、组件都要进行72h的振动、温度变化等模拟试验和检测，为此公司设有隔离、封闭的专用车间进行生产和检测。法道公司为确保产品质量，购有4台三坐标测量机，对自制零部件进行严格检测。该厂承诺一般机床的交货期，从签单起2周内供货，个别大型机床也只用2个月。法道生产的数控转台，除本厂自用外还大量向外提供。

法道公司的用户服务和管理也很有特色。公司认为：企业拿到产品订单，只是工作的刚刚开始，只有用好的产品和优质的服务，才是对用户承诺的真正体现。例如在售后服务方面，若公司收到一个用户在加州的备件订单，1h内用户就能收到备件。若用户在美国其他地区，也能确保用户在1天内收到备件。即便用户是在美国之外的世界各地，最多在2～3天内也能收到所需的备件。该公司所以能如此及时、准确地向用户提供备件，主要得益于对仓库采用计算机和条码扫描管理系统。

在经营方面，法道公司很重视旧机床的翻新改造。法道公司介绍说，在全世界现有3万台该公司的机床需进行翻新改造，美国政府又有相应的税收优惠政策，所以该项业务的空间很大。该公司针对旧机床改造，设专门车间进行立柱、床身、鞍座等大件的加工翻新及整机装配。对旧机床的原钣金件、电动机、丝杠等外购件的翻新工作，仍委托原配套企业进行。经过这样翻新、改造的旧机床配上新一代的数控系统，实际上已不是一般意义上的二手机床，而是在性能、精度、控制系统等方面都和新机床相同，但机床的售价却比新机床便宜20%。公司该项业务的收入，约占全年销售收入的30%。

在参观车间时，可以看到工人操作的机床，许多都是该公司产品。陪同人员介绍说，这样做既可以长时间全面考核自己的产品，以便更好地完善和改进，同时也是对用户最好的宣传和展示，让用户对公司的产品有充分的信任感，这也是一种很好的推销方式。

四、参观美国英格索尔铣床公司等3个机床企业的体会

代表团于2002年9月3～18日，分别参观了英格索尔铣床公司、哈斯自动化有限公司、法道公司，这3个企业在国际机床制造业界都是比较有影响的企业。每个企业都具有独自的特点。如英格索尔铣床公司是美国英格索尔国际公司的一个子公司，是知名度很高的机床制造企业。以制造高、精机床为主，在世界金属切削机床的技术水平和发展方向等方面，很有代表性。哈斯自动化有限公司，虽然是个只有19年历史，800名职工的中型企业，但由于其“用全新的、合理的性能价格比和高质量机床奉献给国际市场”的经营理念和重视市场需求的中、低档产品的开发，使其产品在国内外市场有广阔的前途。法道公司是一个批量生产立式加工中心的专业厂。法道公司之所以长期坚持单一品种，是认为：只有高度的专业化才能及时提供给用户价格最低、性能和质量最好的产品。

通过参观和交流座谈，代表团认为这些企业的如下特点，对我国机床工具行业的同行，有一定的参考价值。

(1)企业生产组织模式应多样化。在计划经济时期，我国企业生产的组织模式千篇一律都是"小而全"、"大而全"的"橄榄型"，而随后又反复倡导两头在内、中间在外的"哑铃形"。两者虽然各自都有其实用意义，但是若过分强调任一种的"惟一性"就不合适了。企业具体的运作模式，应该由企业视生产规模、产品种类等多种因素，综合考虑、灵活选定。正如单一品种、批量生产的法道公司70%以上的零部件都在社会上择优选购，同样是批量生产的哈斯自动化有限公司，则94%的零部件都是公司自己承制。两者在企业运营上都很成功。

(2)适应市场需求，及时调整企业经营策略。在瞬息万变的国际大市场，企业要想抢占一席之地，就必须强化市场动态的信息收集，结合自身的优势，根据市场的变化，及时调整经营策略和开发适销对路的新产品。如英格索尔国际公司通过国际兼并发挥了国内外产品标准部件的通用化优势，适应了国际机床市场的多样性变化。哈斯自动化有限公司根据市场的需求，重视中低档产品的开发；最近又突破了单一生产金切机床的模式，开发了激光加工设备和注塑机械。又如为了适应美国近年经济不太景气的大环境，英格索尔国际公司和法道公司都开展了旧机床的改造和翻新业务，并且该项业务的收入都成了企业销售收入的重要组成部分。

(3)重视产品质量，将产品质量工作渗透到企业管理的各个环节。代表团所参观的3个企业，对自己产品的质量都很重视，并且将质量工作贯彻到企业管理的各个层面。英格索尔铣床公司在全面贯彻和取得ISO9000体系认证的基础上，又引入和贯彻6σ管理模式。哈斯自动化有限公司为了掌握自己产品质量的控制权，将94%零部件都由公司自己制造，并且提出：必须先作出好的零部件，才能造出好的机床。

(4)加强管理，降低成本，扩大自己产品的市场容量。加强企业管理，尽量降低产品的制造成本，以扩大企业产品市场的容量，是代表团参观3个企业的又一共同感受。如英格索尔国际公司，均采用在美国、德国子公司的通用模块化设计，可根据用户需求，又快又好又便宜的组成各种单机和生产线。哈斯自动化有限公司很重视新产品的开发，每年至少要开发出一个新产品。但是他们的新产品开发不追求高精尖，而是注重"实用型"，所以该公司推出产品的价位，80%都能被用户所接受，有着广阔的市场前景。法道公司之所以只生产单一品种的机床，就是认为，只有高度自动化才能及时提供给用户价格最低，性能和质量最好的产品。

五、美国福特汽车公司里伏尼汽车变速箱厂和尤尼·伯林公司考察报告

2002年9月12日，代表团参观访问了福特汽车公司里伏尼汽车变速箱厂(Livonia Transmissicon Plant)和尤尼·伯林公司(Uni－Boring)。

里伏尼变速箱厂建于1952年，现有职工2 937人，该厂最盛时期是1966年，当时有职工7 423人。

该厂为F150、F250等车型每年提供后轮驱动汽车变速箱105万套，每天生产传动件3 733件。同时每年还可提供前轮驱动汽车的变速箱59万套，每天生产约9 500件套。

该厂在管理上全面贯彻S、Q、D、C、M、E六方位的工作目标。S：在安全生产方面追求"零事故"，现已达标。Q：在产品质量方面，强化管理，有严格的监督系统。1991年赢得了总公司"Q1荣誉证书"，1998年获得ISO9001证书。2000年又获得QS9000－TE认证。D：在产品加工周转过程中，采用福特生产系统，实现加工过程的精益转变。C：成本方面，最大限度降低成本，以给投资者造成最大的利润回报。M：在工厂作风上，严格要求所有层面的人员和领导，形成良好的工作氛围。E：在环保方面，要作带头人。工厂致力于采用先进的环保措施，将工厂处于世界汽车工业的领先地位。工厂现已通过了ISO14001环保认证。该厂通过以上六方面的努力，取得了良好的成绩。如产品的改进提高了25%，成本降低了15%，用户的满意率提高了6%。

通过参观现场和介绍，汽车变速箱约有近200种零件，其中该厂只负责5种主要关键零件的加工。据了解国内在加工发动机内的齿轮轴的工艺方面，争论较多，没有一个权威的定式。所以代表团重点参观和了解了该厂在这方面的工艺过程。该厂的现场工序大致为毛坯热滚→齐头打顶尖孔→车外圆→以外圆定位滚出齿轮、螺纹和花键→热处理→磨削沟槽。

随后又参观了专门为汽车工业提供发动机缸体、缸盖等零件加工装备的尤尼·伯林(Uni—Boring)公司。公司执行副总裁丹尼斯·罗斯先生和路易斯·卡特尼先生陪同参观了该公司的主要生产车间。

瑞士哈特工业公司是私人独资企业，成立于1985年，于1992年成为集团尤尼·伯林公司的成员。工厂占地面积18 580m^2，具有2 600m^2的厂房和743m^2的办公室及优良的加工设备。该厂主要承担汽车制造厂所需的各种机床和自动化机械的设计和制造。从该厂提供给我们的资料和现场参观中看到，该厂可提供的主要产品有：轴类加工线，进行轴的端铣、挤压、锪钻、打中心孔、抛光等；离合器装配线；凸轮轴装配线；精益机械加工单元；检测设备；发动机托盘自动线；连杆自动线；缸体自动线；用ABB机器人组成的机器人自动线；清洗设备和焊接线等十几种产品。

在生产的管理方面，该厂也很严格，于1997年获得了总公司"Q1荣誉证书"，1998年通过了ISO9001认证。2000年又通过了QS9000和TE认证。由于严格的管理和优质的产品，给企业带来了很好的经济效益，如2002年已有销售收入600万美元，还有近400万美元的合同在执行中。2003年已签的合同金额为1 400万美元。

在参观两厂的过程中，代表团就机床制造企业如何为汽车制造厂提供装备等问题和陪同人员交换了意见，大致可以归纳成如下几点：

(1)美国汽车制造厂的零部件生产，采用分层外包的办法，逐层扩散加工。为整机厂直接配套的企业称为一级承包商，为一级承包企业配套的企业称为二级承包商。有时以此类推还有三级承包商。对于为其配套的承包企业，首次合作时必须经过半年的考核和试用，经过考核后，就可以直接合作了。如福特汽车用的泵就有三级承包商。

(2)美国汽车零部件生产企业，可以同时为几个汽车制造厂和不同车型提供配套件。他们认为这样经营，可以使自己生产的零部件产品又快、又好、又经济，具有很强的竞争力。而中国为整车厂配套的企业，绝大部分都是采用“专供”型式组织生产。

(3)关于汽车制造厂主要零部件的机械加工线，是采用专机组成的刚性线还是用数控机床组成柔性线。美国企业一般以年产 35 万辆为界，多者采用刚性线，少者以柔性线为主。当然考虑问题时，除年产量以外，同时还要考虑当地工人工资、机床价格等经济因素。在参观中代表团注意到除以上两种形式的生产线外，刚性线和柔性线混合型也应用较多。

(4)据美国方面介绍，美国汽车制造厂在选择购买机床时，大都仍以主机为主，刀具和夹具由汽车厂自己选配。当然也有由双方共同研讨和设计加工工艺，机床厂提供交钥匙工程的实例，但目前数量较少。

〔执笔人：中国机床工具工业协会薛恒明〕

日本东京国际机床展览会(JIMTOF2002)考察报告

2002 年 10 月 26 日至 11 月 12 日，由于成廷总干事长率领的中国机床工具工业协会赴日考察组一行 6 人，参加了第 21 届日本东京国际机床展览会，同期还参观访问了几家日本机床和汽车制造企业，圆满地完成了各项既定任务。

一、东京国际机床展基本情况

由日本工作机械工业会主办的第 21 届日本东京国际机床展览会(JIMTOF2002)，于 2002 年 10 月 28 日至 11 月 4 日，在东京国际展览中心举行。参加该届展会的共有 712 个厂商，其中日本厂商 535 个，占 75%；海外厂商 177 个，占 25%。

此次展会共设置 5 031 个标准展位，展出净面积约 50 000m²，展出各种金属切削机床约 400 台(其中日本工作机械工业会会员单位的展品 362 台)，各种锻压机械约 50 台，各种机床主机近 500 台，另外还展出了刀具、量具量仪、刀柄、夹具以及各种机床配套功能部件。一些世界著名的机床厂家如美国的格里森、德国的 DMG、瑞士的阿奇夏米尔、意大利的萨瓦尼尼以及刀量具生产厂家瑞典的山特维克、美国的肯纳飞硕和意大利的 Marposs 等均参加了展览会。在 400 台金切机床展品中，除极少的 3～5 台外，都是数控机床，其中有 9 台机床采用了 Fanuc 的直线电动机。

该届展会受日本经济不景气的大环境影响十分明显。①观众人数锐减。据日方统计该届展会的观众为 11 万多人，较上届减少了 20%。②海外观众及参展商不多，参加展会的有 14 个国家和地区(包括各机床协会)，进一步表明 JIMTOF 的国际性不强。此次展会的展品，虽然在技术上没有新的突破，但从总体上反映了处于世界前列的日本机床制造业水平。从展会上也反映出，近期日本机床业更加重视产品的实用性，而不是单纯追求高指标，突出适用性以拓展机床的应用范围，寻求市场的新领域，缓解国内市场的不景气现状。

二、从 JIMTOF2002 看机床技术的发展

提高生产效率、提高自动化水平是当今世界制造业发展的总目标。高速、精密、复合、智能、环保是机床技术发展的主流，也是众多企业在产品开发上遵循的目标和追求的技术亮点。在提高生产效率方面，随着高速加工技术的不断发展，复合化生产的日趋成熟，快速反应市场，缩短交货周期，提高服务质量和水平，降低生产成本，成为企业一致努力的方向。而毛坯精化技术，高速加工技术，高性能高可靠性的切削刀具、模块化夹具的快速成组技术以及更加完善的控制技术，为实现生产过程的自动化、无人化奠定了基础。

此次展会的宣传口号是：“新技术、新产品的集结”。新技术以其实用、适用为特点，目的在于开拓更多的服务领域；新产品是以优良的性能价格比，成为适应市场的关键所在。在日本经济不景气的大环境下，对经济起伏十分敏感的机床制造业，如何面对这一情况，日本许多机床制造企业开始了“分社化”和“部门改革”，以此来减轻经济环境带来的压力。同时尽可能地开发更多适用性的新产品，以改变目前的市场状况，并通过展会取得一定的实效。

1. 高速度、高精度、高刚性是此次展会的突出追求目标

据介绍，以往几届 JIMTOF 都以高速度、高精度为主要标志，此次展会增加了“高刚性”。高刚性是保证机床高速工作，实现高精度的必要条件，也是当前高速切削技术发展、难加工材料的发展与应用、淬硬钢切削对机床的新要求。而本届展会不论是主机，还是配套部件，包括刀具和工具都打出了“三高”的旗号。如大限株式会社展出了新开发的门式结构加工中心。这是继箱中箱结构的加工中心后的又一种新结构加工中心，其 X、Y、Z 轴均采用了双滚珠丝

杠，该机床材料去除能力为 462cm³/min。北村机械株式会社的 Mytrunnion 系列加工中心采用门型结构，其最大特点是床身、立柱、主轴头等主要零部件采用变形小且无残留热应力的最高级的孕育铸铁，是重切削加工理想的箱体材料。其各导轨的滑动面，经热处理后贴有耐磨与吸振性强的氟类树脂(硬轨)，这种独特的滑动面结构，使北村的加工中心比使用滚柱导轨的机床切削能力提高 80%，使用寿命提高 2 倍以上，北村宣称 5 年无磨损。北村机械还展出了 Sparkcut 超高速加工中心，该机主轴参数，采用陶瓷轴承时为3 677.5 W(5 马力)、7 500r/min；选用空气轴承时为 735.5W(1 马力)、150 000r/min，干切削淬火钢可获得高精度，这时的吃刀深约 0.3mm，这是本届展会的最高主轴转速。该机的快进速度为 100m/min，不使用直线电动机，而靠 X 轴与 U 轴的相对移动来实现。X 轴的加速度 $2g$、Z 轴加速度 $0.8g$。由于不使用直线电动机，获得了较大的接触面，衰减性好，切削及加减速时的振动与直线电动机相比，减少了约 7 倍。

2. 复合加工技术又有新的发展

由工序集中发展起来的复合加工技术，又有新的发展。机床技术的复合化，主要表现在两个方面，一是功能的扩展；二是功能的复合。如数控车床从单主轴、单刀架，进行功能扩展为双主轴、双刀架结构，组成卧式平行双主轴、对置双主轴或立式双主轴(可以一正一倒或两正、两倒)结构，但都是以车削为主，进一步增加一个多坐标的铣削主轴而组成车铣中心。此次展会上中村留精密机械工业株式会社的几台机床最具典型。该公司展出的几台多坐标、双主轴、双刀架机床，另加一个四坐标刀具主轴，而形成九轴或十一轴复合加工机床，该公司称其为五＋四或五＋四＋三。其五＋四＋三机床为对置双主轴、双刀架结构，在其中部的斜上方放置一个可摆角 230°的四坐标回转刀具主轴。既可以组成刀具主轴与主轴的五轴联动，实现 X、Y、Z、C、$B1$ 的五轴加工，又可以实现主轴与刀架的四轴(X、Z、C、$B2$)联动。该机床的主轴最高转速 4 500r/min，适用于重切削。这种多轴、多坐标的发展趋势极为显著。又如将切削加工与检测复合在一起的安田工业株式会社的 YBM－640V2 坐标镗床加工中心。该机床设有刀具破损检测装置，由主轴上取下刀具后，先在刀具检测仪上进行刀具检测，确认完好后再放进刀库中。在刀库中设有测量头，当换上测量头后，即可进行被加工零件的检测，并通过机床控制系统，反馈到执行机构进行加工修正(这种带测量头的机床已较普遍应用，雷尼绍公司就有这套控制软件及测头)。

在功能复合方面的典型是 Mazak 公司称之为第 2 代的多功能复合加工机床。该公司介绍：第 1 代复合加工机床是以数控车床为基础，其编程也沿用数控车床的编程思路。第 2 代多功能复合加工机床是在卧式加工中心基础上发展的，编程也是按加工中心的编程方法进行。在展会上 Mazak 公司展出了 3 台加工不同零件的多功能复合加工机床，尽管所加工的零件材质、形状、加工部位各不相同，但都是在一台机床上，完成了从毛坯到成品的全部加工过程。展出的 3 种零件分别为发动机铝合金缸体、核电站用不锈钢壳体和航空工业的铝镁合金壳体。据介绍过去一个发动机缸体从制作模型、铸造到机械加工为成品，需要2 160h；现在用多功能复合加工机床加工，从预制的毛坯到加工至成品仅用 56h；而在这种机床上加工航空工业壳体则仅用 8.5h。这种功能复合的加工方法，对于不同行业的新产品研制极具实用价值，更为重要的是他提出一种新的加工理念，改变过去的模型和铸造来制作毛坯，而是采取预制的毛坯，这使今后的生产组织有可能发生根本性的变化。功能复合的再一种型式是将截然不同的两种工艺，复合于一台机床上进行，如冲压与激光加工的复合。更为引人的是速技能机械有限公司展出的两台数控转塔钻床在换上喷嘴后，可进行零件的清洗，这对形状复杂的小零件清洗极为有利。该机床的最高清洗压力为 50MPa，X、Y、Z 轴的行程分别为 500mm、300mm、300mm，快进速度分别为 30m/min、30m/min、20m/min；切削时主轴转速为 600r/min，清洗时主轴转速为 150r/min。

3. 单机自动化是联线联网的基础

此次展会上许多厂家突出展示其产品在实现自动化和联线联网方面的功能。非常引人关注的是数控车床展品几乎都配置了自动上下料装置，从而实现了单机自动化。这种独立的加工单元，具备联线联网功能。山崎马扎克公司展出了具有良好切削性能、结构紧凑，自动化的倒置式立式数控车床，并由相同的两台机床组成了自动生产线。这种以缩短切削时间和非切削时间，提高生产效率为目的，面向少量品种、批量生产的数控车床，最适用于零部件批量生产的自动化。富士机械制造株式会社展出了由 3 台数控车床(2 台 PMD－20T、1 台 PMS－20T)，3 台机械手(机械手各方向的运动速度分别为 X 轴 150m/min、Y 轴 115m/min、Z 轴 50m/min，最大抓重 3kg)组成的盘套类零件自动生产线。山田(DATEC)、埃达(AIDA)则分别展出了由 2 台冲床组成的冲压自动生产线。这些自动线在零件输送上或采用步伐输送，或用机械手，根据被加工零件以及机床特征来决定。

这些自动线均采用数控技术，还可与企业的管理网络相接，既可以进一步实现整个生产过程的自动化，又可以随时掌握生产的动态过程，监控机床的工作状况。

另外此次展会上还展出了多台针对 IT 产业产品而开发的高速数控冲床，这些高速冲床都配备了自动上下料装置而成为自动冲压单元。这种 IT 产业的产品，其材料多为 10～25mm 宽的带状铜板，经冲压成形状复杂的产品。如其中一个带有叉子形状的零件，其叉子部分总高度约 5mm，叉子爪宽仅 0.5mm，槽宽 0.8mm，深度 2.4mm，连续冲压成形，随后进入自动检测系统，整个过程全部自动化，以保证产品质量。这类机床冲压频率最高达 4 000 次/min。

4. 环境保护意识进一步增强

环境保护是关系到可持续发展的重要内容，企业环保意识进一步增强，通过合理的规划与运作，获得 ISO14000 的认证，已如 ISO9000 认证一样重要。此次展会上，有几家企业展示了其“环境报告书”。三菱重工业株式会社在其环境报告书中，详尽地制定了基本方针、行动指南、治理要点和中长期目标。这种从根本上对企业进行环境治理规划、组织实施的工作方法，对还停留在厂区治理中的企业极具参考价值。相信在不远的将来环境保护将会是考核企业的一项重要内容，而对机床产品的要求也会像汽车一样，"限定排放、必须达标才能上路"。在此次展会上森精机、大限、丰田工机等厂家的高速加工中心，都安装了烟尘净化装置，以确保不对环境产生污染。这种环保产品已经成为机床一种新的功能配套部件，已有专业厂生产。

5. 机床配套部件技术取得新的进步

在高性能价格比和最适合化产品开发的背景下，有力地推动了配套部件的技术进步。伺服电动机在小型化、薄型化、高速化、静音化、省电化、大功率、高加速度等方面取得了显著的进步；高速、高性能的滚珠丝杠(NHK 公司的滚珠丝杠最高速度达 180m/min)；提高含油轴承和磁浮轴承性能等也都有长足的发展。其中给人印象最深的是模块化成组夹具及其各种元器件和多种多样的刀柄结构。夹具的基本组成模块有碑式或柱式结构的夹具本体、夹具托板以及各种不同结构的夹紧、定位组件。这种标准化的夹具元件，为产品设计人员提供了较为广阔的选择余地，而且夹具的制造和调整时间明显缩短，在变更被加工零件时，重组新夹具也较方便。

为解决高速加工时刀柄的振动，西方发达国家开发了一种新型的两面夹紧式工具系统。目前，应用较广的新型工具系统大致有以下几种：德国的 HSK 工具系统、美国 Kennametal 公司的 KM 工具系统、瑞典 Sandvik Coromant 的 CAPT 系统、日本日研工作所的 NCS 系统、大昭和精机的 Big Plus40 系统等。其中最具影响、最具代表性的是德国的 HSK 工具系统。展会还展出了多种多样的刀柄结构，其中大昭和精机株式会社的 BBT50－GTR6 刀柄，具有可使切削刀具增速的功能，该项技术已经在世界多个国家获得专利。该刀柄内设置一组行星齿轮机构传动，可使刀具转速较机床主轴转速增加 4、5、6 倍，刀具最高转速可达30 000 r/min。特殊角度的各种刀柄则进一步扩展了机床的加工范围。

6. 性能价格比的最适用化与最佳化

日本长期的经济不景气和通货紧缩，使日本机床制造业受到较大影响，产品过剩、国内市场需求下滑，现已接近顶峰时(8 000 亿日元/年)的一半。这种现象也反映到产品开发上，机床业界的竞争从追求高指标转向实用性。此次展会上，众多机床厂家希望在低价格的同时提供高性能机床，即以高速高精度和低价格的高性能价格比的机床去赢得市场。为使高性能价格比的产品商品化，机床制造企业采用了高度的仿真实验技术和并行工程等方法，以缩短从开发到投放市场的周期。

基于这种想法，森精机制作所开发了 NEXUS 系列的立卧加工中心 NV5000/NH5000，OKK 开发了 VP400/600 立式加工中心。这种最适合化包括与产品规格最适用化的同时，还有市场销售的最适合化。要在全世界同时销售产品，无时间滞后，这是日本机床厂商与韩国、欧洲等竞争的战略对策。

三、JIMTOF2002 期间中国机床工具工业协会活动

展会期间，中国机床工具工业协会与各国家和地区的机床协会开展了一系列友好交流活动，沟通了信息，宣讲了我国大好的经济形势。

1. 召开新闻发布会

10 月 29 日，在日本贸促会和日本工作机械工业会的协助下，CIMT2003 新闻发布会成功地召开了。参加发布会的有日本机床、锻压机械、工具等配套部件的制造企业，新闻媒体，部分国家机床协会和企业的代表共 88 人。会上于成廷总干事长作了"中国经济发展与 CIMT2003"的讲演，着重宣传了我国快速、持续、健康发展的经济形势，异常活跃和不断扩大的机床消费市场，以及国内外踊跃报名参加 CIMT2003 的情况，CIMT2003 筹备情况及满足参展者要求而采取的措施，引起了与会者极大的兴趣，纷纷索取有关资料、询问 CIMT2003 的有关情况，并表示将参加这一展会。

2. 参加亚洲地区机床协会协调会

10 月 30 日，协会领导参加了亚洲地区机床协会协调会。参加会议的有日本、韩国、印度、中国以及中国台湾省的机床协会。会议由日本工作机械工业会主持，编发了各国各地区相关统计资料。会上各协会简要介绍了各地区经济形势、机床进出口及生产情况，讨论了今后的统计工作与交流，以及国际标准推广实施，并商定下次协调会将于 CIMT2003 期间在北京召开。

3. 与各国、各地区协会的友好交往活动

展会期间，中国机床工具工业协会的领导先后拜访了美国、英国、意大利、法国、奥地利和日本等国家的同业协会，向他们通报了 CIMT2003 筹备情况，介绍了中国机床市场状况和拟定于 CIMT2003 前召开的"汽车制造技术与工艺装备国际研讨会"的计划安排，并邀请有关企业参加。其间还会见了俄罗斯、欧共体、韩国以及我国台湾省的行业协会代表，具体商谈了有关 CIMT2003 事宜。期间协会总干事长于成廷还接受了日本《生产财》、《现代机械》等刊物记者的采访，并就相关问题作了解答。

4. 做好信息台的服务工作

由于日本经济的不景气，国内市场需求下滑，而一枝独秀的中国机床市场，对日本企业有着极大的吸引力，许多日本企业探询在我国建厂与合资的问题，希望进一步了解中国的经济发展及对未来的预测，以及中国机床产品的状况。

四、参观考察日本企业

第 21 届日本国际机床展览会(JIMTOF2002)结束之后，中国机床工具工业协会一行 6 人访问了日本 5 个企业：大隈株式会社、丰田工机株式会社、丰田汽车、丰和工业株式会社、日平富山公司。

大隈株式会社

大隈公司成立于 1898 年，经过一个多世纪的发展，已经成为日本最大的机床制造企业之一，能够提供车床、加工中心、磨床、专机、电器(包括系统、伺服、电动机、编码器)等世界先进水平的产品，连续多年 50%以上的产品供给海外市场。大限公司与中国的友好往来近 3 年来每年都有增长，2002 年 5 月开始与北京第一机床厂合作，11 月 18 日合资企业北一大限机床有限公司正式开工奠基。大限公司目前有员工 1 300 多人，其中技术人员约占 1/3，销售人员 160 人左右(海外 30 多人)，月产各种机床近 700 台，其中小型数控车床 350 台/月、大型数控车床 100 台/月、龙门加工中心 30 台/月、加工中心 150 台/月，年产 JG 8 000 多台，2001 年实现销售收入 672 亿日元(最高时达 12 亿美元)，其中出口占 55.3%。协会代表团重点参观了其所属的大口工厂和可儿工厂。

(1)大口工厂　大口工厂设有装配车间、机加工车间、总部、技术中心、培训中心，以连续生产方式进行 CNC 车床、龙门加工中心、CNC 磨床、专机等主要产品的零件加工与装配。

大限公司的大部分加工设备是自己生产的，有 20 多台大大小小的龙门式机床，很多是大限设备经改装后投入生产。大限公司的 FMS 生产线已经进入实用阶段，每台机床都是网络控制，350 台机床全部联网，可以自动监控加工进度。其中 1 条全自动的主轴生产线包括 1 台车床、22 台车铣复合机床、1 台深孔钻，加上周边(包括装卸、清洗)设备，可以生产 20 种零件，一天生产 16 件，晚班无人看管，已经投入生产十多年了。

大型车床装配线采用了传送带式装配线，可以达到月产 100 台，设有部件组装区，并为斜床身专门做了一个 V 型托架，便于操作。

小型车床装配线，月产 350 台，实行看板管理。上海生产传动轴的企业买了 60 多台，一台机床双主轴自动连线与多台机床自动连线，可以实现同步多轴、复合、一次装夹完成全部工序加工，由多台 CNC 车床和机械手上下料装置相联结实现长时间自动运行。

月产大型龙门加工中心 30 台，全部采用铸件，可以更好地保证机床精度的稳定。大限公司的并联机床，已经进入了实用化，一年可以生产 10 台，已经卖出 20 多台，可以实现批量生产，但公司认为仍需要不断改进。

在大口工厂还设有用户试加工区，设有加工中心、车削中心、复合加工机床、车床等多种大限机床。目前大限公司的产品开发投入占到销售收入的 15%左右，推出新产品的力度很大。

(2)可儿工厂　可儿工厂是一个智能化工厂，全厂有 30 多人，晚间只有 2 人值班，进行立式、卧式加工中心的零件加工和装配，月产 150 台。其中 16 000m^2 是 13 年前建立的，最早只有 3 条生产线，目前是 13 条线，所有工序都由计算机进行管理，实现了晚上、假日的无人化生产，总投资 5 亿美元，经过 13 年的运转，已经收回投资。

由 5 台大型龙门五面体加工中心组成的生产线，加工床身、导轨、滑枕等，由托盘货架、自动升降机、无人搬运车、加工准备站等组成。立体仓库通过自动升降机将工件搬到无人小车上，由无人小车送到工位上，再由人来送到机床的装夹台上，然后机床取料、加工到入库完全自动化。机床在加工中自动测量工件，切屑自动回收，进行集中处理。

卧式加工中心 FMS 生产线设有刀具自动管理系统，刀具全部带有芯片，由计算机管理刀具，当刀具的寿命到期或出现折损，刀具储存器会立即将新刀具自动搬运到刀库予以交换，保证了生产的完全自动化。

为实现无人化生产，大限配置了两台瓦德里西科堡带砂轮库的导轨磨(250 万美元)，可以实现砂轮的自动更换。

1998 年新建的厂区主要是进行立式与卧式加工中心的装配，每个工位配有小型吊车，另有 2 台大吊车可以全跨移动。大型卧式加工中心采用门式结构、双丝杠驱动，增强了机床刚性，小型加工中心则采用箱中箱结构。大限对淬火要求比较严格，导轨采用高频淬火机，一般淬火深度达到 5mm 。

由于美国和日本经济的不景气，大限公司正在积极开拓亚洲市场。目前，大限公司正在积极进入中国市场，已经为广州一个企业提供了近 120 台加工中心，上海一家生产传动轴的企业订购多台大限的车床，一汽红塔集团签了 5 台大型龙门加工中心。

丰田工机株式会社

(1)简况　1941 年脱离丰田汽车，正式成立丰田工机株式会社。目前有 4 147 人，年销售收入 1 533 亿日元，其中 65%是汽车零件，35%是机床，下设 6 个工厂和 8 个子公司。丰田工机目前在中国市场的销售越来越好，一汽、哈东安、大连柴油机厂等单位最近先后来厂参观和技术谈判。丰田工机与日平富山、森精机强强联手，合作成立 UMS 公司，主要是针对国际市场，为用户提供交钥匙工程的开发、设计和供货。目前丰田工机有专业技术人员 500 多人，截止到 2001 年累计生产磨床 25 000 台以上、加工中心 10 000 台以上、专机 8 000 台以上，基本上世界各大汽车厂都有丰田工机的产品。

(2)考察情况　丰田工机本社工厂有 1 740 人，主要生产磨床、加工中心和专机。组装车间现场有 2 条通用汽车澳大利亚公司的交钥匙生产线，一条是年产 17.3 万件的曲轴线，从 10 到 250 序由森精机、小松制作所、不二越精机和丰田工机共同完成，该项目通过日本丸红商社接的订单，以丰田工机为主做的设计方案，共 25 亿日元，共 2 条输送线 31 台独立机床，其中 140 到 250 序由丰田工机提供，该生产线中设有检查工位，拐颈的加工是由砂轮进退完成的。另一条是缸体加工线，正在拆装准备出厂。

工厂设有三个 FMS 柔性加工单元，24h 无人看管加工机床零部件。

本社工厂中最新的车间是 1998 年建成的，占地面积 4 800m^2，没有窗户，墙壁采用隔热材料，分三个区，进行大型加工中心、中小型加工中心和专机的组装，共有 63 名员工，月产加工中心与专机 70 台左右。采用丰田的看板管理，把一台机床的装配分成 8 个工序，每天完成一个流程，最快 8 天完成一台机床的装配。

丰田工机目前只是部分轴类零件的生产采用了无人化生产，主要用户都是按合同进行交钥匙工程，专机和组合机床多一些，因此无人化工厂目前对丰田工机来说还不可想象。丰田工机大西会长认为，当前的机床行业发展很快，目前比较突出的几个焦点是①交货期，用户要求越来越短。②小型化，机床发展趋向于紧凑型结构。③高精度，现在机床达到μ级已经远远不够，这也是服务于IT产业的要求。④环保，机床的环保要求越来越趋严。

丰和工业株式会社

丰和工业株式会社成立于1907年，开始是生产纺织机械，二战后生产纺织机械、机床、机床零部件、建筑机械（压路机为小松制作所的OEM产品）、路面清扫车、玻璃窗、兵器（军用枪支）等，其中路面清扫车占日本国内市场的60%左右。

本社工厂占地面积23万m^2，从业人数1 600多人，设计人员151人，2001年度总销售额为272亿日元，其中机床占32.8%。主要产品为专用机床、小型加工中心、机床零部件、电子机械等。丰和公司的用户包括丰田、铃木、本田、马自达等，可以提供汽车零部件、摩托车零部件的加工生产线，加工IT产品和电子机械产品在中国的需求越来越多。

一条由6台机床组成的生产线采用转塔动力头，实现工序复合，工件自动输送线布置在机床前面。一条由8台加工中心机床组成的制动泵体生产线韩国用户正在验收，每台机床均有两个加工工位，5台机床带顶置圆盘刀库，由3个机器人进行自动装夹，每次装夹两个工件。部件组装区由自动仓库供应零件，进行动力卡盘、直线电动机、主轴部件、刀库等的组装。

丰和公司曾经为重庆庆铃汽车有限公司、济南轻骑、重庆嘉陵、重庆建设等提供过加工中心、专用机。丰和表示在目前日本经济不景气的情况，希望在中国开展有关业务，到目前为止在中国没有合作伙伴。

日平富山公司

日平富山公司是在1984年由原来的日平产业株式会社和富山机械株式会社两个公司合并成立的，主要产品包括柔性生产线、各种专用机床、加工中心、各种磨床、激光切割机、半导体制造设备等，从业人员1 300人，本部是569人，年销售额400亿日元。1996年与原大连渤海机床厂合资成立大连渤海日平机床有限公司，现为大连亿达日平机床有限公司。

日平富山公司在汽车制造业的动力系统加工线方面业绩突出，而且磨床和激光切割机具有世界先进水平，同时也正在向半导体制造设备进军，开发了多晶硅切割机、微细精密磨床等IT产业的产品。截止到2002年3月31日，日平富山公司已向用户提供1 022条组合机床生产线、368条柔性线、1 959台数控加工单元、798套专机、5 555台加工中心、965台外圆磨床、499台连杆凸轮磨床。日平富山公司的目标是在世界汽车装备市场占有15%的份额。公司设有6个分厂和1个技术部，集团总部设在东京。

福野工厂占地面积106 800m^2，建筑面积27 400m^2，主要生产专机与加工中心。生产线装配现场是提供给GM公司的价值200亿日元的缸体、缸盖生产线，用来加工直4、直5和V6发动机缸体、缸盖，还有为韩国现代提供的加工阀体的生产线。

富山工厂占地面积52 185m^2，建筑面积35 240m^2，主要产品为磨床，包括外圆磨床、凸轮轴磨床、曲轴连杆颈磨床、多砂轮磨床、平面磨床、双端面磨床、无心磨床。机床零件生产车间有5台东芝五面体加工中心（其中一台带自动交换工作台）、3台瓦德里西导轨磨、坐标磨、东芝加工中心等设备。

日平富山公司的激光切割机包括：二维三轴激光切割机、厚板长尺寸激光切割机、三维五轴激光切割机、激光机器人等，可以加工多种材料如铝、钢、玻璃等，具有多种规格，并能实现多头切割。

包装机械公司（FTC）主要生产食品包装机械、医药包装机械，材料全部是不锈钢，需要考虑残留、清扫、杀菌等问题。目前产品向中国出口的比较多，如漯河购买的香肠包装线。

丰田汽车公司

丰田汽车公司共有12个工厂，其中10个工厂在爱知县丰田市。

建于1958年的元町工厂，占地面积161万m^2，建筑面积82万m^2，从业人员4 000人，生产5种轿车，月产量8 000台。参观的第一装配厂有职工400人，日产轿车260台，此次参观了轿车生产的冲压、焊装和总装检测线。

五、几点启示

通过本届展会和在日本的参观考察、访问，深刻感受到我国机床工具行业与日本的差距，产品不在同一档次。差距主要表现在：①在材料、制造工艺和不同批量的生产上，满足用户工艺要求的能力和手段方面的差距最为明显。突出的焦点在满足汽车工业、航空工业、IT产业的装备需求上，我国机床工业还处于打外围，很难进到核心零件加工领域。②共性基础技术研究开发薄弱。随着科技体制改革的深入，专业综合性研究所在行业中作用有较大削弱，虽然近几年产学结合有所进步，但在共性基础技术的研发方面，企业的现有能力仍显不足。日本的机床企业也存在多种不同模式，既有大而全、大而强的企业结构，如丰田工机、森精机（最近又购买了日立精机）、大限等；又有一大批特色鲜明、实力很强的企业，如这次参观的丰和工业、日平富山等；更有为数众多的小企业。日本机床制造业在产业结构、组织管理等诸多方面，都有着我国机床行业参考、借鉴、学习的地方，给我们以有力地启迪。

1. 人才与投入

经过几十年的发展，日本机床制造业形成了几个强有力的排头兵，Mazak、森精机、大限、丰田工机等著名公司在产品技术、销售等方面均居世界前列。而这些企业的一个共同特点是有一支较强的产品研究开发队伍，在企业的人员构成上，工程技术人员占有较高比例，如大限株式会社的技术人员占到总人数的1/3。强大的开发队伍集聚了一批高级人才，是保证企业发展的核心动力。再者是高投入，企业在产品开发和技术研究上的投入，直接关系到企业的兴衰。日本这几个公司在产品开发上的投入都在年销售额的10%以上，最高的达到15%。集聚了一批高水平的人才，加大产品开发上的投入，是我国机床行业企业值得认真对待的问题。

2. 强强联合

在经济全球化，竞争日趋激烈的今天，日本的机床企业开始组建联合舰队，瞄准国际市场，显示其更强的实力。由日本森精机、丰田工机、日平富山三个企业组建的UMS公司就是为实现上述目标，参与国际竞争的一个以提供交钥匙工程为主要任务的新的组织形式。这种强强联合以提供成套交钥匙工程为主要目标的组织，既有产品上的优势互补，又有显示更强实力的方面。在我国机床行业企业本身实力还不强的今天，一家包天下的局面更难形成，这种联合形式是值得认真细致研究与借鉴的。

3. 用自己产的数控机床

日本机床厂家以使用自己生产的数控机床而自豪，如大隈自己生产的数控机床占全公司机械加工设备的60%。这一方面是向用户展示自己数控机床使用的可靠性，另一方面也可通过生产实践考验机床并不断改进。而且众多机床厂家都设立了机床加工试验区，针对用户的零件进行试加工，以取得用户的认同(这方面国内部分企业开始效仿)。从这一点看，关键是我国机床制造企业机械加工装备的数控化率太低，扭转这种局面的最有效方法是用自己产的数控机床。

4. 深刻理解丰田工机社长的四句话

在访问丰田工机(株)时，日本工作机械工业会会长、丰田工机株式会社社长大西匡先生就机床工业发展提出了以下看法。大西匡会长认为，今天机床技术发展的焦点是：①交货期越来越短。②随着集成技术的发展，机床结构的小型化趋势越来越明显。③加工精度的要求越来越高。④环保要求越来越严。

大西会长的四点看法，对我国机床企业极具参考价值，希望能引起我国机床企业重视。

5. 日本厂商更加关注我国机床市场

日本经济不景气与我国经济持续快速健康发展形成了鲜明的反差。我国机床市场的一枝独秀，机床市场消费的持续增长，引起世界机床业的关注。而日本一直是我国机床市场的大供应商，通过这次JIMTOF展会，我们也进一步了解到日本机床厂家对我国市场和我国机床行业产品的关注。相信今后的竞争将会更加激烈，对此我国机床企业必须有所准备。希望采取积极的态度，通过与日本厂商的有效合作，以取得企业的技术进步，在市场竞争中抢占先机。

〔执笔人：中国机床工具工业协会佟璞玮〕

2003年机床工具主要产品进口税率

税则号列	产品名称	最惠国税率(%)	税则号列	产品名称	最惠国税率(%)
84639000	其他非切削加工机床	10	84661000	工具夹具及自启板牙切头	7
84641010	圆盘锯	0	84662000	工件夹具	7
84641020	钢丝锯	0	84663000	分度头及其他专用于机床的附件	7
84641090	其他加工矿物等材料的锯床	0	84669100	税号84.64所列机器用的零附件	0
84642010	玻璃研磨或抛光机床	0	84669200	税号84.65机器用其他零附件	6
84642090	其他加工矿物等材料的研磨或抛光机床	0	84669300	税号84.56—84.61机器用其他零附件	0
84649011	切割机	0	84669400	税号84.62—84.63机器用其他零附件	6
84649012	刻花机	0	68041000	碾磨或磨浆用石磨、石碾	8
84649019	玻璃的其他冷加工机床	0	68042100	其他石磨、石碾及砂轮	8
84651000	其他税号84.64的未列名机床	0	68042210	其他砂轮	8
84651000	不需变换工具即可进行加工的机床	0	68042290	其他石磨、石碾及类似品	8
84659100	加工木材等材料的锯床	10	68042310	天然石料制的砂轮	8
84659200	加工木材等材料的刨、铣或切削机器	10	68042390	天然石料制其他石磨、石碾等	8
84659300	加工木材等材料的研磨或抛光机器	10	68043010	手用琢磨油石	8
84659400	加工木材等材料的弯曲或装配机器	10	68043090	手用其他磨石及抛光石	8
84659500	加工木材等材料的钻孔或凿榫机器	10	68051000	砂布	8
84659600	加工木材等材料的剖、切或刮削机器	10	68052000	砂纸	8
84659900	加工木材等材料的其他机床	10	68053000	不已布或纸为底的砂纸类似品	8
85371010	数控装置	5			

注：以上税率摘自2003年中国海关报关手册进口税则税目、税率表中有关金属加工机床、部件及磨料模具的税率。

〔供稿人：中国机床工具工业协会姜茂云〕

为扬州柴油机厂提供的缸体缸孔及止口精加工机床。采用伺服移动工作台，专用精镗主轴和内冷却辅具，在线定位检测，按钮操作刀具自动补偿。

The special machine for finish machining the cylinder bores and shoulder bores of cylinder block of YangZhou Diesel Engine Factory. The servo shuttle table,special finish boring spindle with internal coolant adaptor, location positioning probe,button control automatic cutter compensation and other new technology are used.

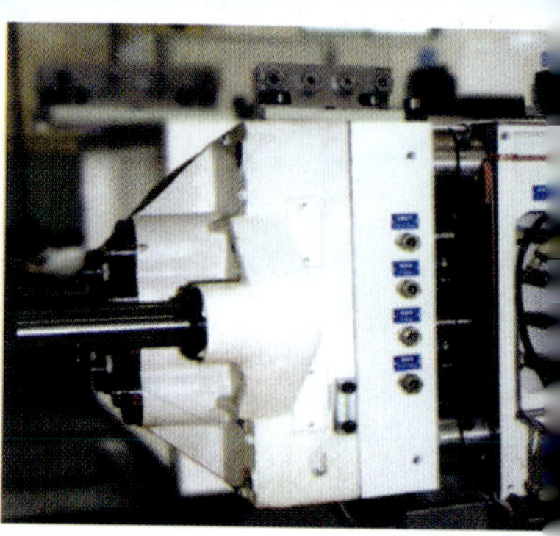

可换箱加工单元

Multiple spindle head chan

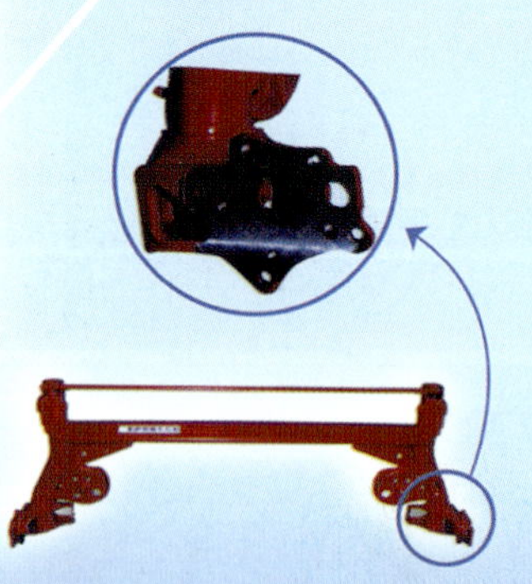

为上海汇众公司提供的帕萨特轿车后桥铣削及钻、镗、铰加工自动线。工件自动输送，在线检测和铣削表面形位公差自动检测，自动控制铣削进刀深度。

The transfer lines for machining rear axle of Passat car with milling, drilling,boring and reaming operations,the parts automatic transport,On Line probing and milling surface form and tolerance automatic probing and automatic control the milling feed depth are used.